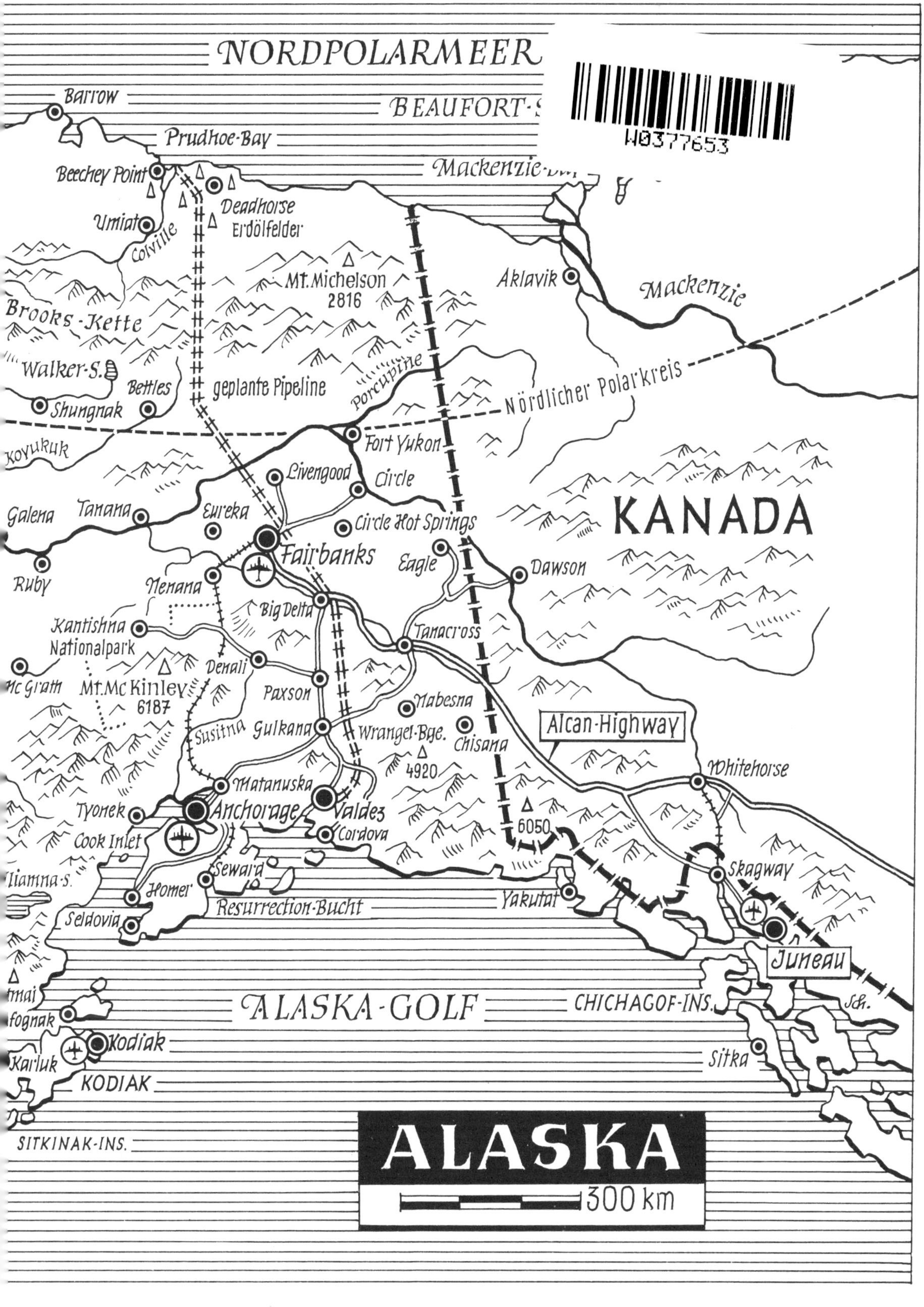
NORDPOLARMEER
BEAUFORT-S
Mackenzie-
Barrow
Prudhoe-Bay
Beechey Point
Deadhorse
Erdölfelder
Umiat
Colville
Mt. Michelson
2816
Aklavik
Mackenzie
Brooks-Kette
Walker-S.
Bettles
geplante Pipeline
Porcupine
Nördlicher Polarkreis
Shungnak
Koyukuk
Fort Yukon
Livengood
Circle
KANADA
Galena
Tanana
Eureka
Circle Hot Springs
Ruby
Fairbanks
Eagle
Dawson
Nenana
Big Delta
Kantishna
Nationalpark
Tanacross
McGrath
Mt. Mc Kinley
6187
Denali
Paxson
Nabesna
Alcan-Highway
Susitna
Gulkana
Wrangel-Bge.
Chisana
4920
Whitehorse
Matanuska
Tyonek
Anchorage
Valdez
6050
Cook Inlet
Cordova
Iliamna-S.
Seward
Homer
Skagway
Resurrection-Bucht
Yakutat
Seldovia
Juneau
ALASKA-GOLF
CHICHAGOF-INS.
Afognak
Kodiak
Karluk
Sitka
KODIAK
SITKINAK-INS.
ALASKA
300 km

Hans-Otto Meissner · Bezaubernde Wildnis

Hans-Otto
Meissner

Bezaubernde Wildnis

Wandern, Jagen, Fliegen in Alaska

C. Bertelsmann Verlag

Die Farbaufnahmen stammen von
Fish- and Wildlife Service, Anchorage (3),
Heinz Sielmann (1),
alle übrigen vom Verfasser (25).

Erweiterte Neuauflage
Redaktion: Dr. Dieter Struss, Grafing bei München
Schutzumschlag: Heidrun Nawrot
Gesamtherstellung: Mohndruck Graphische Betriebe GmbH, Gütersloh
ISBN 3-570-07046-8 · Printed in Germany

Inhalt

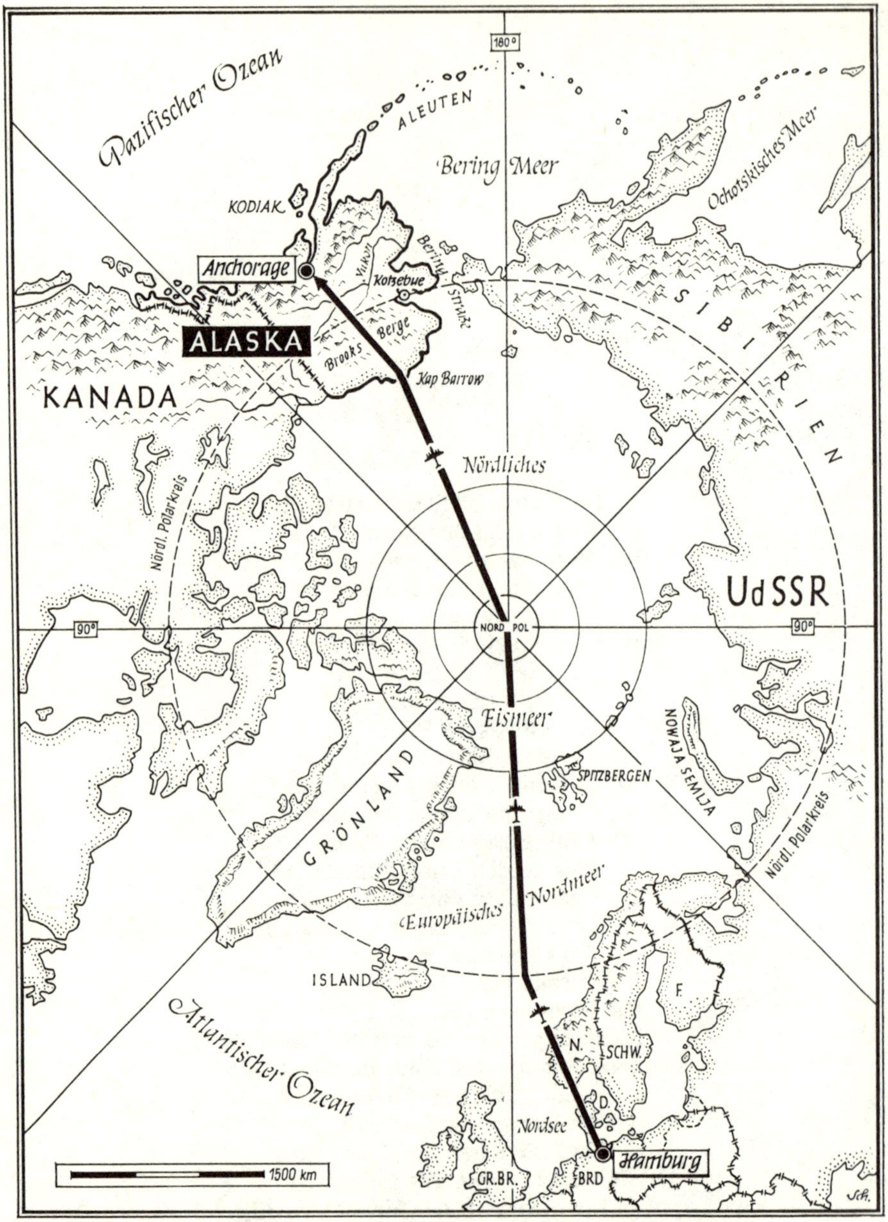

Wenn man die Weltkugel von oben betrachtet, wird offensichtlich, daß der kürzeste Weg nach Alaska über das Nördliche Eismeer führt. Aber nicht immer wird hierbei der Nordpol selber überflogen, die Flugroute richtet sich nach dem jeweils herrschenden Wetter.

Darf ich vorstellen: Alaska!

den 49. Staat der Vereinigten Staaten
von Nordamerika.
Er ist siebenmal größer als die Bundesrepublik,
hat aber nicht viel mehr als 300 000 Einwohner,
von denen rund drei Viertel
im Bereich der zwei größten Städte leben.

Der Rest des riesigen Landes ist so gut wie menschenleer. Auf zehn Quadratkilometern lebt im groben Durchschnitt nur ein Bewohner, bei uns drängen sich auf gleicher Fläche etwa dreitausend Bundesdeutsche zusammen. Die endlose Weite der unberührten Wildnis von Alaska ist für mitteleuropäische Begriffe kaum vorzustellen. Man könnte wochenlang in der gleichen Richtung wandern, ohne jemals auf Straßen oder Siedlungen zu stoßen, ohne auch nur der Spur von Menschen zu begegnen. Wollte man auf einer Landkarte jene Stellen eintragen, wo Natur und Wälder von Menschenhand angekratzt sind, wären das nur hauchdünne Striche und Punkte, so klein wie Nadelstiche, inklusive der Pipeline, der Ölfelder im hohen Norden und der neuen Straße dorthin. Soviel man auch von den Ölfunden, ihren Folgen und Notwendigkeiten hört, liest und am Glotzkasten sieht, hat sich in der nordischen Einsamkeit so gut wie nichts geändert.

Ebenso wie in Skandinavien sind auch zwei Drittel Alaskas von Wäldern bedeckt. Aber dort sind es noch richtige Urwälder, unberührt von Axtschlag und Motorsäge.

Alaska, 49. Staat der USA, ist an Ausdehnung bei weitem der größte aller amerikanischen Staaten. Sehr zum Kummer der Leute von Texas, die damit ihren Rang verloren.

Schon der Name Alaska klingt irgendwie kalt und weiß, man vermutet ein Land aus Eis und Schnee. Auch hat man oft gehört, daß dort die Eskimos leben und sich jeder zu Tode friert, der nicht in dicke Pelze gehüllt einhergeht. Aber in Wirklichkeit ist das nur halb so schlimm, Alaska hat etwa das gleiche Klima wie Ostpreußen oder Skandinavien, ist also recht warm im Sommer, hat einen schönen, langen Herbst und danach vier bis fünf Monate harten, ehrlichen Winter. Da allerdings sinkt die Temperatur auf 30–40 Grad unter Null. Aber

im Juli und August, da kann das Thermometer am Yukon bis über 40 Grad Celsius ansteigen, was geradezu äquatorial erscheint.
Im übrigen ist die Variation in einem so großen Land zu bedenken, das von seiner ganzjährig eisfreien Südostküste mit ihrem relativ warmen Japanstrom bis weit hinauf über den Polarkreis reicht. Dementsprechend verschieden ist auch das jeweilige Klima und die dazugehörige Vegetation. Von dichtbemoosten Regenwäldern bis zur baumlosen Tundra ist jede Abwechslung vorhanden, die sich nur denken läßt. In Alaska erheben sich die 14 höchsten Berge Nordamerikas, dort grünen die schönsten Prärien und steigen die steilsten Küsten empor. Alaska hat mehr Vulkane als jede andere Region der Welt, und die größten Gletscher der Erde befinden sich in diesem unvergleichlichen Land. So reich an Fjorden, Halbinseln und Vorgebirgen ist Alaska, daß seine Küstenlänge 35 000 Kilometer beträgt. Die meisten und weitesten Naturschutzgebiete liegen in diesem, dem 49. Staat der USA. Eine Vielfalt der Landschaft, die kaum zu glauben ist. Mächtige Ströme, unzählbare Seen, man freut sich an lieblichen Gefilden und erschrickt vor schrecklichen Klüften. Heiße Quellen laden zum Bade, mit Getöse stürzen Lawinen zu Tal. Auf tausend dunklen Teichen schimmern blühende Seerosen, ohne daß je ein menschliches Auge sie erblickt.
Eine Unmenge von wilden Tieren gibt es in Alaska, die an Wucht und Größe ihresgleichen auf Erden nicht finden. Kein Grizzly ist grimmiger als der alaskanische Grizzly, keiner mächtiger als der Kodiak-Bär, nirgendwo schiebt der Elch ein stärkeres Geweih. Weiße Wildschafe und seidenbehaarte Schneeziegen beleben die Berge, unzählbare Herden der Karibu durchwandern die Tundra, Luchse und Wölfe hausen in den Wäldern. Bisons weiden in der Prärie, Moschusochsen stehen auf den arktischen Inseln, und Eisbären bevölkern die kalte Küste. Seeotter und Walrosse planschen in den Buchten, Walfische durchpflügen das Meer, zwei Millionen Pelzrobben leben auf den Pribiloffinseln. Es ist heute besser denn je um sie bestellt, denn für keine der Arten ist Ausrottung zu befürchten. Ganz im Gegenteil vermehren sich die meisten.
Auch die eigentlichen Kinder des Landes, nämlich Indianer, Eskimo und Aleuten, nehmen wieder zu, schneller als die Weißen, rascher noch als die Chinesen. Der Segen des Erdöls hat sie zu reichen Leuten gemacht. Aber dessen Unsegen hat viele jener Eigenschaften vernebelt, die man an ihnen hochgeschätzt hat.
Ein Land ist Alaska, wie es schöner, gesünder und erfrischender kaum gedacht werden kann. Zu 99 Prozent ist die Natur noch heute so, wie sie Gott geschaffen hat. Abseits der wenigen Wege wurde bisher noch keine Reisegruppe des organisierten Tourismus gesehen. Die Alaskaner selbst, rund 80 Prozent sogenannte Weiße und 20 Prozent der ursprünglichen ALASKANER, konzentrieren sich mitsamt dem Handel und Wandel, dem Fremdenverkehr und dem gesamten Ölbetrieb auf nur wenige Ballungsgebiete. Schon ein Blick auf die Karte genügt, zu erkennen, daß jene relativ stark besiedelten Flecken im Vergleich

zur riesigen Ausdehnung von Alaska gar nicht zählen. Lassen Sie jene Leute ruhig reden, schreiben und fernsehberichten, die immer alles besser wissen, in Wahrheit wissen sie weniger als nichts. Nur zu Fuß und vielleicht im Boot erkennt man die wirkliche Wildnis. Flugzeuge, Autos und Straßen, Hotelhallen, Bars und Reisebüros sind dafür nicht die passenden Vermittler. Als vor nun zwölf Jahren die erste Ausgabe dieses Buches erschien und gleich riesengroßes Interesse fand, war ich erst zum zweiten Male in Alaska gewesen. Nun liegt schon der achte alaskanische Aufenthalt hinter mir. Dies allein wird Ihnen beweisen, daß ich wohl lebenslänglich vom Alaska-Fieber gepackt bin. Jedem Freund der freien Natur wird es so gehen, dem Jäger und Fischer, dem Camper, dem Wanderer und Bergsteiger. Alle Freunde des Lagerfeuers am rauschenden Wildbach, alle Liebhaber der unbefleckten Wildnis werden vom alaskanischen Virus befallen, wenn sie nur einmal mit Sack und Pack, mit Büchse, Kamera oder Angelzeug in diese grandiose Welt eingetaucht sind. Ich habe Sie gewarnt!

Wollen Sie es dennoch wagen, liegt die bezaubernde Wildnis nur etwa acht Stunden von hier entfernt.

Also besteigen wir den großen Düsenvogel, lassen uns in einen weichen Sessel fallen und fliegen übers Dach der Welt hinweg.

Unten liegt der Nordpol

Hier wird Geschwindigkeit zur Hexerei. Wer um ein Uhr mittags in Hamburg absaust, kann noch am gleichen Tag sein Frühstück in Alaska einnehmen. Für den einfachen Verstand ist das nicht zu fassen. Man muß schon gut aufgepaßt haben in der Schule, um dieses Rätsel zu lösen. Hängt es doch mit geradezu astronomischen Dingen zusammen, mit der Drehung unserer Erde nämlich und dem Stand der Sonne. Man fliegt ihr schneller entgegen, als sich die Welt um ihre Achse bewegt. Beim Heimflug ist das umgekehrt, da kommt man einen Tag später an und war doch nur acht Stunden in der Luft.

Nur friedliche und freundliche Leute saßen in der Maschine, die von Paris nach Tokio eilte. Die charmanten Stewardessen hatten fast nichts zu tun. Kein Kind war an Bord, das sich erbrach, und keine ängstliche Dame war zu beruhigen. Das gewaltige Flugzeug lag so ruhig in der Luft wie ein Brett auf dem Swimming-pool. Von dem furchtbaren Getöse seiner vier Triebwerke war nichts zu hören. Weshalb ich annahm, daß wir bedeutend schneller flogen als der Schall.

Im Lautsprecher hatte uns der Pilot dreisprachig versichert, daß wir nun zwölftausend Meter erreicht hatten und sie bis auf weiteres beibehielten. Genau die gleiche Angabe flüsterte auch die mandeläugige japanische Stewardeß ins Mikrofon, wozu sie viel länger brauchte als der Pilot. Denn als minderes weibliches Wesen mußte sie jede Ansage mit einer Unmenge von höflichen Redensarten verbrämen. Weil ich diese blütenreiche Sprache verstehe und für die wohlerzogenen Frauen Japans viel übrig habe, gefiel mir das sehr. Von den drei mitreisenden Japanern, die schon an ihren vielen Fotoapparaten als solche erkenntlich waren, konnte man annehmen, daß sie auch Englisch oder zumindest Deutsch verstanden. Denn sie staunten schon bei der ersten Ansage.

Also waren wir jetzt höher, etwa 2500 Meter höher als der Gipfel des Mount Everest. Wenn man bedenkt, welche Mühe sich Sir Edmund Hillary gegeben hatte, um nur auf dessen 8600 Meter zu gelangen, wurden uns diese zwölftausend wirklich leichtgemacht.
Wir saßen oder lagen in weichen Polstern, wurden wohlig erwärmt und ständig von schönen Mädchen nach unseren Wünschen gefragt. Nur schade, daß es die gute Erziehung verbot, die Wünsche alle zu nennen.
Drunten lag im dunkelsten Blau die wetterwendische Nordsee. Ein Schiff, das sich dort im Schneckentempo seiner wenigen Knoten durch die Wellen plagte, wirkte von unserer himmlischen Höhe herab so klein wie eine Nadel vom Weihnachtsbaum, konnte aber doch ein Riesenfrachter sein.
Zum Déjeuner (Mittagessen sagt man so hoch droben natürlich nicht) gab es zunächst eine Menükarte. Sie war so groß wie eine Steuererklärung, aber aus edelstem Karton, mit seidener Kordel versehen und zeigte auf der Außenseite eine verlockend schöne Malarbeit des Fujiyama. Man sah darauf Seine Schneebedeckte Majestät durchs Gezweig blühender Kirschbäume, was in Wahrheit zu gleicher Zeit gar nicht möglich ist. Die Maschine flog eben bis Japan, und dort versteht man sich auf den Effekt touristischer Werbung.
Nicht weniger als sechs appetitliche Gänge wies die Speisenfolge im Innern der Menükarte auf. Doch wurden sie auf einem Tablett aus Plastik serviert, die Portiönchen so klein und niedlich, daß nur die bekannte Kirchenmaus damit ausgekommen wäre. Doch das gewinnende Lächeln der wohlgeformten Stewardessen machte alles wieder gut.
Zum Dessert überquerten wir den glitzernden Buckel von Grönland, der größten Insel auf unserer Welt. Zweitausend Meter dick soll das ewige Eis dort über dem felsigen Grund liegen. Das Wetter war klar und schön, wie auf einer Landkarte lag drunten die grönländische Küste ausgebreitet. Deutlich konnte ich den Scoresby-Sund erkennen. Schon bald war das Ende der vereisten Rieseninsel erreicht.
»Da unten war ich stationiert«, eröffnete mir ein kräftig gebauter Mensch, der vor mir saß. Eifrig zeigte er auf ein schwärzliches Felsgebilde, das sich in die eisschollenbedeckte See vorschob. »Das Kap Alert ist das, die Nordspitze von Ellesmere-Land . . . überhaupt das letzte Land vor dem Pol. Wir haben dort eine Radarstation, und zwei Jahre lang habe ich dazugehört.«
Mit »wir« meinte er gewiß die Amerikaner. Die scheuen ja weder Mühe noch Kosten, um das Dach der Welt im Auge zu behalten. Vergißt man doch bei uns nur allzu leicht, daß der nächste Luftweg von Rußland nach den USA über den Nordpol führt. Umgekehrt natürlich auch.
»Und wie war's dort?« fragte ich ihn.
»Eigentlich ganz nett, wir hatten alles, was man so braucht, nur meine Frau habe ich manchmal vermißt. Leider gab es zum Nachtisch dauernd Ananas . . . immer nur Ananas! Das hält auf die Dauer kein Mensch aus. Irgend jemand

hatte nicht aufgepaßt, als die Verpflegung verladen wurde. Seitdem kann ich keine Ananas mehr sehen, und jetzt haben sie mich ausgerechnet nach Hawaii versetzt!«

Das mußte sehr bitter sein für den Mann.

Es war jetzt Hochsommer, genauer gesagt der 15. August. Sogar das Eismeer richtete sich danach und quittierte die warme Jahreszeit durch Sprünge in seiner weißen Decke. Von zwölftausend Meter Höhe sah das aus wie ein unregelmäßiges, vielgeflicktes Haarnetz, das jemand auf ein weißes Tischtuch geworfen hatte. Wie aber Polarforscher berichten, sind diese Spalten breit wie Flüsse.

Die Stewardessen verteilten illustrierte Zeitschriften in fünf verschiedenen Sprachen. Damit wir uns nicht langweilten. In allen waren die gleichen Bilder von einer Flugzeugkatastrophe zu sehen mit vielen verkohlten Leichen. Siebenundneunzig Tote hatte es dabei gegeben. Wir aber waren mit der Besatzung etwa die gleiche Zahl von Personen an Bord.

Da knallte es im Heck dreimal kurz hintereinander. Wir fuhren schreckhaft zusammen. Doch bestand keine unmittelbare Gefahr, der Steward hatte nur ein paar Sektflaschen entkorkt. Und zwar recht ungeschickt, denn wenn das richtig gemacht wird, darf es nicht knallen und friedliche Passagiere erschrecken.

»Meine Damen und Herren, wir überfliegen soeben den Nordpol«, meldete jemand im Lautsprecher, »wir erlauben uns daher, Ihnen ein Glas Champagner zu servieren.«

Natürlich war das Champagner und kein Sekt, denn wir flogen mit einer französischen Linie.

Und schon kamen die schmalhüftigen Damen angeschwärmt und boten lächelnd das spritzige Getränk auf Kosten der Werbung. Unser Glas in den Händen, schauten wir alle nach unten. Es sah dort nicht anders aus, als überall sonst das endlose Eismeer aussah. Die weiße Decke schimmerte im Sonnenlicht, das Netz der offenen Kanäle blinkte schwarz. So weit man sehen konnte, und das war von dieser Höhe sehr weit, zeigte sich das gleiche monotone Leichentuch einer kalten, abweisenden Welt.

»Ist ja gar nicht wahr«, klärte mich mein Vordermann auf, »wir sind mehrere hundert Meilen vom Pol entfernt. Die Leutchen wollen sich nur interessant machen.«

Er zeigte mir seine Karte, worauf der nautisch erfahrene Mann einen geraden Strich von Kap Alert bis nach Point Barrow gezogen hatte.

»Da sehen Sie's ja, das hier ist unsere Flugstrecke. Bei dem guten Wetter weicht der Pilot nicht von der kürzesten Route ab. Unseretwegen machen die bestimmt keinen Umweg über den Pol. Und der liegt da . . . ein paar Grade nach steuerbord.«

Ich fragte ihn, ob es dort anders wäre als hier drunten, was er kopfschüttelnd verneinte.

So tat ich das gleiche wie die meisten Passagiere und fotografierte nach unten. Tatsächlich hat noch niemand, dem ich meine Polfotos zeigte, zu behaupten gewagt, es sei nicht der Nordpol.

Zum Dinner (denn Abendessen sagt man nicht so hoch oben) war die Menükarte mit dem Arc de Triomphe in Paris verziert und kündigte sieben verschiedene Gerichte an. Zum Trost für deren Kleinheit gab es wieder Champagner. Weil nämlich nicht alle Plätze vergeben waren und natürlich die Besatzung keinen Alkohol trinken darf, war vom Pol-Schluck noch einiges übrig. Eine ganze Menge sogar, weshalb wir in recht gute Stimmung gerieten. Da ich der niedlichen Japanerin in ihrer eigenen Sprache formvollendet zu danken vermochte, wurde ich besonders verwöhnt.

Der kräftiggebaute Mann vor mir sah das nur ungern.

»Hei, meine Kirschblüte, und wo bleib ich?« beschwerte er sich im Ami-Tonfall des Jahres 1945, erntete aber nur einen schon sehr kühlen Blick aus allerliebst geschlitzten Augen.

»Sorry, Sir, Flaschen nun alle ganz leer.«

Da kaufte er sich eine volle auf eigene Kosten.

Vor uns lag nun ein hellgrüner Strich am Horizont, die Küste von Alaska. Dieser vegetative Schimmer überraschte mich, denn als ich Mitte Mai vorigen Jahres nach Japan flog, hatte man das feste Land nicht vom festen Eis unterscheiden können. Es war alles gleichermaßen weiß gewesen. Nun also war des Sommers belebende Wärme bis zur arktischen Küste gelangt, und die Tundra grünte, so gut sie es vermochte.

Die arktische Steppe, hier »Barren Grounds« genannt, war völlig schneefrei. Unzählige Teiche und Tümpel von schwarzbrauner Farbe lagen in dem endlosen, trostlosen Lande verstreut. Träge Flüsse schoben sich in bizarren Windungen dem Meere zu.

Was mich schon beim letzten Flug so sehr fasziniert hatte, kam nach knapp zwanzig Minuten in Sicht, die Brooks-Berge nämlich.

Das ist ein Gebirge von alpiner Ausdehnung und Höhe, mit schroffen Rücken und tiefklaffenden Tälern. Eine Gipfelkette folgt der anderen, zackig anzusehen und von unglaublicher Wildheit. Niemand fühlt sich dort wohl, außer einer Handvoll der geheimnisumwitterten Inlandeskimos, deren Existenz erst in den zwanziger Jahren dieses Jahrhunderts entdeckt wurde. Sie lebten noch im Zustand der Steinzeit. Bis heute ist das Gebirge noch nicht durchforscht und lediglich aus der Luft kartographiert. Nur ein hochalpiner Enthusiast, der bald danach an Überanstrengung zugrunde ging, hat je versucht, die höchsten Brooks-Berge zu besteigen. Die meisten Täler hat noch keines weißen Mannes Fuß betreten. Wie es dort drinnen aussieht, konnte noch niemand berichten. Schneeziege, Wildschaf und Karibu, Grizzly und Wolf sind ungestörte Bewohner dieser phantastischen Wildnis geblieben, was sich auch in Zukunft kaum ändern dürfte. Eines Tages mußte ich die Möglichkeit finden, in diese Welt ein-

zudringen. (Und habe sie bei der letzten, gerade eben abgeschlossenen Reise gefunden.)
»Kennen Sie schon die Geschichte von dem Eskimomädchen am Yukon?« erkundigte sich mein Vordermann, denn wir flogen gerade über Alaskas größten und mächtigsten Strom.
»Meinen Sie die mit dem Mann aus Texas und seinem Lasso?«
Er schien enttäuscht, daß ich sie kannte. Aber ich war ja schon zu oft in Alaska gewesen, und schon in den ersten Tagen pflegt man dort jedem Fremden das kuriose Histörchen von jenem Texaner zu erzählen, der so gerne ein Alaskaner sein wollte, weil das ja nun der größte Staat der USA geworden war. Man stellte ihm drei Bedingungen. Er sollte eine Whiskyflasche leeren ohne sie abzusetzen, dann einen Grizzly mit dem Lasso einfangen und zum Schluß ein Eskimogirl verführen. Das mit der Whiskyflasche machte ihm keine Schwierigkeiten, nur wurde er etwas verwirrt davon. Als er von seiner zweiten Bedingung zurückkam, war aber der arme Mann übel zerkratzt und seine Kleider zerrissen. Lallend wollte er wissen, wo nun das Eskimomädchen sei, das er mit dem Lasso fangen sollte.
Kaum hatten wir diesen kleinen Scherz den übrigen Passagieren mit schallendem Erfolg berichtet, da tauchte zu unserer Linken das weiße Wunder des Mount McKinley auf, der mit seinen 6240 Metern alle übrigen Gipfel ganz Nordamerikas überragt. Ein wahrer Götterthron ist dieser Berg, auf ewig in blendendweißen Schnee gehüllt. Im Vorjahr waren bei seiner Besteigung zwei Leute umgekommen.
Das Land wurde flacher und war mit Wäldern bedeckt, deren Ende nirgendwo abzusehen war. Nichts Schöneres und Beglückenderes läßt sich für den Freund jungfräulicher Natur denken als diese unvorstellbar weite, völlig unberührte Wildnis. Keine Straße, kein Schienenstrang durchteilt sie, kein Haus, kein Rauch, keine Rodung ist zu erblicken. Nichts als dunkle Wälder und blanke Seen, hundert . . . zweihundert . . . fünfhundert, ja sogar tausend Kilometer weit und breit. In diesem Waldmeer unterzutauchen, war schon in jüngsten Jahren mein Traum gewesen, und nun sollte er sich wieder erfüllen.
Unser Riesenvogel zog eine weite Kurve, donnerte über die verstreuten Dächer von Anchorage und ging sanft auf der meilenweiten Startbahn nieder. Ich war der einzige Passagier, der hier die Maschine verließ. Niemand sonst hatte Geschäfte, Vergnügungen oder gar Verwandte, denen er sich in Alaska widmen wollte.
Jimmy Anderson hat immer und überall die besten Beziehungen, so auch hier am Flugplatz. Für ihn gibt es nirgendwo eine Sperre. Also stand er schon am Fuße des Fallreeps und grinste mir entgegen.
»Na also, da bist du ja«, sagte er.
In der Tat bestand hieran kein Zweifel.

Wer hätte das von Alaska gedacht

Mitte Mai war es gewesen, als ich zum erstenmal in dieses Land gekommen war und gleich begriff, daß man es verunglimpft hatte, was sein Klima betraf. Denn niemand trug einen Mantel im Mai. Eine Woche nur konnte ich damals bleiben, aber sechs Tage lang von diesen sieben schien die Sonne gar herrlich vom Himmel, und in den Anlagen blühten die Blumen. Alle weiblichen Wesen gingen in Sommerkleidchen, und die Kinder spielten im Garten. Es war nicht anders als ein schöner Frühlingstag in unseren Breiten. Und so würde es, versicherten mir die guten Leute, bis Ende September bleiben.

Und das stimmte auch. Denn beim nächstenmal blieb ich vier Monate und kann bezeugen, daß es sogar im Oktober noch Tage gibt, da man sich ohne Pelz und Wolle im Freien bewegen kann. Wenn trotzdem behauptet wird, Alaska sei ein bitterkaltes Land, so ist das eine glatte Verleumdung. Ich möchte nur wissen, wer dieses Märchen aufgebracht hat.

Die gesamte Südostküste, ja selbst die Gewässer der Aleuten bleiben das ganze Jahr über eisfrei, dank der leicht geheizten Fluten, die der sogenannte Kurosiwostrom aus der Südsee heranführt. Der erste Schnee fiel in Anchorage zwar Anfang November, so richtig bitterkalt wurde es jedoch nicht vor Dezember. Erst dann holt man die eigentlichen Wintersachen aus den Schränken.

Die Alaskaner haben eine Kleidung entwickelt – oder den Eskimos abgeschaut –, die wirklich vor jeder Kälte schützt. Da gibt es nicht nur Jacken, sondern auch Hosen aus gesteppten Nylon mit Daunen gefüllt und mit Wolle gefüttert. Der Kragen ist zu einer warmen Kapuze verarbeitet, die man sich über den Kopf ziehen kann. Eingefaßt mit einem Kranz aus Wolfspelz schützt sie das Gesicht auch gegen die eisigsten Winde. An den Füßen trägt man hohe, gefütterte Stiefel. All das hält behaglich warm, man kann sich darin ebenso leicht bewegen wie in sommerlichen Sachen. Vom alaskanischen Winter ist wirklich nichts zu befürchten. Weniger als bei uns jedenfalls, wo man auch bei schärfstem Frost in Halbschuhen und mit ungeschützten Ohren durch die Straßen läuft.

Es gibt viele Leute in Alaska, die ihren Winter für die schönste Jahreszeit halten. Hat die große Kälte erst begonnen, so ist es immer trocken und kann nicht mehr regnen. Die Luft ist meistens windstill und der Himmel klar. Man läuft Ski und durchquert die Wildnis im Hundeschlitten, was heutigentags meist zum Vergnügen geschieht, nicht mehr wie früher aus zwingender Notwendigkeit. So haben jetzt scheußliche Motorschlitten bis auf wenige, aber rühmliche Ausnahmen den einmalig schönen, sportlichen, wildromantischen Hundeschlitten verdrängt. Im Winter sind Flüsse, Sümpfe und Seen kein Hindernis. Ganz im Gegenteil, die großen Ströme sind zu Schlittenbahnen geworden, und die Flugzeuge, mit Schneekufen versehen, können überall landen.

Tiefer im Hinterland und höher im Gebirge setzt der Winter natürlich viel früher ein, droben an der Eismeerküste dauert er mindestens sieben Monate lang. Deswegen steht aber das Leben nicht still, man stellt sich nur entsprechend früher auf Schnee und Kälte ein. Wie ausgezeichnet es die Leute in diesen Breiten verstehen, muß man gesehen haben.

Alaska ist eine Gegend, in der sich wunderbar leben läßt, und zwar zu jeder Jahreszeit. Aus eigener Erfahrung kann ich bezeugen, in diesem Land niemals gefroren zu haben. Meine kältesten Nächte verbrachte ich nicht dort, sondern im Fremdenzimmer meiner Tante in Neapel. Denn das war nicht heizbar, und niemand war darauf eingerichtet, einer Kältewelle zu begegnen.

Betrachtet man nur die nackten Zahlen der Demoskopie, so steigt auch in Alaska die Bevölkerung langsam an. Doch gilt das nur für die wenigen Städte, zu denen alles hindrängt. Selbst die Indianer und Eskimos folgen dem modernen Sog in die Stadt. Längst verlassen sind die alten Goldgräberstädte, das einst so turbulente Dawson-City, Klondike, Fort Yukon und wie sie alle heißen.

Auch die meisten Kupferminen und einstigen Zentren des Pelzhandels hat man aufgegeben, weil sich die guten Dollars in den Städten viel bequemer verdienen lassen. Sogar kleine Bahnstrecken, die dorthin führten, wurden wieder abmontiert. Gar mancher alte Flußhafen liegt heute verödet, und wo einst die Trails der Hundeschlittenpost durch die Wildnis führten, verfallen die Blockhäuser. Also darf man sich vom Zuwachs der Bevölkerung nicht täuschen lassen, der kommt im großen ganzen nur Anchorage und Fairbanks, neuerdings auch der ölreichen Northslope und Valdez, dem Endpunkt der Pipeline, zugute. Selbst Juneau, die offizielle Hauptstadt, macht mit ihren ungefähr 15000 Einwohnern einen recht kleinstädtischen Eindruck. Weil gleich hinter dem engen Ort steile Berge ragen, ist weitere Ausdehnung gar nicht möglich. Schon ist ein Teil der staatlichen Behörden nach Anchorage übersiedelt, wo eine betriebsame Entwicklung in vollem Zuge ist.

Anchorage ist die größte Stadt des Landes, erst 1914 aus einer Arbeitersiedlung hervorgegangen, die dem Bau der einzigen Bahn gedient hat. Rund 100000 Menschen leben in der Stadt, nochmals ungefähr 50000 im Radius von etwa 50 Meilen um Anchorage herum.
Zweite Stadt des Landes und überhaupt der größte Ort im Innern ist *Fairbanks,* um die Jahrhundertwende aus einem Camp der Goldgräber am Tananariver entstanden. Künstlich hochgepäppelt, ist Fairbanks heute Sitz der Universität von Alaska, Endpunkt der einzigen Bahn, wichtigster Flußhafen, nun auch verbunden mit dem Alcan-Highway und wohlversehen mit weitläufigen militärischen Anlagen.
Etwa 50000 Einwohner bevölkern Fairbanks und seine Umgebung. Weil gerade eben die Ölstraße zur Northslope fertiggestellt wurde, ist Fairbanks ein wichtiges, ein hektisches und sündhaft teures Versorgungszentrum für all die neu entstehenden Installationen an der Nordküste geworden.
Nur dort und in Valdez und noch mehr in Anchorage pulsiert das Leben und wird zügig gebaut. Sonst scheint in allen übrigen Städten, Ortschaften und Siedlungen die Entwicklung stillzustehen. Gäbe es nicht die allzeit latente Spannung mit der UdSSR und läge nicht das Arsenal der sowjetischen Macht im östlichen Sibirien der Halbinsel Alaska unmittelbar gegenüber, so wäre es bis 1973 noch schlecht bestellt gewesen um die wirtschaftliche Lage des 49. Staates der United States. Man lebte weitgehend vom Militär und von dem, was dazugehört. Der Riesenapparat mit all seinen Flugplätzen, Radarstationen und Meldewesen vergab und vergibt sehr willkommene Aufträge. So wurden den Alaskanern schon früher Löhne geboten, die nirgendwo auf der Welt ihresgleichen fanden. Davon zehrt direkt wie indirekt der weitaus größte Teil der Bevölkerung. Der Rest ernährte sich überwiegend vom Transport zu Lande, zu Wasser und in der Luft. Zu diesem Thema schrieb ich vor dreizehn Jahren in der ersten Ausgabe: »Würde eines Tages unser aller Traum in Erfüllung gehen und ein echter Friede auf Erden ausbrechen, für die Alaskaner wäre das geradezu eine Katastrophe. Ihr Lebensstandard würde schlagartig sinken, und ein großer Teil der Menschen müßte nach Süden abwandern. Denn normalerweise gibt es nicht genügend Arbeitsplätze im Lande.«
Aber genau das Gegenteil ist eingetreten, und allein das Öl hat es möglich gemacht. Wie enorm die – an sich den Experten schon bekannten – Vorräte an flüssigem Brennstoff waren, das wurde in seiner ganzen, folgenschweren Bedeutung eigentlich erst 1962 erkannt, im gleichen Jahr, als ich droben an der Morozoff-Bucht den gewaltigen, seitdem nicht mehr übertroffenen Bären erlegt habe. Zwar wurde damals in Anchorage so beiläufig davon geredet, aber alle, wirklich alle Leute sagten, es sei viel zu teuer und technisch viel zu schwierig, diese Ölvorkommen zu nutzen. Doch nach kaum zehn Jahren hat sich die Versorgungslage so drastisch verändert, daß für die Ölbeschaffung nichts zu teuer ist.

Bisher hat sich die alaskanische Industrie nicht gerade weit entwickelt. Noch immer wird der größte Teil des Lebensbedarfs aus den eigentlichen USA importiert, darunter fast alle Nahrungsmittel. Die Landwirtschaft Alaskas ist über lobenswerte Ansätze nicht hinausgekommen. Zwar bestehen Farmen und Felder im Matanuskatal, deren Kohlköpfe und Tomaten gigantische Größe erreichen, aber die Gestehungskosten sind hoch und werden immer höher. Konserven und Gefrierfleisch aus dem Mutterland, den sogenannten »Kleinen Staaten«, sind trotz aller Transportkosten meist billiger als die Landesprodukte.
Am Klima allein liegt das nicht. Die langen Sommertage gleichen die kurzen Wintertage wieder aus. Große Teile des leeren Landes wären für Landwirtschaft durchaus geeignet. Es liegt an den Menschen selbst, die daheim in den USA ja viel geselliger und bequemer leben als auf einsamen Siedlungen in der Wildnis, wo es keine Kinos, Snackbars und Drugstores gibt. Die Zeit der Pioniere ist vorbei, und jener Geist ist erloschen, der einst die jungen Leute Amerikas und so viele europäische Einwanderer dazu trieb, sich den Wilden Westen zu erobern. Hieß es damals »Go West, Young Man«, so war das ein Ruf von magischem Klang, der eine wahre Völkerwanderung auslöste. Genauso könnte es heute heißen »Go North, Young Man!« Nur fehlen die jungen Leute, die sich davon in Schwung bringen lassen. Was eben diesen fehlenden Schwung betrifft, gilt auch für die Ölmänner, die Leute vom Pipelinebau, den Straßenbau und was sonst noch zur Infrastruktur des gewaltigen Ölbooms gehört. Sie alle kommen wegen der vielen Dollar, die dabei zu verdienen sind. Sie arbeiten im Akkord soweit wie möglich, sie arbeiten freiwillig 80 Stunden in der Woche, um baldmöglichst mit prallgefüllter Tasche wieder zu ihren Lieben in den Süden zu fliegen. Wer schon selbst Familie hat, läßt sie daheim und verbringt jeden dritten oder vierten Monat dort, wo er sich zu Hause fühlt. Die hochbezahlte Arbeit geht eines Tages zu Ende. Sind die Bohrtürme, die Pipeline und all das übrige Milliarden-Dollar-Zubehör fertig, in fünf Jahren spätestens, braucht man für den eigentlichen Betrieb nur noch relativ wenige Leute. So wäre der Wunsch, ständig in Alaska zu bleiben, nicht wohlüberlegt, sondern für die künftige Existenz geradezu gefährlich.
Nach dem Urteil von Experten, denen man kaum widersprechen darf, könnte Alaska mindestens ebenso viele Menschen ernähren wie Schweden, Norwegen und Finnland zusammengenommen, also rund 14 Millionen. Es sieht aber nicht so aus, als würde es jemals dazu kommen.
Wie schon gesagt, fehlen die jungen Leute mit dem Pioniergeist der alten. Bäume fällen, eine Lichtung roden, einen starken und hohen Zaun gegen das Wild errichten, mühsam Felder und Äcker anlegen, ein Blockhaus bauen und so weiter ist – begreiflicherweise – nichts mehr für diese und wohl auch die kommende Generation. Und wer dies als äußerst seltene Ausnahme wirklich noch wollte, bekommt nicht mehr das Land dafür!

Bis 1969, als das Land »eingefroren« wurde, war das noch anders. Da erhielt jeder siedlungswillige Amerikaner, auch wenn er gerade erst die Staatsangehörigkeit erworben hatte, bis zu dreißig, mitunter sogar hundertsechzig Morgen Land seiner eigenen Wahl so gut wie umsonst von der Regierung. Jetzt aber kann er freies Land für kein Geld der Welt mehr bekommen.
Aus und vorbei der Traum. Alles bis vor kurzem herrenlose Land gehört nach dem Native Land Claim Act von 1971 entweder den Eingeborenen oder bleibt für Zwecke des Staates reserviert. So und nicht anders hat es sich aus dem Ölboom ergeben. Später komme ich noch darauf zu sprechen.
Wenn es also fragwürdig ist, ob die derzeitige Vermehrung des weißen Bevölkerungsteils in Alaska in gleichem Maße anhält, weil ja die glänzenden Verdienstmöglichkeiten (aber nur für Facharbeiter) nicht lange so bleiben werden, besteht kein Zweifel an der schon erwähnten Vermehrung der Eskimos, Indianer und Aleuten. Hat man bei uns immer wieder gehört und gelesen, daß dies »aussterbende Rassen« seien, durch Degeneration, Alkohol und eingeschleppte Krankheiten zum Volkstod verurteilt, so ist genau das Gegenteil richtig. Die erschreckend hohe Sterblichkeit dieser Urvölker liegt schon über ein Menschenalter zurück. Das »Amt für Eingeborene« hat Anstrengungen gemacht und Erfolge erzielt, die man gar nicht genug rühmen kann. Enorme Mittel hat die amerikanische Regierung aufgebracht und sehr viele tüchtige Menschen eingesetzt, um die Sünden wiedergutzumachen, die Russen wie Amerikaner hundertfünfzig Jahre lang an den angestammten Herren des Landes begangen hatten. Schulen und Hospitäler, Lehrgänge, Mütterheime und Funkstationen wurden für die Eingeborenen geschaffen. Der gesamte Gesundheitsdienst und jeglicher Unterricht ist für die Eingeborenen kostenfrei. Sie haben nicht nur die gleichen Rechte, sondern mehr Rechte als die weiße Bevölkerung, vor allem was die Jagd und den Landerwerb betrifft. Eskimos und Indianer sitzen im Parlament von Alaska, sind auch in jeder Stadtverwaltung vertreten. Die Alten und Kranken, die Arbeitslosen und Nichtarbeitsfähigen erhalten die gleichen Renten wie ihre amerikanischen Kollegen.
Indianer, Eskimos und Aleuten nehmen relativ weit schneller zu als die weiße Bevölkerung, was übrigens nicht nur für Alaska, sondern für ganz Nordamerika gilt. Die Eingeborenen Alaskas, ursprünglich selber Einwanderer vom asiatischen Kontinent, haben während der letzten Generation einen Zuwachs von etwa 30 Prozent erlebt. Man zählt heute rund 28 000 Eskimos, 18 000 Indianer und 3800 Aleuten, dazu noch etwa 1000 Konaks auf den Inseln Kodiak und Afognak. Allerdings sind in diesen Zahlen auch die Mischlinge einbezogen. Damit stellen die Ureinwohner rund ein Fünftel der gesamten Bevölkerung dar.
Die Stadt Nome an der Beringstraße, von Weißen gegründet und anfangs nur von Weißen bewohnt, hat heute eine Eskimomehrheit. Auf den Pribiloffinseln gar stehen 600 Aleuten einer weißen Minderheit von knapp vierzig Personen

gegenüber. Im Südosten Alaskas sowie am Yukon gibt es noch immer Dörfer und Landstriche, die nur von Indianern bewohnt sind.
Ein Kuriosum besonderer Art ist das Indianerdorf Tyonek am Cook-Inlet, nur 20 Flugminuten von Anchorage entfernt. Der dortige Häuptling ist seiner Herkunft nach Hawaii-Insulaner und nicht der einzige seiner Rasse in diesem merkwürdigen Land. Es gibt noch andere Alaskaner, deren Vorfahren aus der Südsee stammen. Zur Zeit der großen Waljagden holten sich die Kapitäne ihre seetüchtige Mannschaft gerne von den sonnigen Inseln Hawaiis und boten diesen geübten Fischern damit Gelegenheit, den feuchten Reichtum in den Gewässern von Alaska zu erleben. Hernach ließen die braunen Söhne der Südsee ihre Frauen kommen oder heirateten in die indianischen Dörfer ein. Als tüchtige Fischer und Bootsführer kamen sie bald zu Ansehen und Verdienst. Im übrigen beweist das Gedeihen dieser Tropenleute, wie gesund das Klima Alaskas sein muß. Auf der kanadischen King-William-Insel, die neun Monate des Jahres vom ewigen Eis umschlossen wird, machte ich 1967 die Bekanntschaft eines uralten Fidschiinsulaners, der in seiner Jugend als Walfänger von seiner Südseeheimat dorthin gekommen war. Freiwillig war er geblieben, hatte sich zwei Eskimofrauen zugelegt und bei guter Gesundheit ein sichtbar hohes Alter erreicht.
Wie man weiß, gehörte Alaska zunächst den Russen. Um 1750 kamen sie als Pelzjäger zu den Aleuten und gründeten 1788 auf der Kodiakinsel ihre erste Niederlassung. Achtzig Jahre später wurde »Russisch-Amerika« vom Zaren Alexander II. an die Vereinigten Staaten verkauft. Im Kreml rauft man sich noch heute die Haare über das schlechte Geschäft. Denn sage und schreibe nur *siebeneinhalb Millionen* Dollar zahlten die Amerikaner dafür, knapp 20 Mark für den Quadratkilometer, nicht einmal 20 Pfennig pro Hektar! Heute bringt allein der Fischfang jedes Jahr den ganzen Kaufpreis doppelt und dreifach herein, gar nicht zu reden von den 140 Dollarmillionen puren Goldes, das man um die Jahrhundertwende aus den Flüssen holte. Und zu allem Überfluß neuerdings noch das Öl.
Fast neunzig Jahre lang wurde das so billig erworbene Land von Washington aus verwaltet, erst wie eine halbvergessene Kolonie, dann als Territorium mit beschränkten Rechten. Seit 1959 ist es nun ein gleichberechtigter Staat der Vereinigten Staaten. Mit der Bundesstaatlichkeit waren aber nicht alle Leute in Alaska einverstanden, etwa ein Viertel wählte dagegen!
Als seinerzeit Fürst Maksutoff, der letzte russische Gouverneur, am 18. Oktober 1867 die Zarenfahne auf dem Flaggenmast seines Holzpalastes in Sitka niederholte, lebten nicht mehr als tausend Russen in dem riesigen Land. Immerhin waren bereits alle Bewohner der Aleuten sowie die damals erreichbaren Eskimos und die meisten Indianer an der Küste christianisiert, und zwar russisch-orthodox. Priester aus Moskau und St. Petersburg walteten ihres Amtes, predigten auf russisch und lasen die Liturgie im uralten Kirchensla-

wisch, das niemand außer ihnen verstand. Allenthalben waren typisch russische Kirchen mit ihren Zwiebeltürmen entstanden. Die Küstenbewohner lebten in Blockhäusern russischer Bauart, und wer es zu bescheidenem Wohlstand gebracht hatte, besaß als bestes Stück seinen Samowar und hatte sich an Tee gewöhnt.

Daran hat sich in den kleinen, entlegenen russischen Gründungen bis zum heutigen Tag nicht viel geändert. Gelangt man auf die abseitigen Aleuten oder nach Belkofski, nach St. Michael oder Eklutna, glaubt man sich in altrussische Dörfer versetzt. Die Eingeborenen leben ganz im gleichen Stil wie zur fernen, alaskanischen Zarenzeit. Die orthodoxen Kirchen sind gut besucht, der Pope liest noch immer die alten Schriften in Kirchenslawisch und zelebriert mit Altargeräten, die ein Zar gestiftet hat. Im Herrgottswinkel der grauen, niederen Hütten brennt ein Lämpchen unter dem Ikon, der einst durch ganz Sibirien gewandert ist.

Von den Russen selbst blieben damals nur hundertfünfzig Familien im Lande, die sich eifrig vermehrten und deren Nachkommen teilweise noch Russisch sprechen. An die Herrschaft des moskowitischen Pelzhändlers denken die Indianer nicht gern zurück. Denn die sandten Kosaken aus, um mit brutalen Methoden den »Yassack« einzutreiben, eine Sondersteuer an wertvollem Pelzwerk. Das ist nun schon über hundert Jahre her, aber »Kosak« ist immer noch als beliebtes Schimpfwort im Gebrauch.

Es gibt auch norwegische Siedlungen in Alaska, vorzugsweise in den tiefen Fjords des Südostens. Dort gleicht die alaskanische Küste der norwegischen wie ein Auge dem anderen. Die Norweger können in Alaska wirklich kein Heimweh bekommen, leben und fischen sie doch ganz wie daheim, tragen an Festtagen ihre alte Tracht und sprechen ihren heimatlichen Dialekt.

Der Walfang tat ein übriges, um seinerzeit Leute verschiedensten Schlages ins Land zu bringen. Etwa sechzig Jahre lang dauerte es, von den dreißiger bis etwa zu den neunziger Jahren des vorigen Säkulums, bis es den besegelten Fangschiffen endlich gelungen war, den größten Teil der Wale zu vernichten. Solange sich das Walmorden noch lohnte, wurden die Meere um Alaska und folglich auch die Dörfer an der Küste von den Walfängern heimgesucht. Über die Härte des Lebens, das die zusammengewürfelte Mannschaft auf diesen hölzernen Höllen ertragen mußte, haben uns große Romane und aufregende Filme oft berichtet. Wenn die Schiffe vor Land im Eis überwinterten, zog es gar manch rauher Seemann vor, seinen grimmigen Käptn mit einer molligen Eskimobraut zu vertauschen, und er ward an Bord nicht mehr gesehen. Viele dieser Leute hatte man ja auf bewährte Weise »geschanghait«, das heißt, erst in volltrunkenen Zustand versetzt und dann willenlos an Bord geschleppt. Wenn sie nun desertierten, wo sich dazu Gelegenheit bot, so war das ihr gutes Recht und kalte Rache.

Auf diese Weise sickerten struppige junge Männer aller Art ins Land, vornehmlich solche seefahrender Völker. Sie schlugen sich als Trapper durch, als Bootsbauer, Fischer, Jäger und Händler. Viele gingen unter, viele vermischten sich, viele holten sich auch eine Frau von draußen. Ein Alaskaner kann demnach alles sein: Engländer, Yankee, Schotte und Ire, Indianer, Bretone, Eskimo und Hawaiier, Fidschiinsulaner, Russe, Norweger, Deutscher, Chilene, Chinese, Neger oder eine Mischung aus diesen Elementen. Irgendwelche rassische Vorurteile gibt es daher in Alaska nicht. Amerikaner sind sie alle, was ausnahmslos mit Stolz empfunden wird.

Von den erwachsenen Alaskanern ist nicht einmal die Hälfte, bestensfalls ein Drittel im Lande geboren. Wohl kaum ein Viertel der weißen Bewohner kann sich rühmen, daß Vater oder Mutter die Welt in Alaska erblickten. Weil fast jeder – so oder so – fremder Herkunft ist, kennt man auch keinerlei Abneigung gegen Fremde. Die meisten Alaskaner sind selber als Fremde gekommen, und aus jedem Fremden kann binnen kurzem ein Alaskaner werden. Diese offenherzige Einstellung wirkt sich auch gegenüber Leuten aus, die gar nicht die Absicht haben zu bleiben. Man nimmt jeden Besucher mit offenen Armen auf, nicht etwa nur, weil er Geld ins Land bringt, sondern einfach, weil er da ist. Nach wenigen Wochen schon gehört man dazu und hat einen großen Freundeskreis. Als gewöhnliche Touristen betrachtet man nur solche Leute, die schon am nächsten oder übernächsten Tag weiterziehen, die im Hotel übernachten und keine Zeit haben, mit Alaskanern zu sprechen. Da ich selber schon beim zweitenmal vier Monate blieb, von jedem Ausflug immer wieder nach Anchorage zurückkam und dort bei Freunden mein ständiges Zimmer hatte, wurde ich ganz ohne mein Zutun »eingemeindet«. Ich nahm am geselligen Leben teil und war fast jeden Abend irgendwo Gast einer netten Familie. Zu Vorträgen wurde ich gebeten und war Mitglied in mehreren Klubs. Sogar Stellungen hat man mir angeboten. Wäre das mein Wunsch und Wille gewesen, ich hätte auskömmlich dort bleiben können. Während meines dritten Aufenthalts hielt ich Gastvorlesungen an der Alaska-Universität bei Fairbanks, ebenso bei der Methodisten-Universität in Anchorage. Als ich zum viertenmal im Lande erschien, ging die University of Alaska gar so weit, mir eine Gastprofessur anzubieten. Für zwei Semester sollte ich mit vollem Rang und Gehalt eines ordentlichen Professors »Nordische Geschichte« lehren, womit die Entdeckungsgeschichte der zirkumpolaren Region gemeint war. Ich hätte es gerne getan, aber meine Frau hatte Bedenken, die 100 Tage lange Polarnacht zu ertragen.

Alaska hat in der Praxis die *klassenlose Gesellschaft* verwirklicht, deren theoretische Verwirklichung so viele Menschen anstreben. Das hat in erster Linie der allgemeine Wohlstand mit sich gebracht, an dem jeder in irgendeiner Weise, mittelbar oder unmittelbar, teilnimmt.

Es gibt – oder gab bis zum Beginn des Ölbooms – nur wenige Leute, die wirklich reich sind, und niemanden, der wirklich Not leidet. Bedürftige erhalten relativ so hohe Unterstützungsgelder, daß sie in unserem Sinn gar nicht mehr bedürftig sind. Facharbeiter verdienen geradezu klotzig, oft mehr als leitende Angestellte und hohe Beamte. Dagegen werden Spitzeneinkommen großenteils weggesteuert. Unter solchen Umständen sind allzu krasse materielle Unterschiede zwischen den Menschen weitgehend ausgeschaltet, jedenfalls im äußeren Bild ihrer Lebensführung.

Die Leute sind allesamt ebensogut wie praktisch angezogen, fast jede Familie wohnt im eigenen Haus, und keiner ist ohne Auto. Wirklich luxuriöse Lokale gibt es nicht, jeder kann sich leisten, jedes Etablissement zu besuchen und überall seinen Drink zu nehmen. (Ausgenommen lediglich die nagelneuen Luxushotels für fremde Touristen und amerikanische Ölscheichs, wo echte Alaskaner ohnehin nicht verkehren.) In einem Land, das fast nur aus Wildnis besteht und wo man ständig unterwegs ist, spielt die äußere Erscheinung absolut keine Rolle. Die gesellschaftlichen Formen sind auf ein Minimum beschränkt und werden durch Herzlichkeit ersetzt. Die Bedienung unterhält sich mit den Gästen und die Gäste mit der Bedienung. Weil auch die meisten verheirateten Frauen, wenn sie nicht gar zu viele Kinder daheim haben, irgendeiner Arbeit nachgehen, kann die Kellnerin Frau des Staatsanwaltes sein und der Busfahrer Gatte einer Ärztin – wobei der Fahrer und die Kellnerin wahrscheinlich mehr verdienen als ihre akademischen Ehehälften. Auf den verrückten Gedanken, daß bestimmte Berufe weniger »fein« sind als andere, ist noch niemand gekommen.

Als ich zum Beispiel beim Leiter des größten Bankhauses zu Tisch war, wurde gerade die Ölheizung repariert. Der Monteur und sein Gehilfe blieben auch gleich zu Tisch. Es schien dem Gastgeber ganz selbstverständlich, wo sie doch nun mal da waren. Und alles nannte sich beim Vornamen.

Ganz im Gegensatz zu den übrigen Vereinigten Staaten stellt man seine Wohlhabenheit nicht zur Schau, Luxus zu treiben, wäre schlechter Stil, der Begriff des Playboys ist völlig unbekannt. Deshalb gibt es so gut wie keinen sozialen Neid, es fehlt die Provokation dazu.

Die von draußen hereingeströmten Pipelinebauer mit allem, was sonst noch zum einfachen wie gehobenen Personal des Ölbooms gehört, zählt vorläufig zu den krassen Außenseitern. Sie mögen unter sich eine noch so große Rolle spielen, die echten Alaskaner halten sich ihnen gegenüber mit betontem Abstand zurück. Sicher gibt es Ausnahmen, und vieles wird sich ändern, jedoch nicht schon in naher Zukunft.

Ein Land mit so wenigen Einwohnern und so kleinen Städten – nur Anchorage beginnt seinen Charakter zu verlieren – kennt natürlich die Vermassung nicht. Hier gilt ein jeder noch als Persönlichkeit und genießt die menschliche Wärme seiner Umgebung, ohne daß ihm dabei die nachbarliche Neugier zu nah auf den Leib rückt. Weil niemand in der anonymen Masse untertauchen kann, muß jeder auf sein »Standing«, das heißt auf seinen Ruf und sein Ansehen bedacht sein. Unzuverlässigkeit oder gar dubioses Verhalten in geschäftlichen Dingen spricht sich bald herum und macht solchen Mann unmöglich. Bis vor wenigen Jahren konnte man sagen, daß Alaska ein außerordentlich solides, anständiges und ehrliches Land sei. Aber damit ist es überall dort vorbei, wo sich kriminelle Elemente unter den Zugereisten von Tag zu Tag deutlicher bemerkbar machen. Ähnlich wie beim Goldrausch um die Jahrhundertwende sind mit den ca. 10000 fremden, gut und teilweise großartig verdienenden Arbeitskräften auch die großen wie kleinen Gangster gekommen, die Falschspieler, die Nutten und Nachtklubs, die Rauschgifthändler, die Stripper in den Lokalen und die Rocker auf den vorher ruhigen Straßen, und Autoknacker gehören auch dazu. Anchorage und vor allem Fairbanks sind selbst bei Tage nicht mehr vollkommen sicher. Wo die Ölschwemme das Gesindel hinspült, hat die einheimische Bevölkerung nicht mehr viel zu lachen. Wo aber die Oilmen mit dem ganzen unliebsamen Anhang des »biggest business of Alaska« nicht hingelangen, und das sind – ich wiederhole es – immer noch 99 Prozent des Staatsgebietes, herrschen noch die sauberen, soliden Verhältnisse der früheren, der normalen Zeit. Nur eben darf man nicht erwarten, in den indianischen Siedlungen, ebenso in den Eskimodörfern mehr als die Hälfte der Leute in nüchternem Zustand anzutreffen. Eine Milliarde Dollar, die unlängst den Eingeborenen Alaskas als Entschädigung für den »Weißen Landraub« bewilligt wurde, wobei die Gewinnanteile aus den Ölgeschäften noch nicht miteinbezogen sind, also eine Milliarde Dollar für ca. 50000 Erwachsene und Halberwachsene, bis diese gewaltige Summe versoffen ist, das dauert eben seine Zeit. Auch darauf komme ich noch zu sprechen . . . und ein trauriges Kapitel wird es werden.

In keinem anderen Lande der Welt fand ich den Umgang mit Behörden so angenehm. Abgesehen (leider) vom modernen Anchorage ist die Bürokratie auf ein Mindestmaß beschränkt, die Beamten sind von einer geradezu verblüffenden Hilfsbereitschaft. Und keineswegs überarbeitet, denn zu jedem Bürobesuch gehört auch eine persönliche Unterhaltung. Meist führt der Kontakt mit einer Behörde auch gleich zur persönlichen Bekanntschaft mit dem entsprechenden Beamten. Da ich wegen meiner Jagdausflüge viel mit dem Wildschutz zu tun hatte, war ich bald mit vielen der dortigen Angestellten gut befreundet. Wir gingen zusammen essen und besuchten uns gegenseitig.

Das »kalte« Alaska strömt eine menschliche Wärme und Herzlichkeit aus, die ich so wohltuend nur selten empfunden habe. Wer einmal dort gelebt hat, und sei es nur für kurze Zeit, wird sich lebenslänglich hingezogen fühlen.

Auch ich habe mich in dieses Land verliebt und kann nach acht Besuchen nicht erwarten, möglichst bald für den neunten dort zu sein.

Hinein in die Berge

Es ist auf der ganzen Welt dasselbe. Wenn man zu einem Jagdzug aufbricht, bleiben die Verzögerungen niemals aus. Das kann weder an den Rassen noch am Klima liegen, die Umstände sind mal so. In Afrika und Indien, auf Sumatra, Neuseeland und in Norwegen bleibt sich das gleich, man kann niemals an jenem Tage aufbrechen, den man hierzu vorgesehen hat. Zumal eine Stadt scheint so geartet zu sein, daß sie einen nicht loslassen will. Vielleicht ist sie eifersüchtig auf die freie Wildnis, nach der wir uns sehnen. Vielleicht soll uns, bevor wir aus dem zivilen Leben ausbrechen, nochmals recht deutlich gemacht werden, daß wir mit allem, was wir im menschenarmen Hinterland brauchen, von einer menschlichen Zusammenballung abhängig sind. In Gestalt von Ausrüstung, Proviant und Papieren sind wir gezwungen, ein Stück der Zivilisation mitzunehmen. Wir sind wie unmündige Kinder, die eine endlos zögernde Mutter nicht ohne gründliche Vorbereitung entlassen will.

Immer gab es noch etwas zu beschaffen, nachzusehen und zu ergänzen. Am Montagmorgen wollten wir endlich aufbrechen, aber erst gegen Mittag war Jimmys Wagen bepackt, um drei waren wir startbereit. Aber dann meinte Jimmys Frau, nun habe es eigentlich keinen Zweck mehr, und es sei schon alles zum Abendessen besorgt. So also wäre es doch vernünftiger, erst um sechs Uhr früh zu starten. Da hatte sie natürlich recht.

Ohne seine brave Jenny hätte Jimmy erst mal gründlich ausgeschlafen. Sie war es, die ihn resolut aus dem Bett trieb und zum Aufbruch drängte. Es gab noch ein mächtiges Frühstück mit einer Menge von Eiern und Speck, die kaum zu bewältigen war. Jim wollte noch einige Telefongespräche führen, aber wir drängten ihn zu seinem Wagen.

Sobald er hinterm Steuer saß, bewies mein Führer die gleiche Beharrlichkeit beim Fahren wie vordem beim Schlafen. Er hielt nicht eher wieder an, als

bis wir nach vierhundert Kilometern tanken mußten. Unser Gefährt war ein alter Chevrolet, weitgehend verrostet und stark angebeult. Ein Seitenfenster war zersprungen, das andere mit Leukoplast verklebt.
»Keinen Zweck, unseren guten Ford zu ruinieren«, meinte Jim, »der alte Karren tut's auch, und wenn er's nicht tut, lassen wir den Rappelkasten halt im Graben liegen.«
Er sagte nicht, was dann aus uns und dem enormen Gepäck werden sollte. Mit all dem vielen Zeug hätte uns so leicht kein anderer Wagen einen »Lift« bis an unser Ziel gegeben. Denn das lag 800 Kilometer weit und tief in den Wrangell-Bergen drin. Doch kam es gar nicht zu diesem Problem, unser schäbiges Vehikel war von innen besser, als es von außen wirkte. So wie ein richtiger alaskanischer Sourdough schleppte es seine Last unverdrossen über alle Meilen dahin und spuckte nicht einmal vor Entrüstung.
Mit seinen 40000 Einwohnern würde Anchorage bei uns nur als Kleinstadt gelten, mit seiner weitläufigen Ausdehnung aber bedeckt es die Fläche einer ansehnlichen Großstadt. Denn hier wohnt jeder in seinem eigenen Haus, und das steht alleweil auf einem Grundstück, auf dem die Oberliga Fußball spielen könnte. Glaubt man die Stadt endlich hinter sich zu haben, so hat man sich nur durch freie Bauplätze täuschen lassen. Die unaufhörliche Stadt fängt danach wieder von neuem an.
Schließlich kamen wir doch zu ihren letzten Spuren. Menschen wohnten hier nicht mehr, aber zum Abgewöhnen bescherte uns die Zivilisation noch eine ganze Kette von Schandflecken jeder Art. Schrotthalden schändeten die Landschaft. Autofriedhöfe, rostige Blechbuden und verfaulte Schuppen in scheußlicher Menge verunzierten beiderseits die Straße. Großenteils sind das Überbleibsel vom Zweiten Weltkrieg, als hier jahrelang eine ganze Armee kampierte, um für eine etwaige Landung der Japaner bereit zu sein. Niemand gibt sich die Mühe, all das Gelumpe wegzuräumen, Alaska ist ja so groß, der Platz wird nicht gebraucht. Und wen das vermorschte Gerümpel stört, der braucht ja nicht hinzuschauen. (Es hat jedoch allmählich so gestört, daß man Ende 1974 mit dem großen Reinemachen begonnen hat.)
Doch vergißt man das alles, sobald rechts und links nordischer Urwald beginnt, der kaum einen Menschen birgt und sich bis in die Unendlichkeit erstreckt.
Wir rollten auf einer Trasse des Alcan-Highway dahin, jener 5000 Kilometer langen Überlandstraße, die Alaska durch die ganze Breite Kanadas hindurch mit den Vereinigten Staaten verbindet. Das Wunderwerk dieser Fernstraße wurde unter Aufbietung wahrhaft gigantischer Mittel an Technik, Geld und Menschen in sage und schreibe sieben Monaten geschaffen. Wie schon ein alter Grieche, dessen Name mir längst entfallen ist, seinerzeit behauptete, soll ja der »Krieg Vater aller Dinge« sein. Für den Alcan-Highway trifft das wahrlich zu.
Als die Japaner mit erheblicher Truppenmacht am 12. und 21. Juni 1942 auf den beiden Inseln Attu und Kiska landeten, die im Osten der Küste Alaskas

vorgelagert sind, da gab es keine Landverbindung zwischen den Vereinigten Staaten und ihrem Territorium im Norden. Alaska war damals nur über See oder auf dem Luftweg zu erreichen. Gesprochen, geplant und gestritten hatte man über eine solche Fernstraße schon seit dreißig Jahren, war aber nicht über Aufzeichnungen auf dem Papier hinausgekommen. Nun aber stand der böse Feind mit schlimmen Absichten vor Amerikas Hintertür, es brannte lichterloh in unmittelbarer Nähe Alaskas. Aber noch immer gab es keinen Landweg, um dort zu löschen. Da raffte sich mit einem Ruck das gewaltige Potential der kriegerischen Industrie auf und legte im Verlauf nur eines Sommers die Straße durch Wald und Sumpf, über Berge und Flüsse hinweg. Nur sieben Monate vergingen, da war Alaska nicht mehr abgeschnitten, sondern seinem Mutterland durch eine Lebenslinie verbunden, über die nun das Militär in zwanzigtausend Lastwagen heranrückte. Man darf wohl sagen, daß allein schon durch sein Entstehen der Alcan-Highway einen japanischen Großangriff gegen das Festland von Amerika verhindert hat.
Offiziell heißt die Strecke Alaska-Canada-Fernstraße, aber weil man in Amerika so gut wie alles zusammenzieht, wurde im Sprachgebrauch »Alcan« daraus. Zu Anfang war der Highway nicht mehr als eine hartgewalzte Rollbahn und blieb noch lange für den zivilen Verkehr gesperrt. Seitdem wurde der Alcan weitgehend ausgebaut und durchgehend asphaltiert. Als ich 1963 zum erstenmal über den Alcan fuhr, bestanden noch etwa 1000 Kilometer der kanadischen Strecke aus Schotterbelag, womit beim Überholen eines anderen Wagens stets die Gefahr bestand, daß hochgeschleuderte Steine die Windschutzscheibe durchschlugen, ebenso auch die Scheinwerfer zertrümmerten. Durch den Verkauf von Schutzschildern aus starkem Drahtgeflecht verdienten die Männer der wenigen Tankstellen gutes Geld. Die Überlandreise von den USA nach Alaska galt damals noch als echtes Abenteuer, und sie ist es in bescheidenerem und bequemerem Sinne noch heute.
Immerhin wurde auch in früheren Jahren die Straße schneefrei gehalten und erst recht ist heute der Alcan das ganze Jahr hindurch befahrbar. Die lange Straße endet jetzt bei Homer an der Ostspitze der Kenaihalbinsel, soll aber in einigen Jahren, von Fairbanks am Tanana ausgehend, eine Verlängerung bekommen, die bis nach Nome an der Beringstraße reicht. Es gibt Leute, die behaupten, sie könnten zu zweit in einem Rutsch die gewaltige Entfernung von Anchorage bis New York durchfahren. Das sind etwa 9000 Kilometer, und es ist gewiß kein Vergnügen. Soviel ich mich entsinne, liegt die Rekordzeit für die gewaltige Strecke bei viereinhalb Tagen. Normale Menschen, die weder rasen noch bummeln, brauchen ihre vierzehn Tage.
Leider konnten wir eine volle Stunde lang nur im dritten Gang fahren, denn vor uns rollte ein komplettes Haus auf der Straße und füllte sie breitspurig aus. Das anderthalbstöckige Gebäude aus weißgestrichenem Holz sah recht hübsch aus. Gardinen hingen an den Fenstern und die Haustür war mit einem polierten

Türschild versehen, auf dem »Charles Winterton« stand. Allem Anschein nach war dieser Mr. Winterton im Begriff, nach Fairbanks zu übersiedeln, und wollte dort sein gewohntes Heim nicht missen. Da Alaskas Häuser für gewöhnlich ohne Keller sind, machte das weiter keine Schwierigkeiten. Mit besonderen Hebewerkzeugen wird so ein Haus hochgestemmt, worauf sich die breite Fläche eines Tiefladers darunterschiebt. Ein paar große Holzschrauben halten das Gebäude fest, und die Reise kann losgehen. Natürlich nur im 25-Kilometer-Tempo, was niemandem Freude macht, der hinter einem solchen Ungetüm herfahren muß. Es ist nämlich streng verboten, ein Haus zu überholen. Wer ihm entgegenkommt, fährt scharf rechts heran und läßt die Villa an sich vorbeirollen.

Wir hatten insofern Glück, als einer der Hausfahrer austreten mußte und seinen Tieflader in einer Ausweichstelle zum Stehen brachte. Die günstige Gelegenheit nutzend, glitten wir schnell daran vorbei.

»Jim, da sind Wölfe«, rief ich begeistert und wies auf ein paar scheue, graue Gestalten, die sich am Wegrand verdrückten.

Mein Führer warf mir einen mitleidigen Blick zu.

»Das sind Hunde, mein Bester, und eine verdammte Schande unserer Armee!«

Ich schaute ihn fragend an.

»Wenn die GI's mit ihren Familien heraufkommen, muß zunächst mal ein Eskimohund her, so ein richtiger Malemut, von denen man drunten in den Kleinen Staaten schon so viel gehört hat. Und damit die Kinder was zum Spielen haben, soll's natürlich ein Babyhund sein. Denn die sind ja so niedlich und pummelig, so richtig was zum Verwöhnen und Herumknutschen. Aber wenn sie größer werden und schließlich ganz groß, wollen sie Fleisch oder Fisch fressen, natürlich denken sie auch nicht mehr daran, ihren gewohnten Platz auf dem Sofa aufzugeben. Schuld daran sind natürlich die blödsinnigen Leute, die nicht wissen, daß ein Alaskahund vom ersten Tag an bei jedem Wetter ins Freie gehört. So aber wird das Tier allmählich lästig und kostet Geld, vielleicht wird die Familie auch wieder nach dem Süden versetzt und findet niemanden, der das gefräßige Riesentier haben will. Also packt man seinen lieben Hausgenossen in den Wagen, fährt 100 Kilometer weit hinaus und setzt das unglückliche Geschöpf dort in die freie Wildbahn. Eine Kugel durch den Kopf wäre besser . . . besser auch für das Jungwild im Wald. Der Malemut weiß, daß er nicht mehr erwünscht ist, und versucht erst gar nicht, sein bisheriges Heim wiederzufinden. Er tut sich mit seinesgleichen zusammen und beginnt nach der Art der Wölfe zu wildern. Schließlich haben die meisten Malemuts ohnehin Wolfsblut in den Adern. Weil sie vorher doch zu sehr verwöhnt wurden, überleben nur die stärksten Exemplare den nächsten Winter. Aber gerade das sind auch die Gefährlichsten! Der Wildschutz und manchmal sogar das Militär machen Treibjagden auf diese Hunde, denn sie reißen Elchkälber und junge Karibus.

Besser wär's, man würde den Soldaten jede Hundehaltung verbieten . . . oder nur Leuten erlauben, die vernünftig sind.
Tatsächlich schienen die verwilderten Soldatenhunde ein ernstes Problem zu sein. Wir zählten im Verlauf der Fahrt vierzehn Stück. Erst als die Militärgegend eine halbe Tagereise hinter uns lag, sahen wir keinen mehr.
Der Verkehr auf dem Alcan-Highway war – wie sich von selbst versteht – zu Anfang der sechziger Jahre viel geringer als nun zur Blütezeit des Ölbooms. Etwa ein Wagen kam uns alle 20–30 Minuten entgegen. Meist waren das sehr starke und lange Fahrzeuge vom Typ der Kombiwagen und sogenannte Pick-Ups. Wer in Alaska auf Reisen geht, schleppt meist eine ganze Menge von Sachen mit. Denn wer einer Panne wegen am Straßenrand liegen bleibt, muß Schlafsäcke und auch sonst noch alles im Wagen haben, um zu übernachten und sich zu verköstigen. Zwar ist die Hilfsbereitschaft aller Fahrer untereinander von selbstverständlicher Großzügigkeit, doch der unabhängige Sinn eines echten Alaskaners will sich nach Möglichkeit selber helfen. Abschleppen ist bei den weiten Strecken sehr teuer und Reparaturen noch teurer. Daher muß man es verstehen – und versteht es auch –, Pannen soweit als irgend möglich allein zu beheben. Zu diesem Zweck wird ein ganzes Arsenal von Werkzeugen und Ersatzteilen mitgeführt.
Zwischen den größeren Orten, selbst wenn sie an der Straße liegen, besorgt das Flugzeug den Verkehr. Anchorage und Fairbanks sind sogar durch eine Bahn verbunden, die für Alaskaverhältnisse recht billig ist. Abgesehen von motorisierten Touristen, die im Sommer aus dem Süden heraufkommen, waren es früher in der Hauptsache Leute aus den kleinen und kleinsten Siedlungen, die sich auf der Straße bewegten. Sie fuhren zum nächsten Supermarket, um sich dort für Wochen und Monate, zuweilen für einen ganzen langen Winter zu versorgen. Dabei ging und geht es nicht nur um Lebensmittel, man braucht auch Heizöl und Petroleum, Dachpappe und Fensterglas, Werkzeug und einen ganzen Katalog von kleinen und großen Sachen, die der Kramladen an der nächsten Tankstelle nicht zu bieten hat. Diese Besorgungen sind meist Sache der Hausfrau, weshalb man in Alaska weit mehr als in jedem anderen Land Frauen am Steuer sieht. Ein halbes tausend Kilometer am Tag macht ihnen gar nichts aus, und technisch verstehen sie von ihrem Fahrzeug genausoviel wie die Männer.
Die Wagen fahren schnell und erreichen sehr hohe Schnittgeschwindigkeiten. Es gibt so gut wie keine Kreuzungen und auch keine Städte mit engen Straßen und dichtem Verkehr, die eine zügige Fahrt verzögern. Obwohl unser eigener Tachometer nur selten über achtzig zeigte, hatten wir zum Schluß doch einen Durchschnitt von 68 Kilometern gehalten.
Endlos dehnen sich die Wälder, Stunde um Stunde rollen wir an ihren dunkelgrünen Mauern entlang, ohne daß sich eine Lücke zeigt. Erst gegen Mittag bringt uns eine Steigung ins Freie. Zu unserer Rechten sehen wir in der Ferne

schon unser Ziel, die schneebedeckten Wrangell-Berge. Eine Gletscherzunge hat sich bis in Straßennähe vorgeschoben. Auf ihrem eisigen Rücken liegt Geröll, und sogar zerzauste Tannen halten sich in dem mitgeführten Erdreich. Auch hier in Alaska ist im Verlauf der letzten Jahrzehnte die durchschnittliche Temperatur um einige Grade gestiegen. Man kann es dem Gletscher und seinem ausradierten Bett deutlich ansehen, daß er früher ein paar hundert Meter länger war und bis in die Wälder gereicht hat.

Wir scheppern am Rande einer breiten Schlucht dahin, in deren Tiefe sich die Fluten des Tezlinariver wälzen. Es müssen unlängst schwere Regengüsse in den Bergen niedergegangen sein, entwurzelte Baumriesen und ausgerissenes Gestrüpp schaukeln in dem gelben, aufgewühlten Strom.

»Das ist Glenallan«, sagt mir Jim und zeigt auf ein schlichtes Blockhaus neben der Straße, »eine besondere Sorte von Leuten hier, die auf Abstand halten.«

Auf unverhältnismäßig weiten Abstand sogar, denn Glenallan ist ein Ort von 16 Kilometer Länge, zählt aber nur 300 Einwohner. Die einzelnen Häuser liegen gut und gerne einen halben Kilometer voneinander entfernt. Jeder Siedler hat sich hier beizeiten so viel an kostenfreiem Land gesichert, daß ihm auch später niemand zu nahe rücken kann. Nur Schule, Post, Tankstelle und Kramladen stehen dichter beisammen.

Zügig rollen wir hindurch und sind bald wieder in vollkommener Einsamkeit. Nach einer halben Stunde etwa biegt Jimmy plötzlich nach rechts auf einen Waldweg, und wir fahren auf drei Blockhäuser zu, die romantisch am Ufer eines schönen Sees liegen. Hier gibt es eine Tankstelle, die gleicherweise Autos wie Flugzeuge bedient.

Wir müssen warten, bis eine Maschine aufgetankt ist, die eben auf rotbemalten Schwimmern gewassert hat.

»Sehen mal hinein, was Freddy macht«, schlägt mein Begleiter vor, klettert steifbeinig aus dem Wagen und stößt die nächste Tür auf.

Der Raum dahinter ist sehr groß, stark überheizt und angefüllt mit den prächtigsten Elchgeweihen, die ich bisher gesehen habe. Auf dem Boden liegen dunkle Bärenfelle. Freddy ist Jagdführer, und zwar einer von denen, die sich auf Dollarmillionäre spezialisiert haben. Er holt sie mit seinem Flugzeug in Anchorage ab und beherbergt sie in komfortablen Hütten, bis ein ausnehmend schöner Tag anbricht. Dann fliegt er sie hinauf zu einem kleinen See in den Bergen. Dort gibt es geheizte Zelte mit richtigen Betten und einer transportablen Bar. Zähe Pferdchen stehen bereit, um den Gast ohne sonderliche Mühe an seine Beute heranzubringen, die Freddys Gehilfen zuvor ausgekundschaftet haben. So eine Pirsch kostete 1200–1500 Dollar, heute gut das Vierfache. Aber meist ist sie von Erfolg begleitet.

Um einen niederen Tisch herum sitzen auf tiefen, fellbedeckten Pfühlen drei Männer mittleren Alters und zwei Frauen, die sich alle Mühe geben, bedeutend jünger auszusehen. Sie tragen sich nach der letzten Après-Ski-Mode und

schauen Jimmy wie mich geringschätzig an. Denn wir sind schon auf Wildnis getrimmt und machen keinen sehr wohlhabenden Eindruck.
Freddy selber sieht aus wie ein Bankier, der sich nur mal zum Spaß als Holzfäller verkleidet hat. Mich begrüßt er wie einen uralten Freund, obwohl wir uns noch nie gesehen haben. Er stellt eine große Kaffeekanne vor uns hin, läßt aber gleich den Whisky folgen.
»Die Männer sind ja soweit ganz okay«, vertraut er uns an, »aber was mach' ich nur mit den Weibern?«
»Wollen die etwa mit hinauf . . .?« fragt Jimmy ganz entsetzt.
»Ja, das wollen sie . . . und dazu noch selber was schießen!«
Ob sich das nicht vermeiden ließe, meint Jim in seiner direkten Art. Freddy beugt sich zu uns über den Tisch.
»Will mal sehen morgen früh, daß die Männer zuerst fliegen. Dann haben wir halt einen kleinen Maschinenschaden, wenn die Weiber starten sollen . . .«
»Aber wenn die Männer den Schwindel merken?«
Freddy grinst.
»Die wollen ja ihre Modeschachteln gar nicht dabei haben . . . Der Dicke hat mir zugeflüstert, sie wären viel lieber allein. Ob sich das nicht arrangieren ließe. Unsereins muß seinen Kunden gefällig sein, ist doch klar . . . und so hoffe ich, es läßt sich machen.«
Das hoffen wir auch und wünschen beim Hinausgehen den beiden Après-Ski-Damen recht viel Vergnügen.
An der Kreuzung von Gulkana, wo zur Linken die große Straße nach Fairbanks vom Alcan-Highway abzweigt, halten wir an, um etwas zu essen. Ich hätte viel lieber im Freien abgekocht, zumal wir sehr reichlich Verpflegung mithaben. Aber wie ich später noch oft genug erfahren sollte, betrachtet der moderne Alaskaner ein Picknick am Wegrand oder überhaupt das Leben im Camp keineswegs als nette Abwechslung und reines Vergnügen, sondern als Notwendigkeit, wo das eben notwendig ist. Solange und soweit sich noch ein Restaurant oder irgendwelche zivile Unterkunft in erreichbarer Nähe befindet, macht er sich deren Bequemlichkeit gerne zunutze.
Also schreiten wir auf das »Roadhouse« zu, setzen uns an der langen Bar auf zwei erhöhte Hocker und blicken in die Speisekarte. Die dort genannten Preise werfen mich fast vom Stuhl. Ein Steak mit Pommes frites, um nur ein erschrekkendes Beispiel zu nennen, ist da mit vollen 6 Dollar angegeben, kostet also nach deutschem Geld 24 DM! (Ich nenne Zahlen und Wechselkurs von damals.) In diesem Rahmen ungefähr halten sich die übrigen Genüsse.
»Ziemlich teurer Ausschank«, bemerke ich vorsichtig zu meinem Begleiter, für dessen Unterhalt ich laut Vertrag aufzukommen habe.
»Das macht der Transport«, meint er, und ich denke daran, daß wir ja selber ein ganzes Filet im Eisbeutel unseres Wagens transportieren. Aber das scheint nur zum Verzehr in der eigentlichen Wildnis bestimmt.

Der Yukon, größter Strom Alaskas, ist mit 3700 Kilometern auch einer der längsten Wasserläufe Nordamerikas. Er beginnt in Kanada und ist bis weit in seine Nebenflüsse hinein für Wasserwanderer befahrbar. Allerdings nur von ungefähr Mitte Juni bis Ende September/Anfang Oktober. Diese Aufnahme entstand aus etwa 11 000 Meter Höhe.

Im Supermarket von Anchorage, wo ich selber unsere Vorräte eingekauft hatte, waren die Lebensmittel im allgemeinen gar nicht so sehr viel teurer als bei uns in München. Ich hatte dort riesengroße, tiefgekühlte Steaks für 1,25 Dollar gesehen. Wenn sie hier im Roadhouse von Gulkana das Vierfache kosten, so liegt das wohl erst in zweiter Linie an den enormen Löhnen, die in Alaska gezahlt werden. Eher liegt es am enormen Zwischengewinn, den die Gastwirte selber einstecken und den ihre Gäste seit Menschengedenken klaglos zu zahlen bereit sind.
Was die Lebensmittelpreise betrifft, haben sich seitdem die Verhältnisse sehr zu unseren Gunsten verschoben, schon weil der Dollar gegenüber der bundesdeutschen Mark so erfreulich (für bundesdeutsche US-Reisende) gefallen ist. Wer selbst im Supermarket einkauft, zahlt nicht mehr, sondern eher weniger als im Durchschnitt bei uns. Das scheint um so erstaunlicher, als die Lebenshaltungskosten in Alaska um gut ein Drittel höher liegen als in den »kleinen Staaten« der USA.
Mein guter Jimmy ist zum Glück so bescheiden, sich mit Pancakes und Sirup zu begnügen, was nur einen Dollar kostet und vollständig satt macht. Ich zögere nicht, seinem Beispiel zu folgen. Dazu gibt es noch einen großen Humpen mit Kaffee und Milch ganz umsonst. Diese Zugabe ist in jede Mahlzeit eingeschlossen und wirkt versöhnlich.
Ich gedenke nun, meinen Führer am Steuer abzulösen, aber er will das nicht. Sein Wagen habe so viele Eigenarten, sagt Jimmy, daß nur er die Klapperkarosse richtig behandeln könne. Deren Innenleben würde eine fremde Hand nicht vertragen. Und tatsächlich bedarf es einer ganz bestimmten Reihenfolge von merkwürdigen Griffen, um das Fahrzeug wieder zu starten.
Etwa drei Stunden lang folgen wir weiter dem Alcan-Highway, haben zu unserer Linken den vielgewundenen Tanadariver und blicken zur Rechten in eine Ebene hinab, die sich in der Unendlichkeit Alaskas verliert. Dünne Birken und verkrüppelte Hemlocktannen bedecken das feuchte Gelände. So weit die Augen reichen, ist das menschenleere Gebiet von unzähligen Tümpeln durchsetzt. Davon ist ein jeder so reichlich mit schneeweißen Teichrosen bedeckt, wie man das bei uns nur in botanischen Gärten sieht. Jimmy sagt mir, das alles sei ein Paradies für Elche, denn zu ihrer Nahrung gehörten auch die Wurzelstöcke dieser Wasserpflanzen.
»Aber einen wirklich guten Kleiderhaken hat sich noch keiner dort erlegt«, fügt er hinzu und macht ein geringschätziges Gesicht, das offenbar nicht nur den Elchen, sondern der ganzen Landschaft gilt.
Warum man das edle Elchgeweih im Jargon der Alaskajäger einen »Kleiderhaken« – »rack« auf englisch – nennt, war mir damals nicht klar. Als ich aber später in den Hütten der Trapper sehe, daß die Leute ihre Mützen, Mäntel und Gewehre tatsächlich an die Enden alter Elchschaufeln hängen, verstand ich das schon besser. Ist doch der Trophäenkult in diesem Land erst neueren Datums

Felsenküste an der großen, grünen Insel Kodiak, auf der weniger Menschen leben als Braunbären, und zwar sind es die ihrer Größe wegen berühmten Kodiak-Bären.

und keineswegs allgemein verbreitet. Das Großwild gilt in erster Linie noch immer als Fleischlieferant, und Geweihe hebt der landläufige Trapper nur auf, wenn man damit etwas Praktisches anfangen kann.
Dort, wo wir vom Alcan-Highway nach Osten abbiegen, ist auf meiner Karte in ziemlich fetten Buchstaben der Ort *Slana* vermerkt. Tatsächlich besteht er nur aus einer Tankstelle mit drei Hütten. Kein Mensch ist zu sehen. Wir rumpeln nach rechts über eine schwankende Bohlenbrücke und halten vor einem großen, modernen Zementblock, dessen flaches Dach von zwei Funkmasten gekrönt wird. Jimmy steigt aus, um sich nach dem Zustand des Weges zu erkundigen, und ich folge ihm.
Ohne zu klopfen, gehen wir in den Zementblock hinein, durchstreifen einige Büros und schließlich auch die Küche. In Alaska darf man anscheinend alles. Erst in der guten Stube des ersten Stocks treffen wir einen Mann beim Kaffeetrinken. Er ist der Straßenmeister in Person, der uns freundlich begrüßt. Gleich schiebt er uns zwei Tassen hin und schenkt ein.
Er ist ein ganz und gar richtiger Indianer vom Stamme der Nabesna, die seit Urzeiten hier in der Gegend zu Hause sind. Mein Freund Jimmy beneidet ihn, wie er mir später gesteht, um seinen Posten. Er hat nur wenig Arbeit und wird monatlich mit 1600 DM honoriert. (Heute dürfte er zumindest das doppelte verdienen.) Fehlt etwas an der Straße, so hat deren Meister weiter nichts zu tun als per Sprechfunk einen Bautrupp herbeizurufen.
Immerhin kennt unser Gastgeber den Weg bis Nabesna wie seine Hosentasche und gibt erschöpfende Auskunft. 180 Kilometer haben wir noch zu fahren und werden unterwegs nur zwei bewohnte Blockhäuser antreffen. Nach seiner Schätzung sind zurzeit sieben Jagdpartien in diesem Teil der Wrangell-Berge unterwegs, weit weniger als während der letzten Schußzeit.
Verglichen mit dem breiten, asphaltierten Highway kann man die Strecke nach Nabesna kaum als Fahrweg bezeichnen. Aber so wie der Nabesnaweg haben vor etwa zwanzig Jahren alle Straßen in Alaska ausgesehen. Eigentlich ist es nur eine Schneise, die man durch den wilden Wald geschlagen und an besonders schlechten Stellen notdürftig geschottert hat. Brücken gibt es nur wenige, meist fährt man einfach durch den Bach.
»Hat schon seine Geschichte, dieser Weg«, erzählt mir Jim, als wir ständig im dritten Gang dahinrollen, »wurde bereits vor 60 Jahren angelegt. Nabesna war mal eine Goldgrube, und zwar die erste mit halbwegs modernen Maschinen und richtigen Stollen im Berg. Vor dem letzten Kriege lohnte sich der Abbau nicht mehr. Immer das alte Lied . . . sinkende Goldpreise und steigende Löhne. Aber es steckt noch immer viel von dem gelben Zeug im Berg. Gehört alles dem alten Richard Boyden, der sich nicht davon trennen kann. Lebt deshalb noch hier, ganz allein mit seinen fünfundachtzig Jahren. Sozusagen eine historische Figur, der Mann, wirst ihn wahrscheinlich sehen. Ist noch immer ein Engländer, durch und durch!«

Ich wundere mich, daß die 180 Kilometer »Straße« noch immer einigermaßen unterhalten werden. Es leben ja, nach Jimmys Schilderung, nur noch eine Handvoll Leute an seiner Strecke. Aber mein Führer findet das ganz in Ordnung, denn wofür bezahlt man die vielen Steuern? Irgendwie muß einer doch in die Wrangell-Berge hineinkommen, wenn er Lust dazu hat.
Wer nun fragt oder vielleicht glaubt, daß man inzwischen solche Nebenstraßen ausgebaut, verlegt, möglicherweise gar asphaltiert hat, weil sich doch Alaska dank der Ölmilliarden in fieberhaftem Aufbau befindet, wird von der Wahrheit enttäuscht. Fieberhaft sind Aufbau und Ausbau nur dort, wo ein unmittelbarer Zusammenhang mit dem Ölrausch besteht, wo unbedingt dies oder das für die Gewinnung, den Transport oder die Verschiffung des fließenden Bodenschatzes geschehen muß. Auf einer Gesamtkarte von Alaska sieht das entsprechende System ungefähr aus wie das Gerippe einer besonders langen Schlange, die sich von der Prudhoe-Bay bis nach Valdez an der pazifischen Küste hinzieht, in Schlangenlinien natürlich. Also ein relativ dünnes Rückgrat mit kurzen Stichstraßen zu beiden Seiten und Knorpeln, wo sich Siedlungen, Stützpunkte, Pumpstationen und andere Installation befinden. Was nicht dazu gehört, ist meistens so geblieben, wie es vorher war oder noch primitiver, einsamer und wilder geworden als zuvor.
Die Verlassenheit der Gegend ist bedrückend und erregend zugleich. Beiderseits vom breiten Tal steigen Berge an, zunächst nur mit sanftem Schwung, danach aber steil in felsige Höhen, bis zu den vereisten Gipfeln, die in der hellen Sonne glitzern. Erlengestrüpp wuchert zwischen dem Geröll, eine Wildnis von schimmernden Weiden begleitet jeden Wasserlauf. Sprucetannen und Hemlockfichten halten Löcher und Spalten besetzt, in denen sich Erdreich finden läßt. Manche sind im Stehen gestorben, andere modern als Fallholz im Gestrüpp. Schneehasen, noch im Sommerkleid und hier Rabbits (Kaninchen) genannt, hoppeln über den Weg. Erdhörnchen bauen ihre Männchen und verschwinden bei unserem Näherkommen blitzschnell im Gebüsch. Ein Adlerpaar kreist längere Zeit über unserem Fahrzeug. Genauso hatte ich mir Alaska vorgestellt.
Als uns ein Wagen entgegenkommt, halten wir an. Denn auf einsamen Straßen ist es in Alaska Sitte, sich mit jedem Gegenfahrer zu unterhalten.
Jim steigt aus und sagt »Hey« zu dem Mann.
Dieser steigt gleichfalls aus und sagt »Hey« zu Jim.
»Wie sieht's aus bis Nabesna?« fragt Jim, obwohl wir das vom Straßenwärter gehört haben. Es ist halt die Form, eine Unterhaltung zu beginnen.
»Schlecht bis lausig«, gibt der Mann zurück, »läßt sich aber machen.«
»Was von den Schafen gesehen?« will mein Führer wissen und zeigt statt weiterer Erklärung auf unsere Gewehre im Wagen.
»Muß sie wohl gesehen haben, bin ja der Game-Warden (Wildaufseher) hier herum.«

Eigentlich hatte ich gedacht, daß so ein Beamter des Wildschutzes, der ja Polizeigewalt hat, stets in schmucker Uniform auftritt, mit sechsschüssigem Colt an der Hüfte. Doch dieser hier trägt das schlichte Kleid eines ganz gewöhnlichen Waldläufers.
»Harry Chiefson hat mir was von einem angeschossenen Widder gesagt, der sich am Jacksina herumplagen soll«, läßt uns der Game-Warden wissen, »ging mal hin und gab dem armen Tier 'ne saubere Kugel.«
Was in Wirklichkeit dazu gehört, ganz allein in dieser weglosen Wildnis ein bestimmtes Bergschaf zu finden und zu erlösen, läßt sich seiner kurzen Bemerkung kaum entnehmen.
»Und wer hat die Sauerei angerichtet?« empört sich Jim, »irgendwas gefunden?«
Der Game-Warden zuckt mit den Schultern.
»Na ja, unsereins macht sich so seine Gedanken. Bei euch ist ja wohl alles in Ordnung?«
Als vereidigter Jagdführer weiß mein Jim, daß diese freundliche Bemerkung die amtliche Aufforderung ist, dem Beamten unsere Jagdpapiere vorzuweisen. Wir zeigen ihm auch unsere Waffen und tun dabei ganz so wie drei gute Waidkameraden, die sich für Gewehre interessieren. In Wirklichkeit ist es aber eine regelrechte Kontrolle, nur in die verbindlichste Form gekleidet. Auch später hat mich immer wieder beeindruckt, wie betont bürgerlich die alaskanischen Beamten ihre Pflicht erfüllen. Es sind durchweg nette Leute, mit denen bestens auszukommen ist.
Der Mann vom Wildschutz will nun auch seinerseits für uns etwas tun und gibt gute Ratschläge.
»Am Gordon-Peak treiben sich ein paar Leute aus Fairbanks herum, und drüben am Jarris-Creek haben Indianer das Wild beunruhigt. Am besten fahrt ihr bis Notch hinauf, hab dort ein paar größere Rudel am Südhang gesehen . . . recht gute Böcke dabei.«
Ich erzähle ihm, daß wir mit Bill Ellis in Nabesna verabredet sind, und der Game-Warden nickt befriedigt.
»Da habt ihr den besten Mann, Bill kann euch mehr sagen als ich!«
Wir bieten uns gegenseitig Zigaretten an, reden noch eine Weile herum und fahren wieder los, ein jeder in seiner Richtung.
»Wirklich ein ausnehmend netter Mensch«, bemerke ich zu Jim, als der Wagen wieder rollt.
»Läßt sich ertragen«, muß mein Begleiter zugeben, der als rechter Alaskaner aus Prinzip keine Beamten mag.
Wir platschen in einen breiten Bach und rumpeln im ersten Gang die jenseitige Böschung hinauf. Nach einer Weile erblicke ich links am Wege zwei Zelte und davor ein gewaltiges Elchgeweih.
Natürlich halten wir und schauen uns das an. Die Zelte sind offen, Schlafsäcke,

Vorräte und Kochgeschirr liegen darin. Von der Firststange hängt eine teure Kamera, aber weit und breit ist kein Mensch zu sehen.
Der prachtvolle Elch war im Bast geschossen, die breiten Schaufeln sind noch ganz mit samtweichem Flaum bedeckt. Diese Sünde wider jeden Waidmannsbrauch scheint meinen Freund nicht zu stören. Er versteht gar nicht, was ich daran auszusetzen habe.
»Die Schußzeit für Elche ist ja auf«, meint er, »und wenn's richtig gemacht wird, kann man den Bast leicht entfernen und den Kleiderhaken brünieren.«
Dann entdecken wir hinter dem Zelt das schön geschwungene Gehörn eines frisch erlegten Bergschafes. Jim nimmt es von der Astgabel und pfeift anerkennend durch die Zähne.
»Schau's dir an, Hans, hier kannst du sehen, was ein guter Widder ist . . . Eine beachtliche Dreiviertel-Schnecke, wie man's gerne hat. Wenn du dir so was vom Berg holst, bin ich zufrieden mit dir. Schätze 135 Punkte nach Boone und Crockett. Reicht zwar noch lange nicht fürs Buch, läßt sich aber sehen.«
Dieses »Buch« kennt Jim so gut wie auswendig, es erfüllt sein ganzes Sinnen und Trachten. Er scheint keinen größeren Ehrgeiz zu kennen, als selber wieder »ins Buch zu kommen«. Es wird von dem in ganz Nordamerika allgemein beliebten und auch gefürchteten »Boone and Crockett Club« herausgegeben, der sich demnächst schon 100 Jahre lang mit sehr viel Eifer darum bemüht, die Jagdmoral der Amerikaner zu heben. Tatsächlich hat der weitverbreitete Verein auch eine gewisse Waidgerechtigkeit entwickelt, die zwar erheblich von der unseren abweicht, aber doch unendlich viel Gutes für Wild und Jagd getan hat. Vor allem geht es dem Boone and Crockett Club darum, daß nicht mehr wahllos »Fleisch« geschossen wird, sondern möglichst nur Wild mit guter, starker Trophäe. Um das zu fördern, werden im Anhang des Jahrbuches Listen von solchen Trophäen veröffentlicht, die zur Rekordklasse gehören. Hierbei richtet sich die Vermessung nach ganz bestimmten, nicht immer einfachen Regeln, die sich der Club ausgedacht hat. Je nach dem Ergebnis werden die Supertrophäen numeriert, so daß jeder Wildtöter gleich aus der Liste ersehen kann, wie »hoch« ein erfolgreicher Konkurrent mit seinen Trophäen zu Buche steht. Weil nun die Anforderungen, um in eine solche Rekordklasse zu gelangen, sehr hochgeschraubt sind, gelingt es alljährlich nur wenigen, in diesem Anhang genannt zu werden. Um so größer sind daher Stolz und Freude des Jägers, wenn er eine Beute gestreckt hat, die »ins Buch« kommt.
»Du bist ja schon mal drin gewesen«, sagte ich zu Jim, »genügt das nicht?«
Das wäre schon sechs Jahre her, meint er, und seine Frau würde sich schon sehr freuen, ihn wieder mal so hoch geehrt zu sehen.
»Wieviel Punkte verlangt man vom Schneewidder?«
»Hundertsechzig, Buddy, und das ist fast ein Traum.«
Wir verlassen das verlassene Zelt und fahren weiter. Es geht nun recht steil hinauf, und der Wagen klappert sehr. Dicke Felsbrocken liegen auf dem Weg,

und stellenweise müssen wir auf den ersten Gang herunter. Der Weg verengt sich, denn es geht durch eine sehr schmale, dunkle Schlucht, die wir noch mit dem Wildbach teilen. Dann folgt ein dichter, ebenso dunkler Wald, dessen kalte Feuchtigkeit uns durch die herabgelassenen Fenster unfreundlich anweht. Wir kommen nur langsam vorwärts, Regengüsse haben den Weg ausgewaschen, und alle paar hundert Meter kriechen wir mit Vorsicht durch rauschende Bäche, die unseren Wagen bis zur Tür bespülen.

Mit einiger Mühe erreicht unser dampfender Motor das Hochtal von Tanada, an dessen Ende die verlassene Siedlung der Goldgräber liegen soll. In deren Nähe ist es auch, wo jener Bill Ellis haust, den man als besten Kenner der weißen Bergschafe rühmt. Bis dahin sind noch 60 Kilometer schlechten Weges zu bewältigen, und es beginnt schon dunkel zu werden.

Plötzlich sehe ich ein Licht in der Ferne. Als wir näher kommen, ist es eine Petroleumlampe, die hinter dem Fenster eines grobgefügten Blockhauses leuchtet. Hunde kläffen, und ein paar struppige Pferde suchen mit Gepolter das Weite.

»Muß die Bude von Harry Chiefson sein«, vermutet Jim und hält es für selbstverständlich, daß wir hineinschauen.

»Du wolltest ja mal primitive Indianer sehen«, grinst er, »da hast du gleich eine ganze Familie beisammen und den Häuptling der Gegend dazu.«

Um das lange Blockhaus stehen ein Halbdutzend kleinerer Blockhütten und mehrere Schuppen. An dichtbehaarten Hunden ist kein Mangel. Alle sind vor windschiefen Hundehütten angepflockt und vollführen einen Höllenlärm, als wir näher kommen.

»Hallo . . . das Haus!« ruft Jim nach altem Brauch der Wildnis, was einer Anmeldung gleichkommt.

Darauf öffnet sich die niedere Tür, eine dicke Frau winkt uns herein. Drinnen sitzen etwa sechs Leute um den Tisch herum und tun das, was man in Alaska die meiste Zeit zu tun scheint, sie trinken Kaffee.

»Das ist Hans, und ich bin Jim«, erledigt mein Begleiter die Vorstellung und setzt sich hinzu. Zwei dralle Mädchen rücken auseinander und bieten mir den frei gemachten Platz auf ihrer Bank an. Ihre warmblütige Nähe dringt mir sogleich durch die Kleider.

Ein Mann mit dunklem Gesicht und weißen Haaren schiebt mir einen verbeulten Blechbecher hin und dazu die gefüllte Kaffeekanne. Das kann nur der Häuptling selber sein, er sieht so würdig aus.

Die Unterhaltung kommt nur stockend in Gang. Die beiden alten Leute können nicht richtig Englisch sprechen. Die jüngere Frau mit dem Kind auf dem Arm ist die Schwiegertochter des Hauses, die beiden Mädels neben mir Töchter von Harry Chiefson. Nur einer seiner Söhne, der verheiratete Willy, ist hier, die beiden anderen sind als Jagdführer unterwegs. Jedenfalls ergibt sich das so, wie allmählich das Gespräch in Gang kommt.

Gerne hätte ich den Alten etwas näher nach seinem Indianertum ausgefragt, doch gilt dergleichen als wenig diskret in Alaska. Die Ureinwohner fühlen sich als Vollbürger Amerikas und können es nicht leiden, wenn sie ein dämliches Bleichgesicht so etwa wie Kuriositäten behandelt. Wenn man es ganz genau nimmt, sind eigentlich nur die Indianer, im hohen Norden auch Eskimos und Aleuten wirklich waschechte Amerikaner. Alle Weißen dagegen sind ohne Ausnahme landfremde Einwanderer. Tatsächlich behandelt der Staat – heutzutage – die Ureinwohner Amerikas mit gewisser Auszeichnung und gestattet ihnen manche Privilegien. Dazu gehört es auch, daß man ihre Wilderei geflissentlich übersieht. Harry Chiefsons Familie lebt großenteils davon. Die Pferde draußen werden nicht etwa zum Reiten gehalten, sondern dienen in erster Linie zum Abtransport des Wildbrets. Das wird keineswegs verkauft. Was die Familie nicht selber vertilgt, dient als Hundefutter. Die Hunde wiederum brauchte man (bis vor wenigen Jahren noch) als Zugtiere für die Schlitten, das einzig mögliche Verkehrsmittel im langen Winter. Ihr notwendiges Bargeld erwirbt sich die Familie durch Wegearbeiten. Der junge Chiefson steht im Dienst des indianischen Straßenmeisters und hat die Pflicht, den Fahrweg nach Nabesna von Gestrüpp freizuhalten. Als Arbeitszeit kann er so ungefähr aufschreiben, was er will. Unsere indianischen Gastgeber haben keinen Grund, sich zu beklagen, und tun es auch nicht. Sie scheinen mit sich und der Welt zufrieden.
Wie viele Indianer es in den Wrangell-Bergen noch gibt, will ich wissen.
»Als die ersten Goldgräber kamen, so am Ende des vorigen Jahrhunderts, waren es ungefähr ein halbes Tausend und darüber«, sagt mir der Sohn des Hauses, »aber davon sind kaum noch siebzig übrig.«
Wie das gekommen sei.
»Ist eben nicht viel los hier und kein Verdienst für mehr Menschen«, zuckt der junge Mann mit den Schultern. »Unsere Leute haben es besser in einer Stadt oder beim Militär . . . allmählich gehen sie weg und keiner kommt wieder.«
Das klingt nicht sehr romantisch. In unseren Indianerbüchern kann eine echte Rothaut nur in freier Wildnis gedeihen und liebt ihr rauhes Leben über alles. In Wirklichkeit liebten die alten Indianer das rauhe Leben nur deshalb, weil es damals für sie kein besseres gab. Im Grunde sind es natürlich Menschen wie alle anderen Menschen auch, die ein bequemes Leben und guten Verdienst in der Nähe von Kinos und gefüllten Läden der primitiven Existenz im wilden Walde vorziehen. Solch verrußte Hütten mit Flackerfeuer im Kamin können ganz gemütlich sein, und die rauschenden Tannen vor der Haustür bieten gewiß gesunde Luft. Aber auf die Dauer hat auch für den Geschmack einer Rothaut das Fertighaus in Anchorage, wohlversehen mit Ölheizung und fließendem Wasser, mit elektrischem Licht, Fernseher und Telefon einen größeren Reiz. Das alles und noch mehr kann sich jedermann in Alaska leisten, noch einen Wagen dazu, wenn er nur einigermaßen tüchtig arbeiten will. Kein Wunder

also, wenn die allgemeine Landflucht aus dem Innern Alaskas auch die Ureinwohner ergriffen hat. Oder sollen sie etwa unseren Knabenträumen zuliebe allzeit in einem Freilandmuseum leben?
Der Stamm der Nabesna, eine Untergruppe der Athabasken, hat sich praktisch aufgelöst. Die erbliche Häuptlingswürde hat nur noch gesellschaftliche Bedeutung, und die kommende Generation wird ihre alte Sprache vergessen.
Früher hatten die Indianer keine Familiennamen, es wußte ja ein jeder über jeden, von wem er abstammte. Die Geschlechterfolge wurde mündlich durch Jahrhunderte hinweg übermittelt. Seit jedoch alle Bürger formgerecht in amtlichen Listen geführt werden, mußten sich auch die Ureinwohner einen Familiennamen zulegen. Den konnte sich jeder selber aussuchen.
Harry hatte sich das einfach gemacht und ließ sich als »Häuptlingssohn« eintragen, als Harry Chiefson demnach. Und das wird in Zukunft der einzige Hinweis sein, um seine Nachkommen noch an ihre einstige Würde als Herren der Wrangell-Berge zu erinnern.
Wo ich denn herkäme, will der junge Chiefson wissen, aus Alaska sei ich gewiß nicht. Ich gebe ihm Bescheid, und er beginnt schallend zu lachen.
»Na, dann wir kann ja deutsch reden«, sagte er zu meiner grenzenlosen Verblüffung in unserer Sprache, »war ich doch sieben Jahr mit amerikanische Luftwaffe in Fürstenfeldbruck und hab mich dort gefühlt sauwohl!«
Wenn ein alaskanischer Indianer das Wort »sauwohl« im Munde führt, muß er bestimmt recht lange im südlichen Deutschland geweilt haben. Der Mann spricht im breiten bayrischen Tonfall, rühmt natürlich das Bier und schwärmt vom Oktoberfest. Wir kommen aus seinen fröhlichen Erinnerungen gar nicht mehr heraus. Fotos werden hervorgekramt, die den jungen Indianer beim Fasching zeigen, und zwar als Beduine verkleidet. Sich als Winnetou zu kostümieren, war der wirklich echten Rothaut offenbar nicht in den Sinn gekommen.
»Der Bill wird staunen, wenn wir so spät noch ankommen«, meint Jim, als wir weiterfahren, »aber auf seine Frau kann man sich verlassen, Buddy, die stellt uns im Handumdrehen das beste Essen auf den Tisch.«
In der Tat klingt das sehr beruhigend.

Nabesna

Wir parkten neben zwei kleinen Flugzeugen und sahen zu unserer Freude, daß noch Licht im Hause brannte.
An dem langen, blankgescheuerten Tisch saßen zwei Männer und spielten Karten, ein dritter schlief im Schaukelstuhl und hielt mit beiden Armen einen Kurzhaardackel umfaßt. Genau das gleiche tat ein vierter.
Die Hausfrau, in Blue jeans und Lederjacke, kam eben aus der Küche und trug ein Tablett mit Kaffeekanne und Tassen herbei. Sie hatte ihre Haare auf kleine Drahtröllchen gewickelt, um Dauerwellen zu erzeugen.
»Hey«, sagte sie, »hörte euch kommen, ihr braucht sicher was Warmes in den Magen.«
»Hey, Rosemary«, sagte Jimmy, »das ist Hans.«
»Hey, Hans«, erwiderte Rosemary, ihr Tablett absetzend.
Immer noch in den gesellschaftlichen Formen Alteuropas befangen, erklärte ich, wie sehr ich mich freute, sie kennenzulernen, unterließ aber den Handkuß.
»Hier ist Will . . .«, zeigte sie auf einen der beiden Kartenspieler, »und das ist Andy«, zeigte sie auf den anderen.
Die beiden erhoben sich kurz, sagten »Hey, Hans« und »Hey, Jimmy«, nahmen wieder Platz und spielten weiter. Damit war die gegenseitige Vorstellung erledigt. Die beiden Schlafenden schliefen weiter.
In dem großen, niedrigen, getäfelten Raum herrschte eine bullige Hitze, wie man sie in allen alaskanischen Behausungen liebt. Sie entströmte einem alten Benzinfaß, das zu einem Ofen umgebaut war. An den Wänden hingen die ausgestopften Häupter von drei hochkapitalen Bergwiddern. Einst war ihre Decke schneeweiß gewesen, nun aber vom Rauch tief gebräunt. Aus einem alten Ledersofa schauten die Sprungfedern hervor. Spielzeug in der Ecke verriet, daß noch Kinder im Haus waren.

Die Spieler schoben die Karten zusammen. Der Schwarzhaarige mit dem gefurchten Gesicht schob dem Grauhaarigen mit glatten Zügen seinen Gewinn zu, in Gestalt von getrockneten Erbsen.
Der wandte sich nun an uns und erklärte, der Teufel solle die Bergschafe holen.
»Pech gehabt?« schloß Jim aus seiner Bemerkung und beugte sich vor, um Näheres zu erfahren.
Will brannte darauf, es zu erzählen. Er war schon acht Tage hier und jeden Morgen mit Andy in eine andere Gegend geflogen, um seinen Widder zu finden. Jedesmal mit den besten Aussichten, denn Bill, dieser berühmte Kenner des edlen Bergwildes, hatte zuvor das Gebiet aus der Luft erkundet und ein Rudel Schafe ausgemacht, in dem sich zumindest ein starker Bock befand. Bis sich jedoch Will und Andy an den entsprechenden Platz vorgearbeitet hatten, war das Rudel spurlos verschwunden oder stand am jenseitigen Hang, den man unmöglich erreichen konnte. Die Flußtäler in den Wrangell-Bergen sind meistens so tief eingeschnitten, daß man sie nicht durchqueren kann, vor allem nicht bei schlechtem Wetter. Es war wie verhext, klagte uns Will Debney, Schafe gab es genug in der Gegend, aber es war einfach nicht an sie heranzukommen. Dabei war die Jagd auf Dall-Sheep nur sechs Wochen offen und der Abschuß in dem riesig großen Gebiet relativ so gering, daß es bestimmt nicht die Jäger sein konnten, die das Wild so vorsichtig gemacht hatten.
»Ich sage euch, es sind die Wölfe«, versicherte Andy, »die haben sich vermehrt und sind schuld dran. Die Schafe waren noch nie so scheu wie jetzt!«
Wie dem auch sei, Will hatte seine Abmachung mit Bill Ellis um eine weitere Woche verlängert, was seine grimmige Laune verständlich machte. Denn jeder Tag kostete ihn 100 Dollar (damals, bitte!), wenn nicht noch mehr. Kein Wunder also, daß im Gegensatz zum unglücklichen Gast der Hausherr gut und befriedigt schlafen konnte.
Wie aus der Unterhaltung hervorging, war Andy der Gehilfe von Bill Ellis und steuerte eine der Piper-Cubs. Während es die Aufgabe seines Chefs war, das Wild und dazu noch einen geeigneten Landeplatz auszumachen, hatte Andy den Gast dorthin zu fliegen und mußte ihn dann auf der eigentlichen Pirsch begleiten. Allein durfte man sich nicht an die Ovis Dalli heranwagen, es sei denn, man wäre selber Alaskaner. So wollten es die Jagdgesetze und wollen es noch immer. Doch gingen auch die meisten Landesbewohner zu zweien auf die riskante Pirsch. Wer sich in dem schwierigen, menschenleeren Gebiet auch nur den Fuß verstauchte, war als einzelner Mann verloren. Vermißte in diesen wilden Bergen zu finden, war nahezu ein Ding der Unmöglichkeit.
Bill Ellis lebte nur von Anfang August bis Ende Oktober in Nabesna, sein eigentliches Heim lag bei Anchorage. Im frühen Frühjahr flog er mit Andy seine beiden Maschinen, die dann mit Schneekufen versehen waren, hinauf nach Point-Barrow an die Eismeerküste und machte Jagd auf Polarbären, weit

draußen auf der solide gefrorenen Decke des Eismeeres. Obwohl seine Preise für meine Begriffe enorm waren, nämlich 1250 Dollar für solche Eisbärjagd (spottbillig . . . wenn man die heutigen Preise kennt), warf das Geschäft nicht allzuviel ab. Die harte Beanspruchung wie die unvermeidlichen Pannen verbrauchten seine Maschinen schnell. Es ging überhaupt nur, weil Bill von Hause aus gelernter Flugzeugmechaniker war, der alle seine Reparaturen selber besorgte. Als Angestellter einer Fluglinie hätte er gewiß ein besseres Auskommen gefunden, denn dort zahlt man solchen Spezialisten einen Stundenlohn von 24 DM. Doch ist es bei dem typisch alaskanischen Hang zur Unabhängigkeit üblich, daß ein Mann von Format nur das tut, was ihm Spaß macht. Und Bill machte es nun einmal Spaß, fliegender Jagdführer zu sein.
Das Haus, in dem wir saßen, war über sechzig Jahre alt, eine große Seltenheit in diesem Lande. Einst war es für den Leiter jener Goldgrube gebaut, die drei Kilometer weiter östlich lag und nun verlassen war. Der alte Richard Boyden, dem das Bergwerk und die angeschlossene, nun tote Siedlung gehörte, hatte Billy die hiesige Behausung gratis überlassen. So wurde das Anwesen immerhin unterhalten, gelegentlich auch repariert. Mehr als sechs bis sieben »Schafgäste« pro Jahr konnte Bill nicht versorgen, dazu war die Jagdzeit zu kurz. Hin und wieder führte er noch Jagdgäste auf Grizzly und Elch. Doch waren wirklich kapitale Elchschaufeln hier in den Bergen eine Seltenheit.
Der nächste Briefkasten befand sich erst in Gulkana, 180 Kilometer weit weg, und nur von dort konnte man telefonieren. Alle größeren Einkäufe mußten in Anchorage gemacht werden, wo sich auch das nächste Kino, das nächste Krankenhaus und der nächste Damenfriseur befanden. Mrs. Ellis unterrichtete ihre beiden Buben selber, auf Grund eines besonderen Examens und mit Hilfe eines Systems von Fernunterricht, das die Schulbehörden eigens für isolierte Familien in der Wildnis entwickelt hatten.
Dabei ging es der Familie ausgezeichnet. Frisches Fleisch lieferte das Land im Überfluß, Forellen und Äschen der Fluß vor dem Haus. Brennholz wurde im Wald geschlagen, die Berghänge waren blau und rot von köstlichsten Beerenfrüchten. Und ganz bestimmt hatte man keinerlei Ärger mit Behörden und Nachbarn. Auf der weiten Strecke bis Gulkana wohnten nur die paar Indianer und der alte Richard Boyden.
Selber hatte ich mit dem teuren Bill nichts ausgemacht. Er war ein alter Freund von Jimmy und hatte ihm nur gesagt, wir sollten mal kommen, das weitere würde sich finden. Wenn wir aus Sparsamkeit alles zu Fuß machen wollten, so sei ihm das recht. Betten, worin wir schlafen konnten, hätte er jedenfalls genug. Wie gesagt, kennt die alaskanische Gastfreiheit keine Grenzen.
Die Tür zur Küche öffnete sich, und Rosemary Ellis trug das Abendessen herein, eine gewaltige Platte mit gebackenen, panierten Äschen, die heute früh der Älteste gefangen hatte.
Deren Duft weckte die beiden Schlafenden. Sie hatten einige Mühe hochzu-

kommen, weil ihre Gliedmaßen sowohl mit der Lehne ihres Stuhles als auch mit dem jeweiligen Dackel zu einem Knäuel verstrickt waren. Es gelang zunächst den beiden Hunden, sich zu entwirren. Sie erinnerten sich, wenn auch etwas verspätet, ihrer Dackelpflicht und bellten uns an. Frau Rosemary wies sie zur Ruhe.

Bill und Bob gähnten, streckten ihre Beine aus und reckten ihre Arme. Erst dann öffneten sie die Augen und nahmen Notiz von uns.

»Hey, da seid ihr ja«, meinte Bill und fügte hinzu, daß er noch schläfrig sei.

»Sie hatten wahrscheinlich einen sehr anstrengenden Tag«, gab ich höflich zurück.

»Gar nicht, nur Faulheit hat mich faul gemacht.«

Er war klein, dünn, drahtig und sah intelligent aus. Ich schätzte ihn auf Ende zwanzig oder Anfang dreißig. Bob sah fast genauso aus wie Bill und hatte akkurat dieselben Bewegungen.

»Hey, Bill, das ist Hans«, stellte mein Begleiter mich formgerecht vor, und der Hausherr quetschte mir die Hand.

»Hey, Hans, der Bursche hier ist Bob, mein Ältester«, machte ich die Bekanntschaft des jüngeren Mannes.

Seine Frau, die mein Erstaunen wohl gemerkt hatte, klärte mich auf.

»Bill war knapp sechzehn, als der Junge auf die Welt kam«, sagte sie mit verlegenem Lächeln, »ist das nicht ein wenig zu früh?«

Bill lachte so laut, daß die Dackel wieder zu bellen begannen, und hieb seinem Sohn auf die Schulter.

»Lauf, meine Frühgeburt, und hol was zu trinken!«

Grinsend eilte der junge Mann davon. Vater und Sohn schienen dicke Freunde zu sein.

Frau Rosemary lud mir drei knusperige Äschen auf den Teller und reichte selbstgebackenes, noch warmes Brot herum. Da keine zweite Gabel vorhanden war, geschweige denn ein Fischmesser, konnte ich nicht gleich zulangen. Denn schließlich habe ich (als Jugendsünde) zwei dicke Benimmbücher geschrieben und durfte unmöglich den Fisch mit dem Messer essen. Das war auch nicht nötig, die Bestecke blieben unbenutzt. Ich konnte meinen Knusperfisch in die Hand nehmen, weil es auch die Hausfrau tat. Nach meinem Dafürhalten war es der beste Fisch, den ich jemals gegessen habe.

Als Getränk wurde der Saft alaskanischer Moosbeeren geboten. Will Debney, der Jagdgast aus Denver in Colorado, beugte sich an mein Ohr und meinte, die Leute seien wohl etwas komisch hier. Es werde kein Alkohol im Hause geduldet.

»Werde aber dafür sorgen, Hans, daß du vorm Schlafengehen noch dein Nachtkäppchen bekommst. Habe für solche Notfälle 'ne feuchte Ecke in meinem Koffer. Darfst nur dem Bill nichts davon sagen. Der ist sogar gegen Rauchen, und bei ihm darf man nur um Erbsen pokern.«

Da waren wir ganz wirklich an einen soliden Mann geraten, trotz seines Sohnes, den er schon als Knabe gezeugt hatte.
Wie es die guten Umgangsformen in Alaska vorschreiben, spricht man erst von allen möglichen Dingen, bevor man den eigentlichen Zweck seines Besuches anschneidet. In der Tat wußten Jimmy und ich noch nicht einmal, wo wir schlafen würden und wie überhaupt die Sache weitergehen sollte.
Bill erkundigte sich nach einer Reihe von Bekannten, und Jimmy gab ihm eingehend Auskunft. Dann fragte Bills Frau nach den Frauen dieser Bekannten, und Jimmy erzählte allen Klatsch, den er wußte. Anschließend wurde über einige Lokalpolitiker geschimpft und dann auf das ferne Washington, dessen Holzköpfe nicht genug für Alaska taten.
Inzwischen waren die schmackhaften Fische vertilgt, und ich lehnte mich gesättigt zurück. Doch nicht für lange, denn nun brachte Frau Rosemary den Hauptgang herein, eine noch größere Schüssel als zuvor, turmhoch beladen mit den saftigen Steaks eines jungen Wildschafes. Vorsichtig, wie ein vereidigter Jagdführer sein muß, erklärte Bill, daß es sich um ein durch Steinschlag verletztes Tier handelte, dem sein Sohn den Gnadenschuß gegeben hatte. Es durften an sich nur ältere Böcke geschossen werden. In diesem Falle war Bobs Mitleid sicherlich angebracht gewesen. Und weil außerdem in Alaska die strenge Vorschrift besteht, daß alles erlegte Wild der menschlichen Ernährung zugeführt werden muß, so taten wir das, um im Rahmen des Gesetzes zu bleiben. Die beiden Dackel beteiligten sich daran. Übrigens hörten sie, wenn sie wollten, auf die Namen »Hermann« und »Dorothea«, Bill war nämlich, wie er sagte, sehr deutschfreundlich.
»Übrigens hat man von Ronny nur noch sein Skelett gefunden«, berichtete er beiläufig, »armer Teufel, so ganz allein oben am Tumble-Creek zu verhungern. Wir kamen nur durch die Raben auf ihn, die gerade das Letzte wegpickten.«
Schauermärchen sind ein beliebter Gesprächsstoff in den Jagdhütten der Wildnis, das war in Alaska genauso wie im dunklen Afrika und bei den Jägern von Kaschmir. Ich nahm mir vor, nichts davon zu glauben.
»War einer von der Landvermessung, der Ronny«, wandte sich Bill erklärend an mich, »wollte irgendwas am Jacksinagletscher untersuchen. Hab ihm gleich gesagt, er sollte unbedingt noch andere Leute mitnehmen. Aber Beamte wissen ja immer alles besser . . . muß wohl gestürzt sein und ist dann elend eingegangen. Den Rest haben die Bären und die Raben besorgt . . . tut mir trotzdem leid, der arme Mann, war sonst ganz gut zu leiden.«
Jimmy fand das auch. Aber in diesem Lande war es nun mal besser, wenn man zu zweit ging.
»Immer hilft das auch nicht«, fuhr der Hausherr fort, »denk nur an die beiden Monteure von Fairbanks. Noch kein halbes Jahr im Lande und mußten schon auf Bergschafe gehen, drüben auf dem Nutzotin. Immerhin wußte man so ungefähr, wo ihr Camp war, und die große Suchaktion ging los. Schließlich wurde

ihr gelbes Zelt aus der Luft gesichtet, und davor hatten sie HELP in den Neuschnee getreten. Winkten auch noch ganz munter hinauf. Aber dann kam schlechtes Wetter ... dichter Nebel und so weiter ... bis der Bergungstrupp schließlich bei ihnen ankam, war der eine wahnsinnig geworden!«
Er machte eine Pause, bis ihn jemand fragte, in welchem Zustand man den zweiten Mann gefunden habe.
»In totem Zustand ... sein Kamerad hatte ihn erstochen, beim Kampf um die letzte Sardinenbüchse.«
Und Andy fügte hinzu, daß die Berge hier schon ihre Tücken hätten.
»Seht euch Bill an«, fuhr er zur Bekräftigung fort, »zwar will er nicht, daß man darüber redet, aber ein anderer hätte sein Abenteuer am Hogatza kaum überlebt ...«
»War halb so schlimm«, gab sich Bill bescheiden, »kann jedem mal passieren.«
Doch natürlich drängten wir, es zu erfahren.
Die Sache hatte sich im letzten Spätherbst ereignet, droben an der Waldgrenze im Nordosten. An seiner Maschine war die Benzinzufuhr nicht in Ordnung, und Bill mußte heruntergehen, um die Leitungen zu reinigen. Weil er jedoch Schwimmer an seiner Maschine hatte, kam dafür nur ein See in Frage. Zwar gibt es die so gut wie überall in Alaska, aber die meisten waren schon zugefroren. Der Motor fing schon an, bedrohlich zu spucken, da erblickte Bill ein strömendes Gewässer, das in der Mitte noch offen war. Er kam glatt hinunter, doch als das Maschinchen dem Ufer zusteuerte, bohrte sich ein spitzer Baumast, der im Wasser verborgen lag, in den rechten Schwimmer. Der füllte sich sogleich und sackte ab. Dabei kippte die Piper um, legte sich auf die Seite und folgte nach. Bill konnte sich gerade noch aus seiner Kabine und auf den zweiten Schwimmer retten, der als einziges Teil nicht versank. Natürlich war er damit nur für den Augenblick gerettet. Also schwamm Bill, etwa hundert Meter weit, durch die eisige Strömung ans Ufer. Um es zu erreichen, mußte er, im Wasser strampelnd, erst noch eine dünne Eisdecke zerbrechen. Zum Glück hatte er, wie jeder geübte Waldläufer, eine wasserdichte Kapsel mit Streichhölzern in der Tasche. Sofort warf er seine triefenden Kleider ab, suchte trockenes Holz und entfachte ein Feuer. Bis das richtig brannte, zitterte der arme Mensch naß und nackt in der barbarischen Kälte des hohen Nordens.
Nun war er wieder warm geworden und stand sicher auf festem Boden, wußte aber, daß er seine Ausrüstung brauchte, um zu überleben. Die aber lag unterm eisigen Wasser, fest verschnürt hinten in der Kabine. Also blieb ihm nichts anderes übrig, als zurückzuschwimmen, zu tauchen und das Zeug Stück für Stück aus der Maschine zu zerren. Wie oft er diese Gewalttour unternahm, wußte er hinterher nicht mehr. Vor jeder neuen Expedition zum Wrack wärmte er sich am Feuer auf und legte längere Ruhepausen ein. Trotzdem war es sicher eine schreckliche Überwindung, immer wieder in die betäubend kalte Flut zu tau-

chen. Schließlich hatte er sein Zelt, seinen Schlafsack, Proviant, Gewehr, Munition und was man sonst noch fürs Camping im nordischen Urwald braucht, beisammen. Alles mußte erst mühsam getrocknet werden.
Nach vierundzwanzig Stunden, in denen er Kräfte sammelte, machte er sich schließlich auf, um Anschluß an die Zivilisation zu finden. Das gelang ihm nach einem Gewaltmarsch von sieben Tagen. Unterwegs schoß er ein Karibu, das ihn ernährte.
Mit Andy und seinem zweiten Flugzeug kehrte er baldmöglichst an den Unfallort zurück. Die beiden Männer bauten sich ein Floß, bastelten sich einen Hebebaum und holten die versunkene Maschine aus dem Wasser hervor. Ersatzteile wurden durch die Luft herangeschafft. Damit gelang es ihnen, die havarierte Maschine so weit in Ordnung zu bringen, daß Bill damit heimfliegen konnte.
»Ja, man hat schon seine Sorgen mit diesen Männern«, bemerkte Rosemary Ellis und räumte den Tisch ab.
»Welch ein Glück im Unglück«, sagte ich, »daß die ganze Ausrüstung in der Maschine war.«
»Das ist Vorschrift in Alaska«, erklärte Bill, »und eine der wenigen vernünftigen Vorschriften, die es gibt. In jedem Flugzeug müssen sich Zelt, Schlafsack, Streichhölzer und Verpflegung für eine Woche befinden, dazu ein Jagdgewehr mit Munition, Angelzeug, Karten und Kompaß sowie Axt und Säge. Wer's versteht, damit richtig umzugehen, kann sich überall durchschlagen und geht bestimmt nicht zugrunde.«
(Inzwischen ist noch mehr dazugekommen, sei es auf Grund bestimmter Vorschriften oder privater Vorsicht. Das wären unter anderem Sprechfunkgerät, gegen Stoß gesichertes Unfallmeldegerät, Schlauchboot aus Plastik und dehydrierte, also überaus leichte und dennoch sehr nahrhafte Lebensmittel.)
Frau Ellis brachte einen Pudding herein, offenbar ein Modell des Turmbaus von Babel. Ich konnte kaum noch »happ« sagen, aber die Hausfrau durfte nicht gekränkt werden. So plagten wir uns redlich, auch noch den Nachtisch zu vertilgen.
»Na ja, dann wollen wir mal sehen, daß du deinen Widder bekommst, Hans«, kam der berühmte Jagdführer endlich auf den Zweck meiner Anwesenheit zu sprechen, »aber blamier die Gegend nicht und bringe zumindest eine Dreiviertelschnecke mit.«
Der arme Will Debney hatte eben das nun schon eine volle Woche hindurch versucht, mit Hilfe einer exakten Luftaufklärung und zweier Experten. Er lachte etwas hohl und fragte mich, ob ich bis zum nächsten Herbst bleiben könne.
»Sei kein Miesmacher, Will«, warnte Jimmy, »man weiß doch, daß die Cheechakos oft das meiste Glück haben.«
Der Ausdruck »Cheechako« ärgerte mich, denn mit diesem Indianerwort bezeichnet man das Grünhorn, den Neuling, den völlig unbedarften Anfänger im

Lande. Natürlich war ich diesmal erst seit zehn Tagen in Alaska und hatte noch nie Ovis dalli gejagt. Aber immerhin war es mein zweiter Besuch in diesem Land, und wenn man schon in vier Kontinenten gejagt hat, läßt man sich nur ungern einen »Cheechako« nennen. Die Grundsätze der jagdlichen Kunst sind international, weder an ein bestimmtes Land gebunden noch an bestimmte Tiere.
Bill schätzte den Bestand an Dall-Sheep auf etwa zwanzig- bis auf vermutlich fünfzigtausend für ganz Alaska, und davon etwa ein Viertel in den Wrangell-Bergen. (Es leben nach letzter Schätzung des Fish and Game Departments, das heute viel besser als damals mit Personal und technischen Möglichkeiten ausgerüstet ist, mindestens 60 000 Wildschafe im 49. Staat der USA, davon weniger als ein Viertel in den Wrangell-Bergen. Im großen ganzen sind die Abschußzahlen in all den Jahren annähernd gleichgeblieben, aber unterschiedlich in den Regionen. 1968 wurden in ganz Alaska 1122 Dall-Sheep erlegt, 1973 waren es 1135 und nur drei Tiere weniger im Jagdjahr 1974. Aber besonders starke Trophäen wurden seltener erbeutet. Nur sehr wenige Schneeschafgehörne erfüllten die Bedingungen für die Aufnahme ins »Buch«.)
Für einen Jäger mit Ausdauer und guter Büchse, sagte Bill, könne es nicht allzu schwer sein, einen passablen Widder zu erlegen.
»Wie steht's mit deinen Beinen, Hans, kannst du klettern?«
»Kommt auf die Berge an«, sagte ich vorsichtig, »wenn's nicht schlimmer ist als bei der Gamsjagd in Tirol, mach ich schon mit.«
Ich hatte »Gams« mit »chamois« übersetzt, weil es kein englisches Wort dafür gibt. Soviel ich gehört hatte, sagen auch englische und amerikanische Jäger *chamois* zur Gams. Aber natürlich nur solche, die sich für unser Bergwild interessieren, und dazu hatte Bill noch keine Gelegenheit. Um so eifriger wollte er wissen, was denn das für ein Tier sei. Zwar hatte ich kein Bild von Frau und Kind in meiner Brieftasche, dafür eins von meinem besten Gamsbock. Jäger sind halt so. Und das zeigte ich nun herum.
Die Gams erregte größtes Staunen und wurde von meinen Freunden als »Mountaingoat« bezeichnet, was wörtlich »Bergziege« heißt und eine Benennung ist, die gewiß keinem unserer Gamsjäger gefallen dürfte.
»Hübsches Tier«, begeisterte sich Bill, »wunderbar diese dunkle Decke und wie zierlich sind die netten, spitzen Hörner. Richtig wie so ein kleiner schwarzer Teufel sieht deine Bergziege aus!«
Nette, spitze Hörner nannte dieser Mensch die kapitalste Gamskrucke aus meinem Revier! *Hübsch und zierlich* sollte er sein, der stolze Latschenbock aus dem Wilden Kaiser!
Doch ich schluckte meinen Protest hinunter. Die Leute hier konnten es ja nicht besser wissen. Sie hatten immer nur ihre Wildschafe vor Augen, und die sind zwei- bis dreimal schwerer als eine Gams und wirken im Herbst besonders massig.

»Mann, mir würde so was Spaß machen«, rief Bill, noch immer meine *zierliche Bergziege* betrachtend, »so was möchte ich auch mal an meiner Wand haben. Was sagst du dazu, Rosemary, da würden die Leute staunen, was?«
Ich sagte ihm, daß unsere Leute daheim genauso über einen Schneewidder staunen würden, falls ich einen bekäme.
»Andy«, wandte sich der Hausherr an seinen Gehilfen, »du setzt die beiden morgen früh im Stone-Creek ab. Wenn ihr dann über die Höhe steigt, könnt ihr am Westhang von Coopers Cañon Glück haben. Vorgestern stand dort ein größeres Rudel. Du mußt nur aufpassen, daß dein Bock nicht herunter in die Schlucht fällt. Denn aus so einem tiefen steilen Loch bekämen wir ihn nie heraus ...«
Und er bat darum, sich nochmals die »netten, spitzen Hörner« meines kapitalsten Gamsbocks ansehen zu dürfen.
Zwar konnte ich mir nicht einmal denken, wo der Stone-Fluß lag, und noch weniger, wo sich Coopers Cañon befand. Solche örtliche Bezeichnungen sind meist von den wenigen Jägern der Gegend frei erfunden und stehen auf keiner Karte.
»Wäre mir nur recht«, sagte der nette Will Debney, »wenn einer endlich den Bann bricht und mit vollen Händen heimkommt.«
Eifrig bedankte ich mich, sowohl bei Bill als auch bei Will. Es wurde ausgemacht, daß morgen früh der Hausherr mit seinem Gast zum Tanadasee fliegen und ihn bei der Pirsch begleiten sollte. Andy würde dann mit der zweiten Maschine erst mich und darauf Jimmy an den Stone-Creek bringen.
»Aber zumindest für den Brennstoff möchte ich aufkommen«, bot ich an.
»Red keinen Unsinn, Mann«, sagte der großzügige Bill.
Frau Rosemary meinte, wir sollten jetzt schlafen gehen, es käme für alle ein anstrengender Tag. Mir war auch sehr nach Schlaf zumute.
Zu diesem Zweck führte uns Bill in ein anderes Blockhaus, worin es bitter kalt war. Vier Feldbetten standen dort, von denen eines Freund Will gehörte. Sonstige Möbel gab es nicht, man lebte sozusagen aus Koffer oder Rucksack. Durch die Balkenwand wehte die frostige Nachtluft und ließ die Kerzen flackern. Immerhin lagen schwere Pelzdecken auf den schmalen Betten, und wir hatten auch unsere Schlafsäcke dabei.
Als Bill gegangen war, kramte Will in seinem Koffer und brachte mit listigem Grinsen eine volle Flasche »Black and White« zum Vorschein.
»Von dem ewigen Himbeerwasser hier im Hause erkältet man sich den Magen«, meinte der Staranwalt aus Denver, »müssen unbedingt was für die Gesundheit tun!«
Damit füllte er die großen Zahnputzgläser bis nahe zum Rand. Wir tranken einander zu und lachten so vergnügt wie drei Schulbuben, die ihren Klassenlehrer hinters Licht geführt haben.

Vom Stone-Creek zur Cooperschlucht

Die Nacht war nocht nicht zu Ende, da holte uns Bob aus den wohlig warmen Betten. Nur gut, daß ich mein Unterzeug mit in den Schlafsack genommen hatte, in weiser Voraussicht der nächtlichen Fröste im Hochgebirge. Es war ein Vergnügen, in die wollenen Sachen hineinzusteigen. Jim und Will aber fluchten, weil ihr Zeug über Nacht klamm und kalt geworden war. Auch das Wasser im Eimer hatte sich mit Eis bedeckt. Wir mußten es mit dem Griff eines Jagdmessers aufschlagen, was uns sehr heroisch vorkam.
Desto heißer war es wieder im Haupthaus, man mußte sich Hemd und Jacke aufreißen, um nicht zu ersticken. Der Tisch war gedeckt, als sollte sich ein ganzer Schützenverein daran sättigen. Ein halbes Dutzend Eier mit Speck war das mindeste, was jeder von uns vertilgen mußte, dazu Pancakes mit Sirup, Blaubeermarmelade, Wildhonig und eine halbe Gallone sehr starken Kaffees. Da ich an diesem Morgen noch nicht wußte, daß Alaskajäger für gewöhnlich auf einen Imbiß über Mittag verzichten, griff ich nur mäßig zu. Ich wollte mich nicht schwerer machen als unbedingt nötig.
Es kamen auch die beiden Buben zu Tisch, die einander wie Zwillinge glichen, obwohl sie keine waren. Johnny und Bertie wurden sie genannt und waren zwischen sieben und neun Jahre alt. Für amerikanische Kinder schienen sie überraschend wohlerzogen, nur selten überschrien sie die Unterhaltung der Erwachsenen. Dem Johnny wurde sogar von seiner Mutter heftig auf die Finger geklopft, weil er mit seinem Löffel in die Marmeladenschale klatschte.
Als erster startete Bill mit seinem zahlenden Gast. Es war beruhigend zu sehen, mit welcher Sorgfalt der Pilot seine Maschine anwärmte und alle Verstrebungen einzeln prüfte. Ebenso genau kontrollierte er das Höhensteuer und die Seitenruder. Auf Bill Ellis war Verlaß das konnte man sehen.
Nur ein Flugplatz war nicht zu sehen, von dem seine Piper starten konnte. Da

aber die beiden Maschinen fast täglich losbrummten, mußte es wohl eine Möglichkeit geben, sie in die Luft zu bringen. Wie sich dann zeigte, diente der Fahrweg als Startbahn. Man hatte ihn nur ein wenig verbreitert und so gut es ging planiert. Doch war die Startbahn nach meiner Schätzung nicht länger als etwa 150 Meter.

Will Debney kletterte in das winzige Kabinchen und klemmte sich auf den schmalen Sitz hinter seinen Führer. Bob und die beiden kleinen Jungen schoben den windigen Vogel auf die Startbahn, und sogleich gab Bill mächtig Vollgas. Die Maschine rollte schwankend an, schoß schnell davon, hüpfte ein paarmal auf und nieder und hob sich dann abrupt von der Bahn, kurz bevor sie zu Ende war.

»Ja, der Bill kann's«, lobte Jimmy, »wenn's bei dem mal Bruch gibt, hat er bestimmt keine Schuld dran.«

Hoffentlich kann es Andy genausogut.

Weil die Minimaschine jeweils nur einen Passagier – außer dem Piloten – befördern konnte, mußte sie für Dick und mich zweimal fliegen.

»Vergiß nicht Karte und Kompaß«, bat ich meinen Führer, »und pack noch was zum Essen ein. Wir haben ja den ganzen Wagen voll mit Lebensmitteln.«

Der Sicherheit halber stopfte ich noch die beiden Daunenschlafsäcke in meinen Rucksack. Hatten wir die bei uns, konnten wir es notfalls auch über Nacht da droben aushalten. Mit einem Wettersturz oder Nebel war ja immer zu rechnen, dem Flugzeug war es dann nicht möglich, uns abzuholen.

Nun machte sich Andy an der zweiten Maschine zu schaffen, wobei er so ungefähr die gleiche Vorsicht walten ließ wie zuvor sein junger Chef. Es war gar nicht so leicht, sich in die winzige Kabine zu zwängen, zumal man nicht auf die Verstrebungen treten durfte, dazu waren sie zu leicht gebaut. Es gab nur einen schmalen Bügel, in den ich meine Füße setzen konnte. Und auch drinnen, so warnte mich Andy, hatte ich höllisch aufzupassen, daß weder meine Stiefel noch mein Gewehrkolben eines der dünnen Drahtseile berührten, die der Steuerung dienten und frei am Boden nach hinten liefen. Der Sitz war so eng, daß man nur mit angepreßten Armen hineinpaßte. Verkleidet war das Maschinchen lediglich mit geölter und bemalter Leinwand. Es stand zu befürchten, daß man ins Freie fiel, wenn man sich nur etwas kräftig dagegenlehnte.

Jimmy reichte mir Gewehr und Rucksack hinein, Andy fragte über seine Schulter hinweg, ob es losgehen könnte. Ich erinnerte mich angestrengt daran, daß doch beim Fliegen in Alaska relativ wenig Totalverluste eintreten, und sagte, ich sei soweit. Dann schloß ich die Augen und betete, wie es mich meine Mutter für Fälle der Gefahr gelehrt hatte.

Der Motor donnerte trotz seiner Kleinheit gewaltig auf, die Maschine schwankte über den Boden. Ich fühlte mich geschüttelt wie ein Birnbaum bei der Ernte, bekam einen heftigen Stoß und wurde jäh angehoben.

Als ich die Augen wieder öffnete, segelten wir schräg über die Baumwipfel nach Westen davon.
»Fein . . . was?« rief mir Andy zu, ohne sich umzudrehen.
Ja, es war wirklich fein. Vor uns lag das weite, breite Tal des Nabesnariver mit wenig Wasser, aber vielen Sandbänken. Aus den dunklen Fichtenwäldern schauten Dutzende von kleinen und kleinsten Seen hervor, die einen gletscherblau und die anderen smaragdgrün. Zur Linken und zur Rechten stiegen Ketten von Bergen auf, hinter denen wieder andere Bergketten emporwuchsen. Die meisten Gipfel waren namenlos. So weit man das Gebiet von oben übersehen konnte, gab es drunten keinen ständigen Bewohner menschlicher Gattung. Nirgendwo verriet eine Rauchsäule, daß jemand Kaffee kochte. Und doch hatte es hier noch vor 35 Jahren eine betriebsame Siedlung gegeben. Gerade flogen wir über die Geisterstadt von Nabesna hinweg, seinerzeit der Wohnsitz von 150 Leuten mit allen Bequemlichkeiten, die sich in die Wildnis bringen ließen. Die Gebäude schienen noch gut im Stande zu sein.
Andy schwang seinen Vogel über die nächste Höhe und zeigte mir einen tiefgrünen See, wo es von Forellen nur so wimmeln sollte. Wir flogen über eine gespaltene Gletscherzunge und folgten dann einem düsteren Tal, in dessen Tiefe ein Wildfluß blitzte.
Als ich schon Angst hatte, wir würden in dieser Enge an den Felsen zerschellen, zog Andy sein Maschinchen hoch, huschte über einen messerscharfen Bergrükken und stieß auf der anderen Seite erschreckend steil in ein Tal hinunter, das womöglich noch drohender wirkte als das vorige.
»Cooper Cañon«, rief er mir zu und deutete vorwärts auf einen steilen Hang.
»Dort müssen sie sein . . .«
Und tatsächlich waren sie da, etwa zwanzig bis dreißig schneeweiße Punkte, die sich deutlich vom dunklen Fels abhoben.
Die Piper-Cub zog wieder hoch. Wir überflogen eine gewölbte, begrünte Hochfläche und sanken nach einigen Minuten tief in ein breites, fast ganz ausgetrocknetes Flußtal hinab.
»Stone-Creek«, schrie Andy, »halt dich fest, wir landen!«
Wo wir landen wollten, war nicht zu erkennen, aber offensichtlich machte der Pilot Anstalten hierzu. Ich griff in das Gestänge über mir, stemmte meine Knie gegen den Vordersitz und hoffte fürs beste.
Verdammt hart schlugen die Räder auf, hüpften mit Geknatter über groben Kies und kamen erstaunlich schnell zum Stehen. Wir befanden uns im wasserlosen Flußbett des Stone-Creek.
»Ist wieder mal gutgegangen«, stellte Andy fest und stieß das windige Türchen auf.
Ich kletterte mit einiger Mühe hinaus und ließ mir mein Zeug reichen.
»In vierzig Minuten bring ich dir deinen Jimmy«, versicherte der Pilot, zog die Kabine zu und gab ordentlich Gas. Eine Minute später war sein Vogel wieder

in der Luft. Einfach toll, was man mit so kleinen Maschinen nicht alles machen konnte.
Zum erstenmal war ich allein in der unendlichen Wildnis von Alaska und genoß dieses erregende Gefühl in vollen Zügen. Der nächste Mensch, den es in dieser herrlichen Einsamkeit gab, war vierzig bis fünfzig Kilometer weit entfernt, über Stock und Stein sicher ein Marsch von zwei Tagen. Um mich herum lag ein herrenloses Reich von unsagbarer Schönheit und Majestät, unberührt vom Getriebe der Welt, ungestört von allen Problemen unserer beängstigenden Zeit. Die Sonne schien auf die weißen Gipfel. Die klare, frische Luft ließ mich unendlich weit sehen. Vor mir kreuzte eine Bärenfährte das Flußtal.
Ich setzte mich auf meinen Rucksack und freute mich des begnadeten Friedens in dieser freien, unwirklichen Welt. Endlich hatte ich sie erreicht, die große Freiheit, und die Sehnsucht vieler Jahre war erfüllt. Wenn ich nichts weiter erlebte als diese Landschaft allein, ja nur diesen einen Tag, hatte sich die Reise um die halbe Welt gelohnt.
Bald hörte ich wieder das Purren der Piper-Cub und sah die Maschine in der Luft, anfangs nicht größer als eine Mücke. Schnell kam sie näher und tiefer. Die kleinen Räder setzten auf, sprangen wieder hoch und faßten festen Grund. Unmittelbar vor mir blieben sie stehen, und Jimmy stieg mit Gelassenheit zu mir herunter. Für ihn waren solche Katzensprünge in der fliegenden Nußschale eine ganz gewöhnliche Sache, so wie unsereins mit dem Wagen ins Büro fährt.
»Hab gesehen, wo die Biester sind«, sagte er mir, »aber lausig weit zu laufen ist es, wir müssen uns mächtig anstrengen.«
Mir kam es nicht so vor, aber das wollte ich als Mann ohne alaskanische Erfahrungen nicht sagen. Bei der Reise vorher war ich nicht sehr weit von Straßen, Flugplätzen und Ortschaften fortgekommen. Zwei der Aleuten-Inseln, Amchitka und Shemya, hatte ich etwas besser kennengelernt. Mit der wilden Welt in den schroffen Wrangell-Bergen waren sie nicht zu vergleichen.
»Um sechs hol ich euch ab«, rief uns Andy zu, »sorgt dafür, daß ihr pünktlich hier seid. Sonst wird's dunkel und ihr könnt im Stone-Creek übernachten!«
Damit schlug er sein Türchen zu, ließ den Motor brausen und stob davon.
Wer behauptet, es sei in Alaska immer kalt oder zumindest kühl, der sollte mal Ende August in den Wrangell-Bergen auf Wildschafe pirschen. Nachts mochte es wohl frieren in dieser Höhenlage, aber tagsüber wurde es knuffig warm. Selten habe ich so geschwitzt wie dort, obwohl ich oftmals in den Tropen gejagt habe, wo sie am heißesten sind. Aber dort ist man leichter angezogen, hat seine dunklen Träger und klettert nicht über Mittag die steilsten Berge hinauf. Demnach war es nicht allein das warme Wetter, das uns so plagte. Es war vor allem das Erlengestrüpp, was uns so schrecklich in Hitze brachte. Hier bedeckte es alle Hänge und wuchs sozusagen von oben nach unten. Die Schneelasten des Winters hatten das sperrig verfilzte Gezweig hangabwärts wachsen lassen. Von unten her gegen diese gespreizte Abwehr anzugehen, war ein abscheuliches

Unterfangen. Bei jedem Schritt standen uns die Gabelzweige wie eine Auffangstellung entgegen, im Winter abgebrochene, aber noch immer höllisch spitze Äste zielten wie gezückte Speere auf unsere Brust. Auf dem Boden liegend, krochen wir unter ihnen durch, auf einem Fuß schwankend, kletterten wir über das federnde Gestrüpp hinweg oder suchten nach Lücken, um listig hindurchzuschlüpfen. Außerdem gab es noch die sogenannten Teufelskolben, die wahrlich ihren Namen zu Recht tragen. Es sind dicke, mannshohe Gewächse, über und über mit tückischen Dornen gespickt, die sich einem in die Haut bohren. Griff man unversehens danach, um sich hochzuziehen, hatte man gleich die Hand voll scheußlicher, kleiner Widerhaken. Es blieb mir nichts anderes übrig, als trotz der Hitze dicke Lederhandschuhe anzuziehen.

Als wir endlich eine freie Kuppe erreichten und zurückblickten, hatten wir kaum einen Höhenunterschied von 100 Metern überwunden. Dennoch mußten wir uns erschöpft zu Boden werfen, um wieder Atem zu gewinnen. Ich zog meinen Pullover aus, mein Jägerhemd und auch noch das wollene Unterzeug. Alles war schon klitschnaß und dampfte. Nur den reißfesten Anorak mußte ich mir über die nackte Haut ziehen, weil mich sonst das widerwärtige Gestrüpp ganz zerschunden hätte.

Durch die abgelegten Kleider wurde mein Rucksack natürlich noch schwerer, Pelzmütze, Wollschal und Regenhaut hatte ich schon gleich zu Anfang hineingestopft. Mit dieser Last auf dem Rücken, die Büchse über der linken Schulter, das Fernglas am Hals, die Kamera am Gürtel und das Jagdmesser auf dem Gesäß, mußte ich weiterkommen. Äste und Zweige fanden demnach genug Anhaltspunkte, um meinen Fortschritt zu behindern.

Bei der nächsten Rast erinnerte sich Jimmy, daß er mal unter Asthma gelitten hatte und mitunter nicht mehr so schnell steigen konnte, wie das an sich seine Art sei. Aber er wollte sich dennoch herzhaft bemühen.

Er trug ein sogenanntes Packboard, wie fast alle Jäger in Alaska. Unser Rucksack ist ihnen so wenig bekannt, daß sie gar kein englisches Wort dafür haben, sondern gleicherweise vom »Rucksack« reden, falls sie überhaupt davon reden. Der übliche Packboard besteht aus einem leichten Brett aus Sperrholz oder Kunststoff, ungefähr so lang und so breit wie ein Menschenrücken. Das Ding ist an beiden Längsseiten nach innen umgebogen und dort mit Riemen aus Segeltuch bespannt, die auf dem Rücken aufliegen und einen Belüftungsraum zwischen dem Packboard und seinem Träger freilassen. So weit ist das ganz gut und schön. Aber um das Board zu bepacken, muß man seine Siebensachen erst mal in ein wasserdichtes Tuch, meist in eine Zeltplane, wickeln und es dann recht umständlich auf dem Packboard verstauen. Zu diesem Zweck ist das Brett an seinen vier Kanten mit Löchern versehen, und mit Hilfe einer endlos langen Nylonschnur wird das Bündel nun kreuzweise auf dem Tragbrett festgeschnürt. Braucht man unterwegs etwas von seinem Zeug, muß erst die ganze Verschnürung gelöst und das Bündel ausgewickelt werden. Ein recht umständliches Ver-

fahren, will mir scheinen, und bestimmt nicht so praktisch wie mein Lederrucksack mit seinem halben Dutzend Außentaschen. Da braucht man nur hineinzulangen und hat gleich, was man haben will. Dennoch bin ich während meiner insgesamt wohl sieben Monate im Lande keinem einzigen echten Alaskaner begegnet, der einen Rucksack auf dem Buckel trug.
Was wohl der Jimmy alles in seinem Packboard hatte? Sein Bündel war so lang und dick und schwer, als sei darin ein halbwüchsiger Knabe verborgen. Mein armer Freund keuchte gar mächtig unter seiner bedrückenden Last.
Eine gute halbe Stunde plagten wir uns weiter, dann gab es eine böse Überraschung. Vor uns lag ein steiler, tiefer Einschnitt, in den wir erst hinunter und dann auf der anderen Seite wieder hinaufklettern mußten. Und das alles, ohne auch nur einen Höhenmeter zu gewinnen.
Wieder oben angelangt, mußte sich mein Jimmy erst mal in die Büsche schlagen und blieb fast eine Stunde fort. Es war gewiß keine Schande, daß er sich mal ausruhen wollte, auch Jagdführer sind nur Menschen. Aber er hätte mir das vorher sagen können.
Weil ich unterdessen argen Durst verspürte, ging ich dem Gegluckse von Wasser nach und fand ein klares Rinnsal, das droben von der Höhe kam und munter über bemooste Steine plätscherte. Dieses Bachbett benutzten wir nun, um leichter nach oben zu kommen. Hier standen die Erlen nicht ganz so dicht, das schäumende Schmelzwasser hatte eine vielgewundene Schneise frei gehalten. Wir wurden zwar pitschnaß von dem sprühenden Gewässer, doch war das nur angenehm bei der schweißtreibenden Arbeit.
Nach drei Stunden und vier Rasten, die immer länger ausfielen, gelangten wir endlich aus dem Dickicht heraus. Der Bach verlor sich, und wir standen vor einem gewölbten Hang, der uns gewiß ein zügiges Aufstreben erlaubte. So sah es jedenfalls aus, war aber leider ganz anders. Das Gelände bestand nämlich aus sogenannten »Niggerheads«, aus Negerköpfen also, wie man jene dicken Grasbüschel nennt, die sich in kopfgroßen Klumpen zusammenballen. Setzt man den Fuß auf diese wackeligen Dinger, so kippen sie um. Tritt man dazwischen, versinken die Stiefel bis zum Rand im klebrigen Modder. Man kann sich kaum ein schlimmeres Gelände vorstellen.
Hüpfend und rutschend, schwitzend und fluchend stolperten wir diesen ekligen Bergrücken hinauf. Wir sprachen kein Wort miteinander, sondern keuchten nur. Mein Weggenosse blieb immer weiter zurück, in sein Schicksal ergeben folgte er meiner Spur. Aus dem Führer war ganz unbewußt ein Geführter geworden. War ja auch furchtbar schwer bepackt, der arme Mensch.
Endlich hatten wir den Scheitel erreicht, und ich warf mich in einen Birkenbusch, um Jimmy zu erwarten.
Der jenseitige Hang, den wir bis an den Rand von Coopers Cañon hinuntergehen sollten, sah ganz anders aus, richtig schön und lieblich. Heidelbeerstauden bedeckten ihn, rotes Feuerkraut blühte zwischen dem Gestein, und in den Mul-

den gab es gelbe Arnika. Es war eben ein Südhang, vor rauhen Winden geschützt und von der Sonne verwöhnt.
»Warum rennst du denn so«, beschwerte sich Jimmy, als er wieder genug Atem eingefangen hatte. Ich war keineswegs gerannt, sondern hatte mich meinem Gefühl nach mühsam den Berg hinaufgeschleppt.
»Na ja, du bist halt bei dir zu Hause an so was gewöhnt«, sagte er dann, »diese Steigerei ist nichts für mich. Bin halt ein Mensch des flachen Landes.«
Hätte der Jimmy eigentlich früher betonen müssen, dachte ich bei mir, bevor er sich als Jagdführer auf Schneewidder verdingte. Es war ihm ja bekannt, daß dieses Wild einzig und allein in den Bergen lebt. Nun hatten mich die Umstände auf Gedeih und Verderb mit ihm verbunden, es mußte einfach gehen. Schließlich war er ja ein herzensguter Kerl.
Der Abstieg auf der anderen Seite war einfach. Wir durchliefen eine blumenbestreute Almwiese, die genauso aussah wie bei uns daheim zur schönsten Jahreszeit. Ein Hühnerhabicht zog über uns dahin, Rotkehlchen zwitscherten von Birkenzweigen, und die Lupinen dufteten heimatlich.
»Da vorn liegt der Cañon«, rief ich Jim zu, »wir müssen uns ducken!«
Die Bergschafe konnten so hoch in der Wand stehen, daß sie uns wahrnahmen, wenn wir zu dicht an die Kante traten. Vom Flugzeug aus hatte ich gesehen, daß die Hochfläche ganz plötzlich abbrach. Der Wind war gut, wir spürten auf unseren nassen Gesichtern ganz deutlich, wie er uns entgegenwehte.
Also gingen wir gebückt und krochen die letzten zwanzig Meter auf allen vieren. Als es dann soweit war, schoben wir die Köpfe nur sehr behutsam über den Rand und blickten in die Schlucht hinab.
Es war nichts zu sehen. Die Wand stürzte fast lotrecht in die dunkelgraue Tiefe hinab. Aber es gab Buschwerk und Felsenbänder genug im Geklüft, um klettertüchtigen Bergschafen Halt zu bieten.
»Da drüben in der Rinne haben sie gestanden«, erinnerte ich mich ganz deutlich, und Jimmy bestätigte es.
Wir gingen zu einer Felsnase hinüber, die sich wie ein Schiffsbug in die leere Luft des Cañons hinausschob, um besseren Überblick zu haben.
Von dort sah ich nun ein Stück weißes Fell im Erlengestrüpp, knapp 150 Meter schräg nach unten. Ich riß das Glas an die Augen, mußte es jedoch mehrmals abwischen, bis ich hindurchblicken konnte. Ich fühlte meine Hände vor Aufregung zittern.
»Kannst du ausmachen, was es ist, Jim?«
»Nein, noch nicht.«
Ganz unerwartet trat das Schaf ins Freie. Es war ein Muttertier, dem gleich das Lämmchen folgte.
»Aber das Rudel muß in der Nähe sein, Jim, siehst du was?«
Mein Führer hatte das Zielfernrohr seiner Büchse abgeschraubt und schaute hindurch.

»Wo ist denn dein Fernglas?« fragte ich, verblüfft über die seltsame Methode seiner Wildbetrachtung.
»Ich habe keines«, gab er zurück ohne aufzublicken.
Das durfte wohl nicht wahr sein? Einen vereidigten Jagdführer, der kein Fernglas besaß, konnte es nicht geben. Aber es gab ihn, er saß seelenruhig neben mir.
Eine lange Weile suchten wir die Gegend ab, doch war nirgendwo auch nur das kleinste weiße Fleckchen zu entdecken, die Schafmutter und ihr Kind waren tatsächlich allein. Ich war maßlos enttäuscht. Und im Augenblick, da die Spannung nachließ, verlangte der Körper nach seinem Recht. Es war schon halb drei und ich hatte großen Hunger.
»Also essen wir erst mal«, schlug ich vor, »und überlegen dann, was zu tun ist.«
Jimmy sah mich überrascht an.
»Hast du was zu essen mit?« fragte er.
»Na, ich denke, du wolltest dafür sorgen, weil ich doch die beiden Schlafsäcke habe.«
»Nein, ich hab nichts mit. Wir haben doch ganz gut gefrühstückt!«
Als mein Magen dies vernahm, knurrte er noch grimmiger und gab fortan keine Ruhe mehr.
»Na aber, was hast du denn in deinem Packboard, ich dachte, du schleppst den Proviant für eine Woche mit.«
»Das ist nur meine Filmkamera mit Stativ und gut verpackt, damit nichts passiert.«
In aller Ruhe schnürte der gute Jim nun das umfangreiche Bündel auf, löste eine Menge Verschnürungen und brachte aus mehreren Lagen wollener Tücher schließlich eine gewichtige 16-mm-Kamera älterer Bauart zum Vorschein, dazu ein Stativ auf soliden Füßen und außerdem noch einiges Zubehör.
»Ja weißt du«, klärte er mich auf, »ich stell da zugunsten für meinen Verband einen Lehrfilm für angehende Jäger zusammen. Ganz hübscher Nebenverdienst . . . kann man ja immer brauchen. Das Schaf da unten mit seinem Lamm könnte sich ganz gut machen, so ein Familienbild freut die Leute immer.«
Damit brachte er gemütlich sein Stativ in Stellung, schraubte die Kamera fest und wickelte ein beachtliches Teleobjektiv aus seiner Hülle.
»Das Ding hier wird Mutter und Kind ganz schön heranholen«, versicherte er mir, »laß dich bitte nicht stören.«
Wenn man, so wie ich, seinem Jagdführer (damals) nur 35 schäbige Dollar pro Tag zahlen konnte, darf man sich wohl nicht beschweren, wenn er noch andere Möglichkeiten in Betracht zieht, seine mageren Einkünfte zu vermehren. Denn was sind schon (damals) 140 DM täglich für Leute, die an jagende Multimillionäre gewöhnt sind.

»Na schön, Jimmy, wie du meinst«, zwang ich mir Gelassenheit ab, »ich werde mal am Rand der Schlucht hinaufgehen und weiter oben Umschau halten. Wenn du hier fertig bist, geh bitte ein Stück am Cañon hinunter und schau dort nach, ob du was von den Schafen siehst. Irgendwo müssen sie sein. Wollen wir uns . . . sagen wir um halb vier dann wieder hier treffen.«
Er schaute in die angedeutete Richtung, nickte zustimmend und meinte, das sei eine gute Idee.
Ich ließ meinen Rucksack liegen und machte mich auf den Weg. Die Schlucht besaß einige Seitentäler, die weit in die Berglehne eingriffen, auf der ich ausschritt. Das gab mir wieder Hoffnung, denn es konnte gut sein, daß die Schafe in einem dieser geschützten Quertäler steckten. Denn, wie gesagt, spurlos verschwinden konnten auch die scheuen Ovis dalli nicht.
Im ersten Loch waren sie nicht, auch im zweiten Seitenarm ließ sich nichts entdecken, und ebensowenig ergab sich im dritten.
Ich lehnte mich an einen Felsen, um im Glas nach Jim zu schauen, der jetzt weit unten sein mußte. Vielleicht hatte er schon den Ausgang der Schlucht erreicht.
Doch war das nicht der Fall. Er hatte sich's bequem gemacht, sich der Länge nach hingelegt und sein müdes Haupt auf meinen weichen Rucksack gebettet.
Im Augenblick hatte ich keinen allzu guten Eindruck von der Tüchtigkeit alaskanischer Jagdführer.
Als ich zum fünften Seitental kam und wieder nichts sah, war meine Zeit um. Ich mußte zurück.
Viel weiter wäre ich ohnehin nicht gekommen. Der almgrüne Hang war zu Ende, eine Felswand schob sich vor und versperrte gebieterisch den weiteren Weg.
Bevor ich schweren Herzens den Rückweg antrat, legte ich mich noch einmal hin, um sorgfältig mit dem Glas das Ende der Schlucht zu betrachten, die allmählich anstieg und in der Ferne von einem Gletscher begrenzt wurde. Bis hin zum hellen Rand dieses Gletschers war alles grau und schwarz, es gab nur Gestein und sah trostlos, karg und düster aus.
Dann aber sah ich die Bergschafe, doch so weit entfernt, daß selbst im zehnfachen Glas nur kleine, weiße Tupfen gegen den Hintergrund zu erkennen waren. Ich zählte zweiundzwanzig Tiere, doch konnten es viel mehr sein. Es lagen viele große Felsbrocken herum, die gewiß noch andere Schafe verdeckten. Weder gab es eine Möglichkeit dorthin zu gelangen, noch hatte ich Zeit dazu. Ich schätzte die Entfernung auf acht bis zehn Kilometer. Aber sicher war ich mir dessen nicht, in solcher Höhe und dazu noch in einem fremden Land kann man sich leicht täuschen.
Irgend etwas mußte die scheuen Tiere veranlaßt haben, ganz gegen ihre Art den morgendlichen Einstand zu verlassen, um so weit ins Tal hinaufzueilen. Wir selber konnten es bestimmt nicht gewesen sein. Es sei denn . . . Andy war zu nahe an sie herangeflogen, als er Jim zum Stone-Creek brachte.

Eine halbe Stunde später langte ich, müde und enttäuscht, wieder bei meinem Führer an, der sich gut erholt hatte.
»Leider nichts zu machen«, sagte er mir, »sah da unten in der Schlucht ein paar weiße Flecken. Bin fast ganz hinuntergeklettert . . . war nicht ungefährlich, kann ich dir sagen . . . aber wie ich dann näher kam, waren es nur alte Schneeflecke. Zu dumm, so was!«
Das fand ich auch und nickte betrübt. In Wahrheit konnte sich Jimmy kaum von der Stelle gerührt haben. Denn jedesmal, wenn ich mit dem Glas nach ihm zurückgeschaut hatte, lag er friedlich im Gras und horchte hingebungsvoll an meinem Rucksack.
»Na ja«, tröstete sich Jimmy, »hab einen ganz hübschen Streifen von dem Schaf und seinem Lamm gedreht. Dazu heute morgen die Aufnahmen aus Andys Maschine, das gibt schon was her.«
Wußte ich's doch, Jimmy zuliebe hatte unser Pilot den brummenden Vogel zu nahe an das Rudel herangebracht. Aber nun ließ sich daran nichts mehr ändern, wer weiß, wofür es gut war.
»Vielleicht können wir auf dem Rückweg abschneiden«, hoffte ich, »zeig doch mal die Karte her.«
In Anchorage hatte ich mir vom Vermessungsdienst einige Spezialkarten im Maßstab 1:25 000 besorgt. Zwar gab es auf diesen Karten nur wenige örtliche Bezeichnungen, doch die topographische Gestaltung des Landes war gut wiedergegeben. Vor wenigen Jahren erst hatte man die Wrangell-Berge aus der Luft kartographiert.
Aber Jimmy zuckte mit den Schultern.
»Die Karten habe ich auf meinem Bett liegenlassen.«
So wollte ich gar nicht nach dem Kompaß fragen, der ruhte vermutlich am gleichen Platz. In Zukunft würde ich Karte und Kompaß selber einstecken. Hätte ich es nur schon gleich getan.
Als wir nach unserem Bach suchten, um wieder halbwegs bequem an den Stone-Creek zu gelangen, verliefen wir uns im Gestrüpp. Da wir keinen freien Ausblick hatten, kam uns auch bald die allgemeine Richtung abhanden. Im Glauben, daß wir den Fluß und sein Tal gar nicht verfehlen konnten, wenn wir immer nur bergab liefen, sahen wir uns plötzlich in einem schmalen, sumpfigen Tal, das wir beim Aufstieg nicht betreten hatten. Es war schon fünf Uhr vorbei. Trotzdem wollte der überladene Jim immer wieder rasten.
Ich ließ es einfach nicht zu, sondern trieb uns wieder auf die Höhe hinauf. Hier konnte ich von einem Felsblock den Stone-Fluß entdecken, doch viel weiter weg als vermutet. »Es hilft nichts, Jimmy, wir müssen jetzt direkt drauf zu, mitten durchs Gestrüpp, ganz stur wie die Panzer!«
Mir knickten die Beine unter dem Leibe weg, und die Lungen fauchten wie Blasebälge. Aber der Gedanke und das Gefühl, daß wir nichts zu essen hatten, war mächtiger als jede Erschöpfung.

»Paß auf, Hans . . . da vorne, ein Bär!«
Erst sah ich den Braunen nicht, weil er mit seinem Pelz fast völlig mit der Umgebung aus Laub und Fallholz verschmolz.
Es war ein Grizzly mit jugendlichem Gesicht, der aufrecht im Unterholz stand und erstaunt zu uns hinschaute.
»Rühr dich nicht«, flüsterte Jim hinter mir, »sonst kann er uns aus Dummheit attackieren.«
Die Entfernung betrug keine zwanzig Meter. Hätte ich doch bloß meine Kamera schußbereit gehabt. Erlegen wollte ich den Petz keinesfalls. Dazu war er nicht groß genug, und der Jagdschein erlaubte mir nur einen Braunbären pro Jahr.
Wir blieben reglos stehen und blickten einander mißtrauisch an.
Der Bär sah genauso aus wie ein richtiger Teddybär und eigentlich friedfertig. Wir hatten ihn offenbar beim Abernten eines Busches mit Sperlingsbeeren gestört. Und da er noch keinen Menschen gesehen hatte, fragte er sich, was wir für komische Gestalten seien.
Als ich nun doch versuchte, meine Rollei fertig zu machen, fühlte sich der Braune beunruhigt. Blitzschnell war er verschwunden, wir hörten sein Gepolter noch lange.
»Weiter, Jimmy, weiter . . .«
»Ja doch, Hans, ja doch!«
Wenn wir jetzt ausruhten, kamen wir nicht mehr hoch.
Restlos ausgepumpt und mit den Knien schlotternd, erreichten wir das Kiesbett des Stone-Creek just im gleichen Augenblick, als Andy dort landete. Er sah uns sofort an, daß wir physisch am Ende waren.
»Ihr könnt nachher erzählen, wie's gewesen ist. Erst mal heim an den Eßtisch.«
Er zog eine ganze Tafel Schokolade aus der Tasche. »Wie wär's damit?«
Meine Gier kannte kaum noch Grenzen.
»Wenn du mir die ganze Tafel läßt«, schlug ich Jimmy vor, »kannst du zuerst fliegen. Sonst bekommst du den Happen, und ich brause heimwärts.«
Er ließ mir die Schokolade. Vermutlich war er bei der Jagd gewöhnt, mittags nicht zu essen, dafür aber körperlich noch mehr erledigt als ich.
Andy zog und ich schob den langen Mann an Bord. Sein schweres Packboard folgte und die Maschine rollte davon.
Es war schon bedrohlich dunkel, als Andy wiederkam, und fast ganz dunkel, als wir in Nabesna landeten. Bill stand mit zwei Fackeln am Ende der Startbahn und winkte den Vogel ein.
»Ist verdammt spät geworden«, sagte er, »habe mir schon Sorgen gemacht, wo ihr bleibt.«
Will Debney lag im Schaukelstuhl und ließ sich von Frau Rosemary sein rechtes Knie pflegen.
»Bin abgerutscht und habe mir um ein Haar das Genick gebrochen«, berichtete

er, »gerade wie ich schießen wollte . . . Mann, hab ich ein Saupech in dieser verfluchten Gegend, und was das für ein guter Bock war!«
Wir versuchten uns gegenseitig zu trösten.
»Und wie ist es mit Jim gegangen?« fragte mich Bill, als wir nach dem Essen vors Haus traten, um das Wetter zu peilen.
»Och, ganz gut . . .«, sagte ich ausweichend, denn ich wußte, daß die beiden miteinander befreundet waren.
»Na ja, hab's mir schon gedacht. Ist sonst ein guter Kerl, der Jimmy, würde keinen Menschen in der Not verlassen. Ist aber leider ein bißchen bequem manchmal. War heute nur der erste Tag, Hans, irgendwie könnte es schon mal klappen . . .«
Das hoffte ich auch, aber wie?

Die Geisterstadt

Als wir schlafen gingen, war es sternenklar, und fahles Mondlicht schien auf die Berge. Weshalb ich meinte, daß wir morgen einen schönen Tag bekämen.

»Hans, das darfst du hier nie sagen«, warnte mich Jim, »es wirkt . . . ich meine, die Leute könnten darüber lachen.«

Und so erfuhr ich, daß in Alaska der alte Spruch gilt: »Nur Narren und Neulinge sagen das Wetter voraus!« Da hatte ich schon mit meiner beiläufigen Bemerkung bewiesen, daß ich noch immer nur ein »Cheechako« war.

Und wie der Morgen anbrach, war es tatsächlich kein schöner Tag. Eine tiefe Wolkendecke hing über dem Tal, und der Wind blies heftig von Osten. Es konnte also keine Maschine aufsteigen, weil die kurze Startbahn mit Rückenwind nicht zu benutzen war. »Schaut euch zum Zeitvertreib die Geisterstadt an«, schlug Billy vor und gab uns seinen Ältesten als Führer mit.

Der alte Fahrweg zur verlassenen Siedlung wurde nicht mehr freigehalten, Bills Blockhaus war das letzte an der Straße, zu dem ein starker Wagen noch gelangen konnte. Also gingen wir zu Fuß durchs hüfthohe Gestrüpp und erreichten Alt-Nabesna nach einer guten Stunde.

Sogenannte »Geisterstädte« gibt es nicht nur in Alaska, sondern ebenso in Kanada und den Vereinigten Staaten. Im Laufe der Zeit waren viele Siedlungen oder Grubenstädte aus diesem oder jenem Grund wieder aufgegeben worden. Weil es wegen der weiten Entfernung meist zu kostspielig war, die Anlagen abzubauen und mitzunehmen, ließ man einfach alles stehen und kümmerte sich nicht mehr darum.

Von Alt-Nabesna wissen auch in Alaska nur die wenigsten Menschen, und jahrelang läßt sich niemand dort blicken. Dabei gäbe es für Diebe noch manches zu holen.

Zwar hatte sich die Hauptstraße wieder mit Gestrüpp bedeckt, aber rechts wie links standen die Holzhäuser noch ganz wie zur belebten Zeit, keine einzige Fensterscheibe war zerbrochen. Die soliden, mit Zinkblech belegten Dächer standen so weit vor, daß sie noch einen Bohlengang beschirmten, der zu beiden Seiten an den Häusern entlanglief. Stämmige Balken stützten diesen Gang nach oben und gaben ihm die Funktion einer gedeckten Galerie. So konnte man auch bei tiefem Schnee unbehindert das ganze Arbeiterdorf durchwandern. Es mußte ganz nett gewesen sein, in Alt-Nabesna zu leben.
Sämtliche Türen waren unverschlossen, wir konnten überall eintreten. Man hatte auch kein Möbelstück entfernt, im Speisesaal stand noch das Eßgeschirr in den Regalen, und die große Küche war mit allem so gut versehen, daß man sie gleich wieder hätte in Betrieb nehmen können. In den Schlafräumen waren sogar die Wolldecken und Matratzen noch vorhanden, ja Schreibmaschine und das Telefon standen im Büro des Direktors. Nur gab es schon längst keinen Draht mehr zur äußeren Welt. In großen Schränken stapelten sich Akten, nur die Stempelkissen auf dem Tisch waren eingetrocknet. Ein Kalenderblatt an der Wand zeigte den 5. Oktober 1936, jenes Datum, an dem man die ganze Siedlung plötzlich verlassen hatte.
»Gehört noch alles Richard Boyden«, erklärte uns Bob, »und der will nicht, daß irgend etwas entfernt wird. Hat's ja auch nicht nötig, denn durch seine Goldgrube ist er ein reicher Mann geworden.«
In den großen Schuppen am Berghang standen Maschinen, Drehbänke, Heizkessel und elektrische Aggregate, alles anscheinend noch in gutem Zustand. Schraubenschlüssel und andere Werkzeuge lagen herum, als habe man sie eben aus der Hand gelegt. Nach so vielen Jahren hätte man erwartet, daß alles mit einer dicken Staubschicht bedeckt wäre. Aber Staub schien es in dieser frischen, klaren Bergluft überhaupt nicht zu geben. Dort wo ein Bretterverschlag den Eingang zu den Stollen verdeckte, stand die Förderbahn mit ihren Loren und eine kleine Elektrolok. Sie schien die Absicht zu haben, gleich wieder in den Berg einzulaufen.
Für 17 Millionen der guten, alten, kaufkräftigen Dollar glitzerndes Gold hatten Boydens Leute im Verlauf jener 33 Jahre, da die Grube in vollem Betrieb war, aus den Schächten geholt.
»Und viel mehr steckt noch drin im Berg«, versicherte uns Bob, »aber der Betrieb wurde zu teuer, es rentierte sich einfach nicht mehr.« Was für ein Gefühl mochte es sein, diesen Goldberg zu besitzen und doch nichts mehr von seinem Reichtum herausholen zu können!
Die Flügeltore einer Garage standen weit offen. Zwei Raupenschlepper und ein museumsreifer Lkw, der auf platten Reifen stand, schauten traurig aus ihren verstaubten Scheinwerfern. Sie vermochten nicht einmal den Tieren des Waldes Angst einzujagen, denn wie die fußhohe, zum Teil ganz frische Losung der Elche am Boden verriet, suchten des Waldes freie Geschöpfe gewohnheits-

mäßig Zuflucht in diesem Schuppen, wenn es draußen gar zu garstig stürmte. So war die Geisterstadt von Alt-Nabesna nicht gänzlich tot.

Als wir zum Anwesen Bills zurückkehrten, stand ein großer Reisewagen davor, und wir lernten Hank und seine Frau Nelly kennen. Die beiden waren zum Fischen von der Mohave-Wüste im Staate Kalifornien über gut und gerne 6000 Kilometer heraufgefahren. So weit hatte es sich also herumgesprochen, daß hier in den Wrangell-Bergen ein Paradies für Angler lag. Die Äschen, hierzulande Graylings genannt und wegen ihres Wohlgeschmackes heiß begehrt, hatten diese neuen Gäste hergelockt.

»Hey, Hans, wie tut's dir gehen, alleweil well off?« fragte mich Hank in amerikanisiertem Deutsch und schlug mir seine mächtige Pranke auf die Schulter. Er war über sechzig Jahre alt, viereckig gebaut und von jenem Typ, der »vor Kraft kaum laufen kann«. Die Ohren an seinem breiten Gesicht sahen aus wie eingeweckte Morcheln. Aus seinen wasserblauen Augen strahlten Spaß und Lebensfreude.

»Bin ein Landsmann vom Old Country«, versicherte er mir, »noch nie was von Oswald gelistet . . . von Heinz Oswald?«

Mir kam es so vor, aber ich wußte nicht, wo dieser Name hinzutun war.

Der alte Oswald nahm die bedrohliche Haltung eines aggressiven Bullen ein, spreizte die Hände, legte seinen massigen Körper schief nach vorn und blinzelte mich in dieser stoßbereiten Stellung listig an.

»Deutscher Meister im Freistil«, erklärte sich Hank, »Championringer der Worldklasse, my good man . . . brachte full houses in allen Continents. Mußt du doch gehört haben?«

Aus Gründen der Höflichkeit wie auch der Vorsicht behauptete ich das.

»Well, wußte ich's doch«, richtete sich der Altmeister im Freistil wieder auf. »Aber now bin ich Lokführer bei der Santa-Fé. It's a good Life, Mann, hab achthundert Bucks im Monat und gehe next year mit fünfhundert in Pension. Hättest du was gegen 'nen Schluck?«

Ich war dafür, und wir verzogen uns hinter den nächsten Schuppen, wo Hank in seine Gesäßtasche griff und eine flach gewölbte Blechflasche hervorzog. Natürlich schlürften wir den Begrüßungsschluck unmittelbar aus seiner verbeulten Buddel. Und freimütig erzählte er von seinem bewegten Leben.

»Hätt ich Nelly nicht gemarried, Mann, ich wäre vor die Dogs gegangen. Bin nämlich ein schlechter Kerl. Hab die Boys machtvoll zusammengehaut. Und jede Night war ich blau. Aber Nelly wollte, daß ich finish mache, war auch kein Life für sie. Bin ausgestiegen aus dem Ring, nur wegen der Wife. Mußte American werden, als es nach Krieg smellte. Hätten mich sonst von meiner Lok gedragged und ins Camp geputtet. Bin schon über zwanzig Years dabei und mach's noch zwei mit. Habe ein feines Home in Mahove mit Garten und Chikkenfarm . . . Nelly ist viel too good für mich. Mann, was ich mich freue, daß hier ein German ist . . .«

Der Mount McKinley ist mit 6187 Metern die höchste Erhebung Nordamerikas. – Schon vor Jahrzehnten wurde die Umgebung zum Nationalpark bestimmt. Alle darin lebenden Tiere und vorkommenden Pflanzen sind vor menschlichen Eingriffen geschützt.

Er rief nach Nelly mit einer Lautstärke, daß die Hemlocks im Walde bebten.
Als seine Frau gleich danach aus dem Haus eilte, sprach sie Deutsch und Englisch noch mehr durcheinander als Hank selber. Sie trug hohe Buschstiefel, Blue jeans, einen hochgeschlossenen Pullover und Goldbrille. Neben dem breiten und schweren Hank wirkte sie wie eine Zwergenfrau, war schlank, zierlich und schätzungsweise Mitte Fünfzig.
»Ein German ist das, Nelly, hast du noch Words. Und naturally reden sie im Old Country noch immer von Heinz Oswald«, behauptete er, »und was für ein bad boy der war!«
Nelly schaute ihren Riesengatten mit den Augen rührender Liebe an.
»This old cauliflower . . . will immer noch hören, daß er der best man in the world ist«, sagte sie und strahlte.
Die beiden waren ein rundherum reizendes Paar, von echter Lebenslust gesegnet und zutiefst glücklich miteinander.
Hank schlug vor, daß ich mit ihnen zum Fluß gehen sollte, um Graylings zu fischen. Jimmy schloß sich an, um seinen jagdlichen Lehrfilm auf das Gebiet der Fischerei auszuweiten.
Weil die Amerikaner nicht gerne zu Fuß gehen, wenn sich das irgendwie vermeiden läßt, fuhren wir in Hanks geräumigem Straßenkreuzer ein Stück nach Westen und liefen nur die letzten hundert Meter an den Creek.
Leider bin ich kein Angler und kann die Fische nur auf der Speisekarte voneinander unterscheiden. Aber hier half mir das nichts, denn Oswald drückte mir gebieterisch eine Angel in die Hand, an deren Schnur ein kleiner Federwisch hing. Das Ding sollte ich getrost ins Wasser werfen.
Schon bei Hanks zweitem Wurf zappelte ein armes Wassertier an seiner Leine und flog mit Schwung aufs trockene Kiesbett. Und in aller Ruhe erzielte gleich danach Frau Nelly dasselbe Resultat.
Während ich zusah, wie elegant die alte Dame ihren Blinker erneut in den Fluß schleuderte, ruckte es in meiner Hand, und ich zog doch tatsächlich einen Grayling an Land. Am liebsten hätte ich den Fisch wieder zurückgeworfen, so leid tat mir sein Gezappel. Nur hätte ich mir wohl als Jäger selber widersprochen, hier Mitleid zu empfinden. Es fischen ja auch die Bären und alles mögliche andere Getier. In der Wildnis, so sagt sich unsereins gerne fürs eigene Gewissen, gehört auch der Mensch zur Wildnis und spielt seine uralte Rolle als Raubtier gewissermaßen ganz mit Recht.
Als nun das Dutzend voll war und Hank erklärte, daß man mächtig viel Spaß gehabt hätte, traten wir den Rückweg an.
Wie ich mir Bills hölzernes Haus betrachtete, das hier mitten im nordischen Urwald ungemein romantisch wirkte, vor dem aber die beiden Flugzeuge mit den drei Autos standen, dachte ich daran, wie seltsam so eine Kombination bei uns daheim empfunden würde. Noch war ich nicht ganz daran gewöhnt, daß

Ein namenloses Tal im menschenleeren, aber von zahlreichen Wildarten bewohnten Brooksgebirge, dessen Ausdehnung sich mit den Alpen in Europa vergleichen läßt.

der Kontrast von primitiv und modern, von Wildnis und Technik selbstverständlich war und zum heutigen Alaska gehörte.
Hundertfünfzig Jahre lang hatte sich dieses unfaßbar große, rauhe und harte Land dem weißen Mann versperrt. Nur an der Küste hatte es einige Siedlungen geduldet, nur auf den Flüssen waren einzelne Entdecker, Pelzhändler und Goldsucher ins Hinterland vorgestoßen. Bis vor fünfzig Jahren gab es im ganzen Land keine richtige Straße, nur Schlittengespanne und Maultierkarawanen zogen über Saumpfade. Dann erst wurde eine Fahrstraße nach Fairbanks gebaut und Autos kamen ins Land. Doch wirklich erforscht und erschlossen wurde Inneralaska erst durch das Flugzeug. Ohne die Buschpiloten wäre es modernen Menschen, die bekanntlich immer unter Zeitdruck stehen, gar nicht möglich, das weite und so vielseitige Land wirklich zu sehen. Also ist es nur natürlich, daß Flugzeuge vor dem Haus zum gewöhnlichen Bild der entlegenen Siedlungen gehören.
Die beiden kleinen Buben in ihren geflickten Hosen spielten im Wald herum. Sie waren eifrig dabei, einen Bau von Erdhörnchen auszugraben, wobei sie von den kurzbeinigen Hunden Hermann und Dorothea ebenso eifrig unterstützt wurden. Der Dreck flog den Jungen wie Dackeln nur so um die Ohren. Die Mutter saß auf der obersten Treppenstufe und nähte Knöpfe an. Kein Mahnwort störte das schmutzige Vergnügen ihrer kleinen Söhne. Die Wildlinge hatten wahrlich eine schöne Jugend.
Bill und Bob baten mich, ihnen mein Gewehr zu zeigen. Eine 7,66 mm »vom Hofe« hatten sie noch nie gesehen. Aber wie alle Jäger in der Welt waren sie an Waffen mächtig interessiert, besonders an solchen, die sie nicht kannten.
Bill wog meine Büchse prüfend ab, legte sie an und schaute durchs sechsfache Zielglas. Ich fragte ihn, ob er mal damit schießen wollte. Doch lehnte er zu meinem Erstaunen ab.
»Gib dein Gewehr nie einem anderen Mann«, riet er mir, »und schieß auch selber nie mit eines anderen Mannes Büchse!«
Aber er brannte darauf, die Schußleistung seiner Waffe mit meiner zu vergleichen. Woraus dann ein Wettschießen entstand, das offenbar geplant war. Man hatte eine Kiste hochkant gestellt und ein Roßhaarkissen daraufgelegt. Will Debney, Andy und Bob kamen dazu, und Jimmy wurde auch gerufen. Nur Hank wollte von keinem Schießeisen wissen. Sie hatten ihn 1918, im letzten Jahre des Ersten Weltkrieges, eingezogen und – wie er sagte – auf Menschenjagd trainiert. Daran wollte der Preisringer nicht mehr gerne erinnert werden.
Geschossen wurde auf Scheiben in 150 Meter Abstand, was bei der sicheren Auflage nicht besonders schwer war. Nur Jimmy hatte dabei großes Pech, seine beiden Schüsse lagen zwei Handbreit vom Schwarzen ab. Wie er sagte, war daran die falsche Einstellung seines Zielglases schuld, das sich offenbar beim Transport verschoben hatte. Er ging ins Haus, um es zu richten, wurde aber

erst damit fertig, als das Schießen schon vorbei war. Bill schaute ihm nach, als er verschwand, sah mich dann an und zuckte leicht mit den Schultern. Es lag mehr Bedauern als Kritik darin.
Die Sache wurde nun schwieriger, aber auch interessanter. Bob hing mehrere Bierdeckel an Baumäste und vergrößerte die Entfernung auf etwa 200 Schritt. Will, der Anwalt aus Denver, war ein guter Schütze, Andy schnitt nicht ganz so gut ab. Bill, der Vater, Bob, der Sohn, und ich, der Fremde, hielten uns wakker. Die Bierdeckel wurden in Fetzen geschossen, und wir hatten unseren Spaß daran.
Als es dunkelte, schlug ich vor, nach einer brennenden Kerze zu feuern. Was nicht sehr fair von mir war, denn das hatten Marianne und ich daheim hinter unserem Jagdhaus seit Jahren geübt. Es ist ein Trick dabei, weil man ja nicht in die Flamme selber halten darf, sondern etwas darunter. So einleuchtend das auch klingt, die meisten Schützen überlegen sich das nicht.
Bob holte eine fingerdicke Kerze, klemmte sie, etwa 150 Meter weit, in einen Baumstumpf und zündete sie an. Da noch immer ein leichter Wind ging, bewegte sich die Flamme nach rechts, was man natürlich beim Anvisieren beachten mußte. Will und Bob trafen die Kerze nicht, was kein Wunder war, denn man konnte nur noch ihr Licht sehen. Als Bill schoß, zuckte immerhin das Flämmchen, wohl im Luftzug der vorbeisausenden Kugel. Als ich an die Reihe kam, mußte sich erweisen, ob ich mit der »vom Hofe« das gleiche Kunststück fertigbrachte wie daheim mit Kleinkaliber. Seitlich schießt man bekannterweise leichter vorbei als in der Vertikalen. In der Senkrechten aber bot die Kerze immerhin ein Ziel von etwa fünfzehn Zentimeter Länge. Es kam jetzt nur darauf an, den richtigen Anhaltspunkt auszumachen, und der mußte, im Zielglas deutlich zu sehen, das linke Eckchen der kleinen Flamme sein. Ich hielt zwei Fingerbreit darunter, stoppte die Atmung und zog langsam durch. Die Kerze verlosch.
Meine drei Kameraden, denen ja diese Technik unbekannt war, konnten es kaum fassen.
»Auf 150 Meter hat er eine brennende Kerze ausgeschossen . . .«, rief Bill neidlos begeistert, »Hans, das ist eine tolle Sache!«
Vorsichtshalber gab ich mich bescheiden und sagte ihm, daß ich ja nur die Kerze durchschossen hatte, nicht etwa den Docht. Aber eine Kerze, die im Schuß verlischt, das macht immer großen Eindruck. Versuchen Sie es mal, die Bewunderung von seiten der Zuschauer dürfte Ihnen sicher sein!
»Du bekommst deinen Widder, das verspreche ich dir«, schlug mir Bill freundschaftlich auf die Schulter, »und wenn ich dich selber auf den Buckel nehm und rauftrage. Aber . . . versuch's erst noch mal mit Jimmy, wollen ihn ja nicht kränken . . . übrigens, wenn du's zufällig bei dir hast, möcht' ich gern noch mal die Aufnahme von dem netten, zierlichen Gamsbock sehen . . . oder wie das Viech heißt. Wollte's meinen Buben zeigen.«

Zum Abendessen kam noch ein Gast, und zwar der interessanteste der ganzen Gegend, Richard Boyden nämlich, der erste Eindringling in die Wrangell-Berge, der Begründer von Alt-Nabesna und Besitzer des goldenen Berges.
Er war seit 65 Jahren in Alaska, sprach aber noch immer das reinste Englisch der Königin Viktoria. In seiner unvergessenen Heimat war er seit dem Tode dieser alten Dame nicht mehr gewesen. Trotzdem hatte der berühmte Alaskapionier seine britische Staatsangehörigkeit niemals aufgegeben und war stolz darauf. In seiner ganzen Art, mit jedem Wort und in jeder Bewegung kam sein typisch englisches Wesen zum Ausdruck. Vielleicht pflegte er das geradezu als persönliches Hobby. Ohne Zweifel stammte er aus einem kultivierten, wahrscheinlich aristokratischen Hause. Denn sein Tonfall und die unverkennbare Ausdrucksweise von Eton und Oxford läßt sich von anderen Leuten kaum erlernen.
Von Bill wußte ich, daß der erfolgreiche Goldgräber nahezu 85 Jahre alt war, doch hätte man ihn eher für einen höheren Staatsbeamten gehalten, der gerade eben in Pension ging. Nichts an dem kleinen, schmalen, fast zierlichen Mann mit den hellen Augen ließ im entferntesten darauf schließen, daß er zu den tollsten Zeiten des Goldrausches nach Alaska gekommen war und mit einer körperlichen Ausdauer ohnegleichen Leistungen vollbracht hatte, die heute zu den großen Legenden des Landes gehörten. Stets war er hierbei Einzelgänger geblieben, hatte nie geheiratet und sich nie mit anderen Leuten zusammengeschlossen. Richard Boyden dürfte einer der letzten jener vielbeschriebenen, eisenharten und erlebnisreichen Goldgräber der »wilden Jahre« sein, die heute noch am Leben sind. Und doch entspricht er so ganz und gar nicht den Vorstellungen, die man sich von diesen abenteuerlichen Gestalten macht.
Dem Vernehmen – oder auch nur der Sage nach – war er mit 19 Jahren der Universität Oxford und seiner Familie entlaufen, um im hohen Norden Amerikas sein Glück zu versuchen. Abgestoßen von dem zügellosen Treiben der Golddigger am Klondike und Yukon, hatte er sich mit seinem Gespann tüchtiger Schlittenhunde in die damals noch unbekannte Wildnis von Inneralaska aufgemacht. Schon der Blick auf heutige Karten zeigt, daß Boyden, um schließlich in die Wrangell-Berge zu gelangen, das gletscherbedeckte Hochgebirge der Alaska-Range überqueren mußte, eine Leistung, die zu seiner Zeit noch niemand vollbracht hatte. Er bezwang Ströme und durchquerte Sümpfe, die damals auf keiner Karte vermerkt waren. Vollkommen allein, nur von dem lebend, was ihm das Land zu bieten hatte, gelangte er in sein heutiges Reich, traf dort auf die Nabesna-Indianer und schloß Freundschaft mit ihnen, die bis heute erhalten blieb. Kein anderer Fremdling genoß so vollständig ihr Vertrauen und verstand so gut ihre Sprache wie Richard Boyden.
Im Nabesna-Creek schürfte der Unverdrossene nach Gold, fand genug, um davon in Valdez, der nächsten Siedlung am Pazifik, seinen Proviant und seine Ausrüstung zu ergänzen. Als der Beutel, den Richard Boyden alljährlich zur

Bankfiliale von Valdez brachte, immer praller wurde, zogen andere Glücksucher seiner Fährte nach und hörten von Indianern, daß an jenem Berg, den die sogenannten Rothäute für einen Wohnsitz des Teufels hielten, Goldadern offen zutage traten. Ungleich Boyden, der sich in seiner Klugheit dem Aberglauben der Indianer anpaßte, zogen seine drei Konkurrenten, allen Warnungen zum Trotz, in die Schluchten des Geisterberges und wurden niemals mehr gesehen. Es ist nicht ausgeschlossen, daß es die Indianer selber waren, die sie umbrachten. Damals glaubten sie noch an ihre Naturgeister und wünschten nicht, daß sie von Fremden gestört würden.

Richard Boyden hat den »Devils Mountain« bis heute nicht betreten. Er hielt sich mehr nach Westen, fand reichen Goldsand am Fuße der Nabesnaberge und gelangte schließlich zur Überzeugung, daß die reichsten Adern im Felsen stekken mußten. Mit seinen Ersparnissen gründete er die »Nabesna Goldmining Company«, legte eine Straße und Telefonleitung von 180 Kilometern Länge durch die Täler und ging dem goldenen Berge zuleibe, mit hundertfünfzig Arbeitern und modernen Maschinen. Aber nur so lange sich das lohnte.

Es lohnte sich dreiunddreißig Jahre lang. Dann sanken die Goldpreise und die Löhne stiegen, bis sie nicht mehr tragbar waren. Boyden schloß seine Grube von einem Tag auf den anderen, bevor noch der erste Verlust eintrat. Wie die Leute wissen wollen, ist er reich geblieben und könnte sich das denkbar beste Leben im sonnigen Kalifornien leisten. Dennoch hatte der eigenartige, in seiner Art bewundernswerte Mann das Nabesnatal nicht verlassen.

Richard Boyden haust ganz allein noch immer in der gleichen Blockhütte, die er sich vor über 60 Jahren mit eigenen Händen gebaut hat. Harry Chiefson und seine Familie sind die einzigen Nachbarn und seine besten Freunde. Der Fünfundachtzigjährige ist noch immer ein vorzüglicher Schütze, der sich sein Wildbret selber beschafft. Er fischt am Fluß, schlägt sich sein Feuerholz und fährt im Winter nach wie vor sein Schlittengespann. Boyden hält auf peinlichste Ordnung in seiner alten Hütte. Wer sie betritt, schaut sich unwillkürlich nach der Hausfrau um, die hier zu walten scheint.

Keineswegs menschenscheu, fährt der alte Herr, solange die Straße schneefrei ist, in seinem Jeep gerne zu Besuch nach Gulkana und Nabesna, gelegentlich auch nach Anchorage, um eine Kiste neuerschienener Bücher einzukaufen, die er während der langen Wintermonate eingehend liest. Wenn eines Tages kein Rauch mehr aus seinem Blockhaus aufsteigt, werden seine indianischen Freunde wissen, daß sich der Herr des goldenen Berges still und diskret, wie es schon immer seine Art gewesen ist, in die ewigen Jagdgründe begeben hat.

Als ich zwei Jahre später wieder in Alaska war, hatte Richard Boyden sein Ende gefunden. Während des letzten Winters war er in seiner Hütte gestorben, hatte jedoch vorher seine Hunde freigelassen, die sich heulend und japsend bei der Familie Secondchief einfanden. Soeben höre ich von Bernd Gaedecke, daß man die verlassene Goldmine von Nabesna wieder in Betrieb setzen will. Die

so enorm gestiegenen Goldpreise machen es möglich und wahrscheinlich auch gewinnbringend.
Vorerst war Richard Boyden, der auch an Erlebnissen so reiche Mann, noch bei bester Gesundheit und genoß sein friedvolles Dasein mit aller Beharrlichkeit. In seiner viktorianischen Redeweise behandelte er mich mit Höflichkeit und sagte stets »Herr Doktor« im Gespräch, wie man auch ihn nicht, wie sonst in Alaska üblich, mit seinem Vornamen anredet, sondern stets als »Mister Boyden«. Darin liegt ein Respekt, den die Alaskaner nicht mal ihrem Gouverneur erweisen.
»Als ich kam«, erzählte er mir, »da brannten hier bei den großen Versammlungen der Nabesna noch hundert Lagerfeuer am Fluß, und Harry Chiefsons Vater prunkte an Festtagen im Schmuck seiner Federkrone. Man glaubte noch an den Großen Geist der Erde, trug lederne Kleider und den Tomahawk im Gürtel. Nicht einmal der Häuptling wußte, daß seine Heimat auf dem Papier zu den Vereinigten Staaten gehörte. Die Stadt Anchorage gab es nicht, Feuerwasser war unbekannt, und gelegentlich unternahm man noch Kriegszüge gegen die Thlingits. Zehn bis vierzehn Tage fuhr ich mit meinen Hunden nach Valdez, dem einzigen größeren Ort an der Südküste. Und einen ›größeren Ort‹ nannte man damals eine Siedlung, wenn sie 100 Einwohner zählte. Nun, da hat sich manches geändert inzwischen, und doch ist das eigentliche Land, das Hinterland, noch leerer geworden, als es seinerzeit war. Die Menschen drängen ja nun alle in die Städte und an die Straßen. Ich habe nichts dagegen.«
Wir sprachen davon, daß jetzt keine großen Goldfunde mehr gemacht werden, und Bill meinte, es komme daher, daß keiner mehr so beharrlich danach suche.
Richard Boyden aber meinte: »Wenn ich nicht irre, wurde vor drei Jahren doch ein großer Fund gemacht. Du kannst dich gewiß noch an die Transportmaschine der Armee entsinnen, die damals hier am Mount Allen zu Bruch ging?«
Bill und seine Familie nickten.
»Das zertrümmerte Wrack wurde aus der Luft entdeckt, aber es war erst im nächsten Jahr möglich hinzugelangen.«
»Nun, das weiß ich nicht«, widersprach Mr. Boyden höflich, »ich weiß nur von einem Tankwart am Highway, der ein ausgezeichneter Alpinist war. Er besuchte mich eines Tages und wollte alles mögliche über den Mt. Allen wissen, auf dem ich mit jungen Jahren herumgestiegen war. Später hörte ich, daß er seine Stellung ganz plötzlich aufgegeben hatte, um heim in den Süden zu fahren. Neulich las ich nun in einer Zeitschrift wieder von demselben Mann. Er scheint eine gewisse Rolle unter den Playboys von San Franzisko zu spielen und recht wohlhabend zu sein.«
Wir verstanden ihn nicht recht.
»Und Sie meinen, Mr. Boyden«, erkundigte sich Will aus Denver, »daß er da oben am Mt. Allen Gold gefunden hat?«

»Gold wohl nicht, aber Geld, was ja praktisch dasselbe ist«, lächelte der alte Herr. »Wie man damals hörte, hatte die Unglücksmaschine eine große Menge an Banknoten an Bord gehabt, zur Auszahlung von Löhnen. Als man später die Trümmer des Flugzeuges untersuchte, war davon nichts mehr vorhanden. Die Summe muß recht beträchtlich gewesen sein, die Leute werden ja hier in Alaska besonders gut bezahlt.«
Er wandte sich dann zu mir und sagte:
»Es sollte mich freuen, Herr Doktor, wenn es Ihnen trotzdem bei uns nicht allzu sehr mißfällt.«

Drei weiße Widder

Als der nächste Tag anbrach, mit klarem Himmel und stiller Luft, übte das auf Bill Debneys verstauchtes Knie die denkbar beste Heilwirkung aus. Er war sogleich bereit, mit Bill in die Berge zu starten. Andy meinte, ich sollte heute mein Glück beim Antlers-Creek versuchen, dort hatte er in der letzten Woche an den Hängen eines namenlosen Berges zwei starke Rudel gesehen. Er bot sich an, uns im Flußbett des Stuver-Creek abzusetzen. Bill fand, das sei ein guter Vorschlag, und mein Jimmy nickte dazu.

Diesmal nahm ich selber etwas Verpflegung mit, steckte auch die Karten und meinen Kompaß ein, ließ aber die Schlafsäcke daheim. Jimmy konnte es nicht lassen und belud sich abermals mit seiner Filmkamera und all ihrem Zubehör.

Es lohnt sich leider nicht, über diesen Tag eingehend zu berichten. Alles verlief ungefähr wie am ersten, nur daß wir uns in einer anderen Landschaft abplagten. Als wir schließlich die Höhe von etwa 2000 Metern erreicht hatten, in der sich die Bergschafe mit Vorliebe bewegen, erblickten wir sie auch. Jedoch nur als kleine, weiße Tupfen an der jenseitigen Talwand. Sie standen in schwindelerregender Höhe und so weit entfernt, daß man auch im Glas die Böcke kaum von den Geißen unterscheiden konnte. (Beide Geschlechter tragen Gehörne, nur sind sie bei den weiblichen Ovis dalli sehr viel kleiner und kürzer als bei alten Böcken.) Kein Gedanke daran, sie zu erreichen, die Zeit war zu knapp und das Durchsteigen des Cañon viel zu schwer.

Das gute Wetter hielt an, weshalb uns der dritte Pirschtag am Cheslina-River sah, in einer Gegend, wo uns anstelle von hartem Fels feuchter Lehm begrüßte. Gewaltige Wetterstürze hatten im Frühjahr die Grasnarbe mitsamt allem Buschwerk in die Tiefe gerissen. Auf Händen und Füßen krochen wir über den glitschigen Hang mühsam nach oben, von Kopf bis Fuß verdreckt und mit schweren Lehmklumpen an den Stiefeln.

Wir schleppten uns bis auf den Scheitel der Anhöhe, in der Zuversicht, von dort einen weiten Blick auf die Wände zu haben, worin die Bergschafe stehen mußten, wenn ... ja wenn sie noch dort standen, wo sie Andy vor einigen Tagen gesehen hatte.
Die Mühe war vergebens, die Wände waren leer. Schlimmer noch, es hätte uns gar nichts genützt, den stärksten aller Schneewidder dort zu erblicken. Denn zwischen uns und den Wänden klaffte ein tiefeingeschnittenes Tal, auf dessen Grund sich ein gelbes, trübes Gewässer dahinwälzte, viel zu breit und auch zu reißend, als daß wir es hätten durchqueren können. Daher war ich Jimmy geradezu dankbar, als er meinte, restlos genug zu haben.
Da wir ohnehin schon zu Lehmklößen geworden waren, machten wir uns den Abstieg zum Cheslina-Fluß leicht und rutschten auf dem Hosenboden über die zähe Schmiere bergab. In einem abgestorbenen Wäldchen am Creek fanden wir einen handlichen Vorrat von trockenem Holz, entfachten damit ein herrliches Feuer und ruhten uns aus, bis gegen sechs Uhr Andys Maschine wieder über den Kies heranhüpfte.
Die Räder standen noch gar nicht still, als sich Andy schon herausbeugte und rief, daß Will gegen Mittag einen prächtigen Widder geschossen hatte.
»Ein alter Bock mit Dreiviertel-Curl ... drüben am Tanada-Peak, auf achtzig Schritt aus der Wand heraus.«
Neidisch wie die meisten Jäger sind, hätte ich das schöne Waidmannsheil lieber selbst gehabt, gab mir aber trotzdem Mühe, es dem guten Will ehrlich zu gönnen. Immerhin war ja nun der »Bann« gebrochen, es wurden wieder Bergschafe erlegt!
Diesmal flog ich als erster zurück, war ich doch zu begierig, Will Debneys stolze Trophäe zu sehen.
Der glückliche Waidmann konnte sich gar nicht von ihr trennen. Er hielt das herrliche Haupt seiner Beute auch bei Tisch auf dem Schoß und mußte weit ausholen, um an seine Kaffeetasse zu gelangen.
Das Gehörn war nahe dem Ansatz etwa so stark wie eines Mannes Oberarm, tief eingekerbt und lief in schönem, gleichmäßigem Schwung in zwei stumpfe Enden aus, die nach vorne zeigten.
Darauf nämlich kommt es bei der Bewertung einer Bergschafschnecke an. Zeigt die Spitze des Gehörns nach unten, so läßt sich schon auf relativ weite Entfernung ausmachen, daß der Bock nur eine halbe Windung führt und kaum geschossen werden darf. Weisen die Enden nach vorne, dann ist der Widder ein kapitales Stück mit Dreiviertel-Curl. Zeigen sie gar nach oben, wobei sich die Spitzen in Augenhöhe befinden, hat man einen Uralt-Bock vor sich, einen »Full-Curl-Widder«, die so heiß begehrte und doch nur selten erreichte Krönung aller Hochgebirgsjagd in Alaska.
Die Pirsch war nicht einfach gewesen. Bill hatte lange keinen Platz gefunden, wo er seine Maschine aufsetzen konnte. Der Anmarsch war daher weit und an-

strengend gewesen, zweimal mußte man durch eiskalte Bäche. Das Wasser reichte ihnen dabei bis über den Gürtel. Da es völlig windstill gewesen war und eine Senke gute Deckung bot, konnten sie zum Schluß ungewöhnlich nahe an das Rudel herankommen und ohne Hast die beste Auswahl treffen. Der kapitale Bock erhielt einen sauberen Blattschuß und verendete im Feuer.
Vorerst hatten die beiden nur das abgeschärfte Haupt und die weiße Decke herausschaffen können. Morgen sollte es die Sache von Andy und Bob sein, das Wildbret zu holen.
Will war vor lauter Begeisterung gar nicht müde. Er strahlte über sämtliche Backen, lud uns alle nach Colorado Springs ein und behauptete, heute den großartigsten Tag seines Lebens genossen zu haben.
Mir war klar, daß morgen für Jimmy und mich Ruhe sein würde, denn Andy war stark beschäftigt. Offen gestanden war es mir auch ganz recht, vielleicht ergab sich dabei Gelegenheit, mit Bill über den Fortgang meiner Jagd zu sprechen. Meiner Ansicht nach würden Jimmy und ich mehr Aussicht auf Erfolg haben, wenn wir draußen im Gelände kampierten. Ich wollte Bill darum bitten, uns mit meinem kleinen Zelt und Proviant abzusetzen, irgendwo in einer Gegend, wo man vorher ein Rudel ausgemacht hatte. Dann konnten wir im ersten Frühlicht aufbrechen und hatten jeweils volle vierzehn Stunden vor uns. Kam ich dennoch nicht zum Schuß, konnten wir es gleich am nächsten Morgen wieder versuchen, ohne alle Tage Andy und seine Maschine zum Ein- und Heimfliegen zu brauchen. Sicher würde das auch Bill viel lieber sein.
Als ich zu unserem Schlafschuppen ging, traf ich draußen Frau Rosemary, die mich unter vier Augen sprechen wollte.
»Bill wollte nicht, daß ich's dir sage, Hans . . . aber wenn du ihm eine große Freude machen willst«, verriet sie mir leise, »er wünscht sich ja so sehr ein Paar von den kleinen, schwarzen Hörnern, wie sie die wilden Ziegen bei dir daheim tragen. Könntest du . . . ich meine, wäre es möglich, ihm ein Paar dieser Hörnchen zu schicken?«
Zwar lief es mir kalt den Rücken herunter, wie da erneut unsere edlen Gamskrucken als »kleine Hörnchen« bezeichnet wurden, aber natürlich versprach ich es sofort. Wir hatten wegen des Lungenwurms im letzten Jahr fast vierzig Stück Fallwild in unserem Revier gehabt, und ich wußte nicht recht, was mit den Krucken dieser Tiere anzufangen war. Die armen Gamsen waren ja nicht die Beute eines waidgerechten Jägers gewesen, sondern sie waren elendiglich einer Seuche zum Opfer gefallen. Nun lagen ihre Krucken auf dem Dachboden der Jagdhütte und verstaubten. Von mir aus konnte sie der gute Bill allesamt haben.
»Du weißt ja gar nicht, Hans, was diese komischen Hörner für ihn bedeuten. Hier hat noch niemand so etwas gesehen. Kann ich's ihm schon sagen?«
Natürlich konnte sie das. Die gute Frau bedankte sich überschwenglich und eilte dann davon.

Am Morgen gedachten wir auszuschlafen, es gab schließlich nichts für uns zu tun. Doch wunderte mich, daß gleich beim allerersten Frühlicht kurz hintereinander beide Maschinen sich in die Luft erhoben. Gleich darauf klopfte Frau Rosemary ans Fenster und rief nach mir.

»Hans, ich glaub, es ist besser, wenn du dich fertig machst. Billy ist losgeflogen . . . er will einen Bock für dich ausmachen.«

(Die sogenannte Luftaufklärung, also das Suchen nach jagdbarem Wild und dabei nach besonders kapitalen Stücken, wurde schon vor etwa sieben Jahren verboten und die Strafen seitdem wesentlich verschärft . . . aber wo keine Kontrolle zu befürchten ist, geschieht es noch immer.)

Da war an Waschen und Rasieren gar nicht zu denken. Ich fuhr in die Kleider, raffte mein Zeug zusammen und wischte die Büchse durch.

Jim hob sich aus den Kissen und wollte wissen, was los sei.

»Es scheint, Bill sucht nach einem Bock für mich . . .«

Er grinste nur breit.

»Hast ihm wohl ein Gehörn von deinen Bergziegen versprochen?«

Ich nickte, und Jim sagte, das habe er sich gedacht. Damit drehte er sich zur Wand und schlief weiter.

Meine Spannung war so groß, daß es Rosemary kaum gelang, mir ein Frühstück aufzudrängen. Mit vollem Mund fragte ich sie aus, was denn Billy vorhabe, wo er sei, welche Aussichten es gäbe. Aber das konnte die gute Seele nicht wissen.

»Da kommt er zurück«, rief sie erlöst, und beide liefen wir hinaus.

Bill war schon aus der Kabine, wir prallten fast aufeinander.

»Etwa zehn Schafe am Nordhang des Monte Cristo . . . soviel ich sehen konnte, ein paar recht gute Böcke darunter.«

»Ist ja herrlich, Billy.«

Aber er verzog das Gesicht.

»Nicht so herrlich, kaum an sie 'ranzukommen . . .« Er wandte sich an seine Frau und bat sie um ein Glas seines geliebten Moosbeerenwassers. Erst als sie außer Hörweite war, sagte er dann: »Es sei denn, wir landen auf dem Gipfel des Monte Cristo und pirschen nach unten.«

»Du kannst doch nicht auf einem Gipfel landen . . .?«

»Der Monte Cristo ist oben flach, wir könnten uns ja mal aus der Nähe ansehen, ob's reicht. Kommt auf dich an, ob du's riskieren willst?«

Wie konnte ich das beurteilen?

»Ist denn wirklich was Kapitales bei dem Rudel . . . ich meine so was mit Dreiviertel-Curl?«

»Macht ganz den Eindruck«, nickte er, »also wenn du's riskieren willst . . .«

»Du bist der große Pilot, Billy, wenn du glaubst, es geht . . . ich mach natürlich mit.«

Er schaute einen Augenblick an mir vorbei zur Tür, hinter der seine Frau verschwunden war.

»Also los, es wird schon klappen. Du bist doch fertig?«
Seine Moosbeeren hatte Bill vergessen, er lief zur Maschine und stieg ein. Ich kletterte klopfenden Herzens hinterher, klemmte mir meine Büchse zwischen die Knie und hielt mich fest.
Mit einem Schwung, den Andy so vollendet nicht fertigbrachte, schoß das Maschinchen über die Startbahn und steilte in die Luft.
Drunten vor dem Haus stand Frau Rosemary und hielt das Glas mit dem Beerensaft für ihren Bill in der Hand.
Der Tag war schön und windstill, nur aus dem Osten zog eine lockere Wolkenwand heran. Wir überflogen den Nabesna-Creek, die dunklen Wälder im Tal und bogen alsdann nach Süden ein, dem Gletschermassiv des Mount Jarvis entgegen. Das Maschinchen hob sich höher und höher.
»Das da vorn . . . ist der Monte Cristo«, zeigte mir Bill.
Ich sah die Platte eines Berges, der sich im spitzen Winkel aus der Masse vergletscherter Riesen vorschob. Seine durchfurchten, schwarzbraunen Steilhänge endeten drunten in weitläufigen Halden aus grauem Schotter. Ein sprühender Wasserfall schien unmittelbar aus dem Gestein herauszuschießen. Droben auf seiner Höhe war der Monte Cristo tatsächlich flach, so weit es in den Wrangell-Bergen überhaupt etwas Flaches geben kann. Doch war diese Fläche leicht nach vorn geneigt und wies einige Risse auf, die wohl durch Schmelzwasser entstanden waren.
»Erst mal anschauen . . .«, rief Bill über die Schulter, »scheint ein bißchen rauh zu sein!«
Er zog einen weiten Kreis über das Plateau, ging danach auf wenige Meter herunter und flog wohl ein dutzendmal kreuz und quer über das Gelände hin. Es war fußhoch mit Gestrüpp von Schneebeeren und grauem Moos bewachsen. Dazwischen lag kiesiges, von Flechten überzogenes Geröll.
»Halt dich fest«, warnte Bill, »ich lande . . . es wird ein paar Stöße geben!«
Mein kühner Pilot schwang seine Piper-Cub erst weit in den Äther hinaus und ging die Platte aus freiem Himmel an, um deren Schräglage von unten her zu erfassen. Einen Augenblick lang sah es so aus, als müßten wir mit voller Wucht gegen die Kante prallen.
So gut es ging, hatte ich mich festgeklemmt und hielt vor Angst den Atem an.
Haarscharf sausten wir über den Rand auf die abwärts geneigte Platte zu, streiften hörbar ihr Gestrüpp und berührten den Boden. Hart stieß das Fahrgestell auf, sprang wieder hoch und hieb abermals auf den Grund. Das ganze Flugzeug schüttelte sich vor Abscheu.
Noch ein paar Hupfer, noch eine Reihe von Stößen, dann rollte die Piper holpernd und schlingernd zum Stillstand.
Bill nahm die Hände vom Steuerknüppel und lehnte sich zurück.
»Das wäre geschafft«, meinte er, »hoffentlich geht's beim Start genauso glatt.«

Wenn er diese Landung »glatt« nannte, möchte ich nur wissen, aber nicht selber erleben, was nach seiner Meinung eine »rauhe Landung« ist.
Wir sprangen hinaus und standen auf dem Gipfel des Monte Cristo, in einer Höhe von etwa 2400 Metern. Dem mitteleuropäischen Alpinisten werden knapp zweieinhalbtausend Meter nicht sonderlich imponieren. Doch muß man bedenken, daß diese Höhe in der nördlichen Lage Alaskas bedeutend hochalpiner wirkt als bei uns. An schattigen Hängen bleibt der Schnee schon von etwa 1500 Meter aufwärts das ganze Jahr über liegen.
Wir zogen unsere Sachen aus der Kabine und drehten die Maschine um. Bill sicherte ihre kleinen Räder von allen Seiten mit einem Steinhügel, damit das Flugzeug bei etwa aufkommendem Wind nicht davongeweht wurde.
»Von der Kante da drüben müßten wir die Schafe sehen«, meinte er dann.
Das Wild hatte ich bei unserem aufregenden Anflug völlig vergessen und mich gar nicht nach ihm umgeschaut.
Bill warf sich sein Packboard auf den Rücken, und ich wollte das gleiche mit meinem vollgepackten Rucksack tun.
»Laß ihn hier, Hans, das Ding stört nur beim Klettern. Und gib mir deine Kamera, hast ja genug an dir rumhängen.«
Damit waren wir auf Gedeih und Verderb darauf angewiesen, die Maschine am Nachmittag wieder zu erreichen. Gelang das nicht, konnten wir die eiskalte Nacht kaum ohne Schlafsack überstehen.
Erst bei unserem Gang über den Gipfel wurde mir so recht klar, wie sorgfältig Bill unseren Landeplatz gewählt hatte. Überall sonst waren die Rinnen zu tief und das Geröll zu grob. Es gehörte schon einiges dazu, dieses Gelände im geschwinden Darüberflug so genau zu beurteilen.
Wir gelangten an den Absturz, legten uns nieder und schauten hinab. Wir sahen nur dunkle Schründe und felsige Gründe. Der Berghang zeigte überall scharf geprägte Rippen, zwischen denen Wasserfäden nach unten rieselten.
»Wo sie heute früh waren, sind die Dallis nicht mehr«, sagte Bill, und wir krochen zurück.
Wir mußten uns eine Stelle suchen, von der wir einen besseren Ausblick hatten. Also folgten wir dem Gipfelrand bis zu einer vorspringenden Nase, überquerten eine messerscharfe Rippe und klemmten uns zur Beobachtung in eine Felsspalte.
Auch von hier war kein einziges Bergschaf zu sehen, geschweige denn jenes starke Rudel, das Bill am frühen Morgen gesichtet hatte. Aber in diesem drahtigen, kleinen Mann stand mir ein Gefährte zur Seite, der sich mit den Lebensgewohnheiten des Bergwildes auskannte wie kaum ein zweiter.
»Irgendwo in diesen Rinnen müssen sie stecken«, versicherte er, »das Flugzeug stört sie nur, wenn man direkt anfliegt. Es sind erst anderthalb Stunden her, seit ich sie gesehen habe. In so kurzer Zeit ziehen Schafe nicht weit, und wenn sie ins Tal gestiegen wären, müßten wir sie von hier erkennen.«

Wenn das stimmte, und davon war ich überzeugt, hatten wir immerhin festgestellt, wo sie *nicht* waren. Auch das war schon einiges wert.
»Also kommt's darauf an«, schlug ich vor, »einen Platz zu finden, von dem wir den Hang überall dort einsehen können, wo er von hier aus überriegelt ist.«
Das sei ganz logisch, meinte Bill, trotzdem gehöre schon ein guter Jäger dazu, diese Logik zu verstehen.
Obwohl nichts daran war, fühlte ich mich geschmeichelt. Ein Lob von Bill war schon einiges wert.
Zu diesem Zweck mußten wir aber vom Plateau herunter und suchten nach einem Abstieg. Hierfür bot sich die Spitze eines Dreiecks an, von dem sich ein felsiger Grat nach unten neigte. Er sprang weit vor und endete in einer Klippe. Wenn man dorthin gelangte, mußte man in die Rinnen am Steilhang hineinsehen können.
Wir waren schon ein paar Meter hinabgeklettert, als Bill stehenblieb.
»Schau mal, Hans, wer uns hier begrüßt.«
Erst beim Näherkommen sah ich die Schneehenne, deren sommerliches Federkleid sich der Farbe des Gesteins so vollkommen anpaßte, daß sie kaum zu erkennen war. Der Vogel blickte mit seinen schwarzen Stecknadelaugen erstaunt auf uns Menschen, zeigte jedoch keine Furcht. Hatte er doch unseresgleichen noch nie gesehen.
»Die Henne läßt sich greifen«, meinte Bill, »werden sie zum Abendessen mitnehmen.«
Ich bat ihn, sie leben zu lassen.
»Warum denn, schmeckt doch gut!«
In der Wildnis Alaskas fühlt man sich der Natur noch ganz natürlich verbunden. Alles eßbare Getier gilt als selbstverständliche Versorgung, zumal wenn es schmackhaft ist.
»Weißt du, Bill, ich bin abergläubisch. Wenn wir jetzt diesen vertrauensseligen Vogel umbringen, wird uns der Bock nicht mehr gegönnt.«
Er zuckte mit den Schultern und lachte.
»Na schön, wie du meinst«, sagte er und ging weiter.
Die Schneehenne trippelte noch ein paar Schritte hinter uns her, gewiß nicht ahnend, wie knapp sie dem Tode entgangen war.
Wir mußten die Hände zu Hilfe nehmen und auf den Knien rutschen, bis wir die Klippe zur guten Aussicht erreichten. Auf ihren Buckel legten wir uns hin, nahmen unsere Gläser an die Augen und spekulierten in die Wände hinüber.
Eine gute Viertelstunde verging, ohne daß wir etwas entdeckten. Schon wollte mich wieder das flaue Gefühl der Enttäuschung überkommen. Da schaute ich zur Abwechslung ganz tief nach unten, wo schon der Schotter begann, und entdeckte inmitten der letzten groben Blöcke ein halbes Dutzend weißer Punkte.

»Bill, ich hab sie!«
Er fuhr herum und schaute auf die Stelle, die ich ihm zeigte. Er schaute sehr lange.
»Scheint eine Versammlung von Böcken zu sein«, meinte er dann mit Bedacht, »und davon sehen zwei recht gut aus.«
»Aber wie rankommen?«
Sehr genau musterten wir die umliegende Landschaft. Das Rudel stand am Fuße der steilen Wände in einer halbmondförmigen Mulde, die schräg nach unten abfiel. Noch tiefer war der Hang grün und wurde flacher. Vom Tal aus war es nicht möglich, das Rudel anzugehen. Es gab dort keinerlei Deckung vor den scharfen Augen der scheuen Tiere. Unmittelbar von oben ließ es sich ebensowenig machen, ohne Kletterhaken und Seil war ein Quergang am schroffen Fels unmöglich.
»Vielleicht können wir die Deckung der Rippen ausnützen«, sagte ich, »dafür müßten wir aber erst tief herunter und dann auf gleicher Höhe näher heran.«
Bill meinte, das sei zwar eine Arbeit von Stunden, aber doch wohl die einzige Möglichkeit.
Also gingen wir gleich los, und ich dachte bei jedem Schritt bergab, daß wir ihn später wieder hinauf mußten. Schon der Abstieg war nicht einfach, öfters kamen wir an Stellen, die es weitläufig zu umgehen galt. Und manchmal mußten wir ein Stück wieder hinauf, um herunterzukommen. Ein Seil hätte uns schon gute Dienste geleistet, aber wir hatten keines.
Es war schon halb zwölf geworden, als wir in den Bereich des losen Gerölls gelangten. Der Blick auf die Schafe war uns nun von einigen Querrippen versperrt. Wir konnten nur hoffen, daß inzwischen die Böcke an der gleichen Stelle blieben.
Vorsichtig kletterten wir über die nächste Felsnase, ließen uns jenseits auf den beweglichen Schotter herab und erklommen bald danach den folgenden Grat. Hier ging es nicht mehr weiter, die talwärts führende Rinne bot keinerlei Halt. Wir konnten sie nicht durchklettern.
»Wollen mal sehen, ob wir dort hinaufkommen«, schlug Bill vor und zeigte auf einen hohen, schmalen Kegel am Ende unseres Grates.
Dessen Rücken war ungemütlich schmal und fiel beiderseits in drohende Tiefen ab. Wir klammerten uns mit den Händen ins Gestein und schoben uns langsam vorwärts. Wem hier schwindelig wurde, dem ging es schlecht. Endlich hatten wir den senkrechten Kegel erreicht und sahen zu unserer Freude, daß er sich verhältnismäßig leicht erklimmen ließ. Es gab da schmale Spalten, die den Füßen Halt boten, und der Fels war griffig.
Droben war ein kleines Plateau von etwa zwei zu anderthalb Metern im Geviert, auf beiden Seiten von überhöhten Kanten eingefaßt. Besser konnte man es gar nicht haben. Wir lagen hier sicher und gut gedeckt, nichts hemmte unseren Blick.

Das Rudel war noch da, alle Tiere hatten sich niedergetan. Ein jeder Widder lag so plaziert, daß er nach allen Seiten hin sichern konnte.
»Solch einen Herrenklub habe ich bisher noch nie beisammen gesehen«, meinte Bill. »Möchte bloß wissen, was der Grund dafür ist. Kein richtig junger Bock dabei, sind alles Widder mit Erfahrung. Du siehst ja, wie vorsichtig die sind und behäbig, keiner spielt herum.«
Zunächst sahen wir sieben Tiere, dann tauchte noch ein achter Bock auf, der sich gemächlich zwischen den übrigen niederließ.
»Näher kommen wir nicht heran«, stellte Bill fest, »und von hier aus ist es zu weit!«
Ich schätzte die Entfernung auf 250 Meter, sagte aber nichts, sondern fragte Bill, was er dazu meine.
»Glaube, es sind fast 400 Meter«, äußerte er sich mit Bedacht, »wahrscheinlich noch weiter. Man vertut sich da leicht, besonders von oben nach unten.«
Bill nahm sein Spektiv hervor, baute sich eine Auflage und begann die Böcke sehr sorgfältig anzusprechen. In meinem zehnfachen Glas konnte ich lediglich erkennen, daß bei zweien die Schnecken sehr stark waren. Aber die schmalen Spitzen, auf die es ankam, konnte ich nicht sehen. Das Rudel lag im Schatten, und die Gehörne hoben sich nur unklar gegen den graubraunen Hintergrund ab.
»Schau dir den zweiten von links an«, flüsterte Bill, »hat einen guten Dreiviertel-Curl.«
Gerade hatte sich dieser Widder gedreht und wandte uns sein Profil zu. Damit war nur das Ende seines linken Horns gegen das weiße Fell gut zu erkennen. Es zeigte deutlich nach vorne, ein guter »Dreiviertel-Curl« also. Aber leider ragte nur das Haupt hervor, ein Schuß war nicht möglich.
»Ist schon verdammt weit«, meinte Bill, »willst du's trotzdem versuchen?«
»Ja, wenn er frei steht und ich mir 'ne gute Auflage machen kann.«
Wir suchten ein paar Steine zusammen, legten Moos darauf, und ich grub mir eine sichere Position für den rechten Ellenbogen. Lang ausgestreckt und die Stiefel gegen einen breiten Stein gestemmt, konnte ich kaum besser liegen. Ich holte die drei Patronen aus der Kammer und wischte sie einzeln ab. Dann putzte ich das Zielfernrohr mit dem kleinen Lederlappen, lud durch und brachte sehr sorgfältig die Büchse in Anschlag. Der Blick durchs Zielglas zeigte, daß der Stachel vollkommen ruhig lag. Wenn ich den Atem anhielt, müßte es eigentlich gehen, wenn . . . ja wenn sich der Widder nur erheben wollte.
Wir warteten eine volle Stunde, aber der Bock mit dem Dreiviertel-Curl rührte sich nicht. Bill pfiff ein paarmal, und ich ließ Steine abrollen, um Bewegung in das Wild zu bringen. Aber das Rudel sicherte nur herauf, keines der Tiere erhob sich.
»Haben nur noch eine halbe Stunde, Hans, dann hat's keinen Zweck mehr.«
Das war mir vollkommen klar. Im Falle des Erfolges mußten wir erst zum Bock

hinab, ihn ausnehmen, das Haupt abschärfen und dann mit dieser Last wieder hinauf zum Flugzeug.
Die Zeit verging, und ich wurde immer nervöser. Eben wollte ich mit einem Tiroler Jodler das äußerste versuchen, da berührte Bill meinen Arm:
»Paß auf, Hans, da ist noch einer«, flüsterte er ganz aufgeregt, »er kommt eben hinter dem runden Block hervor.«
Ein Widder, den wir bisher noch gar nicht gesehen hatten, trat aus seiner Dekkung ins Blickfeld, tat ein paar Schritte und blieb nachdenklich stehen. Seinem ganzen Benehmen nach mußte er sehr alt sein.
»Das ist der beste«, wisperte Bill äußerst erregt, »versuch's, Hans, versuch's wenigstens!«
Leichter gesagt als getan. Der neue Widder stand spitz auf uns zu. Lediglich sein Haupt und ein Streifen der linken Schulter waren zu sehen, sonst verdeckte ihn eine längliche Felsplatte. Nur wenn ich durch die Windung seiner linken Schnecke zielte, konnte ich steil von oben hinter sein Blatt gelangen. Aber dann mußte die Kugel fingerbreit über die Felsspalte hinwegfliegen, haarscharf an seinem Träger vorbei. Bei der enormen Entfernung war mir das zu riskant. Einen angeschweißten Widder hätten wir in diesem Gelände niemals bekommen.
»Entschließ dich oder laß es bleiben«, drängte Bill, »mir kommt's zu weit vor. Vielleicht finden wir ihn ein andermal wieder . . .«
Ich nahm ein paar große Steine und warf sie hinunter. Das Geprassel war weithin zu hören.
Alle neun Tiere äugten zu uns herauf, um eine Handbreit etwa hatte sich mein Bock gehoben.
»Jetzt oder nie«, sagte ich zu Bill und griff mit der Linken fester um den Lauf.
Wir waren noch immer gut 2000 Meter hoch. Also mußte man etwas drüber halten, überlegte ich . . . andererseits soll der Schuß steil nach unten gehen, also mußte ich etwas drunter halten . . . beides zusammen glich sich wieder aus . . . also genau Fleck halten!
Ich stach den Abzug, stoppte die Atmung, brachte die Spitze des Zielstachels haargenau auf den einzig möglichen Punkt und zog ganz langsam durch.
Der Schuß hallte von allen Wänden wider.
Der Widder tat einen Schritt nach vorn, schaute hinauf und brach zusammen.
Bill schrie wie ein wilder Indianer und schlug mir zwischen die Schulterblätter, daß es nur so krachte.
»Er liegt, er liegt, er liegt . . .!«
Wie mühsam der Abstieg auch war, ich habe nichts davon gemerkt. Wir keuchten und rutschten, wir liefen und stolperten. Und endlich standen wir vor der Beute.
Ein Full-Curl . . . eine volle Windung und noch mehr!
Ein Schneewidder mit einer Schnecke, wie sie nur ganz selten erbeutet wird,

lag da vor mir. Eine Trophäe von unwahrscheinlicher Stärke. Die Enden des Gehörns hatten im vollen »Curl« nicht nur Augenhöhe erreicht, sondern noch eine Handbreit höher und zeigten schräg nach hinten.

»Man kann's fast ein Fünfviertel-Curl nennen«, meinte Bill voller Befriedigung, und ich glaubte es nur zu gern.

Noch konnte ich nicht fassen, daß dies mein Schneewidder war und sein herrliches Haupt demnächst meine Wohnung in München schmücken sollte.

»Hans, mach deine Fotos«, drängte Bill, »wir müssen uns mächtig beeilen.«

Wir wälzten das 90–100 Kilo schwere Tier auf seinen Rücken und nahmen es aus. Bill trennte das Haupt mitsamt der Schulterdecke vom Rumpf und band es mit Nylonschnüren auf seinem Packboard fest. Morgen sollten Bob und Andy vom Tal aufsteigen und das Wildbret holen.

Alle Viertelstunde machten wir eine Drei-Minuten-Rast und wechselten uns mit dem schweren Packboard ab. Es war eine Schinderei ohnegleichen, und die Zeit wurde immer knapper. Unsere Hände waren schlimm zerkratzt, die Hosen zerrissen und die Stiefel abgestoßen. Wir atmeten nur noch in schnellen, heftigen Stößen. Der Schweiß füllte uns die Augen.

Es war nach halb sieben Uhr, als wir keuchend und mit zittrigen Händen oben anlangten. Keine Minute durften wir mehr verlieren. Wir hasteten zu unserer Maschine, befreiten die Räder von ihren Steinhaufen und kletterten mühsam in das Kabinchen. Mit dem schweren, großen Widderhaupt auf den Knien konnte ich mich in dem engen Raum überhaupt nicht mehr rühren.

»Hör zu, Hans, ich hab hier oben keinen Platz, um richtig zu starten«, sagte Bill und machte dazu ein ungewohnt ernstes Gesicht, »ich kann nur hangabwärts einigermaßen Anlauf nehmen und muß dann die Maschine abkippen lassen. Das wird . . . wie soll ich sagen . . . ein recht unangenehmes Gefühl für dich sein. Am besten machst du die Augen zu und wartest, bis der Vogel wieder genug Wind unter den Schwingen hat, um zu steigen.«

Zwar verstand ich nicht so recht, wie er das meinte, fragte ihn aber, ob das nicht recht riskant sei.

»Ein kalkuliertes Risiko sozusagen . . . ist aber nicht das erste Mal, und bisher hat so was immer geklappt.«

Er ließ den Motor an und schaute auf seine Instrumente. Die drängende Zeit, die hereinbrechende Dunkelheit schien Billy vergessen zu haben. Wichtiger war ihm zunächst, daß der Motor gleichmäßig brummte und sich gut erwärmte.

Endlich war es soweit.

»Halt dich ordentlich fest und mach die Augen zu.«

Ich behielt sie dennoch auf, denn ich wollte immerhin sehen, wie so ein Flugzeug über den Rand in die weite Tiefe »abkippte«. Nur hätte ich es lieber bei einer Maschine gesehen, in der ich nicht selber saß.

Der Motor heulte auf, das Propellerchen pfiff im Kreise, und wir rumpelten

los. Unsere Maschine schwankte so heftig auf dem unebenen Grund, daß ihre Flügel das Gestrüpp berührten.
Mit zunehmender Geschwindigkeit wurde aus dem Geschwanke ein Gehüpfe, und es kam zu Luftsprüngen. Nur Bills Hinterkopf, auf den ich angstvoll blickte, wirkte beruhigend.
Schnell kam die Kante näher . . . der schreckliche Abgrund öffnete sich.
Billy gab volles Gas, stemmte sich zurück und ich sandte ein Stoßgebet gen Himmel.
Nun kippten wir über den Rand hinunter, und ich schlug nach vorn. Der Vogel fiel . . . fiel . . . schnell und immer schneller. Mir war schon alles egal, nur sollte es nicht zu weh tun.
Sekunden wurden zu Ewigkeiten.
Dann . . . aber dann fühlte ich, wie der Sturz flacher wurde, wie das Maschinchen an Selbstsicherheit gewann . . . wie es begann, dem Piloten zu gehorchen.
»Na, war das nicht ein prima Start«, rief mir Bill zu.
Das war es wohl auch, unter den gegebenen Umständen!
Wir flogen in die sinkende Dunkelheit hinein und landeten elegant auf der Piste vor Bills Haus.
»Ganz hübsch . . .«, sagte Jimmy, als er das Haupt meines Bockes erblickte, ». . . wirklich ganz hübsch!«
Will Debney legte seiner Begeisterung keine Schranken an. Einen besseren Jagdkameraden konnte man sich kaum wünschen.
»Der kommt ins Buch, alter Junge, ganz bestimmt kommt der ins Buch!«
Und Bill fügte hinzu:
»Sogar ziemlich weit oben, Hans, beim ersten Dutzend wird er stehen!«
Doch Jimmy hatte da Bedenken.
»Wenn nur das linke Ende nicht so abgestoßen wäre . . . das kann Punkte kosten!«
Da sagte ich sehr deutlich, was ich von seinen Punkten hielt, kann's aber im Druck nicht wiedergeben.

Forellen von 18 Pfund ...!

Angler übertreiben gern, das mag schon stimmen. Aber ich bin kein Angler, habe also nicht den geringsten Anlaß, bei einem Fisch zu übertreiben, an dessen Erbeutung ich ohne Verdienst bin. Ein Mr. Jonathan Finch aus New York war der glückliche Jünger Petri, dem dieser Fischzug gelang. Der Bootsführer Jack Maudley war Zeuge und John Walatka war dabei, als wir die 18pfündige Forelle abwogen, vermaßen und aßen. Sie wog tatsächlich 18 Pfund, hatte einen Umfang von 48,26 Zentimeter und war 77,47 Zentimeter lang.

Aber lassen Sie mich diese Geschichte der Reihe nach erzählen, dann wirkt sie glaubwürdiger.

Jimmy und ich waren aus Nabesna zurück, die Stadt Anchorage hatte uns wieder. In meinem kleinen Zimmer türmte sich die Post und wollte beantwortet werden. Wichtiger jedoch schien mir die Vorbereitung für den nächsten Jagdausflug, und die zog sich hin, wie das so üblich ist. Wir schwankten noch immer, ob wir als nächstes auf Karibu oder Elch gehen sollten. Jedoch hatte die Herbstwanderung der riesigen Karibuherden noch nicht begonnen, aus irgendwelchen Gründen waren sie heuer später dran als gewöhnlich. Was die Elche betraf, so berichtete Jack Rover von der Kenaihalbinsel, daß die meisten Schaufler noch im Bast seien. Und da er schon mit Waidmännern aus Europa gejagt hatte, konnte er sich denken, daß ich keinen Bastschaufler erlegen wollte. Er riet uns, ein bis zwei Wochen zu warten.

Natürlich paßte mir das nicht. Anchorage ist (besser gesagt war) gewiß eine nette Stadt, zumindest für alaskanische Begriffe, und in Jimmys Haus hatte ich eine gemütliche Bleibe. Jenny, seine Frau, war eine resolute, gastfreie und gesellige Person, bei der man sich wohl fühlen konnte. Aber ich war nicht nach Alaska geeilt, um in der größten Kleinstadt des Landes herumzusitzen.

Am zweiten Wartetag luden mich Freunde zu einem Essen in den Rotaryclub ein, wobei wir zur Anregung des Appetits einen Vortrag über die Vernichtungskraft nuklearer Waffen zu hören bekamen. Ein Fachmann, der es genau wissen mußte, schilderte den Gästen in aller Ausführlichkeit, in welchem Umkreis vom Einschlag der Atombombe man gleich tot wäre, wo man sicher sein könnte, nur langsam geröstet zu werden, und wo man lediglich mit radioaktiver Verseuchung zu rechnen habe. Auf einer Wandkarte zeigte uns der Redner, wie das in Anchorage sein würde, falls eine Wasserstoffbombe auf das Post-Office fiele.

»Morgen fliege ich zum Kuliksee«, sagte der grauhaarige Rotarier neben mir, »wenn man das hier hört, würde ich am liebsten für immer dort bleiben. Am Kulik ist es absolut sicher.«

»Warum?« fragte ich.

»Weil die Gegend nicht mehr auf dieser bösen Welt liegt . . . ich meine bildlich gesprochen. Dort reichen keine Sorgen hin, der Kulik ist ein Paradies geblieben bis auf den heutigen Tag.«

»Sind denn keine Menschen da?«

»Nein«, sagte er mit vollem Ernst, »nur Angler. Wollen Sie mitkommen?«

»Bin leider kein Angler und daher nicht tragbar in einem so exklusiven Paradies. Was würde Ihr Petrus dazu sagen?«

Er sah mich an und lachte.

»In diesem Paradies bin sozusagen ich der Petrus und würde eine Ausnahme reinlassen.«

»Würden Sie mir das erklären?« bat ich.

»Nicht nötig, mein Lieber, hole Sie um 6 Uhr 15 ab. Das Weitere wird sich finden.«

Weil ich Spaß verstehe und mehr Zeit hatte, als mir lieb war, sagte ich ohne weiteres zu.

Als ich hinterher Jimmy und Jenny davon erzählte, konnten sie mir nicht erklären, wo das irdische Paradies lag und wer sein Petrus sein sollte. Wußte ich doch nicht einmal, wie mein Tischnachbar im Rotaryclub hieß. Die Sache war wirklich mysteriös, dafür aber um so reizvoller.

Pünktlich um Viertel nach sechs erschien Herr Petrus und läutete Sturm. Frau Jenny, die immer als erste im Hause fix und fertig war, öffnete ihm. Sie war offenbar beeindruckt von dem Manne, der in der Tür stand. Das hörte man aus ihrem Tonfall und sah es an der Art, wie sie ihm die Kaffeetasse reichte.

»Bist du fertig«, fragte mich Petrus, »wollen die Maschine nicht warten lassen.«

»Wir fliegen also?«

»Wie soll man sonst in ein Paradies gelangen?« fragte er zurück.

Ich warf mir meinen Rucksack über und sagte, daß wir gehen könnten.

Frau Jenny kam noch mit zur Tür.

»Das ist Peter . . .«, flüsterte sie mir zu, »Präsident der Northern Consolidated Airways . . . ganz hohes Tier . . .«

Nun wußte ich wenigstens, daß mein Petrus tatsächlich Peter hieß, was ja wirklich gut zu einem Angler paßte. Denn St. Peter ist bekanntlich deren Schutzpatron.

Auf dem Flugplatz stand eine Zweimotorige von schnittiger Bauart und davor eine kleine Gruppe von Herren mittleren Alters, die alle sehr lustig waren und eine Flasche kreisen ließen. Sie machten den Eindruck, soeben mit unwahrscheinlichem Glück harter Zucht entflohen zu sein.

»Keine Frau mitgekommen«, sagte mir Peter, »ist wieder mal gutgegangen!«

Die Herren kamen, wie sich später herausstellte, durchweg aus New York, wo sie in unmittelbarer Nähe der Wallstreet als Direktoren und Generaldirektoren beschäftigt waren.

Mein neuer Freund nannte den Herren meinen Vornamen und mir die Vornamen der Herren. Das löste joviale Händedrücke aus und herzliches Schulterklopfen. Man war in allerbester Ferienstimmung. Ein Angler mit hohem Blutdruck reichte mir seine Hüftflasche zum Schluck. Danach stiegen wir ein, und die Maschine rollte an.

Es war ein Sonderflugzeug der Northern Consolidated und von den wohlgelaunten Männern an Bord zum Zwecke einer Angelpartie gechartert worden. Mit viel Humor wurde unterwegs berichtet, wie man die Familie daheim überzeugt hatte, daß die erschöpften Manager zur Erhaltung ihrer Arbeitskraft unbedingt eine totale Ausspannung in absoluter Einöde nötig hatten. Hausärzte hatte man ins Vertrauen gezogen und Ehefrauen mit Nerzen bestochen. Es mußte für einen Amerikaner dieser Klasse unendlich schwer und auch recht kostspielig sein, ohne angetraute Begleitung von Hause wegzukommen. Weshalb ich meiner eigenen Frau daheim eine Minute stillen, aber dankbaren Gedenkens widmete. Sie hatte mich für volle vier Monate allein ziehen lassen und dafür keinen neuen Pelz bekommen, sondern nur das halbe Haushaltungsgeld.

Da der Herr Präsident unserer Fluglinie persönlich an Bord war, servierte man uns ein Herrenessen von ausgesprochener Werbewirkung, angefeuchtet mit erlesenen Getränken.

Bedachte man, daß die Reisegenossen alle aus einer Zehnmillionenstadt kamen und nun über ein Land flogen, wo es kaum Menschen gab, ist wohl zu verstehen, wie befreit sich alle von der Menschenmenge fühlten, die sonst um sie herumwimmelte. Gleicherweise waren sie von ihren anspruchsvollen Frauen befreit, denen sie zu gehorchen hatten, sowie von ihren Angestellten, denen sie imponieren mußten. Sie konnten sich ganz als große Jungen geben, was sie gewiß am liebsten taten, aber daheim nicht durften. Hier war man Mensch und durfte es sein. Viel Aufmerksamkeit wurde der Landschaft drunten nicht geschenkt, obwohl die es wahrlich verdient hätte.

Wir flogen nach Südosten, zunächst entlang der Küste des Cook-Inlet, dann über die glitzernde Gletscherwelt der Chigmit-Berge. Die sahen aus wie ein langgestreckter Haufen von zerknittertem Silberpapier. Selbst mit dunkler Brille wurden die Augen geblendet beim Blick auf die reinweiß schimmernde, zerklüftete Welt. Wehe dem Menschen, der dort ausgesetzt wurde.

Während die erholungsbedürftigen Manager ein lustiges Lied anstimmten, blieben die Chigmit-Berge zurück, dafür kam der Iliamnasee in Sicht. Er ist sicherlich größer als der Bodensee, und fünf Orte sollten der Landkarte nach an seinen Ufern liegen. Da ich sie nicht sehen konnte, fragte ich Peter, wo sie seien.

»Sind keine Orte«, meinte er, »nur Örtlichkeiten. Mehr als ein oder zwei Blockhäuser gibt's da nicht . . . sind nicht ständig bewohnt. Die Leute kommen manchmal zum Fischen her, der Iliamna wimmelt nämlich von Lachsen.«

Wir flogen nun über flaches, braunes Land, durchzogen von Flüssen ohne Namen und bedeckt mit Seen, in denen bewaldete Inseln schwammen, die niemandem gehörten. In der Ferne stieg abermals ein Gebirge auf, auch dort waren die Höhen mit Eis bedeckt.

»In den Bergen dort gibt's was zu sehen«, sagte mir der Präsident, »wollen dir zuliebe einen kleinen Umweg machen.«

Er rief die dralle Stewardeß herbei und gab ihr Anweisung für den Piloten. Die Maschine legte sich auf die Seite und kurvte etwas nach links. Wir brausten einem breiten Tal zu.

»Was ist das für 'ne Stadt«, fragte ich meinen Betreuer, »steht nicht auf meiner Karte?«

»Wo siehst du 'ne Stadt?«

»Der Rauch dort vorne, es muß eine Unmenge von Schornsteinen geben, vielleicht eine neue Industriesiedlung?«

»Mitnichten, mein Freund, wir fliegen ins *Tal der zehntausend Rauchsäulen*, hast du noch nie davon gehört?«

Zwar nicht gehört, aber gelesen hatte ich davon. Wir näherten uns dem vulkanischen Massiv des *Katmai*. Es steht unter Naturschutz und darf nicht besiedelt werden, obwohl gewiß niemand daran denkt, sich dort niederzulassen. Das wäre viel zu gefährlich. Im Jahre 1912 war der Vulkan derart heftig ausgebrochen, daß der Wind seine Asche bis nach Europa trug. Die Eruption des Kraters soll die gewaltigste gewesen sein, die sich seit Menschengedenken auf Erden zutrug. Wenn das nicht jeder Schulbub weiß, so nur deshalb nicht, weil dabei keine Städte und nur wenige Menschen vernichtet wurden. Das Gebiet jedoch, das hierbei von glühender Lava überströmt wurde, war größer als eine mitteleuropäische Provinz. In bewohnter Gegend hätte das eine Katastrophe bedeutet, die sich gar nicht ausdenken läßt.

Seit jenem Ausbruch raucht es allenthalben im »Valley of 10000 Smokes«, nach so vielen Jahrzehnten hat sich die Erde noch immer nicht beruhigt.

Es rauchte aus allen Felsspalten, aus dem schwefelgelben Boden und aus den kochenden Teichen, sogar die Bäche dampften. Die Luft war heute still, Rauch und Dampf stiegen kerzengerade in den Himmel. Wir flogen mitten hindurch.
»Sieht schon toll aus«, meinte Peter und schien ehrlich begeistert, »wird jedoch alle Jahre weniger. Ich kann mich noch entsinnen, daß der Rauch früher viel dichter war.«
Mag schon sein, aber auf mich machte das Tal der lodernden Fahnen immer noch einen phantastischen Eindruck.
Wir bogen ab und kehrten in einer eleganten Schleife wieder auf unseren eigentlichen Kurs zurück. Ein stiller See folgte dem anderen, jeder in hohe Hügel eingebettet, die bis auf ihren Rücken hinauf mit grauen Erlen und hellgrünem Birkengestrüpp bedeckt waren.
Die Maschine ging tiefer, folgte einem Flußlauf und steuerte schließlich einen Kiesstreifen an, der durch einen Mast mit schlaff herabhängendem Luftsack als Flugfeld markiert war. Daneben breitete sich eine große, reizlose Wasserfläche aus.
»Der Kuliksee«, erklärte mir Pedersen, »das beste Fischwasser der Welt.«
Die Maschine setzte auf, rollte über den Kies und blieb stehen.
»Bitte nicht so hastig, meine Herren«, rief die Stewardeß, als jeder gleich zur Kabinentür eilte, »sonst erschrickt unser Foxy.«
Damit zeigte sie durchs Fenster, und man sah einen Fuchs von gescheckter Farbe, der mit furchtsam angelegten Ohren auf unsere Maschine zueilte. Genau unterhalb der Tür blieb er stehen und schaute erwartungsvoll hinauf. Die üppig gebaute Stewardeß öffnete und warf gekochten Schinken hinaus. Foxy schluckte ihn herunter und erwartete mehr.
»Er kommt immer, wenn eine Maschine landet«, erzählte das Mädchen, »alle Tage wartet er hier . . . manchmal sogar wochenlang und weiß genau, was das Gebrumm in der Luft bedeutet. Wir kennen ihn schon seit Jahren.«
Saftige Knochen, Wurstzipfel und angenagte Steaks hagelten auf den Fuchs hinunter. Er war ein Kreuzfuchs, eine Mischung von Rot- und Schwarzfuchs, gut im Fell und recht hübsch anzusehen.
Fotoapparate klickten, Filmkameras surrten, und all die hartgesottenen Manager lächelten.
Der menschenfreundliche Fuchs entfloh, als sich ein Jeep mit zwei Männern näherte, die eine Leiter aus dem Gebüsch hervorzogen, um sie an der Maschine einzuhaken. Als wir alle hinausgestiegen waren, kam das wilde Tierchen wieder näher. Die Stewardeß schien der Fuchs persönlich zu kennen, er fraß ihr fast aus der Hand. Aber sonst hielt er auf Distanz und flüchtete, wenn jemand näher als zehn Meter auf ihn zutrat.
Ein großes Paket mit Speiseresten wurde neben der Startbahn in ein Gebüsch gelegt, damit Foxy nichts abging während der nächsten Tage.

Wir schlossen Bekanntschaft mit John Walatka, einem Tschechen mittleren Alters, der auch deutsch sprach und vor dreißig Jahren als Flugzeugführer ins Land gekommen war. Jetzt leitete er das Fischercamp am Kuliksee und fühlte sich dabei sehr wohl. Er strahlte übers ganze Gesicht und schüttelte unsere Hände wie Pumpenschwengel.
In einem alten, wackligen Bus holperten wir auf schlechten Wegen eine Viertelstunde weit zum Camp. Es lag in einer Bucht, dicht bei der Mündung des Kulikrivers in dem See gleichen Namens. Zwölf kleine Blockhäuser mit grüngestrichenen Blechdächern standen dort und in ihrer Mitte ein größeres, langgestrecktes Gebäude aus riesigen Baumstämmen. Das war der Gemeinschaftsraum, die Hotelhalle, Speisezimmer und Küche in einem.
In bester Laune bezogen wir die Unterkünfte. Mein Hüttchen enthielt zwei Feldbetten mit gemütlichen Schlafsäcken, dazu Tisch, Stühle und einen bullig warmen Ofen. Eine schmale Tür in der Rückwand führte in den Waschraum. Es gab darin ein richtiges WC und sogar fließendes Wasser, das eiskalt war.
Die Blockhütten waren alle neu gebaut und rochen nach frischem Holz. Vor der Tür gab es eine überdeckte Veranda mit weitem Blick über See und Wildnis. Die Landschaft war ziemlich trostlos, nur in windgeschützten Lagen konnten Espen, Wacholder und Krüppelbirken gedeihen. Sonst waren nur Schilfgras, Heidekraut und Zwergweiden zu sehen. Am sandigen Seeufer lagen mehrere große Boote, neben dem Landungssteg hatte man zwei schon recht betagte Schwimmerflugzeuge vertäut.
Ein älterer, überschlanker Eskimo namens Punjon stellte sich ein und erklärte mir die Gegend. Er stammte aus Iguschlik an der Nigaschackbucht und amtierte während der kurzen Sommerzeit hier als der »Mann für alles«. Wie er sagte, kannten natürlich auch die Eskimo den fischreichen See und hatten in alten Zeiten manchmal hier kampiert. Aber seit die Fischdampfer in der Bristolbucht mit hohen Löhnen lockten, wollten die Eskimo nicht mehr viel von ihrem Hinterland wissen. Der weite Weg zum Kuliksee war ihnen zu beschwerlich geworden. Punjon konnte sich nicht mehr entsinnen, jemals einen Menschen gesehen zu haben, der zu Fuß, Boot oder Schlitten hierher gekommen war. Wer heutigen Tages an den Kuliksee wollte, der kam durch die Luft. Das Fischcamp gehörte den Northern Consolidated Airways, und nur deren Flugzeuge versorgten es mit Besuchern, Proviant und Material. Alles, was man zum Bau gebraucht hatte, war eingeflogen worden, sogar die beiden Fahrzeuge, die Boote und die Holzstämme für die Blockhütten. Für den Hausbau eigneten sich die krummen Bäume der Gegend nicht.
Die Saison war heuer recht gut gewesen, auch für das nächste Jahr hatten sich schon Sportangler aus aller Welt angemeldet. Gilt doch in eingeweihten Anglerkreisen der Kuliksee als die Krönung, ja als der absolute Höhepunkt der sportgerechten Fischerei auf Binnengewässern. Hier einmal die Angel auszuwerfen, ist der Traum unzähliger Petrijünger, aber nur wenige können sich

das leisten. Die Saison ist kurz, der Anflug weit und die Preise hoch. Sie müssen es leider sein, denn Unterhaltung wie Versorgung des Camps sind sündhaft teuer. Das Personal kann nur durch eine Entlohnung in diese triste Einsamkeit gelockt werden, die noch besser ist als im übrigen Alaska, wo sie ohnehin schon dreißig bis fünfzig Prozent über den amerikanischen Löhnen liegt. Und doch gibt es auf der Welt genügend hellbegeisterte Angler, die jedes mögliche Opfer bringen, um zumindest einmal im Leben hier herauf zu fliegen. Im Gästebuch standen Schiffsreeder aus Norwegen, Lords aus Schottland, Minister aus Südamerika, Industrielle aus Frankreich und Maharadschas aus Indien. Einen deutschen Angler fand ich nicht.

Wer den Speisesaal betritt, wird zunächst von einem gewaltigen Grizzly erschreckt, der in voller Größe so echt und angriffslustig präpariert wurde, daß man vermeint, er wolle einen unvermittelt anspringen.

Wir saßen auf breiten Bänken an einem ungehobelten Tisch alle zusammen, die Gäste und das Personal, der Herr Präsident und der Eskimo. Frau Walatka, erst seit kurzem mit dem Campleiter verheiratet, war das einzige weibliche Wesen menschlicher Gattung am Kuliksee und versah das Amt der Köchin. Und zwar mit bestem Können, denn wir aßen vorzüglich. Es gab überbackenen Lachs, panierte Elchsteaks und einen köstlichen Heidelbeerkuchen.

Hernach saßen wir in frohgestimmtem Kreis am lodernden Kaminfeuer, Eis klimperte in den Whiskygläsern, und John Walatka erzählte haarsträubende Geschichten aus seinem und anderer Leute Leben. Der Kamin war so groß, daß er ganze Baumstämme verschlang.

Anstelle von Jagdtrophäen war der große Raum mit kunstvoll präparierten Fischen ausgestattet. Sie waren auf Bretter genagelt und die Wände mit ihnen bedeckt. Da gab es Lachse, Felchen und Äschen, Bachforellen und Seeforellen sowie noch andere Fische, die ich nicht einmal dem Namen nach kannte. Und alle waren riesengroß.

»Die größten und schönsten der Welt«, versicherte mir mein Gastgeber, »nirgendwo sonst gibt es so mächtige Kerle. Für uns Angler liegt hier wirklich das irdische Paradies. Du wirst es morgen sehen.«

Als ich mich spätabends zu meiner Blockhütte aufmachte, drückte mir der Eskimo Punjon eine Taschenlampe in die Hand.

»Besser mit Lampe gehen«, riet er mir, »dann die Bären sie laufen weg.«

Hoffentlich tun sie das auch, dachte ich bei mir, denn nicht jeder Grizzly reagiert freundlich, wenn man ihm bei Nacht auf die Tatzen tritt. Gestern abend hatten zwei zottige Kerle wieder einmal versucht, in den Proviantschuppen einzubrechen. Aber der war mit elektrischem Draht umwickelt, was die Herren der Wildnis sehr erbost hatte.

Schon beim Frühstück am nächsten Morgen schien die ganze angelfreudige Gesellschaft fest entschlossen, nicht viel Zeit zu verlieren. Man trug bereits überhohe Gummistiefel oder wasserdichte »Wathosen«, die bis unter die

Schulter reichten. Einige Angler gedachten, mit den kleinen Wassermaschinen zu den namenlosen Seen im Gebirge hinaufzufliegen, andere wollten sich ganz bescheiden der Boote bedienen. Es hatte sich schon jeder sein nasses Lieblingsplätzchen gesichert, das er eifersüchtig vor der Konkurrenz geheimhielt.
Ein korpulenter Bankier, der sich Bill nannte, forderte mich freundlicherweise auf, ihn bei seiner Fischwaid zu begleiten. Am Strande gesellte sich noch ein gewisser Jack hinzu, der hier beruflich tätig war und die fremden Gäste als Bootsführer und Ratgeber begleitete. Er trug eine randlose Brille und drückte sich sehr gewählt aus. Wie ich später hörte, war er Hochschullehrer gewesen, hatte aber wegen irgendeiner Sache, über die man in Alaska grundsätzlich nicht spricht, den Dienst quittiert und sich in das alaskanische Hinterland zurückgezogen.
Unser Boot war federleicht, wurde aber von einem 80pferdigen Außenborder angetrieben. Mir verging Hören und Sehen bei der sausenden Geschwindigkeit, mit der unser Jack das gebrechliche Fahrzeug in den Kulikfluß hineinjagte. Wir zischten an Sandbänken und Felsbrocken vorbei, daß ich jeden Augenblick meinte, jetzt müßten Boot und Besatzung zersplittern. Doch nichts dergleichen geschah, Jack hatte reiche Erfahrung in diesen schnellen Gewässern. Mit rasantem Schwung brachte er das Boot in einer Flußbiegung zum Halten und bat uns auszusteigen.
Der zünftige Bill trug Gummihosen bis zum Halse hinauf, ich selber hatte nur kniehohe Wasserstiefel mitgenommen. Also hielt ich mich näher ans Ufer, während der gewichtige Mann der Wallstreet bis zur Bauchtiefe in die Strömung stapfte.
Das Boot entfernte sich, um andere Jäger des Schuppenwildes zu holen und anderswo abzusetzen. Wir blieben in völliger Einsamkeit zurück.
»Hoppla, das war der erste«, rief Bill und löste eine Halbmeterforelle vom Haken, »fängt ja wieder gut an!«
Und damit warf er den Fisch in sein Element zurück.
»Warum denn das, Bill, war er dir nicht groß genug?«
»War eine Pracht von Fisch, mein Bester, aber was soll ich damit?«
Tatsächlich kam es dem Millionen-Bill nur auf den Sport an, die Beute selber interessierte ihn nicht mehr.
»Hab meinen Spaß gehabt, Hans, soll der Fisch auch wieder seinen Spaß haben!«
So ging das mit dem nächsten und übernächsten Fisch, überhaupt mit allen Fischen, die in flotter Folge an Bills künstlichen Fliegen anbissen. Er behielt keinen zurück. Was er fing, betrachtete er kurz mit strahlenden Augen, löste dann die zappelnde Beute vom Haken und gab sie wieder frei. Gleich danach warf er mit gekonntem Schwung die Angel wieder ins strömende Gewässer.
So machen es die meisten Fischwaidmänner am Kulik, nur während der ersten Tage schleppen sie ihre Schuppentiere mit ins Camp, dann gibt sich das. Man

kann nicht Tag für Tag bergeweise Lachse, Forellen und Felchen essen. Was zuviel des Guten ist, ist zuviel! Und wie sollte man ein Faß voller Fische bis nach Hause in den Süden mitnehmen? Nur den wirklichen Rekordfisch behält man und läßt ihn präparieren, damit die Freunde daheim vor Neid erblassen.
Ein kalter Regen nieselte herab und graue Nebelschwaden zogen über die trübe Landschaft. Am sumpfigen Ufer gab es nur vergilbtes Gestrüpp und nasses Gras. Die Berge waren nicht mehr zu sehen.
Während der große Finanzier eine Forelle nach der anderen mit kunstvollen Drehungen an seiner Kurbel aus dem Flusse holte, begann ich mich zu langweilen und bekam kalte Füße. Es geschah nichts als immer nur dasselbe. Man muß schon ein leidenschaftlicher Angler sein, um daran seine helle Freude zu haben.
»Nun, mein großer Jäger, da staunst du wohl?« rief mir Bill zu. »Ist doch allemal viel besser als hinter Elchen und Bären herzulaufen, was?«
»Anders ist es schon . . .!« gab ich diplomatisch zurück.
Alle Jahre wieder kommt der große Bankier herauf in diese reizlose Einöde, Tag für Tag steht er dann hier an der gleichen Stelle im Gewässer, sowohl am Morgen als auch am Nachmittag. Jeden Fisch fängt er mit der gleichen Begeisterung, schenkt ihm einen stolzen Blick und läßt ihn wieder frei.
»Boy o boy, ist das ein herrlicher Platz«, rief er voller Glück, als wir gegen Mittag wieder in unser Boot stiegen. »Das ganze Jahr freu ich mich auf diese Zeit. Wollte mich meine Frau doch auf eine Weltreise mitschleppen, nach Tahiti und so . . . aber da ist nichts zu machen mit meiner Mutter bestem Sohn . . . My fair Lady mußte alleine losfahren. Mir graut's schon bei dem Gedanken, daß man sich da ständig fein machen muß, auf so einem Luxuskahn!«
Damit schlug er sich auf seine breiten Schenkel und begann aus vollem Halse zu singen: »Kulik, Kulik, over alles, over alles in the world.«
Am nächsten Tag nahm mich John Walatka mit, um mir den Zug der Lachse zu zeigen, die jetzt zum Laichen den Alagnakriver hinaufzogen. Der Einfachheit halber flogen wir mit seiner betagten Wassermaschine dorthin.
»Sie wissen ja wohl, wie das mit den Lachsen ist«, erklärte mir der sachkundige Verwalter des Angelparadieses, »im Quellgebiet der Flüsse kommen sie auf die Welt, ziehen dann für etwa fünf Jahre ins Meer, um erst kurz vor ihrem Tode wieder an ihren Geburtsort heimzukehren. Nichts kann sie auf diesem Weg aufhalten, keine Gegenströmung und kein Wasserfall. Unzählige Salmen gehen dabei zugrunde, aber die meisten schaffen es doch. Am Ziel eingetroffen, laichen die Weibchen und die Männchen befruchten die qualligen Eier. Danach gehen sie allesamt zugrunde. Uns scheint das grausam, aber die Schöpfung wird schon wissen, warum sie das so macht.«
Viel hatte ich schon von der Lachswanderung gehört, wußte auch, daß ihr Zug in gewissen Zeiten die Engpässe der Flüsse bis zum Rande füllt. Aber was ich nun im Alagnak zu sehen bekam, übertraf jede Erwartung. Schon als die

Schwimmer unserer kleinen Maschine an seiner Mündung niedergingen, wimmelte es dort von rotrückigen Lachsen, die sich alle in der gleichen Richtung bewegten. Wir kletterten hinaus, wateten durch die Fische, zogen das Flugmaschinchen ans Ufer und banden es am Weidengestrüpp fest.

»Hier ist ja ein richtiger Weg«, bemerkte ich voller Erstaunen, als wir einen halbmeterbreiten Trampelpfad beschritten, der sich landeinwärts am Ufer hinzog.

»Nun ja, hier wird eben nicht nur von Menschen sehr eifrig gefischt«, lachte Walatka und ging mir auf dem Weg voran.

Nach etwa einem halben Kilometer verengte sich das Flußbett, es war nur noch acht bis zehn Meter breit. Was sich in diesem Engpaß tat, ist mit Worten nicht zu beschreiben, nur ein Farbfilm könnte das wiedergeben. Das glitzernde Gestrudel vor unseren Augen bestand mehr aus Fischen als aus Wasser. Leib an Leib, so dicht beisammen wie Sardinen in der Büchse, kämpften sich die unglücklichen Lachse der reißenden Strömung entgegen. Rettungslos beherrscht vom Gesetz seiner Natur, hatte jedes Tier in dieser Masse nur den einen Willen, nur noch die eine Aufgabe im Leben, unter allen Umständen weiter und noch weiter hinauf zu gelangen. Von Ufer zu Ufer war das Gewässer angefüllt mit geschuppten Leibern. Sie drängten sich und zwängten sich, schlugen mit den Flossen und sprangen übereinander hinweg.

»Die meisten haben schon leuchtendrote Flecke . . . bei vielen sind schon die Bäuche rot . . .«, sagte John, »für Menschen nicht mehr genießbar. Sie lösen sich bei lebendigem Leibe auf.«

Scharen von großen, grauen Möwen hatten sich an beiden Ufern niedergelassen. Unter scheußlichem Gekreisch und heftigem Geflatter labten sich die fetten Vögel an toten und sterbenden Lachsen. Wer von seinen Genossen ins flache Gewässer gedrängt wurde, über den fielen die beschwingten Mörder her und hackten zuerst nach den Augen. Sie schlugen mit ihren gebogenen Schnäbeln auf Fische ein, die noch zuckten, und rissen schwimmenden Lachsen das lebende Fleisch aus dem Rücken.

Es war so grausam, daß ich schleunigst wieder fort wollte. Aber John zog mich zu einer Geröllbank und hieß mich niedersitzen.

»Warten wir etwas, es kommen sicher noch andere Gäste zu diesem Mahl.«

Wir rauchten eine Weile, und ich gewöhnte mich an das Schauspiel, das doch nicht zu ändern war und alle Jahre wieder in tausend Flüssen von Alaska und Kanada vor sich geht.

Bachstelzen eilten über die Kiesbank, ein Strandläufer ruhte sich am Ufer aus, über uns zogen die Singschwäne dahin.

John stieß mich an.

»Da kommt jemand . . .!«

Drüben auf dem Ufer stand plötzlich eine Bärin mit zwei Jungen. Sie mußten ganz plötzlich aus dem Nebel aufgetaucht sein und beachteten uns nicht.

Klatsch fuhr die Pranke der Bärin ins rote Gewühl und in hohem Bogen flog ein großer Lachs an Land. Die beiden Jungen stürzten sich darauf.
»Die Dame ist wählerisch«, lachte John, »sucht sich nur fette Brocken aus, die noch nicht so vergammelt sind.«
Schon hatte die Bärenmutter wieder einen Fisch und drehte sich brummend um, als ob sie ihre Kinder fragen wollte, wie es ihnen schmecke. Die lieben Kleinen antworteten mit lautem Geschmatze. Das freute die Mama, sie wandte sich wieder dem Fluß zu und fischte weiter.
Von hinten näherten sich andere Bären. Ein ganz fauler Kerl war darunter, der sich die Mühe ersparen wollte, seine Lachse selber zu greifen. Was die gute Mutter so schwungvoll hinter sich warf, das schnappte der ungebetene Gast den Jungen weg und fraß es selber.
»Na, wenn das mal gutgeht«, grinste John, »auf die Dauer läßt sich die Alte so was nicht gefallen.«
Inzwischen hatten die beiden Jungen vertilgt, was sie vorhin bekommen hatten, und beschwerten sich über den schamlosen Mitesser.
Die Alte drehte sich brummelig um, erblickte den Faulpelz und begriff sogleich, daß dieser es war, den sie ahnungslos so gut versorgt hatte.
Wie der Blitz fuhr sie auf ihn los und ohrfeigte den Kerl von beiden Seiten, daß es nur so rauschte. Feige wie solche Burschen meistens sind, machte der auf seiner Hinterhand kehrt und trollte sich im Laufschritt.
Die empörte Bärin sah ihm kopfschüttelnd nach. Ich glaubte fast zu hören, wie sie sagte: Unglaublich, was sich diese Lümmel heutzutage erlauben.
John Walatka stand auf, und wir wateten durch die Masse der Lachse zu unserer kleinen Maschine.
»Na, wie ist es«, fragte er mich, als wir hineingeklettert waren, »willst du es nicht doch mit der Angelei versuchen?«
»Wenn ich ein Grizzly wäre, ganz bestimmt!«
Im Camp herrschte große Begeisterung, Jonathan Finch hatte die Rekordforelle des Jahres gefangen, 18 Pfund schwer und fast 80 Zentimeter lang. Er zitterte geradezu vor Glück, und wir alle mußten seinen Fisch nachwiegen. Er meinte wohl, wir würden ihm sonst die 18 Pfund nicht glauben. Aber es stimmte tatsächlich.
Wer nicht selber Angler ist, kann das Aufheben kaum verstehen, das um so einen Fisch gemacht wird. Man weiß doch, daß die kleinen Forellen am besten schmecken. Ja, wenn der Fisch ein Gehörn oder Geweih hätte oder sonst eine edle Trophäe, die den heimischen Wänden zur stolzen Zier gereichten, das wäre etwas anderes. Ausgestopfte und glasierte Fische aber können nach meinem Geschmack kein Wohnzimmer veredeln. Angler sind jedoch anders als andere Menschen, denen gefällt das.
Der Name Jonathan Finchs wurde nun auf eine Ehrentafel gemalt, die sich neben dem Kamin befand. Darauf standen alle Rekordfische der letzten Jahre

und deren glückliche Angler verzeichnet, um sie kommenden Geschlechtern zu überliefern. Bei Jonathans stolzer Beute handelte es sich um eine sogenannte Seeforelle, bei uns wohl auch Teichforelle genannt. Die größte Bachforelle des Jahres hatte ein Gewicht von 13,5 Pfund aufzuweisen, war genau 76,3 Zentimeter lang und besaß einen Leibesumfang von 45,2 Zentimeter. Etwa die gleiche Länge hatte ein Felchen erreicht, war aber nicht gar zu dick geworden und konnte es daher nur auf 7,15 Pfund bringen. Der stärkste Lachs stand mit 10 Pfund Gewicht und einer Länge von 75 Zentimetern verzeichnet. Außerdem gab es da noch einen zwölfpfündigen »Arctic Shar«, von dem ich jedoch nicht weiß, was es ist.

Als wir an diesem Abend bei Tisch saßen, war nur von dem Rekordfisch die Rede und von der Kunst, solche Riesenkerle zu fangen. Ich konnte bei dem lebhaften Gespräch nicht so recht mitmachen. Denn natürlich wurde nur von Blinkern, Drill, Vorfach, Wobbler und ähnlichen Sachen geredet, worunter ich mir gar nichts vorstellen konnte und erst recht nicht in englischer Sprache. Hin und wieder legten die Herrschaften Messer und Gabel nieder, um die Arme weit auszubreiten. Damit deuteten sie die Länge der Fische an, die sie irgendwann einmal erbeutet hatten. Es half mir gar nichts, auch einmal die Arme auszubreiten, um damit die Auslage meines besten Hirsches anzudeuten. Niemand interessierte sich dafür, alle hatten sie Fischblut in den Adern. Sobald als möglich stand ich auf und zog mich zurück.

Draußen traf ich John Walatka, der mich zu einem Drink in seine Blockhütte bat. Seine Frau war Sudetendeutsche und wollte sich gern mit mir unterhalten. John holte eine Flasche Moosbeerenschnaps hervor, und wir saßen recht gemütlich beisammen. Verglichen mit der langjährigen Wildniserfahrung ihres Gatten war Walatkas Frau geradezu noch ein Cheechako. Sie waren erst seit vorigem Jahr verheiratet, und bis vor kurzem hatte Fanny Walatka in Anchorage gelebt. Das menschenleere Land hierherum kam ihr noch etwas unheimlich vor.

»So richtig einsam«, meinte ihr Mann, »wird das hier erst im Winter, wenn wir alle heimfliegen. Sieben Monate lang und manchmal noch länger liegt das Camp vollkommen verlassen. Erst im Juni wird der See eisfrei, und es kommt wieder Leben in die Bude.«

Ich fragte ihn, ob denn wirklich niemand als Bewachung zurückblieb. Es konnten ja doch leicht irgendwelche Leute auf den Gedanken kommen, hier zu überwintern und sich ein paar schöne Monate zu machen. Proviant in Hülle und Fülle, dazu noch ein reicher Vorrat an Alkohol waren vorhanden. Schöne Schlafsäcke standen bereit und genügend Heizöl für alle Öfen.

»Kommt gar nicht in Frage«, schüttelte John den Kopf, »niemand weiß mehr den Fußweg hierher. Da müßten so schlechte Leute schon auf Schneekufen einfliegen, aber wer in Alaska fliegt, der hat's nicht nötig einzubrechen.«

Seine Frau stand auf, um von draußen irgend etwas zu holen. John wollte mir gerade wieder eingießen, als die Tür aufflog. Mit allen Zeichen von Angst und Schrecken flüchtete Fanny Walatka an die Brust ihres Gatten.

»Da draußen . . .«, schluchzte sie, »da draußen sind fremde Kerle . . .!«

»Unsinn, Kind«, suchte sie der starke Gatte zu beruhigen, »hier gibt's keine fremden Kerle.«

»Doch, Johnny, doch . . . hab sie ja gehört und gesehen.«

Walatka schob seine Frau in einen Sessel, nahm seine Lampe vom Tisch und ging hinaus.

»Bleib bei meiner Frau«, sagte er zu mir, »muß mal sehen, was da los ist.«

Er kam schon sehr bald wieder und lachte.

»Aber Fanny, darüber brauchst du dich doch nicht aufzuregen . . . waren doch nur zwei Bären.«

Was die Forellenrekorde aus dem Kuliksee betrifft, sind mir erst im Jahre danach berechtigte Zweifel gekommen. Da waren wir am Taupo-See in Neuseeland, wo die Sportangler Forellen von zwanzig Pfund noch gar nicht für ganz besonders halten. Wir sahen selbst, wie eine eben gefangene Seeforelle beim Abwiegen 24 Pfund erreichte. Noch unglaublicher klingt, entspricht aber der vollen Wahrheit, daß während meines Aufenthalts in Yellowknife am Großen Sklavensee in den kanadischen Nordwest-Territorien eine Seeforelle von 72 Pfund gefangen wurde, von der ich ein Foto besitze. Der absolute Rekord mit sage und schreibe 118 Pfund soll aus dem Athabasca-See stammen, doch weiß ich weder das Jahr noch die näheren Umstände. Was aber den Kuliksee besonders auszeichnet, ist sein geradezu unglaublicher Reichtum an Forellen, und zwar aller in Alaska vorkommender Arten.

Familie der Luchu-Indianer aus dem Quellgebiet des Yukon-Stromes.

Die wilden Büffel von Alaska

Na, wie steht's mit den Karibu«, fragte ich Jimmy, kaum daß ich wieder durch seine Tür trat, »und was machen die Elche?«
Er ließ die Zeitung sinken, hinter deren breiten Blättern es sich so wohltuend schlief, und rieb die müden Augen.
»Welche Unruhe herrscht doch in der Welt«, meinte der gute Geist und schob seine neuesten Nachrichten mit besorgtem Gesicht beiseite.
»Will's gar nicht wissen, Jimmy, mir ist mehr nach wilden Tieren zumute. Wie steht's mit ihnen?«
Mein Freund war nun wach geworden und dachte scharf nach.
»Schlechte Aussichten, Hans, weiß gar nicht, was mit den Viechern los ist. Die Karibu sind noch immer nicht auf Wanderschaft. Hab gestern mit Henry am Denali-Highway telefoniert. Aber keine Herde in Sicht. Sind bald drei Wochen später dran als sonst ... das läßt auf einen milden Winter schließen.«
»Und was sagt Jack Rover von den Elchen?« forschte ich weiter.
»Nicht viel Gutes, die meisten sind immer noch im Bast. Er begreift das auch nicht.«
Da war ich sehr niedergeschlagen und sagte es auch.
Jimmy ging schleppenden Schrittes zur Hausbar und mixte uns zwei Gläser mit viel Eis und wenig Whisky.
»Könnten vielleicht einen Bison schießen«, sagte er dann.
»Einen was ...?«
»Einen Bison«, wiederholte er, »so nennen wir hier die Wildbüffel, hast doch sicher schon davon gehört?«
Natürlich hatte ich und wußte auch, daß sie streng geschützt waren.
»Du hast ja einen rauhen Humor, Jimmy, willst mich wohl ins Zuchthaus bringen?«

Etwa 60jährige Eskimofrau von der Pelly Bucht am Eismeer. Ihr Gesicht zeigt noch Spuren von Tätowierung und sie benutzt fürs Zerschneiden ihres Räucherlachses das »Uluk« genannte spezielle Eskimomesser der alten Zeit.

»Nicht unbedingt«, lachte er, »denn ich müßte ja mit und bekäme noch ein paar Jahre mehr, weil ich ja doppelt vereidigt bin. Aber Spaß beiseite, die Sache läßt sich ganz legal machen. Hab' das schon organisiert . . . muß nur noch mal Tom anrufen, der kommt dann gleich 'rüber und erklärt's dir selber.«
»Jimmy, offen gestanden hab ich keine große Neigung, mich an der Ausrottung einer gefährdeten Wildart zu beteiligen.«
»Gefährdete Wildart!« rief er und schien empört, »wer hat dir denn so 'n Quatsch erzählt? Laß das bloß nicht die Farmer vom Tanana hören, die würden dich ohne weiteres lynchen. Und erst der Oberst von Fort Greely . . . aber das kann Tom dir mitteilen. Der weiß über alles Bescheid.«
Er nahm den Hörer ab und wählte dessen Nummer.
Zehn Minuten später war Tom Whartley da, ein junger Mann mit grauem Haar im Bürstenschnitt und muskulös gebaut. Man sah ihm an, daß er ein großer Sportsmann sein mußte. Toms Gesicht war tief gebräunt, und er bewegte sich wie ein Mensch, der nicht gern in engen Räumen lebt.
»Hey, Tom, das ist Hans.«
»Hey, Hans, wie geht's?«
Wir schüttelten uns die Hände.
Erst viel später hörte ich, daß Mr. Whartley ein Pilot von hohen Graden war, der zum staatlichen Flugsicherheitsdienst gehört. Aber nicht auf der festen Erde in einem Büro waltete er seines Amtes, sondern in der Luft über Alaska. Tom war fast jeden Tag unterwegs, kannte das weite Land wie sein Schnupftuch und hatte von Berufs wegen die Brauchbarkeit der kleinen und kleinsten Flugplätze zu prüfen.
»Jimmy sagt mir, du hättest vielleicht Lust, auf 'ne Bisonjagd mitzukommen?«
»Höre zum erstenmal davon, kann aber gar nicht glauben, daß es so was gibt. Ist doch streng verboten . . .!«
»Im allgemeinen schon«, gab er zu, »aber hier haben wir mal 'ne Ausnahme.«
Um zu erklären, wie es zu dieser Ausnahme kam und wie es überhaupt mit den heutigen Wildbüffeln in Nordamerika steht, darf ich weiter ausholen.
Es war einmal vor langer Zeit, da lebten auf den Prärien Nordamerikas unzählige Herden von unzähligen Bisons. Wie viele es gewesen sind, das weiß niemand mehr zu sagen. Man kann nur ganz von ungefähr schätzen, daß es vielleicht fünfzig Millionen gewesen sind. Diese Zahl erscheint unglaublich, doch war damals das gesamte, unendlich weite Grasland des Westens von riesigen Bisonherden bevölkert. Einige Indianerstämme, wie etwa die Sioux, lebten nur von ihnen. Sie ernährten sich nicht bloß vom Fleisch der Tiere, auch ihre Kleider waren aus gegerbter Büffelhaut gearbeitet, ihre Zelte waren mit Bisonleder bespannt und alle ihre Gerätschaften, ja sogar ihre Waffen, aus den Knochen und Sehnen dieser Tiere hergestellt. Ebenso wie es im frühen Europa eine Steinzeit und Bronzezeit gab, herrschte damals in den Prärien Nordamerikas

eine Bisonzeit. Sie ging erst in der zweiten Hälfte des vorigen Jahrhunderts zu Ende.
Weil die Indianer fast alles verwenden konnten, was ihnen der Bison lieferte, genügten schon wenige Tiere, um den Bedarf eines Stammes zu decken. Auch waren die ursprünglichen Waffen der roten Völker viel zu primitiv, als daß ihre Büffeljagd den Bestand der großen Herden gefährden konnte.
Als der weiße Mann in die Neue Welt kam und Pferde nach Amerika brachte, stellten sich auch die Indianer des Graslandes allmählich um. Sie machten sich beritten und verfolgten das Großwild ihrer Heimat zu Pferde. Sie begannen, mit Bisonleder und gedörrtem Bisonfleisch zu handeln, erwarben Feuerwaffen und übten die Jagd in größerem Stile aus. Trotzdem schien die Menge der Büffel nach wie vor unerschöpflich zu sein.
Bis die Weißen selber immer tiefer in die Prärie vordrangen, bis Eisenbahnen durch das Grasland gebaut wurden und Städte im Land der Indianer entstanden. Damit waren es nun die schießwütigen Blaßgesichter, die sich der Bisons in der übelsten Weise annahmen. Es begann ein Raubbau an jenen Tieren, wie ihn die Welt noch nicht gesehen hatte, obwohl sie doch in dieser Hinsicht einiges gewohnt ist. Die Unmengen des erbeuteten Wildbrets konnte man gar nicht mehr verzehren, man zog den erlegten Tieren lediglich die Haut ab, um sie zu Markte zu tragen. Auch das war bald nicht mehr nötig, denn die Aufkäufer erschienen zu Scharen auf den Prärien und schafften die Häute auf Ochsenkarren zur nächsten Bahnstation. Als das massenweise Angebot die sinkende Nachfrage erdrückte, schnitt man den gemordeten Tieren nur noch die schmackhafte Zunge aus dem Maul, und zu guter Letzt betrieb man die Büffeljagd überhaupt nur als mörderischen Sport und gräßlichen Zeitvertreib.
Damit nicht genug, kamen alsbald noch die Farmer, die hier im weiten Grasland den idealen Boden für den Anbau von Getreide fanden. Also wurden die Herden weiter ausgerottet, man nahm ihnen das Land, auf dem sie seit Jahrmillionen gelebt hatten. Wo immer man einen Büffel sah, schoß man ihn nieder, zum Schutze der neuen Felder! Im Verlauf von nur dreißig Jahren wurden die riesigen Herden nahezu völlig vernichtet, die Prärie verwandelte sich in Getreidefelder. Heute bezieht ganz Amerika und dazu ein großer Teil der übrigen Welt sein Brotgetreide von jenen weiten Flächen, über die einst das Riesenheer der Bisons gezogen ist.
Um die Jahrhundertwende schien das Schicksal des amerikanischen Wildbüffels besiegelt, von der unerschöpflichen Menge früherer Zeiten waren nur noch wenige hundert versprengte Tiere vorhanden. Aber wie das oft in solchen Fällen ist, kam der Versuch zu ihrer Rettung gerade noch in letzter Stunde. Tierfreunde und Naturschützer empörten sich, die Behörden wurden ihrer Sorglosigkeit wegen mit Vorwürfen überhäuft und damit endlich zum Eingreifen veranlaßt. Ist es erst einmal soweit, dann geht man in Amerika auch gleich großzügig zu Werke. Die letzten Überlebenden wurden eingefangen und aus

ihrer alten Heimat, wo sie nicht mehr grasen durften, in ein streng geschütztes Bisonreservat des Staates Montana gebracht.
Dies gute Beispiel rief auch die Kanadier auf den Plan, deren Bisonherden gleichfalls vor der Ausrottung standen. Übriggeblieben waren hier noch geringe Reste des sogenannten »Waldbüffels«, der sich in das menschenleere Nordwestterritorium zurückgezogen hatte. Diese Tiere konnte man in ihrem eigenen Gebiet unter Schutz stellen, wo sie alsbald darangingen, sich wieder zu einem ansehnlichen Bestand zu vermehren. Im Wood-Buffalo-Park am Peaceriver – südlich des Großen Sklavensees – zählt man jetzt 30000, wenn nicht sogar 40000. Letzthin wird sogar von »Überpopulation« gesprochen, und Leute vom Game Department mußten einige tausend Tiere abschießen. Also ähnliche Verhältnisse wie in einigen der überhegten afrikanischen Nationalparks. Auch die Herden im Bisonreservat von Montana nahmen im Laufe der Jahre erheblich zu und haben nun einen Bestand von mehr als 12000 Stück erreicht. Neuerdings sind auch einige Privatleute dazu übergegangen, sich kleinere Bisonherden als Haustiere zu halten. Sie gelten als Attraktion für Touristen und beleben den Fremdenverkehr.
Im Jahre 1928 kam der umsichtige und rührige Wildschutzdienst von Alaska auf den guten Gedanken, Wildbüffel in den äußersten Norden von Amerika einzuführen. Man hatte am Bigdelta-Fluß eine Landschaft entdeckt, die allem Anschein nach dem Bison alles bieten konnte, was er brauchte. Sechs junge Bullen und siebzehn Kühe wurden im Büffelreservat von Montana eingefangen und traten alsdann auf der Bahn, zu Schiff und schließlich auf Lastautos ihre weite Reise nach dem Inneren Alaskas an. Alle Tiere überstanden wohlbehalten den Transport und wurden am 3. Juni 1928 zwischen dem Bigdelta und Tananariver in Freiheit entlassen.
Sie hatten es zu Anfang in ihrer neuen, allzu unwirtlichen Heimat nicht gerade leicht. Strenge Winter und eisige Stürme, Bären, Wölfe und indianische Wilderer machten ihnen das Leben schwer. Die Verluste waren anfangs so hoch, daß man am Erfolg des Experiments zweifelte. Aber dann gewöhnten sich die mächtigen Tiere eben doch an ihren neuen Lebensstil und lernten auch, ihre Jungen gegen Bär und Wolf zu verteidigen. Der Wildschutz sorgte dafür, daß die »neuen Tiere« von den Eingeborenen Ruhe hatten. Nach drei Jahren wurden neunundzwanzig Bisons gezählt, nach zehn Jahren waren es schon hundertfünfzig, nach zwanzig Jahren schätzte man den Bestand auf dreihundert Tiere, und jetzt sollen es etwa siebenhundert Büffel sein, die allein am Bigdelta leben.
Soweit konnte alles gut sein. Aber leider stellte sich bald heraus, daß sich jene Gegend nicht nur zur Besiedlung mit Bisons eignete, sondern auch für Menschen. Ausgerechnet dort, wo sich die Büffelherden so gut eingebürgert hatten, liegt eines jener alaskanischen Gebiete, das sich landwirtschaftlich nutzen läßt. Und ausgerechnet hier fand das Militär geeignetes Gelände für einen riesigen

Truppenübungsplatz. So entstanden Straßen, Flugplätze, Ortschaften und militärische Einrichtungen, darunter auch das weitläufig angelegte »Fort Greely«.
Abermals störten die Bisons das Bestreben der Menschen, sich auszubreiten. Im Jahre 1950 machte man die ersten, schüchternen Versuche, Teile der Herde in andere Gebiete zu verlegen. Es wurden siebzehn Tiere eingefangen und an den Oberlauf des Kupferflusses gebracht, im folgenden Jahre schaffte man eine kleinere Zuchtgruppe an den Braeburnsee im Yukongebiet. Beide Gruppen haben sich dort auf ungefähr hundertfünfzig Köpfe vermehrt. Andere Büffel entschlossen sich selber zur Auswanderung und streifen nun in kleinen Herden kreuz und quer durch das mittlere Alaska. Im Laufe der Zeit werden sie dieses große, in seiner Weite und Tiefe nahezu völlig menschenleere Land mit ihren Nachkommen besiedeln. Sie haben sich nun an das Klima gewöhnt, es steht ihrer Ausbreitung nichts mehr im Wege.
Inzwischen haben sich die Bisons gut vermehrt, doch möchte der Wildlife Service nach Möglichkeit vermeiden, daß es in den Gebieten ihres derzeitigen Vorkommens zu viele werden. Aus Gründen, die mir niemand erklären konnte, bleiben die Bisons auch bei bedeutender Vermehrung im Umkreis der Region, wo man sie ausgesetzt hat, oder in jener Gegend, wo sie aus eigenem Antrieb hingezogen sind. Es kann wohl nur ein Bison selbst begreifen, warum es ihm gerade dort besser gefällt als irgendwo anders.
Man konnte sich also nicht auf die eigenständige Verbreitung der Bisons verlassen, sondern hat während der letzten Jahre drei neue Gruppen in weit voneinander entfernten Gebieten ausgesetzt. Das war bei Copper Central am Copper River, bei Farewell nördlich der Alaska Range und bei McGraw am Kuskokwin River. Es sind ja heutigentags Transplantationen sehr viel einfacher als früher, da man mit einem großen Helikopter gleich zwölf Bisons in ihren neuen Lebensraum befördern kann.
Grundsätzlich ist die Bejagung der Bisons strengstens verboten. Um jedoch die Herden am Bigdelta nicht zu sehr anwachsen zu lassen, wurde es einzelnen, persönlich ausgewählten Jägern in den Jahren 1951 bis 1952 gestattet, insgesamt fünfundsiebzig Bisonbullen zu erlegen. Hierbei wurde jeder Büffeljäger von Beamten des Wildschutzes begleitet, die von Fall zu Fall bestimmten, welcher Bison geschossen werden durfte. Es fehlte nicht an Kandidaten, die sich um eine solche Jagdgenehmigung bemühten, sind doch diese Tiere eine recht wertvolle Beute. Ein ausgewachsener Bulle erreicht das Gewicht von fünfzehnhundert Pfund und noch mehr, hiervon sind über die Hälfte als Wildbret für die Küche geeignet.
In den fünfziger Jahren wurde die Jagderlaubnis vorzugsweise an Indianer vergeben, weil man meinte, die ursprünglichen Herren des Landes hätten das erste Anrecht darauf, da sie ja früher fast nur von der Jagd gelebt hatten. Wohlgemerkt war aber auch für die Ureinwohner Alaskas der Bison ein unbekanntes

Tier. Es hatte diese Wildbüffel niemals früher, jedenfalls nicht zu geschichtlicher Zeit in Alaska gegeben. Warum nicht, das ist eine offene Frage, denn offensichtlich können sie ja in dem Land recht gut leben.

Wie gesagt existierten, dank der Transplantation des Game Department, zunächst nur die Wildbüffel bei Fort Greely, wo sich die Bisons ihrer Zudringlichkeit wegen als recht lästig erwiesen. Hatte man gehofft, daß sie auf Grund der Bejagung in eine ruhigere Gegend abziehen würden, war das eine Täuschung. Einige Wochen nach dem letzten Schuß kehrten die Herden wieder zurück. Sie hatten sich inzwischen daran gewöhnt, von dem reifen Getreide zu naschen und die Gemüsegärten der Siedler heimzusuchen. Auf ihren Streifzügen durchbrachen sie die Zäune des Truppenübungsplatzes und stellten sich auch den Fahrzeugen in den Weg. Bald hatten sie herausgefunden, daß die Startbahnen der militärischen Flugplätze bestens geeignet waren, um sich darauf niederzulassen. Speichert sich doch im Zementboden die Wärme eines schönen Sonnentages noch lange bis in die kühle Nacht hinein. Die Büffel betrachteten daher die langen Startbahnen als eine Art von Wärmestuben und lagen des Nachts scharenweise darauf herum. Man kann sich leicht vorstellen, was in den Berichten stand, die der Flugplatzkommandant über die ungebetenen Gäste an seine vorgesetzte Stelle sandte.

Es ging nicht anders, nach einer Pause von acht Jahren mußte die weiter angewachsene Herde aufs neue bejagt werden. Diesmal waren gleich fünfzig Tiere freigegeben worden, ältere Bullen wie auch Bisonkühe, die von keinem Jungen begleitet waren. Weil man nun den Jägern freie Hand ließ und sie ohne Begleitung eines Wildschutzbeamten zur Büffelpirsch aufbrechen durften, sollte das eine »richtige« Bisonjagd sein, die erste legale Büffeljagd in ganz Nordamerika nach über sechzig Jahren!

Der eigentliche Zweck des Unternehmens war nicht so sehr, die Zahl der Büffel zu beschränken, was sich durch die natürliche Vermehrung schon nach einem Jahre wieder ausglich, vielmehr wollte man damit einen neuen, diesmal gründlicheren Versuch machen, die Büffel fluchtartig aus der Gegend am Bigdelta zu verdrängen. Daher wurde die Jagdperiode über einen längeren Zeitraum ausgedehnt.

Weil der Wildschutz keinesfalls wünschte, aus dieser Jagd ein Geschäft zu machen, wurden die Abschußgenehmigungen nicht verkauft, sondern *verlost.* Nur einheimische Jäger durften sich melden. Und es meldeten sich über dreitausend Alaskaner, in erster Linie wieder Indianer aus der weiteren Umgebung. Fast keinem dieser Leute ging es dabei um die seltene Trophäe eines Bisonhauptes. Auf die halbe Tonne Wildbret kam es an, auf die Erbeutung einer Fleischmenge, die ein ganzes Jahr lang für die Versorgung einer Familie ausreichen würde. Eiskalt ausgedrückt, stellte der erlegte Bison einen Wert von fünf- bis siebenhundert Dollar dar.

Kein Wunder also, daß sich so viele Menschen um eine Bisonjagd bewarben.

Dreitausend Bewerber für nur fünfzig Abschüsse, die Chancen standen 60:1. Niemand hatte sich da viel Hoffnung gemacht, aber Tom Whartley gehörte zu jenen, die ein großes Bisonlos zogen.
»Die Hörner zu behalten hat nur Zweck, wenn man das ganze Haupt mitsamt der Schulter ausstopfen läßt«, meinte Tom, und ich konnte ihm nur beipflichten.
Das Bisongehörn ist verhältnismäßig klein, aber was schlimmer ist, man kann es leicht mit den Hörnern von ganz gewöhnlichem Rindvieh verwechseln. Wenn auch keine Rinderrasse ganz genau den gleichen Kopfschmuck trägt wie der Wildbüffel, wer kennt sich schon in diesen feinen Unterschieden aus? Imponieren kann ein Bisonjäger den Leuten nur dann, wenn er das mächtige, von dunkler Wolle bedeckte Haupt mitsamt dem Kinnbart und den Schultern ausstopfen läßt. Nur so macht es jenen großartigen Eindruck, den das edle Wild verdient. In Anchorage gibt es ein privates Wildlifemuseum, das sich die berühmte Ausstopferfirma »Jonas Brothers« sehr wirksam für ihre Kundschaft eingerichtet hat. Dort hatte ich zwei solcher Bisonhäupter bestaunt.
»Nur ragt das Ding fast anderthalb Meter weit ins Zimmer«, stellte Tom Whartley fest, »und das ist meiner Frau zuviel. Kannst es also haben, wenn du mitkommst oder . . . bist du auch verheiratet?«
Ich mußte es zugeben. Außerdem hatte mir Marianne beim Abschied noch das Versprechen abgepreßt, nur »kleine Trophäen« mitzubringen. Weil doch bei uns zu Hause schon alles voll ist, sogar von der Decke blicken ausgestopfte Adler und Geier herab. Doch konnte sie das kaum so ernst gemeint haben, schließlich ist sie ja des »Waidmanns Weib« und hat ihren Lesern versichert, daß sie lieber unter meiner Trophäensammlung lebt als ohne mich.*
»Meine Frau hätte schon Verständnis«, sagte ich daher. »Aber ich kann ihr doch kein Bisonhaupt über den Frisiertisch hängen, das ein anderer erbeutet hat. Unsereins schmückt sein Heim nicht mit fremden Federn.«
Tom Whartley zuckte mit den Schultern.
»Ist mir doch gleich, wer von uns beiden schießt. Hauptsache ist mir die Bisonpirsch an sich und meiner Frau das Wildbret in der Kühltruhe. Werde noch mit dem Wildschutz reden, damit alles seine Ordnung hat.«
Damit waren wir uns einig und beschlossen, morgen früh loszufahren.
So schnell ging das nicht, wir brachen erst am übernächsten Mittag auf. Jimmy wollte natürlich mit (30 damalige Dollar pro Tag ließ man nicht leichten Herzens fahren) und hatte noch vieles vorzubereiten. Doch trug ich das mit größter Gelassenheit, denn schließlich hatte Tom Whartley nur durch Jimmy von mir erfahren, nur Jimmys jägerischer Instinkt hatte diese Fährte gewittert und gleich angenommen.

* Marianne Mertens (Mädchenname): »Des Waidmanns Weib«
Bayrischer Landwirtschaftsverlag, München.

Wieder war unser Wagen bis zum Dach mit Ausrüstung und Proviant vollgestopft, auch im Kofferraum war jedes Plätzchen ausgenutzt. Wir konnten ihn nur mit Hilfe einiger Stricke schließen. Sicher hätten wir mit all diesen Vorräten, Zelten, Öfchen und Pfannen ein halbes Jahr in der Wildnis hausen können.
Bis zur Kreuzung von Gulkana folgten wir der gleichen Straße wie damals auf der Fahrt zum weißen Widder. Dann blieben wir jedoch auf dem Alcan-Highway, der uns bis ans Ziel der Reise bringen würde, nämlich zur Ortschaft *Delta-Junction.*
Es war schon dunkel, als wir Gulkana erreichten, und Jimmy erklärte, daß wir hier übernachten wollten. (Er *wollte* . . . ich nicht!) Nach einem guten Abendessen, versteht sich. Wie gerne hätte ich statt dessen im Windschutz alter Tannen am Ufer des Kupferflusses geschlafen. Allenthalben bot uns Alaskas herrliche Landschaft die schönsten Zeltplätze, mit trockenem Brennholz und frischem Wasser. Ein jeder Campingfreund hätte noch jahrelang von solchen idyllischen Plätzchen geträumt. Wir hatten doch wirklich alles bei uns, was zu einem Lager im Wald gebraucht wurde. Aber die Alaskaner sind mal so, die Bratpfanne am Lagerfeuer und das Nachtlager im Freien gelten als Notlösung, wenn es weit und breit keine andere Möglichkeit gibt. Die gleiche Erfahrung mit »weißen Waldläufern« habe ich eben in Nordwestkanada und Labrador gemacht. Sogar junge Beamte des Wildschutzes hatten geradezu ein Grauen vor dem Übernachten in freier Wildnis, sogar von einem Mittagsmahl an prasselndem Lagerfeuer wollten sie nichts wissen. Eine Tafel Schokolade aus der Tasche zu ziehen, war doch viel besser und bequemer.*
Also nahmen wir im Roadhouse an einem gedeckten Tisch Platz, ließen uns bedienen und stiegen danach in die gemachten Betten.
Am nächsten Morgen führte uns die schmale Straße auf vielen Kurven zwischen Gletscherbergen hindurch, die gar herrlich in der Sonne funkelten. Dort, wo das wandernde Eis bis fast zur Straße reichte, lag am Rande eines dunklen Tannenwaldes das älteste und schönste Roadhouse von ganz Alaska. Ich glaube, es hieß »Donnelly«, aber ganz bestimmt weiß ich das nicht mehr. Es war so niedrig, daß man von draußen aufs Dach sehen konnte, auf dem Gras wuchs und Blumen blühten. Die langen, großen Baumstämme, aus denen das Haus schlicht, aber haltbar gefügt war, verschwanden fast unter dem üppigen Geranke von dornigen Heckenrosen. Hinter den kleinen, tiefen Fenstern standen so viele Blumen, daß man weder hinein- noch hinaussehen konnte. Als wir durch die niedere Tür traten, mußten wir erst drei Stufen hinabsteigen, denn im Laufe der Zeit war das Roadhouse langsam, aber unaufhaltsam in den Boden gesunken.

* Sie lesen darüber Näheres in meinen Büchern »Rauhes wildes Land« und »Zauber des Nordlichts«, Bertelsmann Verlag, München.

Natürlich kannte Jimmy die Leute, und wir bekamen sofort unseren Kaffee gereicht.
»Sie können sich ruhig umschauen«, sagte mir die alte Frau, »es ist noch alles so wie vor fünfundsechzig Jahren, als mein Vater das Haus mit seinem Vater gebaut hat. Ich will kein modernes Zeug drin haben.«
Der rissige Fußboden des um 1898 gebauten Blockhauses war mit abgetretenen Fellen bedeckt, im Kamin aus Findlingsblöcken brannte loderndes Feuer. An den Wänden hingen ausgestopfte Vögel, vergilbte Fotografien und verbrauchte Schneereifen. Es gab nur wenige Stühle, man pflegte auf breiten Holzbänken an der Wand entlang zu sitzen. Die sechs Tische waren fest mit dem Boden verankert. Anheimelnde Kerzen standen darauf, bunte Petroleumlampen hingen an der Wand.
»Es ist das letzte von den alten Rasthäusern«, erklärte mir die weißhaarige Wirtin, »stammt noch aus der Zeit vor dem großen Goldrausch. Heute kann sich keiner mehr daran erinnern.«
Ja, man hat sogar Mühe, Bücher darüber zu finden. Damals gab es im Hinterland außer Indianern nur eine Handvoll weißer Pelzjäger und vereinzelte Händler. Für sie war das alte Roadhouse gebaut worden. Es lag am einzigen Trail, der über Stock und Stein zwölfhundert Kilometer weit von der Küste zum Yukon führte, am selben Trail, dem heute so ungefähr der Alcan-Highway folgt. Hier mußten die Trapper und Indianerhändler den Bigdelta überqueren. Wenn der im Frühjahr gerade aufgebrochen war und mit lautem Getöse seine Eisschollen herumwarf, dann mußten die Reisenden lange warten. Auch nach heftigen Regenfällen war der reißende Fluß auf Tage und Wochen nicht passierbar. Aber damals hatten die Leute noch Zeit und vergingen nicht vor Ungeduld, sie blieben halt im Roadhouse und genossen dessen Behaglichkeit, bis es wieder weiterging.
Die Leute schliefen auf den Bänken und vertrieben sich die Zeit mit Würfelspiel und Trunkenheit. Das Roadhouse war damals Poststation und Kramladen, Hospital und Handelsplatz zugleich. Die Indianer der Nachbarschaft kamen zum Tauschhandel her und die einsamen Trapper, um mal was Neues von der Welt zu hören. Das altersgraue Gebäude war Mittelpunkt der gesamten Zivilisation in einem Gebiet gewesen, dessen Grenzen heute niemand mehr kennt.
Eine Woche lang hätte ich gerne in dieser Zeit gelebt. Draußen kläfften die Schlittenhunde, sobald im stiebenden Schnee ein neues Gespann aus dem Norden kam. Wenn der Gast eintrat und sich aus seinen Pelzen schälte, gab es jedesmal ein großes Hallo. Was er zu berichten hatte, wollten alle Gäste hören. Denn Nachrichten erfuhr man nur von Mund zu Mund. Wie war das Trapping gewesen, wie viele Zobel, Otter, Biber, Füchse und Wölfe hatte er auf seinem Schlitten? Wie war er mit den Indianern ausgekommen, wen hatte er unterwegs getroffen?

Die Luft war zum Schneiden dick, denn jeder qualmte mit Hochgenuß. Saß man doch hier an einer der wenigen Tabakquellen im Lande. Im Kamin flakkerten die Scheite. Ein Indianerbub schleppte andauernd neues Holz herbei. Steaks von Elch und Karibu dampften auf den Tischen, die Gläser klirrten. In der einen Ecke feilschten Händler um edles Pelzwerk, in der anderen machten sie einen Indianer betrunken, der eine Probe von Goldsand bei sich hatte. An der breiten Theke wurde Munition und Salz gegen Biberfelle getauscht. Irgend jemand versuchte bei all dem Lärm mit ungelenker Hand einen Brief zu schreiben. Bis der in San Franzisko oder gar in Boston anlangte, konnte gut und gerne ein halbes Jahr vergehen.

Verschwunden die Romantik des hohen Nordens, verklungen das Heulen der Schlittenhunde, das Geklingel der Schellen. Statt dessen stinkende, rasselnde Motorschlitten und Snackbars mit kreischenden Musikautomaten.

»Dies Harmonium«, zeigte die Wirtin auf ein kleines, abgestoßenes Instrument, »hat mein Vater mit seinem Hundeschlitten von Valdez heraufgebracht. Manchmal kam nämlich ein Missionar hier durch, und dann hielten wir Gottesdienst. Wer da nur ein schiefes Gesicht zog, den schlug mein Vater kurzerhand zusammen. Es mußte ja ordentlich zugehen bei so einer Feier.«

In einem Glasschrank lagen alte indianische Steinbeile und sonstiges Gerät. Dazwischen ein Menschenschädel.

»Der da mit dem Loch in der Stirn«, erklärte die betagte Wirtin, »war ein Indianer namens ›Tropfendes Blatt‹. Am Gerstleriver hat er zwei Trapper erschossen und ihnen die Felle gestohlen. Lange haben sie ihn gejagt und nie bekommen, bis er dachte, es sei alles vergessen. Als er dann eines Tages mit unschuldigem Gesicht hier mit seinen Pelzen hereinkam, hat ihn Dawson Billy wiedererkannt und gleich erschossen. Er stand gerade hier, wo Sie jetzt stehen, und ist mit dem Gesicht auf den Boden gefallen. Ich war noch zu klein, als das passierte, und kann mich nicht erinnern. Aber mein Vater hat's mir oft erzählt.«

Wirklich ein interessantes Haus und voll altalaskanischer Erinnerungen.

»Macht mir Sorgen, ob's die neuen Besitzer auch so gut halten. Ich hab nämlich verkauft und zieh für meine alten Tage nach Anchorage.«

Das war in der Tat bedauerlich. Denn mit ihrem bald siebzigjährigen Familienbesitz verkörperte die gute Frau schon eine uralte Tradition in Alaska. Wenn sie jetzt fortging, so war das nach alaskanischen Begriffen ungefähr das gleiche, als hätten die letzten Karolinger die Stammburg Karls des Großen verlassen, um nach Florida auszuwandern. Wir sprachen noch eine Weile über die alten Zeiten, nahmen dann Abschied und rollten weiter.

Nur noch zwanzig Kilometer waren wir von Delta-Junction entfernt, wo wir im »Golden Nugget« unseren Freund Tom treffen sollten, als wir rechts der Straße eine riesige, schneeweiße Kugel erblickten, die auf einem viereckigen Zementblock lag.

»Eine Radarstation der DEW-Linie«, sagte mir Jimmy, »ihr drehbarer Schirm steckt unter der runden Plastikhülle, zum Schutz vor Wind und Sturm.«
Die Abkürzung DEW steht für »Distant-Early-Warning-System«, auf deutsch also »Fern- und Frühwarnsystem«. Hierunter ist jener Sicherheitsgürtel der amerikanischen Luftwaffe zu verstehen, der sich doppelt und dreifach gestaffelt durch ganz Alaska und Kanada bis nach Neufundland hin durch die nordische Wildnis von Amerika zieht. Die einzelnen Stationen liegen etwa zwei- bis dreihundert Kilometer auseinander und können mit ihren Radarschirmen schon aus sehr weiter Entfernung jedes Flugzeug erkennen, das sich dem Kontinent mit feindlichen Absichten nähert. Ein besonderes Sprechfunksystem, ›White Alice‹ genannt, das praktisch unzerstörbar ist und vom Feind nicht abgehört werden kann, soll in der Lage sein, jede Meldung einer DEW-Station sekundenschnell ins unterirdische Hauptquartier nach Colorado zu senden. Kommt es zum Schlimmsten des Schlimmen, erfolgt daraufhin jener Griff zum »Roten Telefon«, vor dem wir alle zittern. Aber DEW ist nicht mehr das einzige Warnsystem, es wurde durch andere, noch wirksamere ergänzt, die noch viel weiter aufklären und schneller reagieren.
Hier lag nun eine der berühmten weißen Kugeln des DEW-Systems. Von außen nicht sichtbar, drehte sich drinnen Tag und Nacht der Radarschirm und belauerte mißtrauisch den weiten Himmel. Tag und Nacht saßen darunter in dem Bunker aus Zement ein paar ausgesucht tüchtige Leute, die unentwegt auf die Glasplatte starrten. Sie konnten darauf jede Maschine sehen, die sich Alaska näherte, sogar ihre Größe, Geschwindigkeit und Flugrichtung ausmachen. Wahrlich, die Amerikaner haben ihre Hintertür gut im Auge und lassen sich das eine Menge kosten!
Jimmy packte mich am Arm.
»Hans, ich seh was . . . hol dein Glas raus!«
Es handelte sich um eine Reihe von dunklen Punkten, die von Norden her über die Steppe zogen und sich der weißen Kugel bedrohlich näherten. Unwillkürlich mußte ich an Indianer denken, die sich in Felle gehüllt hatten, um die Radarstation zu überfallen.
Es waren aber keine Rothäute aus dem vorigen Jahrhundert, sondern wilde Büffel aus dem heutigen. Ganz gemächlich zogen sie durch die Landschaft, ein Tier hinter dem anderen, an ihrer Spitze ein besonders mächtiger Bulle.
»Die ziehen weg von Delta-Junction«, mutmaßte Jimmy, »weil sie dort beschossen werden. Hoffentlich kommen wir nicht zu spät!«
Als wir schließlich weiterfuhren, zeigte sich, daß die Herde gar kein Ende nahm. Unsere Straße näherte sich ihrer Marschrichtung, zuletzt kamen wir bis auf etwa hundert Meter an sie heran.
Wir hielten, holten unsere Kameras hervor und pirschten uns noch dichter an sie heran. Hohes Gras und ein paar Hügelchen boten gute Deckung. Zuletzt waren wir nur dreißig Meter von den großen Tieren entfernt.

»Paß auf, Hans, geh nicht weiter!« warnte der besorgte Jim. »Wenn die Bullen von dir Wind bekommen, nehmen sie uns an.«
Es machte aber nicht den Eindruck. Die Herde zog so ruhig und regelmäßig nach Süden, als sei das einzelne Tier nur ein Automat, das dem Leitbullen ohne eigenen Willen folgte. Sie sahen uns nicht, weil sie uns nicht sehen wollten.
Haupt und Schultern waren mit tiefbraunem, zottigem Wollpelz bedeckt, der Rest des massigen Körpers fast ungeschützt. Die Bullen trugen Kinnbärte, die ihnen bis zur Mitte der Brust herabhingen. Ihre spitzen, scharfgewinkelten Hörner waren in all der Wolle auf den gesenkten Häuptern kaum zu sehen. Auch die schwarzen Augen mußte man erst suchen. Sie lagen viel tiefer, als man vermutet hätte, und schienen vor sich auf den Boden zu blicken.
Die Jungtiere hielten sich dicht bei den Kühen, manchen von ihnen wedelte die mütterliche Schwanzquaste ins Gesicht.
Jimmy verlor auch hier nichts von seiner Ruhe. Gemächlich stellte er sein Stativ hin, setzte ohne Hast seine Filmkamera darauf und schraubte mit Bedacht das Teleobjektiv vor die Linse. Obwohl mich seine Manipulationen gar nichts angingen, machte mich seine Langsamkeit schrecklich nervös.
Wie nun alles zur Aufnahme fertig war, holte er noch einen Lederlappen hervor und ging erst mal daran, seine Apparatur sorgfältig abzuwischen. Als seine Kamera endlich surrte, hatte ich schon zwei Rolleifilme verknipst. Und doch mußte ich später in Anchorage zugeben, daß seine Aufnahmen jedem Anspruch genügten.
»War schon ein tolles Erlebnis«, meinte Jim, als wir zum Wagen gingen, »sieht man auch in Alaska nicht alle Tage.«
»Hast schon recht, aber ich bin sehr enttäuscht.«
»Enttäuscht . . . wieso denn das . . .?«
»Weil es keine Jagd ist, so ein Tier abzuschießen! Die lassen einen auf dreißig Schritt heran und verziehen beim Anblick von Menschen keine Miene. Die sind ja wie Kühe auf der Weide!«
Jim gab das ohne weiteres zu.
»Stimmt, Hans, viel Spaß wird's nicht machen. Nur das gute Bisonfleisch auf dem Küchentisch macht nachher Spaß.«
Kurz vor Delta-Junction kreuzte noch eine Büffelkuh unsere Asphaltstraße, gefolgt von zwei Jungen. Wir mußten halten, um sie nicht anzufahren. Der Wagen und sein brummender Motor störte das mächtige Wild überhaupt nicht.
Auf einer Brücke überquerten wir den Bigdelta-River. Sein Gewässer war hellgrün und schäumte. Am Ufer stand ein schöner Wald von Rottannen, Hemlocks und Espen, davor lag feiner, hellgrauer Sand.
»Wär das nicht ein wunderschönes Plätzchen, um nachher zu kampieren«, schlug ich vor. Hatte aber nur geringe Hoffnung, daß Jimmy darauf eingehen würde.

»Ganz unmöglich, Hans, die Büffel würden uns das Zelt umrennen!« Das würden sie ganz bestimmt nicht, dachte ich bei mir, ein kleines Dauerfeuer aus feuchtem Holz hielt sogar Löwen und Elefanten von jedem Lager fern. Aber an sich war die Ausrede gut.

Ein paar Minuten später rollten wir vor das »Golden-Nugget-Hotel«, wo mein vorsorglicher Jim schon telefonisch zwei Einzelzimmer mit Dusche und WC bestellt hatte. Drunten im Speisesaal trafen wir Tom Whartley und noch ein paar Bisonjäger, die mit großen Erwartungen dem kommenden Tag entgegensahen.

»Werden uns mächtig anstrengen müssen«, sagte mir Tom, »manche Leute sind schon seit Wochen hier und haben noch kein Haar von einem Bison gesehen.«

Jim lachte ihn aus.

»Wir waren noch nicht hier und haben schon über fünfzig Büffel gesehen.«

Und ich fügte vorlaut hinzu, daß so was ja gar keine Jagd sei, vielmehr ein Kinderspaziergang zum Schlachthof.

Hätte ich doch nur meinen Mund gehalten, denn es sollte in freier Wildbahn ganz anders kommen.

Kreuzung genügt, Stadt kommt sofort

Die Leute von Alaska haben nicht viel Phantasie, wenn es um die Benennung ihrer Ortschaften geht. Meist ist es der Name des ersten Siedlers, der als Ortsname erhalten bleibt. Die Behörden mischen sich da nicht ein, sondern übernehmen ganz unbürokratisch die übliche Adresse, die sich ein Neusiedler ausgedacht hat. Solcherart werden die Pioniere für alle Zukunft auf der Landkarte verewigt. Es genügt schon, daß ein Mr. Cooper an bestimmter Stelle mit seinem Boot anzulegen pflegte; entsteht dort später eine Ortschaft, so ist das ganz einfach »Cooper Landing«. Jene Bucht, in der seinerzeit der britische Entdecker Sir James Cook auf seiner Suche nach der Nordwestpassage enttäuscht umdrehen mußte, weil es nicht weiterging, heißt folgerichtig »Turnagain-Bay«, auf deutsch »Umkehrbucht«. Auch Anchorage hat namentlich nicht viel zu sagen, es heißt nur »Ankerplatz«, während Fairbanks immerhin »Schönes Ufer« bedeutet. Andere Siedler, die ihre klassische Bildung unter Beweis stellen wollten, nannten ihre Gründung »Homer«, »Eureka« oder gar »Olympus«. Historisch interessanter sind schon die Namen russischen Ursprungs wie Belkofski, Chernofski, Baranow, Shelikoff und Petersburg. Auch die spanischen Seefahrer haben in Ortsnamen ihre Spuren hinterlassen, wie Seldovia, Valdez und Cordova. Sogar die Franzosen sind mit La Touche, Sainte Augustine und Point Riou vertreten, die Italiener mit dem Malaspina-Gletscher und die Deutschen mit dem Eskimodorf Kotzebue wie auch mit der Stellerschen Seekuh, die leider ausgestorben ist.

Delta Junction, der Ausgangspunkt unserer Bisonjagd, war für alaskanische Verhältnisse schon fast eine Großstadt geworden, hatte aber noch keinen richtigen Namen, denn »Junction« bedeutet weiter nichts als »Verbindung«, was im Sinne des Straßenverkehrs als Gabelung eines Weges aufzufassen ist. Hier stößt nämlich von Südosten kommend der Alcan-Highway auf den Richard-

son-Highway, der Anchorage mit Fairbanks verbindet. Weiter war da zu Anfang nichts.
Der Richardson-Highway ist von den beiden Straßen die ältere. Ende der Zwanziger ist der Richardson aus der Schlittenspur und dem Maultierpfad entstanden, der die Küste im Süden mit dem Yukon im Norden schlecht und recht verband. Erst 1943 traf der Alcan-Highway auf den Richardson-Highway, und zwar an der Stelle, die in einer bis dahin völlig unbekannten Wildnis lag. Weil hier der Deltariver in den mächtigen Kupferfluß mündet, nannten die Ingenieure den Treffpunkt beider Straßen einfach Delta-Junction. Zunächst dachte niemand daran, sich hier niederzulassen. Die Gegend blieb in ungestörtem Besitz der wenigen herumziehenden Indianer. Erst acht oder neun Jahre später, als die Militärstraße des Alcan-Highway besser ausgebaut und dem zivilen Verkehr übergeben wurde, siedelte sich bei der »Junction« eine Tankstelle an. Der Verkehr begann sich zu beleben, und viele Leute gewöhnten sich daran, hier Brennstoff aufzunehmen und ein Schwätzchen zu machen.
Im Verlauf von knapp zehn Jahren wurde aus der simplen Tankstelle eine Stadt von über 3000 Einwohnern. Der Mann mit der Zapfstelle kam auf seine Kosten, er schenkte nicht nur Treibstoff aus, sondern auch Getränke und eröffnete bald eine Imbißstube. Wo jemand gutes Geld verdient, findet sich schnell die Konkurrenz ein. Der nächste Siedler errichtete eine Werkstatt, der übernächste ein Motel. Es folgte ein Kaufladen, eine zweite Tankstelle und bald auch eine Raststätte mit richtigem Restaurationsbetrieb. Es vergingen keine zwei Jahre, und schon konnte man in Delta-Junction eine aufstrebende Ortschaft erkennen. Die Regierung mußte eine Poststelle eröffnen, bald war sogar eine Schule notwendig. Ein junger Arzt ließ nicht lange auf sich warten, die Damen brauchten einen Schönheitssalon und die Männer eine Bar. Auch das Motel genügte nicht mehr, es entstand ein ordentliches Hotel, weitere Kaufläden, weitere Tankstellen und weitere Werkstätten. Ein Neubürger zog den anderen nach, die Bedürfnisse wuchsen und damit auch die Möglichkeiten des Verdienstes.
Bei einem militärischen Manöver, das rein zufällig hier abgehalten wurde, kam man auf den Gedanken, ständig hier zu üben. Und daraus wurde ein fester militärischer Stützpunkt, der zivile Arbeitskräfte brauchte. Das zog weitere Menschen an. Zur Schule gesellte sich eine Kirche, zum Arzt ein Zahnarzt und zum Schönheitssalon ein Friseur. Ein ziviler Flugplatz entstand so nebenbei.
Nur etwas gab es vorläufig nicht, nämlich Wohnhäuser. Die Neusiedler rollten mit Wohnwagen heran und hausten darin. Manche dieser Wohnwagen waren so klein und primitiv, daß man sich eigentlich nur übers Wochenende darin wohl fühlen konnte. Es rollten jedoch auch andere Wohnmaschinen heran, Ungetüme von zwanzig Meter Länge, die jede nur denkbare Bequemlichkeit enthielten. In unserem alten Europa ist diese Art von rollenden Häusern nur wenig bekannt. Ihre Ausmaße sind auch derart gewaltig, daß keine Polizei sie

auf unseren Straßen dulden würde. Ein gewöhnlicher Pkw genügt nicht, um sie fortzubewegen, man muß hierfür schon einen Lastwagen nehmen. Von Natur aus sind diese Wagen dazu gedacht, als Familienheim standhaft zu werden, sobald sie an ihrem Bestimmungsort eingetroffen sind. Die Räder werden abgenommen und zunächst durch hochgestellte Benzinfässer ersetzt. Später wird ein massiver Unterbau das Eigenhaus tragen und man wird ihm kaum noch ansehen, daß es seinerzeit auf eigener Achse viele tausend Kilometer weit über den Alcan-Highway herangerollt ist.
Brennholz ist zwar im Überfluß vorhanden, jeder Mann kann es sich kostenlos selber aus den endlosen Urwäldern holen. Aber dem modernen Siedler ist das zu mühsam, er heizt und kocht mit Gas, das flinke Unternehmer in riesigen Stahlflaschen heranbringen. Bald schafft man sich den eigenen Generator an, der mit Rohöl betrieben wird. Trinkwasser pumpt man aus dem Deltafluß herauf. Telefondrähte werden in wirrem Durcheinander über die neue Siedlung gelegt, deren Dächer sich bald mit einer Unzahl von Fernsehantennen verzieren. Neben den Wohnwagen entstehen Schuppen und Garagen. Erst baut man sich eine Veranda an das mitgebrachte Heim und vergrößert nach und nach seine Wohnfläche durch weitere bauliche Zutaten. Schön sieht das nicht aus, doch spricht alles für Wachstum und ständige Ausbreitung. Keine Behörde mischt sich ein, jeder kann basteln und bauen, wie er will. Bald verschwindet so ein Wohnwagen inmitten seiner An- und Umbauten. Schon nach einigen Jahren ist es soweit, daß der Neusiedler seinen behelfsmäßigen Eigenbau verlassen kann, um sich ein richtiges Heim zu schaffen. Aus der Würstchenbude wird ein Restaurant, aus dem Rasthaus ein Hotel, aus dem Kramladen ein Kaufhaus.
Die Menschen leben vom Verkehr an der Straßengabelung und leben voneinander. Das Geschäft blüht, die Löhne sind hoch, und die Bedürfnisse wachsen. Abends strömen aus dem Militärlager von Fort Greely die Soldaten herbei und bevölkern die immer zahlreicher werdenden Lokale.
Die Beschaffung von Bauland machte anfangs keine Schwierigkeiten, über Grundstückspreise wurde nicht geredet. In diesem glücklichen Land war Boden in Hülle und Fülle vorhanden. Wer sich in freiem Gelände niederlassen wollte, brauchte es nur zu sagen und bekam den Grund von der Regierung geschenkt. Einzige Bedingung war, daß man sich dort eine Unterkunft schaffte. Je weiter und je schneller die Siedlung wuchs, um so wertvoller wurde natürlich der Grund, den man auf so billige Weise erwarb und den man nach gewisser Zeit weiterverkaufen konnte. Sehr viel haben viele Leute damit verdient, vor allem die Grundstücksmakler.
Mit dieser ebenso billigen wie praktischen Landnahme ist es vorbei. »Home steading« genannt, war diese Art während der Pionierzeiten in allen Staaten und Territorien der USA üblich gewesen, zumal weder die Siedler noch sonst ein weißer Mann oder seine Obrigkeit die Indianer als rechtmäßige Besitzer

von irgendwelchen Ländereien anerkannte. In modernisierter und bürokratisierter Form galt das »home steading« zuletzt noch in Alaska, bis der Land Claim Act von 1971 dieser Methode ein drastisches Ende machte. Seitdem gibt es kein herrenloses Land mehr in Alaska, auch nicht in der entlegensten, menschenleeren Wildnis. Was sich nicht schon früher in geregeltem Privatbesitz befand, gehört entweder in Gemeinbesitz den Eingeborenen oder dem Staat Alaska oder ist für Zwecke der US-Bundesregierung reserviert.

Auch in Delta Junction waren die Preise gesalzen. Mein kleines Zimmer kostete (damals) pro Nacht fast dreißig Mark, das Frühstück sechs Mark und ein bescheidenes Essen vierzehn Mark. Für einen Whisky verlangte man 4,60 Mark, für eine kleine Büchse Bier 2,40 Mark. Dennoch waren alle Lokale überfüllt, und neue Gäste mußten warten, bis sie Platz fanden. Tischtücher gab es nicht, die Stühle waren hart, und immerzu dröhnte einem der Lärm aus den Musikautomaten in den Ohren.

Tom Whartley war verschwunden, um »seine Papiere zu regeln«, und Jimmy hatte eine Menge von Freunden zu besuchen. Die hatten offenbar ebenso viel Zeit wie er und huldigten genauso gern dem Nationalsport des »Gamming«. Darunter ist das zu verstehen, was man bei uns »Tratschen« nennt und allgemein den Frauen zur Last legt. In Alaska ist das umgekehrt, da beschweren sich die tüchtigen Frauen über ihre männlichen Klatschbasen. Mein Jagdführer war ein Meister in diesem Fach, der kleinste Einkauf, ein Gang zur Post wie auch jeder Behördenbesuch dehnte sich bei Jimmy stundenlang aus. Überall traf er Freunde, mit denen man »gammen« konnte. Und wenn zufällig niemand dort war, den er schon kannte, dann schloß er neue Bekanntschaften. Und vergaß darüber das Essen und natürlich auch mich, der seinen Unterhalt zu bezahlen hatte und dazu noch den »Führerlohn« von dreißig Dollar täglich!

Da kam er schon wieder ganz gemütlich über den freien Platz vor dem Hotel herangeschlendert und schwätzte mit einem kleinen jungen Mann in abgerissener Kleidung und einer noch kleineren Frau in Blue jeans.

»Ach, da bist du ja, Hans«, sagte er vorwurfsvoll, »wo steckst du denn, hab dich überall gesucht?«

»Wo du steckst, mein Lieber, wollte ich dich schon seit heute morgen fragen.«

Jim überhörte meinen gekränkten Ton.

»Das hier ist Dusty«, stellte er den Herrn fälschlicherweise zuerst vor, »wollte dich gerne kennenlernen.«

Dusty heißt auf deutsch der »Staubige«, was gewiß kein schmeichelhafter Beiname war und gar nicht nett für den armen Teufel, der in geflickten Sachen herumlaufen mußte.

»Hey, Hans . . .«, sagte Dusty, reichte mir seine Hand und zeigte auf seine Begleiterin.

»Dies weibliche Wesen hier ist Nancy, meine rechtmäßig angetraute Frau.«

Nancy war genaugenommen recht hübsch, mit riesigen dunkelblauen Kuller-

augen und tiefschwarzen Haaren. Obwohl ich gewiß nicht groß bin, reichte sie mir nur bis an die Schultern und war so schmal wie ein Kind.
»Hey, Hans«, sagte Nancy und reichte mir ihre Babyhand mit erstaunlich festem Druck.
»Hey, Nancy, wie geht's«, gab ich zurück, worauf sie Zeigefinger und Mittelfinger ihrer rechten Hand kreuzte, um damit auf mein Herz zu zielen. Das war, wie ich später hörte, eine neue Masche bei den Teenagern von Alaska und soll eine Art von Schutz gegen böse Erfahrungen mit neuen Bekannten bedeuten. Die Italiener machen ja so etwas ähnliches gegen den »bösen Blick«, stecken dabei aber ihre Hand in die Tasche, damit der andere es nicht sieht.
»Dusty hat 'ne viersitzige Cessna auf dem Flugplatz stehen«, erklärte mir Jimmy die Lage, »wollte dich ein bißchen durch die Luft kutschieren, wenn du Lust hast. Kann uns auch sonst bei der Jagd behilflich sein.«
War doch ein prächtiger Kerl, dieser Jimmy, immer lernte man durch ihn die nettesten und nützlichsten Leute kennen.
Also fuhren wir in unserem verbeulten Wagen zum Flugplatz, wo tatsächlich die Startbahn voller Fladen von den Bisons lag, die hier auf dem wärmenden Zement die Nacht zu verbringen pflegten.
Dustys Maschine war nagelneu und gut gepflegt. Sie hatte vier Sitze und war elegant ausgestattet. Sogar eine kleine Hausbar gab es darin und eine Blumenvase am Armaturenbrett mit künstlichen Orchideen. So ein Apparat kostete gut und gerne seine Viertelmillion Dollar. Warum Dusty nicht danach aussah, war wohl seine Sache. Er konnte es sich halt leisten, und niemand fragte nach wieso und warum. Bis heute weiß ich nicht seinen richtigen Namen.
Wir kletterten nacheinander herein, Jimmy saß hinten mit Nancy, ich vorne neben Dusty. Der fesche Vogel stieg mit größter Leichtigkeit auf und gewann schnell an Höhe. Wie ausgedehnt Delta-Junction tatsächlich war, sah man erst von oben. Meilenweit im Umkreis gab es bereits Rodungen im Wald, ausgefahrene Wege führten kreuz und quer in die Wildnis. Anstelle von Blockhäusern standen Wohnwagen in der frisch erschlossenen Gegend.
»Da drüben sind die neuen Farmen«, erklärte mir Dusty, »sehr fetter Boden und gute Ernte. Man kann sich alle künstliche Düngung sparen . . . der Staat gibt billige Kredite für die ersten Jahre.«
Tatsächlich waren die Felder schon bestellt, während die Farmer noch in Schuppen und Wohnwagen hausten. Traktoren waren dabei, Bäume umzufahren, das zersplitterte Holz wird einfach angesteckt. Die Farmer brauchen es ja nicht, sie heizen mit Flaschengas oder Öl. Die Verschandelung einer bisher unberührten Natur tat mir in der Seele leid. Aber schuld daran war letzten Endes nur die Straßenkreuzung.
Dusty gab stärker Gas, und zu meiner Freude verließen wir den Anblick menschlicher Betätigung. Die ungestörte Wildnis breitete sich wieder aus. Sah man von hier oben diese Endlosigkeit von Wäldern und Prärien, von Flüssen

und Seen, so waren jene Wunden, die Delta-Junction der freien Natur zugefügt hatte, wirklich nur ganz kleine Nadelstiche, die ein so riesiges Land gar nicht fühlen konnte.
Wir flogen eine halbe Stunde weit über dunkelgrüne Wälder, dann aber wurden sie aschgrau. Waldbrände hatten hier gewütet und Millionen von Bäumen vernichtet. Ihre bleichen Gerippe standen noch aufrecht und starrten gen Himmel.
»Nicht gar so schlimm, wie's aussieht«, meinte Dusty, »Asche ist gut für den Boden, in ein paar Jahren wächst alles wieder nach.«
Richtig, es zeigten sich schon frische Farben zwischen dem verkohlten Geäst.
»Siehst du die Büffel?«
Ich sah sie nicht.
»Da vorn die dunklen Klumpen im verbrannten Wald. Sind hinter dem neuen Gras her, das aus der Asche wächst.«
Nun erkannte ich, was er meinte. Ein Dutzend oder mehr schwärzliche Wollknäuel bewegten sich gemächlich durch das sperrige, tote Geäst. Alle in derselben Richtung.
Dusty ging herunter und kreiste über ihnen. Ein Bulle blieb stehen und sicherte hinauf, das Gebrumm des allzu großen Vogels störte ihn wohl. Die Kühe aber und die Jungtiere ästen friedlich weiter.
»Wie ist da hinzukommen?« fragte ich.
»Nur zu Fuß . . . keine Möglichkeit für 'ne Landung. Und bis hier läufst du drei Tage, wenn nicht mehr!«
Jimmy beugte sich vor und meinte, die Herde sei gewiß aus ihren alten Einständen am Bigdelta weggezogen, weil es ihnen dort mit der Schießerei zu ungemütlich geworden war.
»Haben sie auch recht«, stellte Nancy mit Befriedigung fest, »hoffentlich bleiben sie für immer weg. Dann braucht niemand mehr auf die armen Tiere zu schießen.«
Anscheinend mochte sie die Büffeljäger nicht.
Dusty flog weiter den Bergen zu, gab diese Absicht jedoch auf, als seine Frau eine Elchkuh erblickte, die mitten in einem kleinen See stand. Als wir tiefer kamen und wieder kreisten, sahen wir, daß die Kuh ihr Junges bei sich hatte. Die beiden Tiere nährten sich von dem Wurzelgewächs der Seerosen. Mama tauchte mit ihrem Haupt unter Wasser und holte das Zeug herauf, das Kleine fraß es seiner Mutter vom Maule weg. Dusty ging bis auf zwanzig oder dreißig Meter herunter, damit wir alles richtig sehen konnten. Aber dann, als die beiden Tiere hochschauten, mochte er nicht weiter stören, und wir flogen davon.
»Wollen wir nicht irgendwo Kaffee trinken«, schlug Nancy vor, ganz so, als läge vor uns ein nettes Lokal in der Luft.
»Gute Idee«, meinte Dusty, »mir ist auch danach.«

Er legte seine Maschine auf die linke Seite und kurvte nach Westen, in Richtung auf den Kupferfluß, dessen helles Band man in der Ferne schimmern sah. Als wir näher kamen, ergab sich, daß dieser Strom in viele Arme geteilt dahinfloß. Es lagen unzählige Inseln und Sandbänke in seinem Gewässer.
Eine davon suchte sich Dusty aus, und wir landeten in Wolken aufspritzender Kieselsteine. Kamen wir von hier nicht mehr hoch, dachte ich für mich, waren wir rettungslos verloren. Befanden wir uns doch auf einer Insel, die wir nur auf dem Luftweg wieder verlassen konnten. Der Strom war ja so breit, kalt und reißend, daß an Waten oder Schwimmen gar nicht zu denken war. Meine Freunde schien das keineswegs zu stören.
Kaffeepausen wie diese war Klein Nancy gewöhnt und zeigte sich gleich von der praktischsten Seite. Trotz ihrer winzigen Figur war sie eine ausgezeichnete Campingfrau. Sie stieg mit einem abgewetzten Köfferchen aus, das alles enthielt, was man für ein solches Picknick brauchte. Benzinkocher und Kaffeekanne sowie Tassen und Teller aus Plastik. Dazu ein Körbchen mit Gebäck und Schokoladenplätzchen.
Wir Männer setzten uns ans Ufer, schauten in die glucksenden Wellen und betrachteten ein paar Odinshühnchen, die im Wasser paddelten. Obwohl sie »Hühnchen« heißen, sind es allerliebste, kleine Enten. Aber schon bald war der Kaffee fertig, wir wurden aufmerksam und appetitlich bedient.
Frau Nancy fragte uns, ob sie ihren Plattenspieler herausholen sollte, sie hätte da ein paar schöne neue Sachen aus Las Vegas. Aber Dusty meinte, sie solle es lieber bleibenlassen. Es war auch besser so. Das Rauschen des Kupferflusses paßte besser in die Landschaft.
»Bevor die Weißen kamen, war das hier so was ähnliches wie der Alcan-Highway«, zeigte Dusty auf den Strom, »die Indianer ließen sich von der Strömung bis zum Yukon hinuntertreiben.«
»Und wie kamen sie wieder zurück?«
»Im Winter mit ihren Schlittengespannen. Dann war der zugefrorene Fluß eine schöne, glatte Straße.«
»Und was machen sie heute?«
»Fahren in Autos oder fliegen. Deshalb müssen sie in der Nähe von Ortschaften hausen und das Land sich selber überlassen.«
Ich wäre gern noch länger geblieben. Aber Nancylein packte ihr Geschirr zusammen und meinte, es würde allmählich spät. So stiegen wir denn wieder in das elegante Kabinchen, klappten die Türe zu, und Dusty ließ den Motor an. Alles ging glatt, die Sandbank unter uns verschwand. Dreißig Minuten später waren wir bei unserem Hotel in Delta-Junction.
»Wenn wir euch mit der Maschine irgendwie helfen können, Boys, sagt es nur«, versicherte Dusty beim Abschied, »wir bleiben noch eine Weile hier.«
Wie Menschen nur so freundlich sein können, so ganz ohne Grund oder weitere Absicht?

»Was machen die beiden eigentlich in Delta-Junction«, fragte ich Jimmy nachher, »auf Bisonjagd gehen sie offenbar nicht.«
»Keine Ahnung, Hans, hab die Leute erst heute mittag getroffen, als ich 'ne Karte in den Briefkasten warf.«
Und ich hatte gedacht, Dusty und Nancy seien uralte Freunde von ihm.
Auf meinem Kopfkissen lag ein Zettel von Tom Whartley.
»Alles o.k. . . . starten morgen früh um sechs zu den Big Bulls . . . Treffen uns vor dem Hotel.«

Auf Büffeljagd im Lande der Indianer

Das hört sich an wie eine Überschrift von Karl May, stammt aber von mir. Und im Gegensatz zum Kollegen May war ich wirklich dort und habe alles selbst erlebt.

Als ich pünktlich um sechs Uhr früh, robust angezogen und mit dem Frühstück fertig, vor das Hotel zum »Golden Nugget« trat, stand Tom Whartley schon dort und neben ihm ein Packboard von erdrückenden Dimensionen.

»Wo ist Jimmy?« fragte er.

»Hab ihn wecken lassen, wird wohl gleich kommen.«

»Wir haben gerade noch Zeit für die Jagdpolizei«, meinte er, »da muß ich dich nämlich vorstellen.«

Diese besondere Polizei wohnte und waltete ihres Amtes in einem Schuppen nahebei. Davor war ein möbelwagengroßes Schild aufgestellt, das in schreiend roten Buchstaben alle Jäger aufforderte, sich hier zu melden. Der zuständige Beamte trug dazu passend ein grellrotes Flanellhemd, auf der Brust einen sechszackigen Sheriffstern und am Gürtel einen sechsschüssigen Colt. (Kann sein, daß der Revolver nicht sechsschüssig war und auch kein Colt, jedoch hat man sich im Laufe der Jugendjahre daran gewöhnt, alles Schießzeug, was solch rauhe Männer tragen, mit »sechsschüssigem Colt« zu bezeichnen. Es paßt zu ihnen, und jeder weiß, was gemeint ist.)

Es folgte die übliche Vorstellung.

»Hey, Hank, das ist Hans.«

»Hey, Hans, wie geht's?«

»Hey, Hank, wie geht's selber?«

Ich sagte nun dem Beamten, wer ich sei, woher ich käme, was ich wollte und daß er mir in jagdlicher Hinsicht getrost volles Vertrauen schenken könne. Tom grinste dazu und der Bisonhüter auch. Dabei war das ganz korrekt von mir und

gehörte sich so. Ich schob dem Mann mit dem grellroten Hemd alle meine Papiere hin, Paß und Waffenschein, deutschen und alaskanischen Jagdschein, Jagdhaftpflichtversicherung sowie einige Empfehlungsbriefe hoher und höchster Stellen. Das war ein ganzes Bündel und würde ihn gewiß beeindrucken. Aber gleich schob er mir wieder alles zurück.
»Hab schon gehört, Doc, was für ein tapferer Mensch Sie sind«, sagte er und grinste beharrlich weiter, »im Gegensatz zu diesem Mister Whartley hier, der soeben Bedenken angemeldet hat, allein gegen die Büffel loszuziehen. Da wär's mir schon sehr recht, wenn einer mit ihm geht, der Tom beschützt . . . hat schon Fälle gegeben, daß so ein Bulle angreift und Leute durchbohrt. Hinterher setzt er sich dann auf sein Opfer drauf und reibt es in Grund und Boden . . . für uns immer 'ne eklige Arbeit, so was wieder rauszukratzen, damit man die Reste ehrlich bestatten kann. Bevor das passiert, Mister, schießen Sie natürlich, das ist doch klar.«
Ich versprach es ihm.
»Na also, Tom«, wandte er sich an meinen eifrig zitternden Freund, »brauchst also keine Angst zu haben, der Doc wird dich bei Not und Gefahr nicht im Stich lassen!«
Erst als wir draußen waren, konnte ich losplatzen.
»Ging nur auf diese Weise«, meinte Tom, »habe das gestern außerdienstlich mit Hank besprochen. Sonst könntest du kein Gewehr mitnehmen. Jetzt ist das o.k. . . . Du bist zu meinem Schutz da und kannst schießen, wenn's irgendwie so aussieht, als würde mich ein wütender Bison annehmen. Und so kann's hinterher immer ausgesehen haben!«
Wir gingen zum Wagen, aber Jimmy war noch immer nicht da. Als wir in sein Zimmer schauten, lag er dort im Bett und schlief laut vor sich hin. Tom holte Wasser und schlug die Bettdecke zurück.
»Regen ist gut fürs Wachstum«, meinte er und schüttete den Krug über Jimmys lange Glieder aus.
Der fuhr erschrocken hoch und wischte sich die Augen.
»Was, ihr seid schon fertig, muß ich wohl wieder eingeschlafen sein!«
»Los jetzt, fahr in deine Klamotten . . .«, herrschte ihn Tom an, »gewaschen hab ich dich schon!«
Der rauhe, aber herzliche Ton tat seine Wirkung. Binnen drei Minuten war Jimmy einigermaßen fertig, griff nach seinem Packboard und stolperte zum Wagen hinunter.
Eine halbe Stunde weit folgten wir den Kettenspuren von Armeepanzern durch ein trockenes Flußtal, mußten dann aber den Wagen stehenlassen, weil das Gelände für einen Pkw zu schlecht wurde.
Tom belud sich mit seinem breiten und schweren Packboard und Jim mit seinem gut verpackten Kram. Demgegenüber nahm sich mein eigener Rucksack recht bescheiden aus.

»Hast du 'ne Ahnung, wo die Büffel sein können?« fragte ich Tom.
»Ungefähr, müssen erst mal zwölf Meilen oder so auf dem Pfad bleiben.«
Zwölf Meilen? Das waren rund 17 Kilometer und dann sollte die Pirsch erst richtig losgehen. Hin und zurück ergab das mindestens vierzig Kilometer. Vor Dunkelwerden war das gar nicht zu schaffen.
»Dürfen eben keine Zeit vertrödeln und nicht im Gelände herumsitzen«, versicherte Tom und eilte uns im Geschwindschritt voraus.
Der Tag war schön warm, und mir wurde bald mächtig heiß. Sonst aber ging es sich gut auf dem federnden Waldboden, das Gelände war vollkommen flach. Ringsum stand dichter Fichten- und Lärchenwald mit so eng verfilztem Unterholz, daß wir keine zehn Schritt hineinsehen konnten.
Nach geraumer Weile wurde es lichter, und inmitten dieser Lichtung stand ein neuerdings angebrachtes Schild mit der Aufschrift:
»Sie betreten jetzt das Bison-Jagdgebiet.«
Tatsächlich galt die Erlaubnis zum Abschuß der fünfzig wilden Büffel nur für ein bestimmtes Areal. Das reichte zwar von hier bis zu den fernen Bergen, berührte aber nirgendwo den Delta- und Tananariver hinter uns. Der Wildschutz hatte sich das ganz schön ausgedacht und wollte offenbar, daß sich jeder privilegierte Büffeljäger auch ganz gehörig anstrengte. Demzufolge waren bisher noch nicht die Hälfte der fünfzig Büffel erlegt worden, obwohl das Jagen schon seit drei Wochen im Gange war.
Wir kamen zu einem niederen Blockhaus, das ganz allein für sich in der Gegend stand.
»Da haust der Johnny Cosna und seine Brut«, belehrte mich Tom, »ein Indianer vom alten Schlag, der sich noch vom Trappen und Jagen ernährt. Intelligenter Bursche, der sogar im College war. Wollte Biologe werden und hatte einen guten Job. Paßte ihm aber gar nicht, in geschlossenen Räumen herumzusitzen. Ging wieder in seine angestammte Wildnis, nahm sich ein Indianerweib und zeugte viele Kinder.«
Ein halbes Dutzend davon stand vor dem grauen, grasbedeckten Haus, uns herzlich zu begrüßen. Das jüngste mochte drei Jahre zählen, das älteste zwölf.
»Wo ist denn euer Daddy?« fragte Tom.
»Auf Büffeljagd«, piepsten sie alle gleichzeitig, »Freddy und Bertie durften mitgehen. Wollt ihr Kaffee haben?«
Wollten wir im Augenblick nicht, wir mußten uns beeilen.
»War doch 'ne glatte Schiebung, daß Johnny Cosna sein Permit bekam«, meinte Jim. »So einen Zufall gibt's doch gar nicht bei einer Chance von sechzig zu eins. Wenn der richtig mitgelost hat, freß ich meinen alten Hut.«
Tom zuckte mit den Schultern.
»Ist schließlich sein Land, da muß man den Leuten entgegenkommen.«
Das fand ich auch.

Wir marschierten in Toms Geschwindschritt weiter, und ich begann mich wieder daran zu gewöhnen. Denn genauso schnell liefen in Afrika die schwarzen Träger. Nur schleppten sie dabei nicht mehr als zwanzig Kilo und machten von elf bis halb drei Mittagspause.
Das Gelände war nicht mehr ganz so flach wie anfangs. Auf sanfte Anhöhen folgten flache Täler, lockere Birkenwälder wechselten mit Espengebüsch, Heidekraut und sumpfigen Teichen. Buschwindröschen blühten dazwischen, Mohn und Schneeheide boten Abwechslung. Wir folgten noch immer einer langen Narbe, die beim letzten Truppenmanöver schwere Armeepanzer in die Landschaft gerissen hatten. Der Boden war tief aufgewühlt und erinnerte mich an jenen Panzerleutnant der Reserve, der ich einst gewesen war. Die Gegend sah fast genauso aus wie in Litauen, wo es mich gleich zu Anfang erwischt hatte. Dankbar gedachte ich meines Splitters im rechten Knie, der mich vor Schlimmerem bewahrt hatte.
»Hier hat sich eine Tragödie abgespielt«, sagte Tom und kniete auf dem Boden nieder. Im weichen Erdreich waren deutlich zwei Fährtenbilder zu sehen, von einem Elchkalb und daneben von einem starken Wolf.
»Das Jungtier muß irgendwie die Mutter verloren haben, und der Wolf ist seiner Fährte nach.«
Die Eindrücke im feuchten Boden waren ganz frisch, sicher von heute morgen nach dem Taufall. Inzwischen dürfte der schnelle Wolf das Kalb erreicht und bei lebendigem Leibe zerrissen haben.
Weiter marschierten wir, ohne miteinander zu sprechen, und legten gewiß sechs Kilometer in der Stunde zurück. Als ich mal weggetreten war, mußte ich hernach im Laufschritt hinter den anderen her, um sie wieder einzuholen.
»Ei, wer kommt denn da . . .?« rief Jimmy wenig erfreut.
Ein Reiter sprengte über die Heide auf uns zu. Wie in einem Wildwestfilm sah er aus, trug einen großen Sombrero, den Patronengürtel mit Revolver an der Hüfte und einen Sheriffstern auf seinem blauen Uniformhemd. Also wieder einer von der Jagdpolizei.
»Hallo, Leute«, rief er uns zu, »schöner Morgen, was?«
Wir blieben stehen und Tom kramte seine Papiere hervor. Denn das war's natürlich, was der berittene Mann sehen wollte.
»Der da ist zu meinem Schutz mitgekommen«, erklärte ihm Tom meine bewaffnete Anwesenheit.
»Geht in Ordnung, aber wo ist der gelbe Streifen auf Ihrem Rücken, Whartley?«
»Verdammt noch mal, hab ich ja ganz vergessen«, entschuldigte sich Tom und holte ein zerknittertes Band aus seiner Brusttasche. Darauf stand sein Name, seine Nummer und ein Stempel.
»Sie müssen das tragen, Mann«, verlangte der Sheriff, »damit Harry vom Hubschrauber aus sehen kann, daß ihr in Ordnung seid.«

Jim knüpfte den Stoffstreifen auf Tommys Packboard fest, wo gleich der Wind damit zu spielen begann.
»Ihr seid aber genau«, brummte er dazu.
»Müssen wir sein«, gab der Sheriff zu, »wo kommen wir sonst hin?«
Wir fragten ihn, ob er was von den Bisons gesehen habe.
»Die Bejagung hat sie versprengt, sind eben doch nicht so dumm, wie mancher glaubt. Werdet euch mächtig anstrengen müssen . . . drei andere Partien laufen noch hier in der Gegend herum und beunruhigen das Wild. Sogar einen Lkw mit Allradantrieb haben sie dabei. Ich wär dafür, so was zu verbieten . . .«
Wir stimmten ihm aus vollem Herzen bei, zumal wir selber zu Fuß gehen mußten.
»Na, dann tummelt euch mal«, sagte er zum Abschied, warf seinen Braunen herum und stob dreckspritzend davon.
Eine Weile später stießen wir auf die ersten Bisonfährten, eine ganze Herde war hier über den zerwühlten Weg gewechselt. Doch waren die Eindrücke ihrer Hufe schon ausgetrocknet und mindestens vierundzwanzig Stunden alt. Es hatte keinen Zweck, ihnen zu folgen.
Auf der nächsten Anhöhe machten wir halt und suchten mit unseren Gläsern die Gegend ab. Der Wald war nun fast ganz verschwunden, die Gegend nur mit dünnem Stangenholz und Moosbeerenkraut bedeckt. In den Niederungen lagen Tümpel mit Riedgras darum, und in der Ferne eine ausgedehnte Seenlandschaft. Von den Büffeln war nichts zu erblicken.
»Sieht kaum sehr hoffnungsvoll aus«, meinte Tom, »wir müssen noch ein gutes Stück weiter.«
Und weiter ging es im Eiltempo. In unser Schicksal ergeben, trotteten Jimmy und ich hinter dem unermüdlichen Tom her. Wie es kam, daß ihn seine umfangreiche Last nicht zu Boden drückte, war uns beiden ein Rätsel. Er mußte schier unglaubliche Kräfte besitzen.
Von der nächsten Anhöhe aus sahen wir ein schäbiges Lastauto auf dem Weg stehen. Es mußte jener Geländewagen sein, von dem eben der Sheriff gesprochen hatte. Daneben hielt eine Gruppe von Reitern. Die berittene und befahrene Konkurrenz verdroß uns sehr, wir kamen uns dabei wie arme Verwandte vor. Aber die Leute waren trotzdem nett. Es gab eine herzliche Begrüßung, Erfahrungen wurden ausgetauscht und Ratschläge gegeben. Aber noch keiner von ihnen hatte seinen Büffel erlegt. Es herrschte arge Enttäuschung, man war sich klar, daß die großen Herden abgezogen waren. Aber wohin, das wußte niemand.
Vier Mann und eine Frau saßen oder standen auf dem Lkw, allesamt Indianer und schwer bewaffnet. Die drei Reiter dagegen waren weiße Jäger, sahen aber in ihrer ganzen Aufmachung viel indianischer aus als die Rothäute selber. Einer von ihnen trug sogar richtige Mokassins und eine rohgegerbte Lederjacke mit Fransen, die dem Winnetou gut gepaßt hätte. So ändern sich eben die Zeiten.

»Wenn die Leute aufgeben wollen, um so besser für uns«, flüsterte mir Tom zu, »den lärmenden Lkw mit seinen Gesellen haben wir jedenfalls überrundet.«
Wir erkundigten uns, ob sie irgend etwas von Johnny Cosna und seinen beiden Buben gesehen hätten, aber das hatten sie nicht.
Damit eilten wir schon wieder munter fürbaß. Dieser Tom war wirklich ein Wunder an Ausdauer und Energie. Ihm schien dieser Geschwindmarsch richtig Spaß zu machen. Ich gab es auf, immer wieder nach der Uhrzeit zu schauen.
Gerade wollte ich Tom kleinlaut den Vorschlag machen, daß wir uns doch mal zur Beratung niedersetzen sollten, als er einen Sprung nach vorne tat und sich auf die Knie warf. Er brauchte gar nicht zu sagen, warum, man sah es ja.
Die frische Fährte eines Bisons kreuzte den Weg. Der Bulle mußte sehr stark und schwer sein, man konnte die ausgespreizte Hand in seine Fährte legen und füllte sie doch nicht aus. Kein Zweifel, sie konnte nicht älter sein als ein bis zwei Stunden. Die abgedrückten Grashalme hatten sich an den Bruchstellen noch nicht verfärbt, auch die kleinen Erdkrümel am Rande der Fährte waren noch feucht.
Wir prüften den Wind, fanden ihn günstig und waren sofort entschlossen, diesem kapitalen Bullen zu folgen.
Die Aufregung ergriff Kopf, Herz und Beine. Tom hüpfte mit seinem schweren Packboard wie eine Gazelle durchs Gestrüpp, es war wirklich eine Zumutung, mit diesem Springinsfeld Schritt zu halten. Es ging über Niggerheads hinweg in eine sumpfige Mulde, durch saugenden Schlamm in ein schilfiges Dickicht und wieder heraus. Alsdann hinauf durch Beerengestrüpp auf einen Hügel mit totem, sperrigem Stangenholz. Und wieder hinunter über einen braunen trägen Bach zu einem Birkenwäldchen. Immer der großen Fährte nach, die auch beim schnellen Lauf nicht zu verkennen war.
Im allgemeinen ziehen Büffel nur langsam, vorausgesetzt sie werden nicht gestört. Also mußten wir diesen Einzelgänger früher oder später erreichen. Jedes Verweilen unsererseits gab ihm Vorsprung, jede Beeilung brachte uns näher an ihn heran.
Wäre es doch nur so kalt gewesen, wie die Leute immer sagen, daß es in Alaska ist. Aber es war ein schöner, sonniger Tag, ganz so wie im Anfang September auch bei uns. Ich triefte vor Schweiß, die Sonnenbrille war beschlagen und der Rucksack drückte fürchterlich. Ich sah nur Tom, der gar lustig neben mir einhersprang, von Jimmy war nichts mehr zu erblicken und zu hören.
Der Büffel hatte einen Haken geschlagen, seine Fährte zeigte in ein verbranntes Waldstück, das sich über die nächste Anhöhe zog. Wir hatten nun den Wind von links und mußten uns vorsehen. Wenn auch das Witterungsvermögen der Büffel nicht sehr gut ist, alte Bullen sind vorsichtig, und besonders Einzelgänger, wie der hier einer war.

Wir eilten so lautlos wie nur möglich den Hügel hinauf, drangen in den grauen Wald ein, folgten der breiten Fährte durch die Asche und kamen wieder ins Freie.
»Da unten ist Rauch . . .«, rief ich Tom zu und der riß sein Glas an die Augen.
»Und dort ist der Büffel«, sagte er und ließ sich auf einen verkohlten Baumstamm fallen, der unter ihm zusammenbrach. Gleichzeitig hatte ich die schwere Mauser in Anschlag und entsichert.
»Wo steht er, Tommy, kann ihn nicht sehen . . . sag doch, wo er steht?«
»Er liegt und ist tot«, stöhnte mein Freund.
Ich setzte mein Gewehr ab und sah selber durchs Glas.
Der Büffel lag tatsächlich neben dem Feuer. Dabei kniete ein Mann und öffnete gerade den mächtigen Leib seiner zottigen Beute. Im Hintergrund hantierten zwei braune Knaben und schleppten Holz herbei.
Tom rappelte sich wieder hoch. Mit weichen Knien schritten wir in die Senke hinab, unsere Konkurrenten zu beglückwünschen. Das gehört sich halt so!
Es war Johnny Cosna, der Indianer, mit seinen beiden Söhnen Freddy und Bertie. Der glückliche Jäger strahlte über sein breites Gesicht und reichte uns die blutige Hand zum Gruß.
»Hockt euch hin, es gibt gleich Kaffee«, sagte er, »und hernach darf ich euch zu einem Bisonsteak einladen.«
Johnny Cosna hat es bedeutend leichter gehabt als wir. Seit fast einer Woche kampierte er mit seinen beiden Jungens drunten am Bach und tat allezeit nichts anderes, als im Umkreis seines Lagers behutsam nach frischen Fährten zu suchen. Unnötig lange Wege im beschwerlichen Gelände waren nicht sein Fall, wie er freimütig zugab. Heute morgen nun hatte er gleich eine starke Fährte gefunden und war ihr nachgegangen. Schon nach zehn Minuten hatte er den Bullen selbst erblickt. Wie ein Indianer hatte der Indianer daraufhin gehandelt, seine Jungen in den Wind geschickt und sich den Bullen vor die Büchse treiben lassen. Das alles war erst vor einer knappen Stunde geschehen. Wären wir nicht so eilig gelaufen, hätten wir die Schüsse gehört.
»Das trifft sich bestens«, keuchte Jimmy, der soeben auf den Schauplatz des Geschehens stolperte, »das gibt einen prima Streifen für meinen Lehrfilm.«
Er wickelte seine Kamera aus ihren Hüllen und brachte sein Stativ in Stellung. In diesem Augenblick konnte ich den Guten gar nicht leiden, und auch Tom wandte sich verärgert ab. Der Mensch hatte wirklich kein Verständnis für unseren Kummer.
Nun schlug die Müdigkeit mit voller Kraft auf mich ein. Die Füße fielen unter mir weg, ich ließ mich wie ein Mehlsack auf den Boden fallen. Tom mußte es ähnlich gehen, er nahm sein Packboard gar nicht ab, sondern legte sich darauf. Er sah damit aus wie eine umgedrehte Schildkröte.
Die beiden Indianerbuben brachten uns heißen Kaffee in großen Emailletassen, an denen wir uns erst mal die Finger verbrannten.

»Schon vier Uhr durch«, sagte ich zu Tom, »schätze, wir brauchen sechs Stunden bis zum Wagen. Kommen ganz schön in die Dunkelheit.«
Es sei ja mondhell, meinte er, da ginge es sich ganz gut, und in der Nacht wär's auch nicht so warm.
Johnny Cosna hatte inzwischen ein schönes Stück Filet aus der massigen Beute gelöst, und das zerteilte er nun in sechs ansehnliche Portionen. Klein Freddy kam mit frischen, grünen Zweigen herbei, sein größerer Bruder schälte die Rinde ab, spitzte die biegsamen Stöcke vorne zu und schob die Fleischstücke darüber. Dann hockten sich die beiden neben das Feuer und drehten die saftigen Filets mit großer Hingabe über der Glut. Mir lief schon jetzt das Wasser im Munde zusammen.
Plötzlich stand ein Hubschrauber über uns in der Luft.
Gleich erhob sich der Indianervater von seiner roten Arbeit, griff zur Jacke und hielt sie hoch. Der gelbe Streifen am verwitterten Kragen flatterte im Wind. Doch genügte diese Demonstration der fliegenden Polizei noch lange nicht, der Hubschrauber tuckerte zu einer flachen Stelle nahebei und setzte sich mit schwirrendem Geräusch auf den Boden. Steifbeinig verließ der Polizist sein luftiges Gefährt und kam mit gewinnendem Lächeln näher.
»Sieht ja ganz nach Johnny Cosna aus«, grüßte er, »und für eine warme Mahlzeit scheint gesorgt.«
Die Rothaut lud den weißen Mann ein, daran teilzunehmen.
»Kann keine Büffelsteaks mehr riechen, Johnny, war dieser Tage schon zu oft eingeladen. Aber für 'ne Tasse Kaffee bin ich gern zu haben.«
Damit schüttelte er uns die Hand, setzte sich nieder und kramte eine Pfeife aus seiner Tasche. Nach den Papieren fragte er nicht, die alaskanische Polizei ist dafür zu höflich.
Kann sie auch sein, denn jeder Bürger weiß von selber, was sich gehört. Johnny wischte sich auch gleich die Hände ab und holte die Dokumente aus seiner Tasche. Der Hubschraubersheriff machte ein betont gelangweiltes Gesicht, als er sie prüfte, reichte sie wortlos zurück, so als sei ganz selbstverständlich, daß alles in bester Ordnung war. Ebenso formlos ging unsere Kontrolle vonstatten.
»Ihr habt vorläufig noch nichts?« meinte er dann.
»Kann man kaum verlangen«, sagte Tom bescheiden, »ist ja noch unser erster Tag.«
»Habt ihr euer Camp in der Nähe?«
»Nein, wir müssen heut wieder nach Delta-Junction zurück.«
Der Sheriff überlegte sich das.
»Darf leider niemanden mitnehmen«, sagte er, »könnte aber euer Gepäck zurückfliegen.«
Ist das nicht eine nette Polizei, wirklich Dein Freund und Helfer im alaskanischen Busch!

Wir bedankten uns sehr.
Inzwischen waren die Filets fertig und wurden uns von Bertie auf einem Stück Birkenrinde serviert. Dem Beispiel meiner indianischen und weißen Genossen folgend, nahm ich das heiße Fleisch in die Hand und biß mit den Zähnen daran. Zum erstenmal im Leben aß ich das Wildbret eines echten Bisons und fand es beachtlich wohlschmeckend, wenn auch ziemlich zäh. Dazu gab es Bier aus Büchsen, die Tommy in seinem Packboard mitgeschleppt hatte.
»Was haben wir für morgen vor?« fragte ich Tom.
»Wir stehen vor Hellwerden auf und marschieren am besten wieder hierher. Da ist jetzt keine Jagdpartie mehr vor uns, bis zu den Bergen haben wir die ganze Gegend für uns allein.«
Was für ein Unsinn, dachte ich, ohne es natürlich zu sagen. Heute noch sechs Stunden zurück und morgen wieder sechs Stunden Marsch hierher. Und das alles nur für wenige Stunden Schlaf im weißen Bett des »Golden Nugget«. Warum machten wir es nicht wie die Indianer und kampierten im Gelände? Diese Alaskaner sind schon ein merkwürdiges Volk. Sie lieben zwar ihre herrliche Landschaft, wollen aber nicht gerne darin übernachten.
»Hör zu, Tommy, ich habe meinen Schlafsack mit und bleibe hier.«
Beide sahen mich ganz betroffen an.
»Aber du hast doch dein Zimmer im Hotel, Hans.«
»Die Nacht im Freien ist mir mehr wert als zwölf Stunden Fußmarsch hin und zurück.«
»Aber dein Zimmer berechnen sie dir trotzdem.«
»Sollen sie . . . hier gefällt's mir besser, und ich kann ausschlafen.«
Jimmy freute das nicht, und Tommy zuckte mit den Schultern.
»Wie du willst, Hans, hoffentlich bereust du's nachher nicht. Kann dir noch meine Luftmatratze dalassen und ein paar Konserven. Aber . . . wenn's regnet . . .?«
»Dafür habe ich eine Gummihaut im Rucksack, die hänge ich über ein paar Äste und krieche drunter.«
Der Sheriff nickte dazu.
»Der Mann scheint zu wissen, was er vorhat. Glaub nicht, daß man sich seinetwegen ängstigen muß.«
Für das gute Wort war ich ihm dankbar, Jimmy und Tom taten ja geradezu, als sei ich ein unvernünftiger Mensch mit verworrenen Ideen. In anderen Kontinenten hatte ich monatelang im Busch kampiert und war mit einem alten Trapper quer durch Spitzbergen gezogen.
Immerhin entschlossen sich nun meine beiden Freunde, ihr Gepäck bei mir zu lassen, sie brauchten es dann morgen früh nicht herzuschleppen.
Der Sheriff flog ab, Jimmy und Tom marschierten los. Schließlich machten sich auch die Indianer auf den Weg, um Pferde zu holen für den Abtransport ihres Wildbrets.

Um nicht neben dem toten Büffel zu nächtigen, wenn auch dessen blutiger Anblick mit Fichtenzweigen verkleidet war, nahm ich meine Sachen und ging zu einem kleinen Bach. Suchte mir eine trockene, flache Stelle im Windschutz einer alten Hemlockfichte und machte alles für die Nacht zurecht. Als ich im Schlafsack war, dachte ich daran, daß der Blutgeruch des Bisons womöglich umherstreunende Wölfe anlocken konnte. Bevor ich mir das jedoch richtig ausmalen konnte, sank ich schon in bodenlos tiefen Schlaf.

Der Büffel von Shaw-Creek

Mein Frühstück bekam ich ans Bett gebracht. Im »Hotel zum Golden Nugget« wurde man nicht so verwöhnt wie hier in freier Wildbahn von den Indianern. Es gab einen großen Topf Kaffee, heiße Pancakes mit echtem Ahornsyrup und dazu noch, am frühen Morgen schon, ein saftiges Bisonsteak.
Johnny Cosna hatte es sich nicht nehmen lassen, für all das zu sorgen, und seinen Buben damit an mein Nachtlager in Trab gesetzt. Er war schon bei Hellwerden mit seinen Pferden gekommen, aus lauter Angst, Bären oder Wölfe könnten sich an seinem Büffel delektieren.
So gut ich es vermochte, half ich dem braven Mann bei seiner roten Arbeit und staunte nicht wenig, welch ungeheure Fleischportionen seine Beute ergab. Da Johnny in seiner Hütte keine Tiefkühltruhe besaß, wollte er das Wildbret später »bukanieren«. Zu diesem Zweck wird es in fingerbreite und fingerdünne Streifen geschnitten, die man über einem verhaltenen Feuer räuchert. Wird das richtig gemacht – und Johnny Cosna macht es gewiß ganz richtig –, dann kann sich bukaniertes Fleisch jahrelang halten.
»Und wie lang wird's für deine Familie reichen?« fragte ich.
»Wir sind elf, Mister, und allesamt große Esser«, meinte er grinsend, »da verschwindet so ein Vorrat ziemlich schnell. Aber es kommen noch Elche und Karibu dazu. Einen Bären werde ich mir auch noch holen, wenn er vor dem Winterschlaf so richtig fett ist. Kein schlechtes Leben, Mister, kann man wirklich nicht sagen. Auf jeden Fall besser als das Herumsitzen im Büro.«
Da hatte er recht, für einen Mann seines Schlages war die alte Lebensweise der Indianer doch die beste. Bei der Anzahl seiner Kinder durfte er ganz legal fünf Karibu und vier Elche schießen, dazu noch einen Braunbären und zwei Schwarzbären. Und wenn er mehr schoß, krähte kein Hahn danach. Ich sagte

Aleuten-Kinder mit ihrem Vater auf der größeren Pribiloff-Insel, der Heimat von über 2 Millionen Pelzrobben. Die Aleuten, ein etwa 3000 Menschen zählendes Volk mit eigener Sprache, Kultur und Tradition, sind ebenso mongolischen Ursprungs wie Eskimo und Indianer.

Ein Konak, Ureinwohner der Insel Kodiak mit zwei – nicht einmal besonders großen – Kingcrabs aus den Gewässern seiner Heimat. Auch die Konak, ungefähr 600 Menschen, haben ihre eigene Sprache und wurden seinerzeit von russischen Missionaren zum christlich-orthodoxen Glauben bekehrt.

schon, daß man in dieser Hinsicht bei Indianern gern ein Auge zudrückt, bei einer so kinderreichen Familie sogar alle beide.
Johnny Cosna zahlte keine Miete und keine Grundsteuer, ja überhaupt keine Steuern. Im Gegenteil, er bekam vom Staat noch einiges dazu, Kindergeld nämlich sowie freie Schule für seine Nachkommen und alle ärztliche Betreuung gratis. Er kannte weder Stromrechnung noch Wassergeld, weder Hundesteuer noch Müllabfuhr. Bei ihm wurde kein Gas abgelesen und keine Telefongebühr erhoben. Die Heizung kostete nur die eigene Arbeit, seine Hausangestellten waren Weib und Kinder, die schon in jugendlichem Alter kräftig zupackten.
Im Winter hatte Johnny Cosna seine Trap-Lines und stellte seine Fallen bis weit ins Gebirge hinein. Er war da ohne jede Konkurrenz, das freie Land stand ihm weit und breit zur alleinigen Verfügung. Die Preise für Biber, Zobel und Wildnerz waren unlängst wieder gestiegen, für Wolfspelze zahlte die Regierung eine Sonderprämie. Nur Füchse, Luchse und Nutria lohnten sich kaum mehr, die behielt Cosna zum Hausgebrauch. (Angaben inzwischen überholt, die Preise für alle in Alaska lebenden Pelztiere haben sich unlängst verdoppelt und verdreifacht, und sie steigen vorläufig weiter.) Was er an barem Geld benötigte, ließ sich beim Trapping verdienen. Weshalb man verstehen kann, daß Johnny stets guter Dinge war und sich weiter keine Sorgen machte. Sein Land Alaska war gut zu ihm.
Gegen zehn Uhr kam eiligen Schrittes Tom heran.
»Na, wie hast du die Nacht überstanden?« fragte er als erstes.
»Wie du siehst, bin ich zuerst erfroren, dann haben mich die Wölfe zerrissen. Aber sonst geht's mir gut.«
Tom war allein gekommen. Der arme Jimmy klagte über wundgelaufene Füße und ließ bitten, bei der heutigen Pirsch auf ihn zu verzichten.
»Genaueres über den bedauerlichen Zustand unseres Freundes konnte ich aus dem schlaftrunkenen Gemurmel nicht entnehmen, das er mit geschlossenen Augen von sich gab«, berichtete Tom, »doch brauchen wir uns gewiß keine Sorgen zu machen. Noch bis zur Straßenkreuzung konnte ich Jimmy schnarchen hören.«
Auch ich hatte gut geschlafen und fühlte mich bereit, alles mitzumachen, was Tom vorschlug. Und wie das so seine Art war, schlug er vor, daß wir gleich losmarschierten.
Wir marschierten den ganzen Tag. Ohne Rast und Ruhe über Hügel und Prärien, durch Wälder, Bäche und Sümpfe. Wir sahen weder einen Büffel noch eine frische Fährte.
Es war schon dunkel, als wir tief enttäuscht und total erschöpft wieder bei meiner Lagerstatt eintrafen.
Die Indianer waren fort, hatten aber ein schönes Stück Filet über meinem Schlafsack an den Baum gehängt. Menschen von edler Gesinnung, das kann man wohl sagen!

»Hör mal, Tom, du bist doch nicht so wahnsinnig, jetzt noch bis nach Delta-Junction zu laufen?«
»Nein, mir reicht's, diesmal bleib ich hier.«
Wir machten ein schönes Lagerfeuer, kochten Kaffee und brieten uns das Büffelfilet am grünen Spieß. Dann erzählten wir uns Geschichten.
Es war ein wundervoller Abend, wir hatten Vollmond und genossen die in fahlem Licht schimmernde Landschaft mit dankbarem Herzen.
Irgendwo rief eine Eule die andere, ganz weit weg heulte ein Rudel Wölfe. Im Seerosenteich zu unserer Rechten sprang dann und wann ein Fisch hoch. Es gefiel mir hier besser als bei den Musikautomaten im »Golden Nugget«.
»Was wird wohl Jimmy machen?« fragte sich mein Freund.
»Neue Bekanntschaften . . . nehme ich an.«
»Solange noch Leute übrig sind, die er nicht kennt«, meinte Tom, »Alaska wird bald erschöpft sein.«
»Und doch ist es ihm zu verdanken, daß wir hier beisammen sind.«
»Stimmt, Hans, der Jimmy ist eben ganz brauchbar . . . manchmal.«
Irgendein Tier huschte schnellfüßig vorbei, wir hörten es noch lange rascheln.
»Und was soll morgen werden, Tom, hast du überhaupt noch Hoffnung, daß wir unseren Büffel bekommen?«
Er klopfte seine Pfeife aus.
»Hängt nur von unserer Ausdauer ab, Hans. Früher, als die Menschen nur von der Jagd allein gelebt haben, konnten sie niemals aufgeben, sonst wären sie verhungert. Also machten sie so lange weiter, bis sie endlich ihr Wild hatten. Und sie mußten es mit Pfeil und Bogen erlegen, mit ihrem Speer oder einer Fallgrube. Wenn man sich überlegt, wie leicht wir's dagegen haben!«
So betrachtet, hatte er natürlich recht. Nur zwei Tage hatten wir uns abgeplagt, und schon wollte ich am Erfolg der großen Büffeljagd zweifeln. Wußte man doch, daß in alten Zeiten die Indianer mit Sack und Pack wochenlang den Karibuherden durch die Wildnis nachzogen. Der ganze Stamm lebte dabei nur von Beeren, Wurzeln und Baumrinden. Es war nicht daran zu denken, daß sie lange Rasten einlegten. Das Schicksal der ganzen Sippe stand auf dem Spiel. Weiter ging es und immer weiter, bis das Wild erreicht war oder der letzte Jäger sterbend zusammenbrach.
So beschlossen wir, unseren Bison so lange zu suchen, bis es tatsächlich nicht mehr ging.
Von diesem Entschluß moralisch gestärkt, begab sich ein jeder in seinen Schlafsack.
»Wir haben Besuch«, weckte mich Tom, »da oben kommt einer und will uns sprechen.«
Er zeigte in den morgendlichen Himmel, wo eine Kette von Wildgänsen nach Süden zog. Größer als die größte Gans aber war Dustys Cessna, die über unserem Lager ihre Kreise zog.

Wir winkten eifrig hinauf, und die Maschine kam tiefer und schließlich so tief angebraust, daß wir unwillkürlich die Köpfe einzogen.
»Da wirft er was ab«, rief Tom.
Ein graues Halstuch wedelte durch den Himmel, das mit irgend etwas beschwert war. Es blieb in einem Gebüsch hängen, und wir liefen hin.
An dem grauen Schal war ein Beutel aus Zellophan befestigt, darin lag ein Schraubenzieher als Beschwerer und ein Zettel.
Mit eiligen Fingern entfalteten wir die Luftpost.

Jim hat vom Wildschutz gehört, daß Büffel jetzt am Shaw-Creek stehen . . . ihr marschiert am besten Richtung NNO . . . fliege zur Erkundung voraus . . . komme zurück, um euch einzuweisen . . . bitte sichtbar bleiben . . . Jim an Bord . . . viel Spaß . . . Dusty

»Der tüchtige Jim«, riefen wir beide wie aus einem Mund, »und der gute Dusty!«
Was hatten wir doch für prächtige Freunde. Wie besorgt der Jimmy war, daß wir unseren Büffel bekamen, wie klar er sich das alles überlegt hatte. Und dieser großartige Dusty! Stellte sich und seine Maschine ganz und gar in den Dienst unserer Sache. Aus reinster, uneigennütziger Kameradschaft. Hatten wirklich das Herz auf dem rechten Fleck, diese beiden!
Wir packten unseren Kram zusammen, beluden uns mit Packboard und Rucksack, dann machten wir uns auf den Weg ins Ungewisse.
Als richtige Waldläufer hatten wir beide Kompaß und Karte. Die Richtung Nord-Nord-Ost war leicht zu halten. Nur wußten wir nicht so recht, wo wir waren. Die Panzerspur, unser bisheriger Leitfaden, befand sich ja nicht auf der Karte. Nur so ungefähr konnten wir die Entfernung zum Shaw-Creek auf zwölf bis fünfzehn Kilometer Luftlinie schätzen.
Übrigens sah dieser Shaw-Creek auf der Karte recht merkwürdig aus. Er lag ganz allein für sich im Gelände, ohne Nebenfluß und Mündung, er hörte von selber wieder auf. Das ließ sumpfiges Gelände vermuten.
Heute rannten wir nicht so wie am ersten Tag, es war besser, die Kräfte zu sparen. Wir hatten kein leichtes Vorwärtskommen, dauernd ging es durch Erlengestrüpp und Zwergweiden, alle paar hundert Schritt mußten wir einen Tümpel umgehen.
Eine Unmenge von Wildenten gab es hier, scharenweise waren sie auf jedem Teich eingefallen und stoben mit lautem Geknatter davon, sobald wir näher kamen. Fast wären wir auf einen Fuchs getreten, der die Enten so eifrig belauerte, daß er uns gar nicht kommen hörte. Er war fast gelähmt vor Schreck und Überraschung, setzte sich auf seine Keulen und starrte uns an.
»Hat noch nie Menschen gesehen«, meinte Tom, und das mußte wohl stimmen.

Nach einer halben Stunde kamen wir zu einem wunderschönen, kreisrunden See. Sein dunkles, mooriges Gewässer war ganz und gar mit schneeweißen Seerosen bedeckt. Am jenseitigen Ufer stand hoher, dichter Fichtenwald, der diesem Märchensee eine wirkungsvolle Kulisse verlieh. In Europa wäre ein solches Naturgeschenk das Ziel unzähliger Tourenbusse und würde von allen Reisebroschüren gepriesen. Hier aber war das stille Wunder nicht einmal auf der Karte vermerkt.
Wir mußten den Wald vermeiden, weil uns Dusty sonst nicht finden konnte. Also gingen wir am Kiesufer eines Baches entlang, der ungefähr in der uns angezeigten Richtung verlief.
Zwei jüngere Elche, die im Weidengestrüpp geäst hatten, polterten durchs Unterholz davon. Bei ihrer Flucht scheuchten sie ein Volk von Waldhühnern auf.
»Du siehst, wie gut einer vom Lande leben kann, wenn er nur will«, sagte Tom. Und ich glaube, wir träumten beide davon, wie schön und sorglos es sein müßte, mal ein ganzes Jahr in der Wildnis zu leben. Aber leider werden solche Träume ja doch nie Wirklichkeit. Dafür ist unsereins eben zu sehr mit dem modernen Getriebe verbunden.
Dann hörten wir Motorengeräusch und liefen auf einen Hügel, um heftig zu winken.
Dusty ging wieder ganz tief herunter und warf einen Beutel heraus. Er fiel fast direkt vor unsere Füße.

> Habe eine Herde von zehn bis zwölf Bisons gesehen ... marschiert genau nach Norden ... vor euch ein Wald ... geht hindurch ... muß jetzt auftanken ... komme wieder ... Dusty
> PS. Küßchen von Nancy.

Wir lachten uns an.
»So 'ne Luftaufklärung hat schon was für sich«, meinte Tom, »und die Nancy ist ein nettes Ding.«
»Aber Dusty hat nicht gesagt, wie weit's noch ist.«
»Hauptsache, Hans, die Büffel sind da!«
Von Dustys Meldung angefeuert, legten wir flottes Tempo vor.
Bald sahen wir den angekündigten Wald, der sich wie eine grüne Front vor uns aufbaute. Er machte uns das Leben schwer, denn er war ein richtiger nordischer Urwald. Kreuz und quer, übereinander und durcheinander lag das Fallholz aufgeschichtet, in jedem Stadium der Auflösung und Modrigkeit. Wir wußten nie, was unter einem zusammensackte und was dem Körpergewicht standhielt. Die toten Äste stachen uns überall. Wir balancierten über die Stämme, rutschten ab, fielen hin und standen wieder auf. Wir kletterten und krochen, wir sprangen und wir turnten. Wir fluchten dazu und schwitzten literweise.

»Ich glaub, Tom, hier kommen wir nie mehr raus.«
»Muß ein Ende haben, sonst hätte uns Dusty nicht hineingeschickt!«
Alle paar Minuten schauten wir auf den Kompaß, um nicht von unserer Nordrichtung abzukommen. Dustys Anweisung mußte genauestens befolgt werden. Für ihn war es leicht und kurz gewesen, über den beschwerlichen Wald hinwegzufliegen. Er konnte unmöglich schätzen, wie lange wir auf dem Boden brauchten, um diese Hindernisse zu überwinden.
Als wir einen Augenblick verschnauften, hörten wir sein Motorengeräusch, konnten aber nichts sehen, das Geäst war viel zu dicht.
»Er sucht nach uns ... hoffentlich gibt er nicht auf.«
»Bestimmt nicht, Hans, solange noch Brennstoff im Tank ist, wird er kreisen.«
Ein paar Minuten später sahen wir es vorne lichter werden und verdoppelten unsere Anstrengung zum letzten Durchbruch.
Vor uns lag eine völlig freie Fläche, das ausgetrocknete Kiesbett eines verschwundenen Flusses.
»Wird der Shaw-Creek sein«, meinte ich, »wahrscheinlich führt er nur im Frühjahr Wasser.«
Wir liefen darauf zu und schauten sehnsüchtig in den Himmel.
»Sieh nur die vielen Wildgänse«, rief Tom, »sie kommen aus der Tundra, weil da schon Winter ist.«
Dustys Maschine sah zunächst auch nicht größer aus als eine Graugans, wir konnten sie nur an ihrem schnelleren Flug von den Vögeln unterscheiden.
Der tüchtige Pilot hatte uns gleich entdeckt, zog eine breite Schleife und brauste dann direkt auf uns zu. Wir konnten deutlich die Gesichter von Dusty, Jimmy und Nancy sehen, die lustig winkten.
Der Zellophanbeutel knallte neben mir auf den Kies. Er war mit einem Schraubenschlüssel beschwert, und wer ihn per Zufall auf den Kopf bekam, hätte es gespürt.

> Paßt auf, Jungens ...! Seid schon dicht dran ... vor euch totes Pappelholz mit jungen Birken ... Bisons sind dort drin ... werde ein paarmal über ihnen wackeln ... macht's gut ... Dusty

Wir nahmen die Gewehre vom Rücken, zogen die Mündungsschoner ab und gingen mit Aufregung im Herzen weiter.
Erst kam kniehohes Gestrüpp, dann ein feuchter, schilfiger Grund und danach ein verbranntes Waldstück.
Wir stapften durch die Asche, jeden unnötigen Lärm vermeidend. Auf die verkohlten Äste durften wir nicht treten, denn es knackte fürchterlich, wenn sie zerbrachen.
»Da wackelt er mit den Flügeln«, rief ich und zeigte auf die Cessna, »dort müssen sie stecken.«

Wir sahen nun den Jungwuchs der Birken, von dem in Dustys Meldung die Rede war.
Der einstige Wald war hier nur halb verkohlt, die toten Pappeln standen noch aufrecht und dazwischen die jungen Birken. Keine zehn Schritt weit konnte man sehen, mitunter nicht mal so weit.
»Kein gutes Gelände für uns«, meinte Tom.
»Aber gut für die Büffel«, meinte ich.
Dusty kurvte höher in die Luft hinauf. Wahrscheinlich wollte er die Büffel nicht beunruhigen. Wir legten unser Gepäck ab, luden die Gewehre durch und schauten uns an.
»Jetzt darf keiner vorlaufen«, warnte Tom.
»Wir müssen uns immer gegenseitig sehen können«, sagte ich.
»Also los . . . hinein!«
Nach fünfzehn Schritt etwa blieben wir stehen und horchten.
Rechts von Tom krachte es im Unterholz.
Wir machten eine Schwenkung und drangen langsam weiter vor. Standen aber gleich wieder still und hörten es rauschen, so als ob ein großes Etwas durch die Büsche streifte.
So ging das noch einige Male, wobei ich den Eindruck hatte, daß die Büffel fortzogen. Aber es war vollkommen windstill, nach meinem Dafürhalten konnten sie keine Witterung von uns haben.
»Vielleicht wär's besser«, flüsterte ich Tom zu, »wir gingen ein Stück zurück . . . umschlagen sie dann.«
Er nickte und wir drehten vorsichtig um. Blieben aber wie angenagelt stehen.
Ein mächtiger Bulle schaute uns verdrießlich an. Sein Haupt und seine Schulter ragten aus dem Gebüsch hervor, sein Gehörn war gesenkt und die schwarzen Augen funkelten. Die Entfernung betrug nur wenige Schritte.
Wir konnten uns keinen Fingerbreit rühren und wagten nicht, die Büchse zu heben.
So blieb die Situation eine Ewigkeit lang, zumindest kam sie uns ewig lang vor.
Der Bisonbulle bewegte sich als erster, zog langsam sein Haupt zurück, worauf sich das Gebüsch wie ein Vorhang hinter ihm schloß.
»Jetzt aber schnell«, rief Tom, und wir eilten hinter ihm her.
Darauf gab es ein großes Durcheinander, denn in den Birkenbüschen hatte die ganze Herde gestanden. Nun polterten sie alle los, und wir waren mittendrin. Zweige rauschten, Äste splitterten. Es war ein großer Lärm und wildes Gestampfe auf allen Seiten, die Herde schien völlig konfus zu sein. Wir sahen nur Schatten durch die Büsche eilen. Es war alles sehr ungemütlich.
»Paß auf . . .«, stieß mich Tom heftig an, »da kommt was!«
Eine dunkle Masse brach mit gesenktem Haupt zwischen zwei Birken hindurch . . .

Es sah aus, als wollte uns der Bison annehmen, vielleicht war's aber nur kopflose Flucht.
Wir standen in seiner Richtung und konnten so schnell nicht ausweichen.
Tom schoß zuerst.
Der Bulle fuhr herum und wies mir seine Flanke. Ich feuerte auf sein Blatt, repetierte und schoß nochmals.
Der Büffel knickte auf der Vorderhand ein, sank zusammen und rollte auf seine rechte Seite.
Das alles hatte kaum zwei Sekunden gedauert.
»Achtung, die andern . . .!« rief Tom.
Sie stürmten aus allen Büschen hervor, einer in Tuchfühlung an uns vorbei. Andere stutzten, warfen sich auf der Hinterhand herum und verschwanden mit Gepolter.
»Glaube, wir haben den stärksten Bullen erwischt«, meinte Tom und rieb sich sein nasses Gesicht mit einem großen, bunten Taschentuch.
»Fast hätte er uns erwischt . . .«
»Glaube nicht, daß er die Absicht hatte, nur 'ne große Panik war ausgebrochen.«
Wir gingen vorsichtig um den gefällten Riesen herum, da wir erst seinen Leib sehen wollten, bevor wir uns ganz heranwagten. Aber da war kein Heben und Senken mehr, der Bulle war verendet und hatte gewiß keine Zeit mehr gehabt, seinen Tod zu spüren.
»Hab auf den Schädel geschossen«, sagte Tom, »muß ihn wohl nur betäubt haben.«
Offenbar wollte er mir den tödlichen Schuß einräumen.
»Ist ja egal, Tom, da liegt er jedenfalls, und wir haben's geschafft.«
Wir schüttelten uns die Hände, wie gute Kameraden es in solchen Fällen tun, und gingen daran, unsere mächtige Beute zu betrachten.
Fast schwarz sah die Wolle an seinem Haupt aus und war so dick, daß man tief mit der Hand hineingreifen mußte, bis man auf die Haut kam. Der dunkle Kinnbart hing wie ein Beutel herab. Das Gehörn ließ sich an seiner Basis kaum umfassen. Die Hufe waren größer als ein gewöhnlicher Pferdehuf.
Tom schaute ins Gebiß und schätzte den Bullen auf über zwanzig Jahre.
»Gerade der richtige Abschuß«, meinte er befriedigt, »hätten in der Aufregung leicht ein jüngeres Tier oder gar eine führende Kuh umbringen können.«
Unsere Helfer in der Luft hatten wir inzwischen vollkommen vergessen. Erst das Sausen der Maschine ganz dicht über dem Wald ließ uns wieder aufblikken.
An Nancys seidenem Schal schwebte ein Zettel zu uns herab und verfing sich in einem Baum. Ich holte ihn herunter.

Wir gratulieren . . . Dusty, Nancy, Jim

Das war wirklich nett von ihnen.
Wir holten unser Gepäck vom Waldrand, und nun zeigte sich, was der gute Tom alles in seinem wohl zentnerschweren Packboard mitschleppte. Erst mal zog er sich einen weißen, waschbaren Drillichanzug an, fürs blutige Handwerk, das nun zu folgen hatte. Dann holte er einen Flaschenzug hervor, um den schweren Kadaver fürs Zerwirken zu bewegen. Weiter folgten Plastiktücher zum Einhüllen des Wildbrets sowie Axt und Säge zum Zerteilen der Knochen. Außerdem hatte Tom eine große Zeltbahn, Kochgeschirr, Getränke, Geschirr und auch sonst noch alles dabei, um für längere Zeit am Platze zu verweilen.
»Kein Grund, uns was abgehen zu lassen«, meinte er, »jetzt, wo wir den großen Kerl haben.«
Ich suchte Holz zusammen und machte ein schönes Feuer, erst mal für den Kaffeetopf, aber auch, um die Fliegen zu vertreiben, die bald beim toten Bisonbullen erscheinen würden. Tom hackte inzwischen das Unterholz weg und machte eine kleine Lichtung frei.
Wasser war auch in der Nähe, ich füllte den Kessel und hing ihn an einem Ast übers Feuer.
Plötzlich hörten wir Stimmen. Das Gebüsch zerteilte sich und auf der Szene erschienen Dusty, Jim und Nancy. Sie waren im flachen Flußbett des verschwundenen Shaw-Creek gelandet und wollten den Bison sehen.
Das war natürlich eine große Freude und gab viel Händeschütteln. Wir redeten alle durcheinander, so etwas von Zusammenarbeit hatte es noch nie gegeben! Und dazu hatte Dusty noch eine Flasche Scotch dabei.
Drei volle Stunden vergingen, bis der Büffel ausgenommen und sein Fell abgezogen war. Eine Kugel hatte tatsächlich sein Herz durchschlagen, die andere hatte sich in der Lunge aufgelöst. Toms Schuß steckte im Ansatz des Gehörns. Der Bulle konnte wirklich nichts mehr gespürt haben.
Das beruhigte sogar die zarten Gefühle Frau Nancys, die sich mit Umsicht und Eifer sogleich um das Jägeressen kümmerte. Es gab Fleischbrühe mit Büffelmark, danach ein mächtiges Steak und zum Nachtisch Moosbeeren in Kaffeetassen. Alles Geschenke der Natur, verbessert durch mancherlei Gewürze, die der weitschauende Tom in seinem Packboard hatte.
»Einen von euch kann ich mitnehmen«, erbot sich Dusty, als es Zeit für den Heimflug wurde. Aber Tom und ich wollten bleiben.
»Vor morgen mittag sind wir nicht fertig«, erklärte mein Waidgenosse, »ist noch ein hartes Stück Arbeit, all das viele Fleisch zu zerlegen und für die Pferde fertigzumachen.«
Dieser Ansicht war auch Jimmy.
»Na schön, dann flieg ich mit Dusty zurück und besorg die Gäule.«
Wir begleiteten die hilfreichen Freunde noch bis zu ihrer Maschine und sahen dem schnellen Vogel nach, wie er in Richtung Delta-Junction entschwand.
»Es sind Bären in der Nähe«, sagte Tom, als wir zurückgingen, »hab vorhin

frische Fährten gesehen. Müssen die ganze Nacht ein gutes Feuer in Gang halten.«
Also verbrachten wir den Rest dieses denkwürdigen Tages mit Holzhacken und teilten uns dann gegenseitig zur Wache ein.
Obwohl ich während meiner Feuerwache sträflicherweise einschlief, ließen uns die Bären in Ruhe.
Um sieben Uhr früh waren wir schon kräftig bei der Arbeit. Wir zersägten Widerrist und Becken des Bullen, lösten das Fleisch von seinem Gebein und zerwirkten es in handliche Packen von etwa fünfzig Kilo. Die kamen dann jeder für sich in einen Plastikbeutel und wurden zum Schutz vor Ungeziefer mit Hilfe des Flaschenzugs an den nächsten Baum gehängt. Wir sahen aus wie Metzgerburschen und hätten zum Schluß vor Müdigkeit umsinken können.
Genau wie es Tom vorausgesagt hatte, waren wir gegen Mittag fertig, wuschen uns im kalten Wasser am nächsten Bach und warteten auf die Pferde.
»Wie lange kann's dauern?«
»Kann ewig dauern und hängt ganz von Jimmy ab, wie schnell er die Gäule auf Trab bringt.«
Wir hatten wieder mal Kaffee getrunken und waren etwas eingeschlafen, als wir von weitem ein seltsames Gebrumm hörten.
»Was ist das, Tom? . . . Ein Flugzeug bestimmt nicht.«
»Hört sich wie ein schwerer Diesel an.«
»Ist aber kein Weg weit und breit.«
Zu dem tiefen Gebrumm gesellte sich Geprassel.
»Scheint näher zu kommen.«
»Hört sich ganz so an, aber wer soll das sein und mit was?«
Wir standen auf und versuchten etwas zu sehen. Aber das Unterholz war zu dicht.
Aus dem Gebrumm wurde ein Gedröhne, es splitterte und krachte im Wald.
»Richtig unheimlich ist das, hab so was noch nie gehört!«
Was für ein Ungeheuer es auch war, ohne Zweifel schob sich das Ding immer näher und näher zu uns heran. Ich gestehe, daß ich es fast mit der Angst zu tun bekam.
Endlich sah ich Baumwipfel schwanken und mit lautem Geknister verschwinden, der Boden bebte, und mächtiger Lärm erfüllte den Wald. Dann schwebte drei bis vier Meter hoch so etwas wie eine Kabine durchs Gehölz.
»Ein Sumpfwagen . . .«, schrie Tom aufgeregt, »der Sumpfwagen vom Feuerschutz.«
Keine Ahnung hatte ich, was das sein sollte.
Nun erschienen Räder so groß, wie ich noch nie irgendwelche Räder gesehen hatte. Sie standen weit auseinander, waren so hoch wie ein Heuwagen und so dick wie Ballons. Sie schoben Äste, Gestrüpp und gefallene Stämme haufenweise vor sich her.

Noch zwei, drei Birken zerknisterten wie Streichhölzer vor dem Ungetüm, dann stand es prustend still.
Ein grauhaariger Mann mit zerfurchtem Gesicht kletterte steifbeinig von seiner Höhe herab.
»War gar nicht so leicht, euch zu finden«, sagte er, »also wo ist euer Baby?«
Nun erschien auch Jimmy auf der Bildfläche, den wir vorher nicht gesehen hatten.
»Das ist Charley«, stellte er den Grauhaarigen vor, »der Betreuer von dem Wagen. Will uns helfen, den Büffel rauszubringen. Können dann alle hinten mitaufsitzen, weil's ja ein ziemlich weiter Weg ist. Pferde waren leider nicht zu haben, sind alle unterwegs.«
Wir drückten dem hilfreichen Sumpfwagenfahrer herzlich die Hand. Alle beide reichten wir ihm gleichzeitig unsere Becher mit Kaffee.
»Was machen Sie sonst mit Ihrem Wagen?« fragte ich ihn, »wenn Sie nicht gerade Bisons aus dem Wald holen?«
»Der Sumpfwagen ist für Waldbrände da oder besser gesagt dagegen. Bringt Leute und Material an die Feuerfront . . . kommt eigentlich überall durch, nur nicht, wenn ein Waldstück zu dicke Stämme hat.«
»Oder wenn Sie vor einem Fluß stehen.«
»Macht meinem Dicken gar nichts aus, da wird er zu 'nem Schiff. Die Räder dienen dabei als Schwimmkörper, und hinten hat er eine Schraube.«
Der Mann staunte nicht schlecht, daß unser Bulle schon fix und fertig für den Transport war. Er hatte gemeint, er müßte das Tier in einem Stück aufladen.
Ich nahm Jimmy beiseite.
»Sag mal, was kostet denn dieser Spaß . . .?«
Mein Führer tat die Frage leichthin ab.
»Tommy muß ihm halt ein paar Kilo Fleisch abgeben.«
»Du willst doch nicht sagen«, staunte ich, »daß er's sonst ganz umsonst tut?«
»Klar tut er das. Charley hat ja gerade keinen Waldbrand zu bekämpfen und ist netten Leuten gern gefällig.«
»Müssen ihm aber zumindest seinen Brennstoff ersetzen, dieser Motor säuft doch sicher allerhand.«
»Denke, so etwa drei Liter pro Kilometer. Braucht euch aber nicht zu kümmern, zahlt der Feuerschutz von unseren Steuern.«
»Mann, Jimmy, du hast wirklich großartige Freunde. Woher kennst du diesen prächtigen Charley?«
»Von der Tivolibar, saß da gestern vor einem Bier, und wir kamen halt so ins Gespräch.«

Im Flug zu den Pribiloffinseln

Aller guten Dinge sind drei, sagt der bekannte Volksmund. Und so war es denn auch, als wir von Delta-Junction wieder in Anchorage einrollten. Erstens hatte Henry Portland angerufen und wissen lassen, daß nun die Karibu im Denaligebiet auf Wanderschaft gegangen seien, zweitens war Jack Rover hier gewesen, um zu sagen, daß es mit der Jagd auf Elche losgehen könnte, und drittens war von Washington die Erlaubnis zum Besuch der Pribiloffinseln gekommen.

»Also, Hans, was soll's sein«, fragte Jim, »erst die Karibu und dann die Elche oder umgekehrt?«

»Erst die Robben auf den Pribiloffs.«

»Mach das später, die laufen nicht weg.«

»Aber sie schwimmen mir weg, Jimmy. Hier steht's schwarz auf weiß ... ich muß bis Ende September dort sein, sonst haben sie die Inseln verlassen. Über Winter zieht das ganze Robbenvolk nach Süden und verliert sich im sonnigen Pazifik.«

Weil Jim nur wenig von den Pelzrobben wußte, konnte er mir kaum widersprechen.

»Was hast du denn von diesen feuchten Viechern«, fragte er, »jagen darfst du sie nicht und Hörner haben sie auch keine.«

Für ihn bestand die Welt der Tiere nur aus jagdbarem Wild, was sonst noch die Erde bevölkerte, interessierte ihn kaum.

»Vielleicht will er seiner Marianne einen Sealpelz mitbringen«, meinte Frau Jenny, die als weibliches Wesen sehr wohl begriff, welche Kostbarkeiten die nebligen Inseln bargen.

»Netter Gedanke, Jenny, aber leider zu teuer. Ich werde mich damit begnügen, die Pelzrobben in Mariannes Namen zu streicheln.«

Wie ich denn überhaupt hinzukommen gedachte, wollte Jim wissen. Das wollte ich auch wissen.

Die Pribiloffinseln liegen inmitten der Beringsee, dort, wo die ewigen Nebel wallen und immerzu Winde wehen. Keine Schiffslinie führt dorthin, auch keine regelmäßige Fluglinie. Die beiden Inseln sind durch ein Sondergesetz hermetisch von der Außenwelt abgesperrt. Die wertvollen Robben gehören dem Staat und werden vom Innenministerium direkt verwaltet. Außer einem Kommando der Küstenwache und der Wetterstation gibt es niemanden auf den Pribiloffs, der nicht vom »Amt für Fisch und Wild« angestellt ist und mit den Robben zu tun hat. Fremden ist der Zutritt so streng verboten, daß einzig und allein der Herr Staatssekretär des Innenministeriums eine Ausnahme gestatten darf. Um sie zu erhalten, hatte ich einen langwierigen Papierkrieg entfesseln müssen. Wissenschaftliche Stellen halfen mit Empfehlungen, die amerikanische Botschaft in Bonn und die deutsche Botschaft in Washington hatten sich eingeschaltet. Endlich war es gelungen, die Pribiloffs wollten mir ihre Geheimnisse enthüllen. Wie ich aber hingelangen sollte, blieb meiner Findigkeit überlassen.

»Du bestehst also darauf«, fragte mich Jimmy zum drittenmal.

»Unter allen Umständen, und wenn ich schwimmen müßte.«

»Soweit darf's natürlich nicht kommen«, entschied Frau Jenny, »überleg doch mal, Jimmy, kennst du niemanden?«

Mein vereidigter Jagdführer kratzte sich den lichter werdenden Schädel.

»Frag doch einfach den alten Bowers . . .«

»Wer ist das?«

»Ist 'ne ganz harte Nuß und General dazu, kommandiert hier die Luftwaffe herum.«

»Läßt sich ein so hohes Tier ohne weiteres sprechen?«

Der schlichte Bürger Jim schritt zum Telefon, wählte eine Nummer und verlangte den Oberkommandierenden der alaskanischen Luftstreitkräfte zu sprechen.

Man hält es kaum für möglich, aber nach kurzer Zeit schon hatte Jimmy alle Vorzimmer überwunden und den Oberkommandierenden persönlich am Draht.

»Hallo, General«, sagte mein Freund, »hier spricht der Steuerzahler Jim Anderson. Hab hier einen Freund aus Deutschland, und der muß unbedingt zu den Pribiloffs. Hätten Sie zufällig einen Flug dorthin?«

Als Antwort konnte ich nur das harte Geräusch einer betont militärischen Stimme vernehmen. Der General ließ sich offenbar mit kurzen Flüchen über das aus, was er von Jimmys Unverfrorenheit hielt.

»Gut, General«, gab mein Freund zurück, »werd's ihm sagen . . . geht in Ordnung . . . wirklich nett von Ihnen.«

Dann hängte er ein.
»Sollst morgen früh zu einem Oberst Richard Smith nach Fort Elmendorf hinaus und alle Papiere mitbringen. Der General wird ihm Bescheid sagen.«
Ich konnte es kaum fassen.
»Und geschimpft hat er gar nicht?«
»Warum sollte er«, meinte Jim, »diese Leute leben schließlich von unserem Geld.«
Ganz so glatt ging es natürlich nicht, als ich bei Oberst Smith eintraf. Der wollte erst mal eine ganze Menge über mich wissen, rief dann seinen Adjutanten herbei und sagte ihm, er solle mich zu einer Tasse Kaffee in die Messe mitnehmen. Unterdessen, so nehme ich an, telefonierte der Oberst mit jenen Stellen herum, die es überall gibt, ohne daß sie deshalb besonders auffallen.
Als wir nach einer knappen halben Stunde in sein Büro zurückkamen, war gleich zu merken, daß die Hintergründe meiner Person ziemlich weitgehend aufgeklärt waren. Wenn es sein muß oder irgendwie interessiert, kann das erstaunlich schnell gehen. Der Oberst begrüßte mich wie einen alten Bekannten.
»Sie müssen mir gelegentlich mal erklären, wie das mit dem *Fall Sorge* in Japan war«, sagte er mit breitem Lächeln, »der Mann muß ja ein toller Kerl gewesen sein. Ich werde mir Ihr Buch über ihn besorgen, und Sie schreiben mir 'ne Widmung rein ... und außerdem die große Panzerschlacht an der Dubisa, gleich in den ersten Wochen vom Ostfeldzug. Müssen Sie mir auch erzählen, wie das war, als die sowjetischen 51tonner anrollten. Nun geht's zu den Pribiloffs ... mal sehen, was sich machen läßt, wir selber haben keine Maschine dorthin ... hab aber mit dem Kommando der Küstenwache gesprochen. Die müssen sowieso mal wieder ihre Station versorgen und nehmen Sie mit.«
»Ist ja wunderbar, Colonel, und wann wäre das?«
Er schaute auf einen Zettel.
»Ihnen zuliebe schon morgen früh, um fünf Uhr dreißig werden Sie abgeholt, müssen aber pünktlich sein!«
Und ob ich pünktlich sein wollte.
Bereits um fünf Uhr zwanzig rollte ein blaugestrichener Kübelwagen vor Jimmys Haustür. Ich warf meinen Rucksack hinein, und in sausender Fahrt ging es zum Militärflugplatz hinaus.
Dort wurde ich zunächst einmal »richtig angezogen«: ich bekam eine kanariengelbe Schwimmweste umgeschnallt, an der eine Menge von Zutaten hing. Eine Leuchtpistole, wasserdicht verpackt, sollte dazu dienen, im Falle von Not und Gefahr bunte Kugeln in den Himmel zu schießen. In einem Nylonbeutel befand sich gelber Farbstoff. Wenn man ins Wasser fiel, sollte sich das Ding automatisch öffnen und einen riesigen Farbklecks erzeugen, der von jedem Suchflugzeug leicht zu erkennen war, falls klares Wetter herrschte, versteht sich. Dann

war noch eine »Anti-Haifisch-Spritze« dabei, mit irgendwelchen Chemikalien gefüllt, deren Zweck die todsichere Vertreibung aller schwimmenden Ungeheuer war. Auch für Verpflegung im Meer hatte man gesorgt, es gab ein Plastikröhrchen mit nahrhaften Pillen und eine Wasserflasche aus Nylon gegen den Durst. Dazu noch Sonnenbrille, Trillerpfeife und einiges andere, was man in der Not gut brauchen konnte. Eine Preßluftbüchse mit kleiner Reißleine sollte gegebenenfalls dafür sorgen, die Weste ballonartig aufzublasen. Zur freundlichen Erinnerung an den vollbusigen Leinwandstar der dreißiger Jahre hieß die Schwimmweste ganz offiziell »Mae West«.
Es dauerte ziemlich lange, bis alle Haken und Bänder vorschriftsmäßig befestigt waren.
»Damit kann einem bestimmt nichts mehr passieren, wenn man ins Wasser fällt«, sagte ich zu dem Sergeanten, der mir das ungefüge Ding verpaßte, »es wurde wirklich an alles gedacht.«
»Fehlt nur noch ein Öfchen«, meinte der brave Mann, »denn länger als zehn Minuten hat's noch niemand im Eiswasser der Beringsee ausgehalten.«
Fünf junge Männer, gleicherweise in die »Mae West« gekleidet, stiefelten auf dicken Gummisohlen in den Umkleideraum. Es war die Besatzung meiner Maschine.
»Sind wohl unser Ballast an Bord«, wurde ich begrüßt, »gehen wir erst mal Kaffee trinken.«
Wir zogen in einen recht wohnlich eingerichteten Raum, der nur für die fliegende Besatzung reserviert war. Es erwies sich als fast unlösbares Problem, für mich eine Tasse zu finden. Denn hier hatte jeder seine eigene und mit Namen versehen. Es schien als besonderer Sport zu gelten, private Kaffeetassen in der kuriosesten Form und Farbe zu besitzen. Unser Pilot, ein Hauptmann aus dem warmen Florida, trank aus einem Negerkopf, sein Navigationsoffizier aus einem nachttopfähnlichen Gefäß. Der jüngste Mann der Besatzung war der vornehmste, er schlürfte seinen Kaffee aus einem kostbaren Sèvrestäßchen. Für mich mußte erst mit viel Lauferei eine gewöhnliche Militärtasse aus der Küche geholt werden.
»Wann geht's eigentlich los?« fragte ich die Herren.
»Wenn man auf den Pribiloffs die Hände vor den Augen sehen kann. Vorläufig gehen die noch am Stock, weil sie sonst über jeden Stein stolpern.«
Da würde es mir schwerfallen, schöne und klare Farbfotos von den Robben zu bekommen. Dabei hatte ich mit der »Bunten Illustrierten« eine große Fotoreportage über die Pribiloffs abgesprochen. Wenn ich dort in dichten Nebel geriet, war's damit Essig.
»Captain Lenleigh ... Captain Lenleigh ...«, rief der Lautsprecher, »Ihre Maschine ist fertig zum Start!«
Da unser Captain sogleich aufsprang, mußte er wohl Lenleigh heißen.
»Auf geht's, meine Herren, bitte um Beschleunigung.«

In flottem Trab eilten wir durch die weiten Hallen, die voll mit großen Bombern standen, und dann hinaus zur Startbahn.
Weil ich nicht viel von Flugzeugen verstehe, kann ich leider nicht sagen, wie man unter Aeronauten jenen Typ nennt, den wir bestiegen. Die Besatzung selber sprach von ihrem »Möbelwagen«, und danach sah die Maschine tatsächlich aus. Hauptsache daran war ein großer, klobiger Kasten mit einer Klappe hinten, über die ein ganzer Lkw in den Rumpf rollen konnte. Wie sich diese ungefüge Maschine mit ihren relativ kurzen Flügeln und nur zwei Motoren in die Lüfte zu erheben vermochte, war für einen Laien kaum zu verstehen.
Ein Tritt oder gar ein Treppchen zum Hineinsteigen existierte nicht, das war wohl zu zivil. Also griff ich zu einer Lederschlaufe, die von oben herabhing, und zog mich hinein. Drinnen war alles voll mit Ladung. Kisten und Kästen, Fässer und Säcke hatte man zu einem Berg getürmt, und darüber hing ein kleines Motorboot. An beiden Seiten waren Feldbetten in die Maschine eingebaut. Hier wurde mir mein Sitz angeboten, und ich mußte mich darauf festschnallen. Bis auf den »Lademeister« verschwand die Besatzung in der Kanzel, und die Motoren wurden angelassen.
Das gab einen Höllenlärm, weil ja in einem solchen Transporter gar nichts gegen Schall abgedichtet ist. Der Riesenvogel schüttelte sich und rollte an. Ich schätzte, daß er gut zwei bis drei Kilometer brauchte, um sich vom Boden abzuheben.
Kaum daß wir flogen, nahm ich gleich die zwängenden Gurte ab und ging zu einem der kleinen Fenster. Wollte ich mir doch nichts von Alaskas hinreißender Landschaft entgehen lassen. Doch drunten war die Welt von wallendem Nebel eingehüllt.
Schnell wurde es bitterkalt in dem fliegenden Frachtschuppen, eisige Luft zischte durch alle Ritzen in den Raum. Ich suchte und fand ein paar Armeedekken, kroch in einen windgeschützten Winkel und hüllte mich ein. Leider hatte ich zu fragen vergessen, wie lange unser Flug dauern würde. Sonst flog ich je länger je lieber, aber heute war das zu ungemütlich.
Bei einem seiner Rundgänge entdeckte mich der Lademeister.
»Ach . . . Sie hatte ich ja ganz vergessen«, meinte er, »Sie frieren wohl, da könnten wir gleich mal die Heizung anstellen.«
»Wenn's so was gibt, wäre ich sehr dafür!«
Er drehte an einer Kurbel und sogleich ergossen sich heiße Luftströme aus einem verborgenen Röhrensystem.
»Geht doch nichts über Gemütlichkeit«, versicherte mir der Sergeant, »bei uns können Sie es so warm haben wie am Äquator um zwölf Uhr mittags. Ist vielleicht Lektüre gefällig?«
In einem Wandkasten, der mit »Erste Hilfe« beschriftet war, standen in guter Ordnung eine große Zahl von Kriminalromanen. Davon sollte ich mir einen aussuchen.

»Wenn unser Captain am Steuerknüppel sitzt«, belehrte mich der gutgelaunte Lademeister, »liest er am liebsten den alten Edgar Wallace. Das beruhigt seine Nerven.«
Ich fragte ihn, ob die Maschine schwimmen könnte, falls wir auf der Beringsee niedergehen müßten.
»Aber natürlich kann sie das, so ungefähr dreißig Sekunden lang, wenn sie leer ist. Aber so voll wie jetzt saufen wir gleich ab. Man darf sich aber vorher mit 'ner Leuchtpistole erschießen, nur muß man sie ganz dicht an den Kopf halten.«
Ein umgänglicher Mann, dieser Sergeant. Er hatte offenbar Gefallen an mir gefunden und wollte mich nett unterhalten. Alle Geschichten über Abstürze und Totalverluste, die jemals in und bei Alaska passiert waren, gab er zum besten.
»Wie wär's mit 'nem kleinen Frühstück«, schlug er nach einer Weile vor, »nur haben wir keine Luftpüppchen an Bord, die das schwungvoll servieren. Die Coastguard ist hinsichtlich Damen ein trister Verein.«
So trist war das »kleine Frühstück« nicht, vielmehr zeugte es für eine geradezu sagenhafte Verwöhnung des militärischen Standes, zumindest in der Luft. Ich bekam einen großen Karton, der luftdicht verpackt war und laut Aufschrift die Verpflegung für einen Mann enthielt. Darin befand sich, sehr hygienisch verpackt, ein halbes gekochtes Huhn, eine Hammelkeule, eine Büchse Fruchtsaft, ein Stück Käse, ein Stück Wurst, eine kleine Tafel Schokolade, eine Zellophantüte mit Oliven, ein Beutel mit Gebäck, ein Tütchen Bonbons, eine Packung Kaugummi, eine Tube mit Meerrettich, eine mit Senf, zwei Zuckerstückchen, Pfeffer und Salz sowie zehn Zigaretten. Dazu ein Papierbecher sowie Messer und Gabel aus Plastik.
»Sagen Sie's ruhig, wenn's nicht langt«, forderte mich der Sergeant auf, »ich habe immer ein paar Kartons in Reserve.«
Ich sagte ihm, es würde wohl genügen, und dachte zurück an unsere Marschverpflegung im strammen Bataillon. Da hieß es immer, Preußen habe sich großgehungert, wir sollten uns daran ein Beispiel nehmen. Doch scheint mir die altpreußische Devise nicht für alle Nationen Geltung zu haben, ist doch Amerika durch gute Verpflegung gewiß nicht kleiner geworden.
Im übrigen bekam ich auch noch den üblichen Humpen mit starkem Kaffee. Er wurde von dem Sergeanten in einer Espressomaschine gebraut, die zu diesem Zweck gleich neben der Tür hing.
Draußen war noch immer dieselbe Waschküche. Was für ein Jammer, daß ich absolut nichts von Land und Meer zu sehen bekam, über das wir hinflogen. Weit wichtiger war aber, daß ich später auf den Pribiloffs klare Sicht hatte.
Inzwischen war es gut warm geworden in unserem Laderaum, das »kleine Frühstück« hatte ich mit einiger Mühe halbwegs vertilgt und widmete mich, weil es ja Besseres nicht zu tun gab, dem »Mord am Nil« von Agatha Christie,

die sehr genaue Kenntnisse von einer Nilreise zu haben schien. Im vorigen Jahr hatte ich die gleiche Fahrt unternommen, doch war bei dieser Gelegenheit keine schöne Millionenerbin umgebracht worden, nicht einmal der Schiffskoch, was die Passagiere begrüßt hätten.
»Wir landen . . .«, rief mir der Lademeister durch den Lärm zu, »ist schnell gegangen diesmal.«
Unser schwerer Vogel hatte schon sein Räderwerk ausgefahren, stieß durch die Wolkendecke und ging auf eine riesige Zementbahn hinunter. So weit das Auge reichte, war das ganze, trostlose, braungelbe Land mit verfallenen Holzbaracken, rostigen Quonsethütten und aufgeschlagenen Kisten bedeckt.
»Ich hatte mir die Pribiloffinseln anders vorgestellt«, sagte ich zu dem Sergeanten.
»Wir sind gar nicht auf den Pribiloffs, sondern in Cold-Bay.«
Dieser Flugplatz liegt, wie mir die Karte nach einigem Suchen verriet, am äußersten Ende der sogenannten Alaska-Peninsula, die ihren hageren Arm weit in die Beringsee hineinstreckt. Wo er zu Ende ist, fängt die lange Inselkette der Aleuten an, wohin sich meines Wissens noch kein normaler Mensch auf eigene Kosten begeben hat. Es soll ein fürchterliches Land sein. Aber Cold-Bay sah nicht viel besser aus. Im letzten Kriege lag hier in der Gegend eine ganze Armee in behelfsmäßigen Unterkünften, um die Japaner von einer Landung abzuschrecken. Auch ging ein großer Teil des Nachschubs für die amerikanischen Truppen im Pazifik über den Stützpunkt von Cold-Bay. All das unübersehbare Gerümpel weit und breit war hiervon der Rest und dazu bestimmt, sich von alleine aufzulösen.
Nur etwa fünfzig Menschen lebten in dem traurigen Ort, alle waren sie an der Wetterstation oder beim Flugplatz angestellt. In der Nähe gab es noch eine Radarstation der Luftwaffe mit etwa sechzig Mann Besatzung.
»Müssen auftanken«, erklärte mir Captain Lenleigh, »wir hatten die Tanks nicht voll, weil wir so schwer beladen sind.«
Damit schritten wir über die nasse Startbahn, wateten durch ein paar schlammige Pfützen und kehrten bei den Wetterfunkern ein, die uns sogleich mit Coca-Cola und Kaffee bewirteten.
Während wir da drinnen saßen und draußen die Maschine aufgetankt wurde, schlenderte ein baumlanger Mann mit angegrauten Haaren und verwittertem Gesicht herein. Er konnte ebensogut vierzig wie sechzig Jahre alt sein. Seine breiten Backenknochen und hochgezogenen Augenwinkel ließen auf eine Dosis Eskimoblut schließen. Er trug Gummistiefel bis zum Gürtel und eine abgewetzte Lederjacke. Seine stahlblauen Augen machten den Eindruck, als würden sie in weiteste Ferne schauen.
»Ein alter Seebär?« fragte ich den Captain.
»Nein, alter Bärenjäger, ist hier geboren, wofür ich ihn von Herzen bedauere.«

Ohne weiteres setzte sich der Mann zu uns.
»Hab dich noch nie gesehen?« sagte er zu mir.
»Glaub ich gern, bin erst fünf Minuten in Cold-Bay.«
»Was machst du in Alaska?«
Ich sagte es ihm, denn so direkte Fragen sind in Alaska allgemein üblich.
»Schon mal große Bären gesehen?«
»Ja, ein paar Braunbären am Kuliksee und einen jungen Grizzly in den Wrangell-Bergen.«
Er lachte gutmütig.
»Und das nennst du Bären, Mann, so kleine Teddies. Für uns hier fangen die Bären erst mit neun Fuß an. Solltest sie dir mal anschauen.«
Mein Interesse war geweckt, brannte sogar lichterloh.
»So ein richtiger Kodiakbär wär schon mein Fall«, gab ich zu, »hab auch vor, zum Schluß auf der Kodiakinsel mein Glück zu versuchen.«
Der verwitterte Mann war voller Entrüstung.
»Auf Kodiak ... ausgerechnet auf Kodiak ... gehörst wohl zur Sorte der Zartfüßler, die alles recht bequem haben wollen bei der Jagd. Nichts für mich, werter Herr! Und bis du dort einen Neunfußer bekommst, kannst du lange warten. Die wahren Kodiaks treiben sich hier bei uns herum, sehr weit draußen natürlich, wo kein Schießer so leicht hinkommt. Ist aber nur was für ganze Kerle, die's auf rauhe Art machen. Nichts für schlaffe Muskeln und schwache Herzen ...«
Gerade wollte ich ihn fragen, wie seine Bedingungen seien, falls er mich begleiten würde, da kam jemand herein und sagte, wir müßten schleunigst weg. Die Pribiloffs seien jetzt nebelfrei, und wir müßten das ausnützen.
»Ich laß von mir hören ... wir sehen uns noch ...«
Der robuste Mann schüttelte den Kopf.
»Hat schon mancher gesagt«, rief er mir nach, »aber nur wenige haben sich in meine Gegend getraut. Unser Ruf ist zu schlecht dafür.«
Weiter hörte ich nicht mehr, unser Captain hatte es brandeilig, wieder von Cold-Bay wegzukommen.
Wir flogen nun Nordost in die Beringsee hinaus, geradewegs in Richtung Sibirien. Auf halbem Wege dorthin sollten die Pribiloffs liegen.
Nach einer Stunde etwa riß die Wolkendecke auf, ich konnte auf schwarzblaues Gewässer herabschauen. Es gilt als eines der übelsten auf allen sieben Weltmeeren. Ständig ist die Beringsee in Wallung, meist von Nebel bedeckt und gespickt mit den gefährlichsten Klippen. Kein Schiff weit und breit war zu sehen.
»Da vorn sind sie«, schrie mir der Lademeister ins Ohr, »und bei Gott, zum erstenmal sehe ich sie schon beim Anflug.«
Die Pribiloffs bestehen aus zwei größeren Inseln und einigen kleinen, die aber nur von Seelöwen bewohnt sind. Die Hauptinsel heißt St. Paul. Die andere

Insel, St. George mit Namen, liegt fünfzig Meilen südlich davon. Wir flogen St. Paul entgegen.
Die Insel sah vollkommen grün aus, war überall hügelig, besaß einige Seen und ringsherum einen Strand mit schwarzem Gestein. Schäumende weiße Brandung lief gegen die Küste.
Unser Vogel ging tief auf die wogende See hinunter, zog einen weiten Bogen und berührte eine Wiese. Einige Male hüpfte die Maschine wieder hoch, faßte dann Boden und rollte über eine sandige Fläche zum Stillstand.
Draußen stand ein Oberleutnant der Küstenwache und streckte die Hand nach mir aus.
»Willkommen in unserer Mitte«, sagte er zum Gruß, »zwei Millionen Robben erwarten Sie.«

Pelze, Pulver und Piraten

Alles ist feucht auf den Pribiloffinseln, der Boden, das Gras und die Luft. Kein Tag vergeht ohne Regen, und fast immer herrscht Nebel. Nur selten, und dann nur für wenige Stunden, heben sich die grauen Schleier. Jedermann trägt Ölzeug im Freien, niemand geht ohne Gummistiefel aus dem Haus.
»Sie müssen sich umziehen«, sagte mir Oberleutnant Kattain, »ich bring Sie jetzt zu unserer Station, danach erwartet Sie Mister Hurd zum Tee.«
Eigentlich wollte ich jetzt nicht Tee trinken, sondern die Pelzrobben sehen. Kattain schien es mir anzumerken.
»Roy Hurd ist sozusagen der Zar von Pribilowien«, versicherte mir der junge Kommandant. »Er regiert die Inseln schon seit über zwanzig Jahren und weiß über seine nassen Untertanen mehr als in sämtlichen Büchern steht. Ohne ihn können Sie keiner Robbe nähertreten.«
Das war natürlich etwas anderes.
Wir fuhren über eine schmale, schlechte Straße zur Station der Küstenwache, vorbei an buckligen Hügeln, die bis oben hinauf mit dichtem Schilfgras bedeckt waren.
Wollte man die Unterkunft der fünfunddreißig Küstenwächter eine Kaserne nennen, es wäre geradezu beleidigend. Das lange, ebenerdige Gebäude glich mehr einem Erholungsheim für Stabsoffiziere. Da gab es modern eingerichtete Leseräume, den gemeinsamen Speisesaal, das Pingpong-Zimmer und eine blitzblanke Hotelküche. Mir wurden die Räumlichkeiten des Hauptfeldwebels angewiesen, der gerade auf Urlaub war. Durch eine Diele ging es in ein Wohn-Schlafzimmer mit Vorhängen aus Chintz, dahinter lag der Waschraum mit Dusche. Auf dem Bett war eine Daunendecke mit Seidenbezug ausgebreitet. Eine umfangreiche Plattensammlung klassischer Werke zeugte von der musikalischen Bildung des Sergeanten.

»Sie sollen sich ganz zu Hause fühlen«, bat der gastfreie Kommandant, »nur das Bett müssen Sie selber machen. Es ist bei den Coastguards auch für Offiziere so üblich. Falls Sie Alkohol bei sich haben, bitte ich, das als Geheimsache zu betrachten. Auf den Pribiloffs herrscht strenge Prohibition.«

Um so mehr wunderte es mich, daß die Küstenwache nur aus Freiwilligen bestand. Sie mußten wohl allesamt Abstinenzler sein, zumindest hier auf dieser »trockenen« Insel, die andererseits so feucht war.

Wird man sonst von einem Gouverneur zum Tee geladen, pflegt man sich in einen besseren Anzug zu werfen. Hier war das umgekehrt, ich zog mir Skihosen an, stieg in hohe Gummistiefel und hüllte mich in einen wasserdichten Anorak.

Das war gut so, denn ein offener Kübelwagen trug mich durch feinen Nieselregen zur Ortschaft St. Paul. Sie lag etwa zwanzig Kilometer von der Station entfernt, am anderen Ende der Insel. Auf der Fahrt dorthin zeigte sich die Landschaft von ihrer eintönigsten Seite. Ein Hügel sah aus wie der andere, überall Schilfgras und nichts als Schilfgras. Andere Gewächse schien es auf der Insel nicht zu geben. Dazwischen lagen ein paar dunkle Teiche, auf denen Eisenten kreuzten.

»Immerhin habt ihr Entenjagd zum Zeitvertreib«, sagte ich zu dem Fahrer.

»Ist streng verboten, Sir, niemand darf Feuerwaffen besitzen. Auch wir müssen sie im Depot halten und können sie erst herausholen, wenn der böse Feind kommt.«

Wir rollten über einen Hügel und sahen drunten am Meer die Ortschaft liegen. Sie sah nicht schlecht aus, nur waren alle Häuser genormt und wie beim Militär in geraden Linien ausgerichtet. Die Wände waren weiß getüncht, die Fensterläden grün und die Dächer rostbraun. Nur die grauen Lagerschuppen und ein Verwaltungsgebäude lagen abseits. Auf einem Hügel stand die orthodoxe Kirche, blütenweiß gestrichen, aber von altertümlicher russischer Bauweise. Mit ihren Zwiebeltürmen und der verschnörkelten Schnitzerei fiel sie ganz aus dem Rahmen jener nüchternen Sachlichkeit, die sonst das moderne St. Paul bestimmte. Gegenüber lag der Friedhof mit seinen weißen Doppelkreuzen. Auch dieser Gottesacker war gänzlich von üppigem Schilfgras überwuchert.

Nur spielende Kinder waren auf der Straße zu sehen. Sie hatten breite, freundliche Gesichter, geschlitzte Augen, dunkle Haare und einen rotbraunen Teint. Es waren die ersten Aleuten, die ich sah.

Wir hielten vor einem gutgepflegten Wohnhaus, und der Fahrer hupte, um mich anzumelden.

Roy Hurd, der »Zar von Pribilowien«, kam selber heraus, mich zu begrüßen. Der unumschränkte Herrscher sah so jugendlich aus, daß man ihm seine zwanzig Dienstjahre auf den Inseln kaum zutrauen konnte. Er war schlank, groß und gab sich ungezwungen.

»Sie haben Glück, so ausnehmend gutes Wetter anzutreffen«, sagte er, als wir um eine große Regenpfütze herumgingen, »morgen soll es noch besser werden.«

Drinnen wurde ich Frau Maxina Hurd vorgestellt, die ebenfalls schon zwei Jahrzehnte auf den Pribiloffs weilte und darüber sehr glücklich war, wie sie sagte. Ihr Heim war hübsch, gut geheizt und mit viel Geschmack eingerichtet. Es gab Streuselkuchen mit Schlagsahne, Tee und kleines Gebäck. Hinterher wurde mir noch eine Filmvorführung geboten, über das Leben wie Sterben der Pelzrobben.

»Freut mich, daß endlich mal ein Deutscher hierher kommt«, versicherte mir der Hausherr, als die Erklärungen begannen, »denn unsere Pelzrobben wurden von einem deutschen Naturforscher entdeckt.«

»Von dem unermüdlichen Georg Steller, nicht wahr?«

»Stimmt genau, er fand sie im November 1741 auf den Beringinseln, als die Expedition seines Chefs Vitus Bering an den dortigen Klippen Schiffbruch erlitt. Er und alle seine Genossen wären elend verhungert, hätte es diese Tiere nicht gegeben. Die ganze gestrandete Gesellschaft lebte von ihrem Fleisch, kleidete sich in ihre Felle und heizte mit ihrem Öl. Übrigens nannte Steller sie *Seebären*, was ich auch viel passender finde, aber später hat man sie in *Pelzrobben* umbenannt . . . daran ist nichts mehr zu ändern.«

»Die Russen, denen sie schon früher an der Küste von Kamtschatka begegnet waren«, trug ich zum Thema bei, »hatten sie *Seekatzen* getauft. Eine recht kleinlaute Bezeichnung für so große Tiere, finden Sie nicht auch? Sir Francis Drake war da schon großzügiger gewesen, als er sie *Seewölfe* nannte.«

Meine beiden Gastgeber starrten mich an.

»Ja, woher wissen Sie denn das?«

»Steht doch im Buch von Frederika Martin, und auch sonstwo habe ich darüber gelesen.«

Mir war schon öfter aufgefallen, wie erstaunt die Leute in Alaska sind, wenn man von ihren Dingen und Tieren weiß. Sie scheinen anzunehmen, daß ihr Land und alles, was damit zusammenhängt, für die gesamte Außenwelt ein Buch mit sieben Siegeln ist. Dabei scheint es mir das natürlichste von der Welt, daß man sich möglichst eingehend informiert, bevor man für mehrere Monate in ein fernes Land reist.

»Wir hatten schon Leute hier, die nicht glauben wollten, daß die Pelzrobben echte Säugetiere sind«, sagte Mr. Hurd, »man hielt sie für eine Art von Fischen. Dabei können die Jungen zunächst gar nicht schwimmen und bleiben die ersten Monate am Land. Ihrer Abstammung nach sind die Pelzrobben ursprünglich Landtiere gewesen und zoologisch mit den Landbären eng verwandt . . .«

»Das ist aber lange her.«

»Ja, einige Millionen Jahre, unsere Robben dürften es vergessen haben. Als Ihr Landsmann aus Halle an der Saale sie entdeckte . . . ich meine natürlich wissenschaftlich entdeckte und die erste Beschreibung von ihnen an die Akademie von St. Petersburg schickte, taufte er sie mit dem lateinischen Namen *Ursus marinus.*«

»In meinem Lexikon«, warf ich ein, »heißen sie *Arctocephalus ursus.*«

Mr. Hurd warf die Hände hoch.

»Streiten wir uns nicht, wir sind doch keine Gelehrten. Die am meisten darüber schreiben, haben für gewöhnlich am wenigsten davon gesehen.«

Ich gab ihm von Herzen recht und beschloß, Roy Hurd nicht mehr zu unterbrechen. Er war in volle Fahrt geraten und hielt mir einen regelrechten Vortrag.

Einst lebten die Pelzrobben über die halbe Welt verstreut, vom Rande des Südpolkontinents bis hinauf zum Eismeer am Nordpol. Sie hielten die Küsten von Feuerland besetzt, hausten an der La-Plata-Mündung, an der Küste von Südwestafrika und in Chile. Sie sonnten sich am Strande von St. Helena und Asuncion, zogen durch die weite Südsee, besuchten die mexikanische Küste und aalten sich in der Sonne Kaliforniens. Sie trafen sich im Norden Japans, auf den Kurilen und bei den kalten Klippen von Sibirien. Sie bevölkerten die kanadische und alaskanische Küste, lebten auf den Aleuten, den Kommandorski-Inseln und natürlich auf den Pribiloffs.

Doch war das zu Zeiten, da die Menschheit den Wert ihrer Pelze noch nicht entdeckt hatte. Aber das sollte sich ändern. Zu Beginn des achtzehnten Jahrhunderts kam die große Ausrottung in vollen Gang und hat bis zum heutigen Tage nicht restlos aufgehört. Das einst so weite Verbreitungsgebiet der kostbaren Pelzträger ist nun bis auf wenige Punkte zusammengeschrumpft. Nur dort können die wertvollen Tiere weiter existieren, wo sie durch besondere Gesetze und ständige Bewachung geschützt werden. Der hohe Preis für das rohe Fell lockt überall, wo kein ausreichender Schutz besteht, das geldgierige Gesindel an.

Im Süden unserer Erdkugel blieb eine ansehnliche Kolonie von Pelzrobben nur auf den Falkland-Inseln und in der Kreuzbucht von Südwestafrika erhalten. Diese verdanken das der deutschen Kolonialverwaltung, die sie schon um 1900 unter ihren Schutz nahm und Wächter auf die Insel setzte. Im hohen Norden gibt es noch drei Bestände, nämlich die sowjetischen Pelzrobben auf den Kommandorski-Inseln sowie auf Kuroi vor der Ostküste von Sachalin. Als diese Insel vor dem Kriege noch japanisch war, habe ich die Robben dort gesehen. Man gab damals ihre Zahl mit rund zehntausend an.

Heute lebt die weitaus größte Kolonie der Seebären auf den Pribiloffs. Fast alle Sealpelze, die auf der weiten Welt von mehr oder weniger schönen Damen getragen werden, stammen von St. Paul und St. George. Jede elegante Frau weiß, was ein »Seal« ist, nämlich jener schöne, glänzende, dunkle Pelz, der als Mantel oder Cape getragen wird und ganz unverwüstlich sein soll. Aber nur wenige dieser Damen haben eine Ahnung, von welchem Tier das herrliche Fell für sie abgezogen wurde. Und kaum eine wüßte zu sagen, wo das hübsche Tier gelebt hat, dessen seidige Haut sie umhüllt.

Wie gesagt hat Dr. Georg Wilhelm Steller 1741 auf den Beringinseln die »Seebären« vorgefunden und bei seiner Heimkehr einige Felle mitgebracht. Deren Schönheit und haltbare Qualität erregte sogleich riesiges Aufsehen, zumal in einer Zeit, da auch die Männer mit Pelzen prunkten. Erfahrene Pelzhändler witterten eine neue Gewinnchance, der Zarenhof wünschte mehr dieser kostbaren Felle zu sehen. Befehle flogen durch Sibirien, mit jenen drei Federn gekennzeichnet, die höchste Eile anordneten, und neue Expeditionen verließen Ochotsk. Sobald die ostsibirische Küste eisfrei war, segelte gleich ein volles Dutzend kleiner, plumper Holzschiffe in die stürmische Beringsee. Mit dem traurigen Erfolg, daß schon 1763 die letzte Pelzrobbe der Beringinseln erschlagen war. Sie hatten ihre Entdeckung nur um zweiundzwanzig Jahre überlebt. Nach weiteren zwanzig Jahren waren sie auf den Aleuten schon so selten geworden, daß man sich nach neuen, bisher noch nicht bekannten Fanggründen umsehen mußte.

Zu den kühnen, rücksichtslosen Kapitänen, die sich auf die große Suche begaben, gehörte auch Gerassim Pribyloff. Sein Vater war mit von der Partie gewesen, als Vitus Bering und Georg Steller die Küste Alaskas erforschten, auch der Sohn kannte sich in diesen unwirtlichen Gegenden bestens aus. Er war schlauer als seine rohen Kumpane und dachte nicht daran, aufs Geratewohl in unbekannte Regionen vorzustoßen. Vielmehr suchte er von den Eingeborenen zu erfahren, was sie von unberührten Inseln wußten. Das war nicht mehr so leicht wie noch wenige Jahre zuvor, die Aleuten hatten genug von dem unerhörten Raubbau der Fremden an ihrer Tierwelt gesehen, um zu begreifen, daß hierdurch ihre eigene Lebensgrundlage vernichtet wurde. Sie hielten ihre restlichen Fanggründe nach Möglichkeit geheim, sie zu verraten galt als schimpfliches Verbrechen.

Gerassim Pribyloff wußte das wohl, wußte aber auch, wie man Aleuten zu behandeln hat. Gepfefferter Wodka löste die Zunge eines alten Medizinmannes, der seine Schweigepflicht brach und von einem gewissen Igalik berichtete. Wilde Stürme hatten dessen Baidarka weit hinaus ins offene Meer getragen, wo er schließlich zu einer Insel gelangte, deren Küste von vielen tausend Seebären bedeckt war. Igalik tötete einige von ihnen, kam wieder zu Kräften und gelangte schließlich zu seiner Familie zurück, die das Geheimnis der Robbeninsel bewahrte. In mehreren Booten brachen sie alljährlich dahin auf, gelangten durch die reiche Beute zu Ansehen und Wohlstand, gingen jedoch allesamt in einem Sturm zugrunde. Wann das gewesen war, wußte niemand mehr. Aber die Himmelsrichtung, wo Igaliks Insel liegen sollte, konnte der Schamane noch so ungefähr angeben.

Gerassim Pribyloff setzte die Segel seines »Heiligen Georg« und ging sogleich in See. Wochenlang kreuzte er vergeblich auf den stürmischen Wogen des kalten Meeres. Meist verhüllte dichter Nebel alle Sicht. Wahrscheinlich hätte er die Inseln, die heute seinen Namen tragen, nie gefunden, hätten die Pelzrobben ihren Verderber nicht selber herbeigerufen. Denn eines Tages, im Juni 1786, hörte man vieltausendfaches Gebrüll aus dem Nebel. Pribyloff ließ sofort ein Boot aussetzen, das vom Nebel umwallt zu einer steinigen Küste gelangte. Man fand sie von einer unermeßlichen Zahl der kostbaren Pelztiere belegt. Und das große Schlachten begann.

Nichts ist einfacher als das, die Robben sind völlig wehrlos, und ein Kind kann sie einholen. Vier bis fünf Männer genügen schon, um hundert und noch mehr Tiere einzukreisen, man muß ihnen nur die Flucht ins Wasser verlegen. Um das wertvolle Fellkleid nicht durch Schüsse oder Stiche zu beschädigen, werden sie mit Knüppeln erschlagen. Ihre Schädeldecke ist so dünn, daß sie schon beim ersten Schlag zerbricht. Die Annalen der Pribiloffs berichten, daß um die Jahrhundertwende ein Trupp japanischer Pelzpiraten dreihundertsechzig Tiere binnen zwei Stunden erschlug und mit den abgezogenen Fellen das Weite suchte. Den absoluten Rekord stellte jedoch eine russische Mannschaft auf, die es an einem Tage auf viertausend abgehäutete Opfer brachte. Pribyloff selber dürfte schon bei seinem ersten Besuch ähnlich gewütet haben.

Nach Pribyloffs Schiff wurde die neuentdeckte Insel »St. Georg« genannt. Bald war kein Platz mehr an Bord für weitere Pelze. Der unersättliche Kapitän ließ seinen Steuermann Popow mit zwanzig Russen und ebenso vielen Aleuten auf der Insel zurück und segelte mit der reichen Beute nach Unalaska. Die Zurückgebliebenen sollten fleißig weiterschlachten und die Pelze für seine Wiederkehr bereithalten.

Ein Jahr verging, ohne daß ihr Herr und Meister zurückkam. Als Popow an einem ausnehmend klaren Tag den höchsten Hügel seiner Insel bestieg, um Ausschau nach der »St. Georg« zu halten, erblickte er in der Ferne eine zweite Insel. Sofort machten die Russen ihr einziges Boot flott und ruderten mit dem offenen Fahrzeug über sechzig Kilometer weit zu dem neuen Land. Weil sie diese Insel am Peter-und-Pauls-Tag betraten, gaben sie ihr als fromme Leute den Namen dieser beiden Heiligen, der später auf »St. Paul« verkürzt wurde.

Zu seinem Erstaunen war Popow aber nicht der erste weiße Mann, der die Hauptinsel der Pribiloffs betrat. Man fand ein Lager mit europäischen Kochtöpfen, das erst vor kurzem verlassen worden war. Doch hat die Welt nie erfahren, wer die wirklichen Entdecker von St. Paul gewesen sind. Sie müssen auf der stürmischen See umgekommen sein, bevor es ihnen möglich war, der übrigen Menschheit Kunde von ihrer phantastischen Entdeckung zu geben. Phantastisch war diese Entdeckung, denn auf St. Paul befand sich die größte Konzentration von Pelzrobben, die Menschen je erblickt haben. Ihre Zahl schien noch unermeßlicher, noch unerschöpflicher als auf der kleinen St.-Georg-Insel.

Als Gerassim Pribyloff endlich zurückkam, konnte er vierzigtausend Pelze mitnehmen, die im Sommer 1787 in Ochotsk mit fabelhaftem Gewinn verkauft wurden.

Schon im Jahre darauf gingen zwanzig beutegierige Schiffsbesatzungen auf den Pribiloffs an Land. Der Bedarf an Pelzen war gar nicht zu befriedigen, je mehr von dem so herrlich glänzenden Seal in die Welt gelangte, desto begehrter wurde er. Auch der kaiserliche Hof von Peking konnte gar nicht genug davon bekommen. Die Preise stiegen und lohnten jedes Risiko. Als im Jahre 1799 – um nur ein Beispiel von vielen zu nennen – der Shelikoffkompanie von drei Schiffen zwei verlorengingen und von zweihundertzwanzig Pelzräubern nur achtzig Mann zurückkehrten, ergab die Expedition trotzdem einen Profit. Jedenfalls für den Unternehmer, der wohlweislich daheimgeblieben war. Während die Handelsherren immer reicher wurden, verlor Pribyloff sein ganzes, schnell errafftes Vermögen beim Würfelspiel und trank sich aus Kummer darüber zu Tode.

Promischleniki nannten sich die Pelzjäger, ein Name, den die Eingeborenen längst zu fürchten gelernt hatten. Ihre Kühnheit und Ausdauer war ebenso sprichwörtlich wie Roheit und Trunksucht. In ihrer Beutegier und geistigen Stumpfheit lernten sie es nicht, die frisch abgezogenen Häute sachgemäß zu behandeln und einzulagern. Man schätzt, daß damals nur eines von drei Fellen für den Kürschner verwertbar blieb. Um so verheerender wirkte sich der gräßliche Raubbau auf die Herden aus. Selbst im fernen Petersburg mußte es bedenklich stimmen, als 1803 gleich zweihundertachtzigtausend Felle auf einmal ankamen. Man hatte schon eine halbe Million auf Lager und fürchtete nun doch eine Vernichtung der Herden. Zar Alexander griff persönlich ein und schickte seinen Kammerherrn Rezanow, selber Teilhaber der größten Pelzkompanie, auf die weite Reise nach Alaska. Mit dem kaiserlichen Kriegsschiff »Newa« lief Rezanow in Kronstadt aus, umsegelte ganz Afrika und Ostasien, blieb einige Monate in Japan und langte nach zweijähriger Reise in Alaska an, um schließlich auch die sagenhaften Pribiloffs zu betreten.

Der Emissär des Zaren war entsetzt von dem, was er antraf, und zum erstenmal begriff eine verantwortliche Persönlichkeit, daß die Pelzherden verloren waren, wenn das furchtbare Morden so weiterging wie bisher. Kurzerhand verbot Rezanow, der mit allen Vollmachten versehen war, weitere Operationen und reiste wieder ab. Er segelte nach Kalifornien, damals noch zu Spanien gehörend, verliebte sich dort in Donna Concepcion Argüello, die Tochter des Gouverneurs, und eilte auf schnellstem Wege an den Zarenhof zurück, um von seinem Herrscher die Ehegenehmigung zu erlangen. Seine übertriebene Eile bekam ihm schlecht, kurz vor seinem Ziel starb er durch einen Sturz vom Pferd.*

* Die faszinierende Persönlichkeit von Rezanow spielt unter anderem eine Rolle in meinem Buch über Baranow »In Alaska bin ich Zar« (Cotta Verlag) und im demnächst erscheinenden Buch »Stern von Kalifornien« (Bertelsmann Verlag).

Als Baranow, der russische Vizekönig in Alaska, von Rezanows Ende erfuhr – was immerhin einige Jahre dauerte –, dachte er nicht mehr daran, sich an dessen Befehle zu halten. Immerhin war er so vorsichtig, die Robbenpelze nicht mehr nach Rußland zu schicken. Er tauschte sie auf den Hawaii-Inseln, in Kanton und Kalifornien gegen Lebensmittel, Tee, Alkohol, Waffen und Gold. Dies Geschäft gedieh so gut, daß sich andere Nationen einzuschalten gedachten. Engländer und Nordamerikaner umsegelten auf ihren flinken Klipperschiffen Kap Hoorn und erschienen selber bei Alexander Baranow. Obwohl dem russischen Vizekönig jeder Handel mit fremden Schiffen verboten war, ließ er sich von der alten russischen Weisheit leiten, wonach der »Zar weit und der Himmel hoch ist«. Der Vizekönig machte mit seinen Pribiloffpelzen glänzende Umsätze, und die ferne russische Kolonie blühte auf. Baranows Holzpalast in Sitka wurde zu einem Treffpunkt unternehmender Kapitäne aus Boston und London. Doch bald kamen diese Geschäftsfreunde auf den guten Gedanken, die kostbaren Pelze selber zu erbeuten, statt sie dem Vizekönig für teures Geld abzukaufen. Sie begannen, im russischen Hoheitsgebiet zu wildern. Es kam zu blutigen Kämpfen auf den Pribiloffs, und Baranow mußte dort eine Festung anlegen. Zwei seiner alten Kanonen sind heute noch zu sehen.
So schlimm es den Pelzrobben auch erging, das Schicksal der Aleuten war womöglich noch schlimmer. Die Promischleniki fingen sie auf ihren heimischen Inseln und brachten ihre Gefangenen gewaltsam auf die Pribiloffs, wo sie wie Sklaven gehalten wurden. Wie viele der Eingeborenen diesen Weg antreten mußten, weiß man heute nicht mehr. Die Bewohner der Fuchsinsel jedenfalls wurden mit Weib und Kind geschlossen ins Exil gebracht. Dort war es ihre Aufgabe, die Robben zu erschlagen und ihnen das Fell abzuziehen. Die Russen selber begnügten sich damit, die Ausbeute zu zählen, einzusalzen und abzufertigen. Ihre aleutischen Sklaven lebten schlimmer als Tiere. Sie gruben sich Höhlen, versteiften sie mit Treibholz und ernährten sich fast ausschließlich von Robbenfleisch. Als Kleidung trugen sie Robbenfelle und heizten ihre Höhlen mit Robbenöl. Unzählige der so grausam Verschleppten mußten bei einem solchen Leben zugrunde gehen. Immer neue Arbeitskräfte wurden herbeigeholt, mit dem traurigen Ergebnis, daß sich weite Teile der Aleuten-Inselketten gänzlich entvölkerten. Im Verlauf von sechzig Jahren ging die Zahl der Aleutenbewohner auf ein Fünftel zurück. Heute leben mehr reinrassige Aleuten auf den Pribiloffs als auf den Aleuten selber.
Ein Wandel trat erst um 1820 ein, als russische Mönche, vom Zaren entsandt, auf den beiden Inseln erschienen, die Verschleppten zum Christentum bekehrten und, so gut es ging, in Schutz nahmen. Die große Treue und bemerkenswerte Frömmigkeit, die heute noch von den Aleuten der russisch-orthodoxen Kirche erwiesen wird, geht auf jene barbarischen Zeiten zurück, als diese armen Teufel im Priester die einzige Hilfe gegen die Willkür ihrer Zwingherren fanden.

Leider kam ich drei Wochen zu spät, um noch den letzten russischen Archimandriten zu sprechen. Thionsy Kulchetzki war in seiner Jugend Gardeoffizier in St. Petersburg gewesen und während der russischen Revolution, mit der antibolschewistischen Koltschakarmee kämpfend, bis ans Ende Sibiriens gelangt, um schließlich Zuflucht in Alaska zu finden. Dort hatte sich der Zarenoffizier zum Priester ausbilden lassen und vierzig Jahre lang die Aleuten auf St. Georg betreut, abwechselnd in aleutischer und russischer Sprache predigend. Im Alter von sechsundsiebzig Jahren war er soeben gestorben, tief und ehrlich von seiner Gemeinde betrauert. Der jetzige Priester auf St. Paul war serbischer Herkunft, erst vor kurzem eingetroffen und noch verhältnismäßig jung. Als moderner Mann bediente er sich in seiner Kirche der englischen Sprache. Obwohl ihn nun alle verstehen konnten, war diese Neuerung keineswegs beliebt bei seiner Gemeinde, die ihr altgewohntes Kirchen-Russisch für »heiliger« hielt.
Bevor Baranow, fast achtzig Jahre alt, im Jahre 1818 die Herrschaft über Alaska an seinen Schwiegersohn Yanowski abtrat, führte er den »Zapusk« auf den Pribiloffs ein, den Urlaub vom Töten. In Jahren, da die Zahl der Seebären offensichtlich abgenommen hatte, sollten sie geschont werden. Unter seinem Nachfolger wurde das Erschlagen der weiblichen Tiere ganz verboten. Als schließlich der baltische Baron Wrangell Gouverneur von Alaska wurde, begrenzte er die Zahl der alljährlich zum Tode verurteilten Bullen, womit die Gefahr einer Ausrottung gebannt war. Während der letzten zwanzig Jahre, die noch den Russen in Alaska vergönnt waren, herrschten nahezu ordentliche Verhältnisse auf den Inseln. Der Bestand an Pelztieren vermehrte sich wieder auf etwa eine Million, und die Aleuten hatten ein erträgliches Leben. Sie wurden nun regelmäßig bezahlt, ausreichend versorgt und konnten, falls sie wollten, die Pribiloffs verlassen. Aber nun blieben sie freiwillig dort, wohin man ihre Eltern zwangsweise verschleppt hatte.
Mit diesen geordneten Verhältnissen war es jedoch vorbei, als 1867 Alaska und damit auch die Pribiloffs an die Vereinigten Staaten von Amerika verkauft wurden. Ein geschäftstüchtiger Pelzhändler namens Hutchinson erwarb für den Betrag von 150000 Dollar sämtliche russischen Einrichtungen auf den Inseln, wozu nach seiner Meinung auch die Aleuten gehörten. Wenn jedoch Hutchinson glaubte, damit sei er Alleinherrscher auf den Pribiloffs geworden, hatte er sich gründlich getäuscht. Denn andere Leute, die sich ebenfalls schnell bereichern wollten, kümmerten sich nicht um seine Rechte. Schon im nächsten Sommer tauchten dreizehn Schiffe verschiedener Herkunft bei den Inseln auf, und das Verderben begann aufs neue. Die Pelzpiraten schlugen sich untereinander, drangsalierten die Aleuten, nisteten sich in deren Hütten ein und nahmen ihnen die Frauen weg. Nur dreißig Cent zahlte man den Eingeborenen pro Fell, um es dann für dreißig Dollar zu verkaufen. Einer der Kapitäne erschien mit hundert Faß Schnaps an Bord, und die Inseln ertranken im Fusel. Die Aleuten,

denen Alkohol bisher verboten war, rissen sich um das Feuerwasser. Mord und Totschlag herrschte unter den verschiedenen Gruppen, die gegenseitig um die besten Fanggebiete kämpften.
Trotzdem weigerten sich die Eingeborenen, auch weibliche Tiere zu töten. Hatten sie doch längst begriffen, daß ihre eigene Existenz bedroht war, wenn die Herden durch Abschlachtung der Muttertiere vernichtet wurden. Es half ihnen nichts, mit gemeiner Gewalt zwang man sie zur wahllosen Vernichtung. Auch die Neugeborenen wurden nicht geschont, ihre kleinen, weichen Pelze kamen als besondere Kostbarkeit auf die Märkte von London und Boston. Hatten die Russen während der letzten zwanzig Jahre die »Ernte« auf sechsundsiebzigtausend Bullen jährlich beschränkt und damit den Bestand auf etwa gleicher Höhe gehalten, gingen allein im ersten Jahr nach dem Verkauf von Alaska gleich dreihundertfünfundsechzigtausend Tiere beiderlei Geschlechts zugrunde, dazu noch ungezählte Babys, die nach Ermordung ihrer Mütter kläglich verhungerten. Kaum drei Jahre später waren die Pelzrobben nahezu verschwunden, und das Robbenschlagen auf den Pribiloffs lohnte nicht mehr.
Größer jedoch als jede menschliche Mordgier war der Lebenswille der erstaunlichen Tiere. Immer wieder tauchten die Pelzrobben aus der Weite des Pazifik auf und ließen sich zur Brunft und Vermehrung an der angestammten Küste nieder. Der Instinkt trieb sie an die verderbenbringenden Inseln zurück. Kaum hatten sich die Herden einigermaßen erholt, waren auch die Schlächter wieder da. Der amerikanische Kongreß griff ein und entsandte als Aufpasser einen Mann namens Henry Wood Elliot nach St. Paul. Er war ein Idealist reinsten Wassers, der sein Leben in den Dienst der geplagten Tiere stellte. Er schrieb sich die Finger wund an Berichten für den Kongreß, erreichte aber nur papierene Vorschriften, die einzelnen Firmen das Monopol für den Robbenschlag zusprachen und jährliche Quoten bestimmten, die sie nicht überschreiten sollten. Aber daran hielten sich die Geschäftemacher nicht. Henry Wood mußte in ohnmächtiger Verzweiflung mit ansehen, wie der große Raubmord weiterging. Seine Proteste stießen in Washington auf jene sattsam bekannte »Lobby« von Interessenvertretern, die einflußreiche Politiker bestachen. Henry Wood, der auf den Pribiloffs ganz allein gegen die Robbenschläger stand, muß ein wahres Höllenleben erlitten haben. Er kämpfte um Schongebiete, konnte dabei etwas, aber doch nur wenig erreichen. Und dreißig Jahre lang hielt dieser Mann das aus.
Japanische Pelzräuber erschienen, lieferten ihren Konkurrenten blutige Feuergefechte und hielten die Inseln für kurze Zeit gewaltsam besetzt. Die fassungslosen Aleuten flohen in die Hügel und sahen von dort mit an, wie die Piraten, des blutigen Handwerks unkundig, den verletzten Tieren das Fell bei lebendigem Leibe abzogen. Schließlich gelang es, die Japaner zu vertreiben. Sie ließen sieben Tote zurück, deren Gräber noch heute zu sehen sind, obwohl

sich nichts mehr darin befindet. Viele Jahre später erschien eine japanische Kommission, grub die Reste ihrer Landsleute aus, verbrannte sie und nahm die Asche nach Japan mit.
Immerhin hatte dieser Überfall zur Folge, daß nunmehr die amerikanische Regierung einige Zollkutter in den bedrohten Gewässern stationierte. Die Pelzpiraten fanden einen Ausweg und bejagten die Robben auf hoher See. Wie gesagt, verlassen sie ja von Oktober bis Mai die Küste der Pribiloffs und wandern in großen und kleinen Herden durch den Pazifik. Den fremden Robbenschlägern war es gelungen, die regelmäßig eingehaltenen Wasserwege der Pelzrobben herauszufinden. Und da sie zur Atmung auftauchen müssen, bleiben sie immer nahe an der Oberfläche. Die armen Tiere auf See zu erbeuten, war ebenso leicht wie einträglich. »Pelagischer Robbenfang« wurde dieses neue Schlachten genannt und hatte verheerende Folgen, zumal in dieser Zeit fast jedes weibliche Tier trächtig war.
Die amerikanische Regierung erklärte – mit allerdings zweifelhaftem Recht –, daß alle Pelzrobben der Pribiloffs ihr Eigentum seien, und behandelte die Fangschiffe als Seeräuber. Wurden sie auf frischer Tat ertappt, beschlagnahmte man die Boote und brachte sie mitsamt der Besatzung und Ladung in den nächsten amerikanischen Hafen. Als dies mit drei kanadischen Fangschiffen geschah, kam es zu erbitterten Auseinandersetzungen zwischen London und Washington, an denen die Presse kräftig teilnahm. Der Schuldspruch einer internationalen Kommission zwang Amerika zur Freigabe der Fangschiffe und sogar zu einem Schadenersatz von 473 000 Dollar. Bei dieser Gelegenheit kam zur Sprache, daß allein die britische Pelzindustrie im Verlauf von zwanzig Jahren an Robbenfellen der Pribiloffs einundzwanzig Millionen Dollar umgesetzt hatte. Wobei man sich erinnern darf, daß die USA für ganz Alaska nur 7,3 Millionen aufwenden mußten.
Von den drei Millionen Pelzrobben, die es nach alter russischer Überlieferung ursprünglich auf den Pribiloffs gegeben haben soll, waren zu Ende des vorigen Jahrhunderts noch schätzungsweise dreißigtausend vorhanden.
Diese Ziffer war so alarmierend, daß der unermüdliche Henry Wood endlich Gehör fand. Es kam 1897 zwischen den USA, Großbritannien, Rußland und Japan eine Kommission zustande, die einen internationalen Schutzvertrag zugunsten der Pelzrobben entwerfen sollte. Diesen Verhandlungen erging es wie den meisten Verhandlungen mit idealistischer Zweckbestimmung, sie stießen allenthalben auf widrige Geschäftsinteressen und zogen sich sehr lange hin, nämlich volle vierzehn Jahre.
Erst 1911 kam der Schutzvertrag zustande, gerade noch rechtzeitig, um das Lebenswerk Henry Woods, der im gleichen Jahre starb, mit vollem Erfolg zu krönen. Seit 1911 ist die Verfolgung der Pelzrobben auf hoher See international verboten, und die Pribiloffs sind für Geschäftemacher gesperrt. Das amerikanische Innenministerium selbst übernahm die Verwaltung und vertraute sie

dem »Fish and Wildlife-Service« an. Von 1911 bis 1917 durfte keine einzige Robbe erschlagen werden. Mit dem Erfolg, daß sich die verödeten Küsten mit überraschender Schnelligkeit wieder bevölkerten.
Die Inseln unterstehen einem »Manager«, den die Regierung mit fast diktatorischen Vollmachten versehen hat. Niemand darf sich dort ohne seine Erlaubnis den Robben nähern, ja ohne seine Genehmigung dürfen sie nicht einmal fotografiert werden. Nicht nur Alkohol und Feuerwaffen sind verboten, es dürfen auch keine Hunde gehalten werden. Allein dem Regierungsschiff »Pinguin« ist gestattet, die Pribiloffs anzulaufen. Jeder Handel mit Robbenfleisch oder Pelzen ist untersagt, nur der »Fish- and Wildlife-Service« darf den Robbenschlag ausüben und die Felle abgeben. Die gesamte männliche Bevölkerung steht im Dienst dieser Behörde, die ihr ganzes Leben reguliert. Für jede Familie wurde ein Haus mit drei Zimmern, Küche und Bad errichtet, das kostenfrei von einer Zentrale beheizt, beleuchtet und mit Trinkwasser versorgt wird. Ärztliche Betreuung und Schulen stellt die Verwaltung gratis, dazu eine ausreichende Altersversorgung. Die Löhne sind heute so hoch, daß jeder Aleute auf den Pribiloffs ein komfortables Leben führen kann. Sechshundert Köpfe zählt jetzt die aleutische Bevölkerung, davon vierhundertfünfzig auf St. Paul und hundertfünfzig auf St. Georg. Die Leute machen einen gesunden und kräftigen Eindruck, sind von gewinnender Freundlichkeit und mit ihrem Schicksal sehr zufrieden. Als man sie während des letzten Krieges für drei Jahre auf das Festland evakuiert hatte, kehrten sie hernach freiwillig auf die Pribiloffs zurück.
»Die Herden haben nun wieder eine Stärke von 2,25 Millionen Köpfen erreicht«, sagte mir Roy Hurd, »mehr kann die See an unseren Küsten nicht ernähren. Wir bestimmen von Jahr zu Jahr, wie viele der jungen Bullen erschlagen werden. Im letzten Jahr waren es fünfundsechzigtausend, die Herde ist trotzdem weiter gewachsen. Die Felle werden hier nur gereinigt, eingesalzen und in Fässer verpackt. Die endgültige Verarbeitung zu Pelzmänteln und dergleichen erfolgt in St. Louis bei der Firma Fouke, die seit vielen Jahren einen Vertrag mit der Regierung hat. Die Fouke-Company ist darauf spezialisiert und stellt etwa fünfundachtzig Prozent aller Sealpelze her, die alljährlich auf den Weltmarkt kommen.«
»Wie viele Pelzmäntel sind das schätzungsweise?«
»Weiß ich nicht genau, ungefähr acht- bis zehntausend, was für den Weltbedarf nicht allzuviel ist.«
»Und was kostet so ein Mantel?«
»Hängt natürlich ganz von der Qualität und modischen Form ab. Ich schätze, daß ein guter Gatte, der seine Frau mit einem Sealmantel beschenken will, schon seine fünftausend Dollar hinlegen muß.«
(Das sagte er 1961, seitdem dürften die Preise ums Doppelte bis Dreifache gestiegen sein.)

Ich frage den Zaren der Pribiloffs, wie viele Felle während seiner Verwaltung abgeliefert wurden, und er meint, es seien wohl über eine Million gewesen.

»Aber die allerschönsten Felle hat gewiß Ihre Gattin bekommen und wird mit ihrem Sealmantel alle Frauen in den Schatten stellen.«

»Wo denken Sie hin«, lächelte Maxina Hurd etwas wehmütig, »diesen Luxus können wir uns nicht leisten!«

Binnen weniger Tage wurden auf den Pribiloff-Inseln 60 000 weibliche Pelzrobben auf behördliche Anweisung von einem »Hinrichtungskommando« der Aleuten mit Holzknüppeln erschlagen. Nicht zur Gewinnung der wertvollen Pelze (denn dafür eignen sich nur die Felle junger Bullen, sondern zur Einschränkung der allzu stark angewachsenen Zahl der Pelzrobben, nämlich über 2 Millionen. Leider ist die schreckliche Maßnahme notwendig, denn die Meeresnahrung reicht für so viele Pelzrobben nicht mehr aus. Seuchen und Massensterben durch Hunger sind zu befürchten. Den toten Tieren werden Magenproben für die biologische Untersuchung entnommen.

Zu Besuch bei zwei Millionen Robben

Peter Tetoff war ein kleiner, kräftig gebauter Mann und seinem Aussehen nach von reinstem aleutischen Wasser.
»Ich soll Sie zu den Robben führen und alles erklären«, sagte er mir. »Mister Hurd läßt sich entschuldigen, er muß einen großen Kill leiten. Wir werden später zu ihm stoßen.«
Er hatte einen Jeep mitgebracht und entschuldigte sich, nicht besser befahren zu sein.
»Aber was soll man hier mit einem guten Wagen? Wir haben nur zwanzig Kilometer Straße auf der Insel.«
»Hat auch seine Vorteile«, sagte ich, »man braucht kein schickes Fahrzeug und spart viel Geld.«
Der Aleute zuckte mit den Schultern.
»Mag sein, Mister, aber Geld ist zum Ausgeben da. Wir verdienen gut, können aber nur wenig damit anfangen.«
»Manch einer wäre dankbar, hätte er nur diese Sorgen.«
Peter Tetoff sah das ein.
Seine Vorfahren hätten es wohl schlimmer gehabt, meinte ich.
»So sagt man, es muß gräßlich gewesen sein. Sind noch ein paar alte Leute hier, die von ihren Eltern und Großeltern davon hörten. Keiner von uns kann Sealfleisch vertragen, es wird uns übel davon. Merkwürdig, wenn man bedenkt, daß unsere Vorfahren nichts anderes zum Beißen hatten.«
»Der Überdruß muß sich vererbt haben!«
Wir rollten an einem grünen Hang vorbei, auf dem Tausende von großen, kreischenden Möwen saßen.
»Vorige Woche war dort großer Kill«, erklärte mir mein Begleiter, »ein gefundenes Fressen für die Vögel.«

Unser Jagdlager am Mystery Lake im Hochland der Kenai Halbinsel. Rechts das heizbare Wohnzelt mit Küche und Yukonofen. (oben)
Heimkehr von der Elchjagd. Das gewaltige Schaufelgeweih und das Wildbret sind schwere Lasten. Mit einem Wasserflugzeug wird dann alles vom Ufer des Sees abgeholt. (unten)

Nun erst sah ich die dunkelbraunen Kadaver, auf denen die Möwen herumhackten.

»Kann man denn gar nichts mit dem Fleisch anfangen?«

Früher hatte man es zu Dünger und Schweinefutter verarbeitet, meinte Tetoff, aber das sei heute nicht mehr rentabel.

Wir fuhren einen Hügel hinauf, und der Weg war zu Ende.

»Ist nicht mehr weit von hier«, sagte mein Begleiter, »Sie werden die Robben gleich sehen.«

So war nun der große Augenblick gekommen. Und was für ein Glück hatte ich, ihn an einem nebelfreien Tag zu erleben!

Ich hörte die Seebären, bevor ich sie sehen konnte. Ihr Gelärm machte etwa den gleichen akustischen Eindruck wie hunderttausend Menschen, die in einem großen Stadion versammelt sind und einem besonders erregenden Wettkampf folgen. Die Geräuschflut stieg an und ebbte wieder ab, empörtes Massengeschrei wechselte mit allgemeinem Gemurmel.

Als wir die Höhe erreicht hatten, konnten wir auf den Strand hinabblicken. Bis zu einer Tiefe von etwa hundert Schritt war die ganze Küste mit Pelzrobben bedeckt. Beim ersten Hinsehen waren die glänzenden Leiber nur an ihrer Bewegung vom nassen Gestein zu unterscheiden. Beides hatte so ungefähr dieselbe Farbe.

Wir stiegen halbwegs den Hügel hinunter, dann bat ich meinen Aleuten, daß wir uns niedersetzten. Sonst war es mir unmöglich, den Anblick zu fassen.

Ich weiß nicht, wie man ihn beschreiben soll. Der Vergleich mit dem Gewimmel in einem Bienenstock oder Ameisenhaufen gibt die Massenversammlung unzählbarer Robben nicht wieder. Es geht beim Gedränge jener Insekten lebhafter zu. Hier war alles mehr zu Klumpen geballt und drängte sich behäbiger. Soweit man den felsigen Strand hinauf- und hinabsehen konnte, lagerten die Pelztiere in einem breiten, lebendigen Band an der Küste, zu Tausenden, Zehntausenden . . . Hunderttausenden . . .

Die Luft war erfüllt von beißendem, fast chemikalischen Geruch. Der Lärm aus unermeßlich vielen tierischen Kehlen belegte unser Gehör mit Beschlag, und die Augen reichten nicht aus, das Bild in seiner Gesamtheit aufzunehmen. Ich mußte mich auf einzelne Gruppen konzentrieren, um wirklich Eindrücke zu erhalten.

»Im Winter, wenn die Inseln mit Schnee bedeckt sind«, sagte Tetoff, »ist die Küste fast leer. Von Ende Oktober bis Mai begeben sich die Herden auf weite Wanderungen in den Süden. Sie brauchen dann nie an Land zu gehen, ihr Leben spielt sich nur im Wasser ab. Alle Jungen werden im Frühjahr hier geboren und sind bis zur großen Wanderung genauso gute Schwimmer wie ihre Mütter. Die Seereise ist nur ein großer Ausflug, ein Ausweichen vor dem unerträglich harten Winter. Ihre eigentliche Heimat aber ist und bleibt das feste Land hier vor Ihren Augen. Auf den Pribiloffs werden sie gezeugt, geboren und wachsen heran. Hier bringen die Kühe das einzige Junge des Jahres zur Welt und werden schon wenige Tage später von ihren Bullen erneut gedeckt. Soviel ich weiß, gibt's das nur bei den Pelzrobben.«

Ich wußte es auch nicht von anderen Tieren.

Die Milch der Kühe, erzählte mir der Robbenschläger, sei so nahrhaft und fetthaltig, daß nur eine Mahlzeit aus der Mutterbrust dem Kleinen für eine ganze Woche reicht. Das wäre auch nötig, meint er, weil die Kühe zur eigenen Ernährung bis zweihundert Meilen weit hinausschwimmen müßten.

»Der Bestand hat sich in letzter Zeit so stark vermehrt, daß die Nahrung in den Gewässern um die Pribiloffs kaum noch für die riesige Menge der Robben genügt. Es kommt vor, daß einige Mütter zu lange ausbleiben und ihre Kleinen zugrunde gehen. Eine andere Kuh nimmt sich des darbenden Jungtieres nicht an, auch dann nicht, wenn sie ihr eigenes verloren hat.«

»Was fressen die Pelzrobben eigentlich?« fragte ich, denn darüber war in meinen Büchern nichts gesagt.

»So ziemlich alles, was sich im Meer finden läßt, Mister. Sie fressen Fische, Mollusken, Quallen, Tintenfische und zur Not auch frisches Seegras.«

Kein Wunder also, daß über zwei Millionen Robben die Umgebung der Pribiloffs allmählich fischleer fraßen.

Ende April treffen zuerst die großen Bullen ein und streiten sich um die besten Plätze am Strand. Je näher der Brandung sie Aufstellung nehmen, desto größer sind ihre Chancen, möglichst viele der später ankommenden Kühe ihrem Harem einzuverleiben. Den einmal erstrittenen Platz halten die »Strandmeister« bis zum Spätherbst ein und verteidigen ihn mit größter Entschlossenheit gegen andere Bewerber. Bei ihrer Ankunft haben die Bullen ein Gewicht von etwa zweihundertfünfzig Kilo und platzen fast vor Fett. Kommen alsdann die Kühe ans Land, die meist kurz vor ihrer Niederkunft stehen, werden sie von den mächtigen Kavalieren nicht eben zartfühlend begrüßt. Mit groben Püffen und Flossenschlägen, mit wütendem Gebell und Gegrunze treibt der Bulle seinen Harem zusammen. Ist er besonders stark und von entsprechender Brutalität, bringt es so ein »Strandmeister« auf den Besitz von sechzig Frauen. Der Durchschnitt sind vierzig, das Minimum, mit dem sich einer zufrieden gibt, sind etwa fünfzehn Kühe. Ist dieser Harem erst einmal erkämpft, bewacht ihn sein Besitzer mit größter Eifersucht. Während sie an Land sind, dürfen sich die versklavten Kühe kaum zehn Schritte von ihm entfernen. Sollte ein anderer Bulle wagen, sich ihnen zu nähern, kommt es zu gewaltigen Brunftkämpfen, besonders in der ersten Zeit, wenn die Besitzverhältnisse noch nicht klar sind. Dann fließt Blut, und mit ihren scharfen Zähnen reißen sich die Bullen tiefe Wunden in den prallen Leib.

Die Haremsherren sind vier- bis fünfmal größer als ihre zierlichen, glatten Damen, die nur fünfzig bis siebzig Kilo wiegen. Am Ende der Brunft aber sind die überanstrengten Bullen nur halb so schwer wie zu Anfang. Denn sie fressen während dieser Zeit, drei bis vier Monate lang, überhaupt nichts. Sie zehren von ihrem eigenen Fett und bleiben ständig an Land. Würden sie ihren Harem auch nur für kurze Zeit verlassen, es würde sich sofort ein Rivale auf die unbewachten Kühe stürzen, um sie dem eigenen Haushalt einzuverleiben. Also muß der Strandmeister Tag und Nacht auf seiner Hut bleiben. Er kennt weder Rast noch Ruhe, denn immer und auf allen Seiten ist sein Harem von Frauenräubern umgeben. Es muß ein schreckliches Leben sein, wenn man so viele Frauen hat!

Die jüngeren Bullen treffen erst nach den Frauen ein und haben riesigen Respekt vor den Strandmeistern. Wer das siebente Lebensjahr noch nicht erreicht hat, kann sich keine Hoffnung machen, im Kampf mit einem Haremsherren zu bestehen, und muß auf weibliche Gesellschaft verzichten. Obwohl sie längst geschlechtsreif sind, bleibt also den Junggesellen nichts anderes übrig, als separate Klubs zu bilden und sich in geschlossener Gemeinschaft abseits zu halten. In Gruppen von hundert bis hundertfünfzig liegen die unbeweibten Männer auf den blankgewetzten Felsen und schauen sehnsüchtig zu den Harems hinüber, wo nur die stärksten ihres Geschlechtes die ehelichen Freuden im Übermaß genießen. Wenn sie denken könnten, würden sie gewiß denken, daß es verflucht ungerecht zugeht auf dieser Welt.

»Wir erschlagen nur einen gewissen Prozentsatz der Junggesellen«, erklärte mir Tetoff, »ihre Felle sind noch nicht von Brunftkämpfen zerkratzt, sondern glatt und seidig. Die Pelzindustrie hat sich ganz darauf spezialisiert. Vor sechzig Jahren noch waren auch Babypelze hochbegehrt, aber seit langem kommen sie gar nicht mehr auf den Markt. Auch die Pelze der Kühe sind heutzutage unverkäuflich.«

Dann erzählte mir Peter Tetoff, daß alljährlich im Frühjahr einige tausend Junge beringt würden. Man zwickt eine Blechmarke in ihre linke Vorderflosse, um später feststellen zu können, inwieweit sie ihrem Geburtsort treu bleiben.

»Und kommen sie alle immer wieder an denselben Platz zurück?«

»Ja, im allgemeinen bleiben sie ihrem Geburtsplatz lebenslänglich verbunden. Trotzdem gibt's Ausnahmen, einige sind später nach St. Georg ausgewandert, fünf oder sechs haben sich sogar zu den Sowjets auf die Kommandorski-Inseln verirrt. Sonst aber haben sie einen fabelhaften Ortssinn. Auch die Mütter, wenn sie von weiter Futtersuche zurückkommen, finden mit unfehlbarer Sicherheit ihr Junges aus dem Gewimmel anderer Babys heraus, obwohl die doch allesamt gleich aussehen.«

»Nicht für das Mutterauge einer Pelzrobbe.«

Der Aleute lachte. »Ja, die sehen die Welt anders.«

Es war mir kalt geworden beim Sitzen auf den feuchten Steinen. Wir standen auf und gingen den Hügel hinab zum Strand.

Da saßen sie, die großmächtigen Strandmeister, wie auf einem Thron inmitten ihrer weiblichen Untertanen. Ihr dunkler, narbiger Leib ragte monumental aus dem Gewusel der schlanken Frauen empor. Der massige Kopf mit spaßigem Schnauzbart, der so frappierend an ältere Biertrinker aus einem Witzblatt erinnert, befand sich in unablässiger Drehung, der ein Teil des Leibes folgte. Die großen, hervorquellenden Kugelaugen wachten ständig über des Bullen lebenden Besitz. Doch schien die Aufmerksamkeit des gestrengen Haremsherrn nur seiner unmittelbaren Umgebung zu gelten. Was darüber hinaus geschah, war ihm gleichgültig. Auch wir fanden vorerst keinerlei Beachtung.

Links von uns gab es Krach. Ein Junggeselle, der sich in die See begeben wollte, passierte allzu ungeniert an fremden Damen vorbei. Überall wurde er angebrüllt, die Haremswächter führten Scheinangriffe gegen den verdächtigen Passanten und brachten ihn auf geschwinderes Tempo. Es war ein richtiges Spießrutenlaufen für den Armen. Aber endlich hatte er's geschafft und warf sich aufplatschend in die Brandung.

Als wir uns dem ersten Harem auf dreißig Schritt genähert hatten, war offenbar die Grenze erreicht, die Herr Strandmeister unter immerwährender Kontrolle hielt. Sofort erhob der Bulle Protest gegen jedes weitere Vordringen und schrie uns mit lauter Stimme sein Halteverbot entgegen. Das drohend geöffnete Maul und leeres Zuschnappen, typisches Imponiergehabe, sollte uns einschüchtern. Sein ganzes Weibervolk fiel gehorsam in das empörte Gebell des gemeinsamen Gatten ein. Es war alles sehr furchterregend, doch stand, wie mir Tetoff sagte, kein Angriff zu erwarten. Der Bulle konnte sich ja nicht von seinem beherrschenden Fleck fortbewegen, ohne sogleich die Beutegier aller Nachbarn herauszufordern. Schon jetzt, da er seine ganze Aufmerksamkeit uns beiden zuwandte, näherten sich einige Unbeweibte der Szene und suchten hinter seinem Rücken den Harem zu sprengen. Der geplagte Familienvater erkannte die neue Gefahr, warf seinen massigen Leib herum und wies die Frauenräuber mit dem Aufschrei gerechten Zornes in die Schranken.

»Nun werden Sie was sehen«, sagte Tetoff, »machen Sie Ihre Kamera fertig, Mister.«

Mit seinen Händen um sich schlagend lief der Aleute auf die Herde zu.

Ein ungeheurer Lärm hob an und setzte sich mit orkanartiger Stärke den Strand entlang fort. Als erste Gruppe setzte sich der Harem unmittelbar vor uns in Bewegung. Von ihrem Meister angefeuert, strebte das gesamte Weibervolk, kreischend vor Empörung, dem rettenden Meer entgegen. Grollend und bellend, auch selber von Panik ergriffen, deckte ihr Besitzer den Rückzug.

Die Flucht der einen Familie war der Alarm für die nächsten und diese wieder rissen ihre Nachbarn mit. Ein Mensch allein, der unbewaffnet auf sie zulief, schlug das ganze Robbenvolk dieser weiten Bucht in wilde Flucht.

Tausend, zehntausend, vielleicht hunderttausend feuchte Leiber gerieten in wimmelnde, wallende Bewegung. Sie rutschten und glitten, sie krochen und

schlitterten über das glattpolierte Gestein. Es war, als sei die Erde selber in Bewegung geraten. Die Luft zitterte vom vieltausendstimmigen Protestgebrüll aus ihren Kehlen.
Nun hatte die erste Welle das Meer erreicht, dicht gefolgt von der nächsten und übernächsten. Als sich die geballten Massen mit Schwung in die heranrollende Brandung warfen, klang ihr Aufklatschen wie das Geknatter einer Batterie von Maschinengewehren. Sie erdrückten geradezu die Meereswogen mit ihrem kolossalen Gesamtgewicht und löschten die Wellenkämme. Entlang der Küste verschwand das Wasser unter der Ansammlung so unzählig viel schwarzer Köpfe.
An Land zurückgeblieben waren nur einige der spätgeborenen Jungtiere. Sie waren noch nicht fähig zu schwimmen. Dafür fauchten sie uns aus ihren kleinen, rosaroten Mäulern an und zeigten die Zähnchen. Ihr Instinkt hatte ihnen geraten, sich in Felsspalten oder unter Steinen zu verstecken. Dort hätte ich sie ihrer Tarnfarbe wegen nur schwer entdeckt, doch verrieten sich die Kleinen selber durch ihr Gezisch und Gefauche. Es war geradezu rührend, wie sie versuchten, uns Angst zu machen.
»Nicht anfassen . . .«, warnte mich Peter Tetoff, »sie können ganz schön beißen.«
Für die kleinen Körper waren ihre Augen riesengroß. Wie schwarze Glaskugeln quollen sie aus den dunklen Köpfchen hervor und starrten uns in maßlosem Erstaunen an. Noch nie hatten sie unseresgleichen erblickt.
»Haben sie Feinde an Land, ich meine außer den Menschen?«
Mein Aleute schüttelte energisch den Kopf.
»Nein, niemand verfolgt sie, auch wir lassen die Jungen natürlich in Ruhe. Ihre Furcht gilt wohl den Füchsen, die ihnen aber nichts anhaben können, solange sie gesund sind. Nur größere Raubtiere, Bären und Wölfe wären imstande, eine junge Robbe zu fressen, aber soviel ich weiß, hat's die auf den Pribiloffs nie gegeben. Im Wasser ist das anders, da holen sich Haifische und Raubwale ihre Opfer aus den schwimmenden Herden. Kann aber auch nicht so schlimm sein, sonst würden sich unsere Robben kaum so stark vermehren.«
Der Geruch auf den Brunftplätzen wollte meine Nase betäuben. Allenthalben war der Kiesboden von den Ausscheidungen durchtränkt, und allenthalben lagen die Kadaver toter Tiere umher. Offenbar konnten sie in der kühlen und windigen Seeluft nicht verwesen. Sie sahen aus wie alte Ledersäcke. Viele Kindsleichen gab's darunter.
»Die Kleinen werden manchmal von den schweren Bullen erdrückt«, sagte mir Tetoff, »etwa ein Zehntel der Jungen geht auf diese Weise zugrunde.«
Als Jäger, der die Wildnis kennt, weiß man, daß die Natur mitunter sehr grausam ist, auch ohne jede Notwendigkeit. Das Individuum spielt für sie keine Rolle, so zu denken ist allein Sache des individuellen Menschen. Die Natur folgt mehr dem Prinzip, solche und andere Verluste durch höhere Geburten-

zahl wieder auszugleichen. Ihr geht es nur um die Erhaltung des Bestandes, nicht ums Leben einzelner Tiere.
»Hier, Mister«, riet mir mein Robbenschläger, »ist 'ne halbwegs saubere Stelle. Wenn Sie eine Weile ruhig daliegen, kommen die Robben zurück, und Sie werden mittendrin sein. Dann können Sie Ihre Aufnahmen aus nächster Nähe machen. Hinterher hol ich Sie wieder raus!«
Natürlich reizte mich das Experiment. Ich überwand meinen Ekel vor Gestank und Schmutz, legte mich zwischen die polierten Felsen auf den Kies und machte meine Rollei schußfertig. Tetoff ging wieder bis zur halben Höhe des Hügels hinauf.
Kaum war ich auf diese Weise aus dem Blickfeld der Seebären verschwunden, kamen schon die ersten wieder an Land. Von ihrem Harem umgeben, watschelten die massigen Bullen heran, ein jeder voll des Eifers, so schnell wie möglich wieder seine beherrschende Stellung zu beziehen.
Mir war durchaus nicht wohl, als die Herde in breiter Front auf mich zurückte. So aus der Nähe gesehen wirkten die Strandmeister ungemein bedrohlich, und ihre großen, gelben Zähne ließen mich schaudern. Doch mußte mein Aleute ja wissen, daß meine Lage ohne jede Gefahr war.
Keine sechs Schritt von mir bezog der Haremsherr seinen Posten auf einem Felsblock, erteilte den Damen seines Hauses rauhe Befehle und betrachtete voller Mißtrauen jede Bewegung seiner Konkurrenten. Mich selber schien er nicht zu bemerken oder für ein Mitglied seiner Gefolgschaft zu halten.
Mit vielem Gepruste und Geschwabbel kamen die Kühe heran, die meisten von halbwüchsigen Jungtieren begleitet. Zwei der nassen Weiber schoben sich ohne Zögern unmittelbar neben mich, richteten sich auf ihren Vorderflossen hoch und blickten wie gebannt zu ihrem Meister. Meine Gegenwart nahmen sie als Selbstverständlichkeit hin. Ich fühlte ihr feuchtes Fell, als sie heranglitten, eine der Damen wischte mir ihre Flosse übers Gesicht.
Nun war ich zum Mitglied einer Robbenherde geworden, die mich ohne weiteres in die Großfamilie aufgenommen hatte. Für eine Weile teilte ich ihr Leben, ja verschmolz mit dieser animalischen Einheit. Die Furcht vor dem gestrengen Patriarchen auf seinem Felsen machte auch mich zu seinem Untertanen. Es war alles so seltsam und so fremdartig, daß ich gar nicht daran dachte zu fotografieren und auch nicht wagte, mich zu bewegen.
Ganz ungeniert säugte die Kuh zu meiner Linken ihr Kleines, die beiden Frauen vor mir führten eine lebhafte Unterhaltung. Meine Nachbarin zur Rechten schien gleichfalls gesellig zu sein, schaute mich freundlich an und sagte etwas, das ich leider nicht verstand. Von meinem Schweigen enttäuscht, das einer netten Seebärin recht unhöflich vorkommen mußte, wandte sich die Frau wieder ab und suchte bessere Gesellschaft.
Wie lange ich so inmitten meiner zahlreichen Familie gelegen hatte, kann ich nicht sagen. Die Zeitlosigkeit in einer Tiergemeinschaft wie dieser war auf mich

übergegangen. So merkwürdig es klingen mag, ich wurde tatsächlich müde und schläfrig.
In mein Menschentum kehrte ich erst wieder zurück, als sich erneut eine heftige Erregung der Tiere bemächtigte. Mit empörtem Geschrei, das mir aus nächster Nähe noch viel lauter in die Ohren klang, befahl unser Strandmeister abermals die Flucht ins Wasser. Alles geriet in Bewegung und Hast, meine ganze Umgebung verfiel in Panik und strebte über- und durcheinander der rettenden Brandung zu.
Peter Tetoff kam mit schwingenden Armen vom Hügel herabgelaufen, um mich wieder aus dem Harem zu befreien, der mich adoptiert hatte.
Ich sprang auf, lief hinter meiner Familie her und fotografierte die flüchtende Herde, solange noch Film in meiner Kamera war.
»Nun, wie hat's Ihnen gefallen, Mister?«
»Recht eigenartig ist es gewesen«, meinte ich etwas ungewiß, »aber bestimmt sehr interessant.«
Der Aleute zeigte auf ein paar flache Klippen in der Brandung.
»Die da unten müssen Sie fotografieren«, sagte er, »das sieht man hier nicht alle Tage.«
Auf den Felsspalten lagen und saßen ein paar Robbentiere von hellerer Farbe.
»Das sind Seelöwen, Mister, die manchmal hier zu Besuch kommen.«
Es waren sieben an der Zahl, ihr nasses Fell schimmerte in lichtem Braun. Inmitten der dunklen Pelzrobben wirkten sie fast wie Albinos.
»Merkwürdig, daß die Strandmeister diese Zugereisten in Ruhe lassen.«
»Warum denn nicht? Die alten Bullen wissen doch ganz genau, daß sich die Seelöwen nicht um ihren Harem kümmern.«
Tatsächlich durften sich die fremden Männer ganz ungeniert inmitten der Robbenkühe bewegen. Die Haremsherren schenkten ihnen keine Beachtung.
Tetoff schaute nach seiner Uhr, die Zeit spielte wieder eine Rolle für mich.
»Der Chef meinte, Sie würden sich gerne noch den Kill ansehen«, sagte er, »dann müßten wir jetzt hinübergehen zur Trinitybucht.«
Also stiegen wir den Hügel wieder hinauf und wanderten durch das hohe, feuchte Schilfgras zur nächsten Bucht. Wohl war mir nicht bei dem Gedanken, nunmehr Zeuge eines Robbenschlages zu werden. Aber es gehörte wohl zum Besuch auf den Pribiloffs, auch das erlebt zu haben.
»So einen Kill wie heute haben wir nicht alle Tage«, erklärte mir mein Begleiter, »zum erstenmal seit vielen Jahren müssen wir in diesem Herbst wieder Kühe erschlagen.«
»Kühe werden umgebracht . . .«, rief ich entsetzt, »warum denn das?«
»Weil sich die Herden nicht weiter vermehren dürfen, Mister, die Fachleute meinen, es seien schon zu viele geworden. Ein Teil der Jungen zeigt Unterernährung und leidet am Hakenwurm. Die Mütter finden nicht genug Nahrung

im Meer ... wenn das so weitergeht, bekommen wir eine Seuche oder so was Ähnliches.«
»Aber die Kühe sind doch jetzt alle trächtig und haben außerdem ihre Jungen bei sich!«
Der Robbenschläger nickte.
»Ganz recht, Mister, deshalb ist jetzt die beste Zeit für den Kill. Mit jeder Kuh, die getötet wird, ist gleichzeitig auch der Embryo in ihrem Leib ausgelöscht, und jedes Jungtier, das in diesem Jahr zu spät geboren wurde, geht auch zugrunde.«
Nach einer halben Stunde erreichten wir den Platz der Massenhinrichtung. Sie wurde von Mr. Hurd geleitet, und es waren daran etwa zwanzig Aleuten beteiligt.
Die schaurige Aktion ging wie am Fließband vonstatten. Man sah auf den ersten Blick, daß die Leute jeden ihrer Handgriffe mit größter Präzision beherrschten. Tatsächlich war ja das Robbenschlagen seit vielen Generationen ihr einziger Beruf. Es gab dabei Spezialisten für jede einzelne Phase des Geschehens.
Einer Gruppe von vier bis fünf Mann oblag die Aufgabe, aus der Herde am Strand die einzelnen Harems auszuwählen und zur Tötung die Böschung hinauf ins Schilfgras zu treiben. Sie gingen von der Küste aus gegen die Robben vor, um den Tieren ihren üblichen Fluchtweg abzuschneiden. Jeder Mann trug hierbei eine Stange in der Hand, über die man eine große, leere Blechbüchse gestülpt hatte. Das Schütteln dieser Stange erzeugte ein lautes Gerassel. Aus Erfahrung wußte man, wie sehr die Pelzrobben sich davor fürchteten. In Angst und Schrecken versetzt, floh die Herde vor diesem schrecklichen Geräusch in die gewünschte Richtung. Dabei mußten nun die Treiber versuchen, die jeweiligen Strandmeister von ihren Frauen zu trennen und die Kühe so schnell anzutreiben, daß die Jungen nicht mit ihnen Schritt halten konnten. Andererseits durften die Kühe nicht allzu früh erschöpft werden und liegenbleiben. Das Ganze sollte möglichst geschlossen zur Hinrichtung eintreffen.
Es waren jeweils hundert bis hundertfünfzig Tiere, die man von drei Seiten einkreiste und die den flachen Hügel zu erklimmen hatten.
Der größte Teil der Jungtiere konnte das Tempo nicht mithalten und blieb zurück. Sie schrien in so kläglicher Weise nach ihren Müttern, daß es jedermann das Herz zerreißen mußte, der eines hatte. Was die Treiber dabei empfanden, kann ich nicht ermessen.
Zurück blieben auch die meisten Strandmeister, ohnmächtig ihre Proteste hinausbellend. Einigen aber gelang es doch, den Todesmarsch ihrer Frauen zu begleiten. Seltsamerweise führten sie hierbei keinen Angriff gegen die Treiber. Vermutlich hatte auch sie das dröhnende Scheppern der Blechbüchsen derart in Angst versetzt, daß sie völlig hilflos waren.
Droben auf der grünen Höhe bewegte sich der massierte Zug etwas langsamer

dem Tod entgegen. Weitere Gruppen wurden aus anderen Richtungen herangeführt.
Die Treiber hielten ihre keuchenden Opfer dicht zusammen, aber nach Abteilungen getrennt. Drei bis vier verschiedene Gruppen waren es, die im Abstand von etwa fünfzig Schritt ihrem Schicksal zugetrieben wurden. Je näher sie dieser Stelle kamen, desto mehr schien ihr Instinkt sie vor dem Ende zu warnen. Immer heftiger wurde das Gerassel der Blechbüchsen, immer stärker drängten sich die Opfer in einem schreienden Gewühl zusammen. Wo sich noch ein Strandmeister in der Mitte befand, wurde er von seinen schutzsuchenden Frauen umdrängt, ja geradezu emporgehoben.
Hin und wieder gelang einer Kuh das Gegenteil, nämlich aus dem Kreis des Todes auszubrechen. Dann klingelte die schreckliche Büchse unmittelbar über ihren Gehören und trieb sie wieder zurück.
Eines der Weibchen, das sich vor Angst und Verzweiflung so heftig in die Stange seines Peinigers verbissen hatte, daß Blut aus dem Maul troff, konnte ich retten. Auf meine Bitte hin ließ der Treiber sein Opfer laufen. Gewiß hatte dies einzelne Tier für das Ganze keine Bedeutung, aber irgendwie erleichterte es mein Gewissen, als ich sah, wie die Kuh eilends den Hügel hinabrutschte und sich wieder mit ihrem Jungen vereinte, das gefolgt war.
Die Gruppe am nächsten zur Hinrichtung wurde fast im Galopp zum letzten Akt getrieben.
Der vollzog sich so schnell wie nur möglich. Die vier Hinrichter schlugen mit langen Knüppeln zu, deren oberes Ende verdickt war. Sie verstanden es meisterlich, in dem wildbewegten Knäuel die dünne Hirnschale ihrer Opfer zu treffen. Bei jedem dumpfen Schlag war auch das Knistern der Schädeldecke zu hören.
Nur bei wenigen Tieren waren mehrere Schläge notwendig, um sie endgültig zu töten.
Die bereits erschlagenen Kühe wurden von anderen Leuten sogleich aus dem Todeshügel gezogen und in Zehnerreihen ausgelegt. Während die Knüppelmänner dem nächsten Robbentrupp entgegengingen, machten sich die Bauchaufschlitzer an die Arbeit.
Es waren nur drei Mann, die mit haarscharfen Messern die Leiber der eben Erschlagenen aufschnitten und die Eingeweide bloßlegten. Sie arbeiteten mit der Präzision einer Maschine und verblüffender Geschwindigkeit. Ihnen folgten zwei weiße Biologen, die jedem geöffneten Körper einige Proben aus Magen und Leber entnahmen. Die sollten später untersucht werden, um bestimmte Aufschlüsse über Ernährung und Parasiten zu ergeben.
Die sorgfältig ausgerichteten offenen Kadaver lagen als ein Band des Todes in der Landschaft, zehn Meter breit und drei bis vier Kilometer lang.
Einigen Jungtieren war es gelungen, ihren Müttern zu folgen und sie hier zu finden. Noch erschöpft von der ungewohnten Anstrengung, aber anscheinend

zufrieden lagen sie nun neben ihrem Leib. Erst wenn dieser erkaltet war, würden sie begreifen, daß die Nahrungsquelle für immer versiegt war. All diesen Kleinen stand der langsame Hungertod bevor.
Einzelne Bullen waren ihrem Harem bis über den Tod hinaus treu geblieben. Hier thronten sie nun inmitten ihrer erschlagenen Frauen und befahlen ihnen vergeblich, näher heranzurücken.
Mr. Hurd schritt auf mich zu und bot mir ein Lunchpaket an.
»Falls Ihnen nicht der Appetit vergangen ist!« meinte er.
»Er ist mir für längere Zeit vergangen«, gab ich offen zu und wischte mir den Schweiß von der Stirne.
»Kann ich verstehen. Bis vor kurzem haben wir deshalb auch niemandem erlaubt, so etwas zu sehen und zu fotografieren.«
»Und weshalb gestatten Sie jetzt, daß ein Fremder dieses fürchterliche Schauspiel miterlebt?«
»Weil wir keinen Grund haben, etwas zu vertuschen, das seinen guten und wohlüberlegten Zweck hat, auch wenn der Vorgang zarte Nerven erschüttert. Man soll den Leuten endlich die Augen dafür öffnen, daß biologisch gesehen diese Dezimierung eine bittere Notwendigkeit ist, um die Gesamtheit gesund zu erhalten. Soll doch jemand kommen und etwas Bessere vorschlagen, ich wäre sehr damit einverstanden!«
Ich fragte ihn, wie viele Tiere heute umgebracht wurden.
»Etwa dreieinhalbtausend bis jetzt. Insgesamt erfaßt die Aktion etwa sechzigtausend Kühe, was mit den Jungen einer Verminderung von achtzig- bis neunzigtausend bedeuten dürfte. Dazu kommt noch der Ausfall von schätzungsweise fünfzigtausend Geburten im nächsten Jahr. Für Ihre Ohren, nehme ich an, sind das schreckliche Ziffern«, lächelte er, »aber bitte bedenken Sie, daß es nicht einmal der normalen Vermehrung eines Jahres entspricht. Sollten die Herden weiterhin zunehmen, muß die Aktion im nächsten Jahr wiederholt werden. Spaß macht es uns nicht, das können Sie mir glauben. Aber wenn eine Seuche wegen Überhege ausbricht, wäre das sehr viel schlimmer.«
Damit lag die Frage nahe, wie das denn früher gewesen sei, als sich noch kein Mensch, weder im Guten noch im Bösen, mit den Pelzrobben beschäftigt hatte.
»Da waren es bestimmt die eben erwähnten Seuchen, die periodisch auftraten und die Herden von Zeit zu Zeit auf ein Minimum verringerten. Die Natur hat sich da eben selber geholfen. Aber sie griff nicht so behutsam zu, wie es der Mensch tut, wenn er vernünftig ist.«
Ein Aleute brachte uns zwei Tassen und eine Thermosflasche mit heißem Kaffee. Ich war sehr dankbar dafür, den schalen Geschmack im Mund loszuwerden.
»Und was geschieht mit den Fellen und dem Fleisch?« fragte ich Mr. Hurd, obwohl ich schon von Tetoff wußte, daß nichts davon verwertet wurde.

»Das bleibt alles liegen, den Möwen und Füchsen zum Fraß. Wegen des hohen Milchgehalts in den Kühen, der sofort sauer wird, kann man die Kadaver nicht mal mehr zu Dünger verarbeiten. Bei den hohen Kosten würde sich das auch gar nicht lohnen.«

»Aber die Pelze . . .«

»Würden vielleicht zehn bis fünfzehn Dollar das Stück bringen. Aber wir ziehen es vor, sie verfaulen zu lassen.«

Das konnte ich mir nicht erklären, sind doch sonst die Amerikaner sehr tüchtig im Geschäft. Hier aber ließen sie fast eine Million Dollar buchstäblich verkommen.

»Der Grund hierfür ist mehr psychologischer Natur«, meinte der Zar von Pribilowien, »wir wollen weder die einschlägige Industrie noch die eleganten Frauen in aller Welt an weibliche Sealpelze gewöhnen. Man soll nur die Felle der jungen Bullen kennen, aber jede andere Art von Seal ablehnen. Das, mein lieber Herr, ist der allerbeste Schutz, den es für die Kühe gibt. Vor allem auf hoher See, wo man die Wilderei von Pelzpiraten niemals ganz ausrotten kann.«

Tetoff kam auf mich zu, und wir verließen die Stätte eines Grauens, das deshalb nicht weniger grausam wirkte, weil es dem Weiterleben der größten Pelzrobbenkolonie zum Segen gereicht.

Wir hatten uns schon einige hundert Meter weit entfernt, als Tetoff lachte und auf eine Schar von Robben zeigte, die sich vom Strand her der Todesstraße freiwillig näherten.

»Ein Klub von Junggesellen«, sagte er mir, »sie haben die herrenlosen Kühe erspäht und glauben in ihrer Einfalt, daß sie jetzt auf leichte Art zu eigenen Frauen kommen.«

So war es tatsächlich. Noch aus der Ferne konnten wir sehen, wie die jungen Bullen sich inmitten der toten Kühe einrichteten. Mit dem Stolz echter Strandmeister trugen sie ihr Haupt erhoben und bewachten mit allem Mißtrauen ihrer Art einen Harem, der doch zu nichts mehr taugte.

Von der Hügelkette, über die wir zu unserem Jeep gingen, konnten wir erneut den ganzen, weiten Strand überblicken. Es war das gleiche Bild wie zuvor, in unabsehbaren Mengen lagen die Pelzrobben auf dem dunklen Geröll. Ihre feuchten Leiber glitzerten, die Strandmeister thronten auf ihren Felsen und das an- und abschwellende Gebrüll mischte sich mit dem Wellenschlag der Brandung. Die Tragödie droben auf dem Schilfgras war für die Masse des Robbenvolkes ohne Bedeutung. Ihr Leben ging weiter, stets im gleichen Rhythmus, wie es das Gesetz ihrer Natur befahl.

Heute ist der Besuch bei den Pelzrobben der Pribiloffs bedeutend einfacher, wenn auch nicht mehr so abenteuerlich, wie es mir vergönnt war. Für ziemlich viel Geld fliegen während des Sommers relativ kleine Chartermaschinen mit 12 bis 20 Touristen zu den Pribiloffs, wo sie allerdings nur wenige Stunden bleiben. Für geschlossene Gruppen, die ein Verstanstalter betreut und beaufsichtigt, ist keine besondere Genehmigung notwendig. Man sieht zwar Mengen von Pelzrobben, aber nur an wenigen Stellen . . . vorausgesetzt, daß einigermaßen klares Wetter herrscht. Das aber ist nur ungefähr an jedem dritten Tag der Fall. Selbstverständlich wird der Robbenschlag fremden Besuchern nicht gezeigt, an solchen Tagen darf keine Chartermaschine die Inseln anfliegen.

Im Lande der Karibu

Indianersommer nennt man im nördlichen Amerika den langen Herbst, vor allem den Spätherbst. Die Tage sind noch erstaunlich warm und täuschen sommerliches Wetter vor, die Nächte aber können schon frostig sein. Für Freunde der Natur ist es die schönste Zeit im Jahr, denn nun strahlt die Wildnis in einer Farbenpracht, die man sich bei uns daheim nicht vorstellen kann. Jedes Blatt an Baum und Strauch, jeder Halm und jedes Pflänzchen hat sich herbstlich geschmückt. Es scheinen der Phantasie keine Grenzen gesetzt, vom glühenden Rot der Eberesche bis zum dunklen Violett im Schilfkraut, vom blassen Grün der Pappeln bis zum dunkelsten Grün der Schwarzfichte ist jede nur denkbare Schattierung vorhanden. Schneeweiß schimmert das Wollgras am feuchten Boden, hellgelbe Glöckchen hängen an der Schneeheide. Noch blühen die Weidenröschen, noch sind die Berghänge von dunkelroten Moosbeeren bedeckt. Lieblich blaue Vergißmeinnicht betupfen den Waldrand, silbergraue Flechten haben das Gestein überzogen. Erlen und Espen, Weide und Farnkraut haben sich jedes auf seine Art verfärbt. Es gibt keinen Maler, und habe er einen noch so beschwingten Pinsel, dem es je gelingen wird, die Farbenpracht eines Indianersommers naturgetreu darzustellen. Nichts, was Tropen oder Südsee zu bieten haben, kann sich mit der herbstlich verzauberten Wildnis im Norden messen.

Jeder Atemzug ist ein Genuß, die Luft der ewigen Wälder und Täler ist mit frischem herbem Wohlgeschmack gewürzt. Alles duftet nach Herbst und gesegneter Erde. Der Wanderer in der Wildnis fühlt sich verjüngt, jeder Schritt über den federnden Boden scheint ihn aufs neue zu beleben. Die Flüsse strömen eiliger als sonst, die Bäche gurgeln noch flinker über das bemooste Gestein.

Nahrung ist für jedes Getier in Hülle und Fülle vorhanden. Das Fell der Bären glänzt, ihr Körper ist rund von all dem Fett, das sie im Winterlager wärmen wird. In den Flüssen steigen die Lachse, die Hänge sind bedeckt von Beeren der verschiedensten Art, eine bunter und köstlicher als die andere. Es ist die Zeit der großen Ernte.

Die kleinen Vögel des Waldes sind eifrig beim Sammeln, Rosenfink und Rotkehlchen, Ziegenmelker und Zaunkönig. Bis vors Zelt hüpfen die Waldhäher, über uns sitzt ein Kreuzschnabel in den Ästen. Nie zuvor habe ich die Vogelwelt Alaskas so lebhaft gesehen.

Jenseits der Berge, in den weiten, windigen Gefilden der Tundra ist der Winter schon lange hereingebrochen. Dort fegen bereits eisige Stürme über die schutzlosen, flachen Barrengrounds und haben die wilden Rentiere vertrieben. »Kannernak« nennen die Eskimo diesen schrecklichen Wind und halten ihn für Atem böser Geister. Sein todeskalter Hauch macht die winterliche Tundra unbewohnbar für Mensch und Tier. Auch die Herden der Karibu sind von ihren sommerlichen Weideplätzen in der arktischen Steppe aufgebrochen, um in den weiten Wäldern des Südens Zuflucht und Äsung zu finden. Nach Millionen zählen die wilden Rentiere von Alaska und Kanada, ihr Abzug aus der Tundra ist eine Völkerwanderung. Sie marschieren in großen Verbänden, viele tausend, mitunter hunderttausend Tiere haben sich zu Herden vereint, die ihren langen Treck gemeinsam unternehmen. Es dauert mehrere Tage, manchmal eine ganze Woche, bis der schier endlose Strom pelziger Leiber durch einen Engpaß gezogen ist.

Früher lagen die Eingeborenen an solchen Stellen im Hinterhalt, um sich aus dem unerschöpflichen Vorrat an wanderndem Wildbret die Fleischversorgung für den Winter zu holen. Als dic Waffen der Eskimos und Indianer noch primitiv waren und keinen Lärm erzeugten, nahm das ziehende Heer der Karibu diese Eingriffe ohne weiteres hin. Nur am Rande ihrer geschlossenen Masse fielen die Opfer, von Speeren und Pfeilen getroffen oder in Fallgruben gestürzt. Die übrige Herde wich nur wenige Schritt zurück und zog unbeeindruckt weiter.

Seit es jedoch Feuerwaffen gibt, löst jeder Schuß eine verheerende Massenflucht aus, bei der viele Kälber erdrückt oder zu Tode getreten werden. Daher ist schon seit längerer Zeit die Bejagung der Karibu an solchen Engstellen und Zwangspässen verboten. Sie dürfen erst beschossen werden, nachdem sie offenes Gelände erreicht haben.

Die Züge der Karibu folgen alljährlich dem gleichen Wechsel, der sie über viele hundert, sogar über tausend Kilometer weit nach Süden führt. Der Wildschutz kennt die meisten dieser Herden und hat ihnen bestimmte Namen gegeben. Allein für Alaska schätzt man die Gesamtzahl der Karibu auf etwa eine Million, neuerdings sogar noch mehr. Es ist verständlich, daß sie in alten Zeiten die hauptsächliche Nahrung der Eingeborenen waren, das naturgegebene Futtertier fürs menschliche Raubtier und für dessen wolfsähnliche Hunde.

Die meisten dieser Wandergemeinschaften berühren auf ihrem Treck keine bewohnten Gebiete und bleiben außer Reichweite der wenigen Straßen. (Über die Pipeline und ihre Folgen reden wir später.) Aber die Nenilchikherde, etwa sechzigtausend Köpfe stark, zieht nach Durchquerung der Denali-Berge über eine Fahrbahn. Es ist jene ungeteerte Straße, die von Paxton am Alcan-Highway durch das Denali-Naturschutzgebiet nach Kantishina führt, wo sie endet. An dieser Straße hauptsächlich wird die Herde bejagt. Jeder Alaskaner, der im Besitz eines Jagdscheines ist, hat das Recht, zwei Karibu zu erlegen. Wer eine größere Familie sein eigen nennt, darf noch mehr Tiere erbeuten.

Mit sportlicher Jagd oder gar mit unserer Auffassung vom edlen Waidwerk hat das nichts zu tun. Es ist reine Fleischbeschaffung, auf die Erbeutung einer möglichst starken Trophäe wird nur in den seltensten Fällen Wert gelegt. Vielmehr kommt es darauf an, sich bei möglichst geringer Mühe und Zeitverlust genügend Wildbret zu beschaffen, um daheim die große Tiefkühltruhe zu füllen. Weil es in dem unwegsamen Gelände äußerst beschwerlich ist, die Fleischpakete über längere Strecken zu tragen, sucht ein jeder Beutemacher seine Karibu in der Nähe der Straße zu erlegen. Dort hat er seinen Wagen stehen und will ihn möglichst bald beladen.

Die Gelegenheit zu dieser »Straßenjagd« ist nur während knapp zwei Wochen gegeben, in jenen Tagen nämlich, da die Herde gezwungen ist, die Fahrbahn zu überqueren. Wann es soweit ist, erfährt man aus den Zeitungen, auch vom Rundfunk, Fernsehen und Radio. Alsdann brechen die Jäger aus Anchorage und Fairbanks zum großen Schlachtfest auf. Über hundert Autos setzen sich zum Denali in Bewegung, meist mit mehreren Jägern bestückt. Am Ziel eingetroffen, haust man in Hütten und Zelten, in Wohnanhängern und im Wagen selbst. Auch gibt es an der Straße einige mehr oder weniger primitive Rasthäuser, in denen man zu höchsten Preisen wohnen, essen und trinken kann. Insgesamt dürften zur entscheidenden Zeit ein halbes tausend Mordgewehre am Denaliweg den durchziehenden Rentieren auflauern.

So schrecklich für unsere Begriffe jenes Massaker ist, das in beiden Wochen unter den Karibu angerichtet wird, die Nenilchikherde hat sich dadurch nicht verringert. Der jährliche Zuwachs gleicht all diese Verluste relativ leicht wieder aus. Die Herde hält ihren Bestand. Darüber wacht der Wildschutzdienst mit Argusaugen und verringert die Abschußerlaubnis, sobald sich ein Rückgang zeigt. Jeder Wagen, der vom Denali heimwärts strebt, wird an einem »Chekpoint« gewissenhaft kontrolliert. Man zählt die Beute und trägt ihre Stückzahl mit dem Namen des Jägers in Listen ein. Da es keine andere Möglichkeit gibt, das Jagdgebiet zu verlassen, kann niemand dieser Kontrolle entgehen. Im übrigen sind entlang der Straße Wildschutzbeamte in Zivil verteilt, die darüber wachen, daß nur *südlich* des Weges gejagt wird. Denn alles Gelände nördlich davon ist Naturschutzgebiet, worin nicht nur die Jagd, sondern auch die Mitnahme von Waffen verboten ist. Da Wildfrevel jeder Art in Alaska sehr viel

strenger bestraft wird als bei uns, die Alaskaner im allgemeinen auch erstaunlich gesetzestreu sind, hat in diesem Reservat das Wild tatsächlich Ruhe vor seinem menschlichen Feind.
Auch im Westen grenzt an das jagdfreie Gebiet ein riesengroßer Naturschutzpark, der »Mt. Kinley National Park«. Hier sind sogar die Pflanzen geschützt, Zelten ist nur an bestimmten Plätzen erlaubt, und Siedlungen sind vollständig verboten.
All das und noch vieles mehr erklärte mir Jimmy, als wir zum Denali unterwegs waren. Für meine Unlust, bei der Straßenjagd mitzutun, hatte er keinerlei Verständnis.
»Wir werden nette Gesellschaft haben«, meinte er, »und du kommst bestimmt zum Schuß.«
»Fragt sich nur auf was!« wandte ich ein, »bei diesem Massenbetrieb kann ich mir kein kapitales Geweih suchen. Überhaupt fände ich es schöner, wenn wir ganz allein wären und wie richtige Jäger pirschen würden. Marschieren wir doch ein paar Tage in die Berge hinein und schlagen dort unser Lager auf!«
Jimmy grinste nur.
»Und wer schafft hinterher das Fleisch heraus, pro Karibu dreihundert Kilo und dazu noch dein Geweih?«
Wenn mir selber auch nichts an dem Wildbret lag, war es doch strenge Vorschrift, daß man es der menschlichen Ernährung zuführen mußte. Außerdem wartete Jimmys Kühltruhe darauf.
»Gibt es denn keine Möglichkeit, das Fleisch sonstwie an die Straße zu bringen, vielleicht mit Pferden?«
Mein Freund zuckte mit den Schultern.
»Pferde gibt's hier nicht, aber Wiesel«, meinte er dann, »Henry hat so ein Vehikel, können ihn ja danach fragen.«
Unter einem »Wiesel« ist ein Kettenfahrzeug zu verstehen, das im Unterbau wie ein kleiner Tank aussieht, aber mit einer autoähnlichen Karosserie versehen ist. Man kann damit so ziemlich jedes Gelände durchqueren, nur keinen dichten Wald, tiefe Sümpfe und steiles Gebirge.
»Na siehst du, Jim, das wäre eine Lösung.«
»Kann sein, jedenfalls werden wir mit Henry sprechen. Er hat ab und zu fremde Jagdgäste, denen es um kapitale Geweihe geht, und die bringt er mit seinem Wiesel tiefer ins Land.«
Gegen Abend erreichten wir »Portland-House«, ein Konglomerat von Hütten und Schuppen, wie ich sie häßlicher nur selten gesehen hatte. Henry Portland, einem ehemaligen Taxifahrer aus San Franzisko, war es binnen drei Jahren gelungen, einen der schönsten Plätze am Susitnariver in einen Schandfleck zu verwandeln. Aus Wellblech, Kistenbrettern und abgewrackten Wohnwagen hatte er sich eine Ansammlung windschiefer Behausungen gezimmert, von denen keine ganz fertig war und worin sich nirgendwo ein bequemer Stuhl befand.

Allenthalben lag Gerümpel herum, standen verbrauchte Autos und leere Benzinfässer. Rostige Konservendosen türmten sich vor dem Küchenfenster zu Haufen, überall trat man über Knochen und leere Flaschen.
Als Schlafsaal war ein Schuppen aus Blech und Dachpappe vorgesehen, worin neben einigen Feldbetten alte Möbel bis zur Decke gestapelt waren. Durch hundert Ritzen und Löcher pfiff der Wind hinein, ein blakender Ölofen gab sich vergeblich Mühe, etwas Wärme zu verbreiten. Als Beleuchtung diente die eigene Taschenlampe, vor deren Schein flinke Tiere unter Betten und Kisten flüchteten. Diese Umstände schienen den Hausherrn und seine beiden Söhne nicht weiter zu stören. Sie wohnten auch selber in diesem Schuppen.
In Henrys Snackbar, deren Gefüge bei jedem Schritt in Schwankungen geriet, trieben sich bei unserer Ankunft nur zwei Indianer herum, die betrunken waren und viel Lärm machten. Sie wurden mit großer Nachsicht von einer älteren Eskimofrau bedient, die ihre Biergläser gar nicht schnell genug füllen konnte.
Ungeachtet dieser äußeren Verhältnisse, begrüßte uns Henry Portland mit größter Herzlichkeit. Jimmy kannte ihn bereits.
Weil es im Schankraum zu laut war, setzten wir uns zur Familie in die Küche, wo es in drangvoller Enge sehr geschäftig zuging. Es wurden Unmengen von Karibusteaks nebst Bergen von miserablen Pommes frites zubereitet. Gegen neun Uhr nämlich sollte eine Schar von Jägern und Jagdbummlern erscheinen, um alles aufzuessen. Weil niemand Zeit hatte, im Wald Holz zu schlagen, wurden Herd, Öfen und Boiler mit Öl geheizt. Das mußte man zwar bezahlen und viele hundert Meilen für teures Geld heranfahren, aber es machte der überbeschäftigten Familie weniger Arbeit, als sich beliebige Mengen von Brennholz kostenfrei aus nächster Umgebung zu beschaffen.
Die Portlandfamilie bestand aus fünf Köpfen, dem Vater, der Mutter, zwei erwachsenen Söhnen und einer bildhübschen Tochter. Jimmy, der schon öfters hier gewesen war, zögerte nicht, dem wohlgeformten Mädchen in aller Offenheit die deftigsten Komplimente zu machen. An sich strebte Mabel zu höherer Bildung und studierte Kunstgeschichte, nur während der Ferien diente sie als brave Tochter ihren Eltern als Mädchen für alles. So fleißig und zielbewußt die Familie Portland auch war, sie boten doch das Beispiel von Leuten, die sich gewaltig übernommen hatten. Ohne genügend Kapital für den Start wollten sie binnen kürzester Zeit den vielseitigen Betrieb einer »Touristenoase in der Wildnis« auf die Beine stellen. Doch hatten sie dafür weder genug Beine noch Hände und auch nicht die notwendige Erfahrung.
Draußen an der Straße stand ihre neue Tankstelle, und daneben lag die Reparaturwerkstatt. Ein halbes Dutzend Hütten, von denen keine in Ordnung war, sollte den Gästen als Unterkunft dienen. Für allzu billiges Geld hatte Henry ramponierte Öfen erworben, aber leider noch keine Zeit gefunden, sie zu reparieren. Unter einer zerschlissenen Zeltplane stand draußen im Regen ein Generator, um das ganze Anwesen mit elektrischem Licht zu versorgen. Aber

auch der funktionierte noch nicht. Man behalf sich recht und schlecht mit Gas, das aus Stahlflaschen gespeist wurde. Alles in allem eine der typischen Sippensiedlungen, von der leider recht häufigen Sorte Alaskaner, die sich mit großen Rosinen im Kopf, aber zu geringem Kapital und so gut wie keiner praktischen Erfahrung allzu viel vornehmen, das weit über ihren Verstand und etwaige Ausbildung hinausgeht. Da soll möglichst bald der »schnelle Dollar« anrollen, doch bei kaum nennenswerter Gegenleistung. Es war Ende der sechziger Jahre damit besser geworden, zumal die Behörden im Sinne des Umweltschutzes auf Beseitigung der Bruchbuden, der Abfallhügel und Autowracks drängten. Aber mit dem Ölrausch und Pipelinerummel ist es seit Mitte 1973 wieder schlecht und schlechter geworden. Manche dieser neuen Camps sehen aus und es geht dort zu wie im Wildwest der Bahnbauzeit um die Mitte des vorigen Jahrhunderts. Man halte sich davon so fern wie möglich!

Henry Portland und sein Sohn Louis hatten die Jagdführerprüfung abgelegt und sich einen Wiesel angeschafft, um fremde Sportjäger gegen hohe Gebühren in das Innere der Denali-Berge zu begleiten. Außer den Karibu waren dort auch Elche, Bären und weiter droben sogar Schneeziegen zu finden. Die Portlands hatten in den unbewohnten Tälern mehrere Zeltlager errichtet, die als Stützpunkte für solche Ausflüge dienen sollten. Waren jedoch die beiden Männer unterwegs, so mußte der dritte allein Tankstelle und Werkstatt versorgen. Alles übrige war dann Gattin und Tochter sowie der ältlichen Eskimofrau überlassen. Um Ordnung und etwas Sauberkeit zu halten, dazu fand man keine Zeit. Was Henry fehlte, war ein halbes Dutzend tüchtiger Angestellter. Die aber konnte er bei den enormen Löhnen nicht bezahlen. Und so war denn wohl sein ganzes Unternehmen zum Scheitern verurteilt.

Wohl deswegen hatte die Familie ihre Preise in die Höhe geschraubt. Für das einfache Frühstück nahmen sie acht Mark (damals), für ein Karibusteak mit Beilagen sechzehn Mark und für eine Halbliterbüchse Bier ganze drei Mark. Die Übernachtung in dem zugigen Abstellraum mußte pro Kopf mit sechs Mark honoriert werden. Als ich Henry nach dem Tagespreis für seinen Wiesel fragte, nannte er mir lächelnd hundertfünfzig Dollar, also (damals) sechshundert Mark!

»Diesen Preis muß ich nehmen«, sagte er zur Erklärung, »weil wir sonst die Raten nicht zahlen können.«

Ich hätte viel lieber in meinem Zelt geschlafen als in Henrys Bruchbude, aber mein Jimmy war nicht dafür zu haben. Er half bereits beim Abwaschen und scharmuzierte wie ein gelernter Verführer mit der munteren Tochter des wackligen Hauses. So blieb mir nichts anderes übrig, als mein angemufftes Feldbett im Schuppen zu beziehen.

Am nächsten Morgen hatte sich die Lage geändert.

»Wir müssen ein Zeltlager am Toten-Mann-See verproviantieren«, sagte mir Henry, »weil da in der nächsten Woche ein paar meiner Gäste kampieren.

Können euch also mitnehmen und am zweiten Camp beim Belling-Creek absetzen. Wenn wir unsere Kundschaft zu ihrem Lager bringen, holen wir euch wieder ab.«
Das klang in der Tat verlockend. Ich ging aber erst zu Jimmy und fragte ihn, was denn das »Mitnehmen« kosten würde.
»Keinen Cent, weil's Freundschaft ist«, grinste mein Begleiter, »Henry hatte erst gemeint, du wärst so einer von der deutschen Industrie. Nun weiß er, daß du nur Bücher schreibst, und da tust du ihm natürlich leid!«
Ich fand das sehr vernünftig von Henry und beschloß, ihm mein großes Jagdmesser zu schenken. Hatte ich für solche Zwecke genug von diesen Messern mitgenommen? Aus Erfahrung in anderen Ländern wußte ich, was man alles mit einem deutschen Jagdmesser bewirken kann. Es muß aber »Solingen« darauf stehen, sonst gilt das nicht. Und man darf es natürlich nicht aus dem Koffer nehmen, sondern gibt das gebrauchte Messer vom eigenen Gürtel her und tut so, als trenne man sich nur in spontaner Aufwallung von seinem liebsten Besitz.
Henrys Wiesel hatte fünf Plätze, zwei davon rechts und links vom Motor, die anderen drei dahinter. Seitlich war das Fahrzeug offen, aber darüber lag ein flaches Blechdach mit kleinem Geländer. Dort konnte ein Mann sitzen, um Ausschau zu halten. Das umfangreiche Gepäck wurde auf einem großen, eisernen Schlitten hinterhergezogen.
Den Laien mag es wundernehmen, daß kein Schnee dazu gehört, um in Alaska Schlitten zu fahren. Doch zieht die gewaltige Kraft eines Wiesels die Stahlkufen des Lastenschleppers auch im Sommer und Herbst durchs Gelände. Zudem hat so ein Jederzeit-Schlitten den Vorteil, daß er leichter über Spalten und steile Bachufer hinwegkommt als Räder. Das gilt nicht nur für Alaska, auch bei der Jagd im nördlichen Norwegen wurde unsere Ausrüstung von einem Sommerschlitten durch unwegsames Gelände befördert, als Bespannung diente dort ein Kettentraktor.
Unser Wiesel machte zwar einen Höllenlärm und bewegte sich nur mit etwa fünfzehn Stundenkilometern durch die Landschaft, aber nichts hielt ihn auf. Wir erklommen einen Hang von etwa fünfzig Grad Steigung und folgten danach einem steinigen Bachbett in knietiefem Wasser. Der blubbernde Motor wärmte unsere Glieder, trotz aller Schaukelei und vieler Stöße saß man recht gemütlich in dem Rappelkasten. Hatten wir doch vorsorglich unsere harten Sitzplätze mit Schlafsäcken und Pelzdecken gepolstert.
Nach einer guten Weile krochen wir aus dem Bach heraus und durchfurchten das Gelände. Hinter uns knirschte der Schlitten, vor uns bogen sich Sträucher und kleine Bäume zu Boden. Langsam aber sicher kamen wir höher in die Berge hinauf.
Nach einer halben Stunde etwa hatten wir einen gewölbten Rücken erreicht und rollten verhältnismäßig sanft über Moos und Heidelbeerkraut. Wir blieben

auf diesem Höhenzug und hatten eine herrliche, himmelweite Sicht bis zu den fernen Talkeetna-Bergen im Süden. Wald gab es nur in den Tälern, hier oben konnten gerade noch krüpplige Birken gedeihen, die der ewige Wind zerzaust hatte. In jeder Mulde, die wir passierten, lag ein kleiner See von moorbrauner Farbe. Eine Unmenge von Wasservögeln wurde durch unser Gebrumm erschreckt und stieg flatternd in die klare Luft.
Auf meiner Karte hatte keiner dieser Berge einen Namen, überhaupt waren darauf nur die Höhenlinien vermerkt und größere Flußläufe.
Von den Karibu war nichts zu sehen.
»Es ist noch zu früh«, meinte Henry, »sie halten sich in kleinen Herden zusammen und stehen tiefer. Bisher sind nur Vortrupps über die Straße gegangen ... scheint in diesem Jahr alles drei Wochen später zu sein.«
Die Gegend war weit und breit absolut unbewohnt. Jene wenigen Indianer, die früher in diesen Bergen gehaust hatten, waren allesamt an die Straße gezogen, wo sie gelegentlich auch mal gutbezahlte Arbeit annahmen. Ein Gelände von unübersehbarer Größe war sich selbst überlassen.
Henry steuerte einen Hang hinab. Die Schnauze unseres Wiesels neigte sich so steil nach unten, daß man glauben konnte, er müßte umkippen.
»Hast du Angst?« fragte mich der Fahrer und grinste etwas schadenfroh.
»Durchaus nicht«, mußte ich den guten Henry enttäuschen, »übrigens kann ich dich ablösen, wenn du müde wirst.«
Alle drei lachten mich aus.
»Sag das nicht noch mal«, warnte mich Henry, »sonst überlasse ich dir tatsächlich den Steuerknüppel!«
Ich wartete, bis wir auf besseres Gelände kamen, dann wiederholte ich mein Anerbieten.
Henry hielt an, drehte sich herum und sagte, daß er mich nun beim Wort nehme.
Zum größten Vergnügen von Jimmy, Henry und seinem Sohn wechselten wir die Plätze. Alle waren sie fest davon überzeugt, daß ich mich nun sterblich blamieren würde. Sie konnten ja schließlich nicht ahnen, daß mich vor langer Zeit der Feldwebel Peter Protzke als Panzerfahrer ausgebildet hatte. Und zwar auf einem tschechischen Beutepanzer, der in seinem Fahrgestell von diesem Wiesel nicht allzu verschieden war. Das war im Panzerregiment 5 gewesen, von dem heute nur noch wenige übrig sind.
Also ging die Sache ganz gut. Nur in den Kurven, wobei sich nur eine Kette bewegen darf, gab es mitunter Schwierigkeiten. Einmal drehte sich der Wiesel um seine ganze Achse, was viel Freude auslöste. Doch ging es dann zügig weiter. Ich gewöhnte mich wieder ans Fahren auf Ketten. Der Spott verstummte.
Schließlich kam Henry Portland die Erleuchtung.
»Wohl auch dabei gewesen?« meinte er.
»Ja, ziemlich mittendrin.«

»Hast du auch was abgekriegt?«
»Kann man sagen, es langte für die Heimat.«
»Ich war beim Patton, unserem Panzerschreck«, gab er nun an, »deine Leute haben mich an der Maas erwischt, mit einem Lungenschuß, durch und durch.«
Jimmy fand das komisch und lachte unpassend.
»War doch ein großer Blödsinn, wenn man's so bedenkt«, stellte Henry fest, »warum schlagen die Leute aufeinander los, wo man sich doch gut vertragen kann?«
Weil noch niemand diese Frage überzeugend zu beantworten wußte, verfielen wir in nachdenkliches Schweigen.
Henry dirigierte mich zu einem Tal hinunter, das schöner war als es sich beschreiben läßt. Ein wildromantischer Fluß rauschte durch Laubwald, der in den prächtigsten Farben funkelte.
»Der Belling-Creek«, sagte er, »dort drüben habe ich ein Camp gerichtet, da könnt ihr bleiben.«
Nur zehn Schritt von dem schäumenden Fluß entfernt stand das alte Armeezelt inmitten einer Gruppe von Baumwollpappeln. Dunkelrote, hellgelbe und violette Blätter waren herabgeregnet, und so wirkte der Platz wie eine bunte Palette.
Das Zelt selbst, obwohl sehr groß, bestand nur aus einer geflickten Plane, die Henry über einen Rahmen aus Birkenstämmen gespannt hatte. Der Erdboden darin war nackt und feucht. Ein rostiger Yukonofen sollte für Wärme und Trockenheit sorgen.
»Hoffe, es gefällt euch«, meinte Henry, »fließendes Wasser habt ihr vor der Haustür. Könnte mir denken, daß die Karibu am Fluß entlang ziehen.«
Wir luden das Gepäck ab und redeten noch eine Weile über die Gewohnheiten der wilden Rentiere. Dann zogen die beiden Portlands davon, um ihr Lager am Toten-Mann-See zu verproviantieren. Nach vier Tagen wollten sie uns abholen.
Als erstes versuchten wir den Yukonofen in Gang zu bringen. Er qualmte unbeschreiblich, wärmte aber kaum. Der Rauch zog es vor, durch die Rostlöcher zu entweichen, anstatt seinen Weg durch das schiefe Rohr zu nehmen, für das man kurzerhand ein Loch ins Zeltdach geschnitten hatte.
»Kochen können wir auf dem Ding jedenfalls nicht«, meinte ich zu Jimmy, »machen wir lieber ein offenes Feuer vor dem Zelt.«
Das taten wir auch und hatten es viel gemütlicher als neben dem unguten Ofen.
»Aber zum Schlafen müssen wir hinein«, riet Jimmy, »in der Nacht wird's bestimmt Regen geben.«
Er hatte einen schweren wasserdichten Schlafsack mitgebracht, worin es sich gewiß sehr angenehm übernachten ließ, auch wenn es von oben durch die Plane hereintropfte. In diesen speziell für die Arktis hergestellten Säcken kann man

es selbst bei Temperaturen bis 50 Grad unter Null aushalten. Nur sind solche polaren Schlummerhüllen viel zu gewichtig, als daß man sie über größere Strekken tragen kann. Für gewöhnlich hat man Packtiere und im Winter Hundeschlitten, um seine Ausrüstung zu befördern. (Kaum zehn Jahre sind vergangen, seit ich das erlebte und niederschrieb, wobei es ganz selbstverständlich war, von »Packtieren« und von »Hundeschlitten« zu reden, weil anderes gar nicht in Frage kam. Heute muß es Motorschlitten heißen, und zwar ganz selbstverständlich. Hundeschlitten sind zur Seltenheit geworden, es sei für den allbeliebten Sport der Hundeschlitten-Rennen.)

Für alle Fälle war ich selber mit meinem Bergsteigerzelt versehen, dazu noch mit einer Isoliermatte und Daunenschlafsack. Alles zusammen wog noch keine fünf Kilo und hielt trotzdem warm genug. In dem winzigen Einmannzelt diente schon der eigene Körper als Wärmequelle. Ich zog es vor, mich selbständig zu machen. Neben Henrys arg verbrauchtem Großzelt schlug ich die eigene Unterkunft auf.

Die Tage am Belling-Creek waren sehr anstrengend, doch möchte ich sie in meinen Erfahrungen nicht missen. Es kostete Überwindung am frühesten Morgen, wenn die Sterne erblaßten und die Welt noch frostig war, den molligen Schlafsack zu verlassen und draußen vor meinem Zelt – denn drinnen war kein Platz – in Stiefel und Hose zu fahren. Bitterkalt war die Luft und das Waschwasser aus dem Bach noch kälter. Trotzdem blieb es bei der täglichen Rasur, denn ich halte die sogenannten »Expeditionsbärte« für ein Greuel und nicht vereinbar mit dem guten Ton in der Wildnis.

Meinen Führer mußte ich erst wecken, denn Jim liebte den Schlaf und kam nur knurrend aus seinem regendichten Behälter hervor. Um Zeit zu sparen, machte ich gleich Feuer, und wir frühstückten reichlich. Es gab Kaffee und Spiegeleier mit Speck, Pfannkuchen mit Ahornsyrup und Knäckebrot, dazu Moosbeerenmarmelade und Waldhonig. Ich hatte mich nun auch daran gewöhnt, das Mittagessen ausfallen zu lassen, wie es Brauch in der alaskanischen Wildnis ist.

Kaum war es hell geworden, marschierten wir ab, nur mit Gewehr und Kamera beladen. Ganz von selbst hatte sich ergeben, daß ich voranging und Jimmy hinterher. Worin seine Tätigkeit als Führer (30 Dollar pro Tag!) bestand, war nicht recht zu begreifen. Jimmy machte weder Vorschläge noch sonstige Anstalten, um den eigentlichen Zweck dieses Ausflugs zu fördern, der ja darin bestehen sollte, daß ich einen wirklich kapitalen Rentierbullen schoß. Erst später hörte ich, daß er noch nie einen fremden Waidmann auf Karibu geführt hatte, als typischer Alaskaner konnte er wohl kaum begreifen, daß diese Tiere in unserem Sinne »jagdbar« waren und wir auf ein starkes Geweih beim Karibu denselben Wert legten wie auf kapitale Schaufeln beim Elch. Die Wildren sind für den Alaskaner Fleischlieferanten, was sie auf dem Haupt tragen, interessierte nur hin und wieder einen spleenigen Fremden. Also war es dem guten Jimmy wohl aus ganzer Seele zuwider, sich hierfür besonders anzustrengen.

Seine Pflichten mir gegenüber hatte er vergessen, oder es genügte ihm, daß er mich begleitete. Soll man doch in der Wildnis nie allein gehen.
Es war zwecklos, darüber zu reden, ich mußte mit ihm auskommen. Außerdem hoffte ich auf meine Art mehr Erfolg zu haben. Also trottete mein Begleiter lustlos hinterher und hüllte sich meist in Schweigen. Doch am zweiten Tag besserte sich seine Laune zusehends, als nämlich offenbar wurde, daß sich in der Umgebung des Belling-Creek keinerlei Karibu befanden.
Dafür gab es allenthalben im Tal und an den Hängen frische Fährten von Elchen wie Bären, auch Wolfsspuren fanden wir gelegentlich.
Wir zogen den ganzen Tag oberhalb der Baumgrenze an den Hängen entlang, an aussichtsreichen Stellen ließen wir uns nieder. Denn schräg von oben sind die Talgründe und ihr Waldbestand am besten einzusehen. Doch war leider nichts von den vielbesprochenen Herden zu erblicken. So stiegen wir denn folgenden Tags an den Creek hinunter und wanderten stundenweit stromauf. Wir folgten seinen Nebenflüssen, streiften durch herrlich bunte Täler, wateten die Bäche hinauf und stiegen in Schluchten hinein. Es war alles vergeblich. Wir sahen nur junge Elche und Tiere mit Kälbern. Kein Geweihträger war dabei, auf den sich ein Schuß verantworten ließ.
Am dritten Morgen entdeckten wir einen langen, ziemlich schmalen See, der sich zwar nicht auf meiner Karte befand, dafür aber in schönster Wirklichkeit existierte. Er lag am Ende eines Tales, das sich plötzlich weitete, und war die Heimat einer großen Zahl von Biber. Die fleißigen Tiere waren völlig furchtlos, offenbar hatten sie noch nie Menschen gesehen und kannten deren Gefährlichkeit nicht. Wir sahen ihnen stundenlang zu, wie sie mit ihren scharfen, gelben Zähnen die Erlen fällten und das Geäst auf ihren kunstvoll angelegten Kanälen in den See schafften, wo ihre feuchten Burgen aus dem Wasser ragten. Andere Biber waren als Baumeister tätig und verstärkten die Dämme. Diese fleißigen Baumeister bei ihren vielseitigen Verrichtungen zu beobachten, konnte ich nicht müde werden. Was sie vollbringen, gleicht einem Wunder, in technischer wie auch statischer Hinsicht ist es eine Meisterleistung. Wie ein solches Tier, allein aus seinem Instinkt heraus, den Wasserstand der Teiche genau auf jener Höhe zu regulieren versteht, die sinnvoll ihrem Zweck entspricht, wird mir immer unbegreiflich bleiben.
Die meisten Biberteiche werden von ihren pelzigen Bewohnern künstlich angelegt, und zwar durch Aufstauung von Bächen. Ebenso wie bei unseren Talsperren werden Dämme gezogen, die sich dem wechselnden Zufluß entsprechend öffnen und schließen lassen, so daß sich der Wasserstand bei jeder Jahreszeit auf gleicher Höhe hält. Aus Gründen seiner Sicherheit legt der Biber größten Wert darauf, daß sich die Eingänge zu seinen hügelartigen Burgen stets unter Wasser, im Winter also unter dem Eis befinden. Wie es die Tiere fertigbringen, die Höhe ihrer Dämme und damit den Wasserstand ihres Stausees im vorhinein zu kalkulieren, ist ein Phänomen ihrer Natur. Für menschliche Bau-

werke von solcher Vollkommenheit würde man einen Stab erstklassiger Ingenieure brauchen, die vor Baubeginn komplizierte Berechnungen anstellen. Was bei unseren menschlich-technischen Dammbauten zu den Erkenntnissen der letzten Zeit gehört, nämlich den Dämmen eine leichte Biegung nach vorn zu geben, um den Wasserdruck auf die Mauer gleichmäßig zu verteilen, das wußten die Biber schon vor tausend Generationen. In stärker strömenden Gewässern sind ihre Dämme stets mit einer konkaven Kurve versehen, die den Druck des heranströmenden Baches vom Zentrum zu den Ufern ablenkt.
Wo die Biber zahlreich sind, haben sie das ursprüngliche Landschaftsbild weitgehend verändert und aus Bachläufen eine Kette von Seen gemacht. Um das Baumaterial für Dämme und Burgen möglichst mühelos heranzuschaffen, haben sie Kanäle gegraben, in der richtigen Erkenntnis, daß der Transport auf dem Wasser leichter ist als über Land. Sie ernähren sich von grünen Zweigen und müssen ihre Futterbäume erst fällen, um an deren Äste zu gelangen.
Hier waren sie nun dabei, sich ihre Vorräte für den nahenden Winter anzulegen. Es herrschte demgemäß große Geschäftigkeit im See, offensichtlich waren die verschiedenen Obliegenheiten planmäßig verteilt. Eine Arbeitsgruppe verstärkte den Damm, eine andere brachte das Material herbei. Hier wurde eine Burg befestigt, dort schleppte ein emsiger Hausvater nahrhafte Zweige in die Nähe seines Heims. Andere Tiere waren als Holzfäller tätig oder hielten Wache. Niemand war müßig, jeder Biber ging mit Eifer seinen Pflichten nach.
Wie man sagt, sollen Biberschwänze eine große Delikatesse sein, aber keiner von uns beiden Menschen dachte nur im Traum daran, das Treiben in diesem See durch einen Schuß zu stören.
Endlich hatte uns ein alter Bibervater entdeckt. Statt die Flucht zu ergreifen oder seine Sippschaft vor den fremden Wesen zu warnen, schwamm er bis auf zehn Schritt zu uns heran und konnte sich vor Neugier kaum fassen. Hin und her schwimmend, eintauchend und wieder auftauchend, gab er uns eine regelrechte Vorstellung. Ich bin sicher, daß wir diesen vertrauensseligen Biber hätten anfassen können, wären wir nur so lange an dem See geblieben, um ihn noch mehr an uns zu gewöhnen.
Am Morgen des fünften Tages holte uns Henry mit seinem Wiesel ab und wußte Wunderdinge von den Karibu zu berichten, die er am Toten-Mann-See erblickt hatte. Auch zu beiden Seiten des Butte-Creek zogen Tausende und aber Tausende von Rentieren gemächlich nach Süden.
»Ist mir vollkommen unbegreiflich, daß sich hier überhaupt nichts gezeigt hat«, meinte er, »sonst ist der Belling-Creek mein bester Platz gewesen, im vorigen Jahr sind sie tagelang hier durchgezogen.«
Wahrscheinlich hatte sich diesmal die große Nenilchikherde schon im Schutzgebiet der Denali-Berge aufgelöst. Die einzelnen Gruppen, so zahlreich sie auch sein mochten, marschierten nun getrennt. Und jener Zug, der sonst dem Belling-Creek folgte, war noch nicht vorbeigekommen.

So wäre ich gerne noch eine Weile hier geblieben, während Henry meinte, wir sollten unser Camp an den Butte-See verlegen. Jimmy trat unbedingt für die Straßenjagd ein und hielt dafür, daß ich so etwas gesehen haben müßte. Es gehörte schließlich zum Jagdbetrieb in Alaska, niemand könne darüber reden und schreiben, ohne dabeigewesen zu sein.

Sein Argument überzeugte mich, und so kehrten wir mit Henrys Wiesel ins Portland-House zurück. Dort hatten sich inzwischen so viele Wagen und Jäger versammelt, daß kein Feldbett mehr zu haben war. Es paßte mir gut, denn so konnte ich am nahen Waldrand mein kleines Zelt aufschlagen und »ganz privat« schlafen, ohne daß meine Abseitigkeit von den freundlichen Portlands verübelt wurde.

Am nächsten Morgen setzten wir uns in Jimmys Wagen und rollten langsam nach Osten. Hinter uns auf dem Gepäck lagen griffbereit die Gewehre, ausnahmsweise schon geladen. Alle paar hundert Meter hielten wir an und suchten mit dem Fernglas die Berghänge im Schutzgebiet ab. Von dort mußten sich die Karibu nähern, wollten sie die Straße in den jagdfreien Teil der Denali-Berge überschreiten. Wie mir Jim erklärte, war es die übliche Methode, dann still im Wagen zu bleiben und abzuwarten, bis die Herde herankam. Hatte sie die Straße überschritten, durfte geschossen werden.

Wir waren natürlich nicht die einzigen Jäger auf der Fahrbahn. Alle paar Kilometer überholten wir parkende Fahrzeuge, neben denen zwei oder drei Leute standen, die sich auf den Kühler stützten und mit größter Aufmerksamkeit durch ihre Gläser auf die Berge schauten. Hatte ich sonst nur Kameradschaft und stete Hilfsbereitschaft in Alaska erlebt, war das hier völlig anders. Niemand schien bereit, Jimmy auf seine beharrlichen Fragen auch nur die geringste Auskunft zu geben. Die Leute waren samt und sonders Fleischjäger, jeder wollte sich so schnell und bequem wie möglich seinen Winterproviant beschaffen. Dabei war keine Konkurrenz erwünscht, hoffte man doch bei erster Gelegenheit genug Tiere zu erbeuten, um gleich anschließend wieder heimzufahren.

»Die Leute stehen ja alle irgendwo in Arbeit und haben nur ein paar Tage Urlaub«, erzählte mir Jimmy, »die meisten von ihnen gehen sonst nicht auf die Jagd. Es sind Arbeiter und Angestellte, kleine Beamte und Soldaten mit Familien.«

Das Karibu ist viel stärker und etwa doppelt so schwer wie das zahme oder wilde Rentier im Norden Skandinaviens. Die männlichen und vor allem die betagten Karibu von Alaska tragen auch ein viel größeres Geweih, als man es von den Rentieren der Lappen gewohnt ist, außerdem ist das Wildbret der Karibu schmackhafter. Wie alle Jagdbeute in Alaska – man kann das nicht oft genug betonen – darf es nicht verkauft werden, ja überhaupt nicht in den Handel kommen. Man muß es selber verbrauchen, kann es natürlich auch an gute Freunde verschenken.

Nachdem wir etwa fünfundzwanzig Kilometer nach Osten gerollt waren, meinte Jimmy, es habe keinen Zweck mehr weiterzufahren, und wir drehten um. Auch die anderen Wagen, denen wir begegneten, taten das gleiche. Auf dem Rückweg kamen wir an einigen Jagdtrupps vorbei, die inzwischen Beute gemacht hatten. Droben an der Straße standen ihre Wagen, drunten am Hang wurden die erlegten Tiere zerwirkt. Feuer brannten, die Messer blitzten und keuchende Männer schleppten das blaßrote Fleisch auf ihren Packboards zu den Fahrzeugen. Manche Leute hatten ihre Familie mitgebracht, Kinder liefen zwischen den toten Rentieren herum, Frauen machten sich an ihren Töpfen zu schaffen, und es herrschte ein reges, geselliges Treiben.

Wir hatten die Tour in beiderseitiger Richtung schon mehrmals gemacht, als wir in einer Straßenkurve wieder anhielten, um zum soundso vielten Male die Nordhänge abzusuchen. Sie waren unbewaldet, nur mit Heidekraut und Weidengestrüpp bewachsen. Ich hatte mein Glas schon wieder abgesetzt, weil nichts zu sehen war, als mein Freund zusammenzuckte. »Jimmy, siehst du was . . .?«

»Da oben zwischen den Steinen . . . irgendwas bewegt sich da!«

Er mußte mir die Stelle erst genauer erklären, bis ich selber erkannte, was ihn aufregte. Es war ein Durcheinander von dünnen, dunklen Ästen. Auf die weite Entfernung sahen sie wie totes, trockenes Gezweig aus. Aber das bewegte sich alles, und daher mußten es Geweihe sein. Die Körper der Tiere waren von grauem Gestein verdeckt.

Als die Herde langsam bergab zog, in ein Gebüsch hinein, verloren wir sie aus den Augen.

»Macht nichts, Hans, sie kommen herunter!«

Schon hielt ein zweiter Wagen hinter uns, mit vier bewaffneten Männern besetzt. Als einer von ihnen fragte, ob wir etwas gesehen hätten, schüttelte Jimmy unkameradschaftlich den Kopf. Aber das Unglück war schon passiert, die Leute fuhren nicht weiter, sondern beobachteten ihrerseits den Hang.

»Verdammte Schweinerei«, knurrte mein Freund, »ist aber unsere Schuld, wir haben uns zu auffällig benommen.«

Wir taten so, als hätten wir uns wirklich getäuscht und fuhren weiter. Aber bei der nächsten Ausweiche machten wir kehrt und kamen zurück. Die kleine List war umsonst gewesen, inzwischen hatte unsere Konkurrenz das Wild selber entdeckt. Man grinste uns triumphierend an.

Dagegen war nichts zu machen. Wir blieben im Wagen und beobachteten die Karibu durchs herabgelassene Fenster.

Die kleine Herde war etwas näher gekommen und zog langsam weiter bergab.

»Wirst auf deine Kosten kommen«, meinte Jimmy nach längerem Betrachten, »es sind alles Bullen, etwa zwanzig Stück, keine einzige Kuh ist dabei und kein Kalb.«

Wir warteten und schauten. Immer tiefer kamen sie herab, die Entfernung betrug nur noch hundert Schritt. Sie blieben in langgezogener Kette am Hang stehen und ästen. Zu unserer Rechten, im jagdfreien Teil also, senkte sich das Gelände und bot etwa achtzig Meter freies Schußfeld. Danach kam ein Waldstück, hinter dem ein See liegen mußte, denn durch die Fichtenstämme sah ich blankes Wasser blitzen.
»Du darfst erst schießen«, warnte mich Jimmy, »wenn sie ganz über die Straße hinweg sind. Die gehört nämlich noch zum Schutzgebiet.«
Ich wunderte mich, wie genau er die Vorschriften nahm.
»Man weiß nie, ob unter den anderen Leuten nicht einer vom Wildschutz steckt!«
Ein dritter und bald darauf noch ein vierter Wagen gesellte sich zu uns. Der Abstand zwischen den einzelnen Fahrzeugen betrug nur zwanzig bis dreißig Meter, eine höchst unerfreuliche Situation also.
Die Karibu setzten sich wieder in Bewegung. Ohne sich im geringsten um die Wagen auf der Straße zu kümmern, bummelten sie gemächlich abwärts.
»Alles ziemlich alte Knaben«, flüsterte Jim. »Möchte wissen, warum sie beisammen sind.«
Die Gehörne schienen mir ungemein groß zu sein, vor allem in der weiten Auslage. Bisher kannte ich ja nur die Wildren im Dovre-Fjell Norwegens. Der stärkste Bulle, den ich dort gesehen hatte, ließ sich nicht mit dem geringsten an diesem Hang vergleichen. Das Jagdfieber begann mich zu packen.
»Schau dir den dritten von links an«, flüsterte Jimmy, »schätze, das ist der beste.«
Sein weit ausladendes Gehörn schimmerte rosig, erst vor kurzem hatte der Alte gefegt. Da er noch eine leuchtendweiße Mähne trug, konnte ich mir seine Erscheinung recht gut merken.
Wir griffen nach unseren Gewehren, entsicherten und hielten sie zwischen unseren Knien bereit. Da ich auf der rechten Seite saß, würde ich als erster den Wagen verlassen können. Vorsichtshalber öffnete ich schon jetzt die Tür.
Noch ein Wagen und kurz darauf noch einer rollten heran. Sie blieben stehen und ihre Insassen warteten mit der gleichen Spannung, wie es die anderen Jäger schon so lange taten.
Diese Spannung wurde nach und nach unerträglich. Hin und her zogen die Karibu, ohne einen Entschluß zu fassen. Ihr Instinkt fühlte die lauernde Gefahr. Die fremdartigen, so übel riechenden Fahrzeuge auf der Straße waren ihnen zuwider. Aber der Trieb nach Süden, dieser unwiderstehliche Zwang, die Wanderung in gleicher Richtung und auf dem gleichen Wechsel fortzusetzen, wie schon seit undenklichen Zeiten ihre Ahnen gezogen waren, dieses angeborene Gesetz war unabänderlich und stärker als jede Vorsicht. Es mußte erfüllt werden, auch wenn es den eigenen Untergang bedeutete.

Nervös traten die großen Tiere auf der Stelle. Aber eines nach dem anderen stieß aus der Gruppe vor, machte einige Schritte hinab und zog damit andere nach. Es war nicht abzusehen, wo sie schließlich die Straße überschreiten würden. Für Jim und mich hing alles davon ab, daß dies in unserer Nähe geschah. Denn sobald die Knallerei losging, mußte sich die Herde in wilder Flucht auflösen, und wir konnten kaum mehr zum Schuß kommen. Die Chance, jenes ganz große Geweih zu erbeuten, war um so geringer, je entfernter von mir sein Träger über die Straße eilte.

Jetzt waren sie schon auf fünfzig Schritt heran, ich konnte sehen, wie ihre Flanken bebten. Sie hatten nun auch Witterung von den Menschen bekommen. Eine Weile sah es so aus, als würden sie seitwärts davonziehen.

Aber ihr Trieb, dem uralten Wechsel zu folgen, erlaubte keine Abweichung und versagte ihnen die Rettung. Erst kam eines der Tiere bis fast an die Fahrbahn herunter, ihm folgten mehrere und schließlich die ganze Gruppe. Kurz vor der Straße, keine zwanzig Schritt von uns entfernt, verhoffte die Herde nochmals und sicherte zu uns hinab. Sie schienen mir zum Greifen nahe, man konnte deutlich sehen, wie ihre Atmung den zottigen Leib bewegte.

»Paß auf, Hans«, wisperte mir Jim ins Ohr, »wenn dein Bulle liegt, mußt du sofort hinlaufen und ihn anfassen. Sonst kommt dir irgend so ein Schuft zuvor und behauptet, es wäre seiner.«

Ich nickte und fieberte vor Erregung, denn inzwischen hatte ich meine Abscheu vor dieser hinterhältigen Jagdart vergessen.

Der starke Bulle mit dem rosaroten Geweih bewegte sich nun parallel zur Fahrbahn. Ich fürchtete schon, ihn aus den Augen zu verlieren, als er wieder zurückkam, um dann mit plötzlichem Entschluß zwei Wagen vor uns über die Straße zu setzen.

Sein Vorstoß war das Signal für alle übrigen. Ihre Hufe klapperten auf dem harten Boden der Fahrbahn, gleichzeitig öffnete man überall die Wagentüren. Die Jäger griffen nach ihren Büchsen und stürzten hinaus.

Schlagartig herrschte ein völliges Durcheinander. Ich stand droben an der Böschung und sah in einen Hexenkessel hinab.

Statt sich in den nahen Wald zu flüchten, liefen die Karibu kreuz und quer. Panik hatte sie erfaßt. Im Krachen der Schüsse völlig kopflos geworden, suchten einige Tiere wieder über die Straße zu kommen, andere seitwärts auszubrechen. Dabei gelangten sie nur in den Bereich anderer Schützen.

Es ballerte von allen Seiten, Jimmy schoß dicht neben meinem Ohr eine ganze Salve ab. Die Rentiere stürzten im Feuer, ihre Läufe zuckten im Todeskampf und wirbelten nasses Laub in die Luft.

In diesem verwirrten Lärm war ich zunächst völlig ratlos. Auf gut Glück irgendeines der Tiere zu beschießen, kam mir nicht in den Sinn. Das rosarote Geweih des ganz Großen hatte ich gleich zu Anfang der hektischen Schießerei aus dem Gesicht verloren.

Dann aber sah ich den Bullen wieder, er war geradewegs auf den Waldrand zugestürzt und bereits so weit entfernt, daß ihn wohl niemand mehr beschoß. Schon fast in Sicherheit, machte er kehrt und lief aufs neue in den Hexenkessel hinein. Ich hob die Büchse, hielt auf seinen Stich und drückte ab.
Das mächtige Tier fiel vornüber und war im Gestrüpp nicht mehr zu sehen.
»Gut«, schrie Jimmy, »lauf hin . . . lauf schnell hin.«
Ich rannte, was ich nur konnte, den Hang hinab. Mitten durch die verstörten, verletzten oder verendeten Karibu hindurch. Noch immer knallte es von allen Seiten, und ich meinte, daß mir die Kugeln nur so um den Kopf flogen.
Mein linker Stiefel verfing sich in einer Wurzel, und ich schlug lang hin. Der Boden war schwarz und schlammig. Keuchend kam ich wieder auf die Beine, hastete weiter, sprang über einen Bach und fand schließlich jenes Gebüsch, hinter dem mein weißmähniger Bulle verschwunden war.
Ich nahm die Büchse wieder hoch und ging um das Erlengestrüpp herum.
Da lag er, hatte sein enormes Geweih in den weichen Grund gebohrt und war bereits verendet. Ich kniete neben ihm nieder und hing mein Jagdmesser an eines seiner Enden, zum Zeichen der Besitzergreifung.
Das war auch gut so, denn gleich darauf erschien ein hünenhaft gebauter Mensch mit dunklen Haaren und glänzend schwarzen Augen. Dies wäre sein Bulle, behauptete er.
Heftig verteidigte ich mein Recht, und es kam zu einem scharfen Disput. Dabei sah der Kerl sehr bedrohlich aus, er schien mir doppelt so groß und breit wie ich. Bei einem Faustkampf wäre es mir bestimmt sehr übel ergangen.
»Es wird sich ja herausstellen, von dem die Kugel stammt«, rief ich wütend, »ich hab jedenfalls mit 9,3 geschossen!«
»Der Teufel soll dich holen«, schrie der Schwarzhaarige, »hab doch ganz genau gesehen, daß mein Bulle hier zu Boden ging. Und dafür hab ich Zeugen . . .«
Und schon kamen zwei andere, recht abgerissene Gestalten herbei.
»Was brüllst du denn hier herum«, riefen sie meinem Gegner zu, »statt dem armen Vieh seinen Fangschuß zu geben.«
»Ist doch längst verendet«, meinte der freche Mensch und zeigte auf meinen Bullen.
»Der nicht, du Fettkopf«, klärten ihn seine Freunde auf, »deiner liegt da drüben.«
Der böse Mensch verzog sein Gesicht zu einer Grimasse.
»Was . . . was ist los?«
Seine Genossen zogen ihn weg. Gleich danach fiel ein Schuß und ich hörte im Gestrüpp die Läufe eines sterbenden Karibu schlegeln. Das Tier hatte in einer Mulde gelegen, zudem war es noch von einer Fichte verdeckt gewesen.
Der Schwarzhaarige kam nun zurück, sein rauchendes Gewehr in der Hand.
»Nichts für ungut, Freundchen«, sagte er mit recht unglücklichem Gesicht, »hab mich wie ein Trottel benommen.«

Dann reichte er mir seine Pranke zur Versöhnung.
»Nimm einen Schluck aus meiner Pulle und vergiß den Quatsch.«
Er holte eine Blechflasche aus seiner Hosentasche, wischte mit schmutziger Hand darüber und reichte sie mir.
Nachdem auch er sich gelabt hatte, wurden wir dicke Freunde.
»Heiße John, und du?«
»Hans.«
»Und wo kommst du her?«
»Aus Deutschland.«
»Ich aus Polen, studiere in Fairbanks und verdien mir in den Ferien etwas Geld beim Wildschutz.«
»Also . . . von der Jagdpolizei bist du?«
»Ja, aber nur . . . sozusagen aushilfsweise. Mein Chef ist auch hier.« Dieser Chef war soeben damit beschäftigt, die Gewehre und Jagdscheine von zwei Übeltätern zu konfiszieren, die bereits geschossen hatten, als sich die Karibu noch auf der Straße befanden. Außerdem würde sie das Vergehen noch dreihundert Dollar Strafe kosten.
»Tut mir leid, daß ich ein bißchen grob war«, versicherte mir John erneut.
»Nicht der Rede wert«, erklärte ich meinerseits, »in der Hitze des Gefechts kommt so was vor.«
Damit mußten wir uns trennen, um die toten Tiere aufzubrechen.
»Nachher sehen wir uns noch«, meinte der Schwarze beim Fortgehen, »ich lad dich zu einer feinen Indianersuppe ein. Hinterher gibt's dann Karibuzunge am Spieß. Kennst du bestimmt noch nicht . . .!«
Mein Jimmy hatte zwei Karibu erlegt und ließ sich vorerst nicht sprechen, da er emsig mit dem Zerwirken seiner Beute beschäftigt war.
»Kannst du mit deinem allein fertig werden?« fragte er mich anstandshalber.
Natürlich konnte ich das, wenn auch gewiß nicht so kunstvoll wie ein echter Waldläufer. Es dauerte bei mir auch sehr viel länger. Bis zu beiden Ellbogen hinauf war ich mit Blut besudelt, und alle Knochen taten mir weh.
Überall loderten nun die Feuer, die Männer schwitzten über den geöffneten Leibern ihrer Beute. Aus den Wagen auf der Straße waren auch einige Frauen gekommen und beteiligten sich an der roten Arbeit.
Nur vier oder fünf Karibu hatten sich retten können, alle übrigen waren der Fleischjagd zum Opfer gefallen.
Als es zu dunkeln begann, holte ich meine Sachen aus dem Wagen und schlug mein Zelt auf. Ich hatte nicht die geringste Lust, die Nacht in der Nähe von Portland House zu verbringen, außerdem hielt ich es für besser, mein Geweih zu bewachen.
Es war schon Nacht, als Jimmy zu mir herunterkam.
»Hatte da oben eine kleine Auseinandersetzung mit dem aufgeblasenen Melville«, berichtete er mißmutig, »ist ein großer Angeber beim Wildschutz und

wollte mich belangen, weil ich als Jagdführer selber gejagt habe. Nur gut, daß du für die letzte Woche noch nicht bezahlt hast. So konnt' ich ihm sagen, daß unser Ausflug zu den Karibu eine Sache der Freundschaft war . . . Vielleicht fragt er dich, kannst ihm ja dann bestätigen, daß ich diesmal gar kein Jagdführer war.«

Im Grunde stimmte das ja auch, und weil es nun so ausgegangen war, sparte ich 30 Dollar täglich.

»Ist vollkommen klar, Jimmy, kann das mit bestem Gewissen beschwören.«

Er war sehr erleichtert und kicherte vergnügt.

»Na, dann geht die Sache ja in Ordnung.«

Er wollte bei Henry Portland übernachten, schon weil er dessen reizender Tochter versprochen hatte, beim Abwasch zu helfen. Und so ein Versprechen muß man halten.

»Also dann mach's gut und vergiß die Wölfe nicht.«

Kaum war Jimmy verschwunden, erschien mein polnischer Freund und bat mich an sein Lagerfeuer.

»Der Chef ist auch da, möchte dich gerne kennenlernen«, kündigte er an. »Ist ein großartiger Bursche, auch wenn man's ihm nicht gleich ansieht.«

Wildschafe – Bock und Geiß – englisch Dall Sheep, lateinisch Ovis dalli, in den Wrangell Bergen. Sie leben noch höher als bei uns die Gemsen und ihr Fell bleibt das ganze Jahr über weiß wie Schnee. (oben)

Kodiak-Bär – Gewicht bis 1000 Kilogramm – begibt sich zum Lachsfang. Fast jeder Bär an Fluß und Küste wird von Möwen begleitet, die sich von den Resten der Bärenmahlzeit ernähren. (unten)

Freundliche Wildnis

Am Feuer, zu dem ich gebeten wurde, saßen zwei Männer. Jan Kolschewski war der eine und Percy Melville der andere. Ich hatte ihn schon oben an der Straße gesehen, als wir auf die Karibu warteten, aber nicht gewußt, daß er der Chef des Schutzgebietes im Denali war und damit Herrscher über viele hunderttausend Untertanen, die auf vier Beinen liefen.
Er lehnte mit dem Rücken gegen eine Felswand und hatte die Beine weit von sich gestreckt. Seine Haltung war so gelöst, als läge er in einem Klubsessel vor dem flackernden Kamin seines Stammschlosses. Dieser feudale Eindruck wurde noch von einem halbgefüllten Glas betont, das er lässig zwischen seinen Fingern hielt.
Percy Melville war von mittlerem Alter, hatte aber schon graue Haare. Bei seiner wettergebräunten Farbe und den blitzenden blauen Augen gab das einen wirkungsvollen Kontrast. Melville machte gleicherweise den Eindruck der Autorität wie Umgänglichkeit, ein souveräner Herr in der Wildnis.
»Bitte nehmen Sie Platz«, sagte er zu mir und wies auf eine Schüttung aus Laub zu seiner Rechten.
»War ein interessanter Tag, nicht wahr?«
Ich nahm Platz und kreuzte meine Beine.
»Jedenfalls weiß ich nun, was eine Fleischjagd ist.«
»Mit anderen Worten, hat es Ihnen nicht gefallen?«
»Darf ich nicht sagen, habe ja selbst mitgemacht.«
Jan Kolschewski lachte.
»Wir auch«, sagte er und warf ein paar Äste in die Flammen.
Das Feuer war sehr gut gebaut. Es brannte in einer länglichen Grube und wurde vom Gestein in unserem Rücken reflektiert. Lehnte man sich gegen den Felsen, glaubte man einen Kachelofen im Rücken zu haben. Das war sehr an-

Walrosse am steinigen Strand des Beringmeeres im Norden von Alaska. Seit 1972 ist das Bejagen der Walrosse ganzjährig verboten und schon vermehren sich die massigen Tiere in beachtlicher Weise. (oben)
Einsames Robbenkind auf dem dunklen Strand der Eismeerküste. Vermutlich ist seine Mutter auf Futtersuche weit hinausgeschwommen. Da wir am Strand frische Bärenspuren bemerkten, haben wir das Kleine zu seiner Sicherheit ins Wasser getrieben. (unten)

genehm, denn mit der Dunkelheit kam auch der Frost. Über uns wölbte sich das dichte Geäst einer alten, breit ausgelegten Hemlockfichte. Nahebei hörte man das Glucksen fließenden Wassers. Die beiden Männer hatten sich einen feinen Lagerplatz ausgesucht.

Von einem grünen Zweig, den man mit seinem zugespitzten Ende schräg in den Boden gestoßen hatte, hing ein verrußter Aluminiumtopf, worin die Suppe brodelte.

»Glauben Sie bitte nicht«, sagte Percy Melville, »daß wir so verroht sind, um an einer Massenschlachtung, wie sie heute stattfand, Gefallen zu finden. Aber es ist leider notwendig, gewissermaßen aus politischen Gründen . . .«

»Wieso das?«

»Ja, es sind schon politische Gründe, wenn wir sie beim rechten Namen nennen. In diesem freien Land würde man uns keinen Cent für den Wildschutz geben, ließen wir dem Steuerzahler nicht das Recht, sich gelegentlich einen kleinen Teil von dem Reichtum zu nehmen, den wir zu vermehren trachten. Nach merkantilen Begriffen sind es nicht einmal die Zinsen unseres lebendigen Kapitals, sondern kaum die Zinseszinsen, die dabei erhoben werden.«

Er nahm mit einer Astgabel den Deckel vom Topf und schaute in die kochende Brühe. »Wird gleich soweit sein«, stellte er fest und warf eine Prise Salz hinein.

»Für einen Jäger aus den alten Ländern drüben«, fuhr Melville etwas hochmütig fort, »mag der Anblick einer solchen Fleischjagd ziemlich empörend sein. Aber glauben Sie mir, es ist weniger schrecklich, als wenn ausgehungerte Wölfe ein paar versprengte Karibu entdeckt haben und über sie herfallen. Die nordische Wildnis ist kein Kindergarten, solch gepflegte und gehegte Privatreviere wie drüben in Europa gibt es nicht. Wir erfüllen den wilden Tieren gegenüber unsere Pflicht durch weite Schutzgebiete, die ständig vergrößert werden. Wo das nicht der Fall ist, erfüllt das Wild noch die Bestimmung, daß es unserer Ernährung dient. Wobei wir nicht vergessen dürfen, daß auch der Mensch ein Gebiß besitzt, das zum Zerreißen von Fleisch gemacht wurde. Dabei scheint mir gleichgültig, ob das Rindvieh im Schlachthof getötet wird oder das Karibu in freier Wildbahn erlegt. Vom moralischen Standpunkt, oder wie Sie's nennen wollen, ist nichts dagegen einzuwenden. Wir sind Allesfresser von Natur aus, die Schöpfung hat uns nicht allein auf Pflanzenkost verwiesen. Das muß auch der Wildschützer wissen. Wir verhindern den Mißbrauch am Tier, wir wollen bewahren und möglichst vermehren, was wir vorgefunden haben. Wer die Tiere liebt . . . alle Tiere liebt, gerade der muß jene Wahrheit kennen, wonach unmöglich ist, daß die Wölfe satt sind und ihr Futter lebt!«

Der Pole hob den Topf vom Feuer und füllte drei hölzerne Schalen mit der dikken, brodelnden Brühe. Sie roch sehr gut und würzig, doch war nicht zu erkennen, aus was sie bestand.

»Ein indianisches Gebräu«, erklärte mir Kolschewski, »hoffentlich schmeckt es dir.«

Es schmeckte großartig, und ich bat um das Rezept.
»Der Mageninhalt unseres Karibu«, gab Melville bereitwillig Auskunft, »angereichert mit seinem Knochenmark und Hirn. Dazu frische Moosbeeren, einige Wurzelknollen von Teichrosen und Ahornsyrup. Ein sehr vitaminreiches Gericht, nur leider etwas umständlich in der Zubereitung.«
Ich ließ mich von seinen Erklärungen nicht stören. Schon öfter hatte ich die absonderlichsten Mahlzeiten zu mir genommen, ohne davon Schaden zu leiden. Was andere Menschen, und besonders die Naturvölker seit undenklichen Zeiten zu verzehren gewohnt sind, ist jedermann bekömmlich.
Als Getränk wurde nur Quellwasser gereicht, obwohl mir Melville versicherte, daß er keineswegs ein Gegner scharfer Tropfen sei.
»Aber hier wäre das ein Stilbruch, finden Sie nicht auch?«
Ich fand es auch, dachte jedoch an die Flasche Scotch in meinem Zelt. Auf einen privaten Schlaftrunk brauchte ich gewiß nicht zu verzichten.
Jan Kolschewski hatte unterdessen die Zunge des Karibu in kleine Würfel geschnitten und mit Salz bestreut. Diese wurden mit dünnen Speckscheiben umwickelt und danach auf einen frischen Weidenzweig gespießt. Melville rammte zu beiden Seiten des Feuers zwei Äste in den Boden, die oben gegabelt waren. Hierüber wurden die gespickten Weidenruten gelegt. Die Flammen selbst konnten sie nicht erreichen, wohl aber deren sengende Hitze.
»Es gibt noch andere Methoden«, meinte er dazu, »man kann das Wildbret in Lehm einhüllen und mit glühender Asche bedecken. Das dauert zwar länger, aber die Säfte bleiben erhalten.«
Von den Speckscheiben tropfte Fett ins Feuer und verzischte in kleinen, hellen Flämmchen.
Über uns wölbte sich das dunkle Dach der alten Fichte, am Himmel blitzten die Sterne, und der Wind rauschte durch den Wald. Es gibt nichts Schöneres, als mit gleichgestimmten Kameraden am nächtlichen Lagerfeuer zu sitzen.
Die beiden Waldläufer besaßen keine Teller und keine Bestecke. Wir legten unser Fleisch auf abgeschälte Birkenrinde und verzehrten das Gericht der Wildnis mit Hilfe kleiner Holzstäbchen, die sich jeder selber schnitzte. Der zweite Gang war von ausgesuchter Köstlichkeit. Die Zunge verging auf der Zunge, der Wildgeschmack war ihre beste Würze.
»Wie lange werden Sie noch in unserem Lande bleiben?« fragte Melville.
Ich sagte, daß ich mich in Alaska verliebt hätte und auch den Winteranfang noch erleben wollte.
»Dann werden Sie mehr von Alaska wissen, als wenn Sie jeden Sommer kämen. Was sind Ihre nächsten Pläne?«
»Die großen Elche auf der Kenaihalbinsel.«
»Die laufen Ihnen nicht weg. Mitte Oktober ist dafür die beste Zeit. Hätten Sie nicht Lust, vorher noch mehr von den Karibu zu sehen?« Natürlich hatte ich dazu Lust.

Melville warf seinem Assistenten einen fragenden Blick zu, und der nickte.
»Also gut, dann fliegen Sie morgen mit Jan an den Kantishinariver, etwa hundert Meilen nordöstlich von hier. Wenn Sie Glück haben, erwischen Sie die Toklatherde beim Überqueren des Flusses, und ich könnte mir denken, daß Sie diesen Anblick Ihr Leben lang nicht vergessen. Allerdings ist unsere Hütte dort sehr primitiv. Jan hat sie vor zwei Jahren ganz allein gebaut, fast ohne Hilfsmittel. Sie leben dort ausschließlich vom Lande . . . keine Konserven, kein Proviant wird mitgenommen. Uns liegt daran, erneut zu beweisen, wie freundlich die Wildnis einem tüchtigen Mann begegnet, der sie versteht. Und Jan ist so ein Mann. Ich nehme an, daß Sie dabei anregende Erfahrungen machen.«
Gerade das, versicherte ich meinen Gastgebern, würde mich besonders interessieren.
»Also gut, treffen Sie Ihre Vorbereitungen, morgen mittag starten wir vom Meilenstein 61. Sie brauchen nur Ihren Schlafsack. Viel mehr nehmen Sie bitte nicht mit, sonst passen Sie schlecht in die kleine Maschine. Nach einer Woche etwa werden Sie abgeholt.«
Am Morgen kam Jimmy zurück, und ich besprach den Plan mit ihm. Es schien ihm ganz gut zu passen, daß er mich für eine Woche los wurde. Er hatte das Wildbret der beiden Karibu zu versorgen und wollte seinen Freunden im Portland-House zur Hand gehen. Da gab es jetzt besonders viel zu tun. Mabel Portland wußte die Hilfe ihres Verehrers hoch zu schätzen.
Ich grinste, als er das sagte, und Jimmy grinste auch.
»Jenny braucht nicht unbedingt zu wissen, daß Mabel zur Saison heraufgekommen ist«, meinte er, »sie wird leicht eifersüchtig, und das stört meinen häuslichen Frieden.«
Ich versicherte ihm, stets ein Verfechter der männlichen Belange zu sein.
»Also gut, wenn du zurück bist, holst du mich in Portland-House ab. Zum Meilenstein 61 bringe ich dich und werde sogar winken, wenn du abfliegst.«
So war denn alles zum besten geregelt. Jenny konnte man später erzählen, daß unsere Karibujagd wider Erwarten länger gedauert habe. Im übrigen schien mir Jimmys Flirt mit der reizenden Mabel ohne ernste Gefahr. Ihr lag nur daran, dem elterlichen Unternehmen eine unbezahlte Hilfskraft zu verschaffen. Wenn der gute Jim das nicht begriff, mußte er blind sein.
Neben dem Meilenstein 61 lag ein langer, schmaler See und darauf schwamm eine Piper-Cub. Jan Kolschewski war schon vorgeflogen, ich sollte ihm folgen. Der Pilot war ein Indianer, der nicht viel Worte machte. Nur mit einer Handbewegung deutete er an, ich solle einsteigen.
So balancierte ich auf einem der Schwimmer zum Kabinchen und zog mich hinein. Die Maschine startete sofort, hüpfte über die kleinen Wellen und stieg in die klare Luft. Jimmy blieb am Ufer und wedelte mit beiden Armen.
Wir flogen durch ein Flußtal, kamen dann höher und glitten über die Berge hinweg nach Norden. Zu unserer Linken lag in seiner ganzen schimmernden

Pracht das Massiv des Mt. McKinley. Die Sonne glitzerte am Gipfel des höchsten Berges von Nordamerika, an seinen vereisten Hängen glänzte ewiges Eis und wehten Schleier von Schnee.
Wir flogen über den Susitnastrom, der sich tief drunten seinen Weg durch dunkle Schluchten bahnte, und überquerten den breiten glasgrünen Rücken des Muldrowgletschers. Das Wetter war unbeschreiblich schön, die Landschaft von erregender Vielseitigkeit. Nirgendwo war das geringste Anzeichen menschlicher Tätigkeit zu sehen, keine Straße, keine Siedlung, kein Haus und kein Rauch.
Wir waren kaum eine Stunde unterwegs, als sich die Maschine senkte und dem Lauf eines vielgewundenen Flusses folgte. Dort, wo er in einen See mündete, gingen wir mit eleganter Kurve nieder. Von ihrem Propeller gezogen, glitt unsere zierliche Maschine über das stille Gewässer und bog in eine Bucht, die fast ganz von grünen Hügeln eingeschlossen war. Dort lag eine schmucke, kleine Hütte, und davor stand Jan Kolschewski, der uns einwinkte.
Kaum hatte ich Zeit, mit meinem Rucksack in das seichte Wasser zu springen, als der schweigsame Indianer schon wieder abdrehte, um heimwärts zu fliegen.
Jan schüttelte mir die Hand. »Willkommen am Toklatriver, hier stören uns keine Autos und keine Menschen.«
Das Blockhaus, von Kolschewskis eigener Hand gebaut, bestand nur aus einem Raum. Sein Platz war ideal gewählt und verriet das Auge eines erfahrenen Waldläufers. Drei Schritte vor der Tür sprudelte ein Quellbach, der das Hüttlein mit fließendem Wasser bester Qualität versorgte. Gleich dahinter begann der Urwald, er bot Schutz vor den gefürchteten Nordwinden und lieferte das Brennholz. Ringsum waren alle Hänge blau von Blaubeeren und rot von Moosbeeren. Der Nachtisch war schon gedeckt.
»Na, wie gefällt's dir?« fragte mich Jan, was ganz unnötig war, denn hier mußte es jedem gefallen.
»Solange ich lebe«, verriet er mir, »werde ich jeden Herbst hier verbringen. Nie würde ich eine Stellung annehmen oder einen Beruf ausüben, der mir diese Freiheit nimmt.«
Für gewöhnliche Begriffe war Jan Kolschewski ein armer Mann, der Sohn eines polnischen Bergarbeiters, der mit Weib und Kind kurz vor dem Kriege nach Amerika ausgewandert war. Auch der Sohn hatte anfangs unter Tag gearbeitet, dann Abendschulen besucht und es schließlich so weit gebracht, daß er studieren konnte. Er wollte Geologe werden, wozu die Bedingungen in Alaska besonders günstig sind. Seinen Unterhalt mußte sich Jan selber verdienen, in Fairbanks machte er Nachtschicht am Bau, während der Ferien half er beim Wildschutz. Percy Melville schien ihn sehr zu schätzen. Sonst hätte er diesem jungen Menschen wohl kaum die selbständige Aufgabe überlassen, den Wildstand am Kantishinariver zu untersuchen. Das Gebiet war bisher noch nicht er-

faßt und kaum bekannt. Kolschewski sollte die Wanderwege der Karibu erkunden, die Verluste durch Raubwild feststellen und herausfinden, ob sich nicht doch wildernde Indianer, womöglich gar weiße Gauner, in der Gegend herumtrieben. Von Jans Bericht sollte abhängen, ob man später das Denalischutzgebiet bis hier ausdehnen würde. Alles, was ihm dafür geboten wurde, war ein recht kleines Gehalt und freie Beförderung durch die Luft. Für seine Unterkunft und was er sonst noch brauchte hatte Jan selber zu sorgen.
Diese Notwendigkeit entsprach durchaus seinen Wünschen und denen von Melville. Denn so konnte aus der Not eine Tugend gemacht und das Experiment vom »Leben aus dem Land« praktisch durchgeführt werden, das beiden als persönliches Hobby am Herzen lag.
Jan war ziemlich stolz auf sein Blockhaus. Zum Bau hatte er kein anderes Werkzeug benutzt als nur die Axt. Wer damit umzugehen versteht, kann Wunderdinge mit der Axt vollbringen. Das hölzerne Heim war binnen zwanzig Tagen entstanden. Als Bauholz hatte Jan Pappeln genommen, weil er da weniger Arbeit mit dem Abschlagen der Äste hatte. Da er die Stämme allein tragen und aufschichten mußte, durften sie nicht allzu stark sein. Richtig eingekerbt und gut abgestützt lassen sich solche Stämme relativ schnell zu vier Wänden aufrichten. Die Ritzen werden mit Moos verstopft, der Fußboden mit grobem Kies aus dem Fluß belegt. Die beiden kleinen Fenster waren mit Tierhäuten bespannt, Jan hatte sie so dünn wie nur möglich geschabt, danach mit einem Gemisch von Fett und Knochenmark eingerieben, damit sie möglichst viel Licht hindurchließen. Die Tür war aus Zweigen geflochten und beiderseits mit Karibufellen bespannt, die Fellseite nach innen. Als Scharniere dienten Lederstreifen.
»Natürlich wäre es zehnmal einfacher gewesen, die Fenster, Türen, Öfen und Matratzen mit dem Flugzeug herzubringen«, gab der Baumeister zu. »Aber ich wollte mir doch beweisen, daß ich ohne alle Zivilisation auskommen kann. In früheren Zeiten ist das auch gegangen!«
Deswegen hatte Jan auch keine Dachpappe gebraucht, sondern sein Dach erst mit Tannenzweigen bedeckt, danach mit einer Schicht von Birkenrinden. Darüber kamen dann ausgestochene Rasenplaggen.
»Wenn das richtig gemacht wird, kann so eine Bedachung hundert Jahre halten. Man sieht's ja an den alten norwegischen Bauernhäusern. Das Gras wächst allmählich zusammen, und im Frühjahr blühen dann die hübschesten Wiesenblumen auf der Hütte.«
Es war gemütlich und warm in dem kleinen Heim. Die offene Feuerstelle lag im Rücken der Hütte. Sie war von runden Gletschersteinen eingefaßt, eine rohe, geschwärzte Mauer schützte die Wand dahinter vor dem Anbrennen. Über dem Feuer hing an einem dicken Ast ein rußiger Eisentopf, worin unser Abendessen brodelte. Der Rauch zog gut und gleichmäßig durch zwei Lücken ab, die Jan beiderseits unter dem First offengelassen hatte.

Allen Ernstes mit der Axt allein hatte er die ungehobelte Einrichtung gezimmert. Zwar muß ich gestehen, daß sie etwas schief und krumm geraten war, aber sie erfüllte ihren Zweck. Auf die Betten konnte Jan besonders stolz sein. Das Rezept für solches »Wildbett« ist ganz einfach und sei hiermit verraten: Man nehme vier Pflöcke und schlage sie an je vier Ecken dort in den Boden, wo die Lagerstatt entstehen soll. Man schneide sich nun einen reichlichen Vorrat armdicker Stangen in der rechten Bettgröße. Diese binde man mit dünnen Lederriemen an den Pflöcken fest, die das Kopfende und Fußende des Bettes darstellen. Auf gleiche Weise gehe man vor, um die Seitenteile des Lagers herzustellen. So hat man bereits das eigentliche Bettgestell, das nun einer großen offenen Truhe ähnlich sieht. Diese fülle man mit frischen Tannenzweigen, und zwar dergestalt, daß die natürliche Biegung der benadelten Äste immer nach oben zeigt. Wird das mit Verstand gemacht und sind alle Äste gleichmäßig verlegt, ist auch die Sprungfedermatratze fertig. Darüber breite man nun ein oder zwei Karibufelle und darauf den Schlafsack.

Wer noch nie in einem Wildbett dieser Art geschlummert hat, wird kaum für möglich halten, wie herrlich es sich darauf liegt. Außerdem riecht so ein Bett sehr gut, nämlich balsamisch nach Tannenduft.

Nach zwanzig Tagen war alles fix und fertig gewesen. Jan besaß nun ein Heim, das ihn keinen Cent gekostet hatte. Niemand verlangte eine Baugenehmigung oder Gebühren von ihm. Kein Papier war zu unterschreiben, und kein Nachbar konnte ihm dreinreden.

Die Wildnis ist sehr freundlich zu Leuten, die es verstehen, mit ihr umzugehen. Sie ernährt ihre Freunde mit einer Großzügigkeit, die geradezu verschwenderisch klingt. Schon am ersten Tag unserer Gemeinschaft fing Jan einen großen Korb Forellen. Die Fische bissen sozusagen von selber an. Wie der Hausherr sagte, genügte notfalls eine aufgebogene Büroklammer, um sie zu erbeuten. Es läßt sich sogar noch einfacher machen. Bevor wir schlafen gingen, hing Jan sein mitgebrachtes Netz quer zur Strömung in den See und holte am nächsten Morgen vier fette Lachse heraus.

Gleich neben unserer Hütte gab es blaue und rote Beeren in jeder Menge, weiter drunten am See die sogenannten »Cranberries«. Walderdbeeren schenkte uns die nächste Lichtung, die süßen, würzigen »Serviceberries« entdeckten wir auf einer Sandbank. Mehrere Schulklassen hätten hier lange Ferien verbringen und doch nicht all die köstlichen kleinen Früchte vertilgen können. Wir aßen sie zum Nachtisch, zum Vortisch und füllten die gebackenen Fische damit. Wir preßten sie aus und tranken den Saft mit Quellwasser gemischt.

Man glaubt es kaum, aber tatsächlich kann der Waldläufer in Alaska jede Pflanze essen, sogar die Steinflechten ergeben eine nahrhafte Suppe. Nur ist die Frage, was von alldem unserem Geschmack entspricht. In der Not jedoch, vor allem während des Winters, hat sich schon mancher verirrte Pelzjäger durch die herbe Kost am Leben erhalten, die Wald, Berg und Tundra zu bieten haben. Man muß halt nur verstehen, wie dergleichen zubereitet wird. Ich möchte gewiß kein Brot aus gemahlener Baumrinde verzehren und Wurzeln kochen, aber ehe der Mensch verhungert, schlingt er doch Gemüse aus Teichpflanzen hinunter und kocht sich seinen Tee aus Weidenblättern.*

Wir hatten das glücklicherweise nicht nötig, unser Tisch war reich gedeckt. Von den Lebensmitteln, die man im vorigen Jahr als »eiserne Ration« eingeflogen hatte, nahm Jan – mir zuliebe – nur Mehl, Milchpulver und Trockenei in Anspruch. Er verstand es vortrefflich, daraus jene flachen Pfannkuchen zu bereiten, die man in Alaska »Sourdough« nennt. Mit Blaubeeren bestrichen, war das ein ganz vorzügliches Gericht. Vor allem dienten solche Fladen als Marschverpflegung während der weiten Ausflüge, die wir unternahmen.

Wir blieben ja nicht die ganze Zeit im Bereich unserer Hütte, wir erforschten auch das Gelände hinter uns. Schon am zweiten Tag stiegen wir in die Berge hinauf und erlegten ein Wildschaf. Es war wirklich kein Kunststück, denn noch nie hatten diese Tiere einen Schuß gehört oder Menschen gesehen. Rudel von zwölf bis zwanzig Köpfen standen im Geklüft und zeigten keine Scheu, wir hatten nur darauf zu achten, daß wir im Gegenwind blieben. Jan konnte gemächlich seine Auswahl treffen. Weil es diesmal nicht auf die Trophäe ankam, sondern auf schmackhaftes Wildbret, schoß er einen jüngeren Bock. Wir zerwirkten seinen Körper und schleppten das Wildbret an den Fluß zurück.

Die Witterung des frischen Fleisches lockte einen Schwarzbären an, den Jan dicht bei unserer Hütte erlegte. Aus Furcht vor Trichinen aßen wir sein Fleisch nicht, schwelgten jedoch in seinem köstlichen Fett. Bittere Not hatte dieser Bär gewiß nicht gekannt, von den vielen Blaubeeren war er kugelrund geworden. Ein richtiger Trapper der alten Zeit hätte sich aus seinem Fett und Talg den Wintervorrat an Kerzen fabriziert, auch hätte sein Fleisch als Hundefutter gedient. Wir reinigten nur seinen Pelz und spannten ihn zum Trocknen draußen an die Hüttenwand. Später sollte er dann als Bettvorleger dienen.

Schwarze Bären gibt es in Alaska so viele, daß sie eine wahre Landplage sind. Wir mußten sie mit Schüssen aus der Nähe unserer Hütte vertreiben, weil sich die sonst neugierigen Besucher an unseren Vorräten vergangen hätten.

Jan kannte einen schilfigen Teich im Wald, auf dem sich zu dieser Jahreszeit viele hundert, wenn nicht gar tausend Wildenten tummelten. Es war ihr Rastplatz vor dem Zug nach Süden. Und ich kann versichern, daß alaskanische Wildenten, mit Walderdbeeren gefüllt, eine unvergeßliche Mahlzeit ergeben.

»Narrenhühner« nannte mein Freund jene Waldvögel, die so unvorsichtig sind,

* Wenn mir der Leser wieder gestattet Schleichwerbung zu betreiben, darf ich auf mein Buch »Die überlistete Wildnis, vom Leben und Überleben in freier Natur« (Bertelsmann Verlag München) hinweisen, das gewissermaßen vom Dasein Jan Kolschewskis inspiriert wurde. Es berichtet in allen Einzelheiten vom Blockhausbau nur mit der Axt, von Jagd und Fischfang ohne Waffen, von der Zubereitung aller möglichen Wildpflanzen für menschlichen Genuß, vom Wasserfinden in der Wüste, vom Feueranzünden mit der Hilfe von Eis und noch vieles mehr, was unglaublich klingt, aber der reinen Wahrheit und nur der Wahrheit entspricht.

daß sie Feinde bis auf zwei bis drei Schritte an sich herankommen lassen. Die Indianer verstehen es, sie mit den Händen zu greifen. So weit hatte es Jan noch nicht gebracht, aber er konnte sie mit einem Stein totwerfen. Das war nicht gerade waidmännisch, aber darum kümmern sich Waldläufer nicht. Wenn ich gestehen muß, daß sich mein Freund sogar als Schlingenleger betätigte, kommt mir das hierzulande ganz schlecht vor, denn bei uns gilt es als strafbares Vergehen. Im hohen Norden aber ist das die übliche Methode, um Schneehühner einzubringen. Am einfachsten war der Schlingenfang auf den sandigen, von niederem Gestrüpp überwucherten Inseln in unserem Gewässer. Dort hatte sich eine Menge von Schneehühnern handbreite Pfade durch das niedere Gestrüpp getreten. Jan hing dort Schlingen aus fadendünnen Tannenwurzeln zwischen die Zweige, etwa in Kopfhöhe der wilden Hühner. Dann gingen wir zum anderen Ende der Sandbank und trieben die Vögel auf seine Schlingen zu, wo sich einige von ihnen bestimmt verfingen. Jan eilte herbei und drehte ihnen den Hals um.

Nun zeigte mir der Waldläufer auch, wie man einen solchen Vogel zubereitet, ohne ihn vorher mühsam zu rupfen. Das Schneehuhn wurde ausgenommen und dann mitsamt allen Federn in einen dicken Lehmklumpen verpackt. Diesen nassen Klumpen legte er in unsere Feuerstelle, bedeckte ihn von allen Seiten mit glühender Asche und glimmenden Holzscheiten. Nach zwei Stunden ungefähr war der Lehm steinhart gebrannt und schwarz geworden. Er nahm den heißen Klumpen heraus, schlug ihn mit der Axt in Stücke, und ein gut durchgebratenes Schneehuhn kam zum Vorschein. Alle Federn waren im Lehm festgebacken und lösten sich ganz von selbst aus dem gebratenen Leib des Vogels. Auf genau dieselbe Art kann man auch ein Stachelschwein rösten, dessen zartes und würziges Fleisch Jan sehr zu loben wußte.

Wir lebten wirklich gut am Toklatsee, bekamen harte Muskeln und ruhige Nerven. Früh gingen wir schlafen, früh standen wir auf. Unsere Lampe brauchten wir nicht. Ständig hatten wir etwas zu tun, an jedem Tag machten wir weite Wanderungen. Wir waren souveräne Herrscher in unserem Reich.

Nicht alle Tage schien die Sonne, es regnet viel in Alaska, und oft bläst schneidender Wind. Aber meiner Ansicht nach gibt es kein schlechtes Wetter, nur falsche Kleidung! Wir jedenfalls waren richtig angezogen und trugen bei Regen hohe Gummistiefel, wasserdichte Hosen und einen Anorak aus Nylon, dazu einen breitkrempigen Regenhut. Nässe und scharfer Wind konnten uns wirklich nichts anhaben.

Mein Freund brauchte nun größere Vorräte an frischem Fleisch, er wollte ja bis Ende November bleiben. Weil wir tunlichst vermeiden wollten, das Wildbret über eine weite Strecke zu schleppen, pirschten wir am Fluß stromauf und hatten gegen Abend das Glück, auf einen Elch zu stoßen, der zwar nur geringe Schaufeln trug, aber sichtlich wohl genährt war. Wir kamen im Gegenwind gut an ihn heran, und Jan gab dem Elch die Kugel, bevor er uns bemerkte.

Wir zerwirkten das große Tier bis in die Nacht hinein. Um das Fleisch heimzuschaffen, baute mein Freund ein kleines Floß. Auch dazu genügte ihm die Axt allein. Die Stämme wurden eingekerbt und durch Querhölzer, die in diese Kerben paßten, miteinander verbunden. Wir packten das Fleisch in die Elchdecke, legten es auf unser Wasserfahrzeug und überließen alles weitere dem Fluß.
»Man muß eben nur stromauf jagen«, lachte Jan, »dann hat man auf dem Rückweg die Strömung für sich. Wie du siehst, nimmt sie uns die Mühe ab, das Ding zu ziehen.«
Wir hatten nichts zu tun, als mit einer Stange dafür zu sorgen, daß unser Floß in Fahrt blieb und sich nicht am Ufer festlegte. Um zu verhindern, daß es vielleicht abgetrieben wurde, hielt es Jan noch an einer ledernen Leine.
So viel Fleisch ließ sich in der nächsten Zeit natürlich nicht verzehren, also entschloß sich mein Freund, eine echte indianische Räucherkammer zu bauen. Als erstes wurde das Wildbret in fingerdünne Streifen geschnitten, und dann nebeneinander auf ein Holzgestell gehängt. Darüber und rundherum entstand eine niedere Hütte aus Zweigen und Laub. Alsdann wurde das ganze mit Moos und Lehm dicht gemacht, nur für den Rauch blieben im Dach ein paar kleine Löcher offen.
Hatte ich gemeint, Jan würde nun das Räucherfeuer gleich unter dem Wildbret entfachen, so unterschätzte ich seine Kunstfertigkeit.
»Das Fleisch würde ja verkohlen, wenn ihm die Flamme so nahe kommt. Heiß soll der Rauch schon sein, aber gar zu heiß wiederum nicht. Ich muß daher einen Rauchkanal anlegen.«
Nun begriff ich auch, warum er die Räucherkammer auf einen Hügel gesetzt hatte, sein Kanal sollte den Rauch aufsteigen lassen. Die Feuerstelle selbst kam also an den Fuß des Hügels und führte von dort zur Kammer hinauf. Als Baumaterial für den Rauchkanal dienten Rasenstücke, Steine und Baumrinde. So entstand eine primitive Röhre, deren Sog auf einfachste Art bewirkte, daß der Rauch hinaufzog und das Fleisch in der gewünschten Temperatur umspielte.
Der Waldmensch gab sich viel Mühe mit seiner Räucherei, und wir mußten fleißig grünes Holz heranschleppen. Aber die Sache lohnte sich, denn zum Schluß waren einige hundert Kilo Rauchfleisch fertig, gewürzt mit dem Duft frischer Erlen. Ich glaube nicht, daß die moderne Nahrungsmittelindustrie einen solchen »urigen« Wohlgeschmack künstlich erzeugen kann.
Mit Beklemmung zählte ich die wenigen Tage, dir mir noch im Paradies meines Freundes vergönnt waren. Bis in den Winter hinein konnte er völlig zeitlos hier leben, aber mich würde binnen kurzem der Motorvogel wegholen. Glücklicher als in dieser Umgebung war ich seit vielen Jahren nicht gewesen, jeder Tag erschien mir als neuer Genuß des Lebens.
»Wenn's dir so gut gefällt, bleib doch hier«, schlug mir Jan ganz einfach vor, »so billig wie in der Wildnis kannst du daheim nicht leben. Warum willst du zurück in eine Welt, wo man sich nur plagt und ärgert?«

Dafür gab es genug zwingende Gründe und Pflichten. Aber Jan zerpflückte ein Argument nach dem anderen.
»Deine Frau läßt du nachkommen. Wenn sie tüchtig ist, geht es mit einer Frau noch viel besser als allein. Natürlich, du hast noch eine Tochter, aber die kannst du gewiß bei Verwandten lassen und dein Haus vermieten. Deine Bücher schreibst du viel besser hier, und niemand stört dich dabei. All deine Verpflichtungen sagst du ab, deine Freunde werden auch ohne dich auskommen. Man muß halt nur den Absprung finden . . . Du brauchst nichts als etwas Zivilcourage für einen Entschluß, der dich glücklich macht.«
Tatsächlich dachte ich einige Augenblicke darüber nach.
»Wenn das alles so leicht wäre, Jan, hätten es bestimmt schon viele gemacht.«
»Haben sie auch, Hans, unendlich viele Leute haben's so gemacht. Denk nur an die tausend und aber tausend Pioniere, wie sie vor hundert Jahren und so in den Wilden Westen zogen. Sie haben Amerika erst zu dem gemacht, was es heute ist. Warum soll das nicht in Alaska möglich sein . . . und zwar jetzt?«
Jan vergaß die Epoche, in der wir lebten, und ich versuchte es ihm klarzumachen. »Weil wir hundert Jahre später leben, darum geht's nicht mehr. Die Zeit der Pioniere und Pfadfinder ist vorbei, Jan, es kann nur noch wenige Einzelgänger geben . . . solche Ausnahmefälle, wie du einer bist.«
Er vermochte das nicht einzusehen.
»Aber es sehnt sich doch jeder nach einem freien, sorglosen Leben . . . und sie reden alle, wie fabelhaft gern sie unberührte Natur haben. Kennst du nicht auch 'ne Menge Leute, die ständig davon träumen, alles hinzuschmeißen und in die menschenleere Wildnis zu gehen? Warum tun sie's nicht?«
»Aus dem gleichen Grund, weshalb ich's auch nicht kann. Weil es eben Träume sind, die nicht mehr in die Wirklichkeit passen.«
»Warum denn nicht?« beharrte er.
»Weil . . . nun weil wir eben doch nicht mehr dazu taugen. Zu viele andere Interessen, und neben den bewußten auch noch die unbewußten Bindungen an das oft verfluchte und eben doch geliebte Leben im Trubel, unter vielen Mitmenschen. Vielleicht, Jan, würden wir auf die Dauer sogar den täglichen Ärger vermissen.«
Er schaute mich aus seinen kohlschwarzen Augen so mißtrauisch an, als hielte er mich nicht für ganz gescheit. »Wenn's so ist«, sagte er mit seiner tiefen Stimme, »kann man den Leuten nicht mehr helfen!« Bekümmert wandte er sich ab, um drunten am Fluß nach seinem Netz zu sehen.
Jeder Tag war so ausgefüllt, daß ich gar nicht mehr an die Karibu dachte, von denen Melville mir erzählt hatte. Sie sollten an diesen Tagen, wenn wir Glück hatten, den Kantishinariver kreuzen. Jan aber hatte es nicht vergessen.
»Der Zug der Wildgänse hat aufgehört«, sagte er mir am vorletzten Tag, »wenn ich recht kalkuliere, müßte die Toklatherde jetzt in unseren Bergen sein. Wollen morgen mal nachsehen, ob sie schon durch den Fluß ziehen.«

Lange bevor der Tag anbrach, marschierten wir los. Denn es war weit bis zu jener Stelle, an der Melville und Jan voriges Jahr die Karibu im Fluß gesehen hatten. Weil der Himmel klar war und einen schönen Tag versprach, ließ ich meinen dicken Wollpullover in der Hütte und nahm auch den Regenmantel nicht mit. Ich wollte so leicht gehen wie nur möglich.

Zwei Stunden weit zogen wir am rechten Ufer des Kantishina flußab. Wir mußten über feuchtes Gestein klettern und zwängten uns durch verfilztes Weidengehölz. Meinem Freund machte das gar nichts aus, für ihn war es ein Spaziergang.

Schließlich wurde der Fluß breiter und seine Ufer flacher. Auf beiden Seiten des Creek öffnete sich ein Tal, dessen Senke noch von Bodennebel verhüllt war.

»Die Straße der Karibu«, erklärte Jan, »sie führt fast genau von Nord nach Süd. Deshalb müssen sie hier durch den Fluß.«

Wir stiegen auf einen grünen Hügel und ließen uns auf dem nassen Gestein nieder.

Es war recht kalt, die Sonne lag noch hinter den Bergen. Wir sehnten ihre wärmenden Strahlen herbei.

»Hoffentlich hebt sich der Nebel«, sagte ich. Mein Freund lächelt.

»Was du für Nebel hältst, Hans, ist der Atem von vielen tausend Karibu. Hörst du sie denn nicht?«

Ich hörte nur das Rauschen im Kantishinariver.

»Nein, Hans, du hörst mehr, mach nur deine Ohren auf!«

Ich tat wie geheißen und lauschte angestrengt.

»Wüßte ich nicht besser, daß es so was hier nicht geben kann, käm's mir so vor, als würde irgendwo eine alte Mühle klappern.«

Jan Kolschewski nickte. »Ja, das ist es . . . das Knacken in den Hufgelenken der Karibu. Es hört sich wirklich an wie das Geklapper von ausgeleierten Holzrädern. Jede große Rentierherde macht dieses Geräusch.«

Er stand auf und lauschte wie verzückt.

»Komm, wir gehen näher an den Fluß und suchen einen gedeckten Platz. Wenn die Luft wärmer wird, verschwindet der Atemdunst und du wirst die Herde sehen. Es dauert Tage, bis sie alle vorüber sind. Aber ich weiß nicht . . . es kann auch bald zu Ende sein.«

Wir stiegen den Hang hinab und kamen wieder an den Strom. In einem Erlengebüsch, zwischen bemoosten Steinen, setzten wir uns nieder.

Im Wasser, etwa sechzig bis siebzig Schritt vor uns, war alles in Bewegung. Aber Einzelheiten konnten wir vorerst nicht sehen.

Als jedoch die Sonne mit vollem Glanz über dem Bergrücken erschien und mit ihren Strahlen das Tal erfaßte, verschwand mit einem Schlage aller Dunst. Damit enthüllte sich ein Anblick, der mit Worten nur schwer zu beschreiben ist.

Ein Strom von Tieren, ein Wald von Geweihen füllte in wallender, wimmelnder Bewegung die Senke vor uns. Die südwärts drängende Masse hatte weder Anfang noch Ende. Die große Gemeinschaft folgte einer Kraft, der alle unterworfen waren, die ihr angehörten. Das einzelne Tier spielte hier keine Rolle, es war nur ein Tropfen im Strom der Leiber. Im Glas sah ich die Augen der Karibu, die schönen, dunklen Augen friedliebender Geschöpfe. Doch ihr Blick war stumpf, so als sei die Sehkraft erloschen oder aufgegangen in dem einheitlichen, breiten, beweglichen Körper, den sie alle gemeinsam bildeten. Mit seinem weichen Maul berührte jedes Tier seinen Vordermann, mit den bebenden Flanken seine Nachbarn. Sie liefen alle ganz dicht gedrängt zusammen. Es gab da nirgendwo eine Lücke, auch kein Vordrängen oder Zurückbleiben.
Dreißig bis vierzig Meter, vielleicht auch fünfzig Meter breit war der Strom aus Fellen, Körpern und Gehörnen. Die weit ausgelegten und vielverzweigten Geweihe nickten im Takt des Laufens. Sie bildeten ein schaukelndes, undurchdringliches Gitterwerk.
Der Wind blies einen säuerlichen, warmen Geruch zu uns herüber.
»Sonst laufen sie nicht so schnell«, sagte mir mein Freund, »für gewöhnlich ziehen sie viel langsamer, und die Herde ist mehr aufgelockert. Sie nehmen sich dann auch Zeit zum Äsen. Aber hier, vor dem Fluß, da halten sie eng zusammen und nehmen schon Anlauf zur Überquerung.«
Wie tief das strömende Wasser an dieser Stelle war, kann ich nicht sagen. Ich weiß auch nicht, ob die Herde durch den Fluß schwamm oder noch Grund unter ihren vielen tausend Hufen hatte, um ihn zu furten. Die Nüstern weit und angstvoll ausgestreckt, drängten sie durch die graue Flut, eine Bugwelle kräuselte vor ihren Halsmähnen. Womöglich noch enger als zuvor hielt die Masse beisammen. Die Geweihe berührten sich, verfingen sich und lösten sich wieder. Es klang, als schlügen viele Leute mit trockenen Stöcken aufeinander los.
Wo der volle Strom die Herde erfaßte, machte sie einen scharfen Knick flußabwärts. Die Kraft des fließenden Gewässers zwang sie aus ihrer Bahn. Doch am jenseitigen Ufer eingetroffen, vollzog das laufende Band sogleich eine Schwenkung stromauf, um wieder in seine alte Richtung zu gelangen. Diese Formierung ergab einen doppelten Knick im Lauf des Ganzen, der sehr merkwürdig aussah.
»Ich glaube, Jan, man könnte auf dem Rücken der Tiere trockenen Fußes über den Fluß kommen.«
»Sieht ganz so aus, hab's aber noch nicht versucht.«
Früher hatten sich hier zur gegebenen Zeit die Indianer eingefunden und mühelos alles Fleisch erbeutet, das sie im Winter für sich und ihre zahlreichen Hunde brauchten. Doch war das nun verboten und vorbei, die Indianer hatten ihre alten Jagdgründe verlassen. Auch sie waren zur Ansicht gelangt, daß man in der Nähe von Straßen und Flugplätzen besser lebt als in freier Wildnis. In all diesen Tagen hatten wir nicht eine Menschenfährte gesehen. Das weite Land

war noch unbewohnter geworden als vor der Ankunft des weißen Mannes, und die wilden Tiere waren sich selber überlassen. Ihr zweibeiniger Feind war verschwunden.
»Wenn die Herde zu Ende ist«, sagte Jan, »folgen die Wölfe. Sie fallen über die Nachzügler her, sie holen sich die Alten und Kranken. An die Masse selber wagen sich die Feiglinge nicht heran. Sie spielen lieber Gesundheitspolizei und vernichten alles, was nicht mehr zum Leben taugt. Jetzt ist die beste Zeit für Wölfe, sie fressen sich den Bauch voll und setzen Fett an für den langen Winter. Was sie übriglassen, vertilgen die Füchse, Raben und anderes Getier. Es ist kein schöner Anblick . . . besser, wir gehen, bevor wir das Ende der Herde erleben.«
Gerne war ich damit einverstanden. Noch einen langen Blick warf ich auf das fabelhafte Bild, um es für immer zu behalten. Dann folgte ich meinem Freund, der schon vorangeschritten war.
Er ging schneller als sonst und rief mir zu, ich solle mich beeilen.
»Wir bekommen schlechtes Wetter. Schau dir an, was sich da zusammenbraut!«
Jan zeigte auf die Berge im Norden, die sich plötzlich in graue Wolken hüllten. Sie lagen in unserer Richtung, und schon fühlte ich einen bitterbösen Wind, der uns entgegenpfiff.
Es ist unglaublich, wie schnell das Wetter in Alaska umschlagen kann. Schon ein paar Stöße des Nordwindes genügen, um die mittägliche Wärme des Indianersommers in beißende Kälte zu verwandeln. Was sich als Regen ankündigte, kam als häßliches Gemisch aus Hagel und Schnee herunter.
Wir waren nicht darauf vorbereitet und beide nur leicht gekleidet. Wir hatten noch nicht die Hälfte des Weges zurückgelegt und froren bitterlich.
Gerade passierten wir die engste Stelle des Kantishina und mußten dicht an seinem Ufer ein paar schlüpfrige Felsen überklettern, als ich abrutschte. Ich wollte mich an einer Wurzel festhalten, aber sie war verfault und brach ab. Und so fiel ich in den eiskalten Fluß.
Im ersten Augenblick riß mich die Strömung unter Wasser, doch kam ich gleich wieder hoch und konnte mich am Ufergebüsch festkrallen.
Die Kälte schnitt mir wie Schneidbrenner in die Glieder, und ich fühlte, wie alles erstarrte. Mit einer Kraft, wie sie nur Angst verleihen kann, zog ich mich ruckweise hoch und kam aus dem schneidenden Wasser heraus. Aber dann blieb ich liegen, weil kein Gefühl mehr in meinen Beinen war.
Jan hatte mein Mißgeschick nicht gleich gemerkt, kam aber nun zurück und half mir auf.
»Lauf, Mensch, du mußt laufen!« schrie er mich an. »Wenn du liegenbleibst, erfrieren die Füße.«
Das war wohl übertrieben, aber seine Warnung hatte immerhin den Erfolg, daß ich mich zusammenriß und an seinem Arm weitertapste.

Damit kam das Blut wieder in Bewegung, und nach einer Weile konnte ich ohne Hilfe weitergehen. Aber natürlich war ich von Kopf bis Fuß durchnäßt und zitterte vor Kälte. Der barbarische Wind ging mir durch Haut und Knochen.

»Nur laufen, schnell laufen«, riet mein Freund, »du darfst keinen Augenblick stehenbleiben.«

»Sollen wir nicht lieber Feuer machen?«

»Nein, das dauert zu lange, und der Wind bläst zu stark.«

Also stolperten wir weiter durch Schneegestöber und sperriges Unterholz. Die nassen Zweige schlugen ins Gesicht, meine Kleider wurden vor Frost immer steifer und rieben mir die Haut wund. Ich bekam rasende Kopfschmerzen. Als wir nach unendlicher Plage schließlich doch zur Hütte kamen, hatte ich heftigen Schüttelfrost. Eine böse Lungenentzündung war mir sicher.

»Da hilft nur ein heißes Dampfbad«, erklärte mir Jan, »du mußt in eine richtige Sauna, wie sie die Athabasca in solchen Fällen zu genießen pflegen.«

Was das war, wußte ich nicht, aber der waldkundige Freund zeigte es mir sofort. Er grub ein Loch und steckte im Ein-Meter-Abstand darum herum mannshohe Weidenzweige in den Boden. Die bog er oben zusammen, band sie fest und warf die noch immer feuchte Decke unseres Elchbullen darüber. Das Ganze sah nun aus wie eine dunkle Halbkugel und war so etwas wie ein prähistorisches Zelt. Vor diesem Gestell wurde ein Feuer entfacht und dicke Steine hineingeworfen.

»Hol dir den Wassereimer, Hans, zieh dich aus und kriech hinein«, ordnete mein Freund an, »das weitere wird sich finden.«

Ich tat wie geheißen, zitterte aber vor Kälte und Fieber am ganzen Leibe.

»Nun paß auf«, warnte Jan, »jetzt kommen die heißen Steine . . . verbrenn dich nicht daran.«

Er rollte sie mit einer Astgabel in mein Elchhautzelt und ließ sie dort in die Grube fallen.

Damit war mir die Technik eines indianischen Dampfbades klar. Ich schöpfte Wasser aus dem Eimer und goß es auf die Steine. Sofort erfüllte heißer, prikkelnder Dampf meine kleine Bude. Ich saß tatsächlich in einer Sauna. Gewiß war sie nach unseren medizinischen Begriffen äußerst primitiv, aber mir wurde bald bedeutend wohler, und die Kälte in meinen Gliedern wich wunderbarer Wärme.

Mehr und mehr heiße Steine rollten heran, mehr und mehr Dampf umwallte mich, bis ich kaum noch zu atmen vermochte. Der Schüttelfrost war wie weggeblasen. Nicht mal einen Schnupfen bekam ich von meinem Sturz in den eisigen Fluß.

Zum Abendessen gab es gebratene Forellen, danach Elchfilet in zerlassenem Knochenmark und zum Nachtisch einen großen Topf frischer Waldbeeren. In welchem Sanatorium konnte man es besser haben und billiger?

Der Sturm hielt die ganze Nacht an. Er kam aus der weiten Steppe des Nordens, die schon seit vielen Wochen unter tiefem Schnee lag. »Kannarnak« nennen die Eskimos solche Stürme und verkriechen sich in die Hütten und Iglus. Wer sich unterwegs befindet und nicht rechtzeitig das Herankommen eines Kannarnak bemerkt, um sich noch schnell einen Windschutz zu bauen, ist bei solchem Wetter verloren.

Als der Morgen anbrach, war alles wieder gut. Zwar hatte sich Schnee über die Landschaft gelegt, doch die Sonne schien wieder und ließ ihn zerfließen.

»Das war nur 'ne Warnung«, meinte Jan, »der Winter hat sich ankündigen wollen. Diesmal geht der Schnee wieder weg, doch beim nächstenmal bleibt er liegen, und der See friert zu.«

Also war es an der Zeit, daß ich die Gegend verließ. Hatte sich erst Eis auf dem See gebildet, konnte sobald kein Flugzeug mehr landen. Wochen würden vergehen, bis das Eis fest genug war, um mit Schneekufen darauf zu landen.

So packte ich meine Sachen in den Rucksack und schnallte den Schlafsack darüber. Gemeinsam lauschten wir auf Motorengeräusch.

Pünktlich um zwölf Uhr mittags, so wie es ausgemacht war, hörten wir das Summen der kleinen Maschine. Sie zog erst einen Kreis über dem See, wohl um sicher zu sein, daß sich keine Eisschollen darauf befanden, und kam dann herunter. Mit glitzerndem Schweif hinter sich glitt die Piper-Cub übers Gewässer und tuckerte in unsere Bucht hinein.

Meine Tage am Kantishina waren vorüber. Nur mit Bedauern verließ ich Jan Kolschewski und sein rauhes, freies Paradies.

Jan Kolschewski ist seit September vorigen Jahres verschollen und sehr wahrscheinlich nicht mehr am Leben. Als ich, nur für wenige Tage, in diesem Frühjahr wieder in Alaska war, hörte ich davon. Percy Melville wollte ihn an einem vorausbestimmten Tag bei gutem Wetter abholen, aber Kolschewski war nicht bei seiner Hütte und kam bis zum Abend nicht zurück. Alles ließ darauf schließen, daß er keinesfalls für eine längere Tour fortgegangen war, zumal er wußte, daß Melville kommen würde. Nur seine Büchse hatte er mitgenommen, aber das Packboard und alle sonstige Ausrüstung dagelassen, so wie man für kurze Zeit fortgeht, um Wildbret für die Küche zu schießen.

Alles Suchen blieb vergeblich, bis heute hat man keine Spur und keine Anzeichen vom Verbleiben Jan Kolschewskis entdeckt.

Zwei Waldläufer am Lagerfeuer. Diese beiden gehören zu den wenigen Männern, die heute noch ständig in der Wildnis leben, teilweise von der Jagd, dem Fischfang und vor allem der Fallenstellerei. Sie besitzen mehrere primitive Hütten, die sie je nach Jahreszeit bewohnen. (oben)

Kodiak-Bär beim Beerenfrühstück. Diese nur in einigen Küstengebieten von Alaska lebende Bären sind die größten Braunbären der Welt. Sie können im Stehen eine Höhe bis nahe vier Meter erreichen. Den gewaltigen Wuchs verdanken sie der besonders guten wie reichen Ernährung in ihrer engeren Heimat. (unten)

Mein Kodiak-Bär von der Izembek Bucht.
Drei Meter und siebenundzwanzig Zentimeter betrug seine Größe, wenn er sich auf den Hinterbeinen erhob. Sein Gewicht konnten wir nur schätzen, auf etwa 1000 Kilogramm. Der Zustand seiner abgewetzten Zähne bewies ein Alter von ungefähr zwanzig Jahren. Vermutlich hätte der große Alte den nächsten Winter nicht überlebt. »Alaska hunting and fishing Guide«, die führende Jagdzeitschrift, schrieb dazu: »Dieser Kodiak kann als der stärkste Braunbär angesehen werden, der jemals in Alaska von einem Ausländer erlegt wurde.« Man darf nach fast zwölf Jahren hinzufügen, daß – nach vorliegenden Meldungen – seitdem kein stärkerer Braunbär erlegt wurde, nirgendwo auf der Welt.

Ein zweisitziges »Jagdflugzeug« hat mich zu einem namenlosen See gebracht. Zweimal muß die Maschine noch an der gleichen Stelle wassern, bis mein Begleiter, die Zelte, Schlafsäcke, Proviant und so weiter an Ort und Stelle sind.

Auf dem holprigen Boden eines platten Bergrückens ist unsere zweisitzige Piper Cub gelandet, und ihre ballonbereiften Räder mußten mit schweren Steinen gegen die Gefahren des Fortschiebens durch Wind gesichert werden. Im Wettlauf mit der sinkenden Sonne und die schwere Beute schleppend, sind wir vom Tal wieder zur Hochfläche aufgestiegen. Ein sehr riskanter Start mit Abkippen über die Kante steht uns nun bevor.

Die Elche vom Mystery-Creek

Die schönsten Vororte von Anchorage liegen im Südosten, entlang einer glitzernden Meeresbucht, deren Gewässer sich zwischen tiefster Ebbe und höchster Flut um sieben Meter heben. Bungalows und Blockhäuser, kleine Villen und schlichte Hütten säumen die Küste. Jedes Heim hat unglaublich viel Platz um sich, denn ganz billig oder umsonst konnte man bis vor wenigen Jahren das Bauland bekommen. Es sind aber keine gepflegten Gärten, die hier das Haus umgeben, sondern natürliches Gelände, das man beließ, wie es war. Die Grenze zwischen dem einen Grundstück und dem nächsten ist nicht zu erkennen. Es weiß dort ein jeder, was dem Nachbarn gehört.

Anchorage scheint überhaupt nicht aufzuhören, obwohl doch Alaskas größte Stadt mit ihrer weiteren Umgebung nur hundertvierzigtausend (und demnächst mehr) Einwohner zählt. Aber die Bebauung ist so aufgelockert, daß sich die Heimstätten weit hinaus ins Land ziehen. Besonders an der hiesigen Küste, wo alle Siedlungen zwischen Meer und Straße liegen, reiht sich ein Vorort an den nächsten, möchte sich doch niemand jene Aussicht entgehen lassen, die geboten wird.

Drüben nämlich, auf der anderen Seite dieser Bucht, erhebt sich die Halbinsel Kenai, ein waldreiches, wildreiches Gebirge von unvergleichlicher, allerdings wenn auch rauher Schönheit. Die höchsten Gipfel sind ganzjährig von Eis und Schnee bedeckt, die Hänge darunter grüßen für gewöhnlich im hellsten Grün, sind aber nun herbstlich gefärbt. In tieferen Lagen folgen dunkle Tannenwälder bis zur Küste hinab, an deren Gestein sich die Wellen kräuseln. Allenthalben rauschen Wasserfälle von der Höhe, schießen Wildbäche aus den Schluchten hervor. Mächtige Gletscher, blaßgrün gespalten, glänzen im Frühlicht und schieben ihre zerklüftete Stirn bis ins Meer hinein. All das und noch viel mehr erblicken hier die Leute täglich und zu jeder Jahreszeit.

Die geschwungene Küste ist mit Birken und Pappeln geschmückt, der Wind spielt mit ihrem bunten Laub. Gleich dahinter steigen die Berge auf, bedeckt von zerzausten Föhren und Lärchen, alles Gestein ist dicht mit Moos gepolstert. Weiter droben liegen jene Skigebiete, die schon Anfang der fünfziger Jahre erschlossen wurden und zu denen schnelle Skilifts hinauffahren. *Alyeska* heißt das Gebiet, in dem man während des ganzen Jahres seine Bretter über den Schnee schwingen kann. Französische Fachleute haben das Skiparadies mit allen Finessen ausgestattet. Hat sich erst in Europa herumgesprochen, daß die Pisten von Alyeska binnen zehn Stunden von Paris, London und Düsseldorf zu erreichen sind, dürfte es auch bei uns Leute geben, die sich den Spaß sommerlichen Wintersports in Alaska einiges kosten lassen.
Wir rollen durch die letzten Vororte, auch durch Rainbow, den allerletzten, der auf deutsch »Regenbogen« heißt. Das freie, das unbewohnte Alaska hat uns wieder. Die Sonne scheint, die Gletscher blitzen und herrlich duften die Wälder. Die Bucht verengt sich zu einem romantischen Fjord, dessen Ende wir schließlich erreichen.
Der gleiche Anblick hat im Jahr 1777 einen der größten Entdecker bitter enttäuscht. Auf seine dritte Weltreise hatte Kapitän Sir James Cook den Auftrag mitbekommen, alles daranzusetzen, um endlich die schon so lang gesuchte »Nordwestliche Durchfahrt« zu finden, also einen Seeweg, auf dem Englands Schiffe den amerikanischen Kontinent im Norden umsegeln konnten. Denn »oben herum« mußte die Fahrt nach Indien und Ostasien viel kürzer, vermutlich auch viel leichter sein als »unten herum«, wobei entweder das stürmische Kap Horn oder das Kap der Guten Hoffnung zu umsegeln war.
Also gab sich dieser kühne Seefahrer, der schon so vieles entdeckt hatte, die größte Mühe und fuhr in jede verheißungsvolle Meerenge hinein, stets in der Hoffnung, sie würde ihn auf der anderen Seite wieder in offenes Gewässer und schließlich in den Atlantik führen. Und da geschah es eines Tages, daß er weiter nach Westen gelangte als je zuvor, und zwar in jene Bucht, die nach ihm »Cook-Inlet« heißt. Den Ankerplatz, wo er innehielt, um Frischwasser einzunehmen, nannte er ganz einfach »Ankerplatz«, auf englisch also *Anchorage*. Dabei ahnte Cook gewiß nicht, daß eines Tages Alaskas größte Stadt hier entstehen würde. Alsdann segelte er voll bester Hoffnung immer weiter in den Meeresarm hinein, bis er jenen Anblick hatte, den wir nun vor uns sehen. Das Land stieß dort zusammen, es gab keine Durchfahrt.
Sir James ließ sein Schiff wenden und nannte die Bucht voller Ingrimm »Umkehrbucht«. Und »Turnagain-Arm« heißt sie noch heute. Bald darauf wurde Cook von den Eingeborenen auf Hawaii erschlagen, er selber hatte diese Inseln zu seinem Unglück entdeckt. Die »Nordwestliche Durchfahrt« wurde erst 1905 von Amundsen gefunden, erwies sich jedoch als viel zu schwierig für einen regelmäßigen Seeverkehr.
Jene Stelle, die Kapitän Cook so sehr enttäuscht hatte, überwältigte uns durch

ihre landschaftliche Schönheit. Denn hier lag, nur durch Geröll vom Meere getrennt, der smaragdgrüne Portagesee. Ein Gletscher gleichen Namens hatte seine breite, eisige Zunge hineingestreckt. Was man nur selten auf Erden zu sehen bekommt, nämlich Gletscher im Wald, hier war es Wirklichkeit. Das bläulich schimmernde Band floß majestätisch aus den Bergen hervor und durchzog in machtvoller Kurve einen wildromantischen Urwald aus Schwarzfichten, Birken und Erlen. Dann ergoß sich der erstarrte Strom in den See, wo seine langsame Reise zu Ende war.

Hin und wieder rumpelte es in der glitzernden Mauer, mit Donnergepolter brachen Eisblöcke heraus und fielen rauschend in den See. Wie verlassene Schiffe trieben sie ziellos umher, stießen an die Ufer und erwarteten ihre Auflösung. Im Glanz der Sonne und je nach dem Winkel ihres Einfalls glitzerte das schwimmende Eis in den verschiedensten Farben, sogar zartes Rosa befand sich dabei. Die Berge ringsum schauten zu und spiegelten sich im zauberischen Gewässer.

Einige Kilometer weiter stießen wir auf ein Rasthaus an der Straße. Jimmy wollte sich eine Unterhaltung mit dem Gastwirt nicht entgehen lassen. So kehrten wir ein und blieben anderthalb lange Stunden bei Kaffee und Pfannkuchen an der Theke sitzen. Holger Nissen hieß der Wirt und stammte aus Drontheim in Norwegen. Während des Krieges hatte er manches Wunderding gegen die deutsche Besatzung verrichtet, und als er hörte, daß ich die Wälder von Gresamoen und das Dovre-Fjell kannte, geriet er in helle Begeisterung. Lebhaft erzählte er mir von seinen Taten, die damals auf unserer Seite als Untaten galten. Daß ich Deutscher war, störte ihn keineswegs, ganz im Gegenteil stärkte es nur die schnelle Freundschaft.

»Nur gut, Hans, daß du seinerzeit nicht in meiner Gegend warst«, stellte er abschließend fest, »es hätte mir verdammt leid getan, dich abzuknallen.«

»Danke gleichfalls, sonst könnten wir uns heute nicht so gemütlich unterhalten.«

Als ich zahlen wollte, lehnte Holger Nissen ab. Seine Freunde hätten freien Tisch bei ihm, sagte er.

Unser Wagen stieg auf vielen Kehren in die Berge hinauf, die Straße war gut, aber nur selten begegnete uns ein anderer Wagen. Wir rollten an stillen Seen vorbei und überquerten wildromantische Schluchten, in deren dunkler Tiefe die Wasser rauschten. Himmelhoch strebten die Berge, von Schnee bedeckt und von Winden umweht. Man sah das am wogenden Schneeschleier, der droben spielte.

Gegen Mittag erreichten wir den Kenaisee, wo sich der Fahrweg gabelt. Etwa siebzig Kilometer lang ist dieser See, doch glaubt man es ihm auf den ersten Blick noch nicht. Denn gar zu gewunden ist sein Verlauf und mit zahlreichen Buchten versehen, zieht er sich durchs Herz der Halbinsel. Schon vor hundertfünfzig Jahren haben die Russen an seinem Ufer Gold geschürft und dem ar-

men Biber nachgestellt. Hin und wieder sah man noch jene dunklen Stellen, die Alaskas früheste Goldgräber in den Berg getrieben hatten. Die Straße, auf der wir fuhren, war vorzeiten ein Schlittenpfad gewesen, der in Seward an der pazifischen Küste begann und bis in die Gegend des heutigen Fairbanks zum Tanana geführt hatte, der seinerseits in den mächtigen Yukon mündet. Vier Wochen und mehr waren die Leute damals unterwegs.
Eine halbe Stunde später trafen wir in Coopers Landing ein. Von dem Ort selbst war nichts zu sehen, seine hölzernen Häuser lagen im Wald versteckt. Denn wer in dieser Einöde siedeln wollte, bekam vierzig Hektar vom Staat geschenkt und konnte sich gut darin verstecken. Nur hin und wieder hing ein Briefkasten am Wege und verriet das Haus eines Siedlers, der irgendwo im Wald dahinter wohnte.
Zur Rechten öffnete sich eine schmale Schneise, in die Jim hineinbog. Von hohen Tannen eingerahmt, machte das Sträßlein zwei Kurven, um dann in eine Lichtung zu führen, die unmittelbar am See lag.
Dort stand ein wohlgepflegtes, zweistöckiges Haus, vor dem sich drei Kinder und mehrere Hunde vergnügten. Wir waren bei Ron Rover angelangt.
Wie eine Kanonenkugel kam er aus seiner Tür geschossen, die Hand des Willkommens ausgestreckt. Ron war eher klein zu nennen, aber von drahtiger Muskulatur. Seine braunen Augen blitzten vor Emsigkeit. Er sah aus wie ein Mann, der immer etwas zu tun hat, das seine ganze Aufmerksamkeit verlangt. Etwa dreißig Jahre mochte er sein, vielleicht auch vierzig. Bei ihm war das schwer zu schätzen.
»Kommt rein, Jungens«, rief er, »kommt rein. Das Haus ist gefegt und die Windeln gewaschen, Kaffee steht auf dem Tisch.«
Drin sah alles aus wie bei reichen Leuten, die ihr Personal auf peinlichste Sorgfalt vereidigt haben. Der blanke Fußboden blitzte, nichts lag unordentlich herum, es herrschte ausgesprochene Wohnkultur. Für alaskanische Begriffe, zumal weit von der nächsten Stadt entfernt, war das einmalig. Dies um so mehr, als das Hauspersonal lediglich aus Mrs. Rover bestand, der noch die stürmischen Kinder zwischen den Beinen herumliefen. Bedenkt man dazu, daß es in erreichbarer Nähe keinen besseren Laden gab, so war die Hausfrau gewiß zu bewundern. Nicht weniger der Hausherr, dem es oblag, selber all die vielen Apparaturen einer hochmodernen Einbauküche und sein eigenes E-Werk instand zu halten. Denn Strom mußte an Ort und Stelle erzeugt werden. Ein Telefon war nicht vorhanden, auch keine Müllabfuhr, in der Abfallgrube vergnügten sich bei Nacht die Schwarzbären. Gegen Abend konnte man vom Hause aus die Elche sehen, wie sie im See mit getauchtem Haupt nach Schlingpflanzen gründelten. Man lebte hier in einem Naturschutzgebiet, Mensch und Tier hatten sich in paradiesischer Unschuld aneinander gewöhnt. Blickte man vom Frühstückstisch durchs Fenster nach Süden, so gewahrte man am dunklen Hang gegenüber fast immer ein paar weiße Punkte. Es waren Schneeziegen,

ein sonst sehr scheues Wild, das Touristen nur selten zu Gesicht bekommen.

Als wir zum Dinner dem sorgfältig umgekleideten Ehepaar an einem Tisch gegenübersaßen, der mit gutem Porzellan, Kristall und silbernen Leuchtern gedeckt war, begriff ich, warum die anderen Jagdführer diesen Ron Rover nicht leiden konnten. Tatsächlich war ich mehrfach vor ihm und seiner charmanten Frau gewarnt worden. Fielen sie doch durch Bildung und persönliche Kultur gar zu sehr aus dem Rahmen des Üblichen. Von Haus aus wohlhabend, ihrer Herkunft nach aus gehobenen Kreisen, mußten sie in einem zwar sehr freundlichen, aber doch ungehobelten Lande als fremdes Element empfunden werden. Seine materielle Unabhängigkeit erlaubte es Ron, den Beruf eines Jagdführers mehr als Gentleman zu betreiben, der nicht unbedingt darauf angewiesen ist. (Wie dieses Glück zerbrach, davon gegen Ende meines Buches.) Demgemäß vertrat und befolgte er jagdliche Auffassungen, die schon fast an unsere Waidbegriffe grenzten, und konnte sich erlauben, Jagdgäste wegzuschicken, die seinen Ansichten nicht entsprachen. Er nahm nur Jäger an, die ihm gefielen oder ihm von solchen empfohlen wurden, die ihm gefallen hatten. Kein Wunder, daß diese stolze Methode seinen Berufskollegen nicht sonderlich zusagte. Hier war ein Mensch in ihre Kreise eingebrochen, der aus ganz anderem Stall kam und dazu noch beste jagdliche Qualitäten mitbrachte. Am schlimmsten jedoch war, daß er sich nichts aus seinen Gegnern machte, sie vielmehr sehr freundlich behandelte.

Jim jedoch, der mich so gut bei ihm eingeführt hatte, war schon vollkommen mit Ron einverstanden. Denn was sich auch gegen meines Freundes Schattenseiten sagen ließ, er hatte einen feinen Spürsinn für menschliche Qualitäten und war überall mit den besten Leuten befreundet. Schon zuvor hatte er mir gesagt, Ron und ich, wir würden uns glänzend vertragen. Nach diesem Abendessen war bereits klar, daß ich mehr ein Gast denn ein Kunde Ron Rovers sein würde.

»Für gewöhnlich bringe ich meine Klienten schon nach wenigen Tagen auf einen guten Elch zu Schuß, es ist noch niemand unzufrieden weggereist. Diesmal wollen wir uns aber nicht damit begnügen, daß du zufrieden bist . . . wir wollen dich begeistern. Hans, du wirst Elche sehen, wie noch nie! Schießen darfst du aber erst, wenn von allen Bullen der beste vor dir steht . . . das ist Vorbedingung, das mußt du mir versprechen.«

Natürlich versprach ich es.

Als wir hernach vor dem lodernden, knisternden Kamin saßen und einen kühlen Scotch in der Hand hielten, wurde das Programm besprochen.

»Morgen früh fliegen wir zu meinem Camp am Mystery-Creek. Es liegt an einem hübschen See, den ich vor sechs oder sieben Jahren entdeckt habe. Weit und breit kein anderer Jäger, wir sind völlig ungestört, und Zeit haben wir genug. Wir sehen uns alle Elche an, die sich dort rumtreiben, und suchen uns den stärksten aus. Nur Geduld mußt du haben, und gutes Wetter brauchen wir.«

Um sechs Uhr früh, als sich eben die Nebel zu heben begannen, standen wir zünftig ausgerüstet vor dem Haus. Die Wellen des Sees gluckten am kiesigen Strand, gegenüber stiegen die Hänge der Kenai-Berge empor. Die heraufziehende Sonne ließ ihre herbstliche Färbung in leuchtendem Gelb erstrahlen. So klar lag die Wasserfläche davor, daß sich dies schöne Panorama auf seinem Spiegel wiederholte. Die Luft war noch kalt. Aus den anderen Heimstätten am See, die im Wald verborgen lagen, stieg kerzengerade der Rauch über den Wipfeln auf.
Die kleine Maschine, von Ron für diesen Zweck gechartert, summte von irgendwoher zu uns heran, wasserte elegant und tuckerte auf uns zu.
»Flieg du zuerst«, sagte mir Ron, »Bert ist schon gestern abend hinauf, du wirst alles in Ordnung finden. Jim und ich kommen nach.«
Der Pilot hieß Ray McNutt und begrüßte uns mit Herzlichkeit.
»Es dauert nur zwanzig Minuten . . .«, sagte er mir.
»Bei diesem Wetter kann's meinetwegen den ganzen Tag dauern.« Alles lachte vergnügt, und ich entschwand in die Luft.
Wir überflogen einen sehr hohen, steilen Bergrücken, der zu Fuß gewiß nur schwer zu erklimmen war. Dahinter sank das Gelände fast ebenso steil wieder ab und löste sich in mehrere große und weite Täler auf. Da gab es Wald und Wiesen, Flüsse, Seen und Tümpel jeder Art. Am Ende jedoch führte das Talsystem in einen breiten Sumpf, der erst an der unbewohnten Küste des Cook-Inlet aufhörte. So war dieses ganze Gebiet in sich abgeschlossen und auch mit Packtieren nicht zu erreichen. Nur ein kleines Wasserflugzeug konnte wagen, auf einem der hiesigen Seen niederzugehen. Keiner bot größeren Maschinen die nötige Fläche, um sicher zu wassern.
Ron Rovers eigene Entdeckung, der Mysterysee, bot nur begrenzten Platz. Ray McNutt war der einzige Pilot, den Ron überreden konnte, hier aufzusetzen. Ray war demgemäß sehr vorsichtig und flog erst einige Kurven dicht über dem Wasser, um gewiß zu sein, daß kein Treibholz herumschwamm.
Das Camp lag gleich am Ufer, inmitten einer Lärchengruppe, die Wind und Winter arg zerzaust hatte. Eines der Zelte, das sich nachher als meines herausstellte, war leuchtend rot und wölbte sich wie eine Halbkugel über den Boden. Das zweite, viel größer und fehlerlos ausgespannt, war olivgrün und diente als Küche und Gemeinschaftsraum. Ein drittes Zelt, worin Ron, Jim und Bert schlafen sollten, war in dem hohen Gestrüpp kaum zu sehen.
Aber Bert, der baumlange Gehilfe Ron Rovers, war nicht zu übersehen. Er grinste wie ein Honigkuchenpferd und streckte mir eine Pranke entgegen, die mich so herzhaft packte, daß die Begrüßung schmerzhaft war. In diesem Bert mußten Bärenkräfte stecken. Dazu aber ein Gemüt, das sich über alles freute, was der Tag nur brachte. Im Augenblick freute er sich mächtig, daß ich gekommen war und daß die Sonne schien.
»Kaffee wird gleich kochen, mach's dir gemütlich.«

Er schob mich ins Küchenzelt und wies mir als bequemen Sitz ein Polster aus zusammengerollten Schlafsäcken. Wunderbar gemütlich war's hier und gut aufgeräumt. Jedes Ding hatte seinen festen Platz, alles Geschirr war blank geputzt. Zum Aufhängen der Kleider, Gewehre, Ferngläser und was sonst noch alles zur Jagd mitgeschleppt wird dienten Astgabeln, die man in den Boden gerammt hatte. Büchsen und Konserven, Tassen, Flaschen und Kannen standen wohlgeordnet in einem dafür an Ort und Stelle gezimmerten Regal. Auf dem Boden lag eine wasserdichte Plane und darüber alte Karibufelle. Der Yukonofen war ohne Rost, heizte prächtig und ließ keinen Rauch ins Zelt. Man glaubte in einer hübschen, soliden Hütte zu sein, nicht in einem luftigen Zelt, das Ray McNutt mitsamt allem Zubehör über die Berge eingeflogen hatte.

In meiner Halbkugel, die natürlich bedeutend kleiner war, sah es ähnlich aus. Nur gab es keinen Ofen darin, man mußte sich in seinem Schlafsack selber erwärmen.

Zum Mittagessen waren wir alle versammelt und riesig froh, wieder in menschenferner Wildnis zu sein.

Wir verbrachten den Nachmittag beim Lager, lehnten uns gegen einen Felsbrocken, den die Sonne wohlig wärmte, und betrachteten die Gegend. Wir hatten Zeit, eine unsagbare Wohltat, die zu genießen so viele Menschen gar nicht mehr imstande sind.

Ein Biber schwamm durch den See, seine Bugwelle teilte sich hinter ihm zu einem großen V. Irgendwo drüben lag seine Burg, er mußte sie nun mit Wintervorräten versorgen. Der Hang uns gegenüber war von Blaubeeren so reichlich bedeckt, daß er in bläulicher Farbe schimmerte.

»Da oben steht ein Schwarzbär«, meinte Ron, »dem geht's jetzt gut.«

Als wir mit den Gläsern hinaufblickten, sahen wir noch einen zweiten Bären, nach einer halben Stunde hatten wir fünf entdeckt.

»Das ist hier so üblich, Hans, schätze den Bestand am Mystery-Creek auf über hundert Stück. Niemand stellt den Schwarzbären nach, sie haben überhaupt keine Feinde, außer mir natürlich, wenn ich mal wieder einen Bettvorleger brauche.«

Das Flüßchen setzte sich aus unzähligen Wildbächen zusammen, die von den Bergen zu Tal rieselten. Dort fanden sie alle ihren Weg zum Mystery und ließen den Creek immer stärker anschwellen.

»Woher kommt der Name?« fragte ich Ron.

»Nehme an, von den Leuten der Landvermessung in Anchorage. Als sie die Luftaufnahmen von dieser Gegend sahen, kam es ihnen recht mysteriös vor, daß der Fluß weiter drunten wieder aufhört und nicht ins Meer mündet. Das ist aber einfach zu erklären, er verliert sich im Sumpf.«

»Und Menschen sind vor dir niemals hergekommen?«

»Doch, es muß mal ein Trapper hier gejagt haben. Wo der Creek weiter unten seine größte Schleife zieht, habe ich eine verfallene Hütte gefunden, mit einem Haufen verrosteter Fallen darin. Wer da mal gehaust hat, ist wahrscheinlich umgekommen. Sonst hätte er ja die Fallen mitgenommen. Weiß nicht, wer's war, es muß schon lange her sein.«

Früher hielten die Pelzjäger ihre »Traplines« geheim, aus Angst vor lästiger Konkurrenz. Wenn sie in selbstgewählter Einsamkeit starben, blieben sie verschollen. Niemand fragte nach ihnen, niemand vermißte sie.

Nun war Ron Rover alleiniger Herr dieses Gebiets, auch wenn das nirgendwo verbrieft war. Gilt doch unter den Führern Alaskas als ungeschriebenes Gesetz, daß man die bevorzugten, gar noch selbstentdeckten Jagdreviere seiner Kollegen nicht betritt. Und für Gelegenheitsjäger war es viel zu umständlich, an den Mystery-Creek zu gelangen.

»Wie mag wohl der verschollene Trapper hergekommen sein?« fragte Jim.

»Von der Cook-Bucht, nehme ich an, und im Winter, als die Sümpfe gefroren waren. Mit schweren Lasten konnte er bestimmt nicht über die Berge klettern.«

Irgendwo in der Einsamkeit, am Fluß, im Wald oder in einer Schlucht lagen vielleicht heute noch die unbeerdigten Gebeine des Verschollenen. Möglich, daß ihn ein angeschossener Grizzly umgebracht hatte, oder er war abgestürzt. Niemand konnte das wissen.

Als die Sonne versank und es plötzlich kalt wurde, entfachten wir ein Feuer im Freien und blieben dabei sitzen, bis es völlig dunkel war. Dann bekamen wir allmählich Hunger, gingen ins Küchenzelt und kochten unser Abendessen auf dem Yukonofen.

Vielleicht sollte ich erklären, was das ist, denn ohne dieses praktische Öfchen kann man es nicht lange in einem Zelt aushalten, vor allem nicht im Spätherbst oder Winter. Dann ist der Yukonstove des Waldläufers liebster Besitz und Quelle seines Wohlbehagens. Er ist nicht viel breiter als ein Schuhkarton, etwa doppelt so lang und drei Handbreit hoch. Seine Wände sind nur dünn, aber aus bestem Stahlblech. Das Öfchen steht auf vier Beinen, die sich zum Transport anklappen oder abschrauben lassen. Man beheizt den freundlichen Herd durch eine Klappe an seiner Vorderseite, durch die man viel dickere und längere Holzscheite hineinstecken kann als bei unseren nun bald vergessenen Kachelöfen mittlerer Größe. Obendrauf befinden sich zwei Kochstellen, mit den gleichen Ringen versehen wie unsere Küchenherde, nur viel leichter in der Ausführung. Am Ende ragt ein Rohrstutzen auf, worüber das federleichte, schmale Ofenrohr geschoben wird. Man kann es vorne aus dem Zelt herausragen lassen. Aber besser ist schon, wenn es direkt durchs Dach geführt wird, wozu es Schutzbleche gibt, die den Stoff vor dem Versengen bewahren und keinen Regentropfen hindurchlassen. Ein guter Yukonofen der leichteren Sorte wiegt nur vier bis fünf Kilo, ist also unschwer zu transportieren. Seiner dünnen Wände wegen heizt der Ofen sehr schnell, wird aber auch sehr schnell wieder kalt. Er verbraucht eine Unmenge Holz, das zwar nichts kostet und im Überfluß vorhanden ist, aber doch erst herangeschafft, gehackt und gespalten werden muß. Wenn es draußen bitterkalt ist und das Zelt schön warm sein soll, läßt sich kaum vermeiden, daß die Flanken des Yukonstove glühen. Man muß höllisch aufpassen, daß Decken, Kleider und Schlafsäcke ihn nicht berühren. Aber das sind Vorsichten, die dem Zeltbewohner schnell zur Gewohnheit werden. Wenn man so des Abends in einem gemütlichen Alaskazelt beisammensitzt, dann empfindet man den Yukonofen als guten Freund, der einfach dazugehört. Mit Bullern und Geknister beteiligt er sich an der Unterhaltung. Es soll alte, schrullige Trapper geben, die ihrem guten Öfchen ab und zu eine Prise Tabak hineinschieben, damit er auch mal was Besseres zu rauchen hat!

Es war so gemütlich, mit den Gefährten neben dem Ofen zu sitzen und zu schwätzen, daß ich erst spät in mein Zelt hinüberging, um in den Schlafsack zu kriechen.

Im ersten Dämmerlicht des Morgens kroch ich wieder heraus. Es war schrecklich kalt, alle kleinen Tümpel hatten sich mit dünner Eisschicht bezogen, und Rauhreif bedeckte das Gestrüpp. Das Waschen im schneidend kalten Wasser am See war eine rechte Qual. Um so angenehmer verlief das reichhaltige Frühstück im geheizten Küchenzelt.

»Wir werden heute nur spekulieren, um Übersicht zu gewinnen, was an Elchen da ist«, machte Ron seine Pläne, »Bert geht mit Jim nach Osten hinüber, wir beide auf die andere Seite.«

Um sieben Uhr brachen wir auf, nur leicht bepackt, aber mit unserer Regenkleidung im Rucksack. Man kann sich in Alaska nie auf einen schönen Morgen verlassen, das Wetter ist stets zu jedem Wechsel fähig. Ron trug noch ein gewichtiges Spektiv mit aufklappbarem Dreifuß bei sich. Wie er sagte, war eine sechzigfache Vergrößerung unbedingt notwendig, um auf größere Entfernung Elchgeweihe richtig anzusprechen.

Wir verließen unseren See, überschritten den hier noch schmalen Mystery-Creek und quälten uns durch viel Gestrüpp in ein Seitental, das ziemlich gerade nach Westen zeigte.

»Hier ist ja ein richtiger Weg . . .?«

»Ein Weg der Elche, Hans, ein uralter Wechsel. Gut für uns, wir können ihn benützen.«

Bisweilen war der Wildpfad fast einen Meter tief eingetreten und so versumpft, daß die Fährten nicht zu lesen waren. Gelbe Schachtelhalme und feuchtes Riedgras schlugen von beiden Seiten über unseren Köpfen zusammen. Wie viele Generationen mochten wohl vergehen, bis sich die Elche einen so tiefen Pfad getreten hatten? Vielleicht waren sie schon hier gegangen, bevor der erste Mensch von Asien über die Beringsee nach Amerika gelangte.

Nach längerem Marsch verließ Ron das Bett unseres Wildpfades und stapfte in schräger Richtung den Berghang hinauf. Er sagte nicht, wohin wir strebten,

ich folgte vertrauensvoll. Der Wald wurde lichter, der Boden trockener. Wir gelangten in die Region windgeplagter Erlen und Weiden, dann Bärlapp und Heidelbeerstauden, schließlich auf Geröll, zwischen dem nur noch Wollgras, Weideröschen und Moospolster gediehen. Ron war ein guter Steiger, nach Art erfahrener Gebirgler schritt er nicht allzu schnell. Er schwieg beharrlich.
Die Luft war kühl und frisch hier oben, der Himmel wolkenlos. Wir hatten wahrlich Glück mit dem Wetter. Bis zum Meer reichte unser Blick, bis hinüber zu den schneeweißen Chugash-Bergen. Wir schritten wie Könige über den Rücken dieser wundervollen Welt, die uns alleine gehörte.
Endlich erreichten wir eine Stelle, die uns nach drei Seiten hin freie Sicht bot. Nach Norden lag das breite Tal des Mystery-Creek vor uns, nach Osten und Westen konnten wir in zwei andere, namenlose Täler hineinschauen.
»Hier bleiben wir eine Weile und betrachten die Gegend«, meinte Ron und schnürte sein Packboard auf, um das Spektiv hervorzuholen.
Ich ließ mich neben ihm nieder und genoß den schönen Augenblick mit ganzer Seele.
Ron erklärte mir im Detail, wie man nach seiner Ansicht vorzugehen hatte, um einen Elch mit wirklich kapitalen Schaufeln zu erlegen. Zunächst gilt es, den vorhandenen Bestand zu sichten und Klarheit zu gewinnen, wo zur Zeit in einem bestimmten Gebiet die stärksten Bullen stehen. Drunten im Wald und Sumpf, wo sich die Elche allermeist aufhalten, ist das nicht möglich. Da hat man nur einen begrenzten Ausblick und keine Gelegenheit, gute Schaufler mit noch besseren zu vergleichen. Deshalb sind wir auf die Höhe gestiegen, hinauf zu einem Platz, der beste Übersicht bietet. Schräg von oben, und zwar aus möglichst großer Höhe, können die Jäger viel besser in den Wald hineinschauen, als wenn sie drunten mitten darin sind oder davor. Wer dabei an die Wälder unserer Berge denkt, wird das nur schwer verstehen. Die Urwälder des Nordens sehen ganz anders aus. Es sind ja keine »Holzplantagen«, sondern Bestände, in denen kleine und große Bäume nebeneinander stehen, worin jeder gestürzte Riese seine Lücke schlägt, wo es freie Sumpfstellen gibt und wo die Windbrüche liegen bleiben. Es sind keine dichten Wälder wie unsere vorgeplanten Forste, vor allem in den Hochtälern ist der Bestand viel lichter. So gab es auch hier nur wenige Stellen, die von oben nicht mit starken Gläsern einzusehen waren.
Meine Augen mußten sich erst an diese Art der Pirsch gewöhnen, bei der es notwendig ist, das gesuchte Wild auf viele Kilometer auszumachen. Aber dann sah ich nach und nach jene dunklen Punkte, die kleiner als Ameisen am Rande von Lichtungen lagen oder im Unterholz standen. Je länger ich hinschaute, desto mehr wurden es. Nie hätte ich geglaubt, daß man von irgendeinem Punkt auf Erden so viele Elche in freier Wildbahn sehen konnte. Wenn mein ungeübtes Auge schon in der ersten Stunde sechsundzwanzig Tiere zählte, dann mußte es da unten sicher über hundert geben. Als ich Ron danach fragte, schätzte er

den Elchbestand im Gebiet des Mystery-Creek und seiner Zuflüsse auf fünf- bis sechshundert Stück.
»Im Hochsommer sind's weniger, im Winter sogar noch mehr. Dann stehen sie tiefer und äsen im Weidengestrüpp auf dem zugefrorenen Sumpf. Nur wenn im Tal sehr viel Schnee liegt, steigen sie die Hänge hinauf. Übrigens . . . da drüben ist einer, der gar nicht schlecht aussieht!«
Damit legte er sich mit gespreizten Beinen hinter sein Spektiv und peilte den Schaufler an. Er war viel zu sehr damit beschäftigt, als daß er mir sagte, wo der Kapitale zu finden war.
»Breite Schaufeln . . . aber zuwenig Auslage«, meldete er statt dessen, »ein guter Elch, aber keiner von den allerstärksten.«
Er ließ mich nun durch sein Spektiv schauen. Der Elch hatte sich neben einem kleinen Tümpel niedergetan und döste mit gesenktem Haupt vor sich hin. Das Geweih hob sich durch seine hellere Farbe gut vom Hintergrund ab. Mir schienen die Schaufeln enorm zu sein, ungemein wuchtig und von erstaunlicher Breite.
»Vergiß ihn, Hans, wir haben Besseres.«
So ging das noch gut ein dutzendmal. Immer hatte Ron an den Schaufeln, die er am laufenden Band entdeckte, etwas auszusetzen. Mal war ihm die Endenzahl zu gering, dann fehlte die Vorschaufel oder die Auslage paßte ihm nicht. Er zeigte sich so wählerisch wie eine Frau im Hutsalon.
»Hab's dir doch gesagt, daß zu 'nem wirklich guten Schaufelpaar viel Geduld gehört. Du bist nicht von weit hergekommen, um mit gewöhnlichen Dingern heimzukehren. Also wart's ab, Hans, und verlaß dich auf mich.«
»Na schön«, gab ich nach, »machen wir's halt mit Geduld.«
Ron grinste zufrieden, meine Einsicht schien ihm zu gefallen.
»Wir haben Zeit, Freundchen, und praktisch noch gar nichts gesehen. Warten wir erst mal auf die *magische Stunde.*«
Sie kam gegen fünf Uhr, als sich die Elche überall in Bewegung setzten. Es war, als sei dazu ein Befehl ausgegangen von ihrem Allerhöchsten. Einem Instinkt folgend, dessen Grund auch Ron nicht wußte, zogen sie die Täler hinauf. Die einen langsamer, die anderen schneller, äsend und treibend, strebten sie nach und nach dem dichten Unterholz zu, das sich am Fuße der Hänge ausbreitete. Ich nehme an, daß sie dort ihre nächtlichen Einstände hatten und sich irgendwie geborgener fühlten als drunten im Wald.
In dieser »magischen Stunde« sahen wir nah und fern wohl hundert Elche, darunter ein gutes Dutzend recht starker Bullen. Sie trugen das mächtig breite Geweih wie ein zweifaches Schild auf ihrem Haupt. Es blitzte in der Bewegung, wenn die untergehende Sonne darauffiel. Meine Begeisterung kannte keine Grenzen, ein solches Bild hatte ich noch nie erlebt und gewiß nicht erwartet.
»Gehen wir, Hans, nichts dabei, was du daheim vorzeigen kannst.«

»Was . . .? Jedes von diesen Geweihen bekäme bei uns seine Goldmedaille!«
Ron schüttelte verweisend den Kopf.
»Kommt keiner für dich in Frage, glaub's mir.«
Da blieb mir nichts anderes übrig, als ihm zu folgen. Die letzte Strecke gingen wir im Schein unserer Taschenlampe. Fast gleichzeitig mit Bert und Jim trafen wir im Lager ein.
Was die Gefährten zu berichten hatten, war ungefähr dasselbe, was Ron ihnen erzählte. Vorerst stand noch kein Elch zur engeren Auswahl.
Der nächste Tag verlief ebenso und auch der übernächste. Mit einer Systematik, die ebenso ermüdend wie beharrlich war, drangen wir in andere Täler ein und bestiegen andere Höhen. Elche sonder Zahl wurden erblickt, taxiert und abgelehnt. Die stärksten Bullen, die größten Schaufeln passierten in der magischen Stunde Revue vor uns, aber nichts davon konnte Ron Rovers Begeisterung erwecken. Sosehr ihm die Exaktheit seiner Methode zum Schluß auch recht geben sollte, das edle Waidwerk kam für meine Begriffe dabei zu kurz. Zwar ist der tödliche Schuß gewiß nicht die Hauptsache bei der Jagd, aber wie Ortega y Gasset es so sinnvoll und prägnant formulierte: »Der Jäger jagt nicht, um zu töten, aber er muß töten, um gejagt zu haben.«
Diese endlose, geradezu wissenschaftliche Suche nach dem allerbesten Geweih schien mir ein Kniefall vor der Rekordsucht, eine Abkehr vom eigentlichen Sinn des Jagens. Es machte mich keineswegs glücklich, und ich begann mit Ron darüber zu diskutieren.
»Wie fremde Leute nachher die Schaufeln bewerten, ist mir ziemlich gleichgültig, Ron, wenn sie nur stark und schön in der Form sind. Alles übrige, dieses Zählen der Enden, Vermessen und Wiegen, dieses komplizierte Auspunkten ist doch eine künstliche Angelegenheit, und alles hängt ganz davon ab, was irgendwelche Kommissionen sich als Maßstab ausgedacht haben. Was bei ›Boone & Crockett‹ gilt, das zählt wieder nicht bei uns. So zum Beispiel eure fixe Idee mit einer möglichst weiten Auslage, und außerdem . . .«
»Hör schon auf, Hans, weiß ich ja alles! Darüber ist schon oft genug in diesem Zelt gestritten worden. Aber wenn die Herren Jäger hinterher beisammensitzen, reden sie doch nur von ihren Punkten, und wenn der andere mehr hat, ist es bitter. Jawohl . . . so sind die Leute, ich kenne sie doch. Und keiner denkt mehr daran, wie sehr er seinen Führer gedrängt hat, ihn endlich schießen zu lassen, ohne Rücksicht auf irgendwelche Punkte!«
Der gute Jim kam mir zu Hilfe.
»Doch, glaub's mir, Ron, dem Hans ist es wirklich egal, was ›Boone & Crockett‹ zu seiner Trophäe sagt. Laß ihn einen Schaufler nach seinem Geschmack schießen, es wird schon recht sein.«
Ich sagte Ron nochmals, was ich haben wollte. Schön, breit und schwer sollten die Schaufeln sein, beide möglichst gleich in der Form und recht urig im Aussehen. Die Auslage war mir gleichgültig.

»Und wenn sie keine Vorschaufeln haben?«
»Dann haben sie keine, Ron!«
Er zuckte mit den Schultern.
»Na schön, wie du willst, das wird sich finden lassen. Im vorigen Jahr war da so einer, gar nicht weit von der alten Hütte weg. Vielleicht ist er noch da.«
Neu gestärkt von diesen Aussichten, begab ich mich in den Schlafsack und zog noch eine Felldecke darüber.
Ein stürmischer Wind weckte mich sehr frühzeitig, er riß und zerrte am Zelt, als wolle er das luftige Gebilde wegtragen. Als ich hinausschaute, fuhr mir nasser Schnee ins Gesicht. Kein Wetter für Elche!
Später, als wir im Küchenzelt beisammenhockten, klatschte Regen auf die Zeltplane, daß es nur so rauschte.
»Sieht bös aus«, meinte Ron, »so was kann tagelang dauern.«
Bert meinte, wir sollten den Regensturm überschlafen, wir könnten sowieso nicht von hier weg. Was meinen Freund Jim betraf, so kam er nach längerem Nachdenken zur Feststellung, daß so schlechtes Wetter ja nicht ewig dauern könnte, so schlimme Tage zu verschlafen, wäre tatsächlich die beste Lösung.
Ron, der wirklich an alles gedacht hatte, brachte ein paar Bücher zum Vorschein. Darunter war ein besonders dicker Wälzer, der sich mit Alaskas vergangenen Zeiten befaßte. Den lieh ich mir aus, dazu einen Topf mit Glühwein, und bezog wieder meine wärmende Hülle.
Während draußen die Winde tobten und kalte Regenschauer durchs Tal fegten, begeisterte mich die Lektüre meines gewichtigen Buches mehr und mehr. Vor allem dieser Baranow, der erste russische Gouverneur von Alaska, war eine faszinierende Gestalt. Schon 1785 war er in das wilde, erst vor kurzem entdeckte Land gekommen und hatte es dreißig Jahre lang regiert. Abwechselnd schaltete er mit roher Gewalt und schlauer List, oft auch sehr milde und mit erstaunlicher Staatskunst. Aufstände der Indianer und Aleuten entbrannten aufs neue, kaum daß sie gelöscht waren. Die Siedlungen gingen in Flammen auf, um bald hernach wieder zu entstehen. Selbst die russischen Pelzjäger, rohe und trunksüchtige Gesellen, erhoben sich gegen ihren Herrn, den herrischen Alexander Baranow. Der ferne Zar schickte Befehle, die bisweilen zwei Jahre unterwegs waren, bald drohte er dem Gouverneur, und bald belohnte er ihn. Aber niemand weiß, ob Alexander I. auf der anderen Seite der Welt je geahnt hat, daß Alexander Baranow davon träumte, selber Zar Alexander I. von Alaska zu werden. Unter Schwierigkeiten, die man sich heute kaum noch vorstellen kann, schuf sich dieser erstaunliche Mann eine kleine Flotte hölzerner Schiffe, die mit Kanonen bestückt wurden. An der sonnigen Küste Kaliforniens, dicht beim heutigen San Franzisko, ließ Baranow eine alaskanische Kolonie anlegen, selbst auf den Inseln von Hawaii entstand für kurze Zeit ein russisches Fort. Dieser Baranow kannte weder Grenzen noch Entfernungen. In seinem unerforschten und wilden Reich empfing er Sendboten aus China und

Boston, aus Mexiko und London. In seinem Holzpalast von Sitka wurde ein politisches und wirtschaftliches Netz geknüpft, das den halben Pazifik umspannen sollte, mit Alaska und Baranow an der Spitze.
Achtzig Jahre alt geworden, mußte Baranow seinen Träumen und seiner Macht entsagen, erlebte aber noch die Genugtuung, die Führung Alaskas dem Gatten seiner halbindianischen Tochter zu übergeben. Hätte er einen tatkräftigen, ehrgeizigen Sohn gehabt, wäre es vielleicht zu einer Dynastie der Baranows gekommen und Alaska ein Königreich geworden. Der Zar im entlegenen Europa hätte es wohl kaum verhindern können. Das faszinierende Leben Baranows und die aufregende Geschichte bis zum Verkauf Alaskas an die USA schildert mein (mit Begeisterung geschriebenes) Buch: »In Alaska bin ich Zar«.*
Vierzig Jahre später fiel »Russisch-Amerika«, das große von Baranow geschaffene Reich des Nordens, in den Schoß der Vereinigten Staaten von Amerika.
Bis dahin war ich mit meiner Lektüre gelangt, als der Sturm nachließ. Er hatte unsere Zelte zwei Tage und zwei Nächte lang gebeutelt. Aber nun war alles wieder gut.
Wir zogen durch tropfnasse Wälder und stapften durch saugenden Schlick. Es ging den Mystery-Creek weit hinab und wieder hinauf zu windigen Höhen. Wir sahen viele Elche, doch den gesuchten erblickten wir nicht.
Es war Bert, der Kunde von ihm brachte. Nur zwei Stunden weit vom Lager hatte er einen sehr starken Schaufler gesehen, auf den Rons Beschreibung zu passen schien. Wir alle waren wie elektrisiert, unsere Pirsch hatte schon acht Tage gedauert, und wir brauchten endlich ein großes Ereignis.
Wir würden lange fort sein, sagte Ron voraus. Jimmy sollte im Lager bleiben, um für Brennholz zu sorgen und ein warmes Abendessen. Es war anzunehmen, daß wir bei unserer Rückkehr sehr hungrig sein würden. Aber Bert nahmen wir mit, denn er mußte uns zeigen, wo er den fraglichen Elch gesehen hatte.
Wir erreichten seinen Ausguck schon gegen zehn Uhr, ließen uns häuslich nieder und begannen den Talboden »abzuglasen«. Dies taten wir mit so viel Hingabe, daß wir gar nicht den fetten, schwarzen Bären bemerkten, der seelenruhig an uns vorbeizog. Erst im Abtrollen sahen wir ihn, und ich konnte die dunkle Kugel gerade noch fotografieren. Ein Schuß kam natürlich nicht in Frage, es durfte kein Lärm gemacht werden.
Es war um die Mittagszeit, als Ron den alten Elch erblickte. Unendlich lange brauchte er, um seine Schaufeln im Spektiv anzusprechen. Doch dann war sein Urteil eindeutig.
»Den oder keinen«, stellte er fest und bemühte sich, sachlich zu bleiben. »Noch viel besser geworden seit dem letzten Jahr, nur etwas knapp in der Auslage und mit wenig Vorschaufel.«

* Cotta Verlag, Stuttgart.

Ich wollte gleich hinuntersteigen, aber Ron war dagegen.
»Das wäre die größte Dummheit, mein Bester, im Wald kannst du ihn kaum mehr finden, da stehen zuviel Bäume.«
Wir marschierten nun in anderer Richtung, nämlich schräg am Berg entlang, zu einer freien Fläche, die weiter oben im Tal lag. Trotz meiner Ungeduld zeigte Ron keinerlei Eile. Er bummelte geradezu und war dabei bester Laune. Bert folgte gemütlich hinter mir und schmauchte sein Pfeifchen.
Endlich standen wir am Rande einer wilden Wiese, die rings von Hemlocks und Lärchen begrenzt wurde. Sie bildete eine sanfte Mulde, in deren Senke sich ein Nebenflüßchen des Mystery-Creek talwärts schlängelte.
Ron prüfte den Wind, betrachtete eingehend das Gelände und wählte schließlich einen angefaulten Stamm, der quer zum Hang lag. Dahinter sollten wir in Deckung gehen und abwarten.
»Zur magischen Stunde wird dein Alterchen erscheinen. Nehme an, daß er dem Wechsel am Bach folgt und dort am Windbruch heraustritt. Wir können's uns vorläufig gemütlich machen.«
Doch ich war mit einer Spannung aufgeladen, die mir keinerlei Ruhe gönnte. Die beiden Waldläufer schienen es nicht zu bemerken.
»Sieh mal, wer da kommt«, sagte Bert nach geraumer Weile und zeigte hinter uns.
Eine Elchkuh stand dort, die ihr Kalb mit sich führte. Die Mutter hatte wohl Wind von uns, wußte aber nicht, was für Geschöpfe wir waren. Sie schaute uns recht blöde an. Ihr Kind, schon so groß wie ein Pony, trippelte unruhig vor ihr her.
»Die Dame ist verdammt neugierig und wird herkommen.«
Ron hatte recht, sie tat es wirklich. Schritt für Schritt trat sie vor, blieb zuweilen stehen und zog prüfend den Wind ein. Das Kalb, offenbar gewitzter als seine große Mama, folgte nur mit Widerstreben.
Ich pfiff leise, und die Alte stellte ihre Lauscher hoch. Ich hatte dieses Pfeifen schon bei Gemsen versucht, manchmal nahm es jüngeren Geißen tatsächlich die Scheu. Auch die Elchkuh fand es beruhigend und kam bis auf fünf oder sechs Schritte heran.
»Sie glaubt, du willst mit ihr flirten«, meinte Ron.
Während ich weiter so melodisch wie nur möglich vor mich hin pfiff, holte ich die Rollei heraus und machte ein paar Aufnahmen.
Wer noch nie einen Alaska-Elch so unmittelbar vor sich hatte, der ist von seiner Größe bestürzt. Schon der skandinavische Elch ist ein gewaltiges Tier, aber in Alaska, und dort wieder auf der Kenai-Halbinsel, leben die allergrößten Elche. Nach den gewiß verläßlichen Angaben des Wildlife-Service erreichen hier die ausgewachsenen Elche bis zwei Meter Höhe und drei Meter Länge, ein Gewicht von fünfhundert Kilo erregt weiter kein Staunen. Die meisten Jäger halten die Elchkuh für ein ausgesprochen häßliches Tier, aber das fand ich

nicht. Eher machte unsere Besucherin den Eindruck der Ungelenkigkeit und schien zu grob gebaut für ein weibliches Wesen. Sie betrachtete uns mit unglaubhaftem Staunen, doch keinesfalls ablehnend.
Schließlich stand die vertrauensvolle Elchin unmittelbar über uns. Sie beugte sich zu mir hinab und ich fühlte ihre weichen Nüstern auf meiner Schulter.
»Jetzt kriegt der Hans einen Kuß von der Dame«, flüsterte Bert. Ron lachte, und die freundliche Kuh wich ein paar Schritte zurück.
»Ach, Schatz, die Leute . . .!« kommentierte Bert.
Um die verschreckte Elchin zu versöhnen, begann ich leise zu singen. Da machte sie auf der Hinterhand kehrt und entfloh. Wer mich jemals singen hörte, wird das verstehen.
»Hans, paß auf, jetzt kommen die Kurgäste!«
Drunten im Windbruch, wo der Bach über Fallholz sprudelte, erschien eine Gruppe jüngerer Elche. Einige ästen vor sich hin, andere bummelten ohne Beschäftigung den Talboden hinauf. Etwas später stürzte eine Kuh ins Freie, die von einem ungestümen Kavalier hart bedrängt wurde. Der Nebenbuhler kam hinterher und schlug die Konkurrenz aus dem Felde.
Es wurde immer lebhafter, die magische Stunde artete zu Brunftkämpfen aus. Wieder stoben Kühe ins Freie. Ungeachtet der Kälber tobten die Bullen hinter ihnen her.
Dann kam einer ganz allein, großmächtig und kraftvoll anzuschauen, aber schon über die Zeit seiner wilden Sprünge hinaus. Ron brauchte es mir nicht zu sagen, das war er, auf den wir gewartet hatten.
Man hat es schon so oft erlebt, daß mitunter ein Stück Wild die Gefahr zu spüren vermag, die ganz besonders ihm gilt. Der Mächtige konnte auf keinen Fall Wind von uns haben. Trotzdem hielt er plötzlich inne, senkte sein riesiges Haupt und stampfte mit den Läufen im Heidekraut.
Als er abdrehte, schoß ich auf sein linkes Blatt.
Das Tier stürzte im Feuer, kam wieder hoch und ging in hohen Fluchten ab.
Kurz bevor der Bulle die Hemlocks erreichte, schoß ich nochmals, und zwar auf seinen Träger.
Er verschwand im Wald, doch heftiges Geprassel verriet, daß er gefallen war.
Wir fanden ihn verendet. Er lag im Bach und hatte sich beim Schlegeln mit dem ganzen Hinterkörper unter die breiten Wurzeln einer gestürzten Fichte geschoben. Nur das Haupt und beide Schaufeln ragten aus dem schnellen, murmelnden Wasser.
Wir setzten uns hin, stopften unsere Pfeifen und betrachteten schweigend dieses Geweih.
Es war über alle Maßen imponierend. In jede seiner Schaufeln vermochte sich ein Mensch bequem hineinzusetzen, aus den Rosen konnte man Untertassen schnitzen. Das Gewicht der Knochenmasse war nicht zu schätzen, die Stangen am Haupt ließen sich nur mit beiden Händen umfassen.

Alaska, das Land der 100 000 Seen – könnte man hierzu sagen. Stundenweit fliegt die Maschine über menschenleere, pfadlose noch völlig unberührte Wildnis. Bevor es Flugzeuge und Motorschlitten gab, konnten Menschen diese Landschaft nur im tiefen Winter durchqueren, wenn alles gefroren war. Ihre Mittel der Fortbewegung waren Schneereifen und Hundeschlitten.

Eskimo-Familie bei Kittigazuit am Rande des Eismeeres. Es ist Hochsommer mit Temperaturen bis 30 Grad Celsius, und die Polarmenschen haben soeben ihr Ferienlager für den Fischfang bezogen.

»Das dürfte so ungefähr das sein, was du wolltest?« fragte mich Ron nach einer Weile.
Ich konnte ihm kaum sagen, wie glücklich mich dieser Augenblick machte.
»Nicht im Traum ist mir eingefallen, daß es so etwas geben könnte!«
Die beiden Waldläufer nickten befriedigt.
»Du kannst dich damit sehen lassen«, meinte Ron allzu bescheiden, »aber sehr weit ist die Auslage nicht, hätte ihm auch etwas mehr Vorschaufel gewünscht. Immerhin, das Buch wird er machen . . . allerdings nur ganz knapp.« (Er machte es nicht, denn es fehlten genau drei Punkte.)
Das Rekordbuch vom Boone and Crockett-Klub, wenn ich doch nichts mehr davon hörte!
Hundertzweiundfünfzig Zentimeter ergab später die Auslage des Geweihs. Wem sollte das nicht genügen? Aber Ron Rover war wohl erst zufrieden, wenn unter seiner Führung ein neuer Weltrekord fiel, wozu es einer Auslage von über zwei Meter bedurfte. Auf alles übrige kam es nicht so an.
Es war so spät geworden, daß wir gehen mußten.
»Morgen haben wir einen schweren Tag vor uns«, sagte Ron, »das kannst du mir glauben.«
Und Bert fügte hinzu, daß ein Tag bestimmt nicht ausreichen würde.
Er sollte recht behalten, obwohl wir alle vier am nächsten Morgen schon früh zur Stelle bei der Beute erschienen. Es war eine grausame Arbeit, die halbe Tonne Wildbret im eisigen Wasser zu zerwirken. Ungünstiger hätte der Bulle gar nicht fallen können. Wir mußten bis zum Gürtel im Bach stehen, und das noch auf schlüpfrigem Grund, stückweise mußten wir die enorme Beute zersägen und stückweise an Land bringen. Das hielt keiner von uns länger als fünf Minuten aus, die Kälte biß uns mit tausend spitzen Zähnen in Leib und Glieder. Immer nur zwei von uns arbeiteten im Bach, die beiden anderen wärmten sich an einem großen Feuer.
Der ganze Tag ging darüber hin, und der nächste Tag mit dem Herausschleppen der Fleischpakete. Das riesige Geweih wollte ich selbst zum Lager tragen und quälte mich, immer wieder ausruhend und wieder aufraffend, fünf Stunden damit ab. Dann war meine Jagd auf Mystery-Elche vorbei. Ron leistete mir Gesellschaft. Dann waren Jim und Berty an der Reihe, ihren Elch zu erlegen. Das galt nun keiner Trophäe, sondern diente zur Auffüllung der Tiefkühltruhe daheim. Ron aber durfte nicht schießen. Als vereidigtem Jagdführer, der einen Gast bei sich hatte, war ihm das gesetzlich verboten. Er würde es nachholen, sobald ich weg war.
Bert war noch nicht lange fort, als wir zwei Schüsse hörten, die gar nicht weit vom Lager fielen.
»Hat sich's aber leichtgemacht«, meinte Ron, »wird nicht weit zu tragen haben!«
Damit kam Bert schon gelaufen, ganz außer Atem, und führte wirre Reden.

Was er da geschossen habe, müsse man sich ansehen, um es zu glauben. Ein Elch sei das, wie man noch keinen gesehen habe.
Und das war er wirklich, ein Fabeltier, das man kaum beschreiben kann.
Sein enormes Geweih hatte keine richtigen Schaufeln, statt dessen zwei dicke, breite Klumpen mit neununddreißig Enden, die nach allen Seiten zielten. Das ganze knuffige Gebilde war in sich verwachsen und verschlungen. Es mußte unglaublich schwer sein. Niemand von uns hatte dergleichen je erblickt oder konnte sich erklären, wie es entstanden war.
Nachdem wir das seltsame Geweih gebührend bestaunt und von allen Seiten fotografiert hatten, entstand für Bert die Frage, was damit anzufangen sei.
»Boone & Crockett kann so was gar nicht bewerten«, meinte er nach einer Weile, »am besten laß ich's liegen!«
Ich war absolut dagegen, eine solche Abnormität mußte der Nachwelt erhalten bleiben.
Der gar nicht mehr so glückliche Schütze zuckte mit den Schultern.
»Wenn du's haben willst, Hans, ich schenk's dir.«
Und ob ich es haben wollte!
Bert bekam mein Jagdmesser, und sein Geweih erregt nun das Staunen aller Jäger, die mich besuchen. Wenn ich nicht mehr bin, soll es ein Museum bekommen. Dort kann es dann von Bert Runyan künden, der weiter nichts wollte als Fleisch für seine Küche.
Jim, der Sorgfältige, hatte einen jungen Bullen geschossen, dessen Wildbret reichhaltig war und Wohlgeschmack versprach. Auch hatte er gut aufgepaßt, daß sein Opfer nicht in kaltes Wasser fiel.
Unzählige Male mußte Ray McNutt hin- und herfliegen, bis alle Beute und wir selber den Mysterysee verlassen konnten. Erst zuletzt kam mein Elchgeweih an die Reihe.
»Das verdammte Ding ist viel zu groß für die Kabine«, fluchte der Pilot, »muß es über den Schwimmern festbinden.«
Das freute mich natürlich.

Die Schneeziegen der Resurrectionbucht

Am Ende der nordamerikanischen Welt liegt ein großartiges Gebirge im Meer. Nur seine Gipfel und Kämme ragen aus den grünen Fluten hervor, in seine Täler ist der Pazifik eingedrungen und hat sie zu tiefen Buchten gemacht. Die Schluchten der Kenai-Mountains sind zu Fjorden geworden, mit vielen hundert Fingern hat sich die gierige See in das felsige Land gekrallt. Die Wogen bespülen den Urwald, die Gletscher hängen im Salzwasser. Hier beginnt alpines Gebirge schon in Meereshöhe, die zerklüfteten Wände stürzen unmittelbar in die nassen Arme des Pazifischen Ozeans. Es gibt weder Strand noch Sand an dieser Küste, nur Felsen und Brandung.

Drohend und trostlos würde diese Landschaft wirken, wäre sie nicht allenthalben reich bewaldet. Das feuchte Klima hat dafür gesorgt, daß sich trotz aller Ungunst der steilen, steinigen Lage ein fast vertikaler Urwald aufbauen konnte. Keine Wand am Meer ist zu hoch, kein Spalt zu eng, überall sind die Wurzeln von Hemlocks und Birken, von Erlen, Espen und Föhren eingedrungen. Sie haben das harte Gestein gesprengt und jede Klippe bezwungen. Bis hinauf zur Schneegrenze ist das wilde Gebirge mit nordischem Urwald bedeckt.

Alle Inseln sind bewachsen, jeder Stein, der aus dem Wasser ragt, trägt seine Krone aus Baum und Buschwerk. Bis hinab zu den Wellen hat sich der kühne Wald gewagt, die Brandung nagt an seinen Wurzeln, die Stürme haben sein Geäst zu bizarren Figuren verzerrt. Aber der Lebenswille dieser Vegetation ist stärker als jede Gewalt. Mit einer Verbissenheit ohnegleichen bestehen die krummen und knorrigen, die ewig geplagten Bäume und Bäumchen auf ihrem Recht.

Bis zu zweitausend Meter steigen die Berge der südlichen Kenaiküste in den Himmel. Mit zwanzig und mehr scharfen Krallen greift das Gebirge in den

Pazifik, mit zwanzig und mehr verzahnten Fjorden stößt das Meer in die Felsenwildnis. Auf den Höhen liegt Schnee, die Gipfel sind von ewigem Eis bedeckt und flimmern in der Sonne. Mächtige Gletscherströme schieben ihre Kristallmassen durch Urwald und Schluchten zum Meer hinab.
Läge dieses phantastische Panorama in unserer Welt, endlose Touristenströme würden sich dorthin ergießen, und breite Straßen hätte man in den Fels gesprengt.
Kein anderes Wild kann sich in dieser rauhen Welt erhalten als die Schneeziege. Sie ist ein Tier der felsigen Höhen, nur in den Bergen von Südalaska und einigen Gebieten der kanadischen Rocky-Mountains beheimatet. Im Körperbau wie in der Lebensweise ist die Schneeziege mit unserer Gams verwandt, ernährt sich aber in der Hauptsache von Moosen, Flechten und Kriechgewächsen. Beide Geschlechter tragen relativ kleine, schwarze, geriffelte Hörner, die gleichfalls an unsere Gamskrucken erinnern. Nur ist das Gehörn der Schneeziege weniger scharf gebogen, breiter an der Basis und weiter in der Auslage. Begehrenswerter als dieser Hauptschmuck ist für den Jäger die Decke des schönen Tieres. Denn schneeweiß ist deren Farbe und ellenlang ihr seidenweiches Haar. Es fließt im Winter fast bis zum Boden hinab und verhüllt die Läufe der Schneeziege mit Pluderhosen.
Hierzulande kennt man dieses Wild kaum dem Namen nach, selbst in Alaska haben nur die wenigsten Leute selber eine Schneeziege erblickt. Zu entlegen sind ihre Lebensräume, zu beschwerlich der Weg dorthin. Obwohl das Wildbret sehr schmackhaft sein soll, werden die weißen Wildziegen von den Einheimischen kaum bejagt. Kann doch der Fleischbedarf eines alaskanischen Haushaltes mit viel weniger Mühe bei der Jagd auf Elch und Karibu oder gar im nächsten Laden gedeckt werden. Nur begeisterte Waidmänner, vorwiegend Ausländer, lassen sich bisweilen die Erbeutung des schönen Felles harte Anstrengung kosten. Und weil die weiße, seidenweiche Decke an der Kenaiküste besonders dicht und langhaarig sein sollte, machten wir uns dorthin auf.
»Falls es Ihnen gelingt, eine Anlegestelle zu finden und auf die Höhe hinaufzukommen«, versicherte mir Jim Branson, der Wildschutzchef in Anchorage, »werden Sie bestimmt mit einer guten Decke heimkommen.«
Wie sehr es auf diese beiden Vorbedingungen ankam, sollte mir erst später klarwerden. Vorerst war ich von der Aussicht begeistert, daß die Schneeziegen am Meer sehr zahlreich waren und wir ganz bestimmt keinem anderen Jäger begegnen würden.
Wiederum war Ron Rover mein Führer und wieder kam Jimmy als unser Gehilfe mit. Als Transportmittel zu der hochalpinen Jagd sollte ein seetüchtiges Motorboot dienen, das Ron gehörte und im Hafen von Seward lag.
Gleich nach unserer Rückkehr vom Mysterysee fuhren wir im Wagen dorthin.
Der Oktober ging schon zu Ende, aber noch immer regierte der Indianersom-

mer. Die Wälder von Kenai strahlten in den prächtigsten Farben, noch waren die Täler schneefrei und der Kenaisee funkelte wie ein Spiegel aus geschliffenen Smaragden. Die Welt konnte nirgendwo schöner sein.
Weniger schön war die Ortschaft Seward, zu der wir nach vierstündiger Fahrt gelangten. Schon lange war die Zeit an dem Städtchen vorbeigegangen. Vergessen und verwahrlost lag es zwischen dunklen Bergen am Ende der Resurrectionbucht. Die Hälfte aller Häuser war unbewohnt, die andere Hälfte stand ungepflegt in verwilderten Gärten. Mit dem Aufblühen von Anchorage, das sich seit etwa dreißig Jahren sprunghaft entwickelt, hatte Seward seine Bedeutung verloren. Eisbrecher sorgen dafür, daß die modernen Hafenanlagen der größten Stadt in Alaska ganzjährig zu erreichen sind. Das war es wohl in erster Linie, was Seward den Todesstoß gegeben hatte. Zwar konnte sich der Ort noch immer rühmen, daß hier die einzige Bahnlinie des Landes beginnt, die über Anchorage nach Fairbanks führt, aber sie ist auf ihrer ersten Strecke schon lange nicht mehr so notwendig wie zuvor. Nur noch ein Güterzug rollt täglich von hier ins Landesinnere, der Personenverkehr ist ganz eingestellt. Es ist bequemer und billiger zu fliegen, außerdem hat jeder Alaskaner seinen eigenen Wagen und die Straße nach Anchorage ist ausgezeichnet.
Wenn man durch Seward bummelte, zeigte sich so recht, wie entscheidend doch die Entwicklung einer Stadt von ihrer wohlbedachten Bauplanung abhängt. Hier hatte sich jeder Ansiedler seine Heimstatt dorthin gestellt, wo es ihm paßte. Also gab es kein richtiges Zentrum, dafür aber Schutthalden und häßliche Leerflächen mitten im Ort. Weder Ladenstraßen waren vorhanden noch eine Parkanlage. Der Bahnhof, seine Abstellgleise und Güterschuppen lagen so unglücklich, daß sie den Bewohnern von Seward den freien Blick auf ihre schöne Bucht verwehrten. Man konnte sich nirgendwo an der kiesigen Küste ergehen, die wahrlich eine Uferpromenade verdient hätte. Am Ende des Ortes stürzte von hoch droben ein mächtiger Bach in freiem Fall hinab. Sein Getöse war überall zu hören und seine Gischtwolke von weitem zu sehen. Aber ach, der Zugang war von rostigem Gerümpel versperrt, das schöne Schauspiel der Natur endete im Hinterhof der Stadt.
Es hausten Leute ohne Kraft und Saft in dem lustlosen Städtchen, knapp fünfzehnhundert an der Zahl. (Es sind heute, so mein Eindruck beim letzten Besuch, eher weniger als sieben Jahre zuvor.) Als Entschuldigung mochte ihnen dienen, daß sie meist im Schatten lebten. Denn nur selten fällt ein Sonnenstrahl auf den Ort. Die Berge ringsum sind zu hoch und der Platz ist zu eng. Gleich hinter den Häusern steigen die Hänge steil hinauf und beginnt düsterer, feuchter Wald. Bei Nacht kommen die Schwarzbären aus dem Dickicht und wühlen in den Abfallgruben.
Ron und Jimmy hatten noch einiges zu besorgen, sie luden mich bei ihrem gemeinsamen Freund Mike Leatherly ab, dem Polizeichef von Seward. Er hatte nur sich selber zu kommandieren, andere Hüter des Gesetzes gab es weder in

Seward noch in der weiteren Umgebung. Mike war noch jung an Jahren, hatte eine Witwe mit Kind geheiratet und führte in seinem Reihenhaus ein recht behagliches Leben. Verbrechen wurden in seinem Bezirk nur selten begangen, die Leute waren vorwiegend faul und friedlich.
»Eine gemischte Gesellschaft«, berichtete Mike, »Fischer, Holzfäller, Bahnpersonal und kleine Geschäftsleute, dazu viele ältere Rentner, die noch aus besseren Zeiten übrig sind. Wir haben auch eine ganze Menge Arbeitslose. Das Geschäft geht schlecht, mit Seward ist nichts mehr los. Wer's zu was bringen will, der geht weg, man sieht ja, wie der Ort allmählich eingeht.«
Der Kontrast zu dem geschäftigen Treiben in Anchorage war tatsächlich verblüffend, Seward war sozusagen gestrandet und nur noch bewohnt von menschlichem Strandgut. Dazu gehörten auch entwurzelte Indianer, stellungslose Eskimos und ältere Seeleute, die vorzeiten hier hängengeblieben waren. Die Fürsorge und Arbeitslosenunterstützung ernährte sie, wegen der vielen leeren Häuser war die Miete gewiß sehr billig. An manchem verschlafenen Geschäft standen russische Namen.
»Wo lag eigentlich jene berühmte Schiffswerft, die Baranow Ende des achtzehnten Jahrhunderts hier geschaffen hat?« fragte ich Mike Leatherly.
Doch der Polizeichef wußte nicht, von was ich redete. Er hatte nie von Alexander Baranow gehört, es war ihm nicht bekannt, daß schon vor mehr als anderthalb Jahrhunderten hier an diesem Ort die ersten Schiffe des Landes entstanden waren, viel früher als in San Franzisko oder sonstwo an der nordamerikanischen Küste. Schon im September des Jahres 1794 war hier die »Phönix« vom Stapel gelaufen, ein Dreimaster mit zwei Decks und sechsundzwanzig Meter Länge. Die Segel hatte man aus alten Hemden zusammengenäht, die Eisen höchst mühsam aus Erzen gewonnen, die man auf der Montaguinsel entdeckt hatte. Der Stapellauf des ersten in Nordwestamerika gebauten Schiffes war gleichzeitig der Hochzeitstag des Vizekönigs. Alexander Baranow machte die Tochter des Thlingithäuptlings Tschutschu-Ohan zu seiner Frau, die als Anna Grigrojewna in die Geschichte Alaskas einging. Als die Popen und auch die russischen Frauen gegen Baranows Ehe mit einer Indianerin lästerten und die »First Lady« von Alaska boykottierten, erhob sie ein Ukas des Zaren kurzerhand zur »Prinzessin von Kenai«. Von da an mußte sich jedermann tief vor ihr verbeugen!
All das hatte sich hier abgespielt. Doch wie ich Mike erzählte, daß Seward eine russische Gründung war und damals »Wosskressjenje«, zu deutsch »Auferstehung« hieß, wollte er mir das gar nicht glauben, dabei hat sich der Name in englischer Übersetzung als »Resurrectionbucht« bis heute erhalten.
Hier in Wosskressjenje begann jener Trail, der durch die Kenaihalbinsel und am heutigen Anchorage vorbei bis zum Yukon führte. An diesem Strand wurden die Pelze aus dem Landesinneren auf Baranows Flotte verladen, um nach Sibirien und China zu segeln. Einige hundert Russen, Aleuten und Indianer

bevölkerten damals den Hafen und die Schiffswerft. »Auferstehung« war ein beliebter Handelsplatz, ein Treffpunkt der Pelzjäger und Seeleute. Nicht die geringste Spur war davon geblieben, man hatte in Seward alles vergessen, was gewesen war. Nur ein paar russische Namen zeugten noch von dem betriebsamen Vorposten des alten Zarenreiches.

Nach einer Weile kamen meine beiden Freunde zurück und holten mich ab. Wir fuhren zum Hafen.

Er war nicht eben groß, eine Pfahlmauer umgab ein öliges Gewässer. Darin schwammen oder lagen etwa fünfzig Boote unterschiedlicher Größe, nur wenige davon in gutem Zustand. Keines war größer als etwa dreißig Tonnen, die meisten hatte man schon für den kommenden Winter eingemottet. Einige alte Kähne und Prähme waren nur deshalb nicht versunken, weil sie auf dem Schlick lagen. Ihre Planken waren gesprungen, behaglich gluckste das Wasser in ihrem Bauch.

Eines der kleinsten Boote gehörte Ron Rover. Dafür war es auch bei weitem das hübscheste. Es hieß »Seeotter«, weil sein Herr diese schönen, klugen Tiere über alles liebte. Das Schifflein war aus solidem Kunststoff gepreßt, außer seinem 50-PS-Motor verfügte es noch über eine komplette Takelage. Das Cockpit war offen, und das Steuer wurde mit der Hand bedient. Mittschiffs befand sich die winzige Kabine mit zwei schmalen Bänken, im Bug davor eine gepolsterte Schlafstelle. Da sie im spitzen Winkel endete und recht kurz war, konnte man dies Eckchen nur in eingerollter Stellung beziehen. Ein Öfchen von der Größe eines Hutkartons diente als Beheizung und Herd zugleich. Alles war unglaublich klein in diesem Räumchen, aber peinlich gepflegt. Jedes Ding hatte seinen rüttelsicheren Platz.

So gut es ging, verstauten wir unser Gepäck und die Gewehre. Ron und Jim würden auf den schmalen Bänken nächtigen, ich sollte mich auf dem Schlafplatz einigeln.

»Beim ersten Morgengrauen fahren wir los«, erklärte der Schiffsführer, »wir können schon am gleichen Abend in der Ayalikbucht sein. Natürlich nur, wenn das Wetter hält.«

Auf der Karte war zu sehen, daß wir zu diesem Zweck etwa dreißig Seemeilen weit die ganze Länge der Resurrectionbucht hinausfahren mußten, um danach bei Kap Ayalik das offene Meer zu gewinnen. Um Pilot-Rock herum würde es alsdann in die Bucht von Ayalik hineingehen, wo Ron einen geschützten Ankerplatz wußte. Wie er sagte, war dort die Landung ganz ungefährlich und der Aufstieg zu den Höhen nicht sonderlich schwer. Hatten wir den geschafft, schwärmte Ron voller Zuversicht, so konnten wir uns in Ruhe den stärksten Ziegenbock aussuchen. Zwischen den breiten Armen des Holgategletschers, etwa zwölfhundert Meter hoch, standen allzeit einige Rudel von nie gestörten, besonders langhaarigen Schneeziegen.

Soweit sah alles ganz gut aus, nur auf der Karte nicht. Denn jene Landzunge, die sich himmelhoch ansteigend zwischen die Buchten von Resurrection und Ayalik schob, sah meines Erachtens recht bedrohlich aus. Ihre Küste glich beiderseits einer haarscharfen Säge. Alles sprach dafür, daß der grimmige Bergrücken viel höher als breit war. Eine höchst anstrengende Kletterei war demnach vorauszusehen. Je genauer ich mir das Kartenbild jener beiden Buchten betrachtete, die wir durchfahren sollten, desto mehr glichen sie einem aufgesperrten Wolfsrachen, dessen Reißzähne nur darauf warteten, unser Bötchen samt Insassen zu zermalmen.

»In dieser Gegend kann man sich auf den amtlichen Wetterbericht noch weniger verlassen als sonst«, klärte uns Ron vorsorglich auf, »die Kenaiküste macht sich ihr Wetter selber!«

Weil wir demgemäß nicht voraussagen konnten, was uns der folgende Tag bringen würde, gingen wir gleich nach dem Abendessen schlafen. Das war wegen des engen Raumes nicht einfach, doch gelang schließlich jedem von uns, seine Glieder irgendwie unterzubringen.

Der Morgen begann wolkenlos und mit spiegelglattem Gewässer. Die Sterne zwinkerten noch, als wir erwachten. Aus dem Osten schimmerte die erste Morgendämmerung über die vereisten Gipfel.

Ron machte sich am Motor zu schaffen, der bald behaglich zu bullern begann. Unser Schifflein bebte vor Erwartung. Jim warf die Leine los, und ich zurrte das Beiboot fest. Kein anderes Boot im Hafen rührte sich, allein unsere »Seeotter« war zu tätigem Leben erwacht.

Wir tuckerten an einer Wand grauer Pfähle vorbei und hinaus in die Resurrectionbucht. Deren Ende und das freie Meer würden wir noch lange nicht sehen, zu viele Inseln und Klippen lagen davor.

Ron saß im Cockpit und schmauchte seine Pfeife, Jim und ich heizten das Öfchen an und ließen ein nahrhaftes Frühstück entstehen. Unsere Seefahrt begann recht gemütlich.

Bald hellte sich die Landschaft auf, die Sonne erschien mit all ihrer Pracht und bestrahlte ein Panorama von unvergleichlicher, ja wohl einzigartiger Schönheit. Kein anderes Fahrzeug störte den Frieden im Fjord. Vor uns spielten drei Seeottern im stillen Wasser. Sie tauchten weg, kamen wieder hoch und trieben auf dem Rücken dahin, wobei sie die Pfoten über ihrem Pelzbauch gefaltet hielten. Große, graue Möwen folgten unserem Schifflein, um gierig die Happen zu schnappen, die über Bord gingen. Kein Windhauch war zu spüren, für das geraffte Segel gab es nichts zu tun.

Die Luft war erstaunlich mild für die späte Jahreszeit. Auch lag die Schneegrenze auf den Bergen höher, als ich vermutet hatte. Dies war dem Japanstrom zu danken, der mit seinem relativ warmen Wasser die ganze Südküste Alaskas bespült und ihr ganzjährige Eisfreiheit beschert. Zum anderen sorgten die pazifischen Winde dafür, daß hier am Meer ein gelinderes Klima regierte als im Inneren des rauhen Landes.

Nur die Gletscher schien das nicht zu berühren. In machtvoller Ruhe quollen die weißen Ströme aus den Schluchten hervor, flossen an den Berghängen hinab und schoben sich durch den Urwald. Ihre blankpolierte Front stand im Wasser, von den Wellen beleckt und von tiefen, blauen Grotten ausgehöhlt. Schimmernde Eisblöcke zogen an uns vorbei, manche von Möwen gekrönt, die nach Beute ausschauten. Altersgraue Baumstämme schwammen in der Bucht, müde von langer Reise und auf der Suche nach einem Ruheplatz. Inseln und Inselchen glitten vorüber, gefährliche Klippen und scharfe Riffe tauchten auf. Alle waren sie Gipfel oder Spitzen eines zerklüfteten Gebirges, das sich aus der Tiefe erhob. Wer hier sein Fahrwasser nicht kannte oder gar in stürmische Nacht geriet, mußte früher oder später zerschellen.

Ron hielt sich mehr ans östliche Ufer, damit wir an den Hängen nach Schneeziegen ausschauen konnten.

Die Küste war hier so steil wie überall, nur stellenweise gab es bewaldete Spalten, die vielleicht den Anstieg erlaubten. Sollte uns schon hier jagdliches Glück begegnen, konnten wir uns die Fahrt zur Ayalikbucht sparen.

Eine Weile verging, ohne daß sich etwas zeigte. Ich wußte auch nicht, wo ein Wild zu suchen war, das ich bisher noch nie gesehen hatte. Daher war es Jimmy, der die weißen Punkte entdeckte. Sie standen durchaus nicht so hoch, wie ich gemeint hatte, sondern hielten sich im Wald. Gegen dessen dunklen Hintergrund war das silberhelle Haarkleid nicht zu verkennen. Drei oder vier Tiere waren es, die äsend am steilen Hang zwischen windgekrümmten Hemlocks meerwärts zogen.

»Ein paar Böcke dabei, die gar nicht schlecht sind«, meinte Ron nach längerer Prüfung.

»Also versuchen wir's!« drängte ich mit Eifer.

»Gerne . . . wenn du mir zeigst, wo wir anlegen können.«

Ich zeigte auf eine Schlucht, die bis zum Wasserspiegel hinabreichte. Ein Wildbach sprudelte daraus hervor, und ich meinte, daß man wohl in seinem Bett hinaufklettern konnte. Aber Ron lachte schallend.

»Ach, du ahnungsloser Engel, da ist gar nicht dran zu denken!«

Es gab vor dem Eingang dieser Schlucht scharfe Steine unter Wasser, dazu noch die Strömung des wilden Baches. Die »Seeotter« mußte sehr auf Abstand halten an dieser Küste, näher als wir es schon getan hatten, durften wir den Felsen nicht kommen. Auch das winzige Beiboot durfte es nicht. Unsere Muskelkraft wäre zu schwach, meinte Ron, die Nußschale sicher durch den Strudel zu bringen. Wir suchten nach einer besseren Stelle, fanden aber keine. Der felsige Hang stürzte senkrecht ins Wasser, nirgendwo konnten wir anlegen und nirgendwo aussteigen.

»Hat schon seinen Grund«, versicherte mir Jack, »daß wir zur Ayalikbucht wollen. Dort ist alles leichter, und wir haben stellenweise flachen Strand.«

Also tuckerten wir weiter und strebten zum Ausgang der Resurrectionbucht.

Noch so manchen weißen Punkt sahen wir unterwegs im Geklüft, aber Ron winkte gleichmütig ab.
Wir passierten die Fuchsinsel, deren Kegel sich wie ein Finger Gottes aus der dunkelgrünen See erhob, und kamen an der Bienenkorbinsel vorbei, deren Bezeichnung ihre Konturen sehr plastisch erklärt. Gegen elf Uhr trat beiderseits die Küste unseres Fjordes zurück, endlich erblickten wir das offene Meer. Als ich in die Weite des Pazifischen Ozeans schaute, schien es mir doch ein kühnes Unterfangen, mit unserem Bötchen dort hinauszufahren.
Schon begannen wir die Meeresdünung zu spüren. Wie ein lebendiges Wesen atmete die See, doch den kleinen Motor störte es nicht, er brummte gemütlich vor sich hin. Willig schob er die »Seeotter« in den Pazifik hinaus. Die Atemzüge des Meeres wurden noch fühlbarer als zuvor.
»Hoffentlich bist du seefest?« meinte Jim.
»Bin ich, aber wie steht's mit dir?«
»Fühle mich sauwohl wie's Baby in seiner Wiege.«
Ron zeigte auf einen dunklen Punkt draußen in der See.
»Das ist Pilot-Rock, den Felsen müssen wir umrunden, dann geht's wieder landeinwärts.«
Klein und immer kleiner erschien mir unser Boot, je weiter wir hinauskamen. Es fiel und stieg mit der Dünung wie ein Blatt im Abendwind. Die hochalpine Jagd auf Schneeziegen hatte ich mir anders vorgestellt.
»Du kommst schon zu deiner Kletterei«, tröstete mich Ron, »wirst bald erleben, wie sehr du dich an Bord dieses braven Schiffleins zurücksehnst!«
Die Kenaiküste lag nun hinter uns, immer größer wurde der dunkle Finger des Pilotfelsens. Wir sahen schon die Brandung gegen seinen Fuß spritzen.
Da änderte sich mit einem Mal unsere Lage, ohne daß ich sagen kann, wie es geschah. Vielleicht war es die Spannung bei Ron, die auf mich übersprang. Er schwieg und griff fester um das Steuer.
Plötzlich wechselte er den Kurs. Wir hielten nicht mehr auf den Pilot-Rock zu, sondern liefen von ihm weg. Gleichzeitig war die Dünung erheblich stärker geworden.
»Was ist mit der Ayalikbucht, Ron?«
Er gab keine Antwort, sein Gesicht war verkniffen. Mit beiden Händen hing er an der Ruderpinne.
Wir liefen mit voller Kraft wieder auf die Küste zu.
»Jim, mach das Beiboot fest . . . Hans, schaff alles Zeug in die Kabine!«
Ich begriff noch immer nicht. Kein Wölkchen trübte den Himmel, nur der Wind hatte aufgefrischt. Das aber konnte doch einem seetüchtigen Boot nichts weiter anhaben.
Ron ließ den Motorhebel auf voller Fahrt stehen, es ging eilends zurück in die Resurrectionbucht.
»Nun sag schon, was los ist?«

Ron starrte mich an, als habe er völlig vergessen, daß noch andere Leute bei ihm waren.
»Bekommen böses Wetter, können Seward nicht mehr machen.«
»Aber, wieso denn . . . ist doch nichts zu sehen?«
»Aber zu spüren, Hans, werden allerhand erleben!«
Fast im gleichen Augenblick fauchte ein Windstoß über uns hin, der das Boot auf unheimliche Weise erzittern ließ.
»Da hast du's schon, bitte . . . hol mir mein Ölzeug.«
Ich tat wie geheißen, und zu zweit hüllten wir Ron in seine dicke Wetterkleidung. Dabei wagte er nicht, die Ruderpinne nur für einen Augenblick loszulassen.
Die Strömung lief uns jetzt entgegen, sie kam wie ein breiter Fluß aus der Bucht hervor. Ohne Übergang war es sehr kalt geworden. Von Norden her kam eisiger Wind, der immer stärker wurde. Die »Seeotter« begann heftig zu stampfen, Gischt flog über den Bug.
»Geht runter und macht alles fest«, rief Ron mit einer Stimme, die klang, als käme sie aus der Ferne.
Drunten lagen schon die Konserven, Kleider und Ferngläser durcheinander. Die Büchsen rollten von Wand zu Wand. Wir mußten uns mit einer Hand festhalten, während die andere all das Zeug in die Spinde schob und sie abschloß. Wir löschten das Feuer im Öfchen und verschraubten das Skylight.
»An Land fühl ich mich wohler«, meinte Jim mit der ihm eigenen Ehrlichkeit.
»Ich möchte wissen, wie's weitergeht?«
»Vielleicht besser, Hans, daß wir's nicht wissen!«
Als ich wieder hinausschaute, war die Sonne verschwunden und der Himmel dunkelgrau geworden. Ron saß an seiner Pinne und hatte die Augen zusammengekniffen. Sein Gesicht war naß von überkommenden Spritzern.
»Machen kaum noch halbe Fahrt«, schrie er durch den Wind, »und es wird schlimmer. Müssen versuchen, in Lee der Fuchsinsel zu kommen.«
Von der gefährlichen Küste war kaum noch ein Schatten zu sehen, nur Fox-Island ließ sich deutlich erkennen. Wenn Ron es fertigbrachte, in deren Windschatten zu gelangen, mußte das Wasser ruhiger werden. Alles hing davon ab, wer stärker war, der Motor oder die Gegenströmung. Mehr als acht Knoten konnte unser Boot nicht laufen, das hatte mir Ron gesagt.
Soviel ich von der Seefahrt in rauhen Gewässern verstehe, und einige böse Erfahrungen hatte ich in der Sundasee schon gesammelt, genügte schon ein halbstarker Sturm, daß wir mit acht Knoten Eigenfahrt nicht dagegen ankamen. Dann blieb meiner Kenntnis nach nichts weiter übrig, als ihm nachzugeben und die »Seeotter« hinaustreiben zu lassen. Wie ein solches Abenteuer enden würde, war nicht abzusehen. Unser Brennstoff konnte nicht allzu lange reichen, für Windstärke zwölf und einen tobenden Ozean war die »Seeotter« gewiß nicht gebaut.

Versagte aber unsere Kraft erst halbwegs im Fjord, waren wir der Steilküste und hundert Riffen ausgeliefert.

Als gute Kameraden wollten wir natürlich bei Ron bleiben, gewissermaßen zur moralischen Unterstützung. Aber er wies uns mit herrischer Geste in die Kabine.

»Laßt mich allein . . . kann mich auch ohne euch fürchten. Am besten ihr sauft euch einen an!«

Gehorsam krochen wir unter Deck, stießen mit den Köpfen an und konnten uns nicht mehr auf den Beinen halten. Mein Jimmy klemmte sich zwischen Tisch und Bank auf den Boden, rollte sich in einen Haufen wollener Decken und schloß die Augen.

»Kein Whisky, Jim?«

»Danke, nein, mir ist schon schlecht.«

Selber konnte ich einen kräftigen Schluck gut gebrauchen und nahm die Flasche mit in meine enge Koje.

Das Boot schien kerzengerade zu steigen, fiel krachend auf einen Wogenkamm und glitt vornüber. Mit Händen und Füßen mußte ich mich abstemmen, sonst wär ich gegen den Herd geflogen. Es war, als wollte unsere »Seeotter« ohne weitere Umwege in alle Tiefen fahren. Doch besann sie sich gleich eines Besseren und hob seine Nase erneut gen Himmel. Wenn nur diese Sprünge unseren Ron nicht aus dem Cockpit schleuderten!

Ich hörte Wasser auf Deck klatschen, ganze Wogen rauschten über unser Schifflein hinweg. Es war dunkel geworden im Bauch der »Seeotter«, wie ein Sarg kam mir die Kabine vor. Gar gräßlich stöhnte der arme Jim unter seinen Decken.

Gegen die Angst half nur ein herzhafter Schluck aus der Flasche, die ich nicht aus meinem Arm ließ. Auf diese Weise ging es besser, und ich versank allmählich in wohltuende Dumpfheit.

Wie lange diese gräßliche Fahrt gedauert hat, weiß ich heute nicht mehr. Was Ron derweilen im Cockpit durchmachte, hat er uns nie gesagt. Nur eines begriff ich während dieser ganzen Zeit, daß nämlich unser Schifflein gesteuert wurde. Der Mann am Ruder hielt aus.

Mit einem Male schien mir, als sei die Welt draußen ruhiger geworden. Ich warf den schweren Fellmantel ab und kroch nach oben.

Der ganze Ron hatte sich verändert, sein Gesicht war dick geschwollen und die Augen tief eingefallen. Eis hing an seinen Wimpern und Eis knisterte auf seinem Ölzeug.

»Das Schlimmste ist geschafft«, krächzte er heiser, »wir sind im Schutz der Fuchsinsel.«

Ich bot ihm Schnaps an, doch wollte er nichts davon wissen.

»Der Motor schafft wieder . . . sah manchmal aus, als kämen wir nicht vom Fleck. Gut, daß ihr unten wart.«

Auf meiner Uhr war es noch früher Nachmittag, am Himmel jedoch später Abend. Noch immer wurde unsere »Seeotter« heftig umhergeworfen, hatte es aber nur noch mit kleinen, harten Wellen zu tun.
»Fahr jetzt am Sandpit entlang und versuch ins Loch von Humpy-Cove zu kommen.«
Ich brachte ihm ein Stück Schinken herauf, in das er kräftig hineinbiß.
Nach einer Weile konnte man die Steilküste wieder sehen, Ron hielt direkt darauf zu. Als ich schon meinte, wir müßten gleich dagegenprallen, öffnete sich ein schmaler Spalt. Die »Seeotter« schaukelte ihm entgegen.
Kaum waren wir in die Enge hineingelaufen, herrschte völlige Stille. Die beiderseits himmelhohen Wände bewahrten hier einen Frieden, der im Kontrast zu den soeben durchlebten Ängsten kaum zu glauben war.
Wir befanden uns in einem überaus schmalen Fahrwasser, tief in die Felsen eingeschnitten wie der Kanal von Korinth. Seine Wände warfen das Gebrumm unseres Motors doppelt und dreifach zurück. Im dunklen Dämmerlicht folgten wir den Windungen dieses Naturwunders, es war stellenweise nur sieben bis acht Meter breit. Schon bald führte die eigenartig entrückte Fahrt in einen kreisrunden Teich.
Unser Ankerplatz lag am Grunde eines tiefen Lochs. Es war, als schauten wir aus einem Brunnenschacht hinauf.
»Heißt Humpy-Cove«, meinte Ron, »werden schlafen wie in Abrahams Schoß. Auch wenn's draußen Windstärke zwölf hat, hier drin merkt man nichts.«
Inzwischen war auch Jimmy zu neuem Leben erwacht, kam langsam herauf und schaute sich um.
»O Boy . . . ich glaube, wir sind gar nicht mehr auf der Welt!«
Es klang so düster, daß wir erst nach einer Weile darüber lachten. Die Welt, auf der wir uns noch immer befanden, verlangte nun ihr Recht. Ron mußte erwärmt werden, und alle drei waren wir sehr hungrig. Als der Ofen wieder brannte und deftige Karibusteaks in der Pfanne brutzelten, schien die Sturmfahrt nur noch ein schlimmer Traum. Wir gaben uns Mühe, nicht mehr davon zu sprechen.
Wie unwirklich der Platz war, an dem wir lagen, kam mir damals gar nicht recht zum Bewußtsein. Wir schliefen wohlig und friedlich in der beheizten Kabine eines sehr kleinen Schiffes, das in der Tiefe eines senkrechten Schachtes schwamm. Meilendicke Felsen verbargen unseren Tümpel vor der sturmtosenden Außenwelt.
Mochten die Stürme toben und mit gewaltigen Brechern die Felsenküste berennen, uns konnten sie nichts anhaben. Wir wußten auch nichts von jenen feuchten Gründen, die unter dem Kiel des Bootes lagen, in dem wir so behaglich schliefen. Unsere kleine Schale mit ihren drei Bewohnern war entrückt von aller Welt und jedem Problem, das sonst die Menschen bewegt.
Als Ron nach langem Schlaf den Ofen schürte und ich das Skylight öffnete, lag

immer noch Halbdunkel im Loch von Humpy-Cove. Dabei war schon zehn Uhr vorbei.
Wir stiegen an Deck und dehnten die Glieder. Um den Himmel zu sehen, mußten wir den Kopf in den Nacken legen. Droben zogen in großer Eile graue Wolken vorüber, deren Ränder zerfetzt waren. Leichter Regen rieselte auf uns hinab.
»Draußen stürmt's noch immer, Hans, besser, wir bleiben hier.«
»Wie lange kann's noch dauern?«
Ron zuckte die Schultern.
»Stundenlang . . . tagelang . . . wochenlang, wie's halt kommt!«
Nach dem Frühstück versuchte er den Wetterbericht zu hören. Aber wir hatten keinen Empfang, auch der Sprechfunk versagte. Viel zu tief steckten wir in den Felsen. Wir waren Gefangene einer unwirklichen Welt.
Uns die Zeit zu vertreiben, ließen wir das winzige Beiboot zu Wasser und paddelten auf unserem Teich herum. Das Plastikboot faßte nur zwei Personen, wobei sich der eine zwischen die Beine des anderen kauern mußte. Etwa hundert Schritt betrug der Durchmesser des Lochs von Humpy-Cove, seine Höhe schätzte Ron auf zwei- bis dreihundert Meter. Auf der westlichen Seite war die Wand etwas abgeschrägt, ein guter Alpinist hätte es vermocht, in den Spalten und Rissen nach oben zu turnen. Einige Krüppeltannen, die sich im Gestein festkrallten, konnten ihm dabei Halt bieten. Unter ihnen gab es am Rande des Gewässers einen schmalen Uferstreifen.
Ich stieg aus und sprang über das schlüpfrige Geröll, um mir Bewegung zu machen. Zwischen den Steinen lag eine verrostete Boje sowie Teile eines alten Ruderbootes. Also waren schon Menschen hier gewesen.
»Früher war das die beliebte Zuflucht der Lachsfischer von Seward«, versicherte mir Ron, »Humpy-Cove hat schon so manchem das Leben gerettet. Irgendwo hab ich auch gelesen, daß dieses Loch in den Kämpfen der Russen mit den Eingeborenen eine große Rolle gespielt hat. Die Indianer haben sich mit ihren Kriegskanus hier versteckt und dann die Schiffe der Pelzjäger überfallen.«
Aber leider gab es wohl nirgendwo Aufzeichnungen von den wilden, romantischen Ereignissen, die unser verschwiegener Meeresteich einst erlebt hatte. Schon möglich, daß in seinen Tiefen die Gebeine indianischer Kämpfer ruhten und auch die reichgeschnitzten Planken ihrer Kriegsboote.
Anstelle dieser alten Geschichten erzählte uns Ron ein tragisches Abenteuer aus neuester Zeit. Eine Jagdgesellschaft war im vorigen Herbst drüben in der Daybucht an Land gegangen. Die Leute hatten anfänglich gutes Wetter gehabt und waren auf die Höhe geklettert, wo man Schneeziegen gesichtet hatte. Zunächst ging alles gut, man konnte zwei Tiere erlegen. Als aber die Jäger mit ihrer Beute wieder hinabstiegen, war ein wütender Sturm aufgekommen, ebenso plötzlich wie gestern bei uns. Es war nicht mehr möglich, an Bord zu

kommen. Dem Bootsführer, der natürlich auf seinem Schiff geblieben war, blieb keine andere Wahl, als abzudrehen. Er hätte sonst sein Boot verloren, vermutlich auch sein Leben. Das hätte nach menschlichem Ermessen auch den Tod für die Gruppe an Land bedeutet, weil ja niemand wissen konnte, wo sie waren. Man hätte angenommen, daß sie mit ihrem Schiff versunken waren.
Erst nach zwei Tagen gelang es dem Bootsführer, bei schwerstem Seegang den Hafen von Seward zu erreichen. Weil jedoch der Sturm mit unverminderter Schärfe eine ganze Woche anhielt, war es nicht möglich, den Jägern zu helfen, die ohne Zelt und Proviant an der windgepeitschten Küste warteten. Erst nach neun Tagen konnte man ihnen vom Flugzeug Decken, Zelt und Lebensmittel abwerfen. Als es schließlich gelang, sie abzuholen, war ein älterer Mann gestorben, und die übrigen mußten getragen werden. Sie hatten es nicht vermocht, ein Feuer zu entfachen, Sturm und Regen hatten es immer wieder gelöscht. Sie mußten das Fleisch ihrer Schneeziege roh verzehren und steckten während der ganzen Zeit in durchnäßter Kleidung.
»Deshalb wollte ich euch nur in einer wirklich geschützten Bucht absetzen«, erklärte Ron mit ernster Miene, »als Jagdführer kann ich mir nicht leisten, einen Gast zu verlieren . . . ganz abgesehen von menschlichen Gründen.«
Wir verbrachten den Rest des Tages mit Schlafen, Essen und Lesen. In unserer wohlig geheizten Kabine war es urgemütlich, an ihre Enge hatten wir uns gewöhnt.
Am nächsten Tag war der Himmel klar, und wir wagten uns wieder in die Resurrectionbucht hinaus. Zwar hatten sich die Wogen nicht ganz beruhigt, aber Ron trug keine Bedenken, die jagdliche Seefahrt fortzusetzen.
»Wollen es in der Katzenbucht versuchen«, meinte er, »da sind wir im Schutz der Ruggedinsel, und ihr könnt ohne viel Mühe an Land. In den Ayalikfjord traue ich mich vorläufig nicht. Wir müßten um den Pilot-Rock herum, und das läßt sich vorläufig nicht schaffen.«
Wir machten flotte Fahrt, liefen zwischen den beiden Otterinseln hindurch und gelangten bald ins ruhige Fahrwasser der Katzenbucht. Sie war von Treibholz gefüllt, was uns zu großer Vorsicht zwang. Am Ende der Bucht öffnete sich ein bewaldetes Tal, aus dem sich ein kleiner Fluß in den Fjord ergoß. Ron stoppte seine Maschine.
»Näher will ich nicht heran, nehmt das Beiboot.«
Er selber mußte an Bord bleiben, aus Gründen der Sicherheit, die wir nach seiner Geschichte der vorjährigen Jagdpartie durchaus verstanden.
Obwohl wir mangels freier Sicht von unten kein Stück Wild erblicken konnten, hielt es Ron für sehr gut möglich, daß oben in den Hochtälern ein oder sogar zwei Rudel standen. Er hatte da droben öfter mit Erfolg gejagt, doch das lag schon einige Jahre zurück.
Mit Gewehr und Rucksack beladen, stiegen Jim und ich in das schwimmende Spielzeug. Es tänzelte wie ein Pingpongball auf den kleinen Wellen, gehorchte

aber jedem Druck der schmalen Ruder. Über ein häßliches, halbeingetauchtes Riff hinweg kamen wir glimpflich ans Ufer.
Dort stand zwischen bemoosten Felsblöcken eine zerfallene Holzhütte. Als wir hineinschauten, huschte ein Fuchs heraus.
»Hier muß mal ein Fischer gehaust haben«, meinte Jim, »hat sich ein hübsches Plätzchen ausgesucht.«
Verfaulte Netze hingen an der Wand, ein rostiger Herd stand in der Ecke, auch von der Einrichtung waren noch Reste vorhanden.
»Was mag aus dem Mann geworden sein?«
»Ich nehme an, er ist eines Tages ertrunken.«
Wir folgten dem Flüßchen und wateten in seinem murmelnden Wasser stromauf, sonst gab es im Unterholz kein Durchkommen.
Nach einer Weile lichtete sich der wildromantische Wald und die Hänge stiegen an. Wir zwängten uns durch Gestrüpp, zogen uns an Weidenästen empor und erreichten schließlich ein Hochtal, in dem bereits neuer Schnee auf dem vorjährigen lag.
Von hier aus hatten wir freie Sicht und konnten mit dem Glas die weiße Landschaft absuchen. Sehr weit droben, schon fast am Kamm, sahen wir eine Gruppe von Schneeziegen, die gemächlich nach Süden zogen. Gegen den Schnee wirkten sie nicht mehr vollkommen weiß, zeigten vielmehr eine hellgelbe Färbung. Die gleiche Beobachtung hatte ich schon bei Eisbären gemacht, die auf den Eisschollen der Arktis mitunter wie zitronengelbe Tupfen erscheinen. Womit dieses optische Phänomen zu erklären ist, kann ich nicht sagen. Hat man nämlich solch ein Fell erbeutet, läßt sich sein makelloses Weiß nicht bestreiten.
Es war ein langer, beschwerlicher Weg dort hinauf. Anfangs war der Schnee nur verharscht, dann jedoch vereist. Es war nicht leicht, darauf Fuß zu fassen, wir mußten vor jedem Schritt erst eine Stufe mit der Stiefelspitze schlagen. Ich trug in weiser Voraussicht genagelte Schuhe, weil ich solche Anstiege von der Gamsbrunft in Tirol gewohnt war. Somit hatte ich es leichter als Jim und schritt daher voran. Aber der Gedanke, meilenweit abzurutschen, ließ mich nicht los.
Erst gegen Mittag hatten wir ungefähr Dreiviertel der Höhe erreicht und waren schon völlig ausgepumpt.
»Hans, wir müssen aufgeben, die Ziegen gehen über den Kamm.«
Jim hatte völlig recht, alle Mühe war vergebens. Wir konnten dem Wild unmöglich auf die andere Seite folgen, der Tag und sein Licht hätte für unsere Rückkehr nicht mehr ausgereicht. Allem Anschein nach waren die Tiere im Begriff, zur Äsung auf die Ostseite zu ziehen. Dort würden sie erst haltmachen, wenn sie im schneefreien Gelände waren. Vielleicht konnten wir mit der »Seeotter« herumfahren und sie dort erreichen.
Der Abstieg war womöglich noch übler als der Aufstieg, denn nun hatten wir die Gefahr des Abgleitens ständig vor Augen und mußten bei jedem Schritt

die Hacken durchs Eis stoßen. Erst bei Dunkelwerden erreichten wir das Ufer und paddelten zurück an Bord.
Ron wußte schon Bescheid, er hatte unsere vergebliche Pirsch durchs Glas beobachtet.
»Über Nacht bleiben wir hier vor Anker und fahren morgen früh um Kap Resurrection in die Daybucht. Es sieht aus, als würde sich das Wetter weiter beruhigen.«
Beim ersten Frühlicht hievten wir den kleinen Anker. Der Wind hatte gedreht und kam von Süden, also von der offenen See. Er war verhältnismäßig gelind, im übrigen hatten wir uns daran gewöhnt, ohne Unterlaß geschaukelt zu werden.
Kap Resurrection ragte wie der Bug eines riesigen Schiffes in den Ozean. Die Brandung rollte gar gewaltig dagegen an, Gischt spritzte haushoch gegen den schwarzen Fels. Wehe dem Fahrzeug, das diesem Kap zu nahe kam.
»Wenn man's bedenkt, waren das schon großartige Kerle, die alten Seeleute in der Pelzjägerzeit«, meinte Ron voll fachmännischer Anerkennung, »sie hatten keinen Motor und nur Segel auf ihren klobigen Schiffen. Kein Echolot und so gut wie keine nautischen Instrumente gab's an Bord. Sind trotzdem hier herumgefahren und haben sich nicht gefürchtet.«
»Woher weißt du, daß die sich nicht gefürchtet haben?« fragte Jimmy.
»Weil sie's immer wieder gemacht haben.«
Das stimmte schon, aber es blieb ihnen ja gar nichts anderes übrig. Die Pelzkompanie im fernen Moskau und der gestrenge Baranow im nahen Sitka zwangen sie dazu. Dabei wußten alle Beteiligten, daß im groben Durchschnitt eines von vier Schiffen auf jeder Reise von Alaska nach Sibirien mit Mann, Maus und Ladung verlorenging. Eine Gewerkschaft der Seeleute gab es noch nicht, wer protestierte, wurde kurzerhand aufgehängt.
Wir umrundeten das mörderische Kap und liefen östlich davon in die Daybucht ein. Sie war durchs Vorgebirge von Fairfield nur ungenügend geschützt, von steuerbord hatten wir recht erheblichen Wellenschlag.
Aber Ron wußte auch hier gut Bescheid, die Ostküste der Bucht wies einige Fjorde auf, in denen es ruhiger sein sollte. Der erste hiervon war Misery-Cove, doch zeigte sich an seinen Hängen keiner der verheißungsvollen weißen Punkte. Also tuckerten wir weiter, schauten in die Fisherbay und danach in den Stroganoff-Fjord.
»Da sind sie!« rief Jimmy in heller Aufregung, »vier, fünf . . . sechs Stück . . ., ganz dicht über dem Wasser!«
Erst sah ich sie nicht, weil ich zu hoch nach ihnen suchte. Jim mußte erst mit den Fingern darauf zeigen.
Sie standen unter einigen zerzausten Tannen, knapp fünfzig Meter über der Brandung, und suchten nach Moos zwischen dem Gestein. Ihr Haarkleid hing bis zum Boden. Im Glas konnte man sehen, wie der Wind darin spielte. Gegen

den dunklen Hintergrund schien alles an den Tieren blendend weiß. Nur die Augen waren schwarz und das Gehörn. Doch ragten nur dessen Spitzen aus dem wunderschönen, seidigen Fell.
»Der zweite von links ist ein alter Bock, hat auch die beste Decke«, stellte Ron nach längerer Betrachtung fest, »wollen versuchen, was sich machen läßt.«
Er ging auf kleinste Fahrt, mit Vorsicht näherten wir uns dem himmelhohen Land.
Zur Linken des Ziegenfelsens gab es einen kleinen Streifen von Kies und grobem Geröll. Dahinter lag ein bewaldeter Hang, meines Erachtens mußte es möglich sein, dort hochzusteigen und in guter Deckung bis auf Schußweite an das Wild heranzukommen. Aber Ron hatte Bedenken.
»Näher kann ich mit der ›Seeotter‹ nicht kommen. Ihr müßt schon im Boot hinüberrudern. Aber schau dir die Brandung an . . . hängt ganz von dir ab, ob du's wagen willst.«
Der Wellenschlag am Ufer kam mir nicht sehr bedrohlich vor. Ich fragte Jim, was er davon hielt.
»Kann's nicht beurteilen, Ron muß wissen, ob's zu machen ist.«
Der wollte sich nicht festlegen.
»Wie's mit der Brandung wirklich ist, läßt sich erst kurz davor sehen. Naß werdet ihr auf jeden Fall, und das Wasser ist verdammt kalt.«
Er schaute nochmals durchs Glas.
»Wenn vor dem Ufer Steine unter Wasser liegen, geht's nicht. Dann müßt ihr auf jeden Fall umdrehen.«
Jim kratzte sich seinen kahlen Hinterkopf, wollte aber gewiß nicht als Feigling gelten.
»Also los, Hans, versuchen wir's . . .«
Das federleichte Boot ins Wasser zu bringen, war ein Kinderspiel, es wog sicher nicht mehr als dreißig Kilo. Mit Gefühlen, die – bei mir jedenfalls – recht gemischt waren, stiegen wir in die hauchdünne Schale. Zwar hatte sich der Hersteller für Unzerbrechlichkeit verbürgt, aber welcher Ertrunkene vermochte ihn zu belangen, wenn das nicht stimmte?
Das Dingelchen hüpfte auf und nieder, daß einem schon grausen konnte. Unser Freibord ragte kaum zwei Handbreit über Wasser. Jim griff nach den Paddeln, ich kniete im Bug und sollte ihm die Richtung weisen.
Überraschend schnell schwammen wir dem Land entgegen, irgendeine Strömung mußte da mithelfen.
Je näher wir dem Ufer kamen, desto heftiger schien dort der Wellenschlag zu sein. Nun war auch ein Labyrinth scharfkantiger Steine zu sehen, zwischen denen es lebhaft strudelte.
An Bord der »Seeotter« winkte Ron heftig mit beiden Armen und schrie etwas, das wir nicht verstehen konnten. Die Brandung verschluckte alles Rufen.

Weiß Gott, wir hatten vom Schiff aus ihre Wucht erheblich unterschätzt, die Wellen klatschten mannshoch gegen das Geröll am Strand. Es war unmöglich zu landen. Unser Boot würde zerkrachen. Kamen wir selber durch, gab es keine Möglichkeit, wieder an Bord zu gelangen.
Dazu noch die Riffe, die der Wellenschlag abwechselnd freilegte und wieder verschwinden ließ.
»Zurück, Jim, zurück ... mach schnell, zurück!«
Ihm lief schon der Schweiß von der Stirn.
»Geht nicht ... versuch's ja schon ... die verdammte Strömung ...«
Die Paddel bogen sich, Jimmy keuchte. Vor uns brodelte die böse Brandung. Alles, was Jimmy erreichen konnte, war nur, daß wir so ungefähr auf gleicher Stelle blieben.
»Lange kann ich nicht mehr ... gleich treibt's uns mitten hinein.«
Ich wollte mit ihm wechseln, aber das war bei dem heftigen Geschaukel unmöglich. Es kam schon Wasser ins Boot.
Da war es Ron, der mit genialem Einfall die Lage rettete.
Unsere allzu schnelle Fahrt dem Lande zu hatte ihm gezeigt, welche starke Strömung gegen das Ufer lief. Als wir nicht auf seine warnenden Zurufe hörten, hatte der umsichtige Mann sogleich den Rettungsring vom Mast gelöst, eine Leine darangebunden und ihn über Bord geworfen. Die Strömung trug den Ring in die Brandung. Und so geschickt manövrierte nun Ron seine »Seeotter«, daß er den rettenden Ring in unsere Reichweite brachte.
Mit dem Bootshaken konnte ich danach greifen und die Leine bei uns festmachen. Es war auch höchste Zeit, denn Jimmy war kaum noch imstande, uns gegen den heftigen Sog zu halten.
Nun schleppte uns die »Seeotter« erst einmal von der gefährlichen Brandung fort, dann zog uns Ron langsam an sein Schifflein heran, und zitternd krochen wir an Bord.
Es wurde nicht viel geredet, wir klopften einander nur herzhaft auf die Schultern. Erst hinterher fiel mir ein, wie ungewöhnlich es doch gewesen wäre, bei der Jagd auf Bergwild im Meer zu verschwinden.
Es kam uns gar nicht in den Sinn, darüber die Schneeziegen zu vergessen.
Sie waren mittlerweile aus dem bewaldeten Fels hinausgezogen und standen nun in einer lotrechten Wand, unserem Blick gänzlich freigegeben. Es gab dort ein schmales Band, das sich schräg nach oben zog, Moos und Flechten schienen darauf zu gedeihen. Die wilden Ziegen nahmen keine Notiz von unserem Boot, sie ästen im Gestein und fühlten sich in ihrer Wand, gegen die drunten der Wellenschlag brandete, vollkommen sicher.
»Wie weit kannst du mit dem Boot heran?« fragte ich Ron.
Das Echolot zeigte etwa hundertfünfzig Meter Tiefe, deshalb hatte Ron keine Bedenken, mit kleiner Kraft näher zu fahren. Etwa sechzig Schritt vor dem Felsen drehte er bei und hielt seine »Seeotter« auf der Stelle.

Mit bloßen Augen konnten wir nun das schöne Wild betrachten. Erst jetzt hatten uns die Ziegen bemerkt, standen still und sicherten zu uns hinab.
»Der zweite von links ist immer noch der beste«, meinte Ron.
Ich griff nach meiner Büchse und versuchte die windumwehte, weiße Gestalt ins Visier zu bekommen. Doch das Auf und Ab des Bootes machte einen sicheren Schuß unmöglich. Der Zielstachel vollführte die unglaublichsten Sprünge, nur ein unwahrscheinlicher Zufall konnte den Schuß ins Blatt führen. Also war das nichts für einen ehrbaren Jäger. Ich setzte die Waffe ab.
Auch Jimmy schüttelte den Kopf.
»Wozu Löcher in die Steine schießen?«
»Außerdem ist es verboten«, ergänzte Ron, »von Bord darf nicht geschossen werden.«
»Und daran halten sich die Leute?« fragte ich.
»Manch einer würde's trotzdem tun. Aber glaub mir's, Hans, auch wenn du ihn treffen würdest, ginge dir der Bock verloren. Du bekämst ihn nie!«
Das verstand ich nicht.
»Aber er kann doch nicht oben hängenbleiben!«
»Natürlich nicht, er würde ins Wasser fallen . . .«
»Da könnten wir ihn rausholen, Ron, denn er muß ja schwimmen, schon wegen der Luft in seiner dichten Behaarung.«
»Sicher würde er schwimmen, aber vom Sog der Brandung an den Felsen getrieben werden. Und von dort, mein Lieber, holt ihn keiner raus. Kein Boot wagt sich in die Brandung, sieh dir nur die schrecklichen Riffe an. Es wäre schade um das Tier!«
Was er sagte, schien zu stimmen. Die schäumende Gischt am Fuße der Steilwand gab ihm zweifellos recht.
»Versuchen wir die anderen Buchten, Ron.«
Wir versuchten es und erlebten eine Enttäuschung nach der anderen. Ich will diese Fehlschläge nicht weiter beschreiben, denn mehr oder weniger ereignete sich immer dasselbe. Entweder konnten wir nicht landen, oder das Wild wandelte in unerreichbarem Gelände. Das anrollende Meer und der steile Fels bildeten eine Bastei, die wir nirgendwo einnehmen konnten. Kein Wild Alaskas ist besser geschützt als die Schneeziegen an der Kenaiküste.
Noch vier Tage schaukelten wir durch Buchten und Fjorde, noch vier Nächte lagen wir im Festungsgebiet der Schneeziegen vor Anker. Dann schlug das Wetter abermals um, wir mußten zurück. Auch unser Brennstoff ging zur Neige.
Die Rückfahrt durch die Resurrectionbay wurde womöglich noch schlimmer als jene Sturmreise am ersten Tag, zumal die Plage viel länger dauerte. Wieder hatten wir Gegenwind, wiederum kamen wir nur mit beängstigender Langsamkeit vorwärts. Wir wurden durchgeschüttelt wie noch nie und froren erbärmlich. Denn Feuer im Öfchen durfte nicht gemacht werden. Mit einer Ver-

bissenheit ohnegleichen kämpfte Ron sein Schifflein durch die anrollenden Wogen.
Die Nacht überfiel uns, doch hörte glücklicherweise der Regen auf, und wir hatten keinen Nebel. So konnten wir die Lichter von Seward sehen und den Kurs halten. Mit dem letzten Tropfen Brennstoff liefen wir um Mitternacht in den geschützten Hafen.
Erst beim drittenmal und sechs Jahre später habe ich meine Schneeziege bekommen, aber das ist eine andere Geschichte. *
»Das nächste Mal werden wir's schaffen«, versprach mir Ron, »so weit hast du's ja nicht von daheim, nur einen kurzen Tag im Flugzeug und dann die nette, kleine Seefahrt durch unsere Fjorde . . .«

* Über diese ganz besondere Jagd habe ich berichtet in meinem Buch »Die überlistete Wildnis«. Bertelsmann Verlag München, S. 181 ff.

Kodiak,
Paradies am Ende der Welt

Die Nächte waren bitterkalt geworden, es schneite bereits in Anchorage und sah bisweilen aus, als würde sich der Winter häuslich einrichten. Aber dann regnete es wieder, nasse Winde fegten über die Stadt und tief hingen die schweren Wolken. Das Wetter konnte nicht scheußlicher sein.
Kein fremder Jäger war mehr im Lande, erst recht kein Tourist. Die Alaskaner waren wieder unter sich, es machte ganz den Eindruck, als gehörte ich zu ihnen. Denn wer schon zum drittenmal über vier Monate im Lande war, galt nicht mehr als Fremder. Zudem wohnte ich nicht im Hotel wie einer, der bald wieder abreisen will, hatte vielmehr mein privates Zimmer bei Jim und Jenny. Und das mit Familienanschluß, wobei in diesem Falle eine unübersehbare Menge von guten Freunden die Familie meiner Hausleute bildete.
Daraus ergab nun ein so reger, geselliger Verkehr, daß ich fast jeden Abend irgendwo eingeladen war oder wir selber Gäste einluden. Man trieb dabei keinen Aufwand, es war alles ganz familiär und von gewinnender Herzlichkeit. Niemand wunderte sich, daß ich noch keine Anstalten zu meiner Abreise traf. Gelegentlich sprach ich von einer Bärenjagd, die für Mitte November geplant war, für eine Zeit also, da die Bären schon ihren Winterpelz trugen und kurz vor ihrem langen Schlaf standen. Außerdem war ich ja von der Luftwaffe noch zu Flügen nach allen möglichen Außenposten eingeladen. Grund genug, noch länger in dem gastlichen Lande zu verweilen.
Doch gab es noch einen anderen Grund, und zwar den wichtigsten. Es war mir nämlich der Gedanke gekommen, einen Roman zu schreiben, der während des letzten Krieges in Alaska spielt. Es sollte eine sehr spannende Geschichte werden, genauer gesagt die Geschichte einer Menschenjagd. Ganz zufällig hatte ich gehört, daß seinerzeit ein japanischer Wettertrupp im Hinterland von Alaska operiert hatte. Man war dem Gegner auf die Spur gekommen, und es

hatte sich eine erregende Verfolgung abgespielt. Wochen und Monate hindurch suchte und jagte man sich gegenseitig.
Dieser historische Kern ließ sich mit einiger Phantasie wesentlich bereichern und konnte, wie ich annahm, sehr dramatisch gestaltet werden. Natürlich gehörte auch ein Eskimomädchen dazu, heulende Wölfe durften ebensowenig fehlen wie ein gerissener Spion. Abenteuer mußten einander schlagartig folgen, List und Gegenlist sollten sich abwechseln, bis dann alles seine menschlich überzeugende Lösung fand*.
Dabei war mein Ehrgeiz, daß zumindest die äußeren Verhältnisse stimmten. Alle Charaktere mußten glaubhaft erscheinen, jede ihrer Handlungen sollte den damaligen Umständen entsprechen. Vor allem lag mir daran, einwandfrei zu erfahren, wie sich ein Suchtrupp der »Alaskan-Scouts«, fern jeder Verbindung zur Außenwelt, damals in der Wildnis versorgt hatte und welche Methoden angewandt wurden, um den sehr beweglichen Feind in dem endlosen Land zu finden. Wie ein Detektiv auf heißer Fährte, spürte ich den authentischen Fällen nach. Eine Hand reichte mich zur nächsten weiter, ich fragte erfahrene Leute aus und machte mir Notizen. Ich wälzte Bücher und drang in die zuständigen Akten ein. Doch was ich auch las und hörte, um einen Besuch bei Stephen Henley kam ich nicht herum. Er war von all den ehemaligen Alaskan-Scouts der erfindungsreichste gewesen, und niemand sollte mehr über »Woodcraft« wissen als er.
Nun ist »Woodcraft« die hohe und seltene Kunst, nicht nur *in der Wildnis*, sondern *von der Wildnis* zu leben, und zwar möglichst ohne jedes moderne Hilfsmittel. Mein Freund Jan Kolschewski war einer der wenigen Leute, die das verstanden, aber Stephen Henley sollte unbestritten der Meister aller Waldeskünstler sein. Im übrigen war er an der Verfolgung einiger Japaner beteiligt gewesen, die man während des Krieges heimlich in Alaska abgesetzt hatte.
Aber leider war dieser Henley nicht in Anchorage greifbar, er lebte auf der Insel Kodiak.
Wie er mir nun schrieb, daß er für alle Fragen gerne zur Verfügung stünde, wenn ich zu ihm käme, flog ich hin. Nicht nur wegen meines geplanten Romanes tat ich es ohne Zögern, Kodiak selber war die Reise wert. Ist doch diese Insel eine Welt für sich und ganz verschieden vom übrigen Alaska. Nach allem, was ich gehört hatte, würde es so sein, als fahre man im trüben November aus einer naßkalten deutschen Stadt an die Riviera, oder besser gesagt nach Korsika.

* »Alatna, Duell in der Wildnis« heißt der Roman nach Tatsachen, zuerst erschienen im Sigbert Mohn Verlag, dann im C. Bertelsmann Verlag und außerdem beim Rainer Wunderlich Verlag. 12 Übersetzungen in fremden Sprachen als »condensed book« beim Readers Digest und DAS BESTE, außerdem sogenannte Raubdrucke, wobei die Räuber dem Autor gar nichts gönnen. Verfilmung steht nun auch bevor, von Amerikanern und Japanern zusammen.

Die Insel Kodiak ist etwas größer als Korsika, hat aber nur knapp fünftausend Einwohner, von denen rund ein Drittel in der Hauptstadt wohnt, die gleichfalls Kodiak heißt. Auf älteren Karten wird sie allerdings noch mit St. Paul bezeichnet.

Durch tiefe Pfützen ging ich zur Maschine, ein scheußliches Gemisch von Schnee und Regen flatterte aus schwammigen Wolken auf den Platz. Alle Leute, die hier zu tun hatten, trugen Gummistiefel und Regenmäntel mit hochgeschlossenen Kragen. Doch schimpfte niemand über das Wetter, in der Übergangszeit ist es halt so. Wir stiegen in eine zweimotorige Douglas älterer Bauart. Nur sieben Fluggäste verteilten sich auf die achtzehn Plätze, darunter drei Eingeborene.

Am erstaunlichsten war davon eine hochgewachsene, sehr schlanke Indianerin von etwa vierzig Jahren. Wie ein berufsmäßiger Waldläufer war sie gekleidet, sicher sehr praktisch, doch allzu männlich. Strähniges, schwarzes Haar fiel bis auf die Schultern, ihre langen Beine steckten in Lederhosen und Mokassins. Ein Patronengurt zog sich quer über ihre flache Brust, eine schwere Büchse trug sie lässig in der Hand. Von den übrigen Passagieren nahm das dunkelhäutige Mannweib keine Notiz, streifte behende durch die Sitzreihen und glitt katzengleich in einen der letzten Sessel.

Die Maschine rollte an, spritzte durch einige Pfützen, hob sich flink vom Zementboden und wurde alsbald von den Wolken verschlungen.

Draußen war nichts mehr zu sehen, dafür aber drinnen. Denn wir hatten eine allerliebste Stewardeß, ein Püppchen konnte nicht puppiger sein. Kreisrunde Strahlenaugen blitzten aus einem Aprikosengesicht. Der Mund war karminrot und winzig, das schicke Käppchen saß schief, aber schwungvoll auf dem zierlichen rostroten Kräuselhaar. Wenn das niedliche Geschöpf lächelnd durch den Mittelgang wippte, war das ein erregender Anblick. Faltenlos umhüllte das maßgeschneiderte Uniformkleid die gefälligsten Proportionen.

»Sie kenn ich aber noch nicht«, sagte die Nippesfigur und setzte sich kurzerhand neben mich, »wer sind Sie, wo kommen Sie her und was tun Sie auf Kodiak?«

So direkt fragt man in Alaska die Leute.

Da mußte ich mich natürlich erklären, die reine Wahrheit sagen und nichts als die Wahrheit.

»Menschenskind, Hans, ich hätte nie geglaubt, daß du schon so alt bist«, zirpte die Person, »ich dachte, du wärst noch ein Student oder so was.«

»Danke, Darling, meine Tochter wird bald Studentin.«

»Ist das die Möglichkeit . . . hast dich aber gut gehalten und solide gelebt. Ich heiße Antoinette, wie die arme Königin von Frankreich, die sie drüben geköpft haben. Komische Idee von meinen Eltern . . . was? Ich bin zweiundzwanzig und noch nicht verlobt. Das frühe Heiraten ist nur selten gutgegangen, findest du nicht auch? Man soll sich so was reiflich überlegen . . . Meine Eltern leben in Kodiak, Väterchen ist Krabbenfischer. Aber ich hab 'ne winzepinzig kleine Wohnung in Anchorage, ganz allein für mich. In meinem Alter will man ja schließlich unabhängig sein. Nicht so, wie du vielleicht denkst ... man wird ja immer gleich verdächtigt! Nein, nur so aus Prinzip und als selbständige Person ... Übrigens, wie gefällt dir Mrs. Nuka?«

»Wer ist Mrs. Nuka?«

»Die große Indianerin dort hinten.«

»Ach, diese komische Person mit der Kanone im Arm!«

»Sag das nicht, Hans, die ist gar nicht komisch. Eine wirklich tolle Frau und fabelhaft tüchtig, ich find' sie ganz große Klasse. Hat eine Hundezucht bei Anchorage und geht ganz allein auf die Jagd ... für Hundefutter natürlich. Eine fabelhafte Jägerin, reines Indianerblut von der guten alten Sorte. Hat 'ne Nase wie ein Hund ... nur bildlich gesprochen, meine ich. Sie kann jedes Tier meilenweit riechen.«

Antoinette sprang auf.

»Aber ich muß Schinkenröllchen servieren, bin gleich wieder da.«

Sie nannte alle Passagiere mit Vornamen und alle Passagiere nannten sie »Tony«. Auf der Flugstrecke nach Kodiak kannte man sich, Fremde war man eigentlich nicht gewohnt. Wer reist auch schon nach Kodiak im November, außer den Kodiakern natürlich.

Wir flogen durch ein griesgrämig graues Nebelmeer, an den Scheiben flossen die Tropfen in Strömen herab. Drunten mußte die Nordküste von Kenai liegen, mit all ihren Seen, Sümpfen und Wäldern. Es wimmelte dort von Elchen und anderem Getier.

In der Nähe von Homer, auf einer Landzunge am nördlichsten Ende der Halbinsel, gingen wir herunter.

»Nur für Mrs. Nuka«, sagte mir Antoinette, »sie geht hier für vierzehn Tage jagen. Dann holen wir sie mit ihren Fleischpaketen wieder ab.«

Es war nur ein behelfsmäßiger Flugplatz, dicht am trübsinnig verhangenen grauen Meer. Kaum war die Indianerin mit ihren langen Beinen auf festen Boden gesprungen, ging es wieder in die Luft.

»Wie wär's mit einem Kognak?« fragte mich das Püppchen, »kostet nichts, ist so 'ne Art von Kundendienst, für wenn's mal jemandem schlecht wird.«

»Mir ist aber nicht schlecht, Tony.«

»Dann zur Vorbeugung.«

Na schön, mir sollte es recht sein.

Tony erzählte mir eine ganze Menge aus ihrem kurzen Leben. Gewiß, sie interessierte sich brennend für die weite Welt, aber nur platonisch, wie sie es nannte. Von Alaska wollte sie niemals weg und Kodiak – einfach wunderbar. Wenn ich wirklich alles unternahm, was sie mir dringend anriet, mußte ich ein halbes Jahr dort bleiben.

»Und die Königskrebse im Ocean-Saloon, die sind einfach himmlisch. Man

kann die schönsten Lampenschirme aus ihnen machen, ich meine aus ihren Schalen. Na also . . . was hab ich gesagt, da kommt die Sonne.«
Sie hatte es zwar nicht gesagt, aber mit einem Male flogen wir aus der nassen Watte hinaus in strahlendes Licht.
»Da drunten liegt Afognak . . . ist das nicht 'ne wirklich hübsche Insel?«
Hübsch war gar kein Ausdruck, die Insel war hinreißend schön, größer als Elba lag sie da, grüner als Irland und romantischer als Norwegen. Unzählige Buchten mit weißem Strand gab es dort, tiefe Fjorde, eingefaßt von dunklem Fels, und dahinter waldige, wollige Berge. Silberne Flüsse bandelten durch die Täler, traumaugenblaue Seechen schauten aus dem Urwald empor. Ein erregender Kranz spitzer und buckliger Inseln hatte sich rings um Afognak in den pazifischen Fluten niedergelassen.
»Sieht aus wie 'ne richtige Märcheninsel, warst du schon mal dort, Tony?«
»In jedem Sommer zu den Ferien. Väterchen hat eine Hütte in der Tonkibucht gebaut, wir hausen dort wie echte Insulaner. Ich habe zwei Brüder, weißt du, ganz unverschämt wilde Bengels, die können da richtig austoben.«
»Und sonst, wer wohnt sonst noch dort?«
»Eigentlich niemand, nur ein paar Konaks, sie haben in Litnik ein kleines Dorf. Die Konaks, weißt du, das sind die alten Kodiaker, nette Leute, so ein Mittelding zwischen Indianer und Eskimo . . . da vorn kannst du schon Kodiak sehen.«
Die Insel Afognak war nur durch die schmale Kupreanofstraße von Kodiak getrennt.
Unsere Maschine senkte sich, flog über die Monashakabucht und brauste an einigen schlanken, grauen Kriegsschiffen vorbei.
»Die gehören zur Marinestation«, erklärte Antoinette, »sind 'ne ganze Menge netter Burschen dort, aber ziemlich dreist manchmal. Unsereins muß sich verdammt vorsehen, wenn man mit ihnen ausgeht. Immer die dummen Ausreden mit der kleinen Panne im Motor, wenn sie einen nach Hause bringen.«
Weiß der Teufel, viel Besseres war mir seinerzeit auch nicht eingefallen.
»Sehen uns wieder, wenn du zurückfliegst, Hans, ich hab jetzt zu tun.«
»Kann aber sein, daß ich eine andere Maschine nehmen muß, Tony.«
»Kann nicht sein, meine Schwester teilt die Passagiere ein . . . bye, bye!«
Mit dem Bus der Fluglinie fuhr ich am Meer entlang zum Städtchen und bekam ein winziges Zimmer im einzigen Hotel der Insel. Davor stand aus Holz geschnitzt die naturgetreu bemalte Figur eines riesigen Kodiakbären. Von meinem Fenster sah ich auf eine schöne Gruppe alter blauschimmernder Douglastannen. Sie mußten schon vor langer Zeit gepflanzt sein und ließen an einen hochherrschaftlichen Park denken.
Noch bevor ich mich weiter umsehen konnte, holte mich Stephen Henley ab, und wir fuhren zu seinem weißgetünchten Haus, etwas außerhalb der Stadt.

»Müssen die Nacht zum Tage machen«, sagte er gleich, »denn leider hat sich für morgen eine Partie von Filmleuten angesagt. Sie wollen auf der Chirikofinsel Walrosse drehen und haben mein Boot gechartert. Ich muß natürlich mit, ist ja mein Geschäft, von dem ich unter anderem lebe.«
Das war gewiß enttäuschend, jedenfalls für mich. Aber auch wieder gut, denn so konnten wir gleich und sehr konzentriert auf mein Thema kommen. Henley fand glücklicherweise Gefallen an meiner Idee, je mehr wir darüber sprachen, desto mehr erwärmte sich der Sachkenner. Die von mir erfundene Handlung paßte seiner Meinung nach durchaus in den wirklichen Rahmen, so *hätte* es ganz gewiß sein können.
Wir verstanden uns prächtig, der einstige Alaskan-Scout war mit wachsender Begeisterung bei der Sache, er ließ alle Hähne seiner Erfahrungen fließen. Was ich während dieser Nacht von Henley lernte und erfuhr, war mehr als ich je gewagt hatte zu hoffen.
Schon zog der rosenfingrige Morgen übers Meer herauf, als wir uns trennten.
Am gleichen Tage wieder nach Anchorage zu fliegen, kam mir nicht in den Sinn. Die Insel hatte ja so vieles zu bieten. Drei Superlative sind es vor allem, auf die man in Kodiak sehr stolz ist, nämlich die größten Krebse der Welt, die meisten Großbären auf Erden und die älteste weiße Siedlung in Nordwestamerika. War ich einmal hier, wollte ich mir nichts davon entgehen lassen.
Da mich die rauhe, aber romantische Epoche der russischen Pelzjäger schon immer faszinierte, wollen wir damit beginnen, zumal es ohnehin der Beginn des heutigen Kodiak war. Es fing mit einem schändlichen Betrug an, den ein gewisser Grigori Shelikoff an der Kaiserin Katharina von Rußland beging. Er war unter den großen Pelzhändlern Sibiriens einer der größten und hatte ein offenes Ohr für alle Gerüchte von der Entdeckung neuer Jagdgründe im wilden Osten. So blieb ihm nicht verborgen, daß ein gewisser Stephan Glotow schon im Jahre 1765 eine große Insel gefunden hatte, die an edlen Pelztieren ebenso reich sein sollte wie an streitbaren Eingeborenen. Auch Vitus Bering, der Entdecker Alaskas, hatte dieses Eiland 1741 von ferne gesichtet und in seinem Bericht erwähnt. Als Grigori Shelikoff sechzehn Jahre nach Glotow mit drei Schiffen von Ostsibirien aufbrach, um sein Reich der Pelze auf den Inseln Alaskas zu gründen, war seine Frau Natalia Alexewna mit von der Partie, als erste weiße Frau, die sich in jene Länder wagte. Reich und gebildet war sie gewiß, aber ihr Ehrgeiz übertraf womöglich noch den ihres Gatten. Wollte Shelikoff umkehren, so war es seine Frau, die ihn unerbittlich weitertrieb.
Nach zweijährigen Kreuzfahrten gelang es schließlich, die Kodiakinsel zu finden, in der »Drei-Heiligen-Bucht« fielen die Anker. Ein Jahr und etwas mehr blieb man an Land und versuchte mit den Eingeborenen schwunghaften Tauschhandel zu treiben. Das gelang nur unter größten Schwierigkeiten. Die Einwohner, Konaken genannt, verhielten sich abweisend und wünschten die

Fremden zum Teufel. Als es zu blutigen Gefechten kam, mußte selbst Frau Shelikowa einsehen, daß man größere Machtmittel und mehr Russen brauchte. Es genügte nicht, nur als Händler zu erscheinen, hinter ihnen mußte die Autorität der Zarin stehen. Nichts Geringeres hatte Shelikoff im Sinn, als Gouverneur einer russischen Kolonie in Alaska zu werden. Dann war jeder Konake, der sich ihm widersetzte, ein Rebell und konnte rechtens als solcher behandelt werden.
Er ließ den Kosaken Samoilow mit einer kleinen Garnison auf Kodiak zurück und begab sich auf schnellstem Wege nach St. Petersburg. »Schnell« allerdings nach den damaligen Begriffen. Anderthalb Jahre später traf er am Zarenhof ein und überreichte der großen Katharina einen Bericht, der von unverschämten Lügen nur so strotzte. Nach seiner Darstellung lebten auf Kodiak fünfzigtausend friedfertige und hochbegabte Eingeborene, die nichts sehnlicher wünschten, als von Ihrer Majestät beherrscht und zu Christenmenschen bekehrt zu werden. Im übrigen, so führte der Schwindler aus, seien diese guten Leute gerne bereit, jede Menge kostbaren Pelzwerks gegen hübsche Glasperlen einzutauschen. Der Erwerb dieser einträglichen Insel sei demnach eine der vornehmsten Aufgaben der Herrscherin und würde ihrer Krone eine besonders schöne Perle hinzufügen. Er selber, schloß Shelikoff seinen listenreichen Bericht, wäre bereit, als Gouverneur von »Russisch-Amerika« zu walten.
»Sein Rapport gewährt meinem Herzen bedeutende Satisfaktion . . .«, ließ die Zarin verlauten und erteilte ihrem getreuen Untertan für zunächst zwanzig Jahre die Vollmacht, jene Länder und Menschen am Ende der damaligen Welt in ihrem Namen zu regieren. Die Basis dafür sollte die Insel Kodiak sein, deren Pelze gewiß in der Lage waren, alle Kosten des Unternehmens zu tragen. Daß es sich in Wahrheit nur um etwa fünftausend Konaken und nicht um fünfzigtausend handelte, konnte die Herrscherin aller Reussen nicht ahnen, ebensowenig, daß diese Leute noch steinzeitliche Menschen waren, die nichts lieber taten, als jeden Fremden zu erschlagen, um ihn anschließend zu fressen?
Grigori Shelikoff erhielt von seiner gnädigen Herrscherin noch einen Ehrensäbel mit der Inschrift »Für treue und edle Taten«. Damit bewaffnet, eilte er nach Ochotsk, an das östliche Ende Sibiriens zurück und gründete die »Russisch-Amerikanische Pelzkompanie«. Nicht mehr gewillt, sein eigenes Leben zu riskieren, hielt er Umschau nach einem energischen Vertreter. Dabei wollte es der Zufall, daß tungusische Räuber soeben den bestgeeigneten Mann vollkommen ausgeplündert hatten. Auf solche Weise über Nacht verarmt, blieb dem Betroffenen nichts anderes übrig, als die unabsehbare Bürde dieser Würde anzunehmen. Und damit trat Alexander Baranow in Erscheinung.
Shelikoff übertrug ihm seine Vollmachten, und Baranow reiste ab. Sein Schiff ging an einer unwirtlichen Insel zu Bruch. Man mußte dort überwintern, an sich kein ungewöhnliches Ereignis auf solchen Reisen. Erst im folgenden Frühjahr gelangte Baranow mit seinen Leuten in offenen Booten zur »Drei-Heiligen-

Bucht« auf Kodiak. Dort war unter Leitung des tüchtigen Samoilow nun schon ein russisches Dorf entstanden, mit Lagerschuppen, Amtsstuben und Blockhütten. Auch eine Sauna und das Gefängnis für unbotmäßige Konaken fehlten nicht.
Das alles wurde schon im nächsten Jahr von einer Flutwelle hinweggerafft. Baranow verlegte die Siedlung nach St. Paul, dem heutigen Kodiak, und baute sie für damalige Verhältnisse großzügig aus. Seine Straßenzüge bestehen heute noch, wohlversehen mit schattigen Alleebäumen. Auch die schönen, alten Vogelbeerbäume, die mit ihren knallroten Früchten heute eine Zierde in den Gärten von Kodiak sind, wurden von Baranow gepflanzt. Die Residenz des Gouverneurs, heute noch zu sehen, war das erste zweistöckige Haus im Nordwesten Amerikas, ja überhaupt das erste europäische Gebäude zwischen Mexiko und Sibirien. Äußerlich sieht man ihm seine historische Würde nicht mehr an. Denn zum Schutz gegen Verwitterung wurden die rohgefügten Blockwände mit einer modernen, weißgetünchten Verschalung versehen. Bereits im Jahr 1792 entstand eine Schule für die unterdessen gezeugten Mischlingskinder. Sie war die erste Schule an der nordamerikanischen Westküste.
Gerade als im Jahre 1804 wieder einmal die heftigsten Kämpfe mit den Eingeborenen tobten, bei denen Baranow selber erheblich verwundet wurde, traf ganz überraschend eine Fregatte der russischen Kriegsmarine in Kodiak ein. Zar Alexander I. hatte sie zum Besuch seiner fernen Kolonien von Kronstadt rund um Afrika und Asien nach Alaska entsandt. Ihre Kanonen halfen dem schwer bedrängten Baranow, die Revolte seiner eingeborenen Untertanen niederzuwerfen. Mit einer solchen Aufgabe der »Newa« hatte man am Zarenhof gewiß nicht gerechnet, ganz im Gegenteil. Dort glaubte man noch immer an Shelikoffs Lügenberichte von einer friedlichen und hochbegabten Völkerschaft, die sich in vollen Zügen an der segensreichen russischen Herrschaft erfreute. Um den sehnlichen Wunsch dieser lieben Leute nach höherer Bildung zu befriedigen, hatte die »Newa« als Geschenk des Zaren die komplette Ausstattung für eine »Akademie der Wissenschaften« an Bord. Namhafte Gelehrte hatten die umfangreiche Bibliothek und das übrige Material zusammengestellt. Reiche Kunstfreunde in Moskau und Petersburg waren überredet worden, Bilder alter Meister zu stiften, weil doch Shelikoff seinerzeit zu berichten wußte, welch hohe, natürliche Begabung die Konaken für künstlerisches Schaffen besaßen. Kurzum, das ferne Mutterland bewies hier eine Großzügigkeit, die sich kaum noch übertreffen ließ. Leider war jedoch an Ort und Stelle nicht einmal genügend Raum in den Schuppen vorhanden, um all diese schönen Gaben ordentlich einzulagern. So fiel denn die »Kaiserliche Akademie der Wissenschaften« binnen kurzem dem Mäusefraß und anderen Unbilden des Landes zum Opfer. Bedenkt man jedoch, daß hernach noch fast hundertfünfzig Jahre vergehen mußten, bis Alaska endlich eine Hochschule bekam, nämlich

die Universität in Fairbanks, ist allein schon der untaugliche Versuch, in der Frühzeit des Jahres 1804 eine »Akademie« in Kodiak zu gründen, ebenso bewundernswert wie kurios.
Baranow wird darüber nur grimmig gelacht haben, ihm kam es mehr darauf an, praktische Dinge zu schaffen. Tatsächlich wurde schon das meiste Handwerkszeug im Lande hergestellt, es gab Seilereien, Teersiedereien, Färbereien und auch eine Faßbinderei. Eisen wurde auf primitive Art verhüttet, Pelze und Häute zu Kleidung verarbeitet. Die größte Leistung aber vollbrachte die Glokkengießerei auf Kodiak. Die Missionare verlangten nach Glockenklang in dem neuen, noch großenteils heidnischen Land, und Baranow, der in jenen ersten Jahren durchaus kein christliches Leben führte, hatte allen Grund, der Geistlichkeit gefällig zu sein. So vortrefflich gelang ihm dieser Versuch, daß alaskanische Glocken bis hinunter zu den spanischen Kolonien in Mexiko exportiert wurden. Soweit die alten spanischen Kirchen in den heutigen Großstädten noch erhalten sind, läuten in ihren weißen, barocken Türmen noch immer jene melodischen Glocken aus den russischen Werkstätten in Kodiak. Aber die größte von den einheimischen Glocken blieb in Kodiak, sie hängt noch heute in einem hölzernen Turm neben der orthodoxen Kirche.
Die Übergabe Alaskas an die USA wurde in Kodiak kaum empfunden, zunächst änderte sich so gut wie nichts. Die meisten Russen blieben, ihre Nachkommen sind noch heute vorhanden. Nirgendwo in Alaska hat sich im Lebensbild einer kleinen Stadt die behäbige altrussische Atmosphäre so deutlich spürbar erhalten wie hier. Die Konaken sind fast alle russisch-orthodox, ihre Priester russischer Abstammung. Noch immer geben die großen und die kleinen, die alten und die neuen Kirchen mit ihren Zwiebeltürmen den kleinen und sehr kleinen Ortschaften auf Kodiak altrussisches Gepräge. Obwohl es niemand außer den Geistlichen selbst versteht, wird der Gottesdienst nach wie vor in altem Kirchenslawisch abgehalten. Die Heiligenbilder und kirchlichen Geräte, auch einige alte Bücher stammen aus Baranows Zeiten.
Aus Berichten des deutschen Gelehrten Martin Sauer, der mit einer geographischen Expedition die Kodiakinsel 1793 besuchte, wissen wir ziemlich genau, wie es damals ausgesehen hat. Russen waren in jenem Jahr nur sechzig vorhanden, die zusehen mußten, wie sie mit den rund fünftausend Konaken fertig wurden. Der größte Teil dieser Ureinwohner ging während der nächsten Jahrzehnte durch alle möglichen Drangsale, vor allem durch eine Choleraepidemie zugrunde. Doch haben die Konaken im Laufe der letzten Zeit wieder recht erfreulich zugenommen, wenn auch der größte Teil von ihnen nicht mehr ganz »echt« sein dürfte. Die meisten Konaken leben in winzigen Ortschaften am Ende der vielen Buchten, die oft sehr tief ins Land reichen. Die fünfzehnhundert Weißen, darunter etwa hundertfünfzig Nachkommen der russischen Siedler und ein erstaunlich hoher Prozentsatz von Skandinaviern, wohnen fast alle in der Hauptstadt.

Erst nach dem letzten Kriege sind für Kodiak moderne Zeiten angebrochen. Als in der Womensbay, nur acht Kilometer von der Stadt entfernt, eine Flottenbasis der amerikanischen Marine entstand, mit allem, was an Menschen und Anlagen dazugehört, mußte sich die Stadt weitgehend umstellen. Zwar ist das militärische Gelände abgesperrt, doch die vielen technischen Hilfskräfte und deren Familien zogen nach Kodiak-City und hauchten dem verschlafenen Ort größere Geschäftigkeit ein. Mehrere moderne Straßen mit Reihenhaus-Siedlungen wurden angelegt, aber doch so weit außerhalb, daß sie dem Charakter des historischen Städtchens nicht allzu sehr schaden. Das schwere Erdbeben, verbunden mit einer riesigen Flutwelle, vom Karfreitag 1964 hat vor allem das Städtchen Kodiak schwer betroffen. Viele der alten Holzhäuser wurden fortgerissen und durch moderne Bauten ersetzt. Auf der benachbarten Insel Afognak wurde eine der beiden Konak-Siedlungen zerstört und etwa 120 Ureinwohner ertranken.
Davon abgesehen, geht es den Konaken bedeutend besser als früher. Vor allem leben sie von der hochherzigen Fürsorge, die ihnen die amerikanische Regierung auf jede Weise angedeihen läßt. Sind doch die Konaken ein Rätselvolk, das der Wissenschaft für alle Zukunft erhalten werden muß. Weder sind es Indianer, noch sind es Eskimos, ja die Konaken gehören nicht einmal zum Volk der Aleuten. Sie sprechen ihre eigene Sprache und sind vermutlich ein Überbleibsel jener mongoloiden Völkerschaften, die vor undenklichen Zeiten, von Sibirien herkommend, allmählich ganz Amerika besiedelt haben. Wann das gewesen ist und wie es sich abgespielt hat, darüber konnten sich die Gelehrten bisher nicht einigen.
Bei meinem Hotel gab es ein kleines Museum, worin sich alte Gerätschaften, Schnitzereien und steinzeitliche Waffen der Konaken befinden sollen. Um hineinzugelangen, mußte ich zuerst den Postmeister von Kodiak aufsuchen, der dafür den Schlüssel besaß. Denn so viele Leute besichtigen das Museum nicht, daß man einen Museumswächter anstellen könnte. Mr. Malcolm, gleichzeitig Präsident des »Historischen Vereins«, zeigte sich von meinem Wunsch hocherfreut, empfahl die postalischen Obliegenheiten seiner Gefolgschaft und erwies mir die Ehre einer persönlichen Führung durch den musealen Schuppen. Außer der konakischen Sammlung verfügte das Gebäude noch über den Samowar Alexander Baranows und mancherlei Gut aus seiner Zeit. Besonders aufmerksam machte mich der Postmeister auf ein abgenutztes Harmonium. Es hatte sich vor über hundert Jahren an Bord eines Walfischfängers befunden und war mit diesem wohl zwanzigmal um das schreckliche Kap Horn gesegelt. Der Kapitän selber pflegte darauf zu musizieren, und die Freiwache wurde angehalten mitzusingen. Nach allem, was man sonst über das rauhe Leben der Walfänger im vorigen Jahrhundert gelesen hat, muß das wohl ein recht ungewöhnliches Schiff gewesen sein. Eine Enkelin des musikalischen Seebären, die noch in Kodiak lebt, hatte das weitgereiste Erbstück dem Museum gestiftet.

Mr. Malcolm war auch weiterhin der Ansicht, daß die Post von Kodiak ohne ihn recht gut funktionierte. Wie vertraute, alte Freunde bummelten wir durchs Städtchen, das nun die üblichen Drugstores, Hot-Dog-Buden und auch seine Bar mit Musikboxen besaß. Schon wegen der Matrosen draußen in der Marinestation ließen sich diese Neuerungen nicht vermeiden. Mein Begleiter mochte das gar nicht, als Leiter des Historischen Vereins liebte er die Vergangenheit mehr. Immerhin waren ja die winkligen Gassen noch vorhanden, geklöppelte Gardinen hingen still hinter geschlossenen Fenstern. Der Zuschnitt war allenthalben klein und still zufrieden, die Leute hatten Zeit und nickten dem Fremden im Vorübergehen freundlich zu. Ich hatte mich schon am ersten Tag herumgesprochen.

Den Stadtkern hatte man nach zehn Minuten durchbummelt. Weiter draußen lagen bescheidene Holzvillen, jede für sich allein in einem großen Garten, dem man ansah, daß er schon seit langer Zeit bestand. Zunächst war mir nicht klar, weshalb diese Wohnviertel so wenig amerikanisch wirkten, eher so wie die Randbezirke eines verträumten Städtchens bei uns. Die breiten, ungeteerten Straßen mit den hohen Alleebäumen allein konnten diesen Eindruck nicht bewirken. Erst später fiel mir ein, daß es die Gartenzäune waren und jene dichten Hecken, die den schattigen Heimgarten von der Straße trennten. Das Leben dahinter spielte sich unter Ausschluß der Öffentlichkeit ab. Also ganz im Gegensatz zum modernen amerikanischen Stil, der auf Zäune verzichtet und jeden Vorübergehenden sehen läßt, was Vater, Mutter und Kinder im Garten, ja selbst im Hause treiben.

Wir besuchten den Popen und ließen uns seine Kirche erklären. Es gab da noch geistliche Schriften in konakischer Sprache, bibliophil sehr wertvolle Stücke aus Baranows vorsintflutlicher Druckerei. Eine alte Frau, die frische Blumen vor die Ikone stellte, war nicht der englischen Sprache mächtig. Als mir einige russische Redewendungen einfielen, redete sie in gleicher Zunge so schnell auf mich ein, daß ich kein Wort mehr verstand.

Im »Seestern« aßen wir gegrillte Krabben und gingen dann zur »Kodiak-Times«, wo ich gebeten wurde, mich zur allgemeinen Weltlage zu äußern. Ich sagte ungefähr dasselbe wie der USA-Präsident in seiner letzten Rede und erntete die Zustimmung des Herausgebers, der seinem Blatt auch als Setzer dient. Die Zeitung erscheint zweimal wöchentlich in einer Auflage von vierhundertfünfzig Exemplaren. Die »Kodiak-Times« bringt sonst fast nur lokale Nachrichten, ein überfahrener Hund gehört zu ihren sensationellen Meldungen.

Wie wohltuend war doch der geringe Autoverkehr in dieser Stadt. Einen Wagen zu haben, lohnt sich kaum. Es gibt nur wenige Straßen auf der Insel, und die hören bald wieder auf. So fehlen auch jegliche Verkehrsschilder, und Ampeln sind nicht zu sehen. Man kann parken, wo man will.

Mein Freund, der Postmeister, hielt einen vorbeikommenden Wagen an und

Schwerbepackter Bisonjäger folgt im Laufschritt der frischen Fährte eines starken Bullen.

verlangte von dessen Besitzer, daß er uns zu einer Konservenfabrik bringe, etwa vier Kilometer außerhalb des Ortes. Als Begründung gab er lediglich an, daß ich ein Fremder sei. Für einen solchen tut man in Kodiak alles.
Am Ziele angelangt, wurde ich zu meiner Erleichterung nicht gebeten, die technischen Einrichtungen des Unternehmens zu besichtigen, vielmehr sollte ich den zweiten Superlativ der Insel betrachten, nämlich die Riesenkrabben.
»King-Crabs« heißen diese Schalentiere in Alaska. Um sie auf dem Meeresgrund zu fangen, versenkt man vom Boot aus große eiserne Körbe, die mit einem Köder gespickt sind. In diese Körbe kriechen die Krabben ganz von selbst, werden hochgezogen und in lebendigem Zustand zur Konservenfabrik gebracht. Bis zu ihrer Verarbeitung hebt man sie dort in riesigen Bottichen auf. Die Beute wird alsdann gesotten, zerteilt und eingebüchst, als schlichtes Krabbenfleisch gelangen die Könige der Krebse in die weite Welt.
Zwei konakische Fischer holten mir zur Ansicht einen der riesigen Krebse aus dem nächsten Bottich. Vor seiner Größe prallte ich zurück, zumal das vielbeinige Tier nach allen Seiten hin um sich griff. Von Bein zu Bein gemessen erreicht das fabelhafte Meereswesen eine Länge wie Breite von etwa anderthalb Metern, dazu ein Gewicht bis zwanzig Pfund und darüber. Der mittlere Teil, also das eigentliche Tier, entspricht den Ausmaßen eines Klodeckels, falls dieser Vergleich bei einem eßbaren Objekt erlaubt ist. Doch fällt mir kein anderer Gegenstand ein, der geeignet wäre, den Körperumfang eines wirklich großen Königskrebses allgemein verständlich zu machen.
Wie ich später, beim Abendessen im gastlichen Haus der Familie Malcolm, erfahren durfte, schmeckt das Fleisch der King-Crabs ebenso köstlich wie das des edlen Hummers. In Kodiak aber gelten diese Meerestiere als gewöhnliche Volksnahrung. Es gibt eben genug davon, und sie kosten nicht viel. Eine vierköpfige Familie kann sich sowohl am Mittag als auch zum Abend an solch einem Riesenkrebs satt essen, ohne ihn völlig zu vertilgen. Es bleibt immer noch genug für die Katze des Hauses übrig.
Es ist nun möglich, frische King-Crabs durch eine deutsche Firma in Hamburg zu beziehen, bei zeitiger Vorbestellung auch für einen bestimmten Tag. Zweimal ist es uns gelungen, für Weihnachten einen Riesenkönigskrebs aus Kodiak zu erhalten, der knapp 20 Stunden zuvor noch in alaskanischen Gewässern gelebt hat.
Sowenig man hierzulande vom ältesten Städtchen in Nordwestamerika weiß – es gibt dennoch auch bei uns einen ganz bestimmten Kreis von Leuten, der schon von Kodiak gehört hat. Es sind die Jäger. Wenn auch nur solche Jäger, deren waidmännisches Träumen über die eigenen Grenzen hinausreicht. Denn Kodiak gilt als die Heimat der größten Bären, die auf Erden leben, damit also der größten Raubtiere überhaupt. Nach ihrer Insel heißen diese Riesentiere *Kodiakbären*. Doch ist ihr Vorkommen nicht auf Kodiak allein beschränkt, wir werden sie später noch in ganz anderer Gegend erleben. Aber nirgendwo strei-

Die Zeit der Schlittenhundgespanne, die bis zu 800 Kilogramm Last befördert haben, geht zu Ende und wird von Motorschlitten abgelöst. Im Kommen ist dagegen der großartige Sport mit hundebespannten Rennschlitten. Hier der Sieger des letzten Rennens beim Training.

fen die zottigen Riesen in so relativ großer Zahl durchs Gelände wie hier. Es gibt tatsächlich mehr Kodiakbären als Kodiakmenschen, ihr Bestand wird auf rund sechseinhalbtausend geschätzt.
Aufrecht erreichen die pelzigen Ungetüme eine Höhe bis 3,50 Meter, und es wurden Bären erlegt, die ein Gewicht von 800 Kilogramm ergaben. Seit man die Bärenjagd eingeschränkt hat und streng kontrolliert, nehmen die gewaltigen Tiere weiter zu, sowohl an Zahl als auch an Frechheit. Ihretwegen ist es nicht möglich, daß sich Menschen für dauernd im Binnenland von Kodiak niederlassen. Nicht etwa, daß die Bären solche Eindringlinge fressen würden, aber sie versuchen, in jede Hütte einzudringen, zerschlagen jedes Boot und zerfetzen jedes Zelt, das nicht bewacht wird. Alles, was nach Mensch riecht oder sonstwie nicht in die Gegend paßt, die ihnen allein gehört, empfinden die Bären als unerlaubte Belästigung und zerstören es. Das Hochland von Kodiak, die Seen, Täler und Bäche der inneren Insel, sind ihr Privatrevier, und etwa die Hälfte davon ist jetzt Naturschutzgebiet. Kein Mensch darf sich dort häuslich niederlassen. Das verbieten nicht nur die großen Bären, auch die Behörden haben es seit einiger Zeit verboten.
Zoologisch gesehen ist der Kodiakbär nichts weiter als ein gewöhnlicher Braunbär, den man nach Belieben auch Grizzly nennen kann, was viel abenteuerlicher klingt. Im Grunde ist alles dasselbe. Nur die Größe wechselt und mitunter die Farbe des Pelzes. Was die Kodiakbären zu solchen Riesen heranwachsen läßt, ist lediglich die Fülle der Nahrung, die ihnen auf der Insel bis spät in den November zur Verfügung steht. Was einen Grizzly stark und fett macht, gibt es hier im Überfluß, insbesondere unendlich viele verschiedenartige Beeren. Die Bären streifen nur mit ihrer Tatze durchs Kraut und haben gleich die Pranke voll der köstlichsten Früchte. Beginnt gar der Herbst auf Kodiak, dann füllen sich die Gewässer mit einer solchen Unzahl fetter Lachse, wie man sich das in Europa nicht vorstellen kann. Die mächtigen Raubtiere stehen im Wasser, fischen, fangen und schwelgen aus dem unendlichen, immer aufs neue herangeführten Vorrat. Auf solche Weise gemästet, gehen sie in den Winterschlaf und sind noch immer gut genährt, wenn sie im April wieder erwachen. Dieses süße Leben hat auch seine Auswirkung auf ihre Vermehrung. Fast jede Bärin setzt im Frühjahr zwei Junge in die Welt, oft sind es deren auch drei. Und weil die Muttermilch ebenso reich wie kräftig fließt, wachsen die Kleinen gesund heran.
Durch meinen freundlichen Postmeister hatte ich auch den Postflieger der Insel kennengelernt. Für gewöhnlich versorgt er die Konakdörfer und ein halbes Dutzend Fischereistationen an der Küste. Doch war er gegen gewissen Aufpreis bereit, den Kurs seines täglichen Fluges durch einige große Schleifen über das Hochland zu ergänzen. Ich sollte Bären sehen wie noch nie.
Am Karluksee und im Uganiktal flogen wir über sie hinweg. Wir entdeckten sie an kleinen Bächen und an jedem größeren Fluß. Bären waren überall, be-

sonders deutlich in höheren Lagen zu erkennen, wo Wald und Weidengestrüpp den freien Matten gewichen waren. Die Zeit der aufsteigenden Lachse war in vollem Gang. Jeder Wasserlauf, alle Seen und Bäche hatten sich mit laichenden Lachsen gefüllt. Leib an Leib, stellenweise so dicht zusammengedrängt wie in einer Sardinenbüchse, strebten und drängten die todgeweihten Fische an den Ort ihrer Geburt zurück.
Der Pilot ging bis auf wenige Meter hinunter, ich sah nicht nur die Bären, sondern auch die Lachse. Manche Bäche waren rot von ihnen. Hier eine Bärin mit zwei Jungen, dort ein grimmiger Altbär für sich allein, da drüben ein paar Halbwüchsige. Alles fischte und fraß, sechs, acht, zwölf und noch mehr Braune an einem Teich.
Mit Recht werden die Jäger unter meinen geneigten Lesern fragen, warum ich denn nicht danach getrachtet habe, einen dieser Riesenbären auf Kodiak zu erlegen. Die Antwort ist schnell gesagt: es war mir zu teuer und zu bequem.
Wie überall in Alaska verlangen auch in Kodiak die Vorschriften vom fremden Jäger, daß man sich zur Bärenpirsch eines vereidigten Führers bedient. Davon gibt es auf Kodiak vier sehr gute Experten mit reichem Erfolg, die ganz vortrefflich mit Motorbooten, Flugzeugen und komfortablen Zelten ausgerüstet sind. Wer sich ihnen anvertraut und auch im Angesicht der übergroßen Bären seine Ruhe nicht verliert, kann mit sicherem Erfolg rechnen. Aber gerade weil das Unternehmen mit so viel Bequemlichkeiten durchgeführt wird, kostet es rund fünftausend DM und neuerdings auch mehr. Man sollte es älteren Herrschaften dieser Preisklasse überlassen und solchen, die eine relativ leichte Pirsch dem rauhen Erlebnis in ferner Wildnis vorziehen.
Im übrigen zeigt die jagdliche Statistik für die letzten drei Jahre, daß neuerdings auf Kodiak weniger Rekordbären erlegt wurden als in früheren Zeiten. Da sich jeder Gastjäger zumindest einen Neun-Fuß-Bären wünscht und ihm sein Führer natürlich zu Diensten sein möchte, kommen meist nur die großen Exemplare zum Abschuß. Deren Zahl mußte sich daher verringern, Zehn-Fuß-Bären sind daher äußerst selten geworden, vermutlich gar nicht mehr vorhanden. Wenn das so weitergeht, wird Kodiak bald seinen Ruf verlieren, die allerstärksten Kodiaks zu besitzen. Was jedoch nichts an der Tatsache ändert, daß dort immer noch die größte Zahl überdurchschnittlich großer Bären lebt und weiter leben wird.
Die schöne Insel zeigte sich auch während der folgenden Tage von ihrer besten Seite, das Wetter blieb klar und sonnig. Ich wünschte nur, all jene Leute daheim, die Alaska für ein kaltes, unwirtliches Land halten, könnten den frühen November auf Kodiak erleben. Noch immer war die Luft milde und das Meer von traumhaftem Blau. Läge die Insel nur nicht so weit von allen dichtbevölkerten Zentren der Welt entfernt, sie wäre das ideale Ferienland. Was Klima und Landschaft betrifft, bin ich gerne bereit, die ganze Riviera gegen die Küste von Kodiak einzutauschen, den Lido von Venedig als Zugabe obendrein!

Goldgelber Sandstrand in der einen Bucht wechselt ab mit romantischen Felsklippen in der nächsten. Brausende Brandung gegen die Steilküste entzückt den Liebhaber wilder Natur, dagegen erfreut sich das feinsinnige Gemüt an den glasklaren, spiegelstillen Gewässern in jenen schönen, tiefen Buchten, die ein ausgeschwungener Arm des Landes vor den Wogen der See abschirmt. Prächtige Fjorde von norwegischer Bauart laden zu den schönsten Rundfahrten, herrlich läßt sich hier während des Sommers baden. Und wer das Glück der Erde auf dem Rücken der Pferde sucht, dem bieten weite Täler und grünende Wiesen für seine Ausritte unbegrenzte Möglichkeiten. Insel und Inselchen stehen als einsame Lagerplätze jedermann frei zur Verfügung. Alle sind mit Tannenwald bedeckt, worin noch nie eine Axt ihr Unwesen trieb. Nichts davon ist »privat«, überall darf man landen und lagern, ja sich sogar ein Hüttlein bauen. Die Menschen sind so dünn gesät, daß man nirgendwo einen anderen Menschen stört. Viele Inseln haben noch keine Namen, die meisten Berge wurden noch nie bestiegen.
Man kann wahrlich nicht aufhören, Kodiak zu preisen. Man kann auch nicht aufhören, immer neue Wunder zu entdecken. Draußen auf den flachen Felseninseln sonnen sich gewaltige Herden von Seelöwen, in den Buchten und Flüssen findet der Angler die Erfüllung seiner kühnsten Träume. Schneeweiße Wildziegen, eingehüllt in bodenlange, seidenweiche Felle, blicken von den Bergen herab und lassen sich von einem stillen Wanderer überhaupt nicht stören. Flink und fleißig bauen die Biber an ihren kunstvollen Dämmen, zierliche Virginiahirsche eilen durchs Unterholz. Wilde Schwäne ziehen gelassen über verträumte Teiche.
Kommt man gar zu den kleinen Fischerdörfern der Konaken, so wird man dort als Ehrengast begrüßt und erhält sogleich selbstgebrautes Bier kredenzt, obwohl das an sich verboten ist.
Es ging nicht anders, ich mußte mich endlich losreißen. Die nächste Maschine war angeblich ausgebucht, man reservierte mir einen Platz in der übernächsten. Das Püppchen Antoinette lächelte niedlich, als ich an Bord stieg.
»Helloh, Hans, dachte schon, du wolltest immer hier bleiben, hätte mich nicht darüber gewundert.«
»Ich auch nicht, Tony.«
Kaum waren wir in der Luft und die übrigen Passagiere versorgt, kam sie wieder zu mir.
»Erzähl mir nichts von Kodiak, das kenne ich ja, und ich weiß auch alles, was du dort gemacht hast. Es stand in der Zeitung. Erzähl mir lieber von anderen Ländern, das hör ich so gern.«
Ich weiß nicht mehr, ob wir gleich wieder in nassen Nebel hineinflogen oder diesmal klare Sicht herrschte. Tony zu betrachten war viel angenehmer, als aus dem Fenster zu schauen. Das Mädchen hatte höchst ungewöhnlichen, ganz natürlichen Charme, ohne sich dessen recht bewußt zu sein. Es schien ihr ganz

selbstverständlich, daß sie gefiel. Sie freute sich darüber wie jede Frau, blieb aber kameradschaftlich und wußte intuitiv, den richtigen Ton anzuschlagen. Ich bin sicher, sie verstand auch vortrefflich jeden Mißbrauch ihrer Vertraulichkeit im Keime zu ersticken.
Als wir uns Anchorage näherten, zog Antoinette Block und Bleistift hervor, um mir ihre Adresse zu geben.
»Am Mittwoch habe ich meinen freien Tag, wenn du willst, kannst du bei mir Kaffee trinken.«
Sie reichte mir den Zettel, zielte aber mit ihrem spitzen Bleistift mitten auf meine Brust.
Wenn ich Kaffee trinken sage, Hans, dann . . . meine ich auch Kaffee trinken. Und gar nichts anderes, das ist doch wohl klar?«
Es war mir klar.

Die unglaublichen Aleuten

Wiege der Winde nennt man jene Inselkette, die in einem Riesenbogen von 2500 Kilometer Länge vom südwestlichen Ende Alaskas bis fast nach Sibirien hinübergreift. Hundertfünfzig große, kleine und ganz kleine Inseln sind es, die den Pazifischen Ozean von der düsteren, kalten Beringsee trennen. Was dort als fortlaufende Kette graubrauner Inseln aus dem Meer emporsteigt, ist der Rücken eines versunkenen Hochgebirges, gewissermaßen ein weitgespannter Ausläufer der Rocky Mountains. Auch die lange, vielfach vom Meer eingerissene Alaska-Peninsula gehört dazu. Obwohl diese Halbinsel noch durch schmale Landbrücken mit dem Kontinent verbunden ist, muß man sie ihrer ganzen Art nach schon zu den Aleuten rechnen. Das Klima, ihre Gestalt und auch ihre Tierwelt sind etwa die gleichen wie dort. Die aleutischen Inseln folgen genau derselben Linie wie die Peninsula und setzen jene Mauer fort, die beide Meere scheidet. So nahe liegen die Aleuten beisammen, daß sich die Inseln fast berühren.

Auf ihrer pazifischen Seite werden sie vom Japanstrom bespült, der, ähnlich unserem Golfstrom, relativ warmes Gewässer mit sich führt. Diesem »Kurosiwo« ist zu verdanken, daß trotz ihrer hochnordischen Lage die Südküste der Aleuten im ganzen Jahr eisfrei bleibt. Weil aber gleichzeitig vom Norden her die Beringsee mit ihrem kalten Wasser gegen die andere Seite der Kette heranrollt, prallen hier zwei klimatische Gegensätze aufeinander, die im Effekt das schlechteste Wetter der Welt zusammenbrauen.

Fast immer verhüllen wogende Nebel die freudlosen Inseln, es regnet alle Tage, und sollte es ausnahmsweise nicht regnen, naßkalt ist es auf jeden Fall. Kein Tag vergeht ohne scharfe Winde aus West, Ost, Süd oder Nord. Im steten Kampf der warmen und kalten Lüfte werden Stürme geboren, von deren Wucht man sich in unseren Breiten keine Vorstellung macht. Sie erreichen

Geschwindigkeiten von 150, mitunter von 200 Stundenkilometern. Sie fegen mit Gebraus über das rauhe Land, zerwühlen das Meer und zerfetzen die Wogenkämme. Es klingt wie eine Kanonade aus schweren Geschützen, wenn die hochgepeitschte Brandung gegen die Felsen donnert. Jeder Fjord wird zu einem Kochkessel der Hölle, es braust und zischt, die Gischt spritzt haushoch empor. Im Lande selbst und droben auf den vereisten Höhen liefern sich die Lüfte aus zwei feindlichen Meeren die stürmischsten Gefechte. Die Aleuten sind mehr als nur die Wiege der Winde, hier liegt die Heimat der Orkane.*

Die See ist gespickt mit Klippen und Riffen. Ihre messerscharfen Spitzen sind Zähne eines amphibischen Ungeheuers, das nur darauf lauert, den nächstbesten Schiffsbauch aufzureißen. Kein Wunder also, daß man auf den sieben Meeren der Welt kein anderes Fahrwasser finden kann, das schlimmer ist als dieses.

Dennoch leben Menschen in diesem schrecklichen Land, trotzdem wagen sich Menschen auf dieses fürchterliche Wasser hinaus. Denn fast alles, was sie brauchen oder, besser gesagt, früher gebraucht haben, kommt aus dem Meer, das Land konnte ihnen nur wenig bieten. In ihren Baidarkas, die so zerbrechlich waren, daß wir sie nicht auf einem Dorfteich benutzen würden, fuhren die Aleuten zu ihren Fanggründen in die Fjorde und jagten die Weißwale auf hoher See.

Söhne der Nebelsee war der erste Name, den die Russen für das Volk dieser Inseln fanden. Ihre Zahl betrug damals zwischen zwanzig- und dreißigtausend. Es waren kleine, behende Menschen mongoloiden Ursprungs, mit eigener Sprache und sehr eigenartiger Kultur. Ganz vortrefflich hatten sie verstanden, sich den unmenschlichen Bedingungen ihrer Heimat anzupassen. Mit Werkzeugen und Waffen, die uns äußerst primitiv erscheinen, aber doch ihrem Zweck ideal entsprachen, lebten die »Söhne der Nebelsee« sogar besser, als es die Weißen für möglich hielten. Walrosse lagen zu Tausenden auf den kahlen Klippen draußen im Meer, nach Millionen zählten Robben und Seehunde an der zerrissenen Küste. Wurde gar ein Weißwal erlegt und mit vereinten Kräften glücklich heimgeschafft, so war ein ganzes Dorf auf Monate hinaus mit Nahrung, Tran und Öl versorgt. In den Buchten lebte der große Seeotter, sein dichtes, warmes Fell diente als Winterkleidung und sein Fleisch galt als Delikatesse. An der Küste wimmelte es von Lachsen und Krabben, in den Seen und Bächen der Inseln gab es jede Menge von schmackhaften Fischen. Seevögel sonder Zahl nisteten an den Klippen, Wildenten und Schneegänse bevölkerten die Lagunen in unerschöpflicher Menge. Man brauchte nur ein paar halb-

* Mein Freund C. H. Andreas, der berühmte Jäger, geriet während eines Aleutensturmes in Gefahr, mitsamt seinem Zelt, worin sich noch der Jagdführer befand und auch das gesamte Gepäck, über einen Steilhang ins Meer geblasen zu werden. Nur mit Hilfe von Steinen, die sie mit verzweifelter Kraft ins Zelt rollten, entgingen die beiden dem Verderben.

wegs ruhige Tage, um von diesen Vorräten den Bedarf für Monate zu schöpfen.
Waffen und Geräte wurden aus Treibholz geschnitzt, aus Walroßzahn und Knochen. Man ging in Felle gekleidet, aus den Darmhäuten erlegter Seetiere wurden Regenmäntel gefertigt, die sogenannten »Kamleikas«. Das Land selber bot nur Beerenfrüchte und Wurzelknollen. Bäume fehlten völlig, man war auf Treibholz angewiesen. Aus feingespaltenem, zähem, biegsamem Riedgras verstanden die Aleutenfrauen Körbe und Behälter zu flechten, die so dicht gearbeitet waren, daß sie sogar Flüssigkeiten hielten. Metall war unbekannt, für Messer und Pfeilspitzen verwandte man Feuerstein.
Die Aleuten kannten weder Hütten noch Zelte, sie wohnten halbwegs unter der Erde, in Behausungen, die man »barabara« nannte. Der Kern dieser Wohnungen bestand aus einem Gerüst von angeschwemmtem Holz, das mit Fellen und Steinen bedeckt war. Darüber wurde ein Erdhügel aufgeworfen, den man schließlich mit Gras bepflanzte. Bald war diese »Wohnung« mit ihrer Umgebung verwachsen, die »barabara« sah nun einem natürlichen Hügel zum Verwechseln ähnlich. Die Lampe darin war aus Speckstein geschnitzt, als Docht diente gezwirbeltes Moos. Man heizte die offene Herdstelle mit Tran, Speck oder Robbenöl. Weil man keine eisernen Töpfe besaß, mußte mit . . . Steinen gekocht werden. Sie wurden im Feuer erhitzt und dann in einen Bottich oder Fellsack geworfen, worin sich die Fischsuppe befand. Die Häute wurden in Urin gegerbt, man wusch sich auch mit menschlichem Urin, der als perfektes Reinigungsmittel galt. Davon durfte nichts verlorengehen, er wurde gesammelt und in Seehundschläuchen aufgehoben. Der Gestank, wie er damals in einer Barabara herrschte, muß entsetzlich gewesen sein, zumal es keine Entlüftung gab.
Dennoch konnte in der schlimmsten Umgebung und dem schlechtesten Klima, das sich nur denken läßt, dieses unglaubliche Volk gedeihen. Mit ihren »Baidarkas« befuhren die Aleuten das gefährlichste Wasser der Welt. Weidenzweige, Treibholz und Walknochen bildeten das innere Gerüst der Boote, außen waren sie mit Walroßhaut bespannt. Bis zu zwanzig Männer konnten in den größten dieser Fahrzeuge Platz nehmen. Daneben gab es noch die Ein-Mann-Baidarkas, ähnlich dem Eskimo-Kajak. So gut war dieses kleine Boot abgedichtet, daß der Paddler damit haushohe Brandungswellen durchstoßen konnte. So leicht diese Fahrzeuge auch waren, die geübten Seefahrer legten damit die größten Entfernungen zurück. Ihre Konstruktion hat sich bis heute bewährt, es gibt die Baidarkas noch immer. Nur hat man sie durch Außenbordmotore noch schneller gemacht.
Die Götter der Aleuten waren die Vulkane ihrer Inseln, das innere Feuer der Erde. Wer den nächtlichen Widerschein der vulkanischen Glut am dunklen Himmel gesehen und das Gerumpel in den feurigen Bergen gehört hat, kann verstehen, daß diese Urgewalten auf das Naturvolk einen gewaltigen Eindruck

machten. Wenn die Erde zitterte, wenn glühende Lavamassen zischend an den vereisten Berghängen hinunterflossen, dann zitterte auch der Mensch dieser Inseln vor der verheerenden Macht seiner Götter.
Es gab noch mehr als nur diese Gewalten, vor denen man in den Barabaras zittern konnte. Denn zu allem Überfluß führten die Söhne des Nebelmeeres auch noch grausame Stammeskriege untereinander. Man überfiel sich gegenseitig, lag im Hinterhalt und drang bei stürmischer Nacht blitzartig in fremde Unterkünfte ein. Weder Weib noch Kind wurden geschont, zwischen allen Inseln herrschte ewiger Krieg.
Um so erstaunlicher ist die verhältnismäßig große Zahl von Menschen, die all das Ungemach überlebten. Nur ein zahlreicher Kindersegen konnte so viele Verluste wieder ausgleichen. Wenn die alten Schätzungen stimmen, dann gab es um die Mitte des achtzehnten Jahrhunderts auf den Aleuten mehr Bewohner als Eskimos und Indianer im ganzen übrigen Alaska.
Das aber änderte sich, als die Russen kamen. Zu einer Zeit, da noch kein weißer Mann Nordamerika durchquert hatte und als noch keine europäische Siedlung an seiner Westküste bestand, kämpften sich die Promischleniki bereits zu den aleutischen Inseln durch. Die ersten Raubjäger kamen in sogenannten Lotkis von Sibirien herüber, in plumpen, nur halb gedeckten Holzkästen, die durch geteerte Lederriemen zusammenhielten und lederne Segel trugen. Wann die ersten Pelzjäger vom Osten her auf den Aleuten erschienen, kann heute niemand mehr sagen.
Offiziell wurde die Inselkette erst 1741 von Vitus Bering entdeckt. Er selber ging zugrunde, aber seine Berichte gelangten zurück und führten zum Beginn eines Raubbaues, wie er in der traurigen Geschichte menschlicher Raffgier ohne Beispiel ist. Was hier in verhältnismäßig kurzer Zeit an Pelztieren vernichtet wurde, scheint deshalb so unglaublich, weil nur wenige hundert Fremde daran beteiligt waren. Hört man aber, daß der Russe Lukanin in einem Jahr über fünftausend Seeotter erbeutet hat, wird begreiflich, daß sie so schnell verschwanden. Zählten auch die Pelzrobben nach Millionen, ihr Bestand war doch nicht unerschöpflich, wenn im Verlauf einer Saison zweihundertachtzigtausend erschlagen wurden. Die von unserem Landsmann Steller im Jahre 1741 auf der Beringinsel entdeckte Seekuh war schon zweiundzwanzig Jahre später restlos vernichtet.
Die unglücklichen Aleuten wurden mit brutaler Gewalt gezwungen, sich völlig in den Dienst ihrer neuen Herren zu stellen. Man verpflanzte sie gegen ihren Willen auf unbewohnte Inseln. Grausame Strafen mit der Knute drohten, wenn die abgelieferten Felle nicht der befohlenen Menge entsprachen. Bis nach Kalifornien hinunter und bis nach Hawaii hinüber nahmen die Russen »ihre« Aleuten auf Nimmerwiedersehen mit. Deren Familien daheim blieben dem Hunger überlassen. Die verzweifelten Menschen setzten sich zur Wehr und überfielen die russischen Stationen. Darauf kam es zu einer totalen Vergeltung,

ganze Dörfer wurden im Zuge der »Sippenhaft« vernichtet, manche Inseln entvölkert.
Als die Kunde dieser beispiellosen Untaten endlich bis nach Petersburg gelangte, griff die russische Regierung ein und entsandte den Priester Veniaminow, mit weitgehenden Vollmachten ausgestattet. Einen besseren Mann hätte man gewiß nicht finden können. Veniaminow wurde zum Beschützer und Apostel der Aleuten, den man schon nach kurzer Zeit fast als Heiligen verehrte. Zum Bischof von Russisch-Nordamerika befördert, rettete dieser Mann von den Insulanern, was noch zu retten war. Sein Verdienst ist es, wenn die restlichen Aleuten noch heute dem orthodoxen Glauben anhängen und erstaunlich gute Christen sind.
Doch beschränkte sich Veniaminow nicht auf seine geistlichen Pflichten allein, er sorgte für Schulen und erfand ein aleutisches Alphabet. Nicht nur religiöse Schriften, auch Lehrbücher übertrug der unermüdliche Mann ins Aleutische. Was wir heute von den alten Sagen und dem ursprünglichen Leben der Aleuten wissen, geht auf seine Forschungen zurück. Niemand kannte dieses Volk besser als sein Apostel, ohne Veniaminow wären die Söhne des Nebelmeeres verschwunden und längst vergessen.
Veniaminow führte den Rest dieses Volkes in ein neues Leben, denn für ihr einstiges Dasein war die Zeit vorüber. Er gab ihnen russische Namen, lehrte sie russisch sprechen und brachte ihnen die einfache Art altrussischer Lebensweise bei. Für sich selbst hatte Veniaminow keinen anderen Wunsch, als sein Lebenswerk auf den Aleuten zu beschließen. Statt dessen holte man ihn nach Moskau zurück, wo er Metropolit der Staatskirche wurde und Oberhirte des ganzen, riesigen Zarenreiches.
Obwohl die Inseln nun schon länger als hundert Jahre den Vereinigten Staaten gehören, gibt es noch immer ältere Leute, die russisch sprechen. Auch die aleutischen Dörfer machen noch ganz den Eindruck russischer Siedlungen aus dem vorigen Jahrhundert. Inmitten jedes Dorfes erhebt sich die kleine Kirche mit ihrem Zwiebelturm. Die niederen Blockhäuser könnten in der sibirischen Taiga stehen. Man glaubt sich in eine unwirkliche Welt versetzt, die Zeit scheint stillzustehen. Abends sitzt die Aleutenfamilie um den Samowar, ein breiter Kachelofen sorgt für wohlige Wärme, an den Wänden hängen russische Ikone. Draußen heult der übliche Sturm.
Doch für die meisten Aleuten kam der große Priester zu spät, nur ein Bruchteil der »Nebelsöhne« hatte die Hölle der Promischleniki überlebt, knapp ein Zehntel des Volkes war übriggeblieben!
Die heutige Zahl der Aleuten ist nur schwer zu schätzen. Die offizielle Statistik gibt 3500 Aleuten an, zählt aber auch solche Leute hinzu, die nur zu einem Viertel dieser Abstammung sind. An mehr oder weniger »echten« Aleuten sind wohl kaum noch anderthalbtausend vorhanden. Hiervon leben – wie schon gesagt – etwa sechshundert auf den Pribiloffinseln, wohin die Russen ihre Vor-

fahren verschleppt hatten. Auf der Inselkette selber sind reine Aleutendörfer nur noch dünn gesät. Aber immerhin ist die Zahl der Aleuten wieder stark im Steigen.

Ganz den Eindruck des vergangenen Jahrhunderts macht das entlegene, nur schwer zu erreichende Aleutendorf *Belkofski* am westlichen Ende der Alaskahalbinsel. Hier wollte ich eines jener berühmten Körbchen erwerben, das die aleutischen Frauen früher so geschickt zu flechten verstanden. Aber man verlangte dreihundert Dollar dafür, es war dort das letzte seiner Art. Niemand beherrschte mehr die alte Kunst, so etwas herzustellen.

Bisher haben sich noch keine Touristen auf den Aleuten eingestellt, ich glaube auch nicht, daß sie es in Zukunft tun werden. Bieten doch die rauhen Inseln nichts, was dem landläufigen Geschmack einer Ferienreise entspricht. Bei meinem ersten und zweiten Alaskabesuch bestand noch die Möglichkeit, die »Wiege der Winde« auf einer Rundfahrt nach Touristenart zu besichtigen. Und zwar an Bord des guten, gemütlichen »Elias«, eines auf Dieselbetrieb umgebauten Dampfers mit rundem Bauch und behäbiger Gangart. Schier vierzig Jahre war er damals alt und hatte schon manchen Sturm gesehen. Seine Farben waren verblaßt und die Flanken von Treibeis zerschrammt, doch sonst war »Elias« noch kerngesund. Auf dreitausend Tonnen schätzte ich seine Wasserverdrängung, als ich das wackere Streitroß der Beringsee am Hafenpier von Seward liegen sah.

Alle drei Monate machte sich »Elias« zu den Aleuten auf und schnaufte gemächlich von Insel zu Insel. Nur seine Abfahrt war bestimmt, wann er wieder heimkommen würde, wußte man nur so ungefähr. Vier bis fünf Wochen blieb der Aleutenfahrer unterwegs. Wohin er sich während dieser Zeit wandte, hing ganz von seiner Kundschaft ab. Die größeren Inseln waren wohl immer dabei, die kleinen Siedlungen aber nur bei entsprechendem Bedarf. Manchmal bewegte sich »Elias« bis nach Attu, der letzten Insel der langen Kette, öfter aber kehrte er schon bei Adak wieder um. Dafür hatte er dann genügend Zeit, auch mal Sitkin anzulaufen oder Yunaska, vielleicht sogar Chuginadak oder Tschernowski. Eine ganze Reihe solcher Überraschungen wurde immer geboten, abseitige Inseln und winzige Aleutendörfer, die man sonst nie zu sehen bekam, tauchten aus dem Nebel auf. Für Leute, die etwas ganz Besonderes erleben wollten, war das sehr reizvoll, trotz wallenden Seegangs und manch sonstiger Unbilden.

Einmal irgendwo angekommen, blieb das gute Schiff eine Weile liegen. Es hatte ja nicht nur Fracht und einige Passagiere an Bord, sondern auch seinen wohlbestallten Kaufladen. Für viele Ortschaften war der »Elias« die einzige Versorgungsquelle, auf die sie ein ganzes Jahr lang warten mußten. Und da man aus vieler Erfahrung die Bedürfnisse der Insulaner kannte, führte das nützliche Schiff so ziemlich alles mit, was die Leute haben wollten. Mit Weib und Kind und Großmutter kamen sie an Bord, drängten sich in den Gängen

und wühlten im dargebotenen Gut. Nur wenige Käufer zahlten in bar, die meisten setzten erst ihre weißen und schwarzen Fuchsfelle beim Supercargo ab, der sie genau zu taxieren verstand. Große Bündel von Seehundfellen wurden an Bord geschleppt, Säcke mit Walroßzähnen und allerhand Schnitzereien für den Souvenirhandel. Anschließend wurde im Speisesaal getafelt und getrunken, denn so seltene Genüsse und so viele Abwechslungen wie auf dem »Elias« wurden an Land nirgendwo geboten.
Aus und vorbei, der alte behäbige »Elias« lebt nicht mehr. Für unsere ungeduldige Zeit war er zu langsam gewesen, und man hat ihn nach einer an sich leicht zu behebenden Havarie irgendwo in einer engen Bucht liegenlassen und für immer verlassen.
»Reeve's Aleutian Airways« besorgt statt dessen den Flugverkehr, was natürlich zwanzigmal rascher geht.
Unalaska ist die Hauptstadt der Aleuten, auf der gleichnamigen Insel gelegen. Die Marinestation von Dutch Harbour gehört dazu und gibt dem Ort ein bescheiden modernes Gepräge. Ebenso modern und nicht dorthin passend wirken die neuen, vorwiegend militärischen Ortschaften, deren Betreten nicht gestattet ist. Die übrigen Siedlungen schlafen still vor sich hin. Manche sind halb und manche ganz verlassen. Doch könnte man bei einiger Aufmerksamkeit allenthalben am Ende flacher Buchten die »Barabara« der ausgestorbenen Dörfer sehen. Sie beweisen, daß die Inseln früher viel dichter bewohnt waren.
Gerne hätte ich die ganze Rundfahrt auf dem »Elias« mitgemacht, zumal das für alaskanisch-amerikanische Begriffe gar nicht so teuer war, es sollte damals nur 250 Dollar kosten. Aber leider reichte meine Zeit nicht für die ganze Rundfahrt aus. Für dieses Jahr mußte ich mich begnügen, nur bis in die Cold-Bay und nach Belkofski zu kommen. Irgendwo in der weiteren Umgebung dieser Siedlungen würde hoffentlich jener Riesenbär leben, den ich so gern erlegen wollte. Die Cold-Bay, der Ausgangspunkt meiner geplanten Unternehmungen, liegt am äußersten Ende der Alaska-Peninsula, der Aleuteninsel Unimak gleich gegenüber.
Also ging ich nach unserer Rückkehr von der Resurrection-Bay an Bord des »Elias«, um mir anzusehen, wie man dort untergebracht wird. Die meisten Kabinen hatten vier Betten. Für Individualisten, die allein bleiben wollten, gab es nur zwei Einzelkabinen, die so winzig klein waren, daß man sich kaum darin umdrehen konnte. Doch befand sich alles darin, was man unbedingt braucht, und sie waren verhältnismäßig sauber. Besser gefielen mir die übrigen Räume, der sogenannte Rauchsalon und der Speisesaal. Alles war schön altmodisch, zwar erheblich abgewetzt, aber doch urgemütlich. Mit dem Kapitän konnte man sich gewiß gut vertragen.
Ich buchte meine Kabine zur nächsten Ausreise in vierzehn Tagen und fuhr nach Anchorage zurück. Wie es aber soweit war und ich meine Sachen schon gepackt hatte, wurde ich angerufen und erfuhr zu meinem Leidwesen, daß sich

»Elias« die Kurbelwelle verstaucht hatte und für einige Zeit das Dock hüten mußte.
Mit der Seefahrt war also nichts zu machen. Unnötig zu sagen, daß kein anderes Schiff dieses Strecke befuhr. Es blieb nur noch der Luftweg, und ich lenkte meine Schritte zu Oberst Smith, der mich schon so oft zu den fernsten Winkeln Alaskas hatte fliegen lassen. Und weil es in der Cold-Bay eine Radarstation gab, die mehr oder weniger regelmäßig versorgt wurde, mußte es wohl auch diesmal möglich sein.
»Es geht leider nicht«, war seine Antwort, »denn dorthin fliegt auch Bob Reeves mit seiner Aleutian-Airways, und wir haben strengste Weisung, ihm keine Passagiere wegzunehmen. Tut uns mächtig leid, aber nicht einmal der General kann was dagegen machen.«
Das war nun gar nicht gut, weil ich mittlerweile knapp bei Kasse war. Acht Wochen hatte ich bleiben wollen, nun war ich schon vier Monate im Lande. Von daheim konnte ich nichts mehr bekommen, meine Frau würde kaum dazu beitragen, daß ich noch länger ausblieb. An dem Riesenbären in der Wohnung lag ihr sowieso nicht viel. Sie meinte, drei Eisbären im Flur seien genug, wenn es unbedingt sein müßte, könnte man ja einen davon braun färben lassen. Dann hätte ich meinen Braunbären, und zwar viel billiger, als dafür extra auf die Aleuten zu fliegen. Mir blieb nur übrig, mit dem mageren Rest in der Tasche auszukommen. Und diesen Rest mußte ich in den Rachen des Bären werfen, wenn ich mich so ausdrücken darf. Den teuren Passagierflug nach Cold-Bay und zurück konnte ich mir nicht mehr leisten.
»Wir nehmen Sie mit, wohin Sie wollen«, versicherte Smith zum Trost, »nur eben dorthin nicht, wohin auch eine private Luftlinie fliegt. Wir dürfen Bob Reeves unmöglich ins Geschäft pfuschen, er würde uns die Hölle verdammt heiß machen!«
Ich beschloß, in die Höhle des Löwen vorzudringen.
Dem Verwaltungsgebäude des mächtigen Mannes konnte man gewiß nicht ansehen, daß von hier eine der größten Luftlinien Alaskas mit zwei Dutzend modernen Flugzeugen beherrscht wurde. Es war damals nur eine hölzerne Hütte von bescheidenstem Ausmaß, lag aber zwischen den modernen Gebäuden in der Hauptstraße.
Bob Reeves saß hinter vielen Papieren an seinem Schreibtisch und trug einen mexikanischen Sombrero, wohl wegen der Bullenhitze in seinem engen Büro. An den Wänden hingen zersplitterte Propeller alter Bauart und vergilbte Fotos von abgestürzten Flugzeugen aus der Pionierzeit. Für ängstliche Kunden der »Reeves-Airways« schien das nicht gerade beruhigend, aber dem Chef waren es liebe Erinnerungen an seine frühen Jahre.
Bob gilt den Alaskanern als lebendiges Denkmal, obwohl er noch von beneidenswerter Frische ist. Nach dem Ersten Weltkrieg in Lande angekommen, hat er hier das Fliegen erst richtig eingeführt. Seine Pioniertaten und Abenteuer,

seine Wunderflüge und wunderbaren Rettungen füllen nicht nur ein Buch, sondern deren drei, alle unerhört packend. Sogar in deutscher Sprache sind die tollkühnen Taten des »Gletscherpiloten« geschildert worden. Daß er sie alle in blühender Gesundheit überlebt hat, ist wahrlich seine größte Leistung.
»Hab mich schon gewundert, daß Sie noch nicht bei mir waren«, sagte er zur Begrüßung, »sonst kommt doch gleich jeder in meine Bude gestürmt, der gutes Papier mit seinem Geschreibsel ruiniert.«
Sein Ton gefiel recht gut, mit solchen Leuten kann man immer reden.
»Über Sie ist schon so viel geschrieben worden, daß man gar nichts mehr hinzulügen kann«, erwiderte ich frech.
»Sagen Sie das nicht, die Phantasie der Federkratzer kennt keine Grenzen. Brauchen Sie sonst noch was?«
»Einen Freiflug nach Cold-Bay und zurück, mitsamt Gepäck.«
»Von mir nicht . . .«
»Hab ich Sie darum gebeten?«
»Aber Sie sagten doch . . .«
». . . daß ich einen Freiflug nach Cold-Bay brauche, und den bekäme ich auch. Von ganz besonders netten Leuten bekäme ich den, wenn . . . nun ja, wenn Sie nicht wären, Mr. Reeves.«
»So . . . und wer sollen diese angeblich so netten Leute sein?«
»Die Luftwaffe der United States of America, Mr. Reeves. Ich nehme an, Sie kennen das Unternehmen.«
»Kenn ich besser, als mir lieb war. Schon seit dem ersten Krieg, als mich einer von euch Fritzen durchlöchert hat . . . Also, wen haben Sie in Elmendorf breitgeschlagen?«
»Den Colonel Smith, aber leider hat er zuviel Angst vor Ihnen.«
»Will ich auch hoffen, bei den vielen Steuern, die sie mir aus den Knochen pressen. Kann nicht dulden, daß sie mir auch noch das Geschäft verderben . . .«
Mit grimmiger Geste langte er zum Telefon, wählte aus dem Gedächtnis, schimpfte mit einem Vorzimmer und hatte schließlich den Oberst am Draht.
»Dick, was bist du doch für 'ne Flasche . . . hättest mich wirklich anrufen können! Nun hockt der Fritz bei mir herum und stiehlt meine Zeit . . . Als reißenden Wolf hast du mich geschildert, was vollkommen den Tatsachen entspricht . . . nur heute bin ich mal guter Laune . . . Also, von mir aus, flieg den Papierverderber, wohin er will. Meinetwegen um die ganze Erde, inklusive Cold-Bay und was sonst noch . . . Nein, nicht erst nächste Woche . . . der Mann hat's scheinbar eilig, mach schon zu, Menschenskind. Na siehst du . . . es geht, alter Igel . . . Abgemacht, übermorgen um sechs. Grüß Kitty . . . danke . . . so long.«
Er warf den Hörer hin und grinste mich an, der gute Mann.
»Alles in Ordnung, Dick hat die Maschine für Cold-Bay vorgezogen, wirklich zuvorkommend! Bringen Sie ihm ein paar Eisblumen mit!«

»Mr. Reeves, ich kann Ihnen gar nicht sagen . . .«
»Hör mit dem verdammten Mister auf, Mann, ich heiß Bob für meine Freunde und hab Hunger. Los, gehen wir essen, und danach befeuchten wir die trockene Kehle.«
Wir aßen in seinem Klub, der sich das älteste Haus von Anchorage ausgesucht hatte. Es war sehr stilvoll eingerichtet, mit roten Plüschmöbeln und vielen Nippesfiguren. An der Wand hingen in vergoldeten Rahmen prominente Pioniere des Landes. Mein Gastgeber war auch dabei. Genau unter seinem Bild war ein Tisch für ihn reserviert.
»Wenn du im nächsten Jahr wiederkommst . . ., denn du kommst natürlich wieder, weil jeder wiederkommt, dann machen wir beide einen ganz und gar privaten Rundflug durch die Aleuten.«
Ich sagte, das sei zu schön, um wahr zu sein. Aber Bob meinte, es habe bisher noch niemand gewagt, die eherne Beständigkeit seiner Worte zu bezweifeln. Ich solle mich hüten, damit anzufangen.
»Und wie ist das mit dem aleutischen Wetter, nicht gerade ideal zum Fliegen . . . wie?«
Er gab mir einen Blick, der Whisky gefrieren konnte.
»Was heißt schlechtes Wasser zum Fliegen? Ob es schlecht ist, hängt vom Piloten ab . . . ein gewisser Mann – er sitzt übrigens vor dir – hat das berühmte Wort geprägt, daß man in den Aleuten mit dem Gefühl der Fingerspitzen fliegen muß. Und das kann man immer – sofern man es kann!«
Wenn jemand so etwas sagen durfte, ohne sogleich im einstimmigen Gelächter sämtlicher alaskanischen Piloten zu ertrinken, war das eben Bob Reeves. Denn niemand anders hatte vor ihm gewagt, durch die Wiege der Winde zu fliegen. Bob hatte sie für den Luftverkehr erschlossen und dafür eine besondere Technik erfunden. Er hatte die Lage der aleutischen Flugplätze bestimmt und die Piloten angelernt. Der jetzige Chefpilot dieser Strecke war sein ältester Sohn. Die »Aleutian Airways« hatten bisher noch kein einziges Menschenleben eingebüßt.
»Ist aber ein wahrer Jammer, daß es sich wirtschaftlich nicht lohnt, die kleinen Inseln zu bedienen, gerade die interessantesten Örtchen müssen wir überspringen . . . keine Passagiere, keine Fracht dahin. Müssen das dem ›Elias‹ überlassen . . . solang er's noch macht. Dabei gibt's überall noch kleine Flugplätze aus dem Krieg . . . Attu und Kiska waren ja von den Japsen besetzt. Wenn wir beide mit meiner Cessna herumkutschieren, kommen wir überall hin. Ich werd dir ein paar Lagunen zeigen, auf denen die Wildgänse zu Millionen sitzen.«
»Zu Millionen, Bob?«
»Zu Millionen und aber Millionen, dazu Kraniche, Eisenten, Singschwäne, Kanadagänse . . . die stärkste Konzentration von Geflügel, die's auf der Welt überhaupt gibt. Aber zur Zeit bist du wohl mehr auf Bären scharf?«
»Stimmt, aber woher . . .«

»Von Mike natürlich, hast ja mit ihm gesprochen, als du neulich in Cold-Bay warst, auf dem Weg zu den Pribiloffs.«

»Dein Nachrichtendienst funktioniert erstklassig!«

»Nein, Mike Uttecht funktioniert, hat mich mal aus dem Teich gezogen, als wir beide noch jung waren. Ganz in der Nähe von Cold-Bay übrigens. Wollte damals auf 'ne Sandbank runter ... Motor kotzte gar zu jämmerlich ... wurde aber nicht fertig, die Flut kam und wollte mich gerne mitnehmen. Da tuckerte Mike herbei, mit Gottes Hilfe ... denn wie sollte sonst der einzige Mensch auf hundert Meilen ausgerechnet in dem Moment aufkreuzen, wo mir das Wasser bis zum Halse stand. Konnte richtig hören, wie die Flügel von meinem Schutzengel gerauscht haben. Mike ist eine Type, mein Bester, das kann ich dir sagen. Hast du schon was ausgemacht mit ihm?«

Mike Uttecht mußte wohl jener rauhe Mensch sein, mit dem ich seinerzeit, bei der kurzen Zwischenlandung in Cold-Bay, ein paar Worte gewechselt hatte. Aber über seine Preise war damals nicht gesprochen worden.

»Hoffentlich zieht er mir nicht das Fell über die Ohren, wenn er mich erst in seinen Krallen hat«, sagte ich.

Bob schüttelte den Kopf.

»Tut er nicht, aber sag ihm einen schönen Gruß von mir und wundere dich gleich über sein jugendliches Aussehen.«

»Aber er kann doch gar nicht mehr so jung sein?«

»Ist über sechzig, will aber für vierzig gehalten werden. Wenn du damit in die richtige Kerbe haust, wird er preiswert.«

»Danke, Bob, werd's versuchen.«

Mike Uttecht sei auf den Aleuten geboren, erzählte mir Bob, damit ich Bescheid wüßte. Er setze sich aus genau acht verschiedenen Rassen zusammen, die sich gleichmäßig auf seine Urgroßeltern verteilten. Wenn ich mich recht entsinne, kreisten in seiner Blutbahn die Elemente von Aleuten, Eskimos, Indianern, Russen, Chilenen, Schweden, Iren und Deutschen. Er hatte von jeder dieser Nationen 12,5 Prozent mitbekommen. Als Pelzjäger, Walfänger und Piraten hatten seine fremdländischen Vorfahren die Wiege der Winde heimgesucht. Töchter der Aleuten, Eskimos und Indianer waren ihnen zu Willen gewesen, so daß am Ende ein Nachkomme wie Mike Uttecht entstand.

»Ein rauher Mann, der viel von dir verlangen wird«, sagte Bob Reeves. »Eine bequeme Safari machst du mit dem nicht. Das Gelände ist schauerlich, du wirst dir deine Beine aus dem Leib laufen. Mike nimmt da keinerlei Rücksicht.«

Wie es mit den Bären stünde, wollte ich wissen.

»Bären gibt es massenhaft, und vereinzelt sind ganz mächtig dicke Stücke darunter. Die Gegend wird aber nur wenig bejagt, weil's den Leuten zu mühsam ist. Soviel ich weiß, ist seit drei Jahren kein Bärenjäger mehr dort gewesen. Mike lebt vom Fischen und Trappen, ist der einzige, der die wüste Gegend

wirklich kennt. Gelegentlich begleitet er fremde Gäste zur Entenjagd . . . Präsident Eisenhower war auch mal mit ihm unterwegs, bevor er Präsident wurde. Hatte aber seinen Hubschrauber mit. Du wirst ja sehen, daß man so was gut brauchen könnte. Bist du sonst richtig ausgerüstet?«
Ich zählte alles auf, was ich für solche Zwecke mitführte.
»Meinst du, ich brauch sonst noch was, Bob?«
»Nur noch Schwimmflossen und ein dickes Fell.«

Der Große Bär

So saß ich denn in der Maschine nach Cold-Bay, und das große Abenteuer konnte beginnen. Aber nur für zehn Minuten genoß ich die Vorbereitungen zum Aufbruch, dann wurden die Motoren wieder abgestellt und der Start verschoben. Cold-Bay meldete Bodennebel, außerdem war die dortige Piste über Nacht vereist.

Man wies mir ein Zimmer im Offiziersquartier an, und ich hatte weiter nichts zu tun, als mich in Ungeduld zu verzehren. Alle Augenblicke konnte der »Güterwagen« starten oder auch nicht. Ich mußte immer erreichbar bleiben, denn sobald eine günstige Meldung kam, sollte es losgehen. War ich nicht gleich zur Stelle, hatte ich meine Chance verpaßt, und mit der Bärenjagd war es aus.

Wir starteten am nächsten Morgen um sechs, flogen bis zum Iliamnasee und kehrten wieder um. Cold-Bay war abermals eingenebelt. Auch der nächste Start wurde abgeblasen, erst beim dritten Versuch bestand Aussicht durchzukommen. Die Wolkendecke hatte sich gehoben, in Cold-Bay war es wärmer geworden und regnete.

Aber in Elmendorf hatte es geschneit, wir schlurften durch etwa dreißig Zentimeter Neuschnee zur Maschine. Sie brauchte die ganze Länge der Startbahn, um vom Boden hochzukommen. So tief brausten wir über die Dächer von Elmendorf*, daß ich meinte, wir würden die Telefondrähte mitnehmen. Aber gleich danach hatten uns die geballten Wolken verschluckt.

Wenn es bei diesem Flug keinerlei Sicht gab, war das kein allzu großer Verlust. Während meiner Reise zu den Pribiloffs hatte ich die Landschaft drunten schon ausgiebig genossen, sie war unvergeßlich und stand mir noch deutlich vor

* Der größte Militärflugplatz der USA in Alaska trägt den Namen eines deutschstämmigen Jagdfliegers im Ersten Weltkrieg, dessen Familie vermutlich aus dem romantischen Dörfchen Elmendorf am Zwischenahner See ausgewandert war.

Augen. Nichts Schlimmeres ließ sich für angstvolle Gemüter denken als das phantastische Getümmel zackiger Spitzen, die von der Alaskarange in die Luft hinaufdrohen. Aber für starke Herzen waren das Anblicke, die man sich gar nicht großartiger denken konnte. Nun jedoch blieb alles verborgen, wir schwebten in einem grauen Raum, worin sich stundenlang nichts änderte.

Was es drunten alles gab, war droben in den Wolken belanglos. Tiefe Schluchten, steile Berge, tausend Buchten, enge Täler, nichts davon konnte uns erregen. Eisige Schründe, silberne Spitzen, wütende Brandung und blaue Gletscher, nichts davon konnte man bewundern. Die schimmernden Hänge des feuerspeienden Mount Veniaminow, die waldumsäumte Küste des großen Becharofsees, die schwefelgelben Krater von Katmai lagen verhüllt. In welchem Augenblick wir dies oder jenes überflogen, konnte ich nicht einmal ahnen.

Eine Stunde verging nach der anderen in der relativ langsamen Flugmaschine, ohne daß sich draußen der geringste Lichtblick zeigte. Ich war ganz allein im vollgeladenen Frachtraum, denn Ablösung flog in dieser Jahreszeit nicht zu den Aleuten. Ich sah nur die breiten, beruhigenden Rücken der beiden Piloten, mir gegenüber schaukelten zwölf zusammengeschnürte Fallschirme über leeren Bänken.

Endlich, nach fast fünf Stunden, dröhnten die Motoren anders und der Blechboden senkte sich. Wir setzten zur Landung an.

Die Wolken draußen lösten sich auf, flatterten in Fetzen davon. Die nasse Piste kam unserem Vogel entgegen, darum herum langweilten sich die verwitterten Schuppen von Cold-Bay. Das Fahrgestell schob sich quietschend hervor, die massige Maschine rumpelte auf den Boden und rollte aus.

Von Mike Uttecht war vorerst nichts zu sehen, ein Offizier von der Radarstation nahm mich in Empfang.

»Was hat Sie bloß auf den Gedanken gebracht, ausgerechnet im November herzukommen«, unkte er mich an, »entweder ist das zwei Monate zu spät oder drei zu früh!«

»Stimmt genau, was unsereins betrifft, Captain, aber ich muß mich nach den Bären richten ... kurz vor dem Winterlager soll das Fell am besten sein. Übrigens, ich war mit Mike Uttecht verabredet, ist er nicht gekommen?«

Der Offizier wies lässig zum nächsten Schuppen.

»Ihr Bär brummt dort drüben ... hält aber nichts von einem roten Teppich und Blumenstrauß.«

Das sah man ihm wahrlich an, er saß mit verschränkten Armen auf einer rostigen Benzintonne und rauchte aus einer faustgroßen Pfeife, gerade unter dem Schild mit NO SMOKING. Mike stand weder auf, noch schaute er überhaupt in meine Richtung.

Also ging ich gemächlich auf ihn zu und fragte, ob er mich erwarte.

Ich bekam einen vorwurfsvollen Blick.

»Seit vier Tagen, Mister . . . hätte was Besseres zu tun gehabt.«
»Tut mir leid, aber Sie wissen ja . . . das Wetter!«
Er kniff seine scharfen, grauen Augen zusammen und betrachtete mich von Kopf bis Fuß.
»Wasserstiefel haben Sie wohl nicht?«
»Nur Gummistiefel bis zum Knie.«
»Müssen aber 'ne Wathose haben . . . dreckiges Gelände hier.«
Glatte, lederne Haut spannte sich über starke Knochen. Das Gesicht war von Wind, Eis und Regen tief gebräunt. Wenn Mike den Mund aufmachte, sah man ein prachtvolles, hartes Gebiß. Die Fellmütze war tief über die Stirn gezogen, die Ohrenklappen standen waagerecht ab.
»Müssen uns beeilen, Mister . . . haben keine Zeit zum Trödeln.«
»Wo treffen wir Ihren Vater?« fragte ich mit Hinterlist.
»Was . . .?«
»Ich hatte eigentlich gedacht, Ihr Vater würde mich selber abholen.«
»Was reden Sie da von meinem Vater, der . . . ist doch schon längst verblichen.«
Ich gab mich verwirrt.
»Entschuldigen Sie, aber ich wollte eigentlich Mike Uttecht treffen.«
»Sie haben ihn getroffen . . . wen denn sonst?«
Ich tat noch mehr verwirrt und entschuldigte mich nochmals.
»Da hat sich doch jemand einen ganz blödsinnigen Scherz erlaubt und mir gesagt, Sie seien sechzig. Deshalb fragte ich nach Ihrem Vater . . .«
Über Mikes Gesicht legte sich die Sonne der Zufriedenheit.
»Macht nichts, Freundchen . . . in diesem Lande gibt's viel dummes Gerede. Hat noch zwanzig Jahre Zeit, bis ich sechzig werde . . .«
Er stand behende auf und griff nach meinem Rucksack.
»Für vierzig hätte ich dich noch nicht mal gehalten, Mike . . . muß wohl das gesunde Leben sein, wenn man ewig jung bleibt.«
Er hieb mir seine Pranke auf die Schulter.
»Wenn wir erst den Bären haben, bist du auch zehn Jahre jünger und . . . das versprech ich dir . . . zehn Pfund leichter.«
Wenn ich den Ereignissen vorgreifen darf, möchte ich schon jetzt sagen, daß Mike sein Versprechen nicht nur hielt, sondern erheblich übertraf. Als ich wieder in Anchorage war, hingen mir meine Kleider nur noch lose um den mageren Leib.
Von dem, was mich erwartete, gab mir der jugendliche Held schon hier auf dem Flugplatz einen kleinen Vorgeschmack. Er eilte auf seinen langen Beinen und beladen mit all meinen Sachen so geschwind davon, daß ich nur im Dauerlauf nachkam.
Sein Jeep war ein Relikt aus dem Zweiten Weltkrieg, in allen Fugen klappernd und von Rost zerfressen.

»Fahren erst noch mal zu mir, damit du richtige Klamotten bekommst. Ich wohne am Snob-Hill, wie sich's für Prominenz gehört.«
Abgesehen von der Radarstation, die zehn Kilometer außerhalb liegt und »Fort Randall« heißt, lebten damals in Cold-Bay nur fünfundsechzig Personen. Es waren durchweg Angestellte des Flugplatzes, Beamte der Wetterstation, Post und Schule, angereichert durch ihre Familien. Mike Uttecht war der einzige Privatmann im Ort und mächtig stolz darauf. Während des großen Krieges, als man eine japanische Invasion befürchtete, lag in Cold-Bay eine ganze Division mit allem Troß und Zubehör. Einige tausend Mann könnte man auch heute noch unterbringen. Meilenweit in der Umgebung verstreut stehen noch einigermaßen gut erhaltene Fertighäuser des Militärs.
Mike lebte im Haus des Generals von damals, gewissermaßen auf dem Feldherrenhügel. Leere Stabsgebäude und alte Offiziershäuser, die jetzt von Postbeamten bewohnt wurden, umringten seine Residenz.
»Miete ist hier ziemlich billig«, verriet mir mein Führer, »zahle nur einen symbolischen Dollar pro Jahr. Komm rein, Hans, machen uns erst mal 'nen guten Kaffee.«
Mike bewohnte nur das Erdgeschoß, in dem oberen Stockwerk lebten seine fünf Hunde, die ganz unheimlich bellten.
»Sind alles deutsche Drahthaare . . . ich züchte und verkaufe sie nach Süden. Wir werden Paula mitnehmen, mach dich nachher mit ihr bekannt.«
Die Einrichtung war recht kunterbunt, eingesunkene Sofas, abgewetzte Klubsessel, ein schwerer Schreibtisch und verblichene Teppiche. An den Wänden hingen Gewehre, in der Ecke stand Angelzeug. Das Schlafzimmer war in weißem Schleiflack gehalten, aber schon ziemlich zerkratzt. Im Badezimmer sah es aus, als hätten sich eben noch alle fünf Hunde in der Wanne gesuhlt. Immerhin gab es einen elektrischen Boiler darin und gekachelte Wände.
»Noch alles vom General . . . und von meinen Steuern«, bemerkte Mike, »nun hat unsereins auch mal was davon . . . Kaffee wird gleich fertig sein.«
Mike besaß eine moderne Einbauküche, dort setzten wir uns hin.
»Nun sag mal gleich, wie deine Preise sind?« fing ich an.
Er nannte den üblichen Betrag für eine gutgeführte Bärenjagd.
»Ach, bevor ich's vergesse, Mike . . .«, fiel mir ein, »ich soll dich ganz besonders herzlich von Bob Reeves grüßen.«
Das schien ihn mächtig zu freuen, und wir sprachen eine Weile über den großartigen Bob. Dann kam er wieder auf die Finanzen zurück.
»Ja, das ist es, was ich für gewöhnlich verlange . . . verlangen muß, wenn ich die Sache rein geschäftlich betrachte. Aber wenn ich's mehr kameradschaftlich ansehe, könnte ich's auch billiger machen . . . sagen wir also die Hälfte.«
Der Form halber mußte ich erst mal protestieren.
»Möcht dich aber nicht berauben, Mike, jeder muß sehen, wie er durchkommt.«

»Hans, ich hab die Hälfte gesagt, und dabei bleibt's! Das gilt für zehn Tage, mit allem Drum und Dran. Aber ich mach da 'ne ganz strenge Bedingung ... Du schießt nur auf einen Bären, den ich bestimme ... darauf muß ich bestehen, und du mußt mir's versprechen.«
Ich versprach es.
Wir schlürften unseren höllenheißen Kaffee, dann bekam ich meine »Wathose«. Sie bestand aus zwei mächtigen doppelschichtigen Hüftstiefeln, deren verlängertes Oberteil man sich mit einem breiten Riemen um den Leib schnallt. Von meinem norwegischen Regenmantel wollte Mike nichts wissen, das hiesige Wetter verlange nach stärkerem Schutz. Er gab mir ein schweres Ding aus Gummistoff, das ich mir über den Kopf ziehen sollte. Da es keine Knopflöcher besaß, dafür aber lange Ärmel, war das Hineinschlüpfen jedesmal ein umständliches Gewürge.
Die Hunde über uns tobten von neuem, denn eine weitere Person erschien.
»Das ist Steve«, erklärte Mike die gedrungene Gestalt, »er kommt als Gehilfe mit. Lebt sonst in Belkofski und ist ein Aleute mit dänischem Einschlag. Der Mensch flucht wie 'n Walfänger und säuft wie 'n Kanalrohr. Können deshalb keinen Alkohol mitnehmen.«
Der Sohn der Nebelsee steckte in so viel Gummi, daß von ihm nur das Mondgesicht zu sehen war. Es war flach wie eine Bratpfanne und grinste vor Zufriedenheit. Die harten Worte seines Chefs störten Steve durchaus nicht. Er war wohl Schlimmeres gewohnt.
»Steve, hol die Paula runter«, befahl sein Boß.
»Und was machst du mit den anderen Hunden?«
»Versorgt die Nachbarin ... geht auch täglich mit ihnen promenieren.«
Paula stürmte herein, sprang über die Sofas und warf den Kleiderständer um.
»Begrüß mal erst unseren Gast, Paula ... das ist Hans.«
Das gutmütige Biest legte mir gleich seine Pfoten auf die Schulter und schleckte mir wohlwollend übers Gesicht.
»Macht sie nicht bei jedem«, freute sich Mike, »Paula ist sonst sehr wählerisch. Aber nun wird's höchste Zeit, wir müssen mit der Ebbe auslaufen ...«
»Was, wir machen eine Seefahrt?« rief ich ziemlich entsetzt, »ich denke, Braunbären leben auf dem Land.«
»Wirst schon noch sehen, Hans, wo hier die Bären leben.«
Wir krochen in den Jeep, worin mit all unserem Gepäck ein fürchterliches Gedränge herrschte. Paula wußte das und sprang über den Kühler aufs Wagendach. Wir ratterten los.
Der Weg war seit Jahren vernachlässigt, vom ewigen Regen ausgewaschen und voller Steine. Mike preschte achtlos darüber hin, mit aller Geschwindigkeit, die sein alter Karren noch hergab.
»Die Paula wird runterfallen, Mike!«
»Nein, die kennt das und hüpft mit.«

Das Gelände von Schutt und Schuppen blieb zurück, die Ödnis der aleutischen Tundra nahm uns auf. Zehn Zentimeter Schnee waren in den letzten Tagen gefallen, aber vom heutigen Regen schon fast wieder aufgelöst. Auf dem schwärzlichen Teich schwammen dünne Eisscheiben. Wildgänse, die auf ihrem Flug nach Süden Pause gemacht hatten, flogen klatschend davon. Es regnete schon wieder.

»Haben kein schönes Wetter, Mike?«

»Wieso ... finde nichts daran auszusetzen.«

Wir kamen zur Küste der Cold-Bay und folgten ihrem Verlauf. Drüben auf der Landspitze lag das schmucklose Quadrat der DEW-Station. Darüber wölbten sich vier große, weiße Halbkugeln, als Wetterschutz für die Radarschirme, die sich drinnen drehten. Mit diesen Kuppeln über seinen vier Ecken wirkte der hellgetünchte Zementblock geradezu orientalisch.

Wir verließen die Cold-Bay und fuhren über einen sandigen Landrücken. Gleich sah man wieder Wasser.

»Ist die Izembekbucht, Hans, gehört schon zur anderen Seite.«

So hatten wir in wenigen Minuten die Landstrecke zwischen dem Pazifischen Ozean und der Beringsee durchrollt.

Mike bog vom Wege ab, rumpelte mit Volldampf durch kniehohes Schilfgras und rutschte zum Strand hinunter.

Da lagen zwei Boote im seichten Wasser, eines ganz offen, das zweite mit winzigem Unterschlupf im Bug. Jedes von beiden hatte zwei starke Außenbordmotore.

»Steve wird das kleine Boot fahren, wir nehmen das andere.«

Wozu er so viele Umstände wegen mir mache, protestierte ich bescheiden.

»Ich zahl doch nur die Hälfte, Mike, genügt deshalb nicht ein Boot für uns drei?«

Nein, das wäre zu riskant. Würde dem einen Boot etwas zustoßen, kämen wir ohne das andere nicht zurück.

Kaum stiegen wir aus, hechelten zwei große, schwarze Hunde herbei, denen gleich noch ein dritter folgte.

»Sind Paulas Kavaliere«, erklärte Mike, »sie ist nämlich läufig. Kommen immer hinterher, wenn wir ausfahren.«

Er drückte mir einen dicken Knüppel in die Hand.

»Während wir das Boot beladen, Hans, sorgst du mir dafür, daß keiner von diesen Höllenhunden an meine Paula rankommt.«

Eine Bärenjagd in den Aleuten hatte ich mir ja etwas anders vorgestellt. Nun stand ich hier am dunklen Strand der Beringsee und mußte die Jungfernschaft einer Drahthaarhündin gegen Rassenschande verteidigen. Der Paula selber schien das gar nicht recht zu sein, sie war schon auf den Kühler gesprungen und überlegte nur noch, wen sie erhören sollte. Die beiden Kerle japsten vor Eifer, ihr zu gefallen. Paulas Tugend zu bewachen, war keine leichte Aufgabe.

»Paß ja auf«, rief Mike vom Boot herüber, »wenn die Paula was Falsches zur Welt bringt, schick ich dir alle Bastarde unfrankiert nach München.«
Ich war heilfroh, als endlich das ganze Gepäck in den Booten war und Paula unter dreifacher Bedeckung an Bord eskortiert wurde. Die so schnöde zurückgelassenen Kavaliere heulten herzerweichend nach ihrer Liebsten. Aber selbst dem freundlichsten Tierfreund sind irgendwo Grenzen gesetzt!
Hatte ich gedacht, daß wir nun munter davonbrausen würden, so kannte ich noch nicht die Izembekbucht. Ihr Gewässer ist nämlich so seicht, daß man auch flache Boote weit hinausschieben muß, bis sie endlich schwimmen. Solange blieben die Motoren hochgeklappt, die Schrauben hätten sich sonst in den Schlick gebohrt.
Paula saß drinnen auf dem Gepäck, wir selber wateten kniehoch im schlammigen Wasser. Mike zog vorne, und ich schob von hinten. Steve kam mit seinem Boot gemächlich nach. Wenn man weiß, daß wir unsere Bemühungen beim tiefsten Stand der Ebbe unternahmen, so könnte jede Wasserratte unserer heimischen Küste leicht auf den Gedanken kommen, daß wir nicht ganz bei Verstand waren. Denn bei uns hätte jeder vernünftige Mensch erst die Flut abgewartet, um dann gleich mit Motorenkraft zu starten. Normalerweise ist das auch ganz richtig, nur nicht in aleutischen Gewässern. Jetzt hatten wir den Ebbestrom für uns, bei Flut jedoch würde die Strömung mit unheimlicher Macht gegen uns anrennen. Außerdem, so ließ Mike wissen, brauchten wir später das Hochwasser an ganz anderer Stelle, nur wenn die Flut am höchsten stand, kamen wir über die Schlammbank vor der Moffet-Bay hinweg.
Das einzige Gute an der Izembekbucht war im Augenblick ihre vollkommene Ruhe. Sie war ihrer Natur nach als Lagune geschaffen, vom offenen Meer trennte sie eine lange Dünenkette, die alle Unbilden der immer bewegten Beringsee gnädig von uns abhielt. Wie jedoch die Elemente gelegentlich wüten konnten, das bewies der zersplitterte Leib eines Fischkutters, der auf den Dünen lag, und zwar dort, wo sie am höchsten waren. Die beiden Enden der langgezogenen Insel hießen übrigens Kap Glasenapp und Kap Neumann, was wiederum beweist, daß es den alten Entdeckern auch hier nicht an deutschen Taufpaten gefehlt hat.
Endlich war es soweit, wir konnten einsteigen und die Motoren ausklinken. Es dauerte ein Weilchen, bis sie ansprangen, weil die Kerzen feucht waren. Aber dann ging es munter los, und das flache Land blieb schnell zurück. Ich saß auf einer Benzintonne und ließ mir genußvoll den kühlen Wind um die Backen streichen. Weit hatte ich es gebracht, nun war ich wirklich zu den großen Bären unterwegs.
Da hechelte schon der linke Motor, und gleich darauf stellte auch der rechte seine wirbelnde Tätigkeit ein. Schlingpflanzen hatten sich um die Schrauben gewickelt, wir mußten sie herausheben und reinigen. Dann ging es wieder weiter, doch nicht weiter als eine Seemeile vielleicht. Abermals hatte sich schlüpf-

riges Seegras um die Schrauben geschlungen. Abstoppen ... hoch mit ihnen ... und weg mit dem Seegras. Man bekommt Übung mit dieser Arbeit, wenn man sie alle fünf bis zehn Minuten machen muß. Bei Steve gab es natürlich dieselben Aufenthalte, aus lauter Bequemlichkeit fuhr der Aleute nur noch mit einem Motor und blieb allmählich zurück.

Mike war nicht aufgelegt, viel zu reden, mit schmalen Augen schaute er voraus und zeigte einen verkniffenen Mund. Erst später war von ihm zu erfahren, daß unter Wasser ein weitverzweigtes System von Rinnen lag, dem er haargenau folgen mußte. Schon die kleinste Abweichung genügte, um aufzulaufen. Noch nie ist die Izembekbucht vermessen worden. Wer sich hier bewegt, muß seine Unterwasserkarte genauestens im Kopf haben. Kein Wunder also, daß Mike Uttecht so ungefähr der einzige war – und noch ist –, der dieses ungute Gewässer befuhr. Sein Gehilfe hatte weniger Erfahrung, war daher aus der unsichtbaren Rinne abgekommen und saß fest. Wir mußten zurück und ihn frei machen.

»Bleib gefälligst dicht hinter mir«, fauchte Mike mit vollem Recht, »ich kenn das verdammte Labyrinth besser als du.«

Wir passierten Kap Neumann und waren für einige Meilen der Dünung des offenen Meeres ausgesetzt. Wegen des flachen Bodens unseres Bootes, der gar keinen Halt im Wasser fand, schaukelten wir fürchterlich. Spritzwasser kam über, wie nasse Handtücher klatschten uns die wässerigen Fetzen ins Gesicht. Mike schickte mich in die Kabine.

Sie war so niedrig, daß man nur kriechend hineinkam, aber nicht lang genug, um sich darin auszustrecken. Über dem Boden schwappte Bilgewasser, reichlich mit Öl gemischt. Immerhin war man in diesem Kabuff vor naßkaltem Wind und dem Gespritz einigermaßen geschützt.

Mike rief mich bald wieder heraus, ich mußte schöpfen. Es wehte heftiger, und in jedem Wellental bekamen wir einen Kübel Salzwasser ins Boot. Ich tat mein möglichstes, dem Eismeer wieder zurückzugeben, was besser bei ihm blieb. Aber lange konnte ich das Tempo seiner Freigebigkeit nicht halten.

Das war zum Glück auch nicht notwendig, da wir alsbald in Lee der Lennoxinsel gelangten. Mike warf das Boot nach Süden herum, wir fuhren in die Moffetbucht hinein.

Doch plötzlich mußte ihn der schiere Wahnsinn gepackt haben, denn er sprang über Bord.

Statt jedoch zu versinken, blieb er neben unserem Fahrzeug stehen. Das Wasser reichte ihm nur bis zu den Knien.

»Heb die Schrauben hoch, Hans, sonst wühlen sie im Schlick.«

Ich tat wie geheißen, während Mike voranging und das Fahrwasser suchte. Steve tuckerte vorsichtig hinterher.

»Stell alles ab, es wird zu flach.«

Die Motoren stoppten, und ich sperrte die Benzinzufuhr.

Jetzt mußten wir beide ziehen, und zwar aus Leibeskräften. Das Wasser ging uns nur noch bis zur halben Wade. Dabei waren wir meilenweit vom nächsten Land entfernt, sozusagen mitten im Meer.

Nur schrittweise ging es vorwärts, sosehr wir auch keuchten. Unser Boot schleifte über den Schlick, saugte sich fest und kam nur ruckweise von der Stelle.

Schließlich patschte Steve herbei und sagte, er wäre am Ende seiner Kräfte. Außerdem wurde es dunkel, wir sollten lieber hier bleiben.

Mike konnte ihm nicht widersprechen.

»Ja, es hilft nichts, wir müssen die nächste Flut abwarten . . . eine halbe Stunde früher, und wir hätten's noch geschafft.«

Wir krochen an Bord und machten uns auf dem rostigen Primuskocher ein heißes Süppchen. Ein Gläschen Gin oder Kognak hinterher wäre sicherlich angebracht gewesen. Aber Mike hatte ausdrücklich verboten, daß auch nur ein Tropfen Alkohol mitkam. Alles wegen Steve, der angeblich ganz rabiat wurde, wenn er irgendwo starke Getränke witterte.

»Wann kommt die Flut, Mike?«

»Kurz vor dem Hellwerden.«

Vorerst ging das Wasser zurück, wir saßen bald auf dem Trockenen, sofern man den bloßliegenden Meeresboden als trocken bezeichnen darf. So weit man noch sehen konnte, war alles von fetten, grünlich schwarzen Algen bedeckt. Krebse und Krabben krochen darin herum, Quallen quollen zwischen den Schlinggewächsen. Eine scheußlichere Gegend, um die Nacht zu verbringen, konnte ich mir gar nicht vorstellen.

Auf der Benzintonne sitzend, gab Mike zum Zeitvertreib eine traurige Geschichte zum besten, die sich vor einigen Jahren in der Moffetbucht ereignet hatte. Ein junger Soldat von der Radarstation hatte ein paar freie Tage bei der Entenjagd verbringen wollen. Mit einem Kameraden, der kein Gewehr besaß, kampierten die beiden im Zelt an der Küste. Bei Ebbe war nun der unselige Waidmann zu einer Sandbank hinausgewandert, wo besonders viele Kaisergänse saßen. Durch reichliche Beute vergeßlich geworden, hatte der junge Mensch den Zeitpunkt zur Rückkehr an Land verpaßt und war durch die heranrollende Flut auf seiner Sandbank abgeschnitten.

Auch hier begann nun das Wasser zu steigen. Der Kamerad an Land sah das alles in seinem Fernglas mit an, besaß jedoch kein Boot, um zu helfen. Schwimmen konnte keiner von beiden.

Schon umspülten die kalten Fluten die Knie des Unglücklichen, stiegen über seinen Gürtel, umfaßten seine Brust und strudelten um seinen Hals. Als auch der Kopf zu versinken drohte, zerlegte der verzweifelte Mann sein Schrotgewehr, steckte sich den Doppellauf in den Mund und vermochte auf diese Weise auch noch unter Wasser zu atmen. Der Kamerad an Land sah den Gewehrlauf noch eine Weile über Wasser ragen, während von seinem Kameraden selbst schon nichts mehr zu sehen war. Als die Flut ihren höchsten Stand erreichte,

riß die Strömung den Versunkenen mit sich fort. Seine Leiche wurde nie gefunden.
»Ich erzähl das nur«, sagte Mike abschließend, »damit du weißt, Hans, daß sich hier niemand ungestraft 'ne Extratour leisten kann. Halt dich immer an mich, ich kenn die Gegend und ihre Tücken. Sonst wär ich schon längst nicht mehr da.«
Schaudernd versprach ich, stets in seinem Schutz zu bleiben.
Wir krochen zu dritt in die muffige Kabine, der klatschnasse Hund drängte sich auch noch hinein. Wir verstrickten uns in ein Bündel aus Mensch und Tier, und warteten schlechtgelaunt auf den Morgen. Regen trommelte aufs Dach, tropfte durch die Sprünge und troff an uns herab. Kaum daß man sich die Pfeife anzünden konnte, so feucht waren Streichhölzer und Tabak.
Gegen drei Uhr früh gluckste wieder Wasser gegen das Boot, um sechs ging das Geschleife wieder an. Keine hundert Meter weit konnten wir in der nächsten Stunde die beiden Boote vom Fleck bewegen. Als ich endgültig wußte, daß mein letztes Quentchen an Kraft verbraucht war, sank Mike plötzlich bis zum Gürtel weg und befahl mir einzusteigen. Wir hatten die Schlammbarre vor der Moffetbucht überwunden.
Dennoch konnte von glatter Fahrt keine Rede sein. Es würde den Leser über Gebühr ermüden, wollte ich all das weitere Ungemach auch nur beiläufig erwähnen. Mal saßen wir fest, mal zwirbelten wir die Schraube frei, dann wurde wieder geschoben, danach die Kerzen getrocknet. Mike fluchte auf Steve, und Steve knurrte gegen Mike. Mitunter schimpften sie auch gemeinsam auf mein Ungeschick. Dabei hatte ich keinerlei Ehrgeiz, mich als Schiffsjunge zu bewähren, Bärenjäger wollte ich sein!
Wieder wurde es dämmrig, aber noch immer waren wir eine lange Meile vom Land entfernt. Eine zweite Nacht in diesem Pfuhl zu verbringen, war mir ein gräßlicher Gedanke.
»Na endlich«, rief Mike mit erlöster Stimme, »wir sind da!«
»Wo . . .?«
»Bei meinem Jagdhaus, Hans.«
»Hier im Wasser?«
»Nein, drüben an Land.«
Damit packte er seine Siebensachen, klemmte sich noch eine Futterkiste unter jeden Arm und stieg über Bord. Auch Steve entschwand schwerbeladen dem Lande zu, das sich als dunkler Strich in der Ferne zeigte.
Mein Rucksack war schwer wie Blei, darüber packte ich mir noch den Schlafsack mit der Gummimatratze. Dazu kam die 9,3-Mauserbüchse, das Fernglas, mein Kamerakoffer und eine vollgefüllte Jagdtasche. Den Pelzmantel auf dem Arm, die Watstiefel an den Füßen, den Gummimantel um den Körper, ächzte ich durch den saugenden Schlick. Ich trat auf Quallen, rutschte über Seegras und sackte in schlammige Tümpel. Stehenbleiben durfte ich nicht, denn sofort sank

der Fuß in den Bodenbrei. Weiter und weiter ging es durch die Dämmerung, mit schleppendem Schritt und von Schweiß überrieselt.
Wo der Meeresboden aufhörte und Landboden begann, war nicht genau auszumachen. Feucht und klebrig war alles. Nur eben das dichte Schilfgras ließ vermuten, daß ich mich endlich außerhalb der Beringsee befand.
Mike hatte auf mich gewartet. »Na, da bist du ja . . .«
Ich wollte mich hinsetzen und alles Zeug abwerfen.
Aber Mike war dagegen.
»Lohnt sich nicht mehr, nur noch ein kleines Stückchen . . .«
Mit federnden Schritten ging der unermüdliche Sechziger voran, den Hang hinauf und in eine hügelige Landschaft hinein. Schließlich blieb er stehen.
»Also . . . wie gefällt dir mein Haus?«
»Welches Haus, Mike?«
»Na . . . das hier!« Er zeigte nach vorn, aber da waren nur Grashügel zu sehen, etwa in der Größe von Heuwagen.
»Mike, rede doch keinen Unsinn, wo soll denn hier ein Haus sein?«
Er lachte aus voller Brust.
»Menschenskind, du stehst davor . . . der Hügel da . . . das ist es doch!«
Der Unmensch hatte mich zu einer aleutischen Barabara geschleppt.
Mike und Steve packten nun zu und hoben einen Stapel von Treibholz beiseite. Dahinter kam eine dicke, halbverfaulte Bohlentür zum Vorschein. Auf gleiche Weise wurde ein kleines, gesprungenes Glasfenster freigelegt.
»Sonst kommen die Bären rein«, erklärte Mike, »und schlagen alles kurz und klein.«
Viel zu zerschlagen gab es allerdings nicht in dieser höhlenartigen Behausung. Sie enthielt nur zwei wacklige Holzpritschen mit zerschlissenen Wolldecken, einen schiefen Tisch und den Ofen. Daß es ein solcher war, mußte einem aber erst gesagt werden. Er bestand nur aus einem völlig verrosteten, alten Benzinfaß. Ebenso verrostet waren auch sämtliche Töpfe, Pfannen, Messer, Löffel und Gabeln. Unter dem Tisch stank eine tote Bisamratte still vor sich hin. Kakerlaken und ähnliches Kleintier brachte sich scharenweise in Sicherheit. Alles war von einer dünnen, aber dichten Schicht von Mäusedreck belegt.
»Meine Barabara ist schon uralt«, erläuterte Mike ganz unnötigerweise, während er an einer verbeulten Petroleumfunzel hantierte. »Aleuten haben das Haus vor undenklicher Zeit aus Strandgut gebaut, dann haben russische Pelzjäger darin gewohnt. Nach ihnen kam ein deutscher Graf namens Bismarck. Zwanzig Jahre lang hatte er hier sein Stammquartier, mein Vater besuchte ihn manchmal, und ich kannte ihn auch. Seitdem wohne ich hier und manchmal auch Steve, wenn wir zum Otterfang und zur Bärenjagd herkommen. Wirst dich schon wohl fühlen . . . wenn der Ofen erst mal richtig brennt.«
Der Ofen brannte aber nie richtig, er qualmte bloß. Wir mußten die Tür aufmachen, um nicht zu ersticken. Das war nicht seine Schuld, sondern lag am

Treibholz, mit dem geheizt wurde. Es hatte jahrelang im Wasser gelegen und war am Strand gesammelt worden. Damit es überhaupt brannte, mußte man erst Petroleum darübergießen.
So gut es ging, machten wir Ordnung, fegten den Mäusedreck hinaus und verstießen die tote Ratte. Ich richtete meine Gummimatratze her, legte den Schlafsack darüber und kroch fröstelnd hinein. Aber in diesem nassen Land war auch der Schlafsack feucht geworden, einfach durch die wassergetränkte Luft. Und Wasser floß von den angefaulten Bretterwänden, Wasser tropfte von der Decke, Wasser verzischte am Ofen. Es krabbelte zu meiner Linken, es raschelte unter dem Boden, und irgend etwas nagte im Gebälk.
Aber meine Begleiter waren guter Dinge, öffneten ein paar mitgebrachte Konserven und verschlangen das halbgare Essen mit gutem Appetit. Beide waren in diesem Lande groß geworden und fanden es wunderbar. Mike betrachtete sich in dieser gottverlassenen Gegend als souveräner Herr zu Wasser und zu Lande. Niemand außer ihm jagte oder fischte in dem Gebiet, das ausgedehnter war als manche Provinz bei uns. Ein halbes Dutzend aleutische Barabaras hatte er übernommen und für sich hergerichtet. Ohne seine Zustimmung konnte sich kein Mensch in der Gegend halten, denn ihm allein gehörten sämtliche Unterkünfte. Ein Zelt würde schon beim ersten Sturm fortgeweht, nur Mikes Erdhöhlen boten wirklichen Schutz. Niemand außer ihm kannte die Zufahrten, weshalb sein Besitz praktisch unangreifbar war. Auch von der Luft her ließ sich kaum herankommen, denn Nebel, Wind und Sumpf erlaubten nur selten, daß eine Maschine wasserte. Längere Zeit vor Anker liegen konnte ein Flugzeug hier auf keinen Fall, die Strömungen waren zu stark, die Gefahr, bei Sturm abzutreiben, war viel zu groß. Man kann sich kaum ein Jagdrevier denken, das vor fremdem Eingriff sicherer war – und noch ist – als das amphibische Reich Mike Uttechts am Ende der Alaska-Peninsula.
So trostlos mir die baumlose, neblige, windige Gegend auch scheinen mochte, für einen Mann, der gleichzeitig jagte, fischte und trappte, bot sie in Hülle und Fülle alles, was er zu seinem Gewerbe nur brauchte. Es gab Fischotter und Nerze, Schwarzfüchse, Nutria und gelegentlich auch Wölfe. Forellen, Lachse und Hechte belebten die Wasser, Karibu zogen über die Tundra, Schneehasen kuschelten im Gestrüpp, und die Schneehühner blieben sogar den Winter über hier. Außerdem war sie die Heimat unzähliger Bären.
Ja, es ließ sich gut leben in den Aleuten, war Mikes feste Meinung. Von Anfang Juni bis September belebten Tausende, ja Millionen von wilden Enten, Gänsen, Schwänen und Kranichen die sumpfige Welt. Für die Jagd auf Wasserwild gab es auf der ganzen Welt keine bessere Lage. Im Frühjahr und Herbst bedeckte das schwimmende Geflügel die Tümpel und Lagunen in solcher Menge, daß man das Wasser nicht mehr sah. Sogar Präsident Eisenhower war zur Entenjagd hier gewesen, unter Mikes bewährter Führung.
»Hat er auch hier geschlafen?« fragte ich.

»Nein, für ihn wurde eine Aluminiumhütte errichtet«, versicherte mir Steve, »er kam mit einem Helikopter und flog am nächsten Tag wieder weg.«
Ich konnte mir auch kaum vorstellen, daß der Generalissimus der Vereinigten Staaten auf meiner Pritsche gelegen hatte. (Dagegen hatte ich dreißig Monate lang auf einer von seinen Pritschen gelegen, ringsum von Stacheldraht behütet.)
Mike und Steve gingen hinunter zu den Booten. Das Wasser war inzwischen gestiegen, und sie wollten unsere Fahrzeuge an Land ziehen. Jetzt war das nur ein Kinderspiel, ich durfte liegen bleiben.
Als sie zurückkamen, rief mir Mike schon draußen zu, ich solle mal herauskommen. Es gäbe allerhand zu sehen.
Ein unwahrscheinlich großer Mond schien mit gelbem Licht auf eine unwahrscheinliche Landschaft. Jetzt erst konnte ich erkennen, daß wir am Fuß eines mächtigen Gebirges hausten. Denn hinter unserem Sumpf stieg das Gelände erst sanft, dann aber steil empor. Die himmelhohen Gipfel waren von ewigem Schnee bedeckt, eine Gruppe senkrechter, nadelscharfer Felsen erglänzte in einem Panzer von Eis.
»Das sind die Pinnacles«, erklärte Mike, »noch niemand hat sie bestiegen, ist auch ganz unmöglich. Das da drüben sind zwei Vulkane, Mount Pawlow links und Mount Shishaldin rechts.«
Eine rötliche Wolke schwebte über ihrem Kegel. Die glühende Lava ihrer Leiber wurde vom Himmel reflektiert. Eine geheimnisvolle, nie erforschte Welt von Schluchten, Bergen und Flüssen ohne Namen baute sich in der Ferne auf. Das war die Heimat der größten Bären unserer Welt, das schroffe Land der Schneeziegen und weißen Eulen. Unbewohnt von Menschen lag es da, niemals begangen und der forschenden Neugier verschlossen bis auf den heutigen Tag.
Bald kamen die ewigen Nebel wieder. Aber ich hatte doch einen kurzen Blick in jene Welt getan, die sich nur ganz selten enthüllt.
Als ich wieder auf meiner Pritsche lag und zur Decke schaute, sah ich durch breite Risse im rohgefügten Gebälk die Wurzeln der Grasbüschel, die unser Heim wildwuchernd bedeckten. Mike war meinem Blick gefolgt.
»Ja, Freundchen, das gibt's halt nur auf den Aleuten. Hier kann man schon bei Lebzeiten das Gras von unten wachsen sehen.«
Es wurde keine Nacht des tiefen Schlafes, wie ich gemeint hatte. Trotz müder Knochen und erschöpfter Muskeln wurde ich alle paar Minuten wieder wach. Drei Mann und ein Hund, das war eben zuviel in dem winzigen Bau. Mike schnarchte wie ein Nebelhorn, und Steve, der in Decken gehüllt auf dem Boden lag, gab in flotter Folge sehr unappetitliche Geräusche von sich, während die gute Paula von wildbewegten Erlebnissen träumte. Sie winselte und knurrte im Schlaf, bellte empört und kratzte sich. Die Luft war so dick in unserer feuchten Höhle, daß man sie vermutlich löffeln konnte. Sie roch nach allem, was nur

schlecht riechen konnte. Es hätte mich nicht gewundert zu entdecken, daß unter dem glitschigen Fußboden die früheren Bewohner beigesetzt waren. Mit Entsetzen fiel mir ein, daß dies tatsächlich eine aleutische Sitte war. Aber nach so vielen Jahren konnten sich doch die Vorbesitzer kaum noch bemerkbar machen.

Der Ofen war ausgegangen, es wurde fühlbar kälter. Aber schlimmer noch war die alles durchdringende Nässe, der man nirgendwo entgehen konnte. Mike und Steve merkten nichts davon, sie waren seit Generationen gewöhnt, wie die Frösche im Feuchten zu leben.

Vorübergehend war ich eingeschlafen, von Husten geschüttelt wachte ich auf. Steve hatte den Ofen angemacht, der Qualm ballte sich im Raum, und ich entfloh nach draußen. Der Tag war angebrochen.

Es regnete in dünnen Fäden, von Süden her wehte ein lebhafter Wind und setzte das Riedgras in wellenförmige Bewegung. Wie ein unendlicher Baldachin aus durchnäßtem, verstaubtem Tüll hing die Wolkendecke über Sumpf und Land. Von den Bergen und Vulkanen war kein Schatten mehr zu sehen, aber in der Horizontalen wurde der Blick durch nichts gehemmt.

Das Gelände, in dem wir lebten und jagen wollten, ist nur schwer zu beschreiben, da es an vergleichenden Möglichkeiten mangelt. Schon von einer Landschaft zu sprechen, wäre fehl am Platz, weil sich ja das Land mit süßem und salzigem Wasser mischte. Es war gewissermaßen eine amphibische Gegend, worin sich alle Komponenten in steter Abwechslung folgten oder, besser gesagt, einander umschlangen.

Der ausgehöhlte Grashügel, in dem wir hausten, lag inmitten anderer, ganz ähnlicher, aber natürlicher Grashügel auf einer buckligen Anhöhe nur wenige Meter über dem Meeresspiegel. In jeder Senke dahinter oder daneben schwamm ein dunkler Teich, von Riedgras umgeben und mit Entengrün bedeckt. Weiter zurück, jenseits unserer Hügelkette, rollte die Brandung des Beringmeeres an den schwarzen Strand. Schon von hier konnte man hören, wie mächtig sie rauschte. Vor uns dehnte sich das weite, vom Wind geriffelte Wasser der Moffetbucht. Das jenseitige Ufer war flach und gelb, dahinter stieg das Land, von Bodenwellen durchzogen, allmählich immer höher, bis es schließlich an den Fuß eines Felsengebirges stieß, das bis dreitausend Meter in den Himmel ragt. Doch war im Augenblick nichts davon zu sehen, viel zu tief lag die Wolkendecke.

Nach Westen hin war zu erkennen, daß sich unsere Landzunge mit der gegenüberliegenden Küste verband, womit die Moffetbucht ihren Abschluß fand. Dort lag ein Sumpf, von dunklen Wasserläufen durchzogen, dessen Ende gar nicht abzusehen war.

Die Vegetation war recht einseitig. Um mich herum gab es nur Schilf und Riedgras. Drüben, wo sich das Land allmählich hob, konnten strichweise auch Krüppelbirken und Weidenbüsche gedeihen. Was vor allem die Gegend so düster wirken ließ, war die Schwärze des Wassers und der dunkelgraue, zuweilen auch pechrabenschwarze Sand an der Küste. Zu greulichen Klumpen gehäuft lagen dort faulende Algen, darin verstrickt auch tote Fische und verwesende Quallen. Ein übler Geruch ging davon aus.

Das nun war die Gegend, worin die meisten und die größten Bären der Peninsula leben sollten. Ich begann, mit dem Glas die jenseitige Küste abzusuchen. Zwei helle Karibu, mit sehr starkem Geweih, hatte ich bald entdeckt. Es waren wohl Einzelgänger, die hier überwintern wollten.

Tief im Sumpfland bewegten sich zwei wollige Punkte, es mußten tatsächlich Bären sein.

Mike war hinter mich getreten, trotz des Windes trug er keine Jacke, er hatte nicht einmal den Kragen seines Wollhemdes geschlossen.

»Na, wie viele hast du gesehen?«

»Bin nicht ganz sicher . . . aber ich glaub, da drüben sind zwei Braune.«

»Sei nicht so bescheiden, Mann, ich sehe vierzehn.«

»Vierzehn Bären . . .?«

»Ja, mehr hab ich noch nicht ausgemacht. Ende September waren es über fünfzig, aber jetzt ist es schon ziemlich vorbei mit den Lachsen. Die jüngeren Bären suchen sich schon ihr Winterlager.«

Wer bei uns daheim solche Zahlen hört, kann nur den Kopf schütteln. Tatsächlich habe ich Hemmungen, so ohne weiteres Mikes fünfzig Bären auf dieses Papier zu bringen. Ich wage das nur, weil ich mich hierbei auf Unterlagen des Fish and Wildlife Service berufen kann, der einige Jahre zuvor den Bärenbestand auf der Peninsula von der Luft aus schätzen ließ. Dabei wurde im Planquadrat der Moffetbucht die stärkste Bärendichte Alaskas festgestellt. Im Verlauf einer Stunde hat man von oben nicht weniger als sechsundneunzig Tiere gezählt! Diesen Bericht hatte ich bei Jim Branson gesehen, er war für mich der Anlaß gewesen, an die Moffetbucht zu streben.

Man muß natürlich bedenken, daß eine so baumlose Gegend kein Tier von Bärengröße verbergen kann. Wenn ich schätze, daß man bei klarem Wetter bereits vom Dach unserer Barabara zehn bis zwölf Kilometer weit zu sehen vermochte, so reichte schon die eigene Beobachtung über hundert Quadratkilometer und mehr. Das ist gewiß ein gewaltiges Areal, ich sollte seine Ausdehnung noch kennenlernen. Davon ganz abgesehen, waren jene Bären-Zählflüge im Herbst durchgeführt worden, also zu den besten Zeiten der Lachswanderung. Und da versammeln sich eben alle Bären der weiteren Umgebung dort, wo es vom besten Futter nur so wimmelt.

Mike gab sich große Mühe, mir seine vierzehn Bären zu zeigen, doch gelang mir nicht, sie alle zu erkennen. Offenbar gehörte eine besondere Technik und viel Erfahrung dazu. Vor allem fehlte in dem offenen Gelände jede Möglichkeit, ihre Größe zu schätzen.

»Gehen wir sie an, Mike?«

»Fliegende Güterwagen« nennt man diese schweren Transportmaschinen der amerikanischen Luftwaffe. Sie versorgen die Außenstationen nördlich vom Polarkreis. Es sind Flugboote, deren Fahrgestell sich hervorschieben läßt, und anstelle der Räder werden im Winter Schneekufen montiert. Davor der Verfasser in vorschriftsmäßiger Winterkleidung der US-Airforce, denn er darf zahlreiche dieser Flüge mitmachen.

Sieben wohlgenährte Robben genießen wärmende Sonnenstrahlen auf langsam dahintreibendem Eis.

»Deswegen sind wir hier, Freundchen. Aber glaub ja nicht, daß es gleich am ersten Tag klappen muß.«
Eile hatte er allerdings nicht, erst wurde ausgiebig gefrühstückt, dann wurde eingehend überlegt, was wir mitnehmen sollten. Es dauerte eine gute Stunde, bis wir endlich in dem kleinen Boot saßen, um hinüberzufahren.
Die Moffetbucht zeigte sich recht bockig heute morgen, ihre kurzen Wellen waren womöglich unangenehmer als die Dünung im offenen Meer. Außerdem regnete es stärker.
Drüben angelangt, zogen wir das Boot ins Schilf und stapften einen Hang hinauf, wo wir erst einmal spekulierten, was zu tun sei.
Die Sicht war kürzer geworden, wir konnten nur den Sumpf auf unserer linken Seite überblicken. Darin standen drei Bären, die zu fischen schienen. Ich meinte, die Entfernung würde eine Stunde betragen, aber Mike nannte die doppelte Zeit.
»Sind nicht die größten, Hans, können uns aber die Viecher mal anschauen. Vielleicht stoßen wir dabei auf 'ne stärkere Fährte.«
Wir mußten einen großen Bogen machen, um zu vermeiden, daß die fischenden Bären Wind von uns bekamen.
Wer noch nie einen ganzen Tag lang in hohen Gummistiefeln einen Gewaltmarsch unternahm, kann gewiß nicht ermessen, wie ich litt. Kein Schritt führte über ebenen Boden, alles bestand aus Wuschelköpfen und Wasserlöchern. Der Fuß sank ein, die Sohlen rutschten, nirgendwo gab es festen Halt. Auch war kein Flecken zum Hinsitzen vorhanden, sofern Mike das überhaupt gestattet hätte. Wir planschten durch Schlammbäche, durchzogen saugenden Sumpf und brachen durch elastisches Weidengebüsch. Mal blieb der eine Stiefel stecken, mal verhing sich der andere im Geschling. Es spritzte von unten, es regnete von oben, und ich schwitzte von innen. Naß wie Schwämme waren die drei Paar Wollsocken in meinen langen, schweren Schuhen. Die Büchse drückte auf die Schulter, der Rucksack schien mit Blei beladen. Dennoch kannte der schreckliche Mike keine Gnade, er stiefelte im Geschwindschritt voran und blickte sich überhaupt nicht um. Der Aleute Steve lief hinter mir her, also konnte ich nicht verlorengehen.
Seit gestern mittag hatte ich keinen trockenen Faden mehr am Leib, ahnte aber vorerst noch nicht, daß ich mich daran gewöhnen mußte. Vierzehn Tage sollten noch vergehen, bevor ich mich trockenlegen konnte.
Ganz plötzlich war Mike von der Bildfläche verschwunden. Ein Spalt hatte sich vor uns aufgetan, ein enges, gewundenes Tal durchzog das feuchte Moor. Es war nicht breiter als dreißig Schritt und vielleicht zehn Meter tief. Drunten floß ein brauner Bach, von struppigen Weiden eingefaßt. Ein vielbegangener Weg folgte dem Gewässer, Mike hatte sich gebückt, um die Fährten zu prüfen.
»Wollen uns mal ansetzen, Hans, bin sicher, daß wir bald Besuch bekommen.«

Der ausgetretene Pfad war ein Bärenwechsel, der aus den Bergen an die Küste führte.
»Sind nicht mehr viele Lachse im Bach«, sagte Mike, »aber der Wechsel wird noch eifrig begangen. Solange wir keinen scharfen Frost bekommen, gehen die Bären nicht schlafen.«
Wir kletterten wieder zur Kante hinauf und hockten uns in nasses Gestrüpp. Ganz gleich, ob etwas kam oder nicht, ich war auf jeden Fall froh, endlich zu sitzen. Auch Steve schien recht müde zu sein, er streckte sich auf dem feuchten Boden aus und wurde zu einem schnarchenden Bündel. Wasser tropfte von den Zweigen auf sein Gesicht, aber es störte ihn nicht.
Mike sagte kein Wort, er hielt die Augen halb geschlossen. Paulas treuer Kopf lag auf seinen Knien. Ich zwang mich, wach zu bleiben, vermochte es aber nicht. Mein Kopf sank herab, und mein Bewußtsein entschwand aus der Gegenwart.
Mike stieß mich an.
»Nicht schießen . . .«, wisperte er, »nur ansehen.«
Auf leisen Sohlen näherte sich ein brauner Pelz. Erst war nur der runde Rücken zu sehen, dann erschien ein breiter Kopf, der beim Gehen hin und her pendelte. Die Schulterblätter bewegten das Fell wie eine Kolbenmaschine, die Vordertatzen waren einwärts gekehrt. Nur zwanzig Schritt trennten uns von dem zottigen Wanderer. Es war der größte Bär, den ich je gesehen hatte.
Aber Mike schüttelte den Kopf und legte seine Hand auf meine Büchse. Die Gestalt trottete vorbei.
»Kein alter Bär«, flüsterte der Kenner, »noch nicht mal acht Fuß.«
Die meisten Jäger wären mit solcher Beute glücklich gewesen. Acht Fuß, das sind immerhin zweiundeinviertel Meter. Europa hat nichts dergleichen aufzuweisen, weder in den Karpaten noch in Finnland.
»Neun Fuß ist das mindeste, was du haben mußt«, versicherte Mike, »darunter laß ich dich nicht schießen.«
Neun Fuß . . . das war ja der reinste Größenwahn! Soviel mir bekannt, waren im letzten Jahre nur fünf bis sechs Kodiak dieser Klasse in ganz Alaska erlegt worden.
»Kann auch gar nicht anders sein, wenn's die Leute so eilig haben. Ausdauer und Geduld gehören dazu, mein Bester, wenn du keine Geduld hast, muß ich sie für dich haben . . . doppelt und dreifach!«
Mike sagte das so grimmig, daß mir jeder Widerspruch im Halse steckenblieb.
Schon nach einer halben Stunde kam wieder jemand des Weges, diesmal von der anderen Seite, also von der Küste her.
»Mutter mit Kind . . .«, zischelte Mike, ». . . nicht rühren, 'ne führende Bärin versteht keinen Spaß.«
Sie war etwa von gleicher Größe wie vorhin der einzelne Bär und führte zwei Junge mit sich. Das eine lief brav hinter ihr her, das andere machte private Exkursionen seitwärts in die Büsche.

Mike hielt den Kopf seines Hundes tief zu Boden gedrückt.
Gerade vor uns blieb die Bärin stehen und schaute zurück, wo denn das zweite Junge blieb. Sie brummte recht ungehalten, worauf das Kleine spielerisch heraneilte. Es sollte eine Watschen bekommen, wich aber der mütterlichen Tatze aus. Die Bärin ließ es dabei bewenden, dichter aufgeschlossen zog die Familie weiter.
»Hat's dir gefallen, Hans?«
»Das zu sehen, war allein schon alle Plage wert.«
Wir mußten zurück, um die Bucht bei kommender Flut zu überqueren. Mein Führer schlug einen großen Bogen, weil er hoffte, irgendwo anders starke Fährten zu finden, denen man vielleicht morgen nachgehen konnte. Doch hatten wir kein Glück, der Nebel wurde immer dichter, und wir kreuzten keinen Wechsel, der Mikes ehrgeizigen Wünschen entsprach. An einem Wassergraben, der für uns zu tief war, bogen wir ab und erreichten nach etwa zwei Stunden genau die Stelle, an der unser Boot lag. Allein hätte ich mich in diesem verhüllten, eintönigen Gelände hoffnungslos verirrt.
Erst bei Dunkelwerden kamen wir vor unserer Höhle an. Den ganzen Tag über hatten wir nichts gegessen, Hunger hatte ich trotzdem keinen, die Müdigkeit war größer. Kaum konnte ich den Löffel halten und die Gulaschsuppe hinunterbringen.
Der nächste Tag sah uns am Strand der Beringsee. Es war so neblig, daß man keine dreißig Schritt weit sehen konnte. Mike hielt daher nichts davon, daß wir ohne Sicht über die offene Tundra liefen. Wir konnten die Bären ja doch nicht sehen, aber sie würden Wind von uns bekommen und meilenweit abziehen. Wie er sagte, waren sie gegen fremde Witterung äußerst empfindlich. Drei bis vier Kilometer weit sollten sie einen Menschen wahrnehmen können, falls er sich im Wind befand. Hier trug noch die ewig feuchte Luft dazu bei, daß eine fremde Witterung nicht so schnell verflog. Dagegen war das Gesicht der Petze erstaunlich schlecht, bei Gegenwind, erklärte mir Mike, konnte man einen Bären auch über freies Gelände bis auf Schußweite anpirschen. Nur mußte sich der Jäger dann gebückt halten, alles Geräusch und heftige Bewegungen vermeiden.
Hier am Strand gingen wir dem Westwind entgegen. Wir hatten durchaus die Chance, auf einen Bären, zumindest auf eine frische Fährte zu stoßen, der wir nachgehen konnten, wenn sie groß genug schien. Der Strand am Meer war ein beliebtes Ausflugsziel für die Braunen, besonders jetzt, da sie nicht mehr viel Lachse in den Bächen fanden. An der Küste gab es immer angeschwemmte Fische und gelegentlich auch tote Seehunde.
Das heutige Bild der Landschaft war völlig verschieden von dem gestrigen. Zu unserer Rechten lag der steile Hang der Dünenkette, etwa dreißig Meter hoch. Zur Linken rauschte die Brandung des kalten, eingenebelten Meeres. Wir hatten ablaufendes Wasser, der feuchte Sand, eben noch von der See bespült, war

gut zu begehen. Er war strichweise so schwarz und glatt wie poliertes Ebenholz.
Haufenweise lagen ausgerissene Meerespflanzen herum, darunter seltsame grüngraue Gewächse, die ich zunächst für alte Feuerwehrschläuche hielt. Sie waren elastisch und fühlten sich wie Gummi an, endeten aber in einem dicken, gallertartigen Kolben. Mike nannte dieses Gebilde »falsche Seeschlangen«, einen anderen Namen wußte er dafür nicht.
Strandläufer stocherten in der angeschwemmten Vegetation, es sah sehr lustig aus, wie ihr spitzer, eleganter Schwanz dabei wippte. Große Möwen mit grausamem Schnabel kreischten uns an, wir gehörten nicht in ihre Gegend.
Eine Menge Strandgut lang herum, das irgendwo und irgendwann einmal über Bord gegangen war. Die See hatte es zerschlagen und nach langer Reise hier an die unwirtliche Küste getragen. Einige Kistenbretter trugen japanische Schriftzeichen. Da ich mehrere Jahre in Tokio gelebt habe, konnte ich manche davon lesen. Sie hatten Kirinbier enthalten und stammten aus Hakodate. Ein Rettungsring war mit »Izumo-Maru« gezeichnet, einem Schiffsnamen. Wir fanden aufgeplatzte Reistonnen und sogar einen kleinen, niederen Eßtisch aus gebleichtem Holz. Am meisten interessierte sich unser Aleute für die Sakéfässer, immer wieder hoffte er, sie voll Reisschnaps zu finden. Doch er drehte sie alle vergeblich um, sie waren aufgeplatzt und hatten sich mit Sand gefüllt.
»Ist schon ein Jammer, daß die vollen Fässer gleich untergehen«, bedauerte Steve, »sonst hätte ich mich längst auf Saké umgestellt.«
»Wenn du nicht so faul wärst«, knurrte sein Chef, »würdest du lieber die Glaskugeln sammeln und hättest 'nen ganz hübschen Nebenverdienst.«
Diese grünen, dickwandigen Kugeln dienten auf der anderen Seite des Ozeans dazu, die Netze japanischer Fischer zu tragen. Die Stürme hatten sie losgerissen, mit Strom und Wellen waren sie durch die Lücken der Aleutenkette in die Beringsee gewandert. Mit einem Flechtwerk aus gedrehter Schnur umspannt, sahen diese weitgereisten Kugeln recht apart aus. Einige gelangten bis hinunter nach Kalifornien und waren als Souvenirs sehr begehrt. Weil aber der Vorrat dort nicht ausreichte, machten sich manche Leute in Alaska die Mühe, sie zu sammeln und nach Süden zu verkaufen. Für eine größere Kugel konnte man fünf bis zehn Dollar bekommen. Wenn man sie öffnete und eine elektrische Birne hineinbrachte, wurde daraus eine recht originelle und dekorative Lampe, die schummerig grünes Licht verbreitete. Was hier am Strande zwischen faulenden Schlingpflanzen lag, konnte so mancher eleganten Wohnung in New York zur vielbestaunten Zierde gereichen.
»Eine Robbe ...«, rief Steve, »eine junge Bartrobbe.«
Das Tier lag auf dem Strand und machte keine Anstalten zu fliehen. Seine kugeligen Kinderaugen betrachteten uns mit unglaublichem Staunen.
Mike hetzte seinen Hund darauf.
»Warum denn ... laß es doch in Frieden!«

»Ist ja meine Absicht . . . das Tier gehört ins Meer.«
Paula biß nicht zu, sondern bellte nur. Die Robbe kam in Bewegung, watschelte schimpfend der Brandung zu und verschwand in den Wellen.
»Jetzt hat sie ihre Ruhe, Hans, sonst hätte sie der nächste Bär geholt.«
Steve und ich, wir liefen uns die Beine aus dem Leib, Mike duldete keine Rast. Er wußte wohl gar nicht, was das war. Für ihn gab es nur den Geschwindschritt, mit ihm wurde jeder Pirschgang zum Gewaltmarsch.
Der Nebel begann sich zu lichten, eine schroffe Felseninsel hob sich aus dem Meer, dunkel und abweisend.
»Heißt Amak . . .«, erklärte Mike, »droben liegt ein Flugzeugwrack, war 'ne Transportmaschine, die dort im Krieg mit achtzehn Mann zerschellt ist. War seinerzeit mit dabei, als man die Leichen herausholte . . .«
Paula schoß davon und meldete mit Gebell eine frische Bärenfährte. Sie konnte nicht älter als zwei, drei Stunden sein. Der Bär war erst bei jetziger Ebbe hier gewesen.
»Nichts Besonderes«, meinte der geübte Spurenleser, »nur sieben Fuß und noch zu jung.«
Trotzdem folgten wir den breiten Tatzen, weil sie ohnehin in unsere Richtung liefen. Wir sahen, wo der Petz sich tote Fische aus dem Seetang gewühlt hatte. Sogar in einem hölzernen Faß hatte er gekratzt, obwohl das vollkommen leer war. Irgendein nahrhafter Geruch mußte ihn wohl gereizt haben. Doch später war er auf andere Gedanken gekommen und hatte eine Schlucht in der Steilküste dazu benützt, sich wieder ins Innere des Landes zu wenden.
Als wir die Mündung eines Baches erreichten, folgte unser Führer seinem Beispiel. Durch eiskaltes Wasser und über schlüpfrigen Lehm stiegen wir zur Höhe der Dünen hinauf.
»Hab hier 'nen Unterschlupf«, erklärte Mike, »werden uns da guten Kaffee machen.«
Er schritt zum nächsten Hügel, in dem ein schwarzes Loch gähnte.
»Verdammte Schweinerei . . .«, fluchte der Besitzer, »die Bären waren drin!«
Sie hatten die Rasenplaggen vor dem Eingang fortgerissen und die schwere Bohlentür eingedrückt. In dem engen, feuchten Raum dahinter lag alles durcheinander, Decken, Töpfe, Büchsen, Lampen, Teller und Geschirr. Der Yukonofen war umgestürzt, die Konserven zerbissen.
»War seit Frühjahr nicht mehr hier, sonst hätte ich Ordnung gemacht«, entschuldigte sich der Geschädigte, »da siehst du, womit man zu rechnen hat.«
Zu dritt versuchten wir aufzuräumen und warfen alles hinaus, was nicht mehr zu brauchen war. Weil der Raum sehr klein war, nur zwei Schritt breit und drei lang, war das bald geschehen. Schließlich brannte sogar der Ofen, und eine Büchse mit Kaffee hatten wir auch gefunden. Nur Zucker war nicht mehr aufzutreiben, auch mußten wir uns zu dritt mit einer Blechtasse begnügen.

Die Tür ließ sich nicht mehr schließen, was mir schon sehr angenehm war, weil so der Qualm besser abziehen konnte.
»Hat auch mal zur Trapline vom Grafen Bismarck gehört«, erzählte Mike, »muß schon ein verdammt einsames Leben geführt haben, dieser Mann. Hat immer allein gearbeitet, ganz ohne Gehilfen. Nur zweimal im Jahr kam er mit seinen Fallen nach Belkofski, um einzukaufen . . . bei uns im Schuppen hat er geschlafen.«
Was einen Bismarck auf die Aleuten verschlagen hatte, konnte ich mir wirklich nicht denken. Vielleicht hatten ihn die Leute nur »Bismarck« genannt, weil er ein Deutscher war, meinte ich. Aber Mike behauptete steif und fest, daß er wirklich ein Verwandter des Eisernen Kanzlers gewesen sei. Soviel man noch wußte, war er schon um 1890, also noch zu Lebzeiten des alten Fürsten, hier erschienen und hatte sich als Trapper in den herrenlosen Barabaras der Aleuten niedergelassen. Als er kurz vor Ausbruch des Ersten Weltkrieges in Belkofski starb, hinterließ er zwar kein Testament, aber ziemlich viel Geld, das ihm seine Fallenstellerei eingebracht hatte. Es wurde im Kriege als »Feindeigentum« beschlagnahmt.
Wie konnte es der gebildete Mann nur aushalten, ein Vierteljahrhundert in diesem schwierigen, trostlosen Land zu leben, ohne Frau und Gefährten, ohne Verbindung zur Heimat und dazu noch in derart primitiven Verhältnissen? Auch Mike, der ihn noch gekannt hatte, wußte nichts darüber zu sagen. Selbstverständlich hatte niemand den Fremden nach seinen Gründen gefragt, das wäre äußerst ungehörig gewesen. Im übrigen war es ja für die Uttechts gar nicht so außergewöhnlich, daß sich jemand an der Moffetbucht wohl fühlte und von Pelztierjagd ernährte.
Inzwischen war die Flut angerollt, wir konnten nicht mehr am Strand zurückgehen, der jetzt unter Wasser stand. Vielmehr folgten wir einem Bärenwechsel, der droben auf den Dünen verlief, und zwar so nah an der Kante, daß wir bei jedem Schritt aufpassen mußten.
»Wie weit ist es in der Luftlinie bis nach Hause?«
»Achtzehn bis zwanzig Kilometer, sind erst bei Dunkelheit zurück.«
»Wie lange müßte man laufen, um in der anderen Richtung . . . ich meine nach Westen . . . bei den nächsten Menschen anzukommen?«
Mike überlegte recht lange.
»Die nächste Ecke ist Kap Leontowitsch, nach ungefähr drei Stunden kommt Kap Lieskof, wo meine letzte Barabara liegt. Von dort aus marschierst du noch gut anderthalb Tage bis zur Nelsonlagune und bist dann wieder bei Menschen. Ein Dutzend Aleuten wohnen dort, und im Sommer ist da auch ein Stützpunkt für die Fischkutter.«
Und wenn man von hier nach Süden marschierte, ins Land hinein, wie sah es dort aus?
»Da kommst du nicht weit, Hans, nach einem Tag ist schon Schluß. Dann gibt's

nur noch steile Berge, keiner kommt da durch. Über dreitausend Meter steigen sie hoch, mit tiefen Schluchten dazwischen. Ein paar von den Bergen sind lebendige Vulkane, das rumpelt und dampft ganz schön manchmal. O Boy, das muß man gesehen haben, wenn so ein Krater seine glühende Lava auskotzt und die übers Eis herunterläuft! Dann kannst du es dreißig Meilen weit zischen hören . . . ist aber keiner da, um's zu hören. Ich wag mich nicht in diese Höllenberge . . . auch sonst niemand. Ist alles nur mal von oben aus der Luft vermessen worden . . . was man so vermessen nennt. Wird ein schöner Mist sein, was die auf ihre Landkarten gedruckt haben. Aber das kann ich dir sagen, Hans, da stecken sie drin, unsere großen Bären, und verschlummern den Winter. Im flachen Land liegen nur ihre Jagdgebiete . . . besser gesagt ihre Fischgründe. Die Jungen werden in den Bergen geboren, das ist ihre wirkliche Heimat. Aber für Menschen ist das nichts, kein einziger hat jemals die Aghileen-Berge durchquert.«

Was gab es nicht noch alles zu entdecken auf dieser Welt!

Aber wo sind die jungen Männer geblieben, die einst ihre Freude daran hatten, ins Unbekannte einzudringen und das Niegesehene zu sehen? Hier gibt es noch Täler zu erforschen und Berge zu besteigen, die keines Menschen Fuß betreten hat. Hier liegen Bergketten von hundert Kilometer Länge und etwa fünfzig Kilometer Breite, die großenteils unbekannt sind. Doch die Zeit der Pioniere ist vorbei. Es gibt jene wagemutigen Menschen nicht mehr, denen keine Mühe zu groß und keine Anstrengung zu schwer war, um den hohen Genuß eigener Entdeckungen zu erleben. Heute, da man überall durch Funk mit der Außenwelt in Verbindung bleibt und zahlreiche Neuerungen solche Unternehmen ganz wesentlich erleichtern, findet sich keiner oder nur höchst selten einer, der solch erregendes Abenteuer auf sich nimmt. Was sind das doch für großartige Kerle gewesen, die vor fünfzig, hundert und noch mehr Jahren das wilde Land im Norden Amerikas durchquert haben, mit einfachsten Waffen, primitiver Ausrüstung und ohne technische Hilfsmittel. Die meisten hatten keinen Auftrag dazu, sie wurden von niemandem bezahlt und versichert. Sie lebten von ihrer Büchse und folgten nur den Sternen. (Auf die obigen Behauptungen hin erhielt ich eine große Zahl von Zuschriften, worin mir eine stattliche Reihe meiner freundlichen Leser – teilweise in gar nicht freundlicher Form – versicherten, sie selber seien noch »Pioniere« und beseelt vom wagemutigen Geist echter Wanderer der Wildnis. Also möge ich doch mit Rat, Tat und Empfehlung ihre diesbezüglichen Pläne fördern. Dies habe ich bei jenen getan, die einen ausreichend vernünftigen und verständigen Eindruck machten. Doch, ob Sie es glauben oder bezweifeln, kein einziger hat seine Pläne in die Tat verwandelt! Man könnte auch sagen, daß keiner seine *Träume* in *Wirklichkeit* verwandelt hat. Dennoch, es gibt einige, wenn auch nur wenige tatkräftige Menschen noch in unserer Zeit, die imstande und willens sind, das echte, harte und großartige Abenteuer für sich selbst erlebnisreif zu machen. Aber die können auf

fremde Hilfe verzichten, die ergreifen selber von Anfang bis zu Ende die Initiative.)
Wir sahen drei Karibu, die den Bergen zustrebten, vor uns flatterte eine Schneeammer. Wir hörten es heftig planschen im Schilf, vermutlich ein Fischotter, der vor uns flüchtete.
Im Geschwindmarsch eilten wir zurück, anders konnte es ja gar nicht sein. Es begann heftig zu regnen, nach Bärenfährten schaute niemand mehr aus.
Am nächsten Tage, der bei guter Sicht begann, nahmen wir das kleine Boot und drangen auf trägem Wasser tief in die Sümpfe ein. Alle paar Minuten mußten wir die beiden Schrauben von Tang und Schilf befreien. Kaum konnte ich meine Ungeduld beherrschen, diese ständigen Aufenthalte zerrten an meinen Nerven. Für meine Gefährten aber gehörten sie zum natürlichen Verlauf einer Sumpfreise. Sie waren guter Dinge und fühlten sich wohl. Mike sog schmatzend an seiner stinkenden Pfeife, Steve spuckte genußvoll über Bord.
Meilenweit schoben wir unser Boot durch Schilf und Morast, gegen Mittag gelangten wir in einen größeren See. Danach folgten wir den langen Windungen schmaler Kanäle und fuhren über dunkle Teiche. Wie sich mein Führer hier zurechtfinden konnte, war mir unbegreiflich.
Eisenten flatterten hoch, Brachvögel mit umgebogenem Schnabel flüchteten über den Sumpf, und Bisamratten verschwanden hurtig in ihren Löchern. Wir störten hier sehr, an das Getucker unseres Motors war man nicht gewöhnt.
Hin und wieder hielten wir an, um mit den Gläsern über die feuchte gelbbraune Tundra zu blicken. In so vielen Kehren und Schlingen bewegten wir uns, daß ich kaum noch wußte, wo hinten und vorne war. In der Ferne hob sich beiderseits das Land und war stellenweise mit braunem Gebüsch bedeckt. Wo solche Büsche für sich allein standen, sahen sie einem weit entfernten Bären zum Verwechseln ähnlich.
Die Hoffnungen stiegen, und die Hoffnungen fielen. Das Geräusch unseres Außenborders hatte eine Bärin mit ihrem Jungen erschreckt. Beide erhoben sich auf ihre Hinterpranken und schauten uns nach, die Vordertatzen über die Brust gefaltet. In meilenweiter Entfernung sahen wir auch einzelne Bären, doch war es ganz unmöglich, näher an sie heranzukommen. Wir waren eben an die verschlungenen Wasserwege gebunden. Ein alter Kodiak, den sogar Mike für »vielleicht schußbar« hielt, bekam sogleich Wind von unserem – für ihn – scheußlichen Geruch und machte sich im Galopp davon.
Auch dieser Tag endete ohne Ergebnis, naß und hungrig kamen wir erst in der Nacht wieder bei unserer Barabara an.
Das nächste Mal versuchten wir unser Glück am östlichen Ende der Moffetbucht und folgten einem Fluß bis in die Vorberge hinein. Zwar gab es auch hier ausgetretene Bärenpfade, aber sie waren in letzter Zeit nicht mehr begangen worden.

»Die Lachse sind fast verschwunden«, erklärte Mike, »es ist halt schon spät im Jahr.«
»Aber wo sind denn unsere Bären vom ersten Tag geblieben?«
»Die meisten dürften in die Berge gegangen sein, im Sumpf ist ja nicht mehr viel zu holen. Aber mach dir keine Sorge, Buddy, gerade die stärksten gehen am spätesten schlafen.«
Trotzdem machte ich mir Sorgen. Ohne Zweifel wurden die Bären immer weniger, nur selten noch sahen wir frische Fährten. Wenn Mike die Anfahrt und Abfahrt mitrechnete, blieben mir nur noch wenige Tage. Hätte er mich doch den Zweieinviertel-Meter-Bär vom ersten Morgen schießen lassen. Mir war er groß genug gewesen und jedenfalls besser als keiner.
Das nächste Mal war Mike Uttechts dritte Barabara das Ziel unserer Bootsreise. Sie lag am Ende eines arg verschilften Kanals, etwa am Fuße der westlichen Hügel. Erfreulicherweise war sie gut verrammelt und hatte jedem versuchten Einbruch von bäriger Seite standgehalten. Der Raum darin war etwas größer als in unserem Standquartier, aber so niedrig, daß man nicht darin stehen konnte.
»Hier lag ein toter Mann drin, als Bismarck das erste Mal herkam . . . mit 'nem Schuß im Schädel. Niemand wußte, wer der arme Mensch war, vermutlich ein Russe . . . das Heiligenbild in der Ecke stammt noch von ihm. Wahrscheinlich hat er sich selber erschossen, sein Gewehr lag daneben. Bismarck hat ihn draußen beerdigt.«
Wir machten Feuer und kochten uns einen Topf Haferflocken. Was anderes gab es hier nicht.
»Wollte eigentlich heute noch zurück«, sagte Mike, »ist aber zu weit, wir bleiben besser hier.«
Nachts mußte ich mal hinaus und erwartete den üblichen Regenwind. Statt dessen lag da eine phantastische Landschaft. Die Berge waren vom Licht eines blassen Mondes zu geisterhaftem Leben erweckt. Die Eiswände der Pinnacles schimmerten wie gedämpfte Neonröhren, über dem Mount Pawlow lag eine rotglühende Glocke, als Widerschein seines inneren Feuers. Über alledem hing ein Vorhang aus feinstem Silberstoff, er kam aus unendlicher Höhe herab und bedeckte die ganze Breite des violetten Himmels. Durchsichtig und dünn war dieser feine Schleier, kunstvoll drapiert und leicht gebauscht, als spiele der Wind damit. Nordlicht nennt man diese Erscheinung, eines der wunderbarsten Gebilde aus Luft und Licht, hervorgezaubert von geheimnisvollen Vorgängen in der Atmosphäre. Das helle Gewebe, in zarten Streifen gemustert, hing nicht gleichmäßig herab, vielmehr schlug es Falten und war an beiden Seiten nach außen gewendet wie Gardinen an den Fenstern eines reichen Schlosses. Kein Lüftchen rührte sich, alles war vollkommen still.
Auch meine Gefährten waren herausgetreten. Sie standen hinter mir und schauten hinauf, nicht einmal Steve störte mit Geschwätz.

Nach einer halben Stunde etwa löste sich das Phänomen wieder auf und zerfloß in seidigen Fäden, die blasser und blasser wurden, bis sie endlich ganz verschwanden.
»Wir bekommen Frost, Hans, wir müssen gleich bei Hellwerden fort. Sonst frieren wir an diesem Platz ein . . .«
Er hatte recht, schon jetzt fühlte man den eisigen Hauch des plötzlich einbrechenden Winters. Am Morgen war es noch viel kälter. Schon lag dünnes, durchsichtiges Eis auf dem stehenden Gewässer, unser Boot fuhr klirrend hindurch. Die Tundra war von Reif bedeckt, das erstarrte Schilf knisterte wie trokkenes Stroh.
In weiter Ferne entdeckte ich zwei Bären, doch Mike wollte sie gar nicht erst betrachten.
»Wir müssen aus dem Sumpf raus, Hans, heut abend kann alles gefroren sein. Hab keine ruhige Minute, bevor wir nicht im Salzwasser sind. Das friert erst viel später zu.«
Als wir abends in unserem Standquartier saßen und die Erbsensuppe löffelten, erinnerte ich meinen Führer daran, daß morgen unser letzter Tag sei.
»Mike, du hast alles getan, was möglich war, und ich habe eine unglaubliche Welt gesehen. Das war mir die Sache schon wert. Auch wenn ich zu meinem Bedauern keinen Bären mitnehmen kann, hat sich's doch gelohnt für mich.«
Er nahm seine angekaute Pfeife aus dem Mund und verzog sein Gesicht.
»Was . . . brabbelst du da für Unsinn, verstehe nicht recht, was du meinst.«
Ich wiederholte etwas deutlicher, was ich schon gesagt hatte.
»Mike, wir haben doch zehn Tage ausgemacht, übermorgen früh müssen wir zurück. Dann sind wir am Ende des zehnten Tages wieder in Cold-Bay.«
»Ja, das stimmt, mein Bester . . . der Vertrag läuft ab.«
Umständlich klopfte er seine Pfeife aus und kratzte mit einem rostigen Nagel darin herum.
»Aber wenn du deshalb meinst, die Schinderei sei zu Ende und du könntest dich verdrücken, irrst du dich sehr, mein Lieber. Die Sache hier wird durchgestanden, bis zum bitteren Ende. Als bezahlten Menschen kannst du mich allerdings nicht mehr betrachten . . .«
»Hab ich das getan, Mike?«
»Nein, hast dich ganz vernünftig benommen . . . und daher . . . eben deshalb kommst du mir nicht eher von hier weg, bis ein Neun-Fuß-Bär vor dir liegt . . . und wenn's bis zum Frühjahr dauert! Darauf mach dich mal gefaßt, versuch ja keinen Widerspruch . . . dann werd ich nämlich ganz patzig. Und nun verroll dich in deinen Schlafsack und red nicht mehr so 'n Quatsch von Vertrag und ähnlichem Blödsinn.«
Es herrschte klirrender Frost, als wir am Morgen hinaustraten. Der kleine Teich, aus dem wir unser Trinkwasser holten, war zugefroren. Wir mußten erst ein Loch hineinbrechen, um zu schöpfen.

Aber sonst bot uns die Kälte große Vorteile. Der Sumpf war nun viel leichter zu begehen, vor allem konnte es nicht mehr regnen. Auch die Sicht würde klar bleiben, mit Nebel war bei niederen Temperaturen kaum mehr zu rechnen. Ich zog mir meine wärmsten Sachen an und legte mich aufs Grasdach unserer Behausung, um die Gegend nach dunklen Punkten abzuschauen. Mike legte sich daneben und tat das gleiche.

»Am besten wär's ja, wenn wir Schnee bekämen. Dann ist es ein Kinderspiel, meilenweit jeden Bären zu sehen.«

»Fürchte nur, Mike, sie gehen dann alle ins Winterlager.«

»Hab dir doch gesagt, daß gerade die stärksten am längsten wach bleiben.«

Bald war ich völlig durchfroren und mußte aufgeben. Nichts, aber auch gar nichts war zu entdecken.

Trotzdem brachen wir auf und marschierten den ganzen Tag durch knisterndes Geschilf. Schließlich kamen wir zu einem Kanal, dessen Eis noch nicht stark genug war, uns zu tragen. Wir liefen stundenlang an seinem Ufer nach Westen, ohne auch nur eine Fährte zu entdecken. Nur große Raben flogen über uns hin, als warteten sie darauf, daß wir bald verendeten. Ich wollte es Mike nicht noch einmal sagen, glaubte aber doch, daß kein einziger Bär mehr im Tiefland war.

Am nächsten Tag war ich noch fester davon überzeugt, und mir schien, daß auch meine Gefährten ihre Hoffnung allmählich aufgaben. Wir sprachen nicht darüber, aber die Stimmung war fühlbar abgeflaut.

Die Anfahrt mitgerechnet waren es morgen vierzehn Tage, die ich wie ein wilder Mensch in Sumpf, Nässe und Kälte verbracht hatte. Ich sehnte mich nach einer trockenen Stube und warmen Kleidern, hätte gerne auch mal wieder richtig gegessen. Kurz gesagt, es langte mir jetzt. Insgeheim begann ich Mikes Großzügigkeit zu verfluchen und auf den großen Bären ehrlich zu verzichten. Dachte ich daran, wie schön es daheim in München war, wo mich mein Weib sehnsüchtig erwartete, wäre ich am liebsten sofort aufgebrochen. Wenn wir heute die Moffetbucht verließen, konnte ich binnen vier bis fünf Tagen zu Hause sein, in der warmen Badewanne sitzen und mich als langentbehrter Heimkehrer verwöhnen lassen.

»Wollen's morgen mal wieder auf der anderen Seite versuchen«, plante mein Verführer, »wenn's nicht klappt, ziehen wir den Nelsoncreek hinauf und kampieren im Freien.«

Bei zehn Grad unter Null waren das schöne Aussichten, doch bei Mike mußte man mit allem rechnen.

Um die Flut zu nützen, tuckerten wir schon eine Stunde vor Hellwerden zur Ostseite hinüber und fuhren in einen namenlosen Fluß hinein, der seiner Strömung wegen noch eisfrei geblieben war.

Nach flotter, wenn auch bitterkalter Fahrt legten wir in einer Biegung an und zogen das Boot aufs Land. Dann schauten wir mit den Gläsern in die Vorberge hinein. Aber nichts konnte uns Hoffnungen machen. Sooft ich auch meinte, einen entfernten Bären entdeckt zu haben, immer war es nur ein graubrauner Birkenbusch.

»Macht nichts, Hans, dahinten sind Mulden im Gelände, die können wir von hier nicht einsehen.«

Und wieder begann einer von Mikes fürchterlichen Gewaltmärschen. Obwohl ein schneidender Wind ging, kam ich gleich ins Schwitzen, und meine Lungen keuchten. Mißmutig trottete Steve hinter mir her und fluchte jedesmal gotteslästerlich, wenn die Eisschicht brach und er seinen Stiefel aus dem Modder ziehen mußte. Nur Paula, die brave Hündin, hatte noch immer ihre helle Freude an diesen Ausflügen. Was ihr daran so gefiel, weiß ich wirklich nicht.

Die Sicht war einigermaßen gut, so klare Luft hatten wir nur selten gehabt. Allerdings waren wir nun in leicht hügeligem Gelände und konnten das Gebiet vor uns nicht mehr so frei übersehen wie zuvor im tischflachen Sumpf. Dazu kam noch Gestrüpp aus Zwergbirken und Weiden. Es zog sich meist gruppenweise an den Hängen hin und war im Grund der Mulden besonders dicht. Wo das Buschwerk einzeln stand, wirkte es verwirrend für unser suchendes Auge, weil es genau die gleiche Färbung wie die Bären hatte.

Auf der nächsten Kuppe ließen wir uns nieder. Es war besser, daß wir die Gegend vor uns eingehend absuchten, bevor wir womöglich einen versteckten Bären vergrämten.

»Vor einigen Jahren«, sagte Mike, »habe ich hier mit Bob Reeves einen ganz großartigen Burschen erlegt.«

Wir stützten die Ellenbogen auf und starrten ins Gelände. Aber nichts rührte sich.

Mein Blick ging schließlich bis zum Fuß des unerforschten Felsengebirges. Dazu mußte ich mir erst eine Auflage fürs Fernglas suchen und die Hände sehr ruhig halten. Denn sobald das Glas nur ein klein wenig zitterte, sah jeder Busch dort oben wie ein Kodiak aus.

Einer ganz besonders, ich kam von diesem Fleck nicht los. Aber nach so vielen Enttäuschungen konnte es ja doch kein Bär sein. Trotzdem . . . ich merkte mir die Stelle genau, vor allem den Abstand dieses Punktes zu den nächsten Büschen im Gelände. Dann ließ ich das Glas sinken.

Meine Gefährten sprachen über unseren Proviant, der allmählich zu Ende ging. Mike wollte eventuell schon morgen nach Cold-Bay fahren, um neue Vorräte zu holen.

Als ich dann wieder nach meinem Punkt hinsah, stand er tiefer als zuvor. Ganz zweifellos hatte er sich inzwischen bewegt.

»Du, Mike . . . da oben könnte vielleicht was sein.«

Er drehte sich langsam herum, und ich wies ihm das verdächtige Objekt.

»Kann mich natürlich täuschen, Mike, ist ja furchtbar weit weg von hier.«

Er brauchte lange, um sich schlüssig zu werden.

»Scheint tatsächlich ein Bär zu sein, Hans, fragt sich nur, was für einer.«
Er sagte das ohne jede Erregung.
»Wie weit . . .?«
»Vier bis fünf Stunden . . . liegt aber ein Creek dazwischen, der sicher noch nicht gefroren ist.«
»Also wieder 'ne herbe Enttäuschung?«
»Will ich nicht sagen, Buddy, er kommt ja herunter. Können ihm vielleicht ein Stück entgegengehen . . . der Wind steht gut.«
Steve war inzwischen eingenickt, wir mußten ihn wecken. Als wir aufbrachen, verloren wir den Bärenpunkt sogleich aus den Augen. Er wurde von einer Bodenwelle überriegelt.
Bald kamen wir an einen großen Teich, dessen Eis zu dünn war, um darüber zu gehen. Wir mußten in zeitraubender Weise um ihn herumwandern.
Viel Mühe machten uns auch einige Bäche. Ihre gefrorene Decke war der leichten Strömung wegen nicht ganz geschlossen und bröckelte an den Rändern ab. Aber hinüber mußten wir. Es blieb nichts anderes übrig, als das Eis zu zerschlagen und dann hindurchzuwaten. All das hielt uns ziemlich lange auf, inzwischen konnte der Bär über alle Berge sein.
Plötzlich blieb ich stehen und riß die Augen auf.
»Mike, was ist das? Hier kann doch kein Karren gefahren sein.«
In weiten Windungen durchzog eine Doppelspur das Gelände, tief in den Boden eingedrückt. Zwei breite Rinnen waren es, die eine etwa dreißig Zentimeter neben der anderen.
»Mach dich nicht lächerlich, Hans, ist doch nur ein Bärenwechsel. Weil das Riedgras jetzt voller Reif ist, sehen die Fährten anders aus als sonst.«
»Also ein begangener Wechsel . . . ich meine, nach dem Frost noch begangen?«
Wir schritten darauf zu und bückten uns. Großmächtige Tatzen waren deutlich zu erkennen. Wo das Tier gelaufen war, hatte es den Rauhreif weggewischt.
»Gestern ist einer hier zur Bucht gewandert und dann wieder zurück«, stellte Mike seelenruhig fest, »sozusagen ein später Lachsfischer. Werden der Sache mal nachgehen, Freundchen.«
Wir folgten dem ausgetretenen Wechsel bis zur nächsten Erhöhung. Dort gingen wir in Deckung und schauten.
Schon gleich sah ich drüben zwischen dem Weidengestrüpp am Hang einen Bärenrücken. Zwar noch weit entfernt, aber doch nicht mehr ganz so weit wie vorher.
»Mike, was hältst du von ihm?«
»Kann mich noch nicht äußern. Aber . . . du hast doch geladen?«
In seiner Stimme schien Erregung mitzuklingen.
Zur Sicherheit sah ich nochmals nach, ob die Patrone auch wirklich im Lauf war.

»Gehen wir noch bis zur nächsten Kuppe und warten dort . . . Steve, du bleibst hier und hältst die Paula fest.«
Der Bär war nicht mehr zu sehen. Mike ging langsam weiter und schaute sich mehrmals nach mir um.
Wir schritten über einen sanftgeneigten Hang, erst durch kniehohes Gras, dann durch hüfthohes Gestrüpp. Da nun alles gefroren war, raschelte es bei jedem Schritt. Mike kniete hin und schaute durchs Glas.
»Er kommt ziemlich schnell . . . wir müssen dort auf den Hügel und ins Gebüsch hinein . . . aber sei vorsichtig und mach nicht so viel Krach.«
»Er ist also schußbar . . .?« fragte ich gewissenhaft.
»Ja . . . was denn sonst, Menschenskind!«
Er kroch ein Stück zur Seite, bis ihn der nächste Buschstreifen deckte, erhob sich dann und lief in großen Schritten den Hang hinauf, um dahinter zu verschwinden. Mit dem Gewehr in beiden Händen hastete ich hinterher.
Droben sah ich den Bären sofort. Eilfertig zog er auf seinem Wechsel durch die Mulde.
»Hierher . . .«, zischte Mike, der im Gebüsch kaum noch zu sehen war, »mach schnell, Mensch!«
Weil ich aber so aufgeregt nach dem herankommenden Tier schaute, sah ich den Tümpel neben mir nicht und brach mit splitterndem Geräusch durch seine gläserne Decke. Bis über den Gürtel versank ich darin. Von oben lief mir eisiges Wasser in die Stiefel, scheußlicher Morast saugte sich von unten daran fest. Da mein Gewehr nicht naß werden durfte, hielt ich es hoch und hatte entsetzliche Mühe, wieder aus dem garstigen Loch auf festen Boden zu kommen.
Nun wagte ich nicht mehr aufzustehen, sondern kroch auf den Knien durch die gefrorenen Zweige. Mike hatte nichts von meinem Mißgeschick bemerkt, er lag auf dem Boden und starrte nach vorne.
Als ich den Kopf hob, brauchte ich kein Fernglas mehr. Der Bärenschädel ragte über das nächste Gestrüpp und kam geradewegs auf mich zu.
Wenn nur die Büchse in Ordnung war! Nach all den Strapazen, die sie mitgemacht hatte, wußte man das wirklich nicht mit Bestimmtheit. Wenn sie in den letzten Tagen naß geworden war, konnte das Schloß womöglich vereist sein. Daran hätte ich wirklich denken können, als noch Zeit dazu war.
Ich riß den Mündungsschoner ab und legte den Sicherungshebel herum.
Der Bär war wieder verschwunden.
Als er nach unsagbar langen Minuten aufs neue erschien, war er nur noch fünfzig bis sechzig Schritt entfernt. Er lief noch eiliger, als ich gedacht hatte, den Kopf angehoben und nach vorne gestreckt. Er mußte wohl doch etwas bemerkt haben, und seiner Stärke bewußt, wollte er den Dingen auf den Grund gehen.
Ich kniete unmittelbar auf seinem Wechsel, hob die Büchse und war schußfertig.
Direkt auf mich lief er zu.

»Halloh«, schrie Mike den Läufer an, »wo soll's denn hingehen?«
Das Ungetüm zuckte zusammen und richtete sich behende auf, so was hatte er noch nicht erlebt.
Der braune Riese stand auf seinen Hinterpranken und drehte suchend den dikken Kopf im Halbkreis. Die Tatzen hingen seitlich am Leib herab.
Ich zielte drei Fingerbreit unter seine linke Brustwarze, verhielt den Atem und sandte die Kugel ab.
Paula bellte in der Ferne, sie mußte sich losgerissen haben.
Der Bär drehte sich langsam um, knickte in der Hüfte ein und rumpelte zu Boden.
Mir zitterten die Hände, während ich zum Fangschuß durchlud.
»Nicht mehr nötig«, rief Mike aus seinem Gebüsch, »er ist schon jenseits.«
Mit weichen Knien ging ich zu meiner Beute, einem Hügel aus vibrierendem Fell.
Mike riß den Rachen des Bären auf und schätzte sein Alter mit zwanzig bis zweiundzwanzig Jahren.
»Ziemlich alter Bursche, lange hätte er's nicht mehr gemacht.«
Die Kugel hatte sein Herz zerrissen, er war im Bruchteil einer Sekunde gestorben. Der dunkelbraune, sehr dichte Pelz hing lose um die Glieder, der Bär war sehr mager und schlecht ernährt. Möglicherweise lag das an seinem hohen Alter, den kommenden Winter hätte er kaum überlebt.
»Hast ihm wahrscheinlich einen Gefallen getan«, glaubte Mike, »das natürliche Ende wäre schlimmer gewesen.«
Ich ging um den Bären herum und preßte die Hand meines Freundes.
»Ist er dir groß genug, Mike?«
Der altberühmte Bärenführer entblößte seine Zähne.
»Hab in meinem Leben nur einen gesehen, der noch stärker war. Aber schau dir seine Krallen an . . . die sind weiß.«
Ja, das sah ich, von der Mitte bis zu den Spitzen waren sie hell.
»Menschenskind . . . einen Bär mit weißen Krallen, Hans, wie hast du das verdient?«
Ich wußte nicht, was daran so besonderes war.
»Aber Hans, das kommt doch alle Jubeljahre nur einmal vor . . . bei den Aleuten hätten sie dich sofort zum Häuptling gemacht.«
Darauf wollte ich lieber verzichten, von deren Lebensweise hatte ich genug.
Nun kam auch Steve gelaufen und riß die Augen auf.
»Gott-verdamm-meine-verfluchte-Seele . . . einen Old Frosty hat er umgebracht, mit richtigen Silberkrallen . . . schau sich einer diese höllenhundsföttischen Teufelstatzen an . . .«
Paula geriet über den scharfen Wildgeruch des toten Riesen in einen Freudentaumel. Wir mußten den Hund anleinen und festbinden, bevor wir an die rote Arbeit gingen.

Nachdem alle Mühe und Aufregung vorüber war, fühlte ich die Leere in meinem Magen. Denn wie üblich hatten wir seit unserem Aufbruch, gegen fünf Uhr früh, nichts gegessen.
»Mike ... hier gibt's genug Holz im Gestrüpp, machen wir doch Feuer und braten uns eine Bärentatze. Soll doch 'ne große Delikatesse sein.«
Mein Führer kratzte sich am grauen Kopf.
»Wär schon recht ... Bärentatze am Spieß schmeckt nicht schlecht ... nur weißt du ... ich hab mal jemand an Trichinose sterben sehen. Manchmal stekken die Bären voller Trichinen, und dann ... mein Bester, kann einem hier niemand mehr helfen. Ist ein übler Tod, möchte nicht auf diese Weise verrekken.«
Warum denn nun ausgerechnet dieser Bär Trichinen haben sollte, meinte ich, soviel ich wußte, war das sehr selten.
»Weil er so mager ist, Hans ... deswegen hab ich Bedenken.«
Dann wollte ich auch nicht auf diesem Schmaus bestehen. Aber schade war es doch, denn so bald hatte ich keine Gelegenheit mehr, Bärentatzen, und dazu noch selbsterlegte Bärentatzen, zu verspeisen.
Wir schafften bis zum späten Nachmittag, dann hatten wir dem Kodiak endlich seine Decke abgezogen. Nun kam der große Augenblick, sie zu vermessen. Das unerhörte Ergebnis waren *zehn Fuß und neun Inches!*
Das sind nach unseren Maßen drei Meter und siebenundzwanzig Zentimeter. Hierbei wurde zunächst die Länge vom Waidloch bis zur Schnauzenspitze gemessen, danach die Breite des Felles, beides zählt man zusammen und teilt es dann durch zwei. So verlangen es die strengen Vorschriften des »Boone Crocket-Club«.
Die »Anchorage Times« widmete diesem Bären eine ganze Seite, und Ed Fortier, des Nordens wohlbekannter Jagdexperte, ließ im »Alaska Hunting and Fishing Guide« verlauten: »Dieser Kodiak kann als der stärkste Braunbär angesehen werden, der jemals von einem Europäer in Alaska erlegt wurde.«
(Sie finden meinen Bären im Boon and Crocket Books »Northamerican Trophies« in der Abteilung Brownbears. Außerdem bin ich so frei, Ihnen zu versichern, daß seit diesem Tage kein stärkerer Braunbär in Alaska erlegt wurde, und weil sich dort die stärksten der Welt befinden, gilt das global. Übrigens mußte ich den Unterkiefer für die Naturkundliche Sammlung abgeben. Er befindet sich – wie man mir sagte – in der Natural History Collection des Alaska-Museums der University of Alaska bei Fairbanks.)

Gold wie Sand am Meer

Unser Vogel ist krank«, sagte mir der Pilot, als wir ganz unerwartet auf dem leeren Flugplatz von Nome niedergingen, »am linken Motor ist die Benzinpumpe ausgefallen. Wird schon einen Tag oder auch zwei dauern, bevor's weitergeht.«

Unser Ziel war eigentlich Northeast-Point auf der St.-Lawrence-Insel, wo ich mir eine Radarstation ansehen sollte. So interessant diese Stützpunkte der DEW-Linie für den Strategen und Techniker auch sein mögen, ich bin weder das eine noch das andere (sondern nur Oberstleutnant d. R.). Rein beruflich gesehen konnte dabei nicht viel herauskommen, ein oder zwei Zeitungsartikel, mehr gewiß nicht. Dennoch war ich der US-Luftwaffe ehrlich dankbar, gab sie mir doch die Möglichkeit, Gebiete von Alaska zu sehen, die ich sonst nie erreicht hätte, und zwar deshalb nicht, weil sie auf normale Weise unerreichbar sind.

Die St.-Lawrence-Insel schien mir besonders interessant, weil dort fast nur Eskimos leben, gut zweitausend an der Zahl. Ihre Lebensweise soll noch einigermaßen ursprünglich sein, das heißt vorwiegend auf Jagd und Robbenfang eingestellt. Dort fährt man gelegentlich noch mit den alten Walroßhautbooten, den sogenannten Umiaks, aufs Meer hinaus, um Weißwale zu harpunieren. Man jagt mit dem Kajak und weiß noch, wie ein gutes Iglu gebaut wird. Im übrigen existierte (bis 1967, heute leider nicht mehr) auf der 150 Kilometer langen Insel die letzte Schlittenhundepost Alaskas. Sie führt bei jedem Winter und Wind vom Hauptort Gamball über Savoonga und Lietnik zum Nordostkap. Telegrafisch hatte ich mir einen Platz – es gibt nur einen – im Postschlitten nach Gamball reservieren lassen. Es war das gewiß eine gute Gelegenheit, auf echt eskimoische Weise möglichst viel vom Land und seinen Leuten zu erfahren.

Aber »der Vogel war krank«, wir mußten vorläufig in Nome bleiben und auf Ersatzteile warten. Eigentlich konnte mir etwas Besseres gar nicht passieren, denn so hatte ich unverhofft Gelegenheit, eine Stadt zu besuchen, wie auf dieser Welt keine zweite existiert oder, besser gesagt, existiert hat. War doch einst von hier die phantastische Nachricht um die ganze Welt geeilt, daß es bei Nome »Gold wie Sand am Meer« geben sollte. Und das phantastischste an dieser Nachricht war, daß sie stimmte!

Gold ist eben doch ein besonderer Stoff. Keine Jagd wird so passioniert betrieben wie die Jagd nach dem Gold. Kein Papiergeld, kein noch so hoher Scheck vermag die gleiche Wirkung auszuüben wie das wirkliche, das greifbare Gold. Platin mag kostbarer sein, aber Gold ist ein magisches Metall. Es verwirrt die Sinne und verführt zu den größten Tollheiten. Am Ende des vorigen Jahrhunderts waren über hunderttausend Menschen von ihren Heimstätten in Amerika und Europa aufgebrochen, um in Alaska nach Gold zu jagen. Väter verließen über Nacht ihre Familien, Studenten die Hochschulen und Soldaten desertierten. Handwerker, Farmer und Angestellte ließen alles stehen und liegen, kratzten ihre letzten Pfennige zusammen und fuhren in ein fernes, wildes Land, von dem zuvor kaum jemand gehört hatte. Anwälte, Ärzte und Adlige, Abenteurer und Sträflinge, Matrosen, Kellner und Arbeiter machten sich auf. Es war eine Gesellschaft aus allen Gesellschaftsschichten, nur durch gemeinsame Gier nach Gold vereint.

Von diesen hunderttausend goldhungrigen Menschen, die damals zum Yukon aufbrachen, haben nach eingehenden Untersuchungen Pierre Burtons, des Historikers des Goldrausches, nur etwa vierzigtausend tatsächlich das gelobte Land ihrer Verblendung erreicht. Nur die Hälfte besaß, am Ziele angelangt, noch die Energie, mit aller Beharrlichkeit nach Gold zu schürfen. Nur viertausend fanden etwas, davon lediglich dreihundert so viel, daß sie tatsächlich als reich gelten konnten. Aber die meisten hielten ihren Reichtum nicht lange. Spieler, Schwindler und Verbrecher, leichte Frauen und harter Alkohol nahmen ihnen den goldenen Unsegen wieder ab. Pierre Burton ist dem Schicksal jedes einzelnen Yukon-Millionärs nachgegangen und kam zum Ergebnis, daß von jenen hunderttausend Goldgräbern, die ausgezogen waren, ihr Glück zu machen, nur sechs ein großes Vermögen nach Hause brachten und zu bewahren wußten.

Dagegen waren alle jene zu reichen Leuten geworden, die es verstanden hatten, das Gold nicht in Bach und Busch zu suchen, sondern bei den Goldgräbern selbst. Die Händler und Transporteure, die Schankwirte, Spieler und Gauner, vor allem die Tanzmädchen und Dirnen scheffelten das glitzernde Gold viel leichter und schneller als jene Unentwegten, die im Schweiße ihres Angesichts danach gruben. Man bezahlte ja diese Parasiten nicht mit Papiergeld, sondern mit Goldstaub und goldenen Nuggets.

Als man kürzlich in Dawson-City am oberen Yukon, wo für wenige Jahre eine

Goldgräberstadt emporgeschossen war, die heute verlassen ist, eine der seinerzeit so wildbewegten Tanzhallen abriß, kamen zwei kluge Leute auf die Idee, den Boden unter dieser Halle auszuwaschen. Sie gewannen etwa sechzehn Kilo Goldstaub im Werte von rund 240000 DM. Der puderfeine Schatz war nach und nach, sechs bis sieben Jahre lang, beim Bezahlen und Wiegen von Theke oder Tisch gestaubt und danach achtlos durch die Ritzen auf den Urwaldboden gefegt worden.
Zu den merkwürdigen, mit keiner Vernunft zu erklärenden Eigenschaften des Goldes scheint auch jene zu gehören, daß reiche Funde immer nur dort gemacht werden, wo es besonders kalt oder heiß, besonders menschenleer oder ungesund ist. Für Nome traf die Kälte zu und vollkommene Öde. Nur einige wenige Eskimos lebten verstreut an der unwirtlichen, stürmischen Küste der Seward-Halbinsel. In dem hügeligen Land dahinter gab es weder Baum noch Strauch, nur mageres Weidengestrüpp. Das Innere der Halbinsel war so gut wie unerforscht, nur vier oder fünf Weiße wußten, wie es dort aussah.
Zu denen gehörte auch der deutsche Baron Otto von Bendeleben. Er war um 1865, kurz bevor Alaska von den Russen an die USA verkauft wurde, für die Western-Union Telegrafen-Gesellschaft unterwegs, die damals mit dem großen Plan umging, einen Draht quer durch die Wildnis von Kanada, Alaska und Sibirien zu legen, um Europa und Amerika nachrichtlich zu verbinden. Bendeleben sollte die bestmögliche Strecke auf der Seward-Halbinsel vermessen. Dabei entdeckte er den Niuklukriver und fand Goldsand in seinem eisigen Bett. Doch blieb es dabei, denn die geplante Telegrafenlinie kam nie zur Ausführung. Inzwischen war es nämlich gelungen, ein Unterseekabel durch den Atlantik zu legen, die kostspielige Überlandlinie war unnötig geworden. Baron Bendeleben kehrte nicht mehr an den Niukluk zurück, und an seinen Goldsand glaubte niemand so recht. Immerhin ist dort sein Name erhalten geblieben, nach ihm heißt das höchste Gebirge auf der unwirtlichen Halbinsel »Bendeleben-Mountains«.
Die Deutschen sind schon ein »tiefschürfendes« Volk, gerade in Alaska ist das nicht zu bestreiten. Denn auch der nächste, der Gold in dem trostlosen, kalten Land vermutete, war ein Landsmann von uns, Willi Hofner geheißen. Bevor er den ruhigen Lehrsaal einer deutschen Universität mit dem unruhigen Schiffsdeck eines Walfängers vertauschte, war Hofner Student der Mineralogie gewesen. In Erinnerung an diese Studien konnte der Matrose Willi aus der Beschaffenheit des Landes gewisse goldhaltige Schlüsse ziehen. Er nahm Gesteinsproben auf und versuchte, auf seinen weiteren Reisen immer wieder Geldgeber zu finden, die bereit waren, einen geologischen Suchtrupp in das kühle Land zu entsenden. Dabei erging es dem Seemann nicht viel besser als dem Baron, man glaubte ihm nicht. Erst nach elf Jahren traf er in San Franzisko auf einen Mann namens John Green, der einiges von der Goldgräberei verstand und auch genügend Geld hatte, um eine Gruppe tüchtiger Leute loszu-

schicken. Willi Hofner selber war nicht dabei, wir können nur hoffen, daß er trotzdem seinen Anteil bekam. Denn tatsächlich wurde Gold gefunden, wenn auch nicht in großer Menge. Immerhin war bewiesen, daß sich eine Reise in die unwirtliche Gegend lohnen konnte.

Ein paar Dutzend Goldgräber sickerten ins Land, taten sich mit ebenso vielen Eskimos zusammen und fanden in verschiedenen Teilen der öden Halbinsel genügend Gold, um gewisse Zeit davon zu leben. Eine Sensation war aber das noch nicht, gar kein Vergleich mit dem Goldfieber am Yukon und Klondike. Trotzdem, nach fünfzehn Jahren gab es immerhin fünfhundert Goldsucher auf der kalten, trostlosen Seward-Peninsula. Mit primitiven Mitteln schürften sie am Schlangenfluß und an der Golovninbucht. Auch am Niukluk wurde nun jenes Gold wiedergefunden, von dem schon Bendeleben berichtet hatte. Alles zusammen ergab eine jährliche Goldmenge von 75 000 Dollar damaliger Währung. Das war nicht überwältigend, genügte aber, um das harte Klima und freudlose Leben in diesem Land auf sich zu nehmen. Man muß ja bedenken, wie sonst in der damaligen Welt die sozialen Verhältnisse aussahen. Die Goldgräber lebten und verdienten jedenfalls besser als die meisten Fabrikarbeiter vor der Jahrhundertwende. Wenn sie in die Staaten heimkehrten, konnten sie einiges springen lassen.

Zu fieberhaftem Treiben erwachte die Gegend erst 1898, als drei Schweden beim Anvilfluß ganz plötzlich auf »pay-dirt« stießen, der ganz besonders goldhaltig war. Binnen vier Wochen waren sämtliche Goldsucher der Halbinsel beim Anvilfluß versammelt und steckten sich ihre Claims ab. Keinen Funk und keinen Telegrafendraht gab es damals in Alaska, um die übrige Welt zu verständigen, auch die Schiffahrt nach dem Süden war für dieses Jahr bereits eingestellt. Dennoch gelangte die Nachricht von dem großen Fund irgendwie nach San Franzisko. Kaum war im Frühjahr die Küste wieder eisfrei, da erschien schon das erste Schiff mit vierhundert goldhungrigen Männern. Bald lebten einige tausend Leute in Zelten, Erdhütten und Bretterbuden an der Mündung des Anvilflusses, in völliger Unordnung und ohne jedes Gesetz.

Als das Gesetz endlich kam, in Gestalt eines Leutnants mit zwölf Mann, wurde es noch schlimmer. Denn jetzt stellte sich heraus, daß nach geltenden Bestimmungen nur amerikanische Bürger auf amerikanischem Boden nach Gold schürfen durften. Die meisten Goldsucher aber waren Ausländer oder Einwanderer, die noch keine amerikanischen Papiere besaßen. Normalerweise hätte sich das ändern lassen, denn damals genügte schon die Einschreibung beim nächsten Standesamt, um als Bürger der USA zu gelten. Hier in *Nome* jedoch, wie die wilde Siedlung nunmehr hieß, gab es weder Standesamt noch Gericht, noch sonst irgendeine Behörde. Also nahmen die später eingetroffenen »richtigen« Amerikaner den vorher gekommenen »Ausländern« ihre Schürfstellen weg, wobei ihnen der Leutnant und seine zwölf Mann auch noch helfen mußten. Wie nicht anders zu erwarten, führte das bald zu Mord und

Totschlag, auch zum »Widerstand gegen die Staatsgewalt«. Eines Tages ließ der Leutnant gleich dreihundert Missetäter auf einen Schlag verhaften. Doch mußte er sie schon bald wieder laufenlassen, weil es kein Gefängnis gab. Der junge Offizier war praktisch machtlos gegen die aufgeregte Masse und konnte nur zusehen, wie sich seine Schutzbefohlenen um die reichen Claims rauften und schlugen. Wer dabei unterlag, mußte weiter und immer weiter den Anvilcreek hinauf, bis dorthin, wo noch niemand war.

Johann Hummel, ein alter deutscher Einwanderer, konnte da nicht mitmachen. Er war kränklich und kaum noch in der Lage zu gehen. Also blieb der arme Teufel an der Küste und . . . wurde reich über Nacht. Denn wie er so im Sande herumstocherte, machte er den größten Goldfund, der jemals einem einzelnen Menschen gelang. Der flache Strand war so reich mit purem Gold durchsetzt, daß man es ohne viel Mühe herauswaschen konnte.

Hummel selber vermochte nur einen ersten Anteil von der gelben Beute für sich zu gewinnen. Denn gleich kamen die Konkurrenten. Alles, was Beine zum Laufen und zwei Arme zum Goldwaschen hatte, stürmte sofort zum Strand und holte an Gold heraus, was nur zu holen war. Niemand konnte hier bleibenden Besitz erwerben, denn bis zwanzig Meter weit ins Land hinein gilt jede Küste als Staatseigentum. Kein Privatmann durfte hier rechtens Ansprüche erwerben, obwohl der ferne »Staat« niemanden daran zu hindern vermochte, sich von dem goldenen Puder so viel zu nehmen, wie seine Pfanne hergab. Aber jeder Hamsterer mußte selber zusehen, wie er »sein« Stückchen Goldstrand am besten verteidigte. Durch einen verbrieften Claim, eine amtliche Bestätigung also, konnte es ja nicht gesichert werden.

Als die ersten Dollarmillionen in reinem Golde nach San Franzisko gelangten, setzte der allgemeine Wettlauf nach Nome ein. Dafür sorgten schon die Schlagzeilen der Weltpresse mit der bombastischen Nachricht, daß der Strand von Nome aus reinem Gold sei. So trafen schon im nächsten Frühjahr 15000 Menschen ein, und bis zum Herbst bedeckten rund 30000 goldhungrige Leute jeden Alters und jeder Herkunft die vierzig Kilometer des glückverheißenden Strandes. Im Durchschnitt schafften also drei Mann auf einem Streifen von nur vier Meter Breite. Noch heute sind beim Anfliegen von Nomes jene tiefen Furchen zu sehen, die man damals vom Küstenhang zum Strand hinunter eingrub. Vom Flugzeug sieht es aus, als sei das Land mit riesengroßen Kämmen beharkt worden.

Die goldene Ausbeute stieg von 2,8 Millionen Dollar im Jahr 1899 auf fast 5 Millionen im nächsten Jahr und erreichte 1906 über 7,5 Millionen Dollar, was dem heutigen Geldwert von rund 180 Millionen D-Mark entspricht.

Die Zustände in der riesigen Siedlung waren chaotisch, unvorstellbar primitiv und völlig rechtlos. Vierzig Kilometer weit dehnte sich die Stadt an der Küste aus, war aber nur wenige Meter breit. Man lebte in Bretterbuden, Zelten, Erdhütten und gestrandeten Schiffen. Weil es keine Lagerhallen gab, stapelten sich

Kisten und Säcke bergehoch unter freiem Himmel. Kneipen und Spelunken, Spielhöllen und Bordelle schossen üppig wie Unkraut aus dem Boden, aber Krankenhäuser, Kirchen, öffentliche Fürsorge und Hygiene gab es nicht. Nur wenige Goldgräber gelangten wirklich zu Vermögen. Was sich einige Jahre zuvor am Yukon abgespielt hatte, wiederholte sich auch in Nome. Noch hektischer sogar und womöglich noch chaotischer, weil sich ja an dieser Küste alle Geschäftigkeit nur auf eine Stelle konzentrierte. Wer sich am schnellsten bereicherte, waren wiederum jene zwielichtigen Gestalten, die mit allem handelten, was der Mensch brauchte oder zu brauchen glaubte. Weil man sämtliche Artikel erst mühsam aus dem weit entfernten Süden heranschaffen mußte und die Zwischenverdienste enorm waren, kostete jedes Pfund Mehl, jede Flasche Whisky und jedes Brett zehnmal soviel wie in San Franzisko. Gauner und Gangster, Schieber, Falschspieler und verkommene Frauen waren abermals Nutznießer des verhängnisvollen Segens. Meist waren es dieselben Leute, die schon am Yukon und Klondike gelernt hatten, wie man das machte.

Um nur die einfachste Ordnung in die umstrittenen Claims zu bringen, entsandte die amerikanische Regierung einen Friedensrichter namens Arthur Noyes hinauf nach Nome, der als Gehilfen seinen Freund und Rechtsanwalt Alexander Matthews mitnahm. Das Eintreffen dieser beiden Gesetzeswahrer wurde vom besseren Teil der verzweifelten Goldgräber mit größter Erleichterung begrüßt. Doch nicht für lange, denn bald stellte sich heraus, daß von allen Gaunern, die Nome aufzuweisen hatte, diese beiden Staatsbeamten die schlimmsten waren. Kurzerhand teilten sie die besten Claims jenen Leuten zu, die ihnen dafür die höchste Bestechung boten. Weil ihre Entscheidung sozusagen »amtlich« war, konnten die Betrogenen vorerst nichts dagegen machen. Hatten doch die behördlichen Gangster die denkbar beste Protektion in Washington, denn einflußreiche Parlamentarier waren am »Gewinn« beteiligt. Die Korruption stank zum Himmel, einen ähnlichen Skandal von so unverhüllter Beamtenbestechung haben die USA seitdem nicht mehr erlebt (vielleicht doch?). Aber so gut wurden die beiden Verbrecher von ihren hochgestellten Hintermännern gedeckt, daß es volle zwei Jahre dauerte, bis die Regierung endlich eingriff. Neue Beamte wurden nach Nome geschickt, dazu eine Untersuchungskommission, die Noyes und Matthews verhaften ließ. Doch kamen sie dank ihrer guten Verbindungen mit lächerlich geringen Strafen davon.

Inzwischen war die windige Riesensiedlung zur weitaus größten Stadt der Arktis geworden. Schiff auf Schiff hatte Bauholz herangeschleppt, täglich entstanden neue Häuser aus Brettern und Dachpappe. Ein besseres Geschäft konnte es nicht geben, denn so hoch waren die Mieten, daß der ganze Hausbau schon nach einem Jahr bezahlt war. Wohl den größten Umsatz erzielte der Besitzer einer Bedürfnisanstalt, er nahm seiner Kundschaft »pro Gelegenheit« einen halben Dollar ab. Um ein warmes Bad zu nehmen, zahlten die Goldgräber nach heutigem Geld zwanzig Mark, durften aber nur kurze Zeit in der Wanne ver-

weilen, weil der Andrang gar zu groß war. Als 1900 die erste kleine Kirche gebaut wurde, zählte man in Nome bereits achtundsechzig Kneipen.
Allmählich wurde das Leben und Treiben etwas normaler. Der beschämende Skandal mit dem Richter Arthur Noyes hatte die Behörden des Mutterlandes aufgeschreckt. Eine ordentliche Verwaltung wurde eingerichtet, es kamen zuverlässige Polizisten in die Goldgräberstadt, Ärzte und Geistliche trafen ein. Soweit das noch möglich war, wurde Ordnung in die Besitzverhältnisse der Claims gebracht. Nome, die größte Stadt, die es jemals im nördlichsten Amerika gegeben hat, schien prächtig zu gedeihen. Vermögen wurden aus dem Sand geholt und zerrannen im Sande, das Glück des einen war die Verzweiflung des anderen. Auf große Hoffnungen folgte noch größere Enttäuschung. Die Gräber füllten sich mit den sterblichen Überresten der Gescheiterten.
Eine Million Dollar soll Rex Beach aus dem Sand von Nome gekratzt und in Nome wieder verloren haben. Aus Zorn über die Raffgier seiner Ausbeuter und die eigene Dummheit setzte sich der Geprellte in seine Hütte und schrieb über das, was ihm widerfahren war, ein herzergreifendes Buch. »The Spoilers« nannte es der Verfasser, auf deutsch »Die Verschwender«. Was Rex Beach darin erzählte und wie er's tat, wurde ein gewaltiger Erfolg. Sein Buch machte ihn wieder reich und zu einem bekannten Schriftsteller, der erst vor kurzem in seiner pompösen Villa bei Miami verstarb. Sein Blockhaus in Nome ist das einzige, das noch aus dem ersten wilden Jahr der Goldgräberzeit übrig ist. Es wird als Sehenswürdigkeit gezeigt, und ich habe es mir nicht entgehen lassen.
Schon nach acht Jahren war es mit dem Nome zu Ende. Der reiche Sand war restlos durchwühlt und gab nichts mehr her. Nur noch große Gesellschaften, die dem gefrorenen Boden mit riesigen Maschinen zuleibe gingen, konnten weiterhin Gold aus eisiger Tiefe herausholen. Doch gehörte sehr viel Kapital zum Start eines solchen Unternehmens, denn jeder von diesen haushohen Baggern kostete anderthalb Millionen Dollar. Heute sind nur noch zwei davon in Betrieb. Die übrigen rosten seit Jahren vor sich hin, neue Anlagen werden nicht geplant. Die Arbeitslöhne in der Arktis sind derart hoch, daß eine monatliche Ausbeute des Baggers von »nur« 50000 Dollar nicht genügt, um seinen Betrieb rentabel zu halten, weil ja das Ungetüm bloß fünf Monate im Jahr arbeiten kann! Auch im sogenannten Sommer muß der ständig gefrorene Untergrund erst mühsam mit heißem Dampf aufgetaut werden. All diese Unkosten verschlingen in dem schandbar teuren Land mehr Geld als Gold herauskommt. (Aber die Verdreifachung des Goldpreises während der letzten Jahre hat zur Wiederbelebung der Goldgewinnung bei Nome geführt, wenn auch vorläufig nur in relativ bescheidenem Umfang.)
Während man die Bevölkerung Nomes zu Beginn der Jahrhundertwende auf 35000 Köpfe geschätzt hatte, sind es jetzt nur noch 2400. Bei ihrer Gründung und während ihrer Blüte war Nome eine Stadt der Weißen, wenn auch nicht der besten. Nun ist Nome die volkreichste Eskimosiedlung überhaupt, denn

von ihren 2400 Einwohnern sind 1900 eskimoisch. Aus der wilden, verwegenen Stadt des goldenen Sandes ist ein verschlafenes Provinznest der Arktis geworden, gewissermaßen ein »Pensionopolis« neuzeitlicher Polarmenschen. Wohnungsnot gibt es in Nome schon seit etwa sechzig Jahren nicht mehr, der größte Teil aller Häuser steht leer. Niemand wüßte zu sagen, wem sie einst gehört haben. Die Fensterscheiben sind zerbrochen, der kalte Wind pfeift durch die Räume. Wer will, kann einziehen und braucht keine Miete zu zahlen. Aber gemütlich wird es bestimmt nicht sein, und wie wollte man das Heizungsproblem in diesen windschiefen Häusern lösen? Es gibt ja keinen Wald, aus dem man sich das Holz besorgen kann. Meilenweit erstrecken sich am Strand die Reste verfallener Behausungen, überall in der Umgebung liegen Schrott und rostige Gerätschaften der Goldgräberzeit.
Wir standen im November, das Thermometer zeigte am Mittag 21 ° unter Null. Diese Kälte war um so gefährlicher, weil die Sonne blendend schien und die Luft wunderbar klar blieb. Vor der Post saßen alte Eskimos auf einer Holzbank und sonnten sich. Kinder spielten in einer verwilderten Anlage, Hunde lagen vor der Tür, und Pärchen gingen spazieren. Es gab in Nome, nördlich des Polarkreises, keinen Schnee. Zwar hatte es zu Beginn des Winters einige Male leicht geschneit, aber die weiße Decke war wieder verdunstet.
Man mußte schon die Handschuhe ausziehen, um zu spüren, wie eisig es tatsächlich war. Alle Menschen trugen wärmende Parkas und an den Füßen pelzgefütterte Mukluks. Von ihren Gesichtern war nur jener Ausschnitt zu sehen, den die Kapuze aus Wolfspelz freiließ. Die Eingeborenen wie die Weißen waren gleich angezogen, nämlich nach alter, bewährter Eskimoart. Es gibt eben nichts Besseres, man ist allgemein wieder auf das eskimoische Prinzip zurückgekommen. Gewiß verwendet man vielfach Nylon und künstlich hergestellte Isolierstoffe statt der oft sehr teuren Felle. Aber den Zuschnitt, die lockere Form und die Abdichtung gegen Wind, hat man den Polarmenschen abgeschaut. Einem Vorübergehenden ist nicht gleich anzusehen, ob er ein Weißer oder Eskimo ist.
Das Meer war noch eisfrei, bis Ende des Monats sollte es so bleiben, denn »Kurosiwo«, der wärmende Japanstrom, bespült auch diese Küste. Doch kaum gelangen die Spritzer der Brandung auf die Steinschüttung des Ufers, werden sie sofort zu Eis. Man konnte dort nicht gehen, denn alles war von einer schlüpfrigen, glitzernden Eisschicht bedeckt, die später bei Sonnenuntergang in den wunderbarsten Farben glänzte.
Nur die Hauptstraße Nomes zeigte hin und wieder einiges Leben und bewohnte Häuser. Alte Autos mit Eskimos am Steuer humpelten vorbei, pelzvermummte Kinder eilten zur neuen Schule. Meinem Hotel gegenüber lag die Redaktion der ältesten Zeitung Alaskas, »Nome Nugget« geheißen. Das Blatt erscheint nur in siebenhundert Exemplaren, versorgt aber ein Gebiet, das größer ist als die Bundesrepublik. »Nome Nugget« erschien bereits im Sommer

1898, also im zweiten Jahre des Nome-Goldrausches. Verlag und Druckerei gehören noch heute einer Tochter des Gründers, die mich sehr liebenswürdig empfing. Mrs. Boucher, eine zierliche, feingepflegte Dame von etwa fünfundsiebzig Jahren, ist in Nome geboren und hat als Kind noch den Goldrausch miterlebt. Sie und ein Drucker sind das ganze Personal des Blattes. Redaktion, Herstellung und Vertrieb finden im gleichen Raume statt. Es wird in dieser Zeitung emsig Lokalpolitik getrieben und über das Wohlergehen jedes einzelnen Bürgers berichtet. Unter den neuesten Nachrichten des 8. Oktobers war folgendes zu lesen:

»Der Soldat Robert C. Okoktaruk, Sohn von Mr. und Mrs. James Okoktaruk in Nome, hat im Rahmen der 92. Transportkompanie der Amerikanischen Streitkräfte in Deutschland an der Übung ›Schachmatt‹ in der Nähe von Frankfurt teilgenommen und hierüber an seine Eltern berichtet. Robert C. Okoktaruk ist 18 Jahre alt und hat die Oberschule in Nome besucht.«

Wer das Abonnement dieser Zeitung nicht in bar bezahlen möchte, wie die meisten Eskimos im Hinterland, kann ein Weißfuchsfell oder ein paar gedörrte Lachse zur Redaktion bringen, auch Körbe mit Moosbeeren und Robbenspeck werden als Bezahlung verrechnet. Die Zustellung des Blattes macht mitunter Schwierigkeiten, vor allem, wenn die Bezieher fünfhundert Kilometer weit entfernt wohnen. Dann werden eigens kleine Postflugzeuge gechartert, die gleich alle Ausgaben der letzten zwei oder drei Monate mitnehmen. Für die Bezieher ist das ziemlich teuer, aber auf ihr »Nome Nugget« wollen die Eskimos nicht verzichten. Sonst würde man ja nie erfahren, was der junge Okoktaruk in Frankfurt macht.

Mrs. Boucher schimpfte kräftig auf ihre Regierung und den Egoismus der amerikanischen Industrie. Wie sie mir versicherte, haben nämlich geologische Untersuchungen ergeben, daß im Schoße der Seward-Halbinsel unerschöpfliche Schätze an allen nur denkbaren Mineralien ruhen, außer Gold wurden auch Nickel, Kupfer, Mangan, Kohle und Öl festgestellt. Es bedürfe, so sagte die streitbare Dame, nur einer »Kapitalspritze« von einigen hundert Millionen Dollar, um dem trostlosen Lande eine wirtschaftliche Hochblüte zu bescheren. Aber die Börsen und Banken sind nicht daran interessiert. Und die Industrie hat keine Lust, sich so weit von ihren Absatzmärkten im hohen Norden auszudehnen. Es gibt noch genügend Rohstoffe in den Staaten selbst. Trotzdem glaubte Mrs. Boucher an eine neue und großartige Zukunft in Nome. (Es hat sich bis heute nicht verändert, aber immerhin ist nun das Vorkommen dieser Bodenschätze allgemein bekannt. Sie gelten als Reserve für die Zukunft, vorläufig aber lohnt sich der überaus kostspielige Abbau noch nicht.)

Schon möglich, aber zunächst müßte die Seward-Halbinsel eine Überlandverbindung nach Süden haben, eine Straße zur Autostraße des Alcan-Highways. Leider beträgt aber die offene Lücke bis zum Alcan fast tausend Kilometer in der Luftlinie. Dazwischen liegen unermeßliche Sümpfe, mächtige Ströme und

Gebirge. Immerhin gibt es auf der Seward-Halbinsel selbst schon etwa zweihundert Kilometer einigermaßen befahrbare Straßen, die man teilweise für eine Verbindung nach Süden brauchen könnte. Das große Projekt ist amtlich beschlossen und theoretisch geplant.

»Wann wird man also von New York nach Nome fahren können?« fragte ich Mrs. Boucher.

»Wenn hohe Beamte einsichtig werden . . . doch an dieses Wunder glaube ich vorerst nicht.«

Sie sagt das auch in ihrem Blatt und schlägt darin eine scharfe Klinge gegen die »behördliche Schlafkrankheit«. Da es weit und breit keine andere Zeitung gibt, wird die öffentliche Meinung von dieser zarten, kleinen Frau nicht nur beherrscht, sondern überhaupt erst gemacht.

Wirtschaftlich steht die ganze Halbinsel unter dem Einfluß des Hauses Lomen, einer Firma, die schon im Goldrausch entstand und in vielen Erzählungen dieser Zeit eine Rolle spielt. Unter anderem waren die Gebrüder Lomen auch an der Einfuhr zahmer Rentiere aus Norwegen beteiligt, die man in den neunziger Jahren mitsamt einer Gruppe von Lappen an die Westküste von Alaska brachte. Man wollte damals die Eskimos zur Rentierzucht umschulen, die Lappen sollten sie anlernen. Zwar vermehrten sich die importierten Rentiere ganz gewaltig, doch das Experiment scheiterte. Die Eskimos konnten oder wollten nicht zur Rentierhaltung übergehen. Auf einem Treck, der in seiner Art phantastisch anmutet, fast drei Jahre dauerte und über zweitausend Kilometer führte, trieben die Lappen eine große Herde an der Eismeerküste entlang bis zu den fernsten Eskimodörfern im Norden. Dieses Unternehmen, oft geschildert und reich an packenden Abenteuern, gehört zu den erregendsten Geschichten der alaskanischen Geschichte. Von den zweieinhalbtausend Rentieren, die jenen Marsch begannen, ging unterwegs die Hälfte zugrunde, trotzdem erreichten fast dreitausend ihr Ziel. Denn auf der langen Reise wurden rund fünfzehnhundert Kälber geboren.

Als die Eskimos versagten, versuchte es die Firma Lomen selbst mit der Rentierzucht, stellte außer Lappen auch weiße Betreuer ein und konnte binnen kurzer Zeit ganze Schiffsladungen mit Rentierfleisch nach Süden versenden. Aus Gründen, die ich nicht ergründen konnte, wurde das plötzlich verboten. Nur Eskimos sollten Rentiere besitzen, kein Weißer darf mit ihnen zu tun haben. Die Gebrüder Lomen mußten ihre Herden auflösen, ohne daß die Eskimos sich der Tiere annahmen. Etwa eine halbe Million Rentiere wurden herrenlos, überschwemmten das endlose Land und verwilderten. Der größte Teil fiel den Wölfen zum Opfer, andere Herden schlossen sich den Karibu an. Heute gehören die einst zahmen Rentiere zum jagdbaren Wild Alaskas, doch ist nur den Eingeborenen gestattet, sie zu erlegen.

Leidenschaftlich tritt Mrs. Boucher im »Nome Nugget« dafür ein, daß dieses Rentierprivileg der Eskimos wiederaufgehoben wird. Ihrer Ansicht nach könnte und sollte die Seward-Halbinsel ein großes Weideland für Rentiere weißer Unternehmer werden. Es kann schon sein, daß sie recht hat, doch müßte man erst jene Leute finden, die bereit wären, mit den Herden durch ein Land zu ziehen, dessen reizlose Einöde wohl die meisten Menschen zur Schwermut verführt.

Ein Schwager der energischen Dame war gerne bereit, mich in seinem Jeep so weit in die Halbinsel hineinzufahren, wie es Straße und Gelände erlaubten. Es lohnte sich eigentlich nicht. Man kann sich kaum eine Gegend denken, die gleichförmiger ist als das Hinterland von Nome. Auf die kahlen Hügel der Küste folgt ein langsam ansteigendes Mittelgebirge, das im Herzen der Seward-Peninsula schließlich 1000 bis 1200 Meter Höhe erreicht. Tiefer im Lande drinnen lag Schnee, und die Flußläufe waren vereist. Buschwerk und schütteren Baumbestand gab es lediglich in den windgeschützten Tälern. An den Hängen der grauen und weißen Berge gediehen nur Heidekraut, Moos und Flechten.

Mein Begleiter erzählte mir von heißen Quellen, die, hundertfünfzig Kilometer von Nome entfernt, im Norden der Halbinsel liegen und eine hübsche Umgebung haben sollen. Früher hatte es dort eine Station russischer Missionare gegeben, die noch bis in die zwanziger Jahre hinein bestand. Seitdem sind die Blockhäuser verlassen, und niemand lebt mehr dort. St. Michael hieß der Ort, im Winter konnte man ihn auf einem alten Schlittenpfad erreichen und sich kostenlos zu einer Badekur in der leerstehenden Mission niederlassen. Auch bei schlimmstem Frost behielten die heißen Quellen ihre Temperatur von fünfunddreißig Grad. Natürlich wäre ich gerne dorthin geschlittet, aber so weit durfte ich von Nome nicht fort. Unser »kranker Vogel« konnte jeden Augenblick genesen.

»Nein, es ist noch nicht soweit«, erklärte mir der Pilot, als ich wieder anfragte, »bis morgen abend wird's bestimmt noch dauern.«

Was konnte ich noch besichtigen? Mrs. Boucher schlug einen Gang zur Schule vor, auf die man in Nome sehr stolz ist. Durchaus mit Recht, wenn ich an unsere heimischen Verhältnisse denke. Es herrschte dort ein Überfluß an Raum, nicht einmal die Hälfte der Bänke war besetzt. Die Bücherei, der Physiksaal und das chemische Labor schienen mir weit großzügiger ausgestattet als in einem Gymnasium bei uns. Auch an Lehrkräften war offenbar kein Mangel. Da es in Alaska keinerlei rassische Vorurteile gibt, saßen die Eskimokinder mit den weißen Schülern am gleichen Tisch. An natürlicher Intelligenz wie auch an Lerneifer waren die jungen Eskimos, wie mir der Direktor sagte, den weißen Kindern oft überlegen. Allerdings nur, wenn auch ihre Eltern schon »zivilisiert« waren und die Kinder daheim nicht zu sehr beanspruchten. Waren schon Vater und Mutter regelmäßig zur Schule gegangen, so merkte man das ihren Kindern deutlich an. Sie schrieben die besten Arbeiten und wollten später studieren.

Unter den verstädterten Eskimos von Nome gibt es auch eine »bessere Gesellschaft«. Ich sah es in meinem Hotel, wo sich die elegante Welt der Polarmenschen nachmittags zu Kaffee und Kuchen trifft. Da erscheinen dann regelrechte Playboys im gestreiften Sakko und engsten Hosen, die ihre drallen Mädchen recht weltgewandt ausführen. Sind erst Pelz und Überschuhe abgelegt, so erscheint aus diesen Umhüllungen mitunter ein allerliebstes Eskimopüppchen, mit Dauerwellen und Make-up, auf Bleistiftabsätzen trippelnd und modisch umschlossen von einem eng anliegenden Cocktailkleid. Kein Gedanke, daß diese hochnordischen Teenager sich noch von Walfischtran und Robbenspeck ernähren.
Meine Kameraden vom fliegenden Personal schienen Nome recht gut zu kennen und wußten die Annehmlichkeiten, die im Ort geboten wurden, sehr zu schätzen. Ein jeder verdrückte sich auf seine Art und war dann nicht mehr zu sehen. Schon möglich, daß die »Krankheit unseres Vogels« damit zusammenhing!
Den letzten Abend wollten wir gemeinsam verbringen. Der Captain meinte, ohne einen Besuch im »Polar-Casino« hätte ich Nome gar nicht richtig gesehen. Für einsame Junggesellen, die wir zur Zeit ja waren, könne gar nichts Besseres es geben.
Das Nachtleben der arktischen Metropole wollte ich mir nicht entgehen lassen. Es besteht aus einer recht elegant und geschmackvoll ausstaffierten Bar. Dämmriges Kerzenlicht begrüßte uns, ein Eskimo im Smoking servierte eine Runde giftiggrüner Cocktails, die zwar bitter schmeckten, aber als Begrüßung auf Kosten des Hauses gingen. »Walfischkuß« hieß das Zeug, weil auch Walfischtran zu seinen Bestandteilen gehörte. Vorerst war es noch sehr still in der Bar, aber meine Kameraden versicherten mir, das würde sich schlagartig ändern, sobald nur das Kino auf der anderen Straßenseite zu Ende sei.
Und tatsächlich, Schlag halb elf stürmte ein gutes Dutzend von Eskimomädels ins Lokal. Manche waren etwas pummelig geraten, andere doch recht nett gewachsen. Alle hatten sie strahlende Mondgesichter, eilten ohne weiteres auf uns zu und wollten tanzen. Was wir ihnen gewiß nicht abschlagen konnten.
Nickel auf Nickel warfen die munteren Dinger in den Musikautomaten und gönnten uns weder Rast noch Ruhe. Da sie bei weitem in der Überzahl waren, ließ sich die nächste und übernächste Dame jeweils vormerken. Es war eine ständige Damenwahl, wir selber hatten dabei nichts zu bestimmen. Keines der Mädels durften wir bevorzugen, mußten vielmehr genau auf die Reihenfolge achten.
Was mir Sorge machte, war nur die große Anzahl von Drinks, die von unseren Damen flottweg bestellt wurden. Jedesmal, wenn ich vom Parkett kam, stand wieder ein gefülltes Glas an meinem Platz und mußte aufs Wohl der nächsten Partnerin geleert werden. Bei den horrenden Preisen in Nome war mir das gar nicht recht, dieser Konsum würde ein verheerendes Loch in meine magere

Brieftasche reißen. Schließlich war ich kein Goldgräber, der »zahlenden Dreck« gefunden hatte!
Bis um zwei Uhr früh wirbelten wir die Polardamen herum. Aber dann . . . mit einem Male . . . mußten sie alle gleichzeitig nach Hause. Jeder von uns bekam einen Gutenachtkuß auf die Wange gehaucht, und mit viel Gekicher waren die Mädels verschwunden.
Nun blieb wohl nichts anderes übrig, als die gehabte Zeche zu bezahlen, und ich verlangte zu wissen, was mich das koste.
»Aber nicht doch, mein Herr«, lächelte der Eskimo hinter seiner Theke, »die Damen haben natürlich alles beglichen!«
Tja, meine Herren, so ist das in Nome!

Wo die Eskimo Eis kaufen

In Nome regte sich kein Lüftchen, aber »Kap Nordost« meldete Windstärke 11. Während bei uns die Sonne strahlte, fegten Schneewolken über St. Lawrence, die Insel war vorläufig nicht zu erreichen. Unser Pilot sprach selber mit den Wetterfröschen am Northeast-Point, doch konnte man ihm keine Hoffnung machen, daß es besser würde.

»Das letzte Mal konnten wir's auf Anhieb schaffen«, erzählte Captain Lloyd, »aber kaum hatten wir unser Zeug ausgeladen, fing's schon wieder zu blasen an. Neun Tage hat's dann gedauert, bis wir endlich wegkamen. Hab eigentlich nie erlebt, daß es mal glattging auf dieser verdammten Strecke!«

Wie gesagt, war unser Vogel krank gewesen, drei Tage lang hatte er auf dem Flugfeld gestanden. Uns konnte es recht sein, wir fanden Nome ganz unterhaltsam. Aber nun, da der Schaden behoben war, wollte der Transportchef die Maschine wieder einsetzen. Er konnte nicht endlos warten, bis Kap Nordost wieder gutes Wetter meldete.

Gegen Mittag kam der Befehl, alle Fracht auszuladen und hierzulassen. Die Maschine selber sollte nach Anchorage zurückfliegen. Später, wenn sich das Wetter auf St. Lawrence gebessert hatte, würde ein anderer Transporter kommen, um die Fracht ans Northeast-Cape zu bringen.

Mir wurde freigestellt, so lange in Nome zu warten, sonst konnte ich aber auch nach Kotzebue fliegen. Noch im Laufe des Tages sollte diese andere Maschine eintreffen, um vor ihrem Weiterflug ans Eismeer hier zu tanken. Allerdings durfte ich mich nicht vom Flugplatz entfernen.

Ich fragte Captain Lloyd um seinen Rat.

»Menschenskind, laß dich bloß nicht mehr auf Northeast ein!« warnte er voll Ingrimm. »Bis da mal wieder Gutwetter ist, kannst du hier Ehrenbürger werden. Flieg lieber nach Kotzebue . . .«

Leicht fiel es mir nicht, auf St. Lawrence zu verzichten, allein schon die Fahrt mit der Hundeschlittenpost wäre die Reise dorthin wert gewesen. Schon ein Jammer, daß die interessante Insel so schwer zu erreichen war. Im Sommer hätte ich das leichter gehabt, aber im Sommer fahren die Postboten nicht mit Hundeschlitten.
»Sagen Sie, Captain, gibt's denn was zu sehen in Kotzebue?«
»Es ist immerhin von den alten Eskimodörfern eins der größten und noch so dreckig wie vor hundert Jahren.«
»Das klingt vielversprechend, Captain, fliege ich also nach Kotzebue!«
Hauptmann Lloyd ging zum Telefon und gab Elmendorf Bescheid.
Im Zweiten Weltkrieg war der Flughafen von Nome eine Drehscheibe des militärischen Verkehrs gewesen. Von hier aus wurde ein großer Teil der amerikanischen Lieferungen nach Rußland geflogen. Bei gutem Wetter waren damals über hundert Maschinen täglich gestartet, um den Sowjets dringend erbetenes Kriegsmaterial zu bringen. Wir bekamen es dann an der Ostfront zu spüren. Heute spricht man nicht mehr so gerne davon, weder bei den Sowjets noch bei den Amerikanern. Bei uns in Europa, wohl auch in Amerika wäre nach so langer Zeit von diesen alten Anlagen wohl kaum noch etwas übrig. Aber hier, wo sich gar nichts weiter entwickelt, wo das polare Klima den Verfall und die Selbstauflösung weitgehend verhindert, war noch sehr vieles übrig.
Die riesigen Hallen erhoben sich noch immer, obwohl sie nun völlig nutzlos waren. Die Unterkünfte standen leer und das großzügige Flugfeld glich einer Steppe. Unsere Maschine war die einzige auf weiter Flur. Für gewöhnlich wird Nome nur jeden zweiten Tag von einer kleinen Verkehrsmaschine angeflogen.
Als unser Transporter entladen war und mit meinem Gefährten nach Süden abging, gab es auf dem ganzen, weitläufigen Gelände außer mir nur einen verschlafenen Wachmann. Mit einem Schlüssel, der eigentlich schon lange pensioniert war, öffnete mir der schleppfüßige Mann das einstige Offizierskasino.
»Immer noch das beste, was wir an Wartesaal haben«, meinte er mit flachem Grinsen, »es wird Sie weiter kein Gedränge stören. Die früheren Herrschaften sind schon vor längerer Zeit abgereist.«
Mit dem Bemerken, daß er nunmehr Feierabend mache, entfernte sich mein Betreuer. Das verstaubte Kasino gehörte mir allein.
Es war bitterkalt und schon lange nicht mehr gelüftet worden. Wie eine vergessene Katze strich ich durch die verlassenen Räume. Die letzten Zeitungen im Lesesaal datierten noch aus dem großen Krieg und berichteten in Schlagzeilen von der Einnahme Berlins.
Nach mancherlei mißglückten Versuchen fand ich einen elektrischen Ofen, der noch funktionierte, zog einen windschiefen Sessel daneben und machte es mir gemütlich. Eine Büchse Corned beef hatte ich noch im Rucksack. Bis die Maschine nach Kotzebue eintraf, konnte ich mein Leben fristen.

Viel wußte ich von diesem Ort ja nicht, nur eben die Hintergründe seines deutschen Namens. Otto von Kotzebue war seinerzeit ein wohlbekannter Geograph gewesen, der die Erde nicht weniger als dreimal umsegelt hatte. Die meiste Zeit stand er in russischen Diensten und wurde 1803 vom Zaren Alexander I. beauftragt, die Ostküste der Beringsee zu erforschen. Das hat der Herr von Kotzebue dann auch viele Jahre hindurch gründlich getan und die ersten Karten dieser Gebiete angefertigt. Eine ganze Reihe geographischer Punkte trägt seinen Namen, vor allem jene große Eskimosiedlung auf der Baldwinhalbinsel, wo er im Jahre 1816 überwintert hat. Kotzebue war einer der ersten wissenschaftlich gebildeten Entdecker, der längere Zeit unter den Eskimos lebte. Er muß sich recht gut mit ihnen vertragen haben, sonst hätten sie bestimmt nicht den Namenswechsel ihrer Ortschaft mitgemacht. Wie dieses Dorf zuvor auf eskimoisch geheißen hat, ist längst vergessen, dagegen weiß man in Kotzebue noch ziemlich genau, wer seinerzeit der erste »Kabluna« war, der an jener Küste auftauchte. Auch eine Meeresbucht, ein Fluß und eine Bergkette tragen in jener Gegend den Namen Kotzebue. Noch bekannter war zu seiner Zeit der Vater dieses Kotzebue, nämlich August von Kotzebue, Dramatiker, Herausgeber literarischer Zeitschriften und Gegner des großen Goethe. In seiner Gesinnung erzkonservativ und Feind aller liberalen Bestrebungen, wurde er aus politischen Gründen in Jena von dem Studenten Sand erdolcht. Eine Tat, die damals europaweites Aufsehen erregte.

Von seinem Sohn, dem Weltumsegler Otto von Kotzebue, kann ich noch eine nette Geschichte nachtragen, die mir eine Leserin dieses Buches, und zwar Urgroßnichte Kotzebues, freundlicherweise mitgeteilt hat. Die wahrhaft bewundernswerte Leistung des Weltumseglers war es, daß er immer wieder zu weiten und weitesten Seereisen aufbrach, obwohl er hoffnungslos unter oft schlimmsten Formen der Seekrankheit zu leiden hatte. Von seinen Anverwandten und guten Freunden wurde er deshalb nicht der »Weltumsegler Kotzebue« genannt, sondern der . . . »Weltumkotzer Segelbue«. Aber das nur nebenbei.

Es wurde dunkel, aber meine Maschine war noch nicht gekommen. Die Büchse Corned beef hatte ich längst verzehrt, eine andere Nahrungsquelle war nirgendwo zu finden. Auch gelang es mir nicht, eine Lampe in Betrieb zu setzen. Wohin sich der Tag- und Nachtwächter verkrochen hatte, war nicht zu ergründen. Also nahm ich ein paar Decken und legte mich zum Schlafen auf den Billardtisch. Schritte, Stimmen und Gelächter weckten mich erst wieder auf, als es schon Tag wurde.

»Sind Sie vielleicht unser Passagier?«

»Nach Kotzebue . . .?«

Die Männer um meinen Billardtisch nickten.

»Haben Sie verdammt lange gesucht! Es konnte niemand ahnen, daß Sie schon so früh am morgen Billard spielen. Kommen Sie . . . wir müssen weiter!«

Eisbärin mit etwa einjährigem Jungen bei Point Lisbourn im nordwestlichen Alaska. Die Jagd auf Eisbären, wobei nur an der Küste von Alaska pro Jahr etwa 350 Polarbären erlegt wurden, ist seit 1972 auf der ganzen Welt verboten. Wenige Ausnahmen sind nur den Eskimo gestattet. Schon jetzt ist zu bemerken, daß die Zahl der Eisbären relativ rasch zunimmt.

Ich suchte mein Zeug zusammen, kroch in die Winterkombination und wurde von kräftigen Armen in die Maschine gezogen.
»Wetter ist auf der ganzen Strecke gut«, verriet mir der fliegende Lademeister, »in knapp drei Stunden haben wir's geschafft.«
»Wenn ich bis dahin nicht verhungert bin . . .«
Der Sergeant starrte mich an.
»Ja, hat's denn in dem Kasino nichts gegeben?«
»Nur Fischkonserven, Baujahr 1943, für eure damaligen Freunde in Moskau . . . Habe ich lieber nicht gewagt, mich daran zu vergreifen.«
Der Sergeant rief in die Kanzel hinein, daß hier ein Mann in Gefahr sei, als Gast der United-States-Airforce zu verhungern. Sein Appell löste große Heiterkeit aus, die Luftwaffe wird ja so gut ernährt, daß es geradezu sprichwörtlich ist.
Von allen Seiten wurden mir Lunchpakete gereicht, Schokolade, Kekse, Kaugummi und Bananen regneten massenweise auf mich herab. Sind schon großartige Kameraden, die amerikanischen Flieger.
Wir brausten über die Seward-Halbinsel dahin und überquerten die Bendeleben-Mountains. Bald danach waren wir über der Tundra. Kein Baum konnte in dieser Ödnis gedeihen, kein Hügel hob sich aus der Fläche hervor. Die Verlassenheit da drunten war hoffnungslos. Niemals hatten Menschen hier gelebt, niemals schritt ein menschlicher Fuß durch das triste Gelände. Eine Karte vom Mond konnte nicht trostloser wirken als die Landkarte, über die wir hinwegflogen.
Es sah deshalb so gespenstisch aus, weil der tote, knochenharte Boden noch keinen Schnee trug. Nichts verhüllte seine braungraue, unendliche Blöße. Bach und Fluß, Teich und Tümpel waren zu einer glasigen, bleichen Masse erstarrt. Je weiter wir nach Norden flogen, desto mehr zersetzte sich der Boden. Wasserläufe, bis zum Grunde gefroren, zerfraßen das Land. Die arktische Steppe glich einem alten, überall durchlöcherten Fetzen, der kein Ende nahm.
Da lag ein blasser, regloser Fluß, der sich so sehr in seine Windungen verstrickt hatte, daß er wohl selber nicht mehr wußte, wie es weiterging. Jeder Bach ringelte und kringelte sich in den kompliziertesten Schleifen. Wie tote Augen waren die kleinen Seen im breiten Antlitz des Landes eingesunken. Weil die vereisten Wasser viel heller blinkten als der bloße Boden dazwischen, ergab das Ganze ein höchst ungewöhnliches Dekor. Ein abstraktes Gemälde war die Landschaft, ein flaches, futuristisches Bild in weißlichem Grau auf graubraunem Grund. Erschreckend war seine Ausdehnung, bedrückend in all der Leichenstarre und dennoch von eigenartiger, kalter Schönheit.
»Wenn man unsere Strecke da unten laufen müßte . . .«, sagte ich zu dem Lademeister neben mir.
Der Sergeant gab mir eine ernsthafte Antwort.

Aus der Tiefe dieser völlig flachen, bisher absolut unberührten Tundra am nördlichen Rande Alaskas stammen die Millionen und Milliarden Tonnen von Rohöl. Nach langem Streit zwischen Naturschutz und Ölinteressenten wird die Pipeline 1280 Kilometer weit bis an die Südküste gebaut. Alle Anlagen sind vollklimatisiert, und als Fahrzeugschuppen dienen unter anderem aufgeblasene, innen beheizte Plastikhallen.

»Wenn erst mal Schnee liegt, ist das gar nicht schlimm. Mit 'nem leichten Schlitten und guten Hunden kann man schon seine siebzig bis achtzig Kilometer am Tage schaffen.«
»Also in sechs Tagen ungefähr die gleiche Strecke wie unsere Maschine in einer Stunde.«
»Wohl kaum, Sir, da unten muß man ja viel Umwege machen ... die Maschine fliegt geradeaus.«
»Sie haben wohl schon eine Schlittenpartie in den Barren-Grounds unternommen?«
»Hab ich, Sir, und kann nicht mal sagen, daß ich mich vor 'ner Wiederholung ängstigen würde. Allerdings ... wir waren mit guten Leuten unterwegs, droben am Meadriver. Sollten ein Gelände suchen, wo schwere Maschinen landen könnten. Auf die Eskimos ... ich meine auf die guten Eskimos, kann man sich dabei verlassen. Wir waren vierzehn Tage unterwegs, richtig so mit Iglu und allem, was dazugehört. Wenn man's so macht, wie's die Eskimos machen, braucht man nicht mal zu frieren. Sollten Sie mal versuchen, Sir, man gewöhnt sich daran ... macht richtig Spaß.«
Wenn ich diesmal keine Zeit dazu hatte, versprach ich dem Lademeister, so würde ich es bestimmt im nächsten Jahr tun. Aber dann nur in einer Gegend, wo man jagdbares Wild fand. Hier war es mir zu tot.
»Links vor uns ... Kap Espenburg«, zeigte mir der Sergeant, »gleich sind wir über dem Kotzebuesund.«
Kaum war zu erkennen, wo das Meer begann, weil sich die Küste nur allmählich auflöste. Sie zerlief in Halbinseln, Buchten, Landspitzen und Lagunen. Alles tiefgefroren natürlich. Davor lag noch ein Wirrwarr von unzähligen flachen Inseln im Meer.
Die See war nicht überall von solidem Eis bedeckt. Dunkle Risse klafften, und offenes Wasser ließ sich blicken. Schließlich waren es nur noch weiße Schollen, die im Kotzebuesund umhertrieben. So dunkel wie dunkelblaue Tinte war hier die See. Aus unserer Höhe sah das aus wie straffgespannte Seide, die über und über mit unregelmäßigen weißen Tupfen gesprenkelt war. Hätten wir einen Modeschöpfer an Bord gehabt, er wäre von diesem Anblick gewiß zu einem neuen Muster inspiriert worden. Das Dessin im Kotzebuesund hätte sich auf einem Abendkleid zweifellos recht apart ausgenommen. Nur hätte man die Nouveauté wohl kaum »Kotzebue« nennen können, weil das nicht gerade nobel klingt. »Rêve Polaire« wäre besser gewesen.
Schon war das hübsche Muster wieder zu Ende. Die eisgraue Decke schloß sich von neuem und blieb in aller Breite erstarrt, bis wieder Land in Sicht kam. Es war die Baldwinpeninsula, ein langer Arm flachen Landes, jenseits durch die schmale Hotchambucht vom Kontinent getrennt. Kotzebue selbst liegt am östlichen Ende dieser Halbinsel, und dort gingen wir nieder.
Neben dem Kommandanten, der nur Hauptmann und noch sehr jung war,

stand ein Oberst, dem man unschwer ansehen konnte, daß er demnächst in Pension ging und sich darauf freute. Er belegte mich gleich mit Beschlag.
»Bin der alte Batsby und nur zum Vergnügen hier. Lassen wir Freddy . . . ich meine den Kommandanten, lassen wir den in Ruhe. Der hat jetzt alle Hände voll zu tun . . . bekommt nicht jeden Tag so 'ne vollbeladene Kutsche. Machen wir lieber einen Bummel durch die Stadt.«
Das war mir gerade recht, nicht minder dem jungen Commander.
»Nehmen Sie den Jeep da, er steht Ihnen zur Verfügung.«
Der joviale Oberst klemmte sich hinters Steuer, und wir fuhren zum Ort, dessen Anfang wir nach kurzer, rüttelnder Fahrt über die dünn beschneite Tundra erreichten.
»Besser, wir gehen von hier zu Fuß«, schlug Batsby vor, »im offenen Wagen wird's einem zu kalt.«
Kotzebue liegt unmittelbar am Meer. Obwohl der Ort nur fünfzehnhundert Einwohner zählt, von denen rund zwölfhundert ziemlich reinblütige Eskimos sind, benötigt man eine volle Stunde, um ihn zu durchqueren. Genaugenommen gibt es in Kotzebue gar keine Straße, sondern nur zwei halbe Straßen. Die eine Halbstraße läuft am Eismeer entlang, die zweite an der Tundra. Dazwischen liegt, wie ein langer, dünner Strich, die Ortschaft. Sie hat nur eine dem Meer zugekehrte Häuserzeile und zwischen den Häusern jeweils noch weite Lücken. Das Ganze ist etwa fünf Kilometer lang, aber nur wenige Meter breit.
»Folgen wir der Uferpromenade«, meinte Batsby, »es ist sozusagen die Hauptstraße. Fragen Sie mich, was Ihnen beliebt. Bin schon vierzehn Tage hier und kenne mich einigermaßen aus.«
Wenn ich an Nome dachte, gab es in Kotzebue nichts, was sich mit jener Metropole vergleichen ließ. Nome ist ja ursprünglich eine amerikanische Siedlung gewesen, in deren verlassene Schale die Eskimos hineingezogen sind, um sich gleich der arktischen Fassung des »American Way of Life« anzupassen. Kotzebue war dagegen schon immer ein Eskimodorf, und zwar eines der größten überhaupt.
Das eingeborene Gepräge ist weitgehend erhalten geblieben, obwohl die Russen hier fünfzig Jahre lang eine Handelsstation betrieben, und hernach noch ebenso lange englische wie amerikanische Walfänger in Kotzebue anlegten. Trotz so viel fremder Einflüsse sah man gleich, daß hier die Eskimos in ihrem eigentlichen Element waren, allerdings als Eskimo unserer Zeit im modernen Element der kalten Küste. Wie sich Polarmenschen auf ihre Weise mit der Zivilisation befreundet hatten, darüber wußte mein Begleiter gut Bescheid.
»Im Gemeinderat sitzen nur drei Weiße, die anderen sind Eskimos. Auch die Post, der Radiosender und das Altersheim werden von Eingeborenen geleitet. Falls Sie an Kinderkrankheiten leiden, wird Sie eine Eskimoärztin behandeln. Eine sehr hübsche, elegante Frau . . .«

Alle Behausungen bestanden aus Holz und waren mit Blech gedeckt. Es gab da ehrwürdige Blockhütten, mit winzigen Fenstern und klobigen Türen, die fußtief in den Boden gesunken waren. Andere Heimstätten hatte man aus importiertem Schnittholz gefügt und rundum mit Dachpappe benagelt. Auch verbrauchte Fischkutter, die ihre guten Tage längst hinter sich hatten, dienten als winterfeste Wohnung. Sie waren aufs Ufer gezogen und standen nun, mit einem Treppchen versehen, zwischen den übrigen Häusern. Davor hauste ein zottiger Hund in seiner Hütte, brettsteif gefrorene Wäsche knisterte auf einer straffgespannten Leine. * Andere Eskimos waren in eine riesige Transportkiste gezogen, hatten sie mit Fenster, Tür und Schornstein versehen, was gar nicht so übel aussah.

All das war weitläufig angelegt, es gab ja genügend Platz in der Gegend. Man brauchte wirklich nicht in mehreren Etagen übereinander zu wohnen, nur das »Kotzebuehotel« hatte sich zu zwei Stockwerken aufgerafft.

»Wir könnten da einen Drink nehmen«, schlug ich vor.

Batsby schüttelte den Kopf.

»Die Bude ist geschlossen, Besitzer auf Urlaub im Süden. Kann sich's ja leisten, der Mann, nimmt Preise wie im Waldorf Astoria. Wenn Sie hören, Doc, was hier alles kostet, wird Ihnen schwindelig vor Augen.«

Vor jedem Haus stand ein Gerüst, an dem ein Gewimmel gedörrter Fische hing und mehrere steifgefrorene Robben. Zumindest eine davon war angeschnitten.

»Davon leben die Leute, jeden Tag sägt die Hausfrau ein Stück herunter und schlägt's in die Pfanne. Eine ausgewachsene Robbe reicht der Familie für gut zwei Wochen. Die Hunde bekommen nur Fisch und nichts als Fisch, einmal am Tage und natürlich in gefrorenem Zustand.«

Ein paar vermummte Kinder begegneten uns, die freundlich grüßten. Sie zogen ihre kleineren Geschwister auf einem Schlitten hinter sich her. Zwei schlitzäugige Mädelchen kamen mit einem Kinderwagen an, der auf Kufen stand, ihren Gesichtern war die große Verantwortung anzusehen, die sie für das Kleine übernommen hatten. Wie gute Onkels erkundigten wir uns nach dem Baby und baten, es betrachten zu dürfen. Sie zogen bereitwillig das Verdeck zurück und zeigten uns strahlend ein friedlich schlummerndes Hundekind.

»Es heißt Tommy . . .«

Batsby griff in seine Tasche und verteilte Bonbons, von denen auch der schläfrige Hund das seine bekam.

Die kleinen Mädels knicksten höflich und zogen weiter.

»Wenn nur dieser Schmutz nicht wäre«, meinte ich und zeigte auf den großen Abfallhaufen, der fast vor jedem Haus das Eis bedeckte.

* Nasse Wäsche trocknet auch und gerade bei tiefer Kälte. Man muß vor dem Hereinholen nur das Eis abklopfen.

Dies sei doch die bequemste Art der Müllabfuhr, erklärte mir der ortskundige Offizier. Wenn im Frühjahr das Eis schmolz, dann segelte aller Unrat mit den Schollen aufs weite Meer hinaus und ward nicht mehr gesehen.
»Wissen Sie, was das ist?« fragte mich Batsby und wies auf drei wagenradgroße, graue Kringel, die an der Wand eines älteren Blockhauses lehnten.
»Doch nicht etwa Mammutzähne?«
»Genau das, und hier in der Gegend gefunden. Sind gar keine Seltenheit, zur Russenzeit war das prähistorische Elfenbein ein regelrechter Exportartikel. Es heißt . . . jedenfalls behaupten einige gelehrte Leute . . . die Mammuts seien noch vor zwei- bis dreitausend Jahren lebendig hier herumgelaufen. Es gibt alte Eskimosagen, die von der Jagd auf solch langhaarige Fleischberge berichten.«
»Sie haben sich damit beschäftigt?«
»Die Eskimos sind mein Hobby«, gestand Batsby. »Sie müssen wissen, Doc, ich bin hier auf Urlaub, sozusagen ganz privat. Im nächsten Jahr gehe ich in Pension, dann schreib ich ein Buch über die alaskanischen Eskimos.«
Solche Bücher gab es schon eine ganze Menge, aber wenn Batsby über die heutigen Polarmenschen schrieb, konnte er eine Lücke füllen. Denn bisher haben sich die meisten Autoren nur mit den alten Eskimokulturen befaßt. Wie sich aber die Eingeborenen der Arktis in die moderne Entwicklung hineinfinden, das war meines Wissens noch nicht geschildert worden.
»Gerade das hab ich vor«, versicherte mir der forschungsfreudige Oberst, »die Gegenwart interessiert mich mehr als die Vergangenheit.«
Übrigens war das Haus mit den Mammutzähnen ein Kaufladen, an seiner Tür hing ein Schild, worauf »Eckardt's Store« zu lesen stand. Hinter den Fensterscheiben waren ein paar hübsche Eskimoarbeiten ausgestellt. Eine Tanzmaske hätte mich vielleicht interessiert, aber der Laden war geschlossen.
»Tote Saison jetzt«, meinte Batsby, »alle smarten Leute sind verreist und kommen erst gegen Ende März wieder, wenn die weiße Jagd beginnt. Der alte Eckardt hätte Ihnen eine Menge interessanter Geschichten erzählen können. Ist übrigens Deutscher und hat auch eine deutsche Frau.«
Wie der Oberst wußte, war dieser Eckardt schon vor vierzig Jahren nach Kotzebue gekommen und hatte hier seinen Kramladen aufgemacht. Er sprach eskimoisch und kannte das Land wie seine Tasche. In der Hauptsache kaufte er den Eskimos, unter denen es ausgezeichnete Elfenbeinschnitzer gibt, ihre kunstvollen Arbeiten ab und schickte sie nach Süden. Daran verdiente er das meiste Geld, der alte Laden war nur noch Nebensache. Erst in reiferen Jahren hatte sich Eckardt entschlossen, eine Frau zu nehmen. Es mußte aber eine Deutsche sein, weshalb er in die alte Heimat gefahren war, um dort eine passende Partie zu finden. Wie man sagte, war er mit einer recht energischen Frau wiedergekommen.
»Eisbärenjagd . . . Charterflugzeuge«, stand in großen, roten Lettern an einem der nächsten Häuser. Von diesem Unternehmen hatte ich bereits gehört,

machte aber keinen Versuch, es zu betreten. Der »Outfitter« würde zu dieser Jahreszeit ohnehin nicht in Kotzebue sein. Erst Anfang März beginnt seine »Saison« und kommen die fremden Jäger herauf, um die weißen Bären mit dem Flugzeug anzupirschen. Wenn alles glattgeht, ist die große Eismeerjagd in ein paar Stunden vorüber, und man kann sich wieder in sein Hotelbett legen. Ein enorm teurer Spaß ist es trotzdem, nichts für meine Tasche und Geschmack. Die bequemste, natürlich auch die kostspieligste Art der Eisbärenjagd wird mit zwei der kleinen Flugzeuge betrieben. Der »Bärentöter« mit Pilot fliegt in der einen Maschine, und man sucht draußen auf dem unendlich weiten, schneebedeckten Eis nach jenen blaßgelben Punkten, die einen Bär verraten. Relativ leicht sind die zu finden, weil man ja nur einer frisch eingedrückten Fährte zu folgen braucht, die von droben gut zu erkennen ist. Hat man das arglose Opfer entdeckt, so landet die Maschine auf Schneekufen in sicherem Abstand vom Bären. Der vorgewarnte »Jäger« mit dem ebenfalls gewehrtragenden Piloten bringt sich hinter einer Schneewehe, einem Eisblock oder einfach auf dem Schnee liegend in günstige Position und Gegenwind. Indessen ist schon, durch Sprechfunk verständigt, die zweite Maschine gestartet, deren Aufgabe es ist, den nichtsahnenden Eisbären durch kreisendes und möglichst tiefes Überfliegen in Richtung des Abschießers zu treiben. Nach Lage der Dinge muß das gelingen.
Für den Fall, daß der Bärenkiller im entscheidenden Augenblick die Nerven verliert oder etwa das nur angeschossene Opfer zum Angriff übergeht, steht der Pilot mit seiner entsicherten Büchse bereit. Nur selten mehr als eine Stunde danach hockt der »Held des Tages« wieder im gut gewärmten Hotel von Kotzebue, um im Kreis der Mitjäger und Mittrinker seinen polaren Erfolg gebührend zu feiern.
(Wie sich der Leser hoffentlich denken kann, ist das nichts für einen wie mich. Die drei Polarbären bei mir zu Hause wurden während zweier Motorbootreisen nordwestlich von Spitzbergen bei der Alleinpirsch über Treibeis erlegt.)
Erfreuliches ist aber dennoch zu melden. Schon durch den »Marine Mammal Act« von 1972 hat der amerikanische Kongreß unter anderem die Jagd auf Eisbären für Weiße ganz verboten und für Eskimos auf ein Minimum begrenzt. Noch weiter ging die Internationale Polarbär-Konvention vom November 1973, wobei alle Länder, in deren Gebieten Eisbären vorkommen, nämlich die USA, Kanada, Dänemark (für Grönland), Norwegen (für Spitzbergen usw.) und die Sowjetunion, beschlossen haben, den Polarbären vollständig vor Verfolgung jeder Art zu schützen. So ist es nirgendwo auf der Welt mehr möglich, auf legale Weise das Fell des Eisbären zu erbeuten.
An der sibirischen Küste, wo der Polarbär schon seit 1956 geschützt ist, hat sich die Zahl nach neuester Meldung aus Moskau mehr als verdoppelt. In Alaska, wo man zuvor mindestens 300 pro Jahr erlegt hat, zeigt sich schon jetzt eine gewisse Zunahme des Bestandes.

Die Promenade am Ufer des Eismeers war nicht belebt. Eskimos gehen nur selten spazieren, warum sollten sie auch? Wenn sie draußen nichts zu tun haben, bleiben sie lieber drinnen. Ein paar Männer bastelten an ihren Booten, einer reparierte sein Dach, zwei Frauen sägen an einer steifgefrorenen Bartrobbe.
Schließlich hatten wir die letzte Hürde hinter uns, aber mein Begleiter strebte weiter.
»Wollen Sie nach Point-Barrow wandern, Colonel?«
»Nein, das würde gut und gerne vier Wochen dauern. Ich wollte Ihnen etwas anderes zeigen, wir sind gleich da . . .«
Wir überschritten eine Geröllhalde und sahen vor uns die endlose, flache, verschneite Tundra. Dicht am Rand des erstarrten Meeres lagen einige Zelte, die Wind und Wetter grau gebleicht hatten. In der Verlassenheit ihrer Umgebung wirkten sie fast wie natürliche Gebilde.
Die Leute in jenen Zelten kamen von den Diomedesinseln, genauer gesagt von Kleindiomedes. Denn die Bewohner von Großdiomedes dürfen nicht mehr kommen, sie gehören der Sowjetunion. Die Staatsgrenze zwischen den USA und der UdSSR verläuft zwischen jenen beiden Inseln, nur ein 1800 Meter breiter Wasserstreifen trennt die amerikanische von der russischen Eismeerinsel. Kleindiomedes hat etwas weniger als zweihundert Einwohner, Großdiomedes soll von sechshundert Eskimos bewohnt sein, hinzu kommt noch eine russische Besatzung unbekannter Stärke. Bis vor etwa zwölf Jahren konnten sich die Insulaner gegenseitig besuchen, im Winter war das nur ein kurzer Spaziergang übers Eis. Die meisten Eskimos beider Inseln sind miteinander verwandt, früher beging man alle großen Feste gemeinsam und tat sich auch zur Waljagd zusammen. Doch all das ist nun verboten. Wer von Kleindiomedes auf Großdiomedes ergriffen wird, läuft Gefahr, als Spion zu gelten, und wird festgenommen. Kürzlich erst war eine Gruppe von Robbenjägern, die auf einer Eisscholle ihre Beute zerwirkten, durch plötzlichen Wetterumschlag in sowjetisches Gebiet getrieben worden. Sofort hatte sich ein Polizeiboot ihrer bemächtigt, erst nach Monaten kehrten die Leute aus einem sibirischen Gefängnis zurück.
Drei bis vier Monate im Jahre, vom Spätsommer bis etwa Mitte November, machen die Insulaner von Diomedes Urlaub und begeben sich mit Kind und Kegel auf Reisen. Sie fahren über See zum amerikanischen Festland und schlagen dort ihre Zelte auf. Jedes Eskimodorf an der Küste, von Teller bis Kivalina, hat seine angestammten Besucher, die alljährlich wiederkehren. Diese zwölf Familien hier kamen schon seit Generationen nach Kotzebue. Es war von jeher ihr Handelsplatz, sie brachten Felle, Walroßzähne und Robbenspeck. Dafür holten sie Patronen, Fuchsfallen, Lebensmittel und Petroleum. Im übrigen verbrachte man seine Zeit mit Besuchen bei Freunden und stellte jene Schnitzereien her, die in den Staaten so beliebt waren.

Knurrende Hunde sprangen uns entgegen, als wir näher kamen. Fellboote und Außenbordmotoren lagen droben auf hölzernen Gestellen. Schlitten standen aufrecht im Schnee.
Batsby schritt auf das größte Zelt zu und klatschte in die Hände. Der Eingang wurde zurückgeschlagen, der Kopf eines älteren Mannes erschien.
»Kommen Sie rein, Sir, kommen Sie . . . die Frau macht gleich 'nen guten Kaffee.«
Wir bückten uns, stolperten über einige Töpfe und tauchten in das Zelt. Darin hockte eine rundliche Frau, neben ihr spielten zwei halbwüchsige Kinder mit kleinen Hunden. Der Boden war mit abgeschabten Karibufellen belegt, man saß auf Kisten und schlief in einem Hügel von Fellen. Als Herd und Beheizung diente ein großer, rostiger Primuskocher.
Harry Igaguk hieß der Mann und stellte seine Frau als Mary vor.
Die Leute strömten eine Herzlichkeit aus, die man nur mit gleicher Herzlichkeit erwidern konnte. Batsby hatte sich schon öfter mit ihnen unterhalten und kannte ihr ganzes Leben. Wie er mir sagte, war Mr. Igaguk nicht nur ein großer Jäger, er verstand auch ganz besonders hübsche »Billikens« herzustellen. Das sind kleine, putzige Elfenbeinfiguren aus Walroßzahn, gelegentlich sogar aus Mammutzahn gearbeitet. Harrys faustgroße Kunstwerke zeigten allerhand Fabelwesen aus der alten Eskimo-Sagenwelt, Gnome, Zwerge und Meermännchen. Früher trug jeder Eskimo diese seltsamen Gebilde als Glücksbringer bei sich, doch ist ihre Produktion beschränkt. Denn nur wenige Leute verstehen noch diese kleinen Dinger getreu nach alter Tradition so zu schnitzen, daß sie wirklich originell und original sind. Unser Gastgeber konnte das und bekam ziemlich viel Geld dafür.
Nun war sein Vorrat abgesetzt und die Ferien zu Ende, man rüstete zum Aufbruch. Übermorgen wollte die Familie nach Kleindiomedes zurück. Erst ging es dabei mit Schlitten bis zur Eisgrenze, dann in einem großen Fellboot, das auch den Schlitten und die Hunde aufnahm, durch die Schollen zum heimischen Strand hinüber. Etwa hundertfünfzig Kilometer offenes Wasser mußten überquert werden, für Eskimos vom alten Schlag gar kein Problem.
»Man muß nur aufpassen, daß einen die Strömung nicht über die Grenze treibt. Aber die ist nun mal auf dem Eis nicht zu sehen, und im Wasser erst recht nicht. Was können wir schon dafür, daß sich die Großmächte streiten, früher war alles so friedlich . . .«
»Wie lebt man auf den Diomedes?« fragte ich Harry, »gibt's da Schulen, eine Kirche und Kablunas?«
»Weiße gibt's bei uns nur zwei. Einer ist der Lehrer, der andere versorgt unseren Radiosender.«
Die Insulaner beider Diomedesinseln gehören alle zum orthodoxen Glauben, sie waren schon in der Russenzeit christianisiert worden. Auf Kleindiomedes gab es eine winzige Kirche, dazu eine Schule für etwa vierzig Kinder. Amerika-

nisches Militär aber war nicht vorhanden, anscheinend wollte man den Russen nicht allzu nahe gegenüberliegen. Diese jedoch unterhielten auf Großdiomedes eine Besatzung mit Radar und Funkstation.
Fast jede Familie besaß ihr Radio, Zeitungen wurden von Kotzebue mit Boot oder Schlitten nach Kleindiomedes gebracht. Man war also nicht so ganz von aller Welt abgeschnitten.
Die Familie Igaguk war sogar erstaunlich gut über so ziemlich alles unterrichtet, was auf der weiten Welt vorging. Als Batsby erzählte, daß ich Deutscher sei, redete Eskimo-Harry gleich über die Lage in Berlin.
»Wir sitzen hier am anderen Ende der freien Welt und können gut verstehen, wie schlimm das ist, wenn man seine Freunde nicht mehr sehen kann, die auf der anderen Seite wohnen. Bei uns geht ja auch eine Mauer mitten durch ... eine Mauer aus Wasser und Eis.«
Batsby sah mich bedeutungsvoll an und nickte.
Später zeigte er mir noch einen großen Steinblock, der am Wege zum Flughafen lag und dazu bestimmt gewesen war, eine politische Rolle zu spielen. Er bestand aus einer besonderen Art von Marmor und gehörte Juan Peron bis zu dessen Tode 1974. Der argentinische Diktator hatte ihn bestellt, um daraus eine Statue Eva Perons anfertigen zu lassen. Das Monument seiner vielgeliebten, politisch so regen Gattin sollte vor dem Präsidentenpalais in Buenos Aires aufgestellt werden. Doch bevor es dazu kam, war Peron gestürzt worden, und sein Marmorblock, schon auf dem Wege zur Verladung, war liegengeblieben. Da ihn Peron schon bezahlt hatte, gehörte er ihm. Als der gestürzte Diktator, von einer anderen, bedeutend jüngeren Gemahlin begleitet, wieder an die Spitze des Staates zurückkehrte, muß er wohl nicht mehr an den tonnenschweren Stein gedacht haben, denn das rosenrote Trumm liegt noch immer dort.
Zur Teestunde führte mich der unermüdliche Oberst ins Hospital, wo er gut bekannt war. Das Gebäude bestand zwar nur aus einem Geschoß, war aber in seiner Ausdehnung von größter räumlicher Verschwendung. Man hatte für die Zukunft gebaut, im Hinblick auf die weitere Entwicklung der Arktis.
Wir saßen im Ordinationszimmer des Chefarztes. Er hatte nicht viel zu tun, kaum der vierte Teil seiner Betten war belegt.
»Die Eskimos sind eine gesunde Rasse, sie haben die Krankheiten der Zivilisation hinter sich. Früher starb jedes zweite Kind schon im ersten Jahr, heute spielt die Kindersterblichkeit kaum noch eine Rolle. Wenn diese Gesundung anhält, woran nicht zu zweifeln ist, haben wir in der nächsten Generation doppelt so viele Eskimos. Jetzt sind es ungefähr 28 000 in Alaska, über die Hälfte mehr als vor dem letzten Krieg. Es geht nun mit der Zunahme immer rascher ...«
Um die Jahrhundertwende war das genaue Gegenteil der Fall. Schuld daran hatten vor allem die Walfischfänger. Sie brachten Krankheiten mit, auch vene-

rische Krankheiten, die den Eskimos völlig unbekannt waren. Die Polarleute hatten dagegen keinerlei Abwehrstoffe im Blut und gingen an Infektionen zugrunde, die unsereins in wenigen Tagen auskuriert. Am schlimmsten war es dort, wo die Fangschiffe überwintern. Alkohol der schlechtesten Sorte vergiftete die Bevölkerung, Frauen wurden auf Zeit verkauft und fast jedes weibliche Wesen angesteckt. Man tauschte völlig wertlosen Kram der Seeleute gegen die besten Pelze, zwang die Eskimos zu unbezahlter Arbeit und hielt sie davon ab, für ihre Familien zu sorgen. Viele wurden von den Walfängern zum Dienst auf den Schiffen gepreßt und kamen niemals zurück. Wenn man liest, daß vor manchen Siedlungen, wie etwa bei der Herrschelinsel im Mackenziedelta, damals bis zu dreißig Fangschiffe im Eis überwinterten, ist es geradezu ein Wunder, daß die Eingeborenen nicht restlos zugrunde gingen.

Die Verhältnisse besserten sich erst, als die große Zeit des arktischen Walfanges zu Ende ging. Das Nördliche Eismeer war weitgehend »ausgeschlachtet«, die Nachfrage geringer geworden. Wer noch Walfang betrieb, wandte sich dem Südpol zu und ließ die Eskimos um den Nordpol zufrieden. In den zwanziger Jahren begann sich dann die Regierung ihrer polaren Untertanen anzunehmen.

Hier war nun ein unterentwickeltes Volk, das wie kein anderes auf der Welt sofort die Hilfe verstand, die man ihm brachte. Nirgendwo hatten es Ärzte, Lehrer und Geistliche so leicht, auf ihre Schützlinge einzuwirken, wie bei den Menschen der Eismeerküste. Sie begriffen, was gut für sie war, und halfen ihren Helfern. Von weither schleppte man die Kranken zum Hospital und ließ die Kinder freiwillig impfen.

»Wären die Eskimos kein so hochintelligentes Volk«, meinte der Chefarzt mit ehrlicher Überzeugung, »sie hätten niemals vermocht, die Arktis zu besiedeln. Bedenken Sie doch, was alles dazu gehört, um sich in einem so feindlichen eisigen Lande durchzusetzen! Das geht nur mit einer phänomenalen Gabe der Anpassung, und die haben unsere Eingeborenen. Besonders ihre technischen Fähigkeiten sind erstaunlich. Das kommt ihnen bei der immer rascher sich vollziehenden Umstellung zugute, sie lernen schneller als jeder weiße Lehrling. Wir haben schon Eskimos als Piloten, als Elektriker, Feinmechaniker und sogar als Ingenieure, durchweg ganz ausgezeichnete Leute. Wir wollen es gerne dahin bringen, daß in zehn, fünfzehn Jahren unser ärztliches Personal nur noch aus Eskimos besteht. Eine eskimoische Kinderärztin haben wir schon, ich kann mir keine bessere denken.«

Wir trafen sie beim Hinausgehen. Fräulein Doktor war für ihre Rasse ungewöhnlich groß, schlank und hübsch. Sie trug einen Parka, wie ich schöner keinen gesehen habe, mit Wildnerz gefüttert und mit Zobel eingefaßt. Ihr Pelz mußte ein Vermögen gekostet haben.

»Keinen Cent«, versicherte mir Batsby, »sie trägt nur das Honorar ihrer Privatpatienten auf dem Leib.«

Wir wanderten auf der anderen Halbstraße zurück, hinter der Siedlung entlang, die Tundra zu unserer Linken und den Ort zur Rechten. In jedem Schuppen stand eine Waschmaschine, hinter fast jedem Haus ein großer Wagen.
»Was machen denn die Leute mit all den Autos, sie haben doch kaum zehn Kilometer Straße?«
»Sie fahren im Sommer damit auf und ab, um sich im Wagen sehen zu lassen. Man hält sich ein Auto aus Prestigegründen, zum Angeben sozusagen.«
Vorhin waren mir schon die großen, gewiß sehr teuren Außenbordmotoren aufgefallen, die überall am Strand lagen. Die Eskimos mußten gut verdienen.
»Tun sie auch«, bestätigte Batsby, »die Leute schwimmen in Geld.«
»Ja, aber woher kommt das denn?«
»Vom Militär, bester Freund, von unseren Steuern. Sie liefern frisches Fleisch zu höchsten Preisen, sie arbeiten am Flugplatz und in den Werkstätten. Sie fahren Patrouillen an der Küste und machen sich überall nützlich. Und weil die Löhne auf solchen Außenposten unglaublich hoch sind . . . das doppelte, und bei scharfer Kälte sogar das dreifache wie in den Staaten, geht's ihnen großartig. Sie verdanken ihren Mammon den Gewerkschaften, obwohl die seinerzeit bestimmt nicht daran gedacht haben, daß ihre Bestverdiener im hohen Norden eines Tages von den Eskimos verdrängt würden. Ja, wissen Sie denn, daß so ein Mann bei Außenarbeit im Winter seine sechs bis sieben Dollar pro Stunde verdient? Die Sache ist nur so, wenn ein Eskimo genug hat, hört er einfach auf und geht weg. Ist ihm dann wieder nach Arbeit zumute oder hat er all sein Geld ausgegeben, kommt er lächelnd wieder. Man kann das nicht ändern, die Leute sind halt so. Und man hat sich auch an ihre Art gewöhnt.« (Inzwischen erhielten die Eskimos ebenso wie die Indianer und Aleuten eine Milliarde Dollar Abfindung für ihre gemeinsamen Rechte am Grund und Boden Alaskas. Dazu noch mehr am laufenden Band als ihre Anteile am Öl.)
Jedenfalls lebten sie nach ihrer Art so zufrieden und glücklich, wie ein Mensch nur sein kann. Wir sahen nur freundliche Gesichter, jeder Vorbeigehende grüßte.
Wir gingen schon auf unseren Jeep zu, als wir ein Schlittengespann sahen, das langsam über die Tundra näher kam. Die Hunde hatten schwer zu ziehen, der Schlitten zog tiefe Furchen. Ein Mann half durch Schieben, eine andere Person schritt dem Leithund voran.
»Sind Freunde von mir«, bemerkte Batsby, »Jimmy Ugavuk und seine Frau.«
Als der Schlitten herankam, sah ich, daß er mit glasklarem Eis beladen war.
»Schon die dritte Fuhre heute«, erklärte Jimmy Ugavuk, »aber was soll man tun, wenn die Kinder auf der Hochschule sind.«
»Und wozu das?«
»Frag ich mich auch«, seufzte der geplagte Vater, »sie wollen halt studierte Leute werden. Dabei könnte ich sie hier so gut brauchen.«
»Und wo kommt das viele Eis hin?«

»Ich bin die Wasserleitung, Sir, ohne mich hat Kotzebue im Winter kein Trinkwasser. Wo soll's denn herkommen, wenn ich's nicht hole . . .«
Nur im Sommer rieseln einige Bäche bei Kotzebue vorbei, sonst ist das Grundwasser salzhaltig und neuerdings auch mit Öl verschmutzt. Im Winter vertrocknen und versiegen die Bäche, man ist dann auf einen See im Hinterland angewiesen. Früher zogen alle Kotzebueleute mit ihren Schlitten dorthin, und jede Familie hackte sich so viel gefrorenes Süßwasser aus dem See, wie man daheim brauchte. Nun aber, angesichts der hohen Löhne, war es viel besser, wenn nur einer das Eisfahren für viele übernahm, sozusagen als regelmäßiger Lieferant seiner festen Kundschaft. Ugavuk hatte das richtig erkannt und fuhr nun von Haus zu Haus, um seine Eisblöcke nach festem Turnus zu verkaufen. Die wurden draußen aufgestapelt und je nach Bedarf von der Hausfrau in einem großen Topf auf dem Herd geschmolzen.
»Was nehmen Sie für einen Block?« wollte ich wissen.
»Für die kleinen 25 Cents, für die großen 50 Cents.«
Ich schätzte seine Ladung auf etwa 50 Dollar. Wenn er nur zweimal täglich fuhr, konnte er dabei nach heutigem Wechselkurs rund 250 Mark verdienen. Und das ohne Betriebskosten, nur seine Hunde mußte er ordentlich füttern.
Der Schlitten knirschte davon, Batsby sah ihm lange nach. Fast konnte man ihm ansehen, daß er an die Bezüge eines pensionierten Obersten dachte.
»Ja, es wäre kein schlechtes Geschäft«, sagte er sinnend, »Eis an Eskimos zu verkaufen . . .«

Ein Mann verliert den Verstand

Diese Geschichte ist erst vor drei Jahren geschehen und war aus diesem Grund noch nicht in der ersten Ausgabe meines Buches enthalten. Aber ich muß Ihnen das erzählen, denn es war eins der seltsamsten, ja sogar schlimmsten meiner Erlebnisse in Alaska, überhaupt auf meinen Reisen. Doch ich möchte erst einmal ausholen und erklären, daß die Verwirrung des Geistes, Absichten des Selbstmordes und ähnliche Anzeichen von Wahnsinn bei Männern, die jahrelang, auch nur monatelang in menschenferner Wildnis leben, relativ häufig sind. Dies besonders im hohen Norden, wo man sagt, sie hätten den »Polarkoller«. Leider kannte ich eine ganze Reihe von Berichten – nicht Gerüchte, sondern echte Tatsachen –, wonach Menschen auch in Alaska spurlos verschwunden waren. Auch kam vor, daß der eine ohne den Partner wiederkehrte und seine wirren Reden verdächtig klangen. Mein Freund Kurt Adolff, international berühmter Jäger, war sieben Tage mit einem Jagdführer im Zelt zusammen, der beschlossen hatte, kein Wort mehr zu reden, dafür aber ständig sein Messer schliff. Wie der Jagdgast später erfuhr, hatte eben dieser Guide im Jahr zuvor den von ihm geführten Waidmann verloren. Angeblich war der in einen reißenden Fluß gestürzt und ertrunken.

Die Übermacht gewaltiger Natur ist für schwache Nerven nicht leicht zu ertragen, und die Einsamkeit, vielleicht mehr noch Zweisamkeit bei grundverschiedenen Wesensarten kann zu tiefen, sogar tödlichen Depressionen führen.

Wie dem auch sei, hatte mich Ron Rover in einem herzlich gehaltenen Brief eingeladen, mindestens drei Wochen mit ihm auf die Jagd zu gehen. Schneeziegen standen auf seinem Programm, ebenso einer von den kapitalsten Elchen, die sich zur Zeit in Alaska finden ließen. Ron hatte, so war seinem Schreiben zu entnehmen, ein bisher unbekanntes Jagdgebiet nordwestlich des Ugashik-

Sees auf der Alaska-Peninsula entdeckt, wo er mit eigenen Augen ganz gewaltige Schaufler gesehen hatte. Also nichts wie hin, das war klar!
Wenn Ron geschrieben und die entscheidende Stelle dick unterstrichen hatte, daß mich seine Begleitung wie alles Drum und Dran keinen Cent kosten würde, war das einerseits sehr großzügig von ihm und andererseits mußte wohl seine Verdienstspanne erheblich gestiegen sein. Sicher wollte ich dem guten Jagdfreund hinterher im verschlossenen Umschlag einen gebührenden Scheck überreichen, vielleicht auch in die Tasche stecken, aber erst hinterher. Ron Rovers Begründung für die »freie Jagd« war, daß ich etwa ein Dutzend zufriedene Freunde an ihn empfohlen hatte. Allerdings waren unlängst den weltweit erfahrenen Homanns aus Dissen an Ron gewisse Besonderheiten aufgefallen, die eigentlich nicht zu ihm paßten. Er sollte bei irgendwelchem Mißgeschick geweint haben wie ein Kind, und als er sich den Fuß mit kochendem Wasser verbrühte, da blieb er zwei volle Tage im Schlafsack und ließ von dort anhaltendes Wehklagen erklingen.* Doch immerhin hatte Jochen Homann, von Ron zum rechten Fleck geleitet, einen sogenannten Gletscherbären geschossen, auch Blaubär genannt, dessen Pelz wahr und wahrhaftig zu etwa zwei Drittel als marineblau gelten kann. Es gibt nur wenige solcher Exemplare auf der Welt, die einzig und allein in jenem begrenzten Gebiet an der Yakutat-Bucht leben, das ganz von vergletscherten Bergen umgeben ist.**
Als ich an einem der ersten Oktobertage im vorletzten Jahr die einfache Paßkontrolle auf dem neuen Flugplatz von Anchorage hinter mir hatte und mit allen Zeichen herzlicher Freundschaft von Ron, seiner Frau Alice und den zwei ältesten seiner vier Buben begrüßt wurde, gab es keinen Grund, mich jener Depression Ron Rovers zu erinnern, die ihn gemäß Schilderung meiner Jagdfreunde in der Yakutat-Bucht heimgesucht hatte. Ganz im Gegenteil berichtete Ron vom Ankauf eines stattlichen und starken, zweimotorigen Kabinenboots, das uns für die Meeresfahrt in den Bereich der Schneeziegen zur Verfügung stand.
»But first the big bullmoose, dear Hans . . .«, sagte Ron mit strahlender Vorfreude übers ganze Gesicht, »den großen, ganz großen Elch am Surprise Lake. Du wirst staunen, was das für 'ne großartige Wildnis ist, die eigentlich nie von Zweibeinern betreten wird!«
Sicher ein Glücksfall sondergleichen, daß Ron ein Paradies der jagdbaren Tiere entdeckt hatte, wie es so viele Guide suchen, aber nicht finden. Mich kostenfrei dorthin zu bringen, als ersten seiner sonst teuer zahlenden Gäste, war gewiß eine gute Tat.
Bis zum Abflug am übernächsten Tag wohnte ich wieder in dem fast feudalen,

* Der Leser wird verstehen, daß ich seinen Namen verändert habe.
** Die »Blaubären« sind eine Unterart, besser gesagt eine Mutation der Schwarzbären. Noch seltener und erstaunlicher sind weiße Schwarzbären, nämlich Albino. Selber habe ich von den Weißbären keinen gesehen, auch nicht in ausgestopftem Zustand.

so idyllisch gelegenen Haus der Rovers. Aber leider schien sich Alice nicht wohl zu fühlen, da sie uns bei Tisch, vor dem Kamin und auch beim Bummel entlang dem Seeufer alleine ließ. Die vier Buben im Alter von sechs bis zwölf trieben sich meist bei Nachbarn herum, das heißt in meilenweiter Entfernung vom Elternhaus.
Ron hatte offenbar Ärger mit seinem Motorkreuzer, da er durch Sprechfunk Ersatzteile bestellte und mit den beiden Männern an Bord herumschimpfte.
»Hab sechzigtausend Dollar bezahlt, und der Kahn sollte neuwertig sein. Jetzt kosten mich die Reparaturen noch mal 'ne verdammte Menge von Dollar ... es läßt sich wohl nicht vermeiden, daß meine Schwiegereltern mal wieder tief in die Tasche greifen.«
Auch das für alaskanische Begriffe relativ große Haus gehörte den Eltern von Alice. Auch der neue Dodge in der Garage, ein paar gute Teppiche und Tafelsilber waren Geschenke aus dieser Richtung.
Ron vergeudete viel Zeit, wohl auch eine Menge Geld beim Funktelefonieren mit verschiedenen Piloten. Es sollte uns einer zum Surprise Lake fliegen. Scheinbar verlangten sie alle Vorausbezahlung, und Ron wollte nicht darauf eingehen. Aber schließlich war es soweit, Malcolm McGray mußte ohnehin zu einem Jagdlager am Ugashik Lake, um dort einen Haufen von Trophäen zu holen. Der Ugashik lag auf unserem Weg zum Surprise Lake, da war also für McGray und seiner Grumman Widgeon nur eine Schleife mehr zu fliegen.
»Im Camp am Ugashik«, sagte mir Ron, »hocken fünf Jäger, drei Deutsche und zwei Yankees. Vorher waren noch andere da ... bei der Zwischenladung können wir betrachten, was die geschossen haben. McGray muß das alles verladen ... bevor er uns zum Surprise bringt.«
Mit all der notwendigen und vielleicht nicht ganz so notwendigen Ausrüstung, mit Proviant, Petroleum, Waffen und so weiter versehen, starten wir erst relativ spät am folgenden Morgen. Die »Teichente«, das nämlich bedeutet *Widgeon,* dieses Modell der Firma Grumman, ist zwar älter als zwölf Jahre, aber eine wirklich sehenswerte Flugmaschine. Sie kann mit ihrem breiten, gewölbten Entenbauch auf dem Wasser niedergehen und ebenso mit zwei ausfahrbaren Ballonreifen auf festem Boden. Sofern eine Schneefläche lang genug ist und frei von Hindernissen, dürfte in den meisten Fällen auch eine Bauchlandung auf Schnee gelingen. Ein ideales Flugboot für Alaska und überhaupt den hohen Norden. Viel Platz ist drinnen, sowohl für Fracht als auch für Passagiere. Als Malcolm McGray, ein Mann aus altschottischem Geschlecht, aber geborener Alaskaner, den Motor anläßt, blubberte der gleich in beruhigend tiefen Tönen, und schon beginnt sich der aus Holz hergestellte Propeller zu drehen. Die »Ente« sucht sich die rechte Startbahn gegen den Wind, gleitet mit Wellengeplätscher rasch und immer rascher über den silbergrauen See, um sich alsdann in die Luft zu erheben.
»Übrigens noch herzliche Grüße von Alice«, sagt mir Ron, »bedauert sehr, daß

sie dir nicht noch ein paar nette Worte sagen konnte ... mußte furchtbar eilig Briefe schreiben.«
Da hätte sie trotzdem für einen Augenblick erscheinen können, denke ich bei mir und bemerke erst jetzt die rotgeränderten Augen Rons. Vermutlich hat es einen Ehekrach gegeben, kommt in den besten Familien vor und geht keinen Dritten etwas an.
Indessen schwebt die relativ langsame Widgeon über den Skilak-See, macht aus irgendwelchen Gründen einen Bogen über den Chickloo River, um alsdann auf nordwestlichem Kurs das Cook Inlet zu erreichen. Die Sonne verbirgt sich hinter Wolken, die jedoch so hoch hängen, daß wir einigermaßen klare Sicht genießen. Aber der Lärm in der Maschine dröhnt lauter, als man es sonst gewöhnt ist. Nur mit brüllendem Ton ist Unterhaltung möglich, so daß wir bald den Versuch wieder aufgaben. Die Kabine ist nicht vom Frachtraum geteilt, der unter anderem mit glucksenden Flaschen für die Jagdgesellschaft im Ugashik Camp vollgestopft ist. Kanister und Ölkannen, Säcke, Pakete und Kisten werden dorthin geflogen, als wollten die Herren den kommenden Winter in der eiserstarrten Gegend verbringen.
Drunten die blaudunkle Tuxedni-Bucht, und bald danach gelangt unsere Ente über die schneeglitzernden Höhen der Chigmit-Berge. Blaßblaue Gletscher und tiefe rostbraune Schluchten, worin schäumende Wildbäche ihren Weg zur Küste suchen. Die Heimat keines Menschen, die Wildheit absolut und bestenfalls für Schneeziegen begehbar.
Dem Tal des Pile-River folgend, gelangen wir über den breiten, sehr weiten Iliamna-See, der wahrscheinlich die Fläche unseres Bodensees ums Zehnfache übertrifft. An seinen Ufern keine ständige Niederlassung, nur insgesamt sechs Fischercamps der gelegentlich dorthin kommenden Eskimos aus der Kuichak Bay im Norden und von der südlich gelegenen Shelikoff-Straße. Ich sehe drunten die Gruppe alter grauer Blockhütten, aber kein Zeichen von menschlicher Anwesenheit. Schon möglich, daß die Leute in letzter Zeit nicht mehr kommen. Die Dollarmilliarden, wie sie der Land Claim Settlement Act den Eingeborenen zusprach und die vorausbezahlten Einkünfte aus dem Ölrausch haben die Ureinwohner Alaskas wohlhabend und bequem gemacht. Viele Tausend, sicher Zehntausende von Tümpeln und Teichen, von Flüssen, Bächen und Sümpfen durchsetzten die »barren grounds«. Sie begleiten von Anfang bis Ende die letzten Ausläufer der Rocky Mountains durch die gesamte, so lang gestreckte Alaska-Peninsula. Deren äußere Hälfte am Pazifischen Ozean besteht überall aus Gebirge. Der innere Teil an der Bristo Bay, die ihrerseits zum Beringmeer und damit zum Nördlichen Eismeer gehört, das alles ist endlos erscheinende Tundra. Da folgt nun ein großer See dem anderen, die meisten mit Eskimo-Namen. Kukaklek ... Nonvianuk ... Naknek ... Kejulik ... Egekik und andere mehr. Der besonders große Becharof-See allerdings ist nach einem russischen Kapitän gleichen Namens getauft. (Auch Botscharow und ähnlich

klingend wird er geschrieben.) Dieser tollkühne Seebär hatte es gewagt, die Breite der damals völlig unbekannten Halbinsel mit plumpen Booten zu durchqueren, wobei man die schweren Fahrzeuge zuletzt noch über Bergpässe schleppen mußte, um jenseits wieder ans offene Meer zu gelangen. So geschehen im Jahr 1791.

Dann schweben wir über den Ugashik-See, die Ente senkt sich langsam und noch lauter dröhnend auf die Wasserfläche hinab.

Das Camp, dem wir entgegenschwimmen, präsentiert sich als eine große, angerostete, ungemein scheußliche Wellblechhütte, die von kleineren Blechhütten und Abfallhaufen umgeben ist. Zwei Gestalten laufen zum steinigen Strand und winken. Es sind, wie sich später herausstellt, die beiden Guides der Jagdgesellschaft. Sie helfen beim Heranziehen, beim Festmachen und schließlich beim Ausladen unserer Maschine.

»Macht's euch gemütlich bei den Sunnyboys da drinnen«, meint der eine Jagdführer, während der andere sagt, die Gentlemen seien besoffen.

»Wie gewöhnlich . . .«, ergänzt der erste.

Zwei Elche darf jeder Inhaber einer Jagdlizenz in diesem Jahr noch schießen, allerdings nur auf der Peninsula. Wenn die nächste Saison beginnt, ist es damit für immer vorbei. Nirgendwo wird sodann einem Jäger in Alaska die Erlegung von mehr als einem Elch pro Jahr erlaubt sein. Doch es kann manchem Mitbringer von Trophäen nicht genügen. Bekanntlich gibt es in dieser Hinsicht mehr als nur wenige Leute, die unersättlich sind. So auch jene, die hier in der Hütte hausen. Ein hügelartiges Gewirr von Geweihen erhebt sich am Ufer, fertig zum Abtransport nach Europa oder in die »kleineren« Staaten der USA. Es sind durchweg gute bis kapitale Trophäen. Auch die fünf Herren in der Hütte, so scheint mir, haben sich redlich bemüht und nicht leichtfertig auf den zuerst erscheinenden Bullen geschossen. Die Menge der Schaufelgeweihe, mindestens zwanzig müssen es sein, läßt deutlich erkennen, daß die Ergebnisse von mindestens drei Jagdgruppen aufgetürmt sind. Jedes Stück ist großbuchstabig mit Namen und Anschrift des Erlegers versehen. Die begreifliche Neugier veranlaßt mich, einige Schildchen zu lesen. Viele weltweite Jäger kenne ich wenigstens dem Namen nach. Berühmte Namen sind dabei, auch jener vom Prinzen W., dessen Familie bis zum Ende des Ersten Weltkrieges eines der deutschen Königreiche regierte. Vertreten ist auch eine waidwerkende Dame, aber leider mit verkümmerter Vorderschaufel.

Aus der vom Wind schiefgestellten Hütte, zu der wir hinaufgehen, dringt dröhnender Lärm von Lachsalven. Als Ron und ich eintreten, werden wir zunächst nicht bemerkt. Die fünf Waidmänner biegen sich vor Spaßvergnügen an einem gut gelungenen Witz. Halbvolle und schon leere Flaschen, deren Beschriftung auf Wodka, Whisky und Weinbrand hinweist, stehen auf dem vielfach befleckten Tisch. Nach Landesbrauch brüllen wir . . . hello the house! . . . damit endlich die Leute von uns Notiz nehmen.

»Who is that . . .? Wo kommt Ihr denn her . . .« Welcome the strangers . . . »die Bude ist voll, geht keiner mehr rein«, so begrüßen uns endlich die anwesenden Amis und einige Landsleute.
Namen werden genannt und gleich wieder vergessen, auch Fragen gestellt, ohne auf Antwort zu achten. Gefüllte Gläser schiebt man uns freundlicherweise vor die Nase.
Eine lustige Gesellschaft, kann man wohl sagen, in weit fortgeschrittenem Zustand und sich an deftigen Witzen köstlich amüsierend. Ron gibt mir durch Blicke deutlich zu verstehen, daß ihm eine solche Gesellschaft in dieser Verfassung keineswegs gefällt, und meinerseits gebe ich dem Freund zu verstehen, daß mir die Saufbrüder noch viel weniger behagen. Aber warten müssen wir, bis unser Vogel entladen ist und danach die stolzen Trophäen in seinen Bauch verfrachtet sind. Früher können wir nicht starten zu unserem eigentlichen Ziel. Nach ihrer Art sind die fünf Männer ebenso freundlich wie gastfrei uns gegenüber. Nur der Lärm ist greulich und die Luft zu dick. Wie können nur Menschen die Luft in einem kleinen, geschlossenen Raum derart verpesten und sich sauwohl fühlen dabei, während draußen herrlich herbstliche Wildnis und frische, belebende Luft viele hundert Kilometer weit ausgebreitet ist?
Kaffee dampft, Gläser klirren, beizender Rauch steigt aus Tabakspfeifen, dringt durch die Ritzen des Yukonofens und quillt aus schadhaften Stellen im gemauerten Kamin. Tolle Jagdgeschichten machen die Runde, kaum zu glaubende Rekorde werden genannt. Von kühnen Plänen wird berichtet, die man sich noch weiter vorgenommen hat. Trotz allem, so scheint es, sind die drei Deutschen und zwei Amerikaner großartige Kerle. Das muß man ihnen lassen.
Draußen hat soeben eine Piper gewassert. Scheppernd öffnet sich die Blechtür. Ein blondhaariger Flugzeugführer tritt in den niederen Raum.
»Who is next, Gentlemen . . . wer ist dran, meine Herren?« fragt er auf englisch und dann auf deutsch. Einer unserer Landsleute (Hochbauten einer Hansestadt) rappelt sich hoch.
»Ich wär' dran«, meint er, sich auf die Tischplatte stützend, »was soll's denn für einer sein?«
Gemeint ist der vom Piloten (verbotenerweise) aus der Luft erkundete Elch.
»Kräftiger, ziemlich alter Bulle. Sehr breite Schaufeln und weite Auslage . . . hat aber keine Vorschaufel, macht sich trotzdem gut an 'ner Wand daheim . . .«
»Wie weit zu laufen?« erkundigt sich der bundesdeutsche Baulöwe, wobei er leichtes Schwanken nicht verbergen kann.
Da wäre ein See, sagt der Pilot, groß genug, um darauf niederzugehen. Von dort vielleicht eine halbe Stunde bis zum Standort des ausgemachten Elchbullen. Etwas sumpfig zwar, aber wohl nicht zu tief. Mike, der zuständige Jagdführer, könne den Herren stützen.

Der Jäger-an-der-Reihe bedenkt sich bei rot und röter anlaufenden Wangen. Er kämpft mit sich und vermutlich seiner waidmännischen Ehre, die aber je länger desto definitiver verlorengeht.
»Nimm den Mike mit . . .«, entschließt sich der schlagseitige Großwildjäger, »der Mike soll's machen und den Bullen schießen für mich . . . bin heute nicht so gut beisammen.«
»Mir soll's recht sein«, meint der Pilot, »machen wir's also wie gestern.«
Wie sich mehr und mehr herausstellt, ist diese Methode keine Ausnahme bei den Herren, vielmehr zur festen Regel geworden. Sie lassen die Guides für sich jagen (was ebenso verboten ist wie die Luftaufklärung) und gelegentlich verschießt auch der Pilot die tödliche Kugel. Fürs Wild mag das immer noch besser sein als schlecht treffende Schüsse der mehr oder minder betrunkenen Gastjäger. Aus dem Gespräch geht ferner hervor, daß auch ein dritter oder vierter Elch erlegt wird, wenn sich kapitalere Bullen einstellen, als man zuvor schon geschossen hat. Aber mitgenommen werden nur die zwei besten Schaufelgeweihe. Die weniger guten wirft man in den tiefen See.
Ich erzähle das nicht, um beim Leser berechtigte Abscheu zu erregen, sondern um die daheim von ihren angeblichen Ruhmestaten tönenden Waidmänner vor ähnlichem Verhalten zu warnen. Jagdführer und Flugzeugführer halten nicht dicht. Sie nennen anderen, ordentlich jagenden Gästen die Namen der Missetäter, und sie berichten im Detail, wie faul und übel sich solche Unjäger benommen haben. Die Kunde davon erreicht mit Sicherheit die Heimat der Schuldigen und bald machen solche »Enthüllungen« die Runde in eingeweihten Kreisen.
Schade, daß ich keine Petze bin, um zu erzählen, wie in Wahrheit ein gewisser Waidmann den Eisbär an seiner heimischen Trophäenwand erlegt hat. Nicht mit Eskimo und Schlittengespann weit draußen auf schwimmendem Eis, wie er öffentlich behauptet, sondern mit Hilfe von zwei Flugzeugen, zwei Piloten und einem Jagdführer, die es ihm von einer Ortschaft mit Gasthof und weichem Bett ebenso bequem wie zeitsparend möglich machten. *
Alsdann steigen wir in unserer Ente wieder auf und haben bald die stinkige Stunde in dem Wellblechgehäuse vergessen. Ron ruht mit gesenktem Kopf und scheinbar schlafend im Sessel, während uns Malcolm McGray über den Dog Salmon River nach Südwesten steuert. Mittag ist längst vorüber und die hinter

* Aber im Bericht des »tollkühnen« Bärentöters liest man über die Schlittenhundexpedition weit hinaus aufs brüchige Eis, das von offenen Rinnen durchzogen war. Er allein mit Eskimo und Hunden. Ein stattlicher Polarbär wurde entdeckt und vom tüchtigen Jäger treffsicher geschossen, aber erst nach längerer Suche mit Hilfe der Hunde entdeckt und geborgen. Da schwamm in einer offenen Rinne der tote Bär! In Wahrheit wäre das unmöglich, weil der tödlich getroffene Bär wie ein Stein im Wasser versinkt. Im übrigen verschweigt der »Waidmann«, daß er während des gesamten Hundeschlittenausflugs von einem bekannten Jagdführer begleitet wurde, der nach dieser erfolglosen Eisbärenpirsch ihn auch bei der Flugzeugjagd begleitet hat. Der Jagdführer selber hat mir eingehend erzählt, wie es wirklich gewesen ist. Nur dies eine Beispiel für sehr viele andere und ähnliche!

Wolken ihre Bahn ziehende Sonne neigt sich allmählich nach Westen. Im Süden die schroffen Chiginigak-Berge mit eisgepanzerten Spitzen. Nach Norden hin alles nur Tundra mit unzählbaren Teichen und Tümpeln.

»Mothergoose Lake . . .«, deutet Malcolm schräg nach unten. Auf deutsch ist es der Gänsemutter-See, ein gewiß ungewöhnlicher Name. Danach der Cinder River und weiter, nur undeutlich zu sehen, im Nordwesten die antennentragenden Gittermaste von Port Heiden.

»Die machen in ungefähr 'ner Woche Schluß für dieses Jahr«, sagt mir Malcolm, »danach ist kein Mensch mehr in Heiden, bis das Frühjahr kommt.«

Die Verlassenheit von Port Heiden im Winter sollte ich noch sehr bedauern, wie der Leser bald erfahren wird.

»Da vorn der Surprise Lake . . . anschnallen bitte . . . wir gehen runter!«

See der Überraschung ist auf deutsch der Name des Surprise Lake. An Überraschungen fehlt es ihm nicht, da schon seine Lage ungewöhnlich ist. Kreisrund, wenn man es nicht genau nimmt, dehnt sich der von breitem Rand umarmte See nicht drunten in einem Tal, sondern droben auf Bergeshöhe. Kein Zweifel, daß man es mit einem Kratersee zu tun hat. Wer die Sprache der Eskimos beherrscht, soll das auch an seinem alten Namen Aniakchak erkennen. Wie flüssiges Kristall ist das Wasser im See und durchsichtig bis zum kiesigen Grund. Weidendickicht, Erlenbüsche und vom Sturm verbogene Birken, auch knorpelige Fichten und Lärchen in windgeschützten Lagen bedecken das teilweise feuchte, sonst steinige Gelände ringsum. Alles läßt darauf schließen, daß schlimme Stürme hier häufig toben und zeitweise schwere Schneemassen alle Vegetation unter sich begraben.

Am Rand einer Bucht, auf sandigem Grund und gleich neben einem lebhaft murmelnden Bach steht oder besser gesagt liegt das von Ron entdeckte, richtiger das wiederentdeckte Blockhaus eines nicht mehr bekannten Trappers vergangener Zeit. Weil sich auf dem Dach, in der seinerzeit allgemein üblichen Lehmschicht die gleiche Vegetation wie ums Haus entwickelt hat, ist das von Wind und Wetter eines halben Jahrhunderts gebräunte und gebleichte Bauwerk aus der Luft kaum zu erkennen, und selbst zu Lande nur aus unmittelbarer Nähe.

Das Blockhaus ist lang, breit und so niedrig, daß ein hochgewachsener Mann nur mit gesenktem Kopf darin stehen und gehen kann. Mehr als die Hälfte ist zum Abstellraum bestimmt. Ein altersgrauer Hundeschlitten, rostige Fallen und Werkzeuge, auch Mengen von gespaltenem Feuerholz hat Ron Rover, der Wiederentdecker, noch darin vorgefunden. Der einzige Raum im bewohnbaren Teil ist nach so langer Zeit des Leerstehens noch immer einigermaßen gemütlich. Bevor der verschollene Fallensteller von hier fortzog, hat er offenbar alles gründlich aufgeräumt, und als Ron zum erstenmal herkam, da waren die Fenster mit Holzplanken vernagelt. Die an ferngelegenen Hütten damals wegen des mühsamen Hundeschlittentransportes sehr kostbaren Fensterscheiben

mußten vor Sturm, auch vor den Bären, gut geschützt werden. Vier Bettstellen gibt es, einen großen und kleinen Tisch, zwei geräumige Spinde, ein paar selbstgezimmerte Stühle und den großen, aus Eisenplatten zusammengefügten Herd. Sonstige Einrichtung, auch Töpfe, Pfannen, Geschirr und dergleichen, sind nicht mehr vorhanden. Das alles und manches andere haben wir in der »Ente« mitgebracht.
Mit tätiger Hilfe des tüchtigen Malcolm schleppen wir das umfangreiche Gepäck herein, und während beide das letzte holen, versuche ich die Sachen sinnvoll zu verteilen. Da höre ich, wie draußen der Flugmotor wieder auf volle Touren läuft, eile zum Fenster und sehe, wie sich eben unser Schwimmvogel in die Luft erhebt.
»Malcolm läßt grüßen«, sagt mir Ron, als er mit verdrossenem und verschlossenem Gesicht wiederkommt. »Hatte keine Zeit für 'nen langen Abschied ... muß noch in Port Heiden tanken und will vorm Dunkelwerden zurück in Anchorage sein.«
Irgendwie kommt mir das komisch vor. Habe mich doch so gut mit Malcolm McGray verstanden, jetzt aber zischt er davon, ohne mir noch ein Wort zu sagen.
Ron macht sich mit Decken, Schlafsack und sonstigem Zeug an seinem Bettgestell zu schaffen, das er sich hinten in der halbdunklen Ecke ausgesucht hat. Dann liest er dort im Kerzenlicht ziemlich lange einen zerknitterten Brief.
Indessen räume ich auf und ein, soweit Kästen, Kisten und Schubladen dafür vorhanden sind. Mein guter Ron sitzt weiter wortlos auf seinem Bett und starrt vor sich auf den Bretterboden. Da er selber nichts sagt, mache ich meinerseits die Bemerkung, daß es allmählich Zeit fürs Essen wird und ob ihm Spiegeleier mit Speck genügen. Andererseits wäre ich auch zur Herstellung eines Tiroler Schmarrn bereit (was mir im allgemeinen besonders gut gelingt).
»Hab keinen Hunger, mag ... gar nichts essen«, lautet seine mißmutige Antwort.
Wer nicht will, der hat schon ... ist mein erster Gedanke. Doch der zweite Gedanke läßt mildernde Umstände gelten. Irgendwo drückt ihn ein Kummer, ein ziemlich schwerer Kummer, wie mir scheint. Schlechte Nachrichten in dem allzuoft gelesenen Brief oder etwas Ähnliches, vielleicht auch der Ehekrach mit Alice vor dem Abflug. Also brate und brutzle ich Tiroler Schmarrn für mindestens zwei Personen.
Zu Tisch gebeten unter den Flackerschein der verrußten Petroleumlampe, schlurft Ron herbei und läßt sich schlecht gelaunt auf den Schemel fallen. Es ärgert mich, daß er nur so beiläufig in dem angenehm duftenden Schmarrn herumstochert. Schon nach den ersten paar Bissen läßt er klirrend die Gabel fallen. Na schön oder schlecht, dann soll er's bleibenlassen!
Als jedoch Tränen über seine Wangen rollen und auf den schmackhaften Schmarrn tropfen, habe ich ein ungutes Gefühl.

»Na, was ist denn, Ron«, lautet meine mitfühlende Frage, »sag's mir doch ... ich bitte dich.«

Da sieht er mich an, aus rotgeweinten Augen, und flüstert mit kaum vernehmbarer Stimme: »Ich bin bankrott, völlig pleite bin ich und total verschuldet ... kann keine von all den Rechnungen bezahlen, die sich ansammeln daheim ...«

Der große, viel zu große Kabinenkreuzer, die lange Seereise im vergangenen Winter, dazu eine neue, eigentlich unnötige Holland-Holland-Büchse und noch manches mehr, was Ron aufzählt, sind daran schuld. Alice hat gewarnt, geschimpft, aber nichts erreicht. Die bisher immer so freigebigen Schwiegereltern wollen Rons Defizite nicht mehr decken.

»I am broke, completely broke«, wiederholte der Ärmste mehrere Male und läßt weitere Tränen tropfen.

Trost zu spenden ist schwierig in derartigen Fällen, und bei so hohen Summen steht praktische Hilfe außer Frage. Besser scheint mir, den Unglücklichen auf andere Gedanken zu bringen.

»Also wann starten wir zur eifrigen Suche nach dem großen Elch, dem mächtigen Bullen ...?«

Gleich ist der alte, der richtige Ron wieder da.

»Wenn's hell wird, gegen sechs Uhr in dieser Jahreszeit, müssen wir schon draußen sein ... ich weiß eine Schlucht, die sich zu 'nem breiten Tal ausweitet, ideale Äsung für Elche gibt's dort, und da suchen wir uns einen ... aber nicht den ersten und scheinbar besten.«

Also bin ich bald im Schlummersack, um ausgeruhte Kräfte für die Pirsch zu sammeln. Was mich aber noch stundenlang vom Einschlafen abhält, sind die schluchzenden Klagelaute des von Kummer geschüttelten Ron. So hemmungslos, meine ich, sollte sich ein erwachsener Mann nicht gehenlassen. Nach dem Krieg und Entlassung aus dem Stacheldraht hatte auch ich keine Ahnung, wie das tägliche Brot zu beschaffen sei und wo sich ein Unterschlupf für kalte Nächte finden ließ. Es war aber kein Grund, viele Stunden oder gar tagelang vor mich hin zu heulen. Ein gesunder Mensch weiß sich unter fast allen Umständen irgendwie zu helfen. Ron hatte noch den Vorteil, daß für seine Frau und die vier Buben durch die wohlhabenden Schwiegereltern gesorgt war.

Als wir vor Dämmerlicht aufbrechen zur Pirsch auf einen hoffentlich hochkapitalen Bullen, hat Ron allem Anschein nach wieder normalen Geisteszustand gewonnen. Mir voran schreitet er kräftig aus, mit einem bestimmten Ziel im Sinn. Geredet wird bei solchen Pirschgängen ohnehin nicht, und im übrigen besteht kein Anlaß, etwas zu sagen. Der Silberstreifen am östlichen Horizont dehnt sich aus, wird heller, dann hellgrau und sogar himmelblau. Den mit Kräuselwellen bedeckten Surprise-See haben wir bald zur Hälfte umrundet. Sodann steuert Ron in eine Talsenke, die immer enger und enger wird, bevor ihre Steilhänge wieder zurückweichen, um schließlich den Blick in ein flaches Tal freizugeben. An dem Wasserlauf, den wir überschreiten, sehe ich Krallenspuren eines mir nicht bekannten Tieres. Was das wohl wäre, frage ich Ron.

»Wir gehen auf Elch«, gibt er ungnädig zurück, »also denken wir nur an Elch und an sonst gar nichts!«

Ich verschlucke meine schon formulierte Antwort, um statt dessen zu schweigen. Diesen Mann zu reizen, das ist mir klargeworden, kann zu einem Zerwürfnis führen. Aber bis auf weiteres bin ich an ihn geschmiedet. Es war wohl ein Irrtum anzunehmen, daß sich sein seelischer Zustand gebessert hat.

Wortlos geht es weiter und immer weiter durch pfadlose Wildnis, bis ... ja bis mir plötzlich zum Bewußtsein kommt, daß mein in Kopf und Augen vernebelter Jagdführer gar nicht nach Elchen Ausschau hält. Er macht keine Pause, läßt sich nirgendwo nieder und denkt nicht daran, das Gelände »abzuglasen«. Als er im gleichen Tempo wie stets eine Anhöhe überquert, bleibe ich droben sitzen und rufe ihm zu, er möge dasselbe tun. Hier wäre ein guter Platz, um nach Wild zu schauen. Aber er dreht sich nicht um, sondern geht weiter, als habe er nichts gehört.

Wie es der Zufall so will, erkenne ich schon gleich im Glas, auf etwa dreihundert Schritt Entfernung, das Schaufelgeweih eines Elchbullen im Erlengestrüpp. Es kommt mir groß und mächtig vor, auch breit, schwer und imponierend. So meine ich, daß sich die Anpirsch lohnen könnte.

Aber es fehlen mir die seit Jahrzehnten gewohnten Möglichkeiten des Größenvergleichs. Dafür muß man erst in die Landschaft hineinwachsen, möglichst von Kindesbeinen an. Die Krucke einer Gams in den Latschen des Wilden Kaisers kann ich nach Alter, Auslage und Punktzahl ziemlich genau bewerten. Aber mit alaskanischen Elchbullen, auch wenn bald ein Dutzend Schaufelgeweihe bei mir zu Hause hängen, ist das etwas anderes. Aufragend über den Zwergwuchs der subarktischen Birken, Erlen und Weiden wirken die Schaufeln dieses Bullen gewaltig, und so laß ich mich von dem Anblick täuschen.

Der Schuß ist draußen, bevor ich es mir recht überlegt habe.

Als ich wenige Minuten danach vor dem erlegten Großwild stehe, ist mir nur eine Trophäe der Mittelklasse zur Beute geworden. Schade darum, und ganz allein ist das meine Schuld. Warum denn gleich am ersten Morgen und erstem Pirschgang, wo doch mindestens eine Woche und riesig weite Räume vor mir liegen.

Weil von Ron Rover, der eigentlich mein Jagdführer ist, nicht einmal der Schatten erscheint, beginne ich selbst und allein mit der bei solch großem Tier recht mühsamen Arbeit des Aufbrechens. Gelernt habe ich es seinerzeit, und mein scharfgeschliffenes Jagdmesser fehlt auch in Alaska bei keinem Pirschgang. Es könnte schon sein, denke ich bei der »roten Arbeit«, daß Blutgeruch und der sich bald ausbreitende Duft der Innereien dies oder jenes Raubwild

anlockt. An Bär und Wolf, an Luchs, Fuchs und Vielfraß wäre zu denken. Deshalb hänge ich Fleischfetzen, Därme, Lungen weitverteilt ins Gestrüpp. Schlage mit dem Messer den Liegeplatz des Elchkörpers frei, um Schußfeld für etwaige Raubtiere zu haben.
Als ich nach getaner Arbeit aufschaue, steht reglos der Ron hinter meinem ausgenommenen Elch.
»Hab zu früh geschossen«, sage ich, »habe mich in Alter und Größe schwer getäuscht.«
»Ist ganz egal . . . kommt doch auf so was nicht mehr an!«
Die Bedeutung seiner Worte entgeht mir.
»Kannst du mir nicht helfen, das Haupt abzutrennen und das Geweih zu lösen. Allein bring ich das nicht fertig.«
»Wozu denn . . .«, schüttelt er den Kopf, »laß doch liegen, kommt nicht mehr darauf an.«
Nach dieser mir ohne Sinn erscheinenden Bemerkung entfernt er sich mit schleppenden Schritten. So gut oder zutreffender gesagt, so schlecht es mir gelingt, trenne ich das schwere Haupt vom Rumpf und arbeite bis zu Schweißausbrüchen mit dem Messer, um das Geweih mit der Schädeldecke loszubekommen. Was ich aber unter keinen Umständen fertigbringe, ist der Trophäentransport zum Blockhaus. Zuviel hängt noch daran, und das Ding zu tragen ist ganz unmöglich. Also ziehe und zerre ich schrittweise meine Beute hinter mir her, muß sie aber auf längst nicht halbem Wege liegenlassen. Morgen ist auch noch ein Tag und übermorgen ein anderer.
Fast habe ich die Blockhütte erreicht, da sehe ich einen Menschen am Boden. Mit angezogenen Beinen, das Gesicht der feuchten Erde zugewandt, so liegt Ron Rover auf dahinkriechenden Wurzeln.
Abwechselnd kalt und heiß wird mir bei dem Anblick. Doch zum Glück, auch zu meinem Glück, ist er nicht tot. Vielmehr sehe ich, daß sein Körper von Schluchzen erschüttert wird, und frage so behutsam wie möglich, was denn los sei?
»Laß mich in Ruhe . . . geh, verdammt noch mal, weiter . . . ich will hier sterben . . .«
Nun, verehrter Leser, was hätten Sie gemacht in dieser Lage? Sie wissen es nicht, und genauso war es auch bei mir.
Ich versuche ihn hochzuheben, aber er läßt sich fallen. Auf gutes Zureden antwortet der unglückliche Mensch mit häßlichen Flüchen. Ich soll machen, daß ich weiterkomme . . . ich soll zur Hölle fahren . . . auf Nimmerwiedersehen verschwinden und so weiter und noch mehr.
Da soll meinetwegen der Geistesverwirrte bleiben, wo er ist. Meine pelzgefütterte Parka, so nahe der Hütte nicht mehr benötigt, breite ich noch über die liegende, in Tränen aufgelöste Gestalt.
Wie soll das weitergehen? Was wird und kann geschehen, wenn Ron endgültig,

auch nur bis auf weiteres, den Verstand verloren hat. Dann muß ich es leider Gottes mit ihm aushalten, bis Malcolm McGray für unseren Heimflug wiederkommt. Was haben wir abgemacht mit ihm . . . war das in einer Woche oder in zehn Tagen? Ich selber habe ja vor seinem Fortflug nicht mehr mit Malcolm gesprochen.

Als ich dabei bin, die frische Elchleber mit Zwiebeln und Speck und delikaten Gewürzen zu braten, stolpert Ron in den Raum. Er schleudert seinen Tragbeutel und meinen Parka in die Ecke und legt sich mit dreckigen Stiefeln aufs Bett. Sodann wirft er mir vor, ihn beim ruhigen Sterben gestört zu haben. Worauf ich den seelisch so schwer gestörten Mann mit möglichst sanfter Stimme an seine herzensgute Frau und die vier prächtigen Buben erinnere. Für eine so vorbildliche Familie müsse man sich doch bei guter Gesundheit des Geistes und Körpers erhalten. Aber was ich gesagt habe, ist genau das Falsche.

»Auf und davon ist Alice . . .«, schreit er bebend vor Zorn, »verlassen hat mich das herzlose Weib in der schlimmsten Not, im tiefsten Unglück! Einen völlig verzweifelten Mann hat sie aus dem Haus getrieben! Dann weg, weit weg mit den Buben zu ihren Eltern wahrscheinlich, allein gelassen bin ich . . . hilflos allein in einer Lage ohne Ausweg . . . alles gehört Alice und ihren Eltern. Mein Haus ist nicht mein Haus, ich darf's nicht mehr betreten. Ich bin total am Ende . . . ich kann nur sterben, und das will ich hier!«

Er hat Grund zur Verzweiflung, man muß es zugeben. Seine Lage ist schlimm, sie ist schrecklich, und er tut mir furchtbar leid. Aber für einen Mann von gerade erst vierzig gibt es neue Wege, gibt es einen zweiten Anfang, und vieles kann einer in so relativ günstigem Alter noch tun.

Ich sage ihm das, aber er will von seinem Unglück, dem selbstverschuldeten, nicht lassen. Fast könnte man den Eindruck gewinnen, daß ihm bei seiner augenblicklichen Verfassung die Rolle des zu Tode Unglücklichen gefällt.

»Was hast du mit Malcolm ausgemacht?« frage ich behutsam, »wann holt er uns ab . . . in 'ner Woche oder zehn Tagen?«

Mit starrem, sturem Blick schaut er mich an.

»Gar nicht . . . er kommt nicht zurück.«

»Wie bitte . . . wie meinst du das?«

»Keiner kommt uns abholen . . . so hab ich das gemeint. Weil Malcolm McGray das nicht begreifen wollte, habe ich gesagt, daß uns Freddy abholt . . . Freddy mit seiner Cessna.«

Wann also Freddy käme mit seiner Cessna, will ich jetzt wissen.

»Den gibt's gar nicht . . . hab ihn einfach erfunden, um Malcolm loszuwerden . . .«

Ich bin sicher, den Geistesgestörten falsch verstanden zu haben.

»Sag doch endlich«, bohre ich weiter, »wer holt uns ab und wann?«

»Begreif doch, Hans . . . niemand holt uns ab . . . nur der Tod, wenn's dann soweit ist.«

Eiskalt läuft es mir den Rücken hinab, und siedendheiß kommt mir zu Bewußtsein, daß ich zusammen mit einem Irren in der Wildnis ausgesetzt bin. Ron will nichts essen. Fast schlägt er mir den Teller mit stark duftender Elchleber aus der Hand, als ich trotz allem so gut bin, ihm das Abendessen auf einen Stuhl neben das zerwühlte Bett zu stellen. Er löscht die Lampe, während ich noch am Tisch sitze, und füllt den Herd mit Feuerholz, obwohl der bis oben hin voll ist. Als darauf die Flammen ersticken, versetzt der verrückte Ron dem harmlosen Herd wütende Tritte. Der geringste Anlaß oder auch gar kein Anlaß kann seine Aggression in meine Richtung lenken. Der Mann ist gefährlich, und mit wachsender Sorge wird mir klar, daß früher oder später, vielleicht schon jetzt, mein Leben bedroht ist.

Aber er fällt in tiefen Schlaf, was schon sein dröhnendes Schnarchen beweist. Jetzt heißt es zu handeln, ob das sinnvoll ist oder nicht. Ich nehme die Patronen aus seiner Büchse, ziehe sein Jagdmesser aus der Scheide, nehme die Axt, die Säge, die Schaufel und verberge alles unter einem lockeren Bodenbrett im Schuppen. Dann hole ich mein Minizelt, den Schlafsack, den Campingkocher, alles Zubehör und ausreichenden Proviant, um mich etwa hundert Schritt von der Hütte in Sicherheit zu bringen. Auch mein Jagdgewehr, Patronen, Fernglas und so weiter nehme ich gleichfalls mit. Kaum bin ich dort installiert und will darüber nachdenken, wie die Rückkehr zu normalen Menschen möglich ist, entführt mich der Schlaf in bessere Welten.

»Was machst du denn hier . . . ist das nicht zu kalt, wo es schon Nachtfrost gibt?« erkundigt sich Ron, der seinen Kopf in mein niederes Zelt steckt. Draußen ist schon Tag, und er scheint normal zu sein.

»In der Blockhütte rennen so viel Mäuse herum«, lautet meine lügenhafte Antwort, »da bin ich lieber im Zelt. So mach ich es auch zu Hause in meiner Jagd.«

Er schlägt vor, daß wir zum Elchkadaver gehen, den vielleicht Wölfe angeschnitten haben. Wir können dann später dort ansitzen. Entweder hat Ron gar nicht gemerkt, daß sein Jagdmesser, seine Patronen und manches andere fehlen, oder er zieht es vor, darüber zu schweigen.

Es fällt kein Wort, bis wir beim Kadaver sind und dort zwar nicht die Fährte von Wölfen sehen, aber die eines Bären, vermutlich eines Schwarzbären. Der würde bestimmt wiederkommen, meint Ron, und mit Geduld müßte es möglich sein, ihn zu erlegen. Also bauen wir einen Schirm, etwa siebzig Meter vom Luderplatz entfernt, und natürlich beachten wir dabei die vorherrschende Windrichtung. Beim Zurückgehen nimmt Ron ohne weiteres das Elchgeweih und trägt es auf seinen starken Schultern zum Blockhaus.

Er schaut sich nach dem Eintreten um, als habe er zuvor den Wohnschlafraum der Hütte noch nie so richtig betrachtet.

»Tja . . . hier wird man uns eines Tages finden . . . und schön werden wir nicht mehr aussehen.«

Es klingt wie ein scheußlicher Scherz, aber seine Augen sind wieder starr. Er ist wahnsinnig, daran besteht kein Zweifel.
Mein Zelt bleibt draußen, und ich schlafe darin. Aber das Essen bereite ich auf dem Hüttenherd und verzehre es auch im Blockhaus. Ron stochert nur lustlos darin herum, immerzu Rotz und Wasser heulend. Auf solche Art muß er langsam aber sicher an Unterernährung zugrunde gehen.
Ich wandere zum Ansitz beim Elch, richte mich in dem Schirm häuslich ein und warte geduldig, daß Wolf oder Bär, Luchs, Fuchs oder Vielfraß erscheinen.
Wie also ist die Lage, wenn man sie im Licht der klaren Vernunft betrachtet? Ausreichende Verpflegung scheint mir die geringste Sorge. Auch ohne den für zwei bis drei Wochen mitgebrachten Proviant steht kein Hunger ins Haus. Gut zwanzig Kilo Elchrücken habe ich gestern in den Rauchfang gehängt. Die Jagd, ebenso der Fischfang könnte eine Kompanie hungrige Männer über den Winter bringen. Es fehlt nicht an Feuerholz, das schon geschlagen im Schuppen liegt, und Vorrat bietet die Umgebung für Jahrhunderte. Die Gefahr, eine wirkliche Gefahr ist allein der geistesgestörte Mann in unmittelbarer Nähe. Dem muß ich entgehen, sobald und so rasch wie möglich.
Ich denke an Rauchsignale bei Tage und Feuerzeichen bei Nacht. Wenn ich bei Motorgeräusch in der Luft die Rauchfahne oder das Feuer abdecke . . . dreimal kurz . . . dreimal lang . . . dreimal kurz . . . ergibt das ein klares S-O-S. Jeder Pilot, überhaupt jeder Mensch in diesem Land, der es sieht, wird sofort den Hilferuf verstehen. Aber wer sollte Mitte Oktober gerade hier vorüberfliegen? Für gewöhnlich folgen die Piloten der Küstenlinie und benutzen die Gittertürme von Port Heiden als Richtpunkt. Nur ein Zufall sondergleichen konnte mir am Surprise Lake einen Flugbesuch bescheren.
Zu Fuß käme ich nicht weit, denn schnell strömende Flüsse und breite Sümpfe versperren den Weg zu seßhaften Menschen. Ans Übersteigen der Chignik-Berge ist schon gar nicht zu denken, zumal jenseits der schroffen, ewig schneebedeckten Höhen keine ständig bewohnte Ortschaft existiert. Aber hier . . . aber dort am Elchkadaver . . . sehe ich flüchtig einen grauen Schatten, höre Zerren und gewahre Bewegung in den Büschen . . . Knurren und Knochenknacken.
Die Büchse an die Backe, die Augen hinters Zielglas und mein Finger am Stecher . . . den Abzug gedrückt und heraus mit dem feurigen Schuß.
Einen Wolf habe ich erschossen, einen großen hellgrauen und starken Timberwolf. Noch im plötzlich hereingebrochenen Tod fletschte das Raubtier die schneeweißen Zähne.
Ein ganzes Rudel muß dagewesen sein, dessen Fährten sich im feuchten Boden einprägen. Lautlos sind die Wölfe gekommen, und lautlos die Überlebenden verschwunden.
Ich mache mich an die mühsame Arbeit des Abziehens, wobei es mir wider Erwarten gelingt, das Fell nicht durch einen falschen Schnitt zu verletzen.

(Während ich dies schreibe, wandern meine Augen zu dem dichten, langhaarigen Wolfsfell vor dem Fernseher.)
Also wie ist das mit meiner Lage? Auf Zufälle darf ich nicht zählen, muß statt dessen selber alles tun, was mir möglicherweise helfen kann. Eine weite Wanderung zu Menschen ist vor Anbruch des Winters nicht möglich. Erst dann könnte ich über zugefrorene Flüsse, Seen und Sümpfe marschieren. Im hohen Norden ist der Schnee nicht allzu tief, und nur selten weich zum Einsinken. Außerdem hängen Schneereifen des verschollenen Trappers im Schuppen. Man geht schlecht und nur mit Anstrengung auf Schneereifen. Ich habe selber welche in meiner Jagdhütte daheim und bin auch einige Male damit gegangen. Wenn es sein muß, gewöhnt man sich daran.
Die nächste, aber im Winter verlassene Ortschaft – wenn man die Hütten und Schuppen so nennen darf –, das ist Port Heiden.
Nach meiner recht genauen Karte (von Geological Survey Departement in Anchorage) beträgt die Entfernung in Luftlinie dreißig Meilen, wäre also bei einigermaßen gutem Wetter schon zu schaffen, und zwar in zwei Tagen, denke ich. Dort hätte ich Unterkunft, auch wenn dafür gewaltsames Eindringen nötig wäre. Es wäre jedenfalls Sicherheit vor dem Wahnsinnigen, vorausgesetzt, daß er mir nicht hinterherkommt.
Aber wie dann weiter? Falls Ugashik, eine Ortschaft der Eskimos, auch im Winter bewohnt ist, würde ich bei sturmfreiem Wetter bis dorthin ungefähr vier Tage brauchen. Müßte aber Zelt, Schlafsack, Kocher, Proviant sowie ein paar andere notwendige Sachen mitnehmen. Eine erhebliche Belastung, die zu häufigen Erholungspausen zwingt.
Also gut, wenn nichts Ungutes passiert. Falls keine Menschen in Ugashik wären, heizbare Unterkunft hätte ich, sicher konnte ich auch eßbare Vorräte finden. Dann aber müßte ich so oder so bis King Salmon kommen. Das ist eine ständig besetzte Militärstation mit Ortschaft und Flugplatz, ein Mittelpunkt der subpolaren Zivilisation. Aber von Ugashik bis dorthin? Stets über hartgefrorene Tundra, ständig von Polarstürmen oder allertiefster Kälte bedroht, bei nur wenigen Stunden dürftigen Tageslichtes. Mindestens fünf anstrengende Tage wären dafür notwendig. Konnte mitgeschleppte Verpflegung so lange reichen? Mit schwerem Rucksack auf dem Buckel, vielleicht im pfeifenden Wind und bei 45 Celsiusgraden unter Null, diese Chancen standen nicht gut. Ich hatte keine Mukluks für die Füße und keine Maske fürs Gesicht. War mein Parka warm genug, vor so grimmiger Kälte zu schützen? Nein, es war nicht zu machen . . . aber dennoch, ich mußte es versuchen, wenn kein Wunder geschah.
Schon jetzt sind die Nächte kalt, wenn auch der Indianersommer bei Tag die Landschaft erwärmt und herbstliche Farben leuchten läßt. Ron erscheint morgens nicht mehr an meinem Minizelt. Nimmt auch nur wenig Notiz von mir, wenn ich die Blockhütte betrete oder sie verlasse. Ich heize ein, mache das

Essen und wasche ab. Er nimmt nur Brocken und Bröckchen zu sich, ist sehr blaß geworden und hat glanzlose Augen. Meist liegt der arme Mensch heulend auf seinem unordentlichen Bett. Die Stiefel zieht er gar nicht mehr aus, wäscht sich auch nicht und hat vergessen, daß es für Schnuddelnasen so etwas wie Taschentücher gibt.

Übel sieht es aus, wenn er Wutanfälle bekommt. Dann schleudert Ron nächstliegende Kleider auf den Boden, wirft alle möglichen Sachen an die widerhallende Holzwand und knallt einen Schemel auf den Boden. An mir vergreift er sich weder mit Worten noch Taten. Aber stets muß ich fürchten, es könnte geschehen.

Was soll werden . . . wie lange soll das weitergehen? Vier und fünf Tage sind schon vergangen, bald werde ich die Zeitrechnung verlieren. Hätten wir . . . hätte ich doch wenigstens ein Radio, besser noch ein Sprechfunkgerät. Aber daran hat zur rechten Zeit niemand gedacht.

Jeden Tag gehe ich zum Elchkadaver, der noch keinen Fäulnisgeruch verbreitet. Aus Unachtsamkeit vertreibe ich ein Wolfsrudel und verfehle eine Wolverin, wie man in Alaska Vielfraße nennt. Dann gelingt mir am späten Nachmittag der Schuß auf einen mittelgroßen Schwarzbären mit herrlich glänzendem, tiefdunklen Fell. Er ist schon fett für den Winterschlaf, vermutlich vom Überangebot der Heidelbeeren in dieser Gegend. Sein ausgelassenes Fett könnte für den ganzen Winter reichen.

Schneehasen und Schneehühner, auch Stachelschweine gibt es in Mengen. Nach Elch und Karibu braucht man nicht lange suchen und das Fischen durch Eislöcher wäre ein Kinderspiel. Aber immer hätte ich den Geistesverwirrten, den mehr oder minder Wahnsinnigen im Rücken. Auch nudelbreite Nerven könnten das auf die Dauer nicht vertragen.

Meine paar Bücher sind ausgelesen, genügend Schreibzeug habe ich nicht bei mir. Das Herumlaufen ganz allein kann so viel leere Zeit kaum vertreiben. Mein molliger Schlafsack ist gut und schön, aber für einen an sich aktiven Menschen kein dauernder Aufenthalt.

Gerade habe ich zwei saftige Steaks von einem zarten Elchkalb (in der Not ist gesetzlich alles erlaubt) gebraten, an deren Verzehr sich sogar Ron mit einigen Bissen beteiligt, und schiebe wieder Holzscheite in den Herd, um Kaffee zu kochen. Da scheint mir, als höre ich Motorengeräusch . . .

Es bricht ab . . . kommt wieder . . . klingt anders . . . etwas lauter und langsamer und hört wieder auf. Die Chance ist verpaßt, die Maschine, falls es wirklich eine war, hat nach raschem Überfliegen des Surprise Lake ihren Weg weiter fortgesetzt.

Ron springt vom Schemel . . . läuft in die Ecke, nimmt sein Gewehr und richtet es gegen die Tür.

»Hello the house«, ruft jemand von draußen, so wie es in einsamen Gegenden üblich ist, wenn sich ein Fremder nähert.

Die Tür geht auf, bevor ich sie öffnen kann. Ron hebt sein Schießeisen an die Backe, zieht jedoch nicht den Abzughahn. Es wäre auch zwecklos, weil ich längst die Waffe entladen habe.
»Hab den Rauch von oben gesehen und mir gedacht, hier könnte man 'ne Tasse Kaffee bekommen«, sagt freundlich grinsend der Fremde.
Ein echter Alaskaner, wie man sieht und seinen Worten entnehmen kann. Mittelgroß, drahtig, gelenkig und selbstsicher. Richtig einer von altem Schrot und Korn, obwohl er dem Anschein nach kaum mehr als dreißig Jahre zählt. Wo von Menschenhand ein Lagerfeuer brennt oder sich Rauch über einem Hüttendach kräuselt, kann jeder als willkommener Gast erscheinen.
»Bin nach der Unimak-Insel unterwegs, was ziemlich weit ist, und wollte mal 'ne Pause machen . . . Bernd ist mein Name.«
Unter anständigen Leuten nennt man nicht mehr, der Vorname ist vollkommen ausreichend. Ich sage meinen Vornamen, während Ron gar nichts sagt.
»Geht's dir nicht gut?« fragt ihn der Fremde, worauf der Verwirrte weiter schweigt, das Gewehr aber wegstellt und zu seinem Bett schlurft.
»Wie war's mit der Jagd«, erkundigt sich der Gekommene, als habe er nichts vom seltsamen Benehmen des anderen Mannes bemerkt.
Während ich die Kaffeekanne fülle, die Kognakflasche auf den Tisch stelle, berichte ich von meinem Elch, auch von dem Wolf und Bären. Das geschieht, als wäre nichts von Bedeutung vorgefallen. Aber an den Blicken, die mir der Mann namens Bernd gelegentlich zuwirft, glaube ich zu erkennen, daß er durchaus die besondere Situation versteht. Doch unser Gespräch bleibt gewöhnlich. Übers Wetter reden wir, die Verbreitung des Wildes in dieser Gegend und neue Jagdbestimmungen fürs kommende Jahr. Er selber tut, als wäre es in unserer Hütte bumsgemütlich. Indessen schluchzt Ron in seiner Koje, und sein Körper schüttelt sich.
»Mir scheint, daß mit dem nächsten Sturm der Winter kommt, wie lange bleibt ihr noch?«
»Weiß nicht«, gebe ich zur Antwort, »kann lange dauern . . . je nachdem!«
Bernd hat sich mit aufmerksamen Blicken in dem Hüttenraum umgesehen und festgestellt, daß in diesem Raum nur einer schläft.
»Wo schläfst denn du?« fragt er, und ich berichte von meinem Minizelt.
»So ein kleines federleichtes Zelt, das interessiert mich . . . kann ich's mal sehen?«
Natürlich nur eine Ausrede, um mich draußen allein zu sprechen.
»Also den hat's erwischt, total durchgedreht und fertig«, sagt er mir vor der Hütte, »du weißt, er kann dich bei passender Gelegenheit umbringen . . .?«
Ich erzähle von Anfang bis Ende, wie sich das entwickelt hat und daß Ron hier sterben möchte, und zwar in meiner Gesellschaft. Auch sage ich, daß kein Pilot für unsere Abholung bestellt ist. Er möchte uns doch bitte eine Maschine herschicken . . . so bald wie möglich.

»Nein . . . jede Stunde mit dem Verrückten ist zu lange, sogar jede Viertelstunde. Ich habe einen freien Platz in meinem Vogel und bringe dich nach King Salmon. Von dort verständigen wir durch Funk die zuständigen Leute. Binnen spätestens zwei bis drei Stunden, also bis heute abend, wird ein Doktor oder was er sonst braucht hier sein, um ihm zu helfen.«
So ist dieser Bernd! Denkt gleich an alles, kann glänzend organisieren und vergeudet keine Minute.
»Dich hat der Himmel geschickt, Bernd, der richtige Mann zu richtigen Zeit . . . ich gehe nur meine Sachen packen und bin dann fertig.«
»Nein, du gehst bitte gar nichts packen. Das alles holen wir beide morgen, wenn gutes Wetter ist. Du gehst nicht mehr rein. Er könnte vielleicht einen Rappel bekommen!«
So wie ich draußen stehe und bin, ohne Anorak, Pelzmütze und Handschuhe, nur mit Hose, Hemd, Jacke und Hüttenschuhen bekleidet, klettere ich über den linken Schwimmer ins Kabinchen der Cessna. Wir sind nach wenigen Minuten in der Luft und knapp eine Stunde später in King Salmon, wo der tüchtige Bernd alles weitere veranlaßt.
Weil Sie, verehrter Leser, gern wissen würden, was denn aus dem bedauernswerten Ron Rover geworden ist, kann ich nach meinem letzten Aufenthalt in Alaska, der nur wenige Monate zurückliegt, halbwegs erfreuliche Tatsachen melden. Zwar hielt ihn seine geistige und seelische Erkrankung noch fast ein halbes Jahr lang in den Klauen, aber dann ließ ihn die Rückkehr von Frau und Kindern relativ rasch gesunden. Zwar verlor Ron seine Lizenz als Jagdführer und auch seinen Jagdschein, da man ihm den Gebrauch von Waffen nicht mehr gestatten wollte. Aber mit seiner Familie kehrte er zurück in das schöne Haus. Alsdann ergriff er den Beruf eines Predigers. Dabei soll es sich um eine Sekte handeln, die vieles Reisen kreuz und quer durch Alaska von ihm erfordert. Die Menschen hören ihn gern, wie man sagt, und er selbst scheint von allem überzeugt zu sein, was er predigt. Aber gesehen habe ich Ron Rover nicht mehr.

Alatna

heißen ein Fluß, zwei Mädchen
und ein winziges Dorf der Indianer

Es gibt Zufälle im Leben, die so unglaubhaft klingen, daß auch ein phantasiebegabter Romanschreiber zögern würde, sie frei zu erfinden. Es muß ja, was er schreibt, zumindest für möglich gehalten werden. Aber in Wahrheit geschehen Dinge und ergeben sich Zufälle, die jede Kreation einer schwungvollen Phantasie übertreffen. So geschah es, und zwar gewissermaßen am laufenden Band, als ich neben dem Piloten Bernd in seiner Cessna 185 saß, um von King Salmon über Kodiak nach Anchorage zu fliegen. Meine Sachen sowie die Jagdbeute vom Surprise Lake hatten wir abgeholt, und inzwischen war auch Ron Rover versorgt.

Ein angenehmer, ein relativ ruhiger und sicherer Flug in guter Gesellschaft. Die an sich recht enge, viersitzige Maschine war ganz nach dem eigenen Geschmack des Besitzers eingerichtet, soweit es die technischen Möglichkeiten zuließen. Da sind sogar, links hinter ihm, eine Leselampe und Fach mit Lesestoff angebracht. An drei oder vier Buchrücken ist zu erkennen, daß es sich um Publikationen in deutscher Sprache handelt.

»It looks as if you could read German«, sage ich einigermaßen verwundert.

»Of course, I am German«, gibt Bernd zurück, »that is to say . . . bred and born in Germany. I was already fifteen when my parents came to the States . . . and I was with them of course.«

»Dann könnten wir eigentlich unsere Muttersprache verwenden«, sage ich, und beide lachen wir aus vollem Hals. Immerhin hat keiner von uns den deutschen Akzent des anderen bemerkt, es war keine Frage nach der Herkunft gestellt worden. Drüben gehört sich das nicht unter Leuten mit einigermaßen gutem Benehmen.

Inzwischen weiß natürlich jeder so ungefähr alles über den anderen. Um es kurz zu sagen, stammt Bernd Gaedeke aus der Gegend von Königsberg im verlorenen Ostpreußen, wo seine Familie durch Generationen auf dem eigenen Gut, vermutlich einem Rittergut, gelebt hat. Bei Kriegsende von dort vertrieben, entschloß sich der Vater, ehemals aktiver Offizier, mit seiner Familie den viel früher vorausgegangenen Verwandten nach den USA zu folgen. Bernds Eltern hatten sich in Kalifornien niedergelassen, aber zwei der drei Söhne waren im erwachsenen Alter wieder in die alte Heimat gezogen, wo sie heute ziemlich hoch im Staatsdienst eingestuft sind. Bernd selbst war seiner Passion für Tiere, Jagd und freie Natur gefolgt, um zunächst Biologie dort zu studieren, wo man der noch jungfräulichen Wildnis am nächsten ist, das heißt an der Universität von Alaska. Deren weitläufige Anlagen für vergleichsweise nur wenige Studenten befinden sich etwa 10 Kilometer außerhalb von Fairbanks in *College*.

Wie es sich für einen jungen Mann seiner Art gehört, hatte Bernd Gaedeke seine gesamte Ausbildung selbst finanziert. Während der Semesterferien harte Außenarbeit, ebenso im moskitoreichen Sommer wie auch im arktischen Winter bei den Radarstationen der US-Airforce nördlich vom Polarkreis. Bis unter 40, sogar unter 50 Celsiusgrade Kälte fiel mitunter die Temperatur, dazu noch eisige Winde und die Dunkelheit monatelanger Polarnächte.

Was dort geschehen kann und welch doppeltverdammte Idioten gelegentlich an den Ufern des Eismeeres auftreten, das bewies ein ganz gewöhnlicher Jagdausflug, den Bernd am Ende des Winters mit einem dienstfreien Soldaten unternahm. Robben am Rand einer offenen Rinne im Eis wollten sie schießen und hielten zu diesem Zweck etwa hundert Schritt Abstand voneinander. Als Bernd stehenblieb und die Büchse hob, wollte der andere Mann sehen, was wohl die schußbereite Aufmerksamkeit des Jagdkameraden erregt hatte. Weil nun der Soldat ohne Fernglas war, benützte er zur Durchsicht und Beobachtung des Kameraden das Zielfernrohr auf seiner Weatherby. Dabei hatte er, man glaubt es kaum, seine Büchse nicht gesichert und außerdem noch gestochen!

Es kam, wie es beim Zusammentreffen mehrerer verhängnisvoller Umstände kommen mußte. Die fingerdicken Pelzhandschuhe berührten den gespannten Abzug, und die Kugel durchschlug Bernd links seitlich vom Rückgrat bis neben dem Nabel wieder heraus.

Als der Schuldige zum stöhnenden und gestürzten Kameraden lief und sah, was geschehen war, fiel er prompt in Ohnmacht. Bernd, unter schrecklichen Schmerzen bei vollem Bewußtsein, rutschte und robbte etwa anderthalb Kilometer weit in Richtung der DEW-Station, konnte aber unmöglich das Ziel erreichen.

Dennoch war seine unwahrscheinliche Energie die Rettung. Der Pilot einer eben anfliegenden Militärmaschine sah die rote Blutspur im Schnee und alarmierte per Funk den Rettungsdienst der Airforce. Binnen weniger Minuten war ein Hubschrauber zu dem schwerstverletzten Mann unterwegs. Als man Bernd auf die Bahre, dann auf der Station untersuchte, glaubten seine Helfer,

daß nichts mehr zu machen sei. In der Meinung, der durchschossene Mann sei völlig bewußtlos, sagten sie das auch und telefonierten darüber. Aber Bernd verstand jedes Wort, konnte jedoch kein Zeichen der geistigen Gegenwart geben.
Dennoch versuchte man, was unmöglich schien, flog den vermutlich Sterbenden nach Fairbanks, wo ihm eine dreistündige Operation das Leben retten konnte, schließlich auch die volle Gesundheit.
Wenige Monate später meldete er sich als »Feuerspringer«. Darunter sind todesmutige Männer zu verstehen, die als »fliegende Feuerwehr« an Fallschirmen so nahe wie möglich bei Waldbränden abspringen, um mit Spezialgeräten die lodernden Flammen zu bekämpfen. Natürlich eine äußerst gefährliche Sache, denn mitunter rollen die Feuerwalzen rascher, als die Männer um ihr Leben laufen. Bernd Gaedeke brachte es zum Captain der »Roten Engel« und hatte am Ende insgesamt 91 Sprünge ohne Unfall überstanden. Der hohe Verdienst bei so gefahrvoller Beschäftigung reichte für den Rest der Studienzeit, außerdem für ein schöngelegenes Grundstück bei College und das von Bernd selbstgebaute Einzimmerhaus. (Inzwischen hat es vier Räume mit Bad und Küche, mit Schuppen, Garage und Garten.) Es reichte letzten Endes für die komplette Ausrüstung eines Jagdführers im wohl wildesten und menschenleersten Gebirge Alaskas, mit anderen Worten in der Brooks Range.
Aber eingangs war von Zufällen die Rede, von wirklich frappierenden Zufällen, und deren Kette ist noch lange nicht zu Ende. Als mir Bernd gesagt hatte, daß er ursprünglich aus Ostpreußen stammte, war es an mir zu erklären, daß Elsaß-Lothringen meine und die Heimat meiner Eltern gewesen war. Wie ich weiter erwähne, daß meine Frau und ich länger als zwanzig Jahre in München an der Isar wohnen, erkundigt sich Bernd, ob mir dort bei irgendeiner Gelegenheit der Schriftsteller Hans-Otto Meissner begegnet sei. Von dem stamme unter anderem ein Alaska-Buch mit dem Titel »Bezaubernde Wildnis«. Trotz gewisser Mängel habe er dessen Inhalt nicht ganz so blöd gefunden wie sonst Berichte über Reisen und Jagden im allgemeinen. Ich glaubte, mich tritt nicht nur ein Pferd, sondern ein ausgewachsener Polarbüffel!
»Habe schon 'ne ganze Menge von dem gelesen«, erwähnt weiter der ahnungslose Mann, »die Story über Baranow . . . die reichlich romantische Schilderung der Northwest Territories in Kanada und dann . . . wie heißt es noch . . . das Buch über Amundsen, auch noch allerhand von Spitzbergen. Nun ja, der Mann tut, was er kann, und bleibt ziemlich nah bei der Wahrheit. Aber ein paarmal ist er doch ausgerutscht . . . hat Himmelsrichtungen glatt verwechselt und so was . . .« *

* Leider eine zutreffende Kritik, inzwischen aber verbessert. Beim Blick auf die Gesamtkarte Alaskas war am linken Rand des Blattes noch ein Stück von Sibirien. Weil nun Sibirien für uns daheim fern im Osten liegt, war mir das so tief ins Unterbewußtsein gedrungen, daß ich mehrfach bestimmte Ortschaften, Seen und Stellen nur deshalb in die Ostrichtung verlegte, weil sie nahe bei Sibirien waren. »Im Westen« hätte ich schreiben müssen . . . selbstverständlich!

Meine Sprache stockt noch immer ... aber ganz gut ist es, hier und hoch über der grenzenlos wilden Peninsula eine ungeschminkte Leserstimme zu hören.

»Gelacht hab ich ... laut und schallend gelacht über den sogenannten Roman nach Tatsachen, der sich ALATNA nennt ...« Köstlich schien sich Bernd noch immer zu amüsieren. »Ausgerechnet ALATNA, wo ich mir drei Camps gebaut habe ... bin der einzige weiße Mann, der dort eigenen Grund und Boden besitzt. Sonst hat keiner, auch kein Eingeborener, in der absolut menschenleeren Gegend irgend etwas, das wie 'ne Hütte oder Blockhaus oder wie ein festes Jagdlager aussieht. Ein Fluß ist Alatna ... der Alatna-River. Aber bei dem Federkratzer wird ein Mädchen daraus, ein blutjunges, schlankes Eskimomädchen. Der hat offenbar keine Ahnung, was Alatna heißt ...«

»Was heißt es denn?« frage ich erschreckt.

»Da gibt's verschiedene Auslegungen ... habe wegen meines Camps am Alatna-River die Sprachforscher der Universität gefragt. Ein Eskimowort, das steht fest. Es könnte ganz einfach *vom Norden her* bedeuten, aber je nachdem, welche Eskimogruppe das Wort gebraucht, kann's auch Bartrobbe, Stachelschwein oder Walroß bedeuten.«

»Um Himmels willen«, fährt es mir heraus, »vielleicht gar Stinktier?«

»Nein, das nicht«, beruhigt mich Bernd, »die Skunks ... also Stinktiere, gibt's nicht in Alaska. Aber was regt dich so auf?«

(Wir sind beim Wechsel der Sprache vom Englischen zum Deutschen ganz von selbst beim »Du« geblieben. Das ergibt sich einfach so, weil das englische »You« eben beides bedeutet und man sich in Alaska gleich beim Vornamen nennt.)

»Weil ich ein Baby ... gewissermaßen ein Mädchen dieses Namens kenne.«

»Das ist aber kein christlicher Vorname ... hab ich niemals gehört.«

»Doch, es stimmt ... meine Tochter hat vor drei Monaten ihre Tochter so taufen lassen.«

Für einen Augenblick läßt er den Steuerknüppel los, um mich anstarren zu können.

»Ja, so ist es«, muß ich zugeben, »um mir eine freudige Überraschung zu bereiten, hat meine charmante Tochter ihre eigene Tochter nach der Titelheldin meines Romans genannt ... den du soeben die Güte hattest, mit einiger Kritik zu erwähnen ... und ich war meinerseits für das Buch auf Alatna als weiblichen Vornamen gekommen, weil ich ganz zufällig auf der Landkarte einen Alatna-River gesehen hatte ... bin aber nie selber dort gewesen.«

Mein Flugzeugführer sagt zunächst mal gar nichts mehr. Er schüttelt nur den Kopf.

»Aber wenn du meiner Tochter oder deren Tochter irgendwann im Leben einmal begegnest, sag bitte nichts von Bartrobbe, Walroß und Stachelschwein«, so scheint es mir im Interesse der beiden Damen geboten. »Ich habe nämlich

gesagt, daß Alatna die Bedeutung von *Morgenröte* hat, weil das zu einem Mädchen, das hoffentlich hübsch wird, sehr viel besser paßt.«
Mein Pilot nickt mit dem Kopf, statt ihn weiter zu schütteln.
»Könnte man sagen . . . könnte man behaupten, denn Alatna kommt von Nordosten herab, wo die Sonne für gewöhnlich in herrlich roten Farben hinter den schneeglitzernden Bergen aufsteigt.«
Nachdem Bernd wiederum für einige Zeit geschwiegen hat, sagt er wie beiläufig, daß wir morgen nur zweimal auftanken würden, in Anchorage und Fairbanks, um noch vor Dunkelwerden auf dem Iniakuk-See zu wassern, wo sich sein mittlerer Camp befindet.
»Der Alatna-River strömt durch diesen See und von dort hättest du eigentlich das Wasser für die Taufe der kleinen Alatna holen müssen.«
Die Unterhaltung bewegt sich von jetzt ab meist um den Alatna-River samt Umgebung. Wie lang der Fluß ist, hat seines Wissens und Glaubens noch niemand gemessen, erklärt mir der Besitzer von drei Grundstücken am Fluß. Nur aus der Luft wurde sein Verlauf bisher kartographiert. Zieht man auf der Landkarte einen Strich vom Quellgebiet des Alatna bis zu jener Stelle, wo er aus den Brooks-Bergen kommend in den Koyukuk mündet, der seinerseits dem mächtigen Yukon zuströmt, so beträgt die Luftlinienstrecke etwa 170 Kilometer. Es müssen aber mit allen Schleifen und Windungen dreimal, wenn nicht viermal so viele Kilometer an Flußlänge sein. An der Mündung, die sich haargenau auf der Höhe des Polarkreises (66,5 Grad Nördliche Breite) befindet, liegen sich die beiden winzigen, nicht immer bewohnten Ortschaften Alatna und Allakaket gegenüber. Sonst gibt es an dem ganzen River und all seinen Nebenflüssen nicht die kleinste Siedlung, auch kein ständig oder mehrere Monate lang regelmäßig bewohntes Haus. Man darf ohne weiteres sagen, daß sich nördlich, westlich und östlich vom Alatna ein bergiges Gebiet mindestens so groß wie Bayern ausdehnt, wo kein menschliches oder nur menschenähnliches Wesen zu Hause ist.
Ein Glück ohnegleichen hatte Bernd – gewissermaßen im letzten Augenblick, als es noch möglich war – den klugen Gedanken geschenkt, an drei Stellen des Alatna eigenen Grund zu erwerben. Bis im Jahre 1968 der sogenannte »landfreeze« gesetzlich verkündet wurde, das heißt die Sperrung allen Landes für private Besitzergreifung, konnte man in Alaska als dem letzten Staat der Vereinigten Staaten noch in gleicher Weise, wie es früher und ganz früher in den gesamten USA der Brauch gewesen ist, Eigentumsrechte durch »Abstecken eines Claims« begründen. Zunächst war durch Einschlagen von Grenzpfählen der Anspruch erhoben, was schon im gleichen Augenblick die Bedeutung hatte, daß jeder etwaige andere Bewerber zu spät kam. (Das war vor allem wichtig, wenn es während des Goldrausches um Plätze ging, wo man das edle Metall zu finden hoffte.) Wurden während bestimmter Frist eine Reihe von Bedingungen erfüllt, wie besonders die »Nutzung des Geländes auf irgendeine

Weise«, konnte der Eintrag als Eigentum ins Grundbuch erfolgen. Die Größe des Claims war weder nach oben noch unten begrenzt, sondern hing davon ab, welche Art von Nutzung der Besitzwillige vorhatte und ob er (nebst seiner Familie) dies vermutlich durchführen konnte.

Wenn auch für den Boden so gut wie nichts zu bezahlen war, verursachten doch die Vermessung und andere Formalitäten in weit entlegenen Gebieten einige tausend Dollar an Kosten.

Im Falle von Bernd Gaedeke gewann er per Zufall den unschätzbaren Wert, alleiniger Bodenbesitzer an der gesamten Länge des Alatna und seiner Nebenflüsse zu sein. Das wird er ganz bestimmt für alle Zukunft bleiben, weil gleich danach der »landfreeze« kam sowie 1971 der »Alaska Native Land Claim Settlement Act«, der alles bis dahin herrenlose Land zwischen den Eingeborenen, dem Staat Alaska und der amerikanischen Bundesregierung aufteilt. Mit dem »homesteading«, der ursprünglichen Art des Landerwerbs in den Pioniertagen der USA, ist es endgültig aus und vorbei.

Bodenrechte der Eskimos oder Indianer am Alatna gibt es nicht, so kann auch kein Eskimo oder Indianer in der Nähe von Bernds Jagdlagern siedeln. Das nördlichste seiner Camps liegt auf 3 Hektar privatem Boden, das zweite mit ungefähr 32 Hektar Eigentum etwa 100 Kilometer flußabwärts und das dritte mit etwa 5 Hektar am Ufer des vom Alatna gespeisten Iniakuk-Sees, ungefähr dort, wo ein Nebenfluß gleichen Namens in den Alatna strömt. Das erste Camp hat Bernd während zweier Winter mit eigener Hand fertiggestellt. Für die anderen Camps und den weiteren Ausbau aller drei hat dann ein Flugboot das notwendige Material zu den Baustellen transportiert. Außerdem kamen sündhaft teure Hilfskräfte, von denen sich mancher lieber auf die faule Haut legte, den jagdbaren Tieren nachstellte und Vorräte vertilgte, als gewünschte, hochbezahlte Arbeit zu leisten. Es ist für eine nicht zu große Maschine bei allen Camps ohne weiteres möglich, zu wassern oder im Winter mit Schneekufen zu landen. Alle drei Stellen hat Bernd wegen ihrer wunderbaren Lage und den dort gebotenen Jagdmöglichkeiten gewählt. Wenn einem passionierten Freund der freien Natur für solche Wahl mehr oder minder 30000 Quadratkilometer in den grandiosen Brooks-Bergen zur Verfügung stehen, wo niemand sonst geringste Ansprüche erhebt, muß das Ergebnis atemberaubend sein. Zu beschreiben ist es mit der besten Feder nicht. Aber was glauben Sie, würde dabei herauskommen, wenn man Ihnen zur Wahl eines Baugrundes fürs Ferienhaus die gesamte, noch unbewohnte Schweiz oder ein menschenleeres Tirol überließe?

Der Iniakuk-See, am Südhang der Brooks sich ausdehnend, ist acht Kilometer lang bei nur einem Kilometer Breite. Dennoch sieht man auf der Landkarte nicht mehr als nur einen blauen Punkt. Am Ufer und wie üblich an einem Bach liegen die winterfesten Hütten und dazugehörende Schuppen von Bernd. Sonst gibt es am Iniakuk nichts, was irgendwie an Menschen erinnert. Das nördlichste

Camp, ebenfalls an einem See, der aber noch keinen Namen trägt, ist so märchenhaft gelegen, daß allein schon der Blick ringsum den Flug bis hinauf doppelt und dreifach belohnt.
Alle Unterkünfte sind ganzjährig bewohnbar, natürlich absolut sturmfest und mit Proviant, Heizmaterial wie überhaupt mit allem Sonstigen versehen, was Menschen brauchen, die möglicherweise für Monate von der Außenwelt abgeschnitten sind.
Etwa 45 Flugminuten südöstlich des soliden Camps am Iniakuk-See verfügt Bernd am ebenso einsamen, jedoch viel größeren Sythelemenkat-See noch über ein viertes Jagdlager, allerdings nicht auf eigenem Grund. Nunmehr stehen dort zwei vorerst noch einfache Hütten anstelle der sonst jedes Jahr eingeflogenen Zelte. Am Sythelemenkat ist es gewesen, wo ich mit Bernd und seinem indianischen »Unterführer« Larry im vorletzten Spätherbst meinen wohl besten Elchbullen geschossen und jenes eigenartige Phänomen erlebt habe, als die Temperatur binnen weniger als einer halben Stunde um gut 20 Kältegrade sank. Das hatte unter anderem zur Folge, daß Blätter und Nadeln des Waldes so rasch wie Regen von den Ästen fielen.*
Dieser Larry übrigens, jung verheiratet und mit neugeborenem Kind, ein herzensguter, immer heiterer Mensch, fand im letzten Winter einen schlimmen Tod. Der Indianer verbrannte in seiner Hütte, da es ihm nicht mehr gelang, durch die Türe zu entkommen. Bernd hat einen bisher namenlosen Berg am Alatna-River nach ihm benannt und einen anderen Berg nach seinem kürzlich verunglückten Freund Hal Waugh, dem ältesten und wohl erfahrensten »Masterguide« des Landes. Die zuständigen Behörden haben beide Taufen nach eingehender Prüfung gebilligt, und so werden in Zukunft diese beiden Berge auf allen Karten von Inneralaska mit dem Namen dieser Männer bezeichnet.
Es war mein gutes Glück, daß eine Jagdgesellschaft, bestehend aus zwei sportlichen Ehepaaren, am letzten Tag vor der vereinbarten Ankunft in Fairbanks absagen mußte (nach vorheriger Übersendung des entsprechenden Schecks, wie sich das gehört). So war Bernd Gaedeke zu meiner Freude frei für mich. Aufs Jagen kam es mir dabei nicht so an, dafür mehr aufs Fliegen, auf das Sehen und Kennenlernen einer für mich noch unbekannten Wildnis in den Brooks und darüber hinaus.
Ist schon der Alatna-River so menschenfern, so ganz mit sich allein, wie es im engen Europa nicht einmal gedacht werden kann, so wird er – wenn überhaupt möglich – in seiner grandiosen Unberührtheit von dem bedeutend längeren Noatak noch übertroffen. Dieser Strom fließt westwärts durchs zentrale Hochgebirge der Brooks und entwässert zusammen mit seinen zahlreichen Neben-

* Es wäre sicher passend, diese Jagd am Sythelemenkat mit ihren besonderen Begleiterscheinungen hier zu schildern. Aber es ist schon in meinem Buch »Im Zauber des Nordlichts« (C. Bertelsmann Verlag, Seite 326 bis 352) unter der Überschrift »Indianersommer« geschehen.

flüssen ein Gebiet von ungefähr 33 000 Quadratkilometern, was der Größe des Königreichs Belgien entspricht. Mit der einen Ausnahme des Eskimodorfes Noatak, hundertzehn Kilometer flußaufwärts der Mündung gelegen, besteht an dem Strom keine menschliche Siedlung, und keine gibt es im gesamten Stromgebiet. Statt dessen, so wird geschätzt, leben Karibuherden von ungefähr einer Viertelmillion beiderseits des Noatak und seinen Nebenflüssen. Sehr viele Braunbären sind gleichfalls dort zu Hause, ebenso Elche, Wölfe, Schneeschafe und Vielfraße. Von Jägern, die nur auf dem Luftweg zu einzelnen Stellen dieser Gebiete gelangen, hat das Wild nur wenig gespürt. Wären ein paar Ferienwochen in einer so ungestörten Gegend nicht auch für Sie etwas?

Der Sommer des Jahres 1885 mußte kommen, bis zum ersten Male weiße Männer den Strom bis etwa zur halben Länge hinaufgefahren sind, und zwar mit einem Dampfboot vom Eismeer aus. In all den vielen, seitdem vergangenen Jahren haben insgesamt nur drei Expeditionen den Noatak und seine Ufer während weniger Wochen erforscht. Aber sie hatten keine Zeit, wohl auch keinen Auftrag, ins Hinterland einzudringen. Vom Quellgebiet des Stromes, auch von den Seitentälern des Noatak sagt das »Explorers Journal« im Januar 1975: »Nur wenig ist davon bekannt, abgesehen von der Tatsache, daß sich dieses Territorium sehr weit ausdehnt und sich heute noch in vollkommen natürlichem Zustand befindet. Jene Gegenden, wo der Noatak seinen Anfang nimmt, sind unerreichbar außer mit Hubschraubern. Wegen des für sie ungünstigen Geländes können Flugzeuge dort weder wassern noch landen. Für Fußmärsche sind die Entfernungen viel zu weit.«

Und dennoch . . . so sagt man, so wird geschrieben, immer wiederholt und von den meisten Menschen geglaubt, die Welt sei »hoffnungslos übervölkert«. Ich kann sie nicht mehr hören, noch weniger lesen, die saudummen Redensarten von »letzten Oasen der Wildnis«, vom »einzig ungestörten Winkel der Erde«, der soeben für Touristen erschlossen würde, und daß heute auf der ganzen Welt kein »weißer Fleck« mehr vorhanden ist. Einer schreibt das vom anderen ab, sind doch die meisten, wenn nicht alle zu bequem, sich selber auf Pfade abseits der ausgetretenen Wege zu begeben. Wir wenigen, die es heute noch tun, und zwar mit Vergnügen, nennen solche ignoranten Zeilenfüller nach den von ihnen bevorzugten Informationsquellen die »Barhocker« und »Flugplatzhüpfer«.

Bernd, ein Waldläufer und Wildniskenner, wie man kaum einen mit der gleichen oder gar größeren Erfahrung findet, teilt natürlich diese Ansicht. Er verflucht die Nachplapperer von Gemeinplätzen noch mehr, als ich es tue, weil sie besonders im 49. Staat der USA die Tatsachen wahrheitswidrig entstellen. Dabei geht es vor allem um Probleme der Pipeline und deren Folgen. Die werden in gröbster Unwissenheits fürs ganze, riesige Alaska verallgemeinert.

Wäre das nur maßlos übertrieben, ging es noch hin. Aber das Gegenteil wäre richtiger. Als ich Mitte September 1971 in Prudhoe Bay an der Northslope* gewesen bin, wo man schon zahlreiche Ölquellen erschlossen, aber mangels Möglichkeiten des Öltransportes wieder verschlossen hatte, waren alle sonst notwendigen Anlagen, die Unterkünfte, Werkzeughallen, beheizte Garagen und so weiter bereits entstanden. Nur lebten dort nicht, wie für später vorgesehen und jetzt schon möglich, rund 2000 Menschen, sondern kaum 200 Mann für die allgemeine Instandhaltung. Um die staatliche Genehmigung zum Pipelinebau wurde in jenem Jahr zwischen Naturschützern, den Ölgesellschaften, der Regierung und den Interessenverbänden der Eingeborenen hart gerungen. Auch bestand noch der umstrittene Plan, das Öl mit eisbrechenden Tankern abzufahren. Wie dem auch sei, gewann ich nach drei Tagen pausenlosem Besichtigen im künftigen Zentrum der Ölgewinnung den Eindruck, als seien sämtliche Anlagen zusammen nur ein Punkt, nur ein Stecknadelkopf im Vergleich und Verhältnis zur unwahrscheinlich weit ausgedehnten Umwelt. Von dort konnten meines Erachtens keine wirklich ernsthaften Gefahren ausgehen. Schon deshalb nicht, weil die in den USA sehr starken Naturschutzverbände bei den Regierungsstellen, damit auch bei den Oilcompanies äußerst scharfe Bestimmungen des Umweltschutzes durchgesetzt haben. Die Androhung enormer Geldstrafen, sogar der Verlust von Lizenzen bedroht die Gesellschaft für den Fall, daß die Vorschriften gröblich verletzt werden. Damals schon, im Jahr 1971 bei noch verschlossenen Ölquellen, befanden sich ständig zwei amtliche Beauftragte des Umweltschutzes an der Northslope, um haarscharf aufzupassen. Streng verboten ist unter anderem das Jagen und Fischen, das Mitbringen von Waffen, von Hunden, sogar von Alkohol und ebenso das Rauchen im Freien. Man darf keine Papierreste oder sonstige, auch nur geringste Abfälle fortwerfen. Jede Beschädigung oder Veränderung der Natur muß auf ein Minimum beschränkt werden, und wo die Vegetation gelitten hat, soll sie nach bester Möglichkeit wiederhergestellt werden. Spezialisten der subarktischen Botanik befinden sich mit eigenen Treibhäusern und Versuchsfeldern an der Northslope, um Arten und Methoden zu entwickeln, die es möglich machen, entstandene Wunden der Natur schneller zu heilen, als es die Natur aus eigenen Kräften vermag. Die gleiche Vorsorge, die gleichen Vorschriften gelten für den gesamten Verlauf der Pipeline und deren begleitende Anlagen.

6000 Arbeitskräfte sind zur Zeit mit dem Bau der Pipeline und mit Fertigstellung der fast 500 Kilometer langen Straße von Fairbanks zur Northslope beschäftigt. Weil noch vieles hinzukommt, unter anderem Brücken, Tunnels,

* Darüber mein Bericht im vorerwähnten Buch »Im Zauber des Nordlichts«, und zwar im Kapitel »Öl im Eis«.

Hafenanlagen und weitere Großbauten, wird die Zahl der Beschäftigten bis auf 15 000 steigen. Allerdings gilt das nur auf dem Scheitelpunkt des Geschehens. Die Massenankunft so vieler fremder Männer in Alaska, ebenso die Hektik ihrer Arbeit in bestimmten Gebieten, auch der dröhnende Lärm, das Gewühl und die Abgase so zahlreicher, so riesiger Fahrzeuge und Maschinen ist deshalb eine mit Sicherheit vorübergehende Erscheinung. Wenn alles fertig ist, und das soll binnen drei bis höchstens vier Jahren sein, werden für den eigentlichen Betrieb der Anlage kaum noch 2000 Fachleute benötigt, die sich an einigen wenigen Stellen konzentrieren. Selbst wenn außer dem Öl noch in ebenso großen Mengen Erdgas gefördert und durch Rohrleitungen transportiert wird (wobei man an eine Leitung entlang dem Mackenzie-Strom durch Kanada denkt), verlängert sich die Arbeit und der Aufenthalt fremder Arbeiter zwar um einige Jahre, aber geht dann auch zu Ende. Nur die wenigsten Männer, nur die notwendigen bleiben. Weil sie das wissen, leben fast alle ihre Familien am gleichen Platz wie vorher.

Sechs volle Jahre mußten vergehen und die Explosion der arabischen Ölpreise nebst Ölembargo mußten dazukommen, bis endlich die Regierung der USA den Bau der Pipeline gegen alle Sorgen, Bedenken und Widerstände durchzusetzen vermochte. Die ständig steigenden Kosten, die letzten Endes nicht weniger als zehn Milliarden Dollar betragen werden, spielen keine wesentliche Rolle, und das Tempo wird mit allen Mitteln des täglichen Fortschritts beschleunigt. Die breite, für schwerste Lkw gebaute, aber vorläufig erst geschotterte Straße vom Yukon – wo die bisherige Landverbindung zu Ende war – bis zu den Ölfeldern an der Eismeerküste, diese 500 Kilometer lange Straße wurde während des Sommerhalbjahres 1974 in nur 154 dreischichtigen Arbeitstagen fertig. Bisherige Kosten eine halbe Milliarde D-Mark. Aber noch ein paar hundert Millionen kommen für Brückenbau und spätere Asphaltierung hinzu.

Das schwierigste Problem sind die etwa drei Kilometer Spannweite über den mächtigen Yukon. Bis dieser Riesenbrückenbau befahrbar ist, transportiert man auch die schwersten Lkw in riesigen Hubschraubern zur anderen Seite. Während des Winters, wenn trotz barbarischer Kälte und tiefer Dunkelheit der Verkehr nicht ruhen darf, begießt man die Eisdecke des Yukon aus hundert großen Schläuchen mit Wasser aus Eislöchern, das bei den herrschenden Temperaturen sofort gefriert und die Eisdecke so zuverlässig verstärkt, daß auch 20-Tonnen-Laster nicht einbrechen.

Nicht Zeit ist Geld, wie sonst im allgemeinen, vielmehr bestimmt das Öl jede Stunde. In drei Jahren soll . . . ja muß das alaskanische Erdöl vom Ende der Pipeline bei Valdez in die Supertanker strömen. Nicht allein für den Verbrauch in den Vereinigten Staaten, sondern auch um andere Industrienationen im Notfall von dringendsten Ölsorgen zu entlasten. Kein Wunder, daß die Araber ihre Ölpreise erhöhen und noch mehr erhöhen, denn natürlich wissen

sie, daß demnächst das Öl aus dem Eis ihrem Öl aus dem Sand voranlaufen wird.*
»Hier herrscht noch Ruhe«, sagt Bernd, als wir vor seiner Holzhütte am Iniakuk-See die letzten Strahlen der Herbstsonne genießen, »hier merkt man nichts vom hektischen Ölbetrieb . . . und so wird's mit ziemlicher Gewißheit bleiben.«
Aber über die neue Straße zur Northslope und den rasch wachsenden Wurm der Pipeline, da sei auch in der Luft so lebhafter Verkehr wie drunten am Boden . . . nur 150 Kilometer Vogelfluglinie vom frei und friedlich strömenden Alatna entfernt.
Bernd glaubt nicht, daß die Wanderzüge der Karibu hinauf in die Tundra und im Herbst zurück in die Wälder von der Pipeline aufgehalten werden, wie es Naturschutzverbände befürchten. Auch ich habe in dieser Hinsicht keine Sorge. Zu verschiedener Zeit haben wir beide an verschiedenen Stellen gesehen, daß sich die Karibu durch menschliche Einrichtungen auf ihren gewohnten Wanderwegen nicht stören lassen. Gleichmütig ziehen sie über Straßen, Schienenwege und Flugplätze, die man ohne Rücksicht auf ihre regelmäßige Jahreswanderung gebaut hat. Mitten durch neue Ortschaften folgen sie ihrer durch viele, sehr viele Generationen vererbten Gewohnheit, ziehen an Fördertürmen vorbei und über eben erschlossenen Ölfeldern. Da man ihretwegen die Pipeline an zahlreichen Stellen über zwei Meter hoch gelegt hat, werden sie unbesorgt darunter durchwandern. (Wegen des Permafrostes im Boden können die Rohre nicht oder nur teilweise unterirdisch verlegt werden. Frost und Frostaufbrüche bewegen den Boden, wodurch sich die Rohre verbiegen oder gar brechen.)
Ein großer Vorteil für alle Freunde der Natur und ihre Tiere ergab sich Ende 1974 aus der Wahl des zur Zeit amtierenden Gouverneurs Jay Hammond, obwohl er nur mit der äußerst knappen Mehrheit von 0,05 Prozent der Stimmen über seinen Vorgänger siegte. Gouverneur Hammond war vorher Jagdführer von Beruf, sogar einer der »Masterguides«, also besonders hochverdientes Vorbild für seine Berufsgenossen. Nur dann wird ein Guide zu dieser Ehre aufsteigen, wenn er in mindestens zwölf Jahren niemals ein geschriebenes oder ungeschriebenes Gesetz des jagdlichen Anstandes übertreten hat. Von Jay Hammond steht starkes Eintreten für den Umweltschutz, den Wildschutz und Naturschutz zu erwarten. Beispiele dafür hat er schon gegeben und Straßenbauten in schutzbedürftigen Gebieten verhindert, allerdings auch die Jagdbestimmungen bis – wie mir scheint – über die Notwendigkeit hinaus verschärft.
»Er will so bald wie möglich die bisher nur für Ölmenschen freigegebene Straße

* Wer die vorausberechneten Produktionsmengen kennt, auch jene größtenteils gesicherten Hoffnungen auf die Vorkommen in der Nordsee und im südostasiatischen Raum, der weiß, daß die Ölmengen aus Alaska nur einige Prozent der Weltförderung betragen werden. Aber sie fließen von allen neuerdings entdeckten Vorkommen zuerst, und wahrscheinlich wird noch viel mehr im Boden verborgen sein.

zum Eismeer allgemein öffnen«, antwortet Bernd auf meine entsprechende Frage. »Wenn du im nächsten Jahr wiederkommst, wäre das ein interessanter Ausflug . . . aber vielleicht müssen wir den Wagen immer noch mit Hubschrauber über den Yukon bringen. Der Brückenbau soll schwierig und langwierig sein.«

Nach allem, was Bernd weiß und sagt, was ich auch selbst vor einigen Jahren an der Northslope gesehen habe, kennt die Geldverschwendung der Companies keine Grenzen. So wichtig, so unerhört wichtig ist das Öl aus dem Eis, daß man die Dollar rollen läßt, wie sie wollen. Berge von Material verrosten, werden vergessen oder wurden an falschen Stellen gelagert. So schlecht organisiert wie in diesem Fall wurde nach allgemeiner Ansicht nur selten ein Großprojekt. Die besondere Struktur der amerikanischen Gewerkschaften bringt es mit sich, daß sie angesichts der hier vorgefundenen Verhältnisse manche Arbeitsgänge sabotieren und die nicht blindlings gehorchenden Mitarbeiter terrorisieren. So darf beispielsweise der Fahrer eines Lkw nichts an seinem Wagen reparieren, weil zu diesem Zweck ein hochbezahlter Mechaniker stets und ständig alle Fahrten mitmacht. Das Abschleppen muß wieder ein anderer Mann mit seinem Fahrzeug besorgen. Es darf auch keiner dem liegengebliebenen Wagen mit Reservekanister den leeren Tank füllen, weil es zu diesem Zweck rollende Tankstellen gibt, und deren Beschäftigte haben ihre eigene Gewerkschaft. Für jede Art von Arbeit gibt es die zuständige »Union«, so daß mitunter doppelt und dreifach so viele Arbeitskräfte gebraucht werden, als unter normalen Verhältnissen notwendig. Dabei sind die Löhne unglaublich hoch, beim Akkord bis zu 1000 Dollar in der Woche . . . 10000 Deutsche Mark im Monat!

Aber wer glaubt, vielleicht gar in unseren Breitengraden annimmt, Alaska sei auch für ihn das Gelobte Land, täuscht sich gewaltig. Nur Facharbeiter werden benötigt, nur Amerikaner kommen in Frage. Wer zugelassen wird, das bestimmt die speziell in diesem Bereich maßgebende Gewerkschaft.

Wo immer die Pipeline sich auswirkt, sind die Kosten der Lebenshaltung gewaltig gestiegen. In Fairbanks werden für eine moderne Dreizimmerwohnung 400 bis 500 Dollar verlangt und bezahlt. Für nur ein Zimmer sind 200 bis 250 Dollar aufzuwenden. Die Lebensmittelpreise liegen noch um 50 Prozent höher als in New York oder Chikago, Benzin und Diesel sind etwa doppelt so teuer wie dort (aber immer noch billiger als bei uns).

Die Ölmänner und ihr Anhang können so gut wie jeden Preis bezahlen, aber nicht alle jene durchschnittlichen Bürger Alaskas, die an Ölsegen und Pipelinebau keinen Anteil haben. Für sie ist der ganze Rummel mit seinem Drum und Dran eine regelrechte Katastrophe. Die relativ hohe Anzahl von Arbeitslosen ist nicht gesunken in Alaska, sondern eher gestiegen. Der größte Teil von allem für den Ölrausch gezahlten und verschwendeten Geld fließt aus dem 49. Staat zurück in die eigentlichen USA. Das viele Gerede von den unerschöpflichen

Rohstoffen, die außer Öl und Erdgas noch im alaskanischen Boden stecken, beruht zwar auf Tatsachen, aber für noch ziemlich lange Zeit bleiben diese Schätze unter der Erde. Solange die leichter zugänglichen Vorräte der USA noch reichen, sind die alaskanischen Vorkommen ruhende Reserven für später kommenden Bedarf.

Schlimm ist es geworden mit der Kriminalität in Ballungsgebieten des Ölbooms. Drei bis vier Morde pro Monat in Fairbanks, Messerstechereien, Handtaschenraub und Vergewaltigung von Frauen geschehen alle Tage. Werden die Täter gefaßt, läßt sie der Richter in fast allen Fällen wegen mangelnder Beweise laufen. Die Polizei hat allmählich die Nase voll, sagt mir Bernd. Was sollen sich die Hüter des Gesetzes noch Mühe geben, lebensgefährliche Mühe, wenn die von ihnen gefaßten Banditen, Mörder und Diebe doch nicht bestraft werden!

Zwei Einbrüche hat der wackere Freund zu beklagen, zwei seiner Blockhütten droben am Alatna wurden mitten im Winter von Einbrechern heimgesucht. Das erste Mal von einem zweifellos sehr starken, gewiß sehr hungrigen Bären, der sich mit Krallen und Pranken Einlaß verschaffte. Alles, was irgendwie zu genießen war, selbst in Fässern, Dosen und Konservenbüchsen, fiel dem Bärenhunger zum Opfer. Noch undankbar dazu war das Untier, weil es meilenweit Matratzen, Schlafsäcke und Kopfkissen verschleppte. »Ich nehm's ihm nicht übel«, meint der Beraubte, »der Bär ist ein Tier und denkt sich nichts Böses dabei. Aber die verfluchten drei Kerle mit ihrem doppelt verfluchten Motorschlitten, die würde ich am liebsten über den Haufen schießen.«

Drei Eskimos vom Anaktuvak-Paß hatten, etwa 140 Kilometer von ihrem Dorf entfernt, eine von Bernds Blockhütten entdeckt, die Tür mit der Axt eingeschlagen und alles gestohlen, was sich auf dem Knatterschlitten befördern ließ. Damit nicht genug, wurde die Einrichtung zertrümmert, vieles hinausgeworfen und die Bude vollgeschissen.

Bernd folgte der Schlittenspur, entdeckte die Übeltäter, und die herangeflogene Polizei fand in deren Behausungen einen Teil der gestohlenen Sachen. Dennoch verfügte das Gericht »Freispruch mangels Beweis«.

Die Natives bekämen fast immer Recht, ist die Ansicht meines ausgeplünderten Freundes. Heute sei das umgekehrt wie in der schlechten alten Zeit. Neuerdings richte sich rassische Diskriminierung gegen die Weißen, sogar von seiten der eigenen Farbgenossen. Heute hätten die Bleichgesichter keine Gleichberechtigung mehr in Alaska.

Was sonst das Zehn-Milliarden-Dollar-Ölgeschäft als unerfreuliche Folgen mit sich bringt, darauf wird unsereiner nicht so leicht verfallen. So haben beispielsweise die Abgase einer binnen Jahresfrist verdreifachten Automenge, darunter 600 neue, schwere Lkw in Fairbanks sowie um Fairbanks herum, bei entsprechend tiefen Temperaturen zum sogenannten Icefog, wörtlich übersetzt »Eisnebel« geführt. Diese gewaltige Wolke grauweißer Farbe hängt tagelang über der Stadt, verpestet die Luft und deprimiert die Gemüter. Als wieder einmal die Temperatur bis unter vierzig Celsiusgrade gesunken war, konnte das E-Werk den vervielfachten Stromverbrauch nicht mehr schaffen und brach zusammen. Weil heute die meisten Häuser elektrisch beheizt werden, weil die Küchen und die Bäder, natürlich auch das Fernsehen und noch vieles andere nur mit Strom funktionieren, wurden die Wohnungen zu Eishöhlen, gefror das Wasser in den Leitungen (die beim Auftauen geplatzt sind), blieben die Küchenherde kalt, und der Fernseher gab nichts mehr von sich. In den unbeheizten Garagen konnte kein Wagen starten, bald versagte das Telefon. Die Post blieb aus, die Autobusse standen still, und es war ganz so, als würde bald das Leben aller Leute erlöschen.

»Wer noch zu denken fähig war«, meint Bernd, »der mußte bei ausreichendem Verstand erkennen, wie weit wir's mit der Zivilisation im dritten Viertel des zwanzigsten Jahrhunderts gebracht haben! Die Pioniere zur Zeit unserer Großeltern, die Goldgräber, Trapper und Jäger hier im Land hätten noch vor dreißig . . . jedenfalls kaum fünfzig Jahren gar nichts vom Stromausfall gemerkt. Auch allertiefste Kälte machte ihnen weiter keine Sorgen. Sie heizten mit Holz, hatten Kienspan oder Kerzen für Licht und fuhren mit Hundeschlitten. Sie lebten mit der Natur, von der Natur und waren eben deshalb unabhängige Menschen . . . wirklich freie Menschen. Notfalls brauchten sie nicht einmal Geld fürs tägliche Leben.«

Auch er selbst könnte, davon bin ich überzeugt, in jedem seiner Camps jahrelang aus dem Lande leben, sogar mit Frau und Kind, wenn es sein müßte. Wer sonst kann das schon?

Noch andere, allerdings nur mittelbare Folgen des Ölrausches waren der Native Land Claim Settlement Act, womit der bisherige, weitgehend kostenfreie Landerwerb aufgehört hat, und ebenso die Milliarde Dollar für die Eingeborenen als Abfindung für alles an die Weißen verlorene Land.*

Wie dem auch sei, hat einerseits der Land Claim Settlement Act und andererseits die Empörung der Naturschutzverbände über ihre Niederlage in Sachen der nun doch gebauten Pipeline sehr viele Steine ins Rollen gebracht, die sich nun als Lawine von weitgehenden Forderungen der Naturfreunde auswirken. Alles in allem genommen ist damit zu rechnen, daß bis etwa zum Jahr 1978

* Nach langwierigen Prozessen hat der Oberste Bundesgerichtshof der USA anerkannt, daß man im Falle der Ureinwohner Alaskas davon ausgehen muß, daß ihrer Tradition zufolge das für unsere Begriffe herrenlose Land als gemeinschaftliches Eigentum der Eingeborenen anzusehen sei, weil ja Eskimos, Indianer und Aleuten seinerzeit ihren gesamten Lebensbedarf aus der Wildnis bezogen hatten. Was für den Weißen in der alten Heimat die Felder, die Äcker und Weideflächen bedeuteten, das waren für die Ureinwohner des 49. Staates die Jagdgründe ihrer Sippen, Stämme und Völker. Hinzu kam, daß beim Verkauf von Russisch-Amerika (wie Alaska offiziell genannt wurde) an die Vereinigten Staaten im Jahre 1867 nach dem Wortlaut des Vertrages nur die »Souveränität«, also die Ausübung der Hoheitsrechte an die USA übergingen, nicht aber ausdrücklich das Eigentum an Grund und Boden. Damals ein unbedeutendes Versehen bei der Formulierung, war es hundert Jahre später ein Angelpunkt für die enormen finanziellen Ansprüche der »Interessenvertretung der Eingeborenen Alaskas«.

nicht weniger als 33 Millionen Hektar, ungefähr ein Viertel von ganz Alaska, zu Nationalparks und Naturschutzgebieten, zu Wildreservaten und weitgehend geschützten Nationalforsten bestimmt werden. Sollte das geschehen, was sehr wahrscheinlich ist, wird zwar nicht in all diesen Zonen die Jagd verboten, aber in den meisten Fällen durch eine Vielzahl von Vorschriften so schwierig gemacht, daß man kaum noch jagen kann. Weil aber die Alaskaner nicht so leicht auf ihre Jagd verzichten, vor allem nicht auf die Fleischjagd, will man zugunsten der eigenen Landsleute soweit wie möglich die fremden Jäger fernhalten. Für sie – also für uns – soll dem Vernehmen nach gerade noch ein Viertel der heute zur Verfügung stehenden Jagdgründe Alaskas übrigbleiben. Weil die Nachfrage von seiten der Fremdjäger viele Male höher sein wird als das Angebot, ist eine Verlosung der an Zahl und Zone festgelegten Abschüsse geplant. Soviel ich verstanden habe, wird der Jagdführer – und ein Guide soll dann für jede Jagdart der Ausländer obligatorisch sein – die Ziehung der Lose für bei ihm nachsuchende Fremdjäger vornehmen. Wie das im einzelnen vor sich geht, und zwar mit hoffentlich rechten Dingen, konnte ich nicht herausfinden. Jedenfalls würde keiner von uns wissen, ob er im kommenden Jahr in Alaska jagen darf oder nicht. Ebenso unklar bleibt, welche Art von begehrtem Wild ihm gestattet ist. All das wird noch diskutiert, und es kann im Lichte kommender Erkenntnis ganz anders werden.

»Die gesamte Brooks-Range, zumindest die Täler und Gebirgsketten um den Noatak, den Alatna und benachbarte Ströme sind als Naturschutzgebiete vorgesehen«, sagt mir Bernd ohne Bedauern in der Stimme. »Dabei kann durchaus sein, daß man für schon etablierte Guides mit Camps auf eigenem Grund gnädige Ausnahmen zuläßt. Denn nachweislich leben wir ja von der Jagd und den Jägern. Hier am Alatna würde das nur mich allein betreffen und spielt wohl keine Rolle im großen ganzen. Im übrigen hätte ich auch andere Pläne, um zu bleiben.«

Es ist neuerdings so gekommen, daß die Jagdführung trotz der – viele fremde Waidmänner abschreckend – Preise von 200 Dollar pro Tag und Person inklusive Luftbeförderung, Verpflegung, Unterkunft, Feldversorgung aller Trophäen und selbstverständlich der Führung für den Guide nicht gar so gut ist, wie die meisten Gastjäger glauben. Deshalb nicht, weil die Jagdsaison relativ kurz ist, und Jahr für Jahr weiter gekürzt wird. Da sich zudem nicht alle Wildarten im gleichen Gebiet befinden, der Guide aber nach neuerdings erlassenen Bestimmungen nur höchstens in drei von sechsundzwanzig Distrikten führen darf, kann er praktisch seinen Beruf, den oft alleinigen Erwerb seines Lebensunterhaltes, fast nur noch während zehn Wochen des Jahres, manchmal nur acht Wochen lang ausüben. Aber er braucht eine komplette, oft zu ergänzende Ausrüstung, braucht in den meisten Fällen eigene Hütten, muß ein Flugzeug chartern oder selbst besitzen und fliegen. Das eine wie das andere kostet eine Menge Geld während des ganzen Jahres, das man jedoch in zwei, bestenfalls drei Monaten verdienen muß. Fast immer läßt sich ein Camp nicht anders als auf dem Luftweg versorgen, wobei jedes Kilo beachtliche Kosten verursacht. So kommt eines zum anderen, und am Ende kann auch der erfolgreiche Jagdführer froh sein, wenn er einigermaßen über die Runden kommt und die Familie gerade ausreichend versorgt ist.

Bernd ist einer der Erfolgreichsten überhaupt, was schon die Tatsache beweist, daß Sie nirgendwo eine Werbung von ihm sehen, in keiner Jagdzeitschrift Alaskas oder in der übrigen Welt. Hat er nicht nötig, wie so viele andere, und noch weniger braucht er einen Vermittler. Zufriedene Gäste sind in diesem Beruf die beste Reklame. Fürs kommende Jahr ist er längst ausgebucht, allenfalls ginge es noch im übernächsten . . .

Schon hat Bernd drei und bald vier »Assistant Guides«, Unterführer auf deutsch. So können sechs bis acht Gastjäger, jeweils zwei mit einem Guide, von verschiedenen Camps aus jagen. Je nach Wunsch pirscht der Jäger ein um den anderen Tag allein mit dem Führer, während sich der andere von den Strapazen ausruht. Wer den Assistant Guide nur für sich haben möchte, zahlt entsprechend mehr und ist jeden Tag auf den Läufen. Er »schafft« dann im groben Durchschnitt etwa ebenso viel Beute in einer Woche, wie es sonst mit einem Guide zu zweit die Faustregel wäre. Heute müssen auch die »Assistants« bestimmte Qualitäten und Erfahrungen aufweisen. Aber vor dieser unbedingt notwendigen Verschärfung der Jagdbestimmungen konnte der ahnungslose Jagdgast erleben, daß ihm der eigentliche Jagdführer als Unterführer einen Taxifahrer, Barkeeper oder Friseurgehilfen aus Anchorage zur Bärenpirsch mitgab, die sich dann als ebenso faul wie unfähig erwiesen.

Es gibt unter den Guides, das muß man wissen, sehr viele wenig empfehlenswerte Typen. Geldschneider, Tolpatsche und Dreckspatzen, ebenso Langschläfer, Campsäufer, Nichtskönner und andere Widerlinge. Wer auf solche hereinfällt, hat nichts zu lachen. Aber es ist seit zwei, drei Jahren besser geworden, weil im Gegensatz zu früher jeder neue Guide eine detaillierte Prüfung ablegen muß, wobei man auch seine persönliche Integrität durchleuchtet. Allerdings wird auf Bildung und Schulbildung wenig Wert gelegt. Aus den Prüfungsbestimmungen geht das deutlich hervor, da sie für Kandidaten, denen Lesen und Schreiben gar zu schwer fällt, statt der schriftlichen eine erweiterte mündliche Prüfung vorsehen. Tatsächlich gibt es heute noch weiße Analphabeten in Alaska, und einem solchen bin ich begegnet. Er war »Assistant« eines bekannten Guides, und gerade dieser Mann war jagdlich der beste. *

* Weil es für nichtalaskanische Jäger bei bestimmten Wildarten strenge Vorschrift ist, nur als »geführter Gast« zu jagen, auch weil man sich aus einfacher Vorsicht überhaupt nicht ohne sachkundige Begleitung in die weglose Wildnis wagen sollte, ist die Auswahl des Führers eine der wichtigsten, wenn nicht überhaupt die wichtigste Vorbedingung für den Erfolg. Wem nicht durch zuverlässige Freunde ein guter Guide empfohlen wurde, sollte sich an die vertrauenswürdige »Alaska Professional Hunters Association Inc.«, kurz APHA genannt, wenden. Deren Anschrift: APHA, P.O. Box 4-1932, Anchorage, Alaska 99508 USA. Das Departement of Fish and Game darf über die Guides keine qualitativen Auskünfte erteilen, sondern schickt Ihnen lediglich eine alphabetische Liste der Jagdführer.

Bei Bernd Gaedeke – und einigen anderen Guides – ist es so, daß irgendwo an einem günstigen Platz, in etwa Tagesentfernung vom festen Jagdlager, ein sogenanntes »flycamp« aufgeschlagen wird, bestehend aus kleinen Zelten, um von dort aus zu jagen. Bernd fliegt Jäger mit Unterführer an diesen Platz, versorgt sie mindestens alle zwei Tage, sieht nach dem Rechten und holt zur vereinbarten Zeit die Waidmänner wieder ab ... in wohl 90 Prozent der Fälle mit ansehnlicher Beute. Was die jagdliche Moral und Ethik mancher Guides betrifft (oder betraf, wie ich hoffen möchte), so hat mir ein sehr bekannter Jagdführer in einem Brief (!) mitgeteilt, daß er im vergangenen Halbjahr »für sich« einunddreißig Eisbären geschossen habe, um die Pelze für durchschnittlich 800 Dollar zu verkaufen. Wie ein solcher Massenmord den Behörden ein Geheimnis bleiben konnte, ist wohl kaum zu begreifen.

»Ich habe schon fast 'ne feste Stammkundschaft«, sagt Bernd, »das ist so gut wie ein Freundeskreis, aber ... ich hole gerade die Kosten wieder herein. Ich fürchte, wenn das mit den Beschränkungen der Jagdzeiten weitergeht, hat das Jagdführen keine Zukunft mehr.«

»Aber was wird dann ... du willst doch bleiben, wenn ich recht verstehe.«

Was Bernd nun erklärt, betrifft meines Erachtens nicht nur seine persönliche Zukunft, sondern überhaupt die Zukunft der menschenleeren, aber wildreichen Wälder, Berge, Tundren und Täler im hohen Norden. Er will ... und ich meine, er sollte wie möglichst viele andere Waldläufer auch, die Freunde der freien Natur auf Wanderungen durch die Wildnis führen. Er möchte die Filmer und Kamerajäger zum Schuß bringen, will mit ihnen die Biberteiche aufsuchen und hat vor, seinen Gästen die Grizzlies beim Lachsfischen zu zeigen, ebenso die nach vielen tausend Köpfen zählenden Karibuherden beim Durchqueren der Ströme. Er hat vor, die Gäste an den herrlichen Plätzen seines rauhen Reiches, vorzugsweise beim prasselnden Lagerfeuer, mit dem frisch bereiteten, schmackhaften Lachs zu verköstigen. Er will Blockhütten an Selbstversorger vermieten ... Wanderwege kennzeichnen ... mehrtägige Bootsfahrten den Alatna hinunter organisieren ... Erstbesteigungen nie betretener Gipfel möglich machen, auch Skilangläufe über jungfräulichen Schnee von einer Hütte zur nächsten und vielleicht auch ... wenn es noch möglich ist ... tagelange Fahrten im klingelnden Hundeschlitten, wobei man die Nacht im neugebauten Iglu verbringt. Die Polarnacht erleben ... den Zauber des Nordlichts ... machen Sie mit?

Auch in praktischer Hinsicht hat das viele Vorteile gegenüber der Jagd mit Kugel und Büchse. Man braucht nicht auf Schonzeiten und Schutzgebiete die entsprechende Rücksicht zu nehmen. Das ganze Jahr über steht das Land verständnisvollen Naturfreunden zur Verfügung. Außerdem werden die Kosten auf einen Bruchteil der für Jäger anfallenden reduziert. Es kann ja bei Wanderungen durch die Wildnis ein Guide für zehn bis zwölf Waldläufer genügen.

»Die paar Städte in Alaska sind wie Magneten, sie ziehen mehr und mehr der Menschen unseres herrlich schönen Landes in den Bannkreis der Abgase. Dafür entvölkert sich das Hinterland, wo heute weniger Zweibeiner herumlaufen als vor hundert Jahren, manchmal gibt's auf tausend Quadratmeilen gar keinen!«

Schon mehrfach habe auch ich das betont und erwähnt, aber man kann es nicht oft genug hören. Als feststehende Tatsache sollte man sich diese Entwicklung einprägen, ganz gleich, was Barhocker wie Flugplatzhüpfer unwissenderweise behaupten.

Wo viel Schatten fällt, muß auch Licht sein. Das betrifft trotz stellenweiser Naturschande der alaskanischen Ölscheichs die freilebende Tierwelt. Sicher werden Sie erfreut sein zu hören, daß schon seit Jahrzehnten keine Tierart des Landes mehr bedroht ist, auch keine ursprünglich dort lebende Art ausgerottet wurde. Ganz im Gegenteil hat man drei, zuvor nicht vorhandene Arten von Menschenhand nach Alaska gebracht und erfolgreich eingebürgert. Es sind die Wapiti (unsinnigerweise »Elk« genannt) auf der Insel Afognak, die Bisons an nunmehr fünf Stellen in Alaska sowie die Moschusochsen auf der Insel Nunivak und neuerdings auch in bestimmten Gebieten des Festlandes. Nur von ihnen könnte man sagen, daß sie wahrscheinlich in Urzeiten zur Tierwelt Alaskas gehört haben, aber dann verschwunden waren. Der possierliche, so ungemein sympathische Seeotter, der seines herrlich schönen, früher mit Gold aufgewogenen Pelzes wegen etwa hundertfünfzig Jahre lang erbarmungslos verfolgt wurde und gegen 1930 als vollständig ausgestorben galt, ist wunderbarerweise nach fünfzehn Jahren der Unsichtbarkeit wieder aufgetaucht und hat sich dank strengster Schutzbestimmungen auf gut 30000 Köpfe vermehrt. Dies eine Zahl, die sich ungefähr alle zwei bis drei Jahre verdoppelt. Man hat ein paar Dutzend Seeotter an diverse andere Stellen transplantiert, um ihre Verbreitung entlang der ganzen Küste zu beschleunigen. Von den Pelzrobben der Pribiloffs haben wir schon gesprochen. Nach ihrer fast völligen Vernichtung zugunsten jener Damen, die »Sealmäntel« lieben, konnte der Bestand wieder das Maximum von über zwei Millionen erreichen. Man könnte, sogar mit Fug und Recht, noch von einer vierten Tierart sprechen, die von Menschenhand nach Alaska gebracht wurde. Es sind skandinavische Rentiere, die als halbzahme Herdentiere für die Eskimos gedacht waren, als sie – zusammen mit norwegischen Lappen – erstmals um die Jahrhundertwende in Alaska eintrafen. Doch wußten die Eskimos nichts Rechtes damit anzufangen und ließen die Rentiere laufen, die sich rasch vermehrten, teilweise mit den Karibu vermischten, teilweise aber in freier Wildbahn als »unvermischte« Rentiere erhalten blieben. Bedenkt man zudem, daß infolge Erwärmung des circumpolaren Klimas die Elche immer weiter nordwärts wandern, daß man mit sehr gutem Erfolg zahlreiche Biberfamilien, Schneeziegen, Blaufüchse und andere Tierarten in Gebiete Alaskas gebracht hat, wo sie bisher nicht waren, aber gut leben kön-

nen, ist das gewiß ein stolzer Erfolg der damit befaßten Behörden und privater Verbände.
Als ich 1967 mit dem ehemaligen Wildschutzchef der Nordwest-Territorien, einem geborenen Deutschen, über die arktischen Inseln des kanadischen Eismeers geflogen bin, wobei es unsere Aufgabe war, den Wildbestand zu schätzen, ergab sich unter anderem, daß sich sehr wahrscheinlich die Anzahl der Polarbüffel, also der Moschusochsen, dank der totalen Schutzes, den sie seit 1917 genießen, während der vergangenen zwanzig Jahre verdoppelt hat. Bei Landung auf der unbewohnten Insel Bathurst fanden wir erschreckend viel tote Tiere und entnahmen ihnen Teile der Eingeweide. Die biologische Untersuchung dieser Proben zeigte, daß diese Muskoxen an Nahrungsmangel verendet waren. Ein Beweis für die allzu starke Vermehrung infolge absoluten Schutzes. Im Plan der Natur war vorgesehen, daß auch die Moschusochsen von Raubtieren gejagt werden, in diesem Fall vom menschlichen Raubtier, da ihnen kein anderes ernsthaft gefährlich werden kann. Nun höre ich von Freunden aus dem kanadischen Nordwesten und lese in Fachzeitschriften, daß im letzten und vorletzten Winter etwa die Hälfte aller Polarbüffel den Hungertod gestorben sind. Viele der Überlebenden sind durch Nahrungsmangel so geschwächt, daß sie nicht mehr imstande sind, den Wolfsrudeln entschlossenen Widerstand zu leisten. Schlimmer noch, es wurden kaum noch Kälber gesehen. Dennoch haben die Jagdgegner verhindert, daß von Behörden ein begrenzter Abschuß erlaubt wurde, also mißverstandene Tierliebe mit negativem Ergebnis.
Ähnlich geht es mit den Muskoxen in Alaska. Die große Insel Nunivak ist mit Muskoxen übervölkert, so daß man fieberhaft versucht, Bullen, Kälber und Kühe einzufangen, um sie in eine neue, an Nahrung reichere Heimat auf das Festland zu transplantieren. Der Wildschutz wollte die Jagd (für 1000 Dollar pro Abschuß!) gestatten, aber auch in diesem Fall haben die einflußreichen Verbände des Tierschutzes mit Erfolg dagegen protestiert. Doch es sieht so aus, als würden sich demnächst die Jagdbehörden durchsetzen. Anderenfalls wären Seuchen zu befürchten. Wenn man bedenkt und ältere Publikationen nachliest, welch große Sorge man vor etwa zwanzig Jahren noch um die Erhaltung der Polarbüffel hatte, sind die heutigen Sorgen wegen der allzu starken Vermehrung kaum zu glauben!
Was die Karibu betrifft, so erklärt eine eben erschienene Veröffentlichung des Alaska Department of Fish and Game, daß sich nach Abschluß des zwölfjährigen Karibu-Studienprogramms eine ständige Zunahme der etwa 13 Großherden von »Rangifer tarandus granti«, der einzigen in Alaska lebenden Karibuart, ergeben hat. Man schätzt ihre Gesamtzahl auf mindestens 600000 bis maximal eine Million. Bei dem durchschnittlichen Geburtenüberschuß von 10 bis 15 Prozent in jedem Jahr fallen Verluste durch jagende Menschen kaum ins Gewicht. Früher war das anders, früher besaß jede Familie der Eskimos und Indianer notwendigerweise zwölf Hunde, oft sogar bis zu zwanzig Zugtiere für

die Schlitten. Beide, die Menschen wie Hunde in einer Familie, brauchten für ihre Ernährung zwischen 150 bis 200 Karibu im Jahr! Mit der nun fast allgemeinen Verbreitung der Motorschlitten verschwanden bis auf geringe Reste die Hunde. Heutzutage ernähren sich die Eingeborenen weit weniger von Wildbret als früher. Außerdem haben die meisten von ihnen ihre alten Jagdgebiete in der Tundra und den wilden Wäldern mit dem Wohnsitz in größeren wie kleineren Ortschaften vertauscht. Damit haben die Karibu ihre schlimmsten Feinde verloren und vermehren sich . . . vermehren sich . . .

»Ich kann nur bestätigen«, sagt Bernd Gaedeke auf meine dementsprechende Frage, »kann auf Grund all meiner Erfahrungen versichern, daß im allgemeinen der Wildbestand in Alaska nicht abnimmt, sondern sicher ansteigt . . . mit Ausnahme einiger Gebiete im Umkreis der Städte, was nur die Regel bestätigt.«

Allerdings muß der Jäger und Jagdführer bedauern, daß es von Jahr zu Jahr schwieriger wird, hochkapitale Trophäen zu finden. Eine Folge der an sich verbotenen Luftaufklärung, die aber auch von vereidigten Jagdführern gern und häufig betrieben wird. Die Träger außergewöhnlich starker Geweihe und besonders große Bären, auch Wildschafe mit »full curls« und so weiter werden von Luftbeobachtern bald entdeckt, alsbald auf dem Boden verfolgt und meistens auch erlegt. Bis der Nachwuchs ebensogut ist, müssen wieder Jahre vergehen. Ein weiteres Übel und Mittel zur – natürlich verbotenen – Hetzjagd sind die Motorschlitten, deren sich besonders die heute vielfach jagdfaulen Eskimos und Indianer bedienen.

»Neun von zehn meiner Jagdgäste«, kann Bernd berichten, »erlegen bei mir einen kapitalen Schneewidder, einen starken Elch, auch einen Braunbären, wenn sie wollen . . . aber fürs Buch, für die Boon-and-Crocket-Rekordliste, reicht es nur selten. Doch ich meine, darauf sollte der wirkliche Waidmann keinen Wert legen.«

Ganz meine Ansicht, das Erlebnis ist alles . . . die sogenannten Punkte sind nichts.

Mit den Wölfen, die gebietsweise Schonzeiten genießen, ist es andererseits schlimm geworden. In der näheren und auch weiteren Umgebung von Fairbanks haben die so zahlreich dorthin gekommenen Ölmänner und ihre Mitläufer den Elchbestand derart stark dezimiert, daß die Wölfe hungern. Dies um so mehr, weil eine Seuche, und ich nehme an die Myxomatose, die Schneehasen nahezu vernichtet hat. So kommen jetzt die Wölfe bei Dunkelheit in die Siedlungen, in die Gärten und sogar in offenstehende Schuppen. Keine Katze ist mehr ihres Lebens sicher, und auch Bernd hat durch Wölfe seinen Hund verloren. Selbst Kinder sind gefährdet, und manche Frauen schnallen sich Pistolen um, wenn sie das Haus verlassen.

Ebenso sind Bären, die schwarzen, die braunen und sogar die weißen, überall dort zudringlich, ja sogar lästig geworden, wo sie ständig oder vorübergehend

Naturschutz genießen. Das ist unter anderem bei allen Baustellen der Pipeline und bei den Ölfeldern der Fall. Dort herrscht absolutes Jagdverbot für jedermann, ebenso in und bei allen Ortschaften. Weil sich nun die Bären angewöhnt haben, die Mülltonnen zu durchsuchen, sogar am hellichten Tag, hat die Alaska Pipeline Service Company vor kurzem für 25 000 Dollar »bärensichere Mülltonnen« bestellt, die nur Menschenhand öffnen und schließen kann. Es soll in Valdez ein Riesenspektakel gewesen sein, als einige der empörten Bären sich vergeblich die größte Mühe gaben, den automatischen Verschluß zu knacken.
In Churchill an der Hudson Bay, um auch das zu erwähnen, haben sich ein halbes Dutzend der nun total geschützten Eisbären bei den Abfallgruben so ungebührlich benommen, daß man sie mit »Schlafpatronen« betäubt und in Transportmaschinen geschleppt hat, um sie sechshundert Meilen weiter nördlich in menschenferne Freiheit zu entlassen. Zuvor hatte man sie markiert und konnte deshalb einwandfrei feststellen, daß es dieselben Polarbären waren, die zwei bis drei Wochen später wieder bei den Müllgruben von Churchill eintrafen.
In der ersten Ausgabe dieses Buches habe ich der Wahrheit entsprechend berichtet, die Zunft der Trapper sei so gut wie verschwunden. Die allzu niedrigen Pelzpreise, aber hohen Kosten der Ausrüstung und das nicht mehr zeitgemäße Primitivleben in winterlicher Einsamkeit hatte der Fallenstellerei allen Reiz genommen. So war es damals, stimmt aber nicht mehr. Die Trapper sind wieder da, und sicher kommen noch mehr in den nächsten Jahren dazu. Erstens haben sich die Pelzpreise verdoppelt, teilweise sogar vervierfacht. Mit den schnellen, relativ bequemen Motorschlitten sind die Probleme der Ausbildung wie der Ernährung von Schlittenhunden entfallen, und drittens gibt es angesichts des steigenden Streß in den Großstädten eben doch wieder einige Männer, manche sogar mit ihren Frauen, die ein paar Monate in der vollkommen freien, kerngesunden Natur zu schätzen wissen.
»Heute haben die Trapper ihre Sprechfunkgeräte . . . können sich über weite Entfernung mit Freunden unterhalten, können notfalls Hilfe und jedenfalls ein Flugzeug herbeirufen. So geht's natürlich . . . und das Permit für Fallenstellerei kostet fast gar nichts. Nur verstehen muß man sein Geschäft, besonders das Abziehen, Spannen und Trocknen der Felle.«
Den Sprechfunk braucht man neuerdings auch für die Bisonjagd, sofern ein paar der Bullen für den Abschuß frei sind. Im letzten Jahr waren es in jedem von drei Gebieten 25 Stück, und darum bewarben sich, man glaubt es kaum, 6000 bewaffnete Männer und Frauen. Heute werden die Schützen nicht mehr ausgelost, sondern jeder kann gehen, der sich eintragen läßt. Er muß aber unbedingt ein Sprechfunkgerät mitführen und hat seinen eventuellen Abschuß sofort auf bestimmter Frequenz zu melden. Alle Bisonjäger ohne Ausnahme müssen täglich um 12 Uhr für eine Durchsage des Departement of Fish and Game hörbereit sein. Sobald die Zahl der erlaubten Alaskaner Büffel erreicht ist, erklärt die Behörde das unverzügliche Ende der Bisonjagd. Eine Technisie-

rung des Waidwerks in der Wildnis, die vielleicht notwendig, aber mir in der Seele zuwider ist!

»Von den sechstausend Leuten, die teilnehmen wollten«, amüsiert sich Bernd, »sind nicht einmal der zehnte Teil gekommen. Wie es scheint, hatten die Verantwortlichen des Fish and Game Departements die Bisonjagd in Gebiete gelegt, die nur schwer zu erreichen waren.«

Nun zeigt mir der Jagdherr vom Alatna-River eine Aufstellung der im vergangenen Jahr erlegten Bären. Es starben in ganz Alaska 913 Braunbären durch die Kugeln aus Jagdgewehren. Davon wurden 366 im Frühjahr erlegt und 547 im Herbst. Die Alaskaner selbst erbeuteten von der Gesamtzahl nur 256 Braunbären (was ebenso Grizzly wie Kodiak bedeutet). Alle übrigen, nämlich 557, wurden von fremden Jägern gestreckt, wobei auch die Amerikaner aus den »kleinen« Staaten als Fremde zählen. In den zehn vorhergehenden Jahren waren die Ziffern für erlegte Braunbären allgemein etwas niedriger, nämlich zwischen 616 und 856. Wenn auch Schwarzbären viel zahlreicher sind, die Abschußgebühren billiger und bis zwei, sogar drei Schwarzbären pro Jahr und Jäger erlaubt sind, erreichte der Gesamtabschuß noch keine tausend »Blakkies«.

An Elchen wurden im vergangenen Jahr rund 2000 weniger erlegt als drei Jahre zuvor, nämlich 7500. Weil sich nicht weniger als 25 000 Jäger, zum allergrößten Teil Alaskaner, eine Abschußlizenz für Elche besorgt hatten, müssen 16 000 von ihnen entweder nicht auf die Jagd gegangen sein oder haben vorbeigeschossen. Ebenso bemerkenswert ist, daß bei der Jagd auf Wildschafe 69 Prozent der Fremdjäger den gewünschten Erfolg erreichten, aber nur 26 Prozent der Alaskaner. Insgesamt wurden nur 1120 Dall Sheep erlegt, was ziemlich genau den vorhergehenden Jagdjahren entspricht.

Die Vorschriften wurden weiter verschärft, wobei man kaum zu erwähnen braucht, daß sich von Jahr zu Jahr die Abschußtaxen erhöhen. Schon zuvor muß der Jäger für jedes Stück jagdbaren Wildes, dem er nachstellen möchte, ein »tag« erwerben. Das ist ein Blechstreifen bestimmter Farbe, worin sich – ins Metall gestanzt – eine Nummer befindet, die bei eventueller Nachforschung den Namen des Jägers, Datum des Erwerbs und noch weiteres erkennen läßt. Im Falle des Erfolgs ist dieser »tag« an der Trophäe und, falls keine vorhanden ist wie bei Bär, Wolf und so weiter, irgendwo gut sichtbar am Wildkörper zu befestigen. Sonst ist kein Transport oder Export der Beute gestattet. Das vorher bezahlte »tag« verfällt ohne Rückzahlung, wenn die Jagd erfolglos bleibt. Selbstverständlich wird von Nichtalaskanern der mindestens doppelte Betrag fürs »tag« verlangt als die Alaskaner zahlen.

Billig sind die Lizenzen für Jagd und auch für Fischerei, zurzeit 20 und 40 Dollar. Die »tags« für Schwarzbären und Braunbären rangieren zwischen 75 und 150 Dollar, für Karibu und Elch zwischen 50 und 100 Dollar. Der Vielfraß kostet nur 25 Dollar, der Wolf liegt bei 50 Dollar und das Wildschaf bei 150.

Sollte man ein Permit für Polarbüffel erlangen, wären ungefähr 1000 Dollar dafür erforderlich. Die Gebühren ändern sich von Jahr zu Jahr, wobei sie ganz bestimmt nicht billiger werden.
Wie gesagt, ist dem Nichtalaskaner (»Nonresident« sagt man dort) die Begleitung durch Jagdführer vorgeschrieben, jedoch unterschiedlich für die 26 Jagddistrikte des großen, weiten Landes. Für die Jagd auf Braunbär und Wildschaf muß der Nonresident auf jeden Fall von einem Guide oder Assistant Guide begleitet sein. Wer in Alaska über einen nahen Verwandten verfügt, der älter als 19 Jahre alt ist, darf sich dessen Führung anvertrauen.
Streng verboten ist die Verwendung von Gift, Feuer, Fallgruben und künstlichem Licht, ebenso die Jagd an dafür angelegten Salzlecken, auch mit Hilfe von Funkverkehr, mit Rauch, Chemikalien, Sprengstoff und . . . Bomben. So weit ist das vernünftig, aber weshalb auch der Gebrauch von Jagdhunden verboten ist, will mir nicht in den Kopf. Fallen sind natürlich nur Fallenstellern gestattet, mit Ausnahme der einstigen Bärenfallen, weil sie auch Menschen lebensgefährlich bedrohen. Man darf nicht von einer Straße, nicht über eine Straße und nicht von einem motorisierten Fahrzeug schießen, schon gar nicht auf »schwimmende Säugetiere«. Alle, auch die nur teilweise im Meer lebenden Säugetiere, sind seit neuestem ohnehin geschützt. Dem Nonresident, demnächst wohl auch dem Alaskaner, ist nur noch ein Braunbär alle vier Jahre erlaubt, wobei man die Bärenjagd im Frühjahr ganz verbieten will.
Das Verbot der Luftaufklärung habe ich erwähnt. Hinzu kommt noch, daß man nicht am gleichen Tage jagen darf, den man zeitweise in der Luft verbracht hat. Jedes ständige wie auch nichtständige Jagdlager ist vorher bei »Fish and Game« anzumelden. Dies zum Zwecke überraschender, wenn auch nicht sehr häufiger Kontrollen durch fliegende Jagdpolizei. Sogar Hubschrauber werden dafür benutzt.
Alles für den menschlichen Verzehr brauchbare Wildbret muß, selbst aus entlegener Wildnis, dorthin geschafft werden, wo man es selbst verzehren oder verschenken kann. Verboten ist der Verkauf, aber nicht das Verfüttern an Hunde. Einigermaßen glaubhafte Ausreden können bei Kontrollen den Jäger entlasten, der zwar eine Trophäe, aber kein Wildbret mitführt. Die Geschlechtsteile (vom Wildkörper) darf man vor dem Ende des Transportes nicht entfernen, weil es bei Straßenkontrollen der Jagdpolizei womöglich von Interesse ist festzustellen, ob es sich um ein männliches oder weibliches Tier handelt.
Daran ist zu denken, und noch an sehr vieles mehr. Alle Vorschriften, die Gebührenordnung und Einteilung der Distrikte, auch die Schonzeiten und was sonst ein Waidmann wissen muß, sind in den Alaska Hunting Regulations enthalten, die man kostenlos vom Departement of Fish and Game erhält. Sollte bei Ihnen der Wunsch bestehen, in Alaska zu jagen, schieben Sie dessen Erfüllung nicht auf die lange Bank. Wie gesagt, werden die Jagdzeiten kürzer von

Jahr zu Jahr. Größer, vielfach größer und zahlreicher werden statt dessen die Nationalparks und ähnliche für die Jagd gesperrte Gebiete, wobei kommende Bestimmungen die jagdlichen Möglichkeiten für Nonresidents mehr und immer mehr beschränken. Eines ist vor allem gewiß, daß in jeder Hinsicht die Preise steigen.

Trübe Aussichten also? Ich meine nicht, wenn man sich nur abfinden kann, daß die rauhromantische Epoche der Großwildjagd allmählich zu Ende geht, auf der ganzen weiten Welt. Tröstlich für Jungjäger, so leid es mir tut, daß sie die vergangene Erlebniswelt der Waidmänner nicht mehr kennen. So bleibt ihnen viel Bedauern erspart.

Dennoch sind die Aussichten keineswegs trübe, es sind nur völlig andere Aspekte. Ich erwähnte schon, was mit bewundernswerter Weitsicht Freund Gaedeke an den Ufern des Alatna plant. Die idealen Ferien für Freunde der Wildnis und wilden Tiere. Bernd ist nicht der einzige, und ich bin schon lange überzeugt, daß die unberührte Wildnis der Welt, vorzugsweise die kühle und kerngesunde, so abwechslungsreiche nordische Wildnis schon bald als ideales Erholungsgebiet für erschöpfte Stadtbewohner unserer Breitengrade erkannt wird. Die raschen Flugverbindungen kommen dem entgegen, und wo sich Nachfrage entwickelt, lassen Angebote nicht auf sich warten.

Die Eingeborenen, die einstigen und eigentlichen Waldläufer der Wildnis, so habe ich es in Alaska, in den Northwest-Territories und Labrador selbst gesehen, wissen mit ihrer angestammten Heimat nichts mehr anzufangen. So ist es an uns, den Bewohnern der übervölkerten, der überzivilisierten Regionen, die verlassene Wildnis mit neuem Wert zu erfüllen, das heißt: sie nach unserer Art zu genießen.

... noch einen Koffer in Alaska

Es war noch bei meinem zweiten, dem längsten meiner Aufenthalte in Alaska, da blieb ich aus bestimmten Gründen bis spät in den November hinein und wohnte im kleinen, behaglichen Haus von Dick und seiner Frau.

Mit dem Winter und dem Schnee kam die Gemütlichkeit. Lautlos rollten die Wagen über das weiche Polster der Straße, und die Menschen gingen mit gedämpften Schritten. Es gab keinen Grund mehr, sich zu beeilen, mit dem letzten Fremden war auch das fremde Tempo aus der Stadt entwichen. In aller Behaglichkeit genoß man wieder den gemächlichen Gang der Dinge. Erst gegen zehn Uhr wurde es hell, schon bald nach drei begann die wohltuende Dämmerung. In den Ämtern und Geschäften war nicht viel zu tun. Die Campingplätze lagen verlassen, viele Hotels und Restaurants hatten geschlossen. Weil Fabriken und ähnliche Betriebe ohnehin fehlen, machte Anchorage einen angenehm verschlafenen Eindruck. Es war zu einer Kleinstadt geworden, die sich selber genügte.

Zu dieser Genügsamkeit gehörten auch kulturelle Veranstaltungen, die Amateure aus den eigenen Reihen bestritten. Die Oberschule wagte sich an Shakespeare, und Freunde klassischer Musik arrangierten kleine Konzerte. Eskimomaler stellten ihre Bilder aus, begeisterte Amateurfilmer gaben ihre 16-Millimeter-Streifen zum besten. Das größte Ereignis des Winters sollte im neuen Jahr das berühmte Fur-Rendezvous sein, eine mehrtägige Veranstaltung, die aus dem jährlichen Treffen der Trapper und Pelzhändler hervorgegangen war. Was seinerzeit nur dem allgemeinen Tauschhandel der Hinterwäldler mit ihren Abnehmern gegolten hatte, war schon seit langem Volksfest geworden, belebt durch Schlittenrennen und sportliche Spiele, verbunden mit Gelage, Tanz und großer Geselligkeit. Vom Norden sollten wieder die Eski-

mos kommen und vom Süden die Indianer, viele noch in alten festlichen Trachten. Schon hatten die Vorbereitungen zum großen Rendezvous begonnen.
Noch immer konnte ich mich nicht von Alaska trennen, das Land und seine Menschen hatten mich aufgenommen, als gehörte ich dazu. Es gab ja noch so vieles zu studieren und in Notizen festzuhalten. Meine beharrliche Idee, einen Alaskaroman zu schreiben, gewann allmählich festere Formen. Je mehr sich dessen Handlung verdichtete, desto dringender schien geboten, immer noch weitere Informationen einzuholen. Nun im Winter hatte jedermann Zeit, sich darüber zu unterhalten und in Archiven zu wühlen.
Vom »Amt für Eingeborene« pilgerte ich zum »Geographischen Dienst«, vom »Wildlife-Service« zur Staatsbücherei und Wetterwarte. Stundenlang saß ich bei einstigen Pionieren, trank mit ausgedienten Trappern und sprach mit japanischen Einwanderern. Ich fand einen Arzt, der sich aus Liebhaberei mit den alten Heilmethoden der Eskimos beschäftigte, und gewann das Wohlwollen einer indianischen Köchin. Weil ich auch wissen wollte, wie man mit Schlittenhunden umgeht, suchte ich die Bekanntschaft eines jungen Tierarztes, der auf diesem Gebiet als passionierter Fachmann galt. Er züchtete kohlschwarze Malemuts mit kornblumenblauen Augen, jeder seiner Hunde war eine prächtige Persönlichkeit. Hinter diesem einmalig schönen Gespann glitt ich durch Alaskas weiße Wälder. Kaum konnte ich glauben, daß wir bei einer Ausfahrt von wenigen Stunden über sechzig Kilometer zurücklegten.
Mit Jimmy und seiner Frau fuhr ich zur alten Mission von Eklutna, die russische Missionare vor mehr als hundertfünfzig Jahren gegründet hatten. Die kleine, noch ganz ursprünglich wirkende Blockhüttensiedlung wurde nun von einem indianischen Priester orthodoxen Glaubens geleitet und diente der Erziehung eingeborener Waisenkinder. Ihre wesentliche Sehenswürdigkeit war eine kleine, windschiefe, dunkelbraune Kirche, die man ohne Säge und Nagel, allein mit der Axt erbaut hatte. Als Scharniere an der Tür dienten Lederstreifen, die Altargeräte aus gehämmertem Silber waren in Alaska hergestellt und von dem großen Baranow gestiftet worden. Den heutigen Bedürfnissen konnte das bitterkalte Kirchlein nicht mehr genügen, ein größeres Gotteshaus mit Ölheizung war in Gebrauch. Gerade zogen wohlerzogenen Schrittes die Indianerkinder hinein, um es mit frommen Gesängen zu erfüllen.
Dahinter lag, in Schnee gebettet, ein farbenfroher Friedhof der ersten Christen dieser Gegend. Jeder Verstorbene besaß noch immer sein buntbemaltes Totenhäuschen, mit dem griechischen Kreuz darüber. Nichts störte die anheimelnde Stille des geweihten Ortes.
Das Wetter konnte Tag für Tag nicht schöner sein. Es hatte seit Wochen nicht mehr geschneit, und die Winde schliefen. Tagsüber funkelte die Sonne auf den behangenen Zweigen, während der Nacht schimmerte Mondlicht über die silberne Landschaft. Meilenweit konnte man das Bellen der Hunde hören, bisweilen auch das Heulen der Wölfe. Alaska war zu einem nordischen Märchen

geworden, und wenn mir die Alaskaner immer wieder sagten, daß ihnen der Winter die liebste Zeit sei, will ich das gerne glauben.
Als mein Bärenfell von Jonas Brothers zurückkam, legten wir es in Jimmys Wohnung aus und gaben eine Party.
»Na, wie haben Ihnen die Bärentatzen geschmeckt?« fragte mich der Chef einer Schiffsagentur.
»Hätte unser Hans auch nur einen Bissen von diesem Untier genossen«, erwiderte an meiner Stelle Freund Rausch, »wäre er heut ein toter Mann . . .«
Dr. Willy Rausch, leitender Veterinär der Regierung, hatte seinerzeit den Schädel vermessen und genau untersucht.
»Tja, mein Bester«, lächelte er mich freundlich an, »das alte Biest steckte voller Trichinen, sie saßen sogar im Zahnfleisch. Nur gut, daß Sie nichts von dem zähen Zeug genascht haben. Da unten in der Moffetbucht hätte Ihnen wohl niemand mehr helfen können. Wer da nicht sofort in die entsprechende Behandlung kommt, kann sich bald in den Ewigen Jagdgründen umsehen. Bis man Sie nach Anchorage gebracht hätte, wär's zu spät gewesen.«
Mir wurden nachträglich noch die Knie weich. Allein der Weigerung von Mike Uttecht hatte ich zu verdanken, daß mir solch böses Ende erspart blieb.
Hendrick Haynes wollte dieser Tage an den Stachelschweinfluß aufbrechen, um von dort mit seinem Schlittengespann auf Timberwölfe zu jagen. Er forderte mich auf, ihn zu begleiten.*
»Die Sache kann sich bezahlt machen«, glaubte er, »die Regierung hat ihre Abschußprämie für Wölfe erhöht, das Fell kann man trotzdem behalten. Und Winterfelle stehen wieder hoch im Kurs.«
Ein verlockender Vorschlag, allein schon wegen des Abenteuers einer solchen Reise.
»Du kannst nicht heimfahren, ohne die Moschusochsen auf Nunivak gesehen zu haben«, meinte Dusty, »die stehen jetzt alle beisammen und lassen sich leicht fotografieren. Am nächsten Freitag fliege ich hinauf . . . kann dich ohne weiteres mitnehmen.«
Welch Erlebnis mußte es sein, die zottigen Polarbüffel im Schnee ihrer einsamen Insel zu erblicken. Nur mit einem Flugzeug auf Skiern war es möglich, sie mitten im Winter zu erreichen, und damit hatte Dusty seine Cessna inzwischen ausgerüstet.
Oberst Smith legte mir nahe, als Gast der Luftwaffe eine Vortragsreise bei den Außenposten der Arktis zu unternehmen. Das wäre eine willkommene Abwechslung für seine Leute, sagte er, überall würde ich bestens aufgenommen. Bei dieser Gelegenheit könnte ich auch in fernsten Eskimodörfern die Polarnacht erleben.

* Da sieht man, wie schnell die Zeit vergeht, heute wäre der Motorschlitten ebenso selbstverständlich wie vor knapp zehn Jahren das Hundeschlittengespann.

Gewiß hatte er recht, eine so seltene Gelegenheit durfte ich mir kaum entgehen lassen.
Ende April sollte bei den Eskimos der St.-Lawrence-Insel die Walroßjagd beginnen. Der Chef des Eingeborenendienstes wollte dafür sorgen, daß mich die Jäger in einem Fangboot mit hinaus ins Treibeis nahmen. Meines Wissens hatte noch kein deutscher Waidmann einen solchen Ausflug unternommen, und was für Aufnahmen ließen sich dabei machen! Gar nicht zu reden von einer Fahrt mit der berühmten Hundeschlittenpost durch jene große Insel (die es heute leider nicht mehr gibt). Ich hatte sie schon im Oktober unternehmen wollen, doch waren wir damals in Nome hängengeblieben.
Nicht minder interessant war die Möglichkeit, nach dem Aufbruch der Ströme eine lange Reise auf dem letzten Raddampfer Alaskas mitzumachen. Sie sollte bei Nenana am Tananariver beginnen, dann auf dem Yukon bis hinunter nach Nulato führen und von dort den Koyukukstrom hinauf bis nach Bettles. Durch Gebiete also, die sonst kein Fremder mehr zu sehen bekommt.
»An sich nehmen wir keine Passagiere mit«, sagte Wilfried Gloucester, »aber wenn Sie Lust haben und sechs Wochen Zeit, bekommen Sie die Gastkabine ... für lumpige sechs Dollar pro Tag, inklusive einfacher Kost. Unser Kasten ist zwar langsam, aber noch immer bequem. Er legt bei jedem Indianerdorf an, und Sie haben reichlich Zeit, sich dort umzusehen. Vermutlich wird das die letzte Fahrt sein, der alte Kahn soll stillgelegt werden. Die Löhne sind halt zu hoch und Reparaturen zu teuer ...«
Sicher könnte man über diese Flußreise ein ganzes Buch schreiben.
Peter Bromfild plante, von März bis Mai in sein Blockhaus am Walkersee zu ziehen, in die totale Einsamkeit der kaum erforschten Brooksberge. Er hatte nichts dagegen, zur Unterhaltung einen Begleiter mitzunehmen. Vom Wildlife-Service wurden für den Winter mehrere Erkundungsflüge in die Ray-Mountains geplant, um Wild aus der Luft zu zählen. Ein Mitzähler war dabei willkommen.
Von allen Seiten her lief mir das Wasser im Munde zusammen. So einladend wie in dieser ruhigen Jahreszeit konnte man im Sommer nicht sein. Nun hatte ein jeder Muße, um die schönsten Pläne zu schmieden, und war so aufgeschlossen, dem fremden Freund Teilnahme daran anzutragen. Niemand wurde von offiziellen Besuchen belästigt, kein touristisches Anliegen störte die privaten und amtlichen Personen. In den Flugzeugen war Platz, die Blockhäuser standen leer, und alle unternehmungslustigen Leute waren für einen Mitmacher zu haben. Alles, was man brauchte, um sich von einem erregenden Abenteuer in das andere zu stürzen, war nur, einen solchen Kreis gleichgestimmter Menschen zu finden. Und dieses Glück war mir in einem Maße zuteil, wie ich das nie für möglich gehalten hätte.
Der Qual all dieser schönen Wahl konnte mich nur ein schleuniger Abflug entreißen. Doch fiel mir der Entschluß immer schwerer, trotz meines schlechten

Gewissens dem eigenen Heim gegenüber. Aber je länger ich blieb, desto mehr Informationen fielen mir ein, die ich eigentlich noch brauchte, um meinen Roman zu untermauern. Wenn ich so weitermachte, wurde ich nie mit den Vorarbeiten fertig und kam überhaupt nicht dazu, mein Buch zu beginnen.
An sich war die Handlung schon fertig und auf sechzig Seiten skizziert. Sachlich gesehen konnte sich nicht mehr viel daran ändern, es ging eigentlich nur um äußere Details. In ehrlichen Augenblicken mußte ich einsehen, daß mir diese Kleinigkeiten nur als Ausrede dienten, um nicht schon morgen abzureisen.
Bereits vor drei Wochen hatte ich das Exposé nach Hause geschickt, um Marianne zu beweisen, daß ich nicht ohne begreiflichen Grund so lange ausblieb. Natürlich wollte ich auch wissen, was meine Kollegin davon hielt. Hör auf deine Frau und schreib vorsichtig! Es war ein Grundsatz, den mich bittere Erfahrungen gelehrt hatten. Doch mit keinem Wort sollte sie schon jetzt anderen Leuten davon sprechen. Dafür war es noch lange nicht reif, man soll sein Pulver beileibe nicht zu früh verschießen.
Doch war gerade das geschehen. Meine Frau hatte Freunde in London besucht, dabei die abendliche Konversation am Kamin mit Geschichtchen aus meiner Geschichte gewürzt. Und wie es mitunter vorkommt, wenn man gar nicht die Absicht hat, seine Ware anzupreisen, war zufällig jemand zugegen, der zufällig einen Stoff suchte, dem meine Story ganz zufällig entsprach.
Und so kam es, daß ich mitten in der Nacht für ein Gespräch aus London an Jimmys Telefon geholt wurde.
»Hoffentlich habe ich Sie nicht gerade beim Mittagessen gestört«, sagte eine sonore Männerstimme von der anderen Seite der Welt, wobei man offenbar die zeitliche Differenz zwischen England und Alaska völlig mißachtete, »ich wollte nur fragen, ob Sie mir die Filmrechte an Ihrem neuen Roman überlassen wollen.«
»Wie bitte . . . von was sprechen Sie . . . mit wem habe ich die Ehre?«
Der Brite erklärte sich deutlicher. Sein Begehren konnte schon deshalb kein Scherz sein, weil meines Wissens bereits die ersten drei Telefonminuten siebzig Mark kosteten. Und der Mann redete eine Viertelstunde lang auf mich ein, bevor ich selber zu Worte kam.
»Und wie honorieren Sie das?« fragte ich, weil ja auch unsereins wirtschaftlich denken muß.
Leider nannte mir der Interessent nur eine recht bescheidene Summe, nicht mehr, als ich schon vor zwölf Jahren für die Verfilmung des »Dr. Holl« bekommen hatte. Und das war mein allererster Roman gewesen. Immerhin, das Sümmchen fiel mir ganz unerwartet in den Schoß und war eben doch nicht zu verachten. Keinen Strich mehr brauchte ich dafür zu tun. Nur der Form halber zierte ich mich noch ein wenig.
»Ich meine natürlich keine deutsche Mark, sondern englische Pfunde . . .«, fügte der Herr hinzu. Womit das, was ich vorhin als Angebot betrachtet hatte,

verzwölffacht wurde. (Der Wechselkurs des englischen Pfund stand in jenem Winter noch bei ungefähr 12 D-Mark.)

»Nun gut, damit wäre ich einverstanden«, gab ich lässig zurück, »doch nur, wenn ich selbst bei den Dreharbeiten hier in Alaska die Beratung übernehme.«

Darauf lege er sogar den größten Wert, erklärte mir der vernünftige Mann und war bereit, auch diese Mitarbeit entsprechend zu vergüten.

»Nur möchte ich Sie bitten, gleich herüberzukommen«, fuhr er fort, »damit wir den Vertrag unterzeichnen. Da ich ohnehin nach München muß, können wir uns dort treffen. Ginge das schon übermorgen?«

Mein Gott, schon übermorgen in Europa! Wo doch hier so vieles noch zu tun war. Aber es mußte gehen, ich sagte zu und wünschte dem Anrufer alles Gute. Er hatte es wahrlich verdient.

Gewiß, ich war nicht ohne Skepsis. Von der mündlichen Absprache bis zu barem Gelde ist beim Film ein weiter Weg, auch wird nur ein Bruchteil der angekauften Stoffe tatsächlich gedreht. Doch wenn ich den Ereignissen vorgreifen darf, so wurde der Stoff – wenn auch in Raten mit langen Zwischenräumen – tatsächlich bezahlt.

Was aber in all den Jahren nicht zustande kam, das ist die Verfilmung. Weiß der Teufel, woran das lag, ich begreife es nicht. Nun aber, falls man den letzten Meldungen glauben darf, soll es mit ganz großen Schauspielern in englisch-japanischer Coproduktion »schon« während des kommenden Halbjahres geschehen. Das Buch jedoch »Alatna, Duell in der Wildnis« erlebte sechs Auflagen, sieben Übersetzungen in fremde Sprachen. Inklusive aller Buchklubs und Paperbacks sind wir damit auf die Gesamtauflage von ungefähr eine Million gekommen. Nebenbei gesagt, wurden damit alle Unkosten für alle Alaskareisen und dortige Jagd mehr als gedeckt. Glück muß man haben, selbst wenn es ganz überraschend kommt.

»Mach schnell, Hans«, rief Jimmy, kaum daß ich tiefatmend den Hörer hingelegt hatte, »zieh dich an, wir fahren in die Stadt.«

»Jetzt in der späten Nacht . . . wozu denn das?«

»Eine Elchherde zieht durch die Hauptstraße . . . das siehst du nicht alle Tage!«

Eine ganze Herde war es freilich nicht, die im Glanze der Neonbeleuchtung friedlich durch die Fifth Avenue zog, nur ein junger Bulle und zwei Kühe mit ihren ungelenken Kälbern. Polizei sperrte die Straße, damit ja kein Verkehr den nächtlichen Bummel der Besucher störte. Etwa zwanzig Leute hatten sich eingefunden, um das seltsame Schauspiel zu genießen. Alle verhielten sich ruhig und machten keine hastige Bewegung.

Die Elche wanderten in lockerer Formation. Die Kühe mit ihren Jungen schritten gemächlich voran, der staksige Bulle etwas zaghaft hinterdrein. Neugier und ein gewisses Staunen lag in der Haltung aller fünf Tiere, etwa so, wie wenn

Eingeborene aus dem afrikanischen Busch zum erstenmal eine weiße Niederlassung betreten. Das farbige Licht der vielen Reklame und die hellen Schaufenster schienen die Waldbewohner nicht sonderlich zu stören. Vielleicht hielten sie das für eine Art von Sonnenuntergang. Die Elche schlenderten geruhsam an den Auslagen vorbei, ließen die parkenden Autos links liegen, wiegten aber bedenklich ihre dicken Köpfe, als sie an einem Geschäft mit Jagdwaffen vorbeigingen. Erst vor einem Gemüseladen hielten sie an. Obwohl sie das Grünzeug hinter den dicken Glasscheiben gewiß nicht wittern konnten, schien es sie doch sehr zu interessieren. Mitten im Winter war es für Tiere der Wildnis gar zu verlockend. Eine der Kühe wollte sich zu dem Korb mit tiefgekühltem Blumenkohl hinunterbeugen, stieß jedoch bumsend gegen die Scheibe. Was das für ein seltsames, ganz unsichtbares Hindernis war, konnte die Elchin nicht ahnen. Irritiert wich sie zurück, um alsdann ihren Versuch mit größerer Entschlossenheit zu wiederholen. Da zu befürchten stand, daß beim dritten Male die Scheibe zu Bruch ging, trillerte einer der Polizisten auf seiner Pfeife.

Sogleich hoben alle fünf Elche ihre Häupter und traten ein paar Schritte zurück. Besonders die angepfiffene Kuh fühlte sich betroffen und schaute unwirsch zu dem Störenfried. Die Gegend war doch nicht ganz geheuer.

Ihre Schritte etwas beschleunigend, zog die Gruppe weiter und bewegte sich den städtischen Anlagen zu. In deren Schatten verloren wir sie aus dem Gesicht.

»Mensch, Hans, wenn du zu Hause erzählst«, meinte Jim beim Heimfahren, »daß in unserer größten Stadt die Elche auf der Hauptstraße herumlaufen . . . aber es ist wohl besser, du erzählst so was nicht.«

»Erzählen kann ich's schon, Jimmy, nur wird's mir niemand glauben.«

Am folgenden Morgen buchte ich meinen Flug und begann zu packen.

»Wirst ja 'ne Menge Geld für die Überfracht zahlen«, warnte mich Jenny, »was hat sich nicht alles bei dir angesammelt, seit du gekommen bist!«

»Ich weiß, Jenny, kann's ja selber kaum glauben. Aber der große Koffer dort in der Ecke, der bleibt hier . . . weil ich im nächsten Jahr wiederkomme, mit meiner Frau und sehr viel Zeit.«

Jimmy sah sich das gewichtige Möbel an und nickte verständnisvoll.

»Das kennen wir schon. Wer von Alaska wegfliegt, läßt immer einen Koffer da . . .«

Inzwischen sind es zwei Koffer, und im Juli des kommenden Jahres bin ich wieder drüben.

Wunderwelt im Pfannenstiel

Panhandle nennen die Alaskaner den südöstlichen Teil ihres Landes, was schlicht: Pfannenstiel bedeutet. Allerdings braucht man Phantasie, um in der geographischen Gestalt von Alaska eine Bratpfanne mit dem dazugehörenden Stiel zu erkennen. Früher, zur Zeit der Trapper, Waldläufer und Sourdoughs war die Bratpfanne das wichtigste Gerät überhaupt. Auf der Traglast festgeschnallt, wurde sie auf allen Wegen mitgenommen. Will man den Vergleich mit der *fryingpan* gelten lassen, was mir einigermaßen schwerfällt, so wäre die Landmasse des 49. Staates die Pfanne und das nach Südosten zielende Anhängsel der Stiel dazu.

Tatsächlich ist der Pfannenstiel ungewöhnlich schmal, verglichen mit der so weiten und breiten Pfanne. Nirgendwo ist das Land tiefer als fünfzig Kilometer, denn es ist nur ein gewaltiges Gebirge, das gleich an der Küste beginnt und mit seinen schneebedeckten Gipfelketten bis über dreitausend Meter steigt. Des langen Gebirges Höhenlinie ist nicht nur die Wasserscheide in den Felsenbergen, sondern auch die Grenze, die sehr natürliche Grenze zwischen den USA und Kanada. Deutlicher und lokaler gesagt, zwischen Alaska und Britisch-Kolumbien. Zu jener Zeit, als man die Grenze bestimmen wollte, gehörte Alaska noch zum Riesenreich des Zaren, auch der Pfannenstiel war ein Zipfel von »Russisch-Amerika«. Nur wenige Menschen heller Hautfarbe lebten in der *Panhandle.* Bis hinauf in die schrecklichen, die menschenfeindlichen Berge war noch niemand gekommen. Also begnügte man sich (klugerweise) mit einem Paragraphen auf ganz ungefährlichem Papier, wonach die Grenze über »die jeweils höchsten Punkte verlief«.

So wild und schroff, so steil und an vielen Stellen bis heute unbestiegen sind die Gebirge im Pfannenstiel, daß Landeskenner, sogar Professoren der

Geographie behaupten, die *Panhandle,* beispielsweise in der Saint-Elias-Kette, enthielten die höchsten Küstengebirge auf Erden. Als vor ungefähr zehntausend Jahren die letzte Eiszeit im amerikanischen Nordwesten zu Ende ging, formierten sich jene phantastischen Landschaften, wie sie heutigentags die seltenen Besucher im alaskanischen Südosten erblicken. Eine Fahrt, eine Bootsfahrt durchs Labyrinth dieser Welt aus Fels und Wald, aus Salzwasser, Süßwasser und Gletschereis ist über alle Maßen wildromantisch. Es geht durch Fjorde und Engpässe, über starkströmende Flüsse, vorbei an vielen tausend Inseln und Klippen, mit rauschenden Wasserfällen auf der einen, senkrecht abfallenden Wänden auf der anderen Seite. Für jeden zu empfehlen, der bereit ist, sich von Superlativen der Natur überwältigen zu lassen.

Für mich war es die neunte Reise durch Alaskas bezaubernde Wildnis, jedoch die erste im Pfanenstiel. Eigentlich zu bequem für meinen etwas sonderbaren, noch immer jugendfrisch gebliebenen Geschmack. Viel rauher bin ich es sonst gewohnt, auf durchweichten Wegen im sturmzerzausten Wald. Diesmal aber, aus zeitbedingten Gründen, zwölf Tage auf einem neuerdings zur Lindblad-Gruppe gehörenden Rundreiseschiff, von dem ich gehofft hatte, es würde in etwa so sein wie auf dem berühmten, mit sonstigen Schiffen kaum zu vergleichenden »Lindblad Explorer«. Dies hatte mich auf sechs großen Reisen durch fast alle Weltmeere geführt, auch mehrmals durch antarktische Gewässer. Aber gerade weil die Hoffnung auf eine ähnliche, womöglich gleiche Atmosphäre so groß war, fiel ich um so tiefer die Treppe der Enttäuschung hinab.

Desto besser wurde es danach, als ich mit zwei gleichgestimmten Ehepaaren, alten Bekannten von Polarfahrten auf der »Explorer«, in einem breitgebauten, privat gecharterten Motorboot mit dreiköpfiger Mannschaft noch zwei Wochen im Pfannenstiel anhängte. Was die Natur betraf, ihre Schönheit und Wildheit, gab es keinen Unterschied zwischen dem Erlebnis auf dem Touristenschlepper einerseits und dem gemütlichen Motorboot andererseits. Wechselhaftes Wetter hatten wir vom ersten bis zum letzten Tage. Es kann im Pfannenstiel nicht anders sein. Unübertroffen die so reiche, vielfältige Tierwelt, im Wasser und an Bergeshängen, auf treibenden Schollen, am Strand und auf Felsenriffen.

Der Duft von Tannen, Fichten und Lärchen, von Moos, Farnen und vergilbendem Gras hängt allenthalben in der Luft. Kommt noch der Geruch von Salzwasser, faulendem Holz und feuchtem Laub hinzu, möchte ich fast das Gemisch aromatisch nennen. Wer fallende Tropfen nicht fürchtet, findet den Regen richtig schön, besonders beim Dahingleiten durch waldumsäumte Fjorde. Wir sind langanhaltende, liebliche Geriesel gewohnt und erleben brausende Regenstürme, die gleich sämtliche Sonnenschirme nebst Liegestühlen übers nasse Deck an die Reeling fegen. Auch sonst, wenn

nichts weiter geschieht, als daß sich des Himmels Wasserspeier öffnen, lassen sich aufrechte Naturfreunde nicht davon stören. Es strömt, prasselt und klatscht, daß unsereins so recht seine Freude dran hat.
Hellgrau flaumig ist der Nebel, fast zärtlich streichelt er über Kinn und Wangen. Mag er noch so viel verhüllen, was man gerne sehen würde, gerade deshalb wirkt die Gegend geheimnisvoll. Was mag sich nicht alles verbergen hinter den im Wind wehenden Gardinen? Wenn bisweilen der Donner kracht und Gletscher kalben, kein von Menschen gemachter Lärm kann uns erreichen. Gewiß kommt es vor, daß gelegentlich die Sonne scheint und wir in ihrer kalten Pracht die Gipfel sehen. Schimmernd in seinem Helm aus ewigem Eis strahlt Mount Fairweather zu uns herab. Dunkel dagegen und tief eingerissen sind die Schluchten des Mount Root. Andere Felsenhäupter von unheimlicher Höhe sind ohne Spur von Vegetation. Nahezu senkrecht fallen ihre Wände in den Fjord hinunter. Allenthalben rinnt, aufgespalten in viele tausend Fäden, hellglitzerndes Wasser an den Flanken hinab.
Vor uns öffnen sich Kanäle, daß man glaubt, sie wären von Menschen geschaffen. Aber nichts dergleichen, sie stammen alle aus des Schöpfers Hand. Im Schneckentempo schiebt sich unser Schifflein durch enge und engste Passagen. Milchweiß ist das Wasser in dem einen Fjord, weil er von Gletschern gespeist wird. Graublau in der nächsten Bucht, denn hier hinein strömt geschmolzener Schnee. Nicht lange danach gleiten wir durch tiefdunkle Gewässer, allenthalben sprudeln moorbraune Bäche aus dem Wald ins Fahrwasser unseres Schiffes. Inseln links und rechts, auch vor uns immer ein paar Inseln. Es gibt so viele dichtbewaldete wie auch felsige Inseln, daß bisher die meisten noch keinen Namen haben. Insgesamt, hörte ich von einem Beamten des Geographical Survey Service, zählt man in ganz Alaska nicht mehr als tausend amtlich getaufte Inseln. Das genügt durchaus. Wer will, kann seine liebsten Landflecken im feuchten Element nach eigenem Gusto benennen.
Was wir dort oben sehen, die weißen Punkte am steilen, nur mit dünner Grasnarbe bewachsenen Hang, das sind ... erst nach langem Blick durchs zehnfache Glas zu erkennen ... Schneeziegen. Vom Schiff tief drunten mit den Menschen darauf läßt sich keines der so trittsicheren Klettertiere stören. Wir sehen noch mehr von ihnen, droben in schwindelnder Höhe und auch dicht über der Wasserlinie. Schwierig ist die Jagd, meines Erachtens überhaupt die schwierigste Pirsch in Alaska. Außerdem mit Gefahr verbunden, bei der Bergjagd gehen die meisten Todesfälle aufs Konto der Schneeziegen.
Es soll Leute geben, meint kopfschüttelnd der Mann neben mir, die allen Ernstes so etwas schießen ... auf so wunderschöne, ganz harmlose Tiere ... man hält's nicht für möglich! Nur gut, daß er meine beiden Trophäenhallen nicht kennt, die eine daheim in München, die andere im Jagdhaus Sieben-

schlaf bei Marquartstein. Zweiundzwanzig Schneeziegen haben wir an einem Vormittag gezählt. Kein Wunder, denn in dieser menschenleeren Gegend läßt sich keines von den schießenden Scheusalen blicken, von den zweibeinigen Raubtieren, die man unter anderem auch Menschen nennt.
In der gleichen Region ein paar Schwarzbären, die ebenfalls ganz vertraut sind. Deren Pelz kann hier, im südöstlichen Alaska, mitunter so hellfarben sein, daß man sie mit Braunbären (bei uns oft Grizzlys genannt) verwechselt. Echte Braunbären gibt es auch, sogar jene besonders schöne Art, die sogenannten Zimtbären.
Als wir Land betreten, stehen Wolfsfährten im Boden. Ist es doch eine kluge Gewohnheit der grauen Räuber, daß sie nach hoher Flut, vor allem nach starkem Sturm die Ufer absuchen. Sie hoffen auf verendete, hier angetriebene Fische. Gelegentlich sind auch von ihren Müttern verlassene Kleinkinder aus dem Geschlecht der Robben, der Seehunde, Seeotter oder gar Seelöwen zu sehen.
Was drüben zwischen dem Kelp, zwischen den glattgeschliffenen Steinblökken und treibenden Baumstämmen im Wasser schwimmt, hinabtaucht und wieder hochkommt, sind ... ja, es sind wahrhaftig Seeotter (Enhydra lutries). Sind leider schlecht zu sehen, sogar im Glas nicht gut zu erkennen, weil der kugelrunde Kleinkinderkopf des Seeotter so sehr den etwa gleichgroßen kürbisförmigen Enden des sogenannten Kelp gleicht, dem Seetang in diesen Gewässern. Dennoch, bei langsamer Fahrt und geduldigem Hinschauen sind wir begeistert von dem dutzendfachen, dem vielhundertfältigen Anblick der friedfertigen, bis ein Meter langen Säugetiere des Meeres. Verblüffend menschenähnlich sehen sie aus, mit den intelligenten Augen und ihrem Schnauzbart am leichtgeöffneten Maul. Welch wunderbarer Erfolg des Tierschutzes, des bald dreißigjährigen Totalschutzes zugunsten des Seeotters! Hatte man seinerzeit befürchtet, hatten sogar manche Experten das vollkommene Verschwinden der Seeotter beklagt, weil man bis zur Jahrhundertwende, besonders in China, ihre wunderbaren Pelze mit purem Goldstaub aufgewogen hat, so ist nun die Vermehrung begeisternd für jeden Naturfreund. Sämtliche Angaben, den gegenwärtigen Bestand betreffend, wie ich sie auf meinen vorherigen Alaska-Reisen erfragt und erhalten habe, sind aufs neue überholt. Eine Schätzung ist kaum noch möglich. Wenn man es trotzdem versucht, schwankt die heutige Zahl der Seeotter zwischen hunderttausend und hundertfünfzigtausend. Noch erfreulicher ist die geographische Ausdehnung der Art. Vom äußersten Norden in Alaska bevölkern sie nun wieder – allenthalben streng geschützt – die Küstengebiete des westlichen Amerika bis hinunter nach Mexiko.
Ähnlich gute Nachrichten hört man von den Walrossen in der Bering-See, von den Seelöwen im Pfannenstiel, auch von den Moschus-Ochsen auf Nuniwak und anderen nordkanadischen Inseln. Es geht wieder aufwärts mit

manchen der einst in ihrer Existenz bedrohten Tiere, jedenfalls in Alaska, im nordwestlichen Kanada und überhaupt im nord- und südpolaren Raum. Die Bisons vermehren sich, nicht minder auch die Eisbären, seitdem sie (von geringen Ausnahmen abgesehen) vollkommenen Schutz genießen.
Die Seelöwen in Sitka, bei Petersburg, in der Glacier Bay und Lituiya-Bucht genießen ihr ungestörtes Leben. Da liegen zu zuhauf, ruhen in zahlreichen Gruppen mit ihrem schweren, jedoch weichen Leib auf glattgeschliffenem Fels. Sie kennen die Menschen, aber fürchten sie nicht. Wer sich ihnen nähert, tut es in einem Boot, wenn auch von unterschiedlicher Größe. Darin sehen die fettleibigen Tiere keine Gefahr. Bis auf zwanzig, bis auf zwölf Meter lassen sie uns herankommen, erst dann planschen ein paar Bullen ins Wasser.
Fünf Arten von Walen beleben die Gewässer im Pfannenstiel. Sie zu filmen und zu fotografieren, dazu bedarf es nicht großen Glücks. Allein mit Ausdauer und Geduld ist es zu machen. Leider bin ich selber kein vogelkundiger Mensch, aber den Weißkopfadler kennt jeder. Er ist das Wappentier der Vereinigten Staaten wie bei uns der Steinadler. Im *Panhandle* gibt es bestimmte Stellen, wo es von Weißkopfadlern geradezu wimmelt. Ein Dutzend und mehr bevölkern kahle Äste im Umkreis von nur wenigen hundert Metern. Weil sie wegen ihres absoluten Schutzes keinen Menschen fürchten, kann sogar ein Motorboot mit aufrechtstehenden Fotografen, mit altmodischen surrenden Kameras dicht heranfahren.
Das Schönste im Pfannenstiel ist die Menschenleere. Geht es nach Besiedlungsdichte, so ist der alaskanische Südosten mit knapp 50 000 Bewohnern eine der am dünnsten besiedelten Landschaften in den USA. Weiß man, daß Dreiviertel der Bewohner in den fünf größten Ortschaften leben, in Juneau, Ketchikan, Sitka, Petersburg und Wrangell, bleiben für den Rest des riesigen Gebietes nur gut zehntausend menschliche Bewohner übrig*, die sich auf etwa zwanzig kleine und ganz kleine Ortschaften verteilen, alle am Salzwasser liegend. Keine Siedlung gibt es im Hinterland, meines Wissens auch keinen ganzjährig bewohnten Platz an einem der ins Land führenden

* Weil ich zu Anfang des Buches für ganz Alaska, auch für die Städte in der »Pfanne« des 49. Staates, Einwohnerzahlen genannt habe, die damals richtig waren, es heute aber nicht mehr sind, zitiere ich den letzten Stand, d.h. von der Jahreswende 1982/83: Alaska insgesamt 420 000 (eine Zunahme von ca. 110 000 seit 1970). Stadt Anchorage mit eingemeindeter Umgebung 190 000, Fairbanks mit Umgebung 63 000, Juneau ca. 20 000 und Valdez (Endpunkt der 1980 fertiggestellten Pipeline) 11 500 Einwohner.
Die Eingeborenen stellen rund 17 Prozent der Bevölkerung, etwa 75 000 Köpfe. Wobei zu berücksichtigen ist, daß bereits Staatsbürger mit nur einem Viertel uralt-alaskanischer Abstammung als Eingeborene gelten können. Auf diese Weise wurden ca. 40 000 Eskimo ermittelt, 25 000 Indianer und 7500 Aleuten. Tendenz steigend. Interessant noch folgendes: Alaska erfreut sich der relativ geringsten Sterbeziffer aller amerikanischen Staaten, nämlich 1750 Todesfälle gegenüber 9500 Geburten im Jahr. Andererseits sind die meisten Unfalltoten zu beklagen, nämlich 112 pro Jahr auf 100 000 Kopf der Bevölkerung.

Flüsse, die im übrigen wegen ihrer starken Strömung nur auf kurze Strecken schiffbar sind, als Verkehrswege fallen sie aus.
Was bleibt, sind Fahrten auf natürlichen Kanälen, durch die Buchten, hinein in die Fjorde und entlang der Küste. Im Pfannenstiel fehlt (zum Glück) jede Art von Autobahn. Ebensowenig gibt es durchgehende Straßen und weite Verbindungswege. Nur eine Fahrstraße, die von Haines über Skagway, führt aus der *Panhandle* in die übrige Welt. Sonst existiert über Land kein Anschluß.
Natürlich gibt es Flugverkehr. Ohne ihn würde der Pfannenstiel nicht ins heutige Jahrhundert passen. Jede Ortschaft ist auf dem Luftweg zu erreichen, wenn auch in so gut wie in allen Fällen nur mit Wasserflugzeugen. Das allerdings setzt einigermaßen gutes Wetter voraus. Begreiflicherweise bleibt der fahrplanmäßige Luftverkehr auf die größeren Ortschaften beschränkt. Sonst starten die Maschinen bei Bedarf oder auf Grund privater Charter. Es sind lediglich kleine Flitzer, manche nur für drei Fahrgäste oder mit nur einem Platz neben dem Piloten. Man läßt sich in Südost ein Flugzeug kommen wie bei uns ein Taxi. Nur die Preise, versteht sich, sind entsprechend höher.
Fährschiffe verkehren einmal, zweimal, ja sogar viermal wöchentlich zwischen den kanadischen Häfen und den fünf, sechs großen Ortschaften im Pfannenstiel. Sie nehmen Autos mit, Lkws und sogar Autobusse. Weil aber die meisten Menschen nahe beisammen wohnen, kann, Gott sei's gedankt, auch das Fährschiff, können selbst die relativ großen Touristenschiffe im Südostland nichts ändern.
Die meisten der kleinen Ortschaften, so weit ich das Vergnügen hatte sie kennenzulernen, machen einen freundlichen und gemütlichen Eindruck. Oft wünscht sich unsereins, er könnte dort verweilen, für ein paar Wochen wenigstens.
Die Indianer aus dem Volk der Thlingit, darunter der Hutsuvu-Stamm, leben meistens in Angoon im Gebiet von Killisnoo. Angoon ist die einzige das ganze Jahr über bewohnte Ortschaft auf der immerhin 16 000 Quadratmeilen (41 440 Quadratkilometer) großen Admirality Insel. Weil die Hutsuvu nicht locker ließen, sondern mit steinernem Starrsinn auf ihrem Recht bestanden, erhielten eines schönen Tages im Jahre 1973 jeder von ihnen, Kleinkinder und Großmütter eingeschlossen, zweihundert Dollar pro Kopf. Die hohen Herren konnten kaum anders, denn wirklich war Schlimmes geschehen: Auf einem Walfangschiff der Northwest Trading Company, deren Besatzung nur aus Thlingit-Indianern bestand, explodierte aus ungeklärten Gründen die Sprengkapsel der Harpunenkanone. Ausgerechnet der Schamane, der mit geheimnisvollen Kräften begabte Medizinmann des Hutsuvu-Stammes, verlor dabei das Leben. Dafür sollte die Trading Company zahlen, zumal sie dem Staat gehörte und deshalb zahlungsfähig war. Mit nur

siebenundsiebzig Schlafdecken wollten sich die friedfertigen Angehörigen der Indianersippe begnügen. Jedoch die hartherzige Company weigerte sich, diesen Preis für nur ein verlorenes Menschenleben zu zahlen. Weshalb die erbosten Rothäute, die ursprünglichen Herren des Landes, mit Gewalt und Feuer, sogar mit bewaffnetem Aufstand drohten. Das Direktorium der Walfanggesellschaft erschrak und fürchtete sich sehr. Man rief die US-Navy zu Hilfe, und die schickte das Kanonenboot »Adams«. Aber leider hatte es zu großen Tiefgang und konnte deshalb nicht in die Kootznoowoo-Bucht einlaufen. Das aber konnte der U.S.S. Kutter »Corvin«. Sein Geschütz bombardierte, wie es heißt, fast eine Stunde lang die allein von Indianern bewohnte Ortschaft Angoon. Zwar verbrannte das gesamte nur aus Blockhäusern bestehende Dorf, doch niemand wurde verletzt. Klug wie die Hutsuvu sind, waren vorher alle Menschen nebst ihrer beweglichen Habe in die Wälder gezogen. Sodann verlangten sie vom Staat vollen Ersatz des angerichteten Schadens, mit dem schon erwähnten Erfolg, nämlich zweihundert Dollar pro Kopf. Nur hat das ziemlich lange gedauert, vom Tag des Bombardements im Jahre 1882 bis zur Begleichung des Schadens vergingen nicht weniger als neunundachtzig Jahre. Sprichwörtlich ist, wie jeder weiß, die Geduld der Indianer.

In Angoon gibt's keine Kneipen, knochentrocken ist die Ortschaft. Jede Art von Alkohol wird abgelehnt, man hält es kaum für möglich. Auch Telefone wurden, bis vor kurzem, nicht geduldet, weil bekanntlich durch den Draht böse Geister in die Häuser dringen. Aber der Fortschritt war nicht aufzuhalten, neuerdings sind ein paar Fernsprecher vorhanden. In zwei bis drei Privathäusern werden sogar Filme gezeigt, die sich jeder ansehen kann, es sind sozusagen öffentliche Vorstellungen. Während man früher Wert darauf legte, für Fremde unerreichbar zu sein, mußten sich nun doch die Hutsuvu den wirtschaftlichen Zwängen anpassen. So erscheint jetzt zweimal wöchentlich ein Fährschiff namens »Leconte« bei Angoon. Einige, wenn auch nur wenige Fremde werden aufgenommen, in kleinen, vorerst noch ganz bescheidenen Motels. Wer den Wunsch hat, einige Zeit in einer neuzeitlichen, aber noch immer durchaus indianischen Umgebung zu verleben, dem kann ich Angoon auf der Admirality-Insel ohne weiteres empfehlen, allerdings nicht für unverbesserliche Freunde starker Getränke.

In Metlakatla, südlich von Ketchikan, auf der Anette-Insel, leben gut, zufrieden und fleißig ungefähr tausend Tsimshian. Obwohl sie fast alle reinblütige Indianer sind, gehören sie nicht zu den Ureinwohnern Alaskas. Sie stammen vom Mackenzie River aus dem Kanadischen Nordwest-Territorium. Jenseits der Rocky Mountains waren sie zu Hause. Vor mehr als hundert Jahren gelang es dortselbst dem schottischen Laienprediger William Duncan, fast alle Mitglieder des Stammes zu missionieren, das heißt für die anglikanische Kirche zu gewinnen. Ein verständiger, für die indianische

Mentalität aufgeschlossener Mann muß Duncan gewesen sein. Weshalb er geduldet, vielleicht sogar gefördert hat, daß seine braven Rothäute mancherlei Sitten und Gebräuche heidnischer Herkunft ins Christenleben übernahmen. Als das in London bekannt wurde, warf ihn seine Kirche hinaus, William Duncan sollte das Land verlassen. Er aber verließ seinen bisherigen Wirkungskreis nicht allein. Begleitet von ungefähr vierhundert ihm treu ergebenen Tsimshian überquerte der wackere Gottesmann das Felsengebirge. Nur wenige Trapper, Entdecker und Pelzhändler hatten das gleiche vor ihm gewagt. Duncan zog mit seiner zu Tode erschöpften Gefolgschaft in den Süden Alaskas, genauer gesagt, auf die allersüdlichste der noch zum Pfannenstiel gehörenden Inseln, auf die menschenleere, die herrenlose Anette-Insel. Schon bald war dort eine saubere, freundliche Ortschaft entstanden, mit Kirche, Schule und Rathaus. Aber noch besser sollte es kommen. Der organisatorisch hochbegabte Duncan reiste nach Washington, sprach dort mit führenden Männern der Regierung, sogar mit dem Präsidenten persönlich. Alles erreichte der Gottesmann, mehr noch als sich seine Tsimshian wünschen konnten. Als Stammeseigentum wurde ihnen die Anette-Insel übertragen, selber durften sich fortan die braven Indianer regieren. Nur Leute ihres Volkes sind wahlberechtigt auf der Insel.

Anders als in Angoon stehen die Tsimshian von Metlakatla dem technischen Zeitalter gegenüber. Für sie ist Fortschritt kein Fehler, sondern begrüßenswert. Sie betreiben in eigener Regie Forstwirtschaft, Sägewerke und Holzhandel, ebenso Fischfang, Handel und Verkehr. Ein E-Werk ist unter ihren Händen entstanden, das sie ohne fremde Hilfe betreiben. Mehr als hundert Jahre sind seit Gründung des Gemeinwesens vergangen. Wie das blüht und gedeiht, muß man mit eigenen Augen sehen!

In Kupreanof auf der Lindenberg-Halbinsel leben Bleichgesichter, nicht mehr als fünfzig alle zusammen. Aber noch entschiedener als die Indianer von Angoon bestehen sie auf Abkehr von der Außenwelt, legen größten Wert auf ihre besondere, nämlich autarke Lebensart. Deswegen gibt's keine Autos in Kupreanof, auch keine Straße dafür. Man wünscht keinen Luftverkehr, will nichts wissen von regelmäßiger Schiffsverbindung. Aller Verkehr ist privater Natur, er wird allein mit Booten der verschiedensten Art besorgt. Jede Familie pumpt sich selbst ihr Wasser aus dem Brunnen oder holt es sich vom nächsten Bach. Wer sich vom Kerzenlicht, von der Petroleumlampe trennt, muß den notwendigen Strom mit Hilfe des eigenen Generators erzeugen. Telefon braucht man nicht, wer Post erwartet, fragt nach seinem Brief im Petersburger Postamt. Es liegt drüben auf der anderen Seite des Wrangell-Fjords.

Man wohnt in ziemlich alten, eben deshalb urgemütlichen Holzhäusern, befeuert Herd und Ofen mit Holz. Was gar nichts kostet, abgesehen von der Mühe, es im Wald zu schlagen und heimzuschaffen. Der Anbau von Gemüse, der Fischfang, die Jagd, zeitweise auch Pelztierzucht ernähren die genügsamen Kupreanofis. Steuern zahlen sie nicht, genießen aber sämtliche soziale Wohlfahrtseinrichtungen des Staates. Weil die Anhänger solch altväterlicher Lebensart vor gewisser Zeit befürchten mußten, von der rührig aktiven, von der geschäftstüchtigen Großstadt Petersburg (3150 Bewohner) eingemeindet zu werden, mit all den sich daraus ergebenden Übeln, haben sie mit ihren nur fünfzig Personen die Anerkennung als »Stadt Zweiter Klasse« durchgesetzt. Was für sie unbeschränkte Selbstverwaltung bedeutet. Außerdem erreichten die Eigenbrötler, daß weit und breit ihre Umgebung zum Naturschutzgebiet erklärt wurde. Niemand darf dort jagen, fischen, kampieren, Holz schlagen oder Hüttchen bauen, ausgenommen natürlich die Kupreanofis selber!

Petersburg, wenn auch nach der Hauptstadt im einstigen Zarenreich genannt, hat sonst mit dem alten Rußland nichts zu tun. Die Petersburger unserer Tage sind zum allergrößten Teil norwegischer Abstammung. An der Landschaft mag es liegen, am Klima und am vorherrschenden Wetter, daß sich die eingewanderten Norweger so wie alle ihre Nachkommen dort so heimisch fühlen. Sie sprechen, singen und fluchen (wenn dazu Anlaß besteht) in Norwegisch. Wir sehen in der »Norway Hall« die alten Volkstänze, dabei die hübschen Mädchen und hochgewachsenen Jungmannen in farbenfroher Tracht der offenbar unvergeßlichen Heimat. Norwegische Gerichte werden uns vorgesetzt, die man womöglich in Oslo, Bodoe und Tromsoe gar nicht mehr kennt. König Olaf von Norwegen und Kronprinz Harald mit Gemahlin Sonja schauen von der Wand und freuen sich der Landeskinder im fernen Pfannenstiel von Alaska. Sagt mein Tischnachbar aus Wyoming, USA: »Hier die Leute haben scheinbar ganz vergessen, daß sie von Rechts wegen amerikanische Bürger sind!« Tatsächlich, man hat den Eindruck.

In Sitka, von 1799 bis 1867 Hauptstadt von Russisch-Amerika und Residenz des vom Zaren entsandten Gouverneurs, ist noch manches aus diesen fernen Jahren zu sehen. Es leben dort die Nachkommen jener hundertfünfzig Russen, die damals beim Verkauf von Russisch-Amerika an die United Staates of America geblieben sind. Leider ist die alte russisch-orthodoxe Kirche vor wenigen Jahren abgebrannt, aber zum Glück wieder originalgetreu aufgebaut. Weil man die Inneneinrichtung, die Ikonen und Altargeräte, teilweise Geschenke des Zaren Alexander I., unter Lebensgefahr hatte retten können, gewinnt man im Gotteshaus selbst ebenso wie früher den Eindruck historischer Gegenwart. Draußen aber stören sehr die Hochhäuser. Allein für sich wäre die Kathedrale imponierend und ist es früher gewesen. Aber mit ihrer neuen, höchst unpassenden Umgebung wirkt das altrussische Gotteshaus wie ein Zwerg unter Riesen.

Bei Ketchikan stehen Totempfähle, die alten in einem Museum und ganz

neue im Freien. Ursprünglich wurden sie nur von den Thlingit-Indianern geschaffen. Als eindrucksvolle Zierde vor dem Blockhaus, als eine Art von Stammbaum, sowie zur Erinnerung an wirkliche oder frei erfundene Heldentaten hat man sie hergestellt. Totempfähle dienen zur Erhöhung des Prestiges und zur Darstellung des Reichtums. Als zunächst durch die Russen, sodann auch durch englische wie amerikanische Pelzhändler die vielbestaunten Stahläxte zu den Thlingits kamen, da erst ging es richtig los mit der Aufstellung von Totems. Ganze Wälder geschnitzter Pfähle entstanden, buntbemalt und so hoch wie nur möglich. Aber nur kurz bemessen war deren Blütezeit, auch was die einzelnen Pfähle betrifft. Länger als dreißig bis fünfzig Jahre können sie dem feuchten Wetter nicht widerstehen. Eines Tages bricht das Kunstwerk zusammen und verfault am Boden.
Neuerdings werden sie wiederhergestellt, sogar für eigene Zwecke der Indianer. Wer sich einen Totempfahl wünscht, als originellen Schmuck im Garten hinterm Haus, so läßt sich das machen. In Sitka und Petersburg, in Ketchikan wie in Haydaburg gibt es indianische Könner, die das Werk im Auftrag schnitzen. Aber ein tiefer Griff in die Tasche tut not, hinzu kommt der Transport vom Pfannenstiel an den vorgesehenen Standort.
Vor dreiundzwanzig Jahren war ich schon einnmal in Haines, war auch in Skagway nicht weit davon entfernt, auf einer Rundreise während meines Erstbesuches in Alaska mit einem nur kurzen knappen Abstecher in den Stiel. Es ist anzunehmen, daß eine so wichtige Hafenstadt wie Haines, mit Bahnverbindung hinüber nach Kanada, viel größer, lebhafter, hochhäusiger und entsprechend häßlich geworden war. Statt dessen erlebe ich das Gegenteil. Nie zuvor in meinem vielbewegten Reiseleben habe ich eine mit Absicht, Vorbedacht und gewiß hohen Kosten *altgemachte* Stadt gesehen. Modernes Zauberwerk! Äußerlich wurde Haines zurückgeworfen bis ans Ende des vorigen Jahrhunderts. Wenn nicht über Nacht, so doch binnen wenigen Monaten war hier neu entstanden, was von Rechts wegen nicht mehr in unsere Zeit gehört. Um zwei Generationen hat man Haines zurückgeschoben, in die Jahre des Goldrausches und gleich danach. Die Ausgangsbasis für den Goldrausch von Klondike ist Haines gewesen, entstanden zwischen 1898 und 1902.
Ähnlich wie in Nome war es, hoch im Norden auf der Seward-Halbinsel. Mehr als zwanzigtausend Menschen hatten während der wilden Jahre in Haines gehaust, die meisten nur vorübergehend. Doch wurden sie gleich wieder durch Nachkommende ersetzt. Fast alle wollten hinauf zum Klondike River, nach Dawson und zu den zahlreichen anderen Plätzen, wo angeblich und manchmal sogar wirklich die goldenen Nuggets, der Goldsegen im Sand des eiskalten Bodens zu finden war. Aber weit, sehr beschwerlich und gefährlich, zudem noch schauerlich steil waren die Trampelwege ins vorerst noch unerforschte Bergland.

Von Haines mußten die Männer aufsteigen zum Bennett-Lake, mußten dabei die gleich über Haines verlaufende Grenze nach Kanada überqueren. Haines war die Basis, die Startrampe für Unternehmen ins Hinterland, ins goldreiche Gebirge der Rocky Mountains.
Wie um die Jahrhundertwende das zu jener Zeit weltberühmte Haines ausgesehen hat, steht es nun wieder vor des Besuchers erstaunten Augen. Alles Moderne fortgewischt, die Vierstockhäuser halbiert, Tankstellen entfernt, Wellblech beseitigt und alles scheußliche Gerümpel draußen in der Bucht versenkt, wo sie am tiefsten ist. Die echten und alten, aber tief in den Boden eingesunkenen Gebäude hat man gehoben und auf versteckte Pfähle gesetzt. Holzgebaute Hotels von damals wurden nicht nur renoviert, man gab ihnen auch jene äußere Erscheinung wieder, die sich allein auf vergilbten Fotos erhalten hat. Banken und Saloons von damals stehen im alten Stil wieder an der gleichen Stelle. Die Lokale, Läden und Drugstores, die Kirche und der Kindergarten, das Rathaus und viele Wohnhäuser, Vorgärten, Imbißstuben, der kleine Park mit seinen Bänken ... alles wieder da!
Heute ist Haines eine ziemlich verschlafene Stadt, die vom Tourismus, von Transporten und sich selber lebt. Nur teilweise bewohnt sind die wiederhergestellten Häuser, nur wenig befahren die Straßen. In einem großen, menschenleeren Museum, dem sehr solide gebauten Rathaus der Gründerzeit, sind die Lebensverhältnisse von damals ausgestellt. Komplette Wohnungen mit all ihrem kleinbürgerlichen Inhalt, mit den Gardinen, Waschkrügen, Tischdecken, Nähkörbchen, Teekannen, Kunstblumen und sonstigem Krimskrams. Mir selber erscheint es nicht so altertümlich, schon gar nicht museal. So ungefähr habe ich all das während meiner Kinderjahre bei den Großeltern gesehen. Im Bürgerverzeichnis aus dem Jahre 1901 ergibt sich für Haines ein erstaunlich großer Anteil von deutschen Namen, wobei auch verblaßte Fotos nicht fehlen. Weil ich schon immer die Manie hatte, »komische Namen« zu sammeln, gelingt mir ausgerechnet hier die Entdeckung von gleich zwei bemerkenswerten Namen. Beide Namensträger waren Frauen und offenbar deutscher Herkunft. Die eine nannte sich *Hermine Allesfresser*, die andere *Dietlinde Leichentritt*, von Beruf Hebamme in Haines.
Der Chilcoot-Paß schrecklichen Angedenkens, der überaus steile Anstieg hinauf in die Wildnis der goldführenden Wasserläufe, diesen Paß mußten die Sucher nach ihrem Glück als erstes überwinden. Hinter Haines begann die knochenbrechende Arbeit des Anstieges. Kaum weniger als ungefähr zwölfmal mußten die geplagten Männer ihre drückende Last bergauf schleppen. War es doch behördliche Vorschrift, deutlicher gesagt eine Forderung der kanadischen Polizei, daß die Goldsucher eine pro Kopf genau vorgeschriebene Ausrüstung und Proviant im Gesamtgewicht von etwa tausend Pfund mitführen mußten. Wer droben an der Grenze nicht imstande war, die

Bedingung zu erfüllen, wurde von den pflichtbewußten »Mounties« zurückgewiesen.
So kamen gierige Goldleute schon bald auf den Gedanken, dort hinauf eine Bahn zu bauen. Ein Ding der Unmöglichkeit, meinten die Experten. Beim Stand damaliger Technik ein Wahnsinn sondergleichen! Auf drei Jahre war die Bauzeit berechnet, aber schon nach vierzehn Monaten war der Bennett-See erreicht. So geschehen mit der verzweifelten Arbeit all jener halbverhungerten, weil erfolglosen Goldsucher, die völlig mittellos, an Leib und Seele gebrochen, vom Yukon und Klondike zurück nach Haines schwankten. Der Bahnbau war für sie ein Glück sondergleichen. Immerhin wurden sie ausreichend ernährt und fanden bei Nacht einen hitzeglühenden Ofen im überfüllten Schlafsaal.
Die White-Horse-Railway rollt heute noch, von Haines tausend Meter hoch zum Bennett-See, und rollt noch weiter bis Whitehorse im kanadischen Northwest-Territory. Entgegen aller Voraussagen der Pessimisten war das Ende des Goldrausches (etwa 1904) nicht auch das Ende der Railway. Bis heute befördert die Bahn noch wertvolle Bodenschätze wie Kupfer, Nickel, Zinn und sogar Kohle. Gern nimmt sie auch Touristen mit, bis hinauf an den Bennett Lake.
Auch meine Freunde und ich, wir wollen das mitmachen. Überhaupt kann ich guten Gewissens den interessanten Ausflug empfehlen. Im letzten Wagen von der hinteren Plattform hat man einen völlig freien Blick auf Täler, Berge und aufs weite Meer. Vom Zuge aus überschaut man den Steilhang, erkennt im Glas auch jenen ausgetretenen Trampelpfad, über den damals so viele tausend keuchende Männer ihre schweren Lasten geschleppt haben. Wie gesagt, sind zwölf Aufstiege der Durchschnitt gewesen! Ein Panorama, das überwältigt, ein Anblick, der uns schaudern läßt bei dem Gedanken an die furchtbare Schinderei. Wie viele dabei ihr Leben verloren, ist nicht bekannt. Niemand hat die Toten gezählt oder ihre Namen aufgezeichnet!
Über spindeldünne Hochbrücken rollt der Zug, fährt klirrend über locker liegende Gleise, gewinnt an Höhe, schleicht durch halbdunkle Schluchten, durchstößt Dutzende von Tunnel und gelangt in verschneites Gelände. Die Steigung läßt nach, eine glitzernd weiße Ebene breitet sich aus. Da sind wir am ganz von Eis bedeckten Bennett-See. Wenn sie hier eintrafen, hatten die Goldsucher nur eine, die erste Etappe ihres langen Weges hinter sich. Jetzt mußten sie Flöße zimmern, Boote bauen oder sich sonstwie ein Wasserfahrzeug beschaffen. Alsdann folgten viele hundert Meilen durch Stromschnellen, durch versumpfte Seen und gegen starke Strömung.
Weiß Gott, wir haben es besser! Uns tragen Flugmaschinen in die Höhe. Drei Beechcraft, durch Sprechfunk gerufen, haben neben unserer »Explorer« in der Walker Bucht gewassert. Wer will, kann eine Stunde fliegen, für hundert Dollar pro Kopf. Neun Plätze sind in jeder Beechcraft vorhanden,

aber nur fünf werden vergeben, damit jeder sein eigenes Fenster hat fürs Filmen und Fotografieren. Zuverlässige Maschinen, das sieht man an ihren Schrammen, Kratzern und Beulen. Sie haben schon allerhand mitgemacht, aber noch keinen fatalen Unfall gebaut. Wie der Pilot meiner Maschine versichert, ist sein Vogel älter an Jahren als er. Immer wieder nimmt es mich Wunder, daß Flugzeuge, besonders alaskanische Buschklepper, bedeutend länger funktionsfähig bleiben als Automobile und Motorräder.
Ich besetze meinen Platz in der Ecke hinten rechts, halte die Kamera bereit und fühle, wie kraftvoll die Beechcraft durchs Wasser spurtet. Schon heben sich die breiten Schwimmer aus dem feuchten Element und ziehen in den hellen Himmel hinauf.
Drunten das Schiff wird klein und kleiner, scheint gerade noch brauchbar als Spielzeug für technisch begabte Kinder. Vor uns eine tiefdunkle Gipfelkette, weit dahinter erscheinen Schneegebirge. Drunten tiefe Täler mit schimmernden Seen. Es gibt nach meiner Erfahrung keine Gegend, vor allem keine gebirgige Gegend in Alaska, wo man beim Darüberfligen nicht drei, vier oder noch mehr Wasserflächen erblickt. So wäre eine Notlandung, wenn es unbedingt sein muß, fast immer möglich. Entweder auf Schwimmern oder auf Schneekufen. Nur muß im Bedarfsfall das richtige Geschirr am Flugkkörper sein!
Weil wir schon über tausend Meter sind und bald noch höher, tragen sämtliche Seen geschlossenes Eis. Wo sich Wälder ausbreiten, liegen sie unter schimmerndem Schnee. Vom Eis umhüllt sind die Gipfel der Berge. Wenn im passenden Winkel die Sonne darauf fällt, erscheinen sie wie Kristallgebilde. Der Chickamin-River soll es sein, der sich unten durch tiefgeschnittene Schluchten windet, außerdem erwähnt unser Pilot einen Fluß namens Unuk sowie einen anderen, der Leluc heißen soll.
Längst sind wir im kanadischen Luftraum, sausen vorbei am Mount Blaine (ca. 2500 Meter) und erblicken zur rechten das Upaha-Massiv (ca. 2300 Meter). Jedoch Namen allein bedeuten nichts. Viel besser ist es und lohnender, sie nur zu betrachten. Eine wilde Welt ganz eigener Art, die Natur mit sich selbst allein. Kein Mensch hat hier etwas zu suchen, keine Spur menschlicher Tätigkeit ist zu erblicken. Nicht der geringste Hinweis auf Werke von Menschenhand. An keinem Weg die bescheidenste Hütte, aus keinem Schornstein kräuselt Rauch. Nichts von einer Straße zu sehen, nirgendwo ein Draht und erst recht kein Transformator. Dennoch versichern uns am laufenden Band die Massenmedien, auch die entlegensten Winkel der Welt seien von Touristen überflutet, nirgendwo sei noch echte Wildnis zu finden!
Mit unserem privat gecharterten Boot sind wir frei zu ankern, zu landen, zu kampieren und am Ufer zu wandern, wo wir das wollen. Hier gehen wir über sandigen Boden, auf dem viele hundert mannshohe Eisblöcke gestrandet sind, jeder so durchsichtig wie geblasenes Glas. Dagegen beim nächsten Mal

weicher Sumpf, dem wir rasch entfliehen, weil er Anstalten macht, uns einzuatmen. Beim folgenden Landgang liegen, so weit das Auge reicht, unschätzbare Mengen glatter Baumstämme übereinander und hintereinander. Irgendwann hat man irgendwo diesen Reichtum an Holz geschlagen. Stürme oder starke Strömung haben die Stämme fortgetrieben und hier abgelegt.

Die schönste Wanderung erlebt man beim Eindringen in den Regenwald. Allerdings ist das nicht einfach, und rasch geht's erst recht nicht. Zwar ist der Boden weich wie Griesbrei, versucht aber nicht Füße und Stiefel zu verschlingen. Man schwankt dahin und keucht vor Anstrengung, man windet sich durch faulendes Fallholz, übersteigt triefendes Gebüsch. Keinesfalls darf man im Regenwald die Richtung verlieren, ein Kompaß ist empfehlenswert.

Eine Säulehalle von unglaublicher Ausdehnung ist der hohe, halbdunkle Wald. Droben das dichtgeschlossene, tiefgrüne Dach. Von fast allen Ästen hängen die weißgrauen Bärte uralter Baumgeister herab, viele Meter lang und spitz am Ende. Sie bilden regelrechte Vorhänge, die man beiseite schieben muß. Von Moos bedeckt die Stämme, desgleichen der Boden. Da gedeihen Farne von unwahrscheinlicher Größe und oft auch Blumen, wie ich ähnliche meines Erinnerns nie gesehen habe. Belebt wird die sonst ruhevolle Stimmung von perlenden Bächen, die durchs Unterholz rieseln. Moosbraun sind alle Gewässer und gar lieblich ihr Gemurmel.

Aber leider, wir müssen rasch zurück zum Schifflein. Zur Übernachtung eignet sich der Regenwald nicht, es sei denn, man kennt eine gutgebaute Hütte mit prasselndem Ofen. Solch eine Hütte kann man mieten, sogar zu erschwinglichen Preisen.

Komische Käuze gibt's im Pfannenstiel, wenn man sie zu finden weiß. Da ist Stan Price einer von den freundlichsten Eigenbrötlern, dem ich je begegnet bin. Er wohnt auf einem Floß im Seymour Canal bei der Admirality-Insel. Auf dem Floß steht sein altersgraues, aber urgemütliches Holzhaus. An Land daneben gehören ihm wohlgepflegte Gärten, die gegen Bärenfraß eingezäunt sind. Darin gedeihen Gemüse, Beerenobst, Kartoffeln und alle möglichen Kräuter.

Der gute Stan empfängt Gäste, wenn solche zu ihm finden, nimmt sogar ein bis zwei Logiergäste auf. Schon seit geraumer Zeit hat er die achtzig Jahre überschritten, und bald ist auch seine Frau soweit. Genaugenommen sind die beiden erst seit kurzem zusammen, hat doch Stan seine erste Frau schon bald nach der Goldenen Hochzeit verloren. Weil er allein nicht leben wollte und auch nicht konnte, war ihm nach eigenen Worten nichts anderes übriggeblieben, als sich in Juneau aus dem Altenheim eine neue Frau zu holen – allerdings ist sie so »neu« nun auch wieder nicht! Offenbar ist es ihm auf Anhieb gelungen, wirken doch beide sehr zufrieden und harmonisch.

Das Hobby des betagten Paares sind die Bären, sowohl die Grizzlies wie die Schwarzbären. Daran fehlt es nicht in der Gegend. Friede und Eintracht zwischen Mensch und Tier sind selbstverständlich. Man kennt sich gut, Stan und seine Frau haben sich für die alten Bekannten passende Namen ausgedacht und behaupten, die Pelztiere hörten darauf. Allerdings sieht es die Hausfrau nicht allzu gerne, wenn die eine oder andere Bärin ihre Jungen im Haus auf dem Floß bekommen möchte. Solche Besucher werden hinauskomplimentiert, notfalls mit dem Besen. Alsdann bezieht die werdende Mutter einen der Schuppen an Land, wo der Wind nicht hineinpfeift und es auch sonst behaglich ist. Außerdem werden sie vom Ehepaar Price mit Wolldekken versorgt. Ihre Unterkunft verlassen sie erst, wenn wieder der Frühling in die Freiheit lockt.

Als wir gegen Ende unserer Rundfahrt im privaten Motorboot glaubten, nun könne der Pfannenstiel nichts mehr bieten, hatten wir das wilde Wunderland unterschätzt. Es kam noch viel, es kam noch mehr. Die Weite und Breite der allenthalben von Gletscherbergen umfaßten Yakutat-Bucht muß man selber gesehen haben, um es zu glauben. Nordöstlich von Yakutat der sagenhaft herrliche, haushoch dem Meer entsteigende Malaspina-Gletscher in einem Areal, wie es die Schöpfung nur selten zu bieten hat. Mit Fug und Recht wurde von der Staatsregierung die Glacier-Bay zum Naturdenkmal erklärt. Selbst große Schiffe können einfahren in die Gletscherbucht, können bei verhaltenem Tempo durchs Labyrinth weißer Schollen und Glitzerberge vordringen, bis unmittelbar vor die dreißig bis vierzig Meter hohe Gletscherstirn. Mit unserem kleinen Schiff ist das ungemein aufregend, es ist einfach toll.

Wie Zwerge kommen wir uns vor in der Glacier-Bay, wie klitzekleine Krabbeltiere in schwarz-weiß-blauer Riesenwelt. Senkrechte Wände, gewiß dreihundert, vielleicht vierhundert Meter hoch, steigen aus dem Wasser. Eine Unmenge von Rinnsalen strömt an ihren Flanken herab, blauschimmernde Eisberge erinnern an Kathedralen, mit Türmen und Toren und gotischen Fenstern. Lautlos und erhaben gleiten sie vorbei. Majestäten, die sich selbst genügen, die eines Tages in sich zerfließen. Als wir im Schlauchboot sind, wäre ich liebend gern durch eines der Tore gefahren, in die Halle der Geisterkirche. Aber das ist lebensgefährlich, allein schon die Lufterschütterung durch den Außenbordmotor kann das Gebilde zum Einsturz bringen.

Wenn aus der Gletscherwand die großen Brocken stürzen, gerät ringsum das Wasser in Bewegung. Die Wellen heben uns, lassen uns sinken, beruhigen sich wieder. Die neugeborenen Berge, das gekalbte Eis beginnt seine Reise, die früher oder später in Auflösung endet.

Jedoch gehen alle Gletscher, die uns so groß, so gewaltig erscheinen, zurück. Sie werden kürzer und schmäler von Jahr zu Jahr. Als im Juli 1786 der französische Forscher und Entdecker Vicomte de La Pérouse hier im Gebiet der

Glacier Bay ein paar Tage verbrachte, hat er pflichtgemäß auch die Länge, Breite und Ausdehnung der Gletscher vermerkt. Vergleicht man seine Angaben, seine präzise Karte der Glacier-Bay mit heutigen Verhältnissen, ergibt sich eine Verkürzung der Gletscher bis zu dreißig Kilometer. Um so viel weiter haben sie damals in die Bucht gereicht, hatten beim Gilkie-Inlet eine geschlossene Front aufgebaut, quer durch die ganze Bucht. Knapp hundert Jahre später, als der berühmte Naturforscher John Muir die Region besuchte, war schon die Stirn geteilt, um etwa fünfzehn Kilometer hatte sich die Eisfront zurückgezogen.

Wir waren noch in der Lituja-Bucht, denn unbedingt wollte ich den engen Fjord mit seiner schrecklichen, unversehens anbrausenden Strömung sehen, hatte ich doch bei La Pérouse die wahrhaft erschütternde Schilderung vom Verlust zweier Landungsboote gelesen, mit einundzwanzig jungen Franzosen an Bord. Nicht einen der Toten, nicht einen Splitter von den plötzlich verschluckten Booten hatte man nach wochenlanger Suche gefunden.

Noch so viel gibt es zu sehen, noch viel mehr zu erleben und mit Staunen, gelegentlich sogar mit angehaltenem Atem. Doch daheim warten verschiedene Pflichten, mein Flugticket darf nicht verfallen. Aber ich komme ja wieder . . . das ist ausgemacht und fest datiert.

Neunmal genügt nicht, zu weit und vielseitig ist der 49. Staat. Je mehr Leute in die wenigen großen Städte von Alaska ziehen, desto unbewohnter wird die Wildnis. Wenn sich die Bevölkerungszahl von Anchorage, Fairbanks, Valdez und so weiter verdoppelt hat und noch mal verdoppelt, in den Jahren seit ich vom ersten bis vorläufig letzten Mal in Alaska war, sind andererseits im Hinterland eine ganze Reihe von Siedlungen verschwunden. Wenig sehenswert scheint mir der Wechsel in den Städten, sie werden typisch amerikanischer von Jahr zu Jahr. Um so besser gedeihen Tiere und Pflanzen in der Wildnis. Schon zwanzig Flugminuten von der Stadt entfernt ist gar nichts mehr vom 20. Jahrhundert zu sehen. Auch im 21. wird es so bleiben, ich bin davon überzeugt.

Was mich betrifft, von der bezaubernden Wildnis kommt unsereins nicht los. Ich hab' noch einen Koffer in Alaska . . .

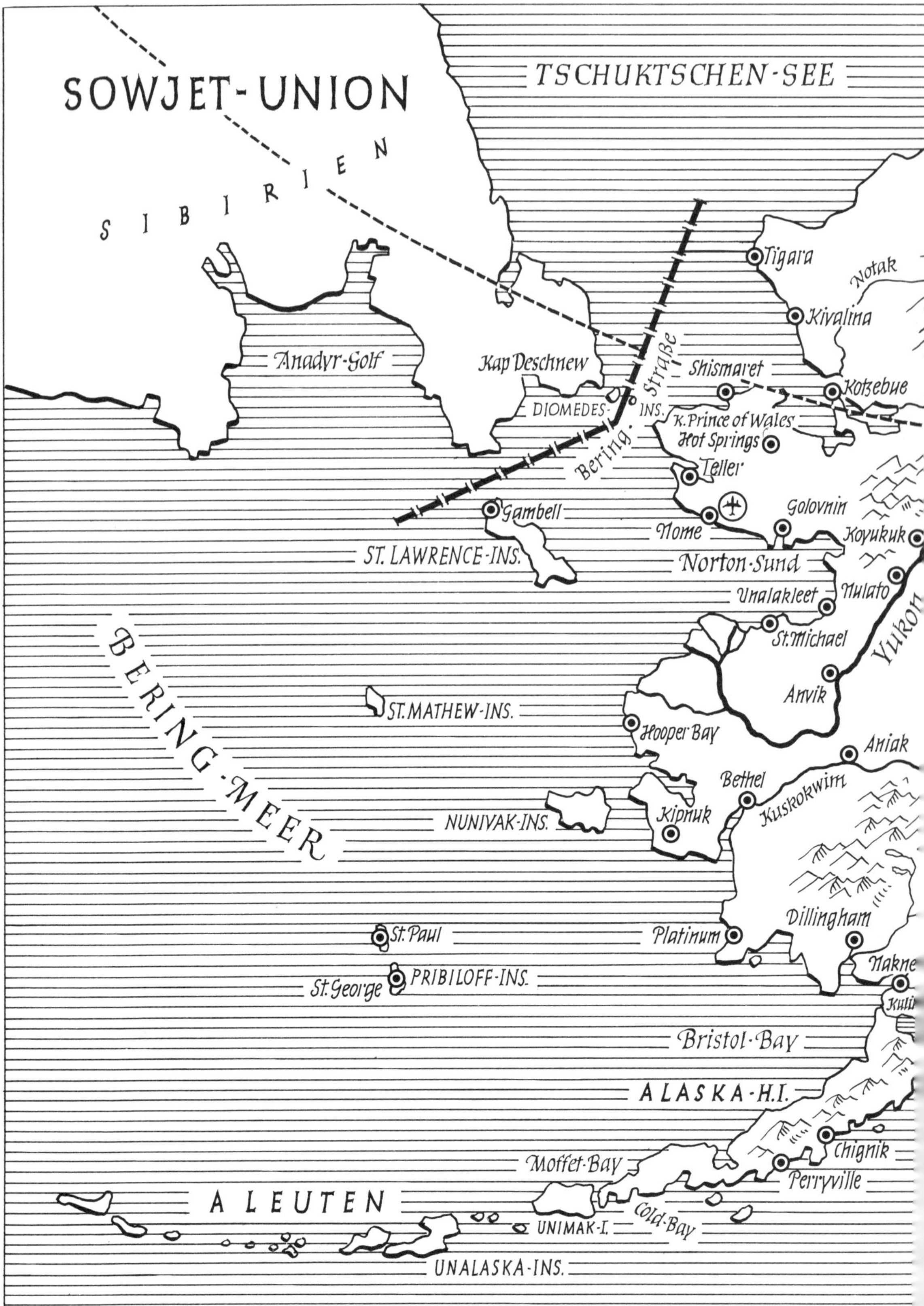

SOWJET-UNION
TSCHUKTSCHEN-SEE
SIBIRIEN
Tigara
Notak
Kivalina
Anadyr-Golf
Kap Deschnew
Bering-Straße
Shismaret
Kotzebue
DIOMEDES-INS.
K. Prince of Wales
Hot Springs
Teller
Gambell
Golovnin
Nome
Koyukuk
ST. LAWRENCE-INS.
Norton-Sund
Nulato
Unalakleet
St. Michael
Yukon
BERING-MEER
Anvik
ST. MATHEW-INS.
Hooper Bay
Aniak
Bethel
Kuskokwim
Kipnuk
NUNIVAK-INS.
Dillingham
St. Paul
Platinum
St. George
PRIBILOFF-INS.
Bristol-Bay
ALASKA-H.I.
Chignik
Moffet-Bay
Perryville
ALEUTEN
Cold-Bay
UNIMAK-I.
UNALASKA-INS.